La fonction de coordination en droit public

Logiques Juridiques

Fondée par Gérard Marcou
Dirigée par Jean-Claude Némery et Thomas Perroud

Le droit n'est pas seulement un savoir, il est d'abord un ensemble de rapports et pratiques que l'on rencontre dans presque toutes les formes de sociétés. C'est pourquoi il a toujours donné lieu à la fois à une littérature de juristes professionnels, produisant le savoir juridique, et à une littérature sur le droit, produite par des philosophes, des sociologues ou des économistes notamment.

Parce que le domaine du droit s'étend sans cesse et rend de plus en plus souvent nécessaire le recours au savoir juridique spécialisé, même dans des matières où il n'avait jadis qu'une importance secondaire, les ouvrages juridiques à caractère professionnel ou pédagogique dominent l'édition, et ils tendent à réduire la recherche en droit à sa seule dimension positive. À l'inverse de cette tendance, la collection « Logiques juridiques » des éditions L'Harmattan est ouverte à toutes les approches du droit. Tout en publiant aussi des ouvrages à vocation professionnelle ou pédagogique, elle se fixe avant tout pour but de contribuer à la publication et à la diffusion des recherches en droit, ainsi qu'au dialogue scientifique sur le droit. Comme son nom l'indique, elle se veut plurielle.

Dernières parutions

Mohamed Jamal BENNOUNA, *Responsabilité civile extracontractuelle et assurance des constructeurs, Droit comparé*, 2019.
Yaya DIALLO, *Les sûretés et garanties réelles dans les procédures collectives,* 2019.
Sangoné THIAM, *Droits de la défense et enquête policière*, 2019.
Georges-Philippe ZAKHOUR, *Les investissements étrangers, Droit application et tribunal compétent*, 2019.
Rachid EL BAZZIM, *Conseil de la concurrence au Maroc*, 2019.
Bienvenu OKIEMY, *L'OMC, une ingénierie juridique et commerciale à reconfigurer*, 2019.
Didier JAMOT, *Annuaire des engagements internationaux ayant fait l'objet d'une loi d'autorisation sous la Ve République*, 2019.
Sotirios LYTRAS, *Le phénomène disciplinaire dans le droit public héllenique contemporain,* 2019.
Massimo VOGLIOTTI, *Pour une nouvelle éducation juridique*, 2018.
Claire AGUILON, *Justice constitutionnelle et subsidiarité. L'apport de l'expérience canadienne pour la construction européenne*, 2018.
Jackeline Patricia CESPEDES ARTEAGA, *La contribution de la CJUE dans la construction du droit de la Communauté andine*, 2018.

Virginie LANCERON

LA FONCTION DE COORDINATION EN DROIT PUBLIC

L'Harmattan

5-7, rue de l'École-Polytechnique ; 75005 Paris
http://www.editions-harmattan.fr
ISBN : 978-2-343-17820-2
EAN : 9782343178202

En hommage à mon grand-père, Yves Le Guillou, qui a eu et aura toujours une place spéciale dans mon cœur.

SOMMAIRE

PRINCIPALES ABRÉVIATIONS

AAI	Autorité administrative indépendante
AFRI	*Annuaire de relations internationales*
AJDA	*Actualité Juridique Droit Administratif*
API	Autorité publique indépendante
ATR	Administration territoriale de la République
C	Constitution
CAR	Comité de l'administration régionale
CC	Conseil constitutionnel
CE	Conseil d'État
CEDH	Cour européenne des droits de l'Homme
CESDHLF	Convention européenne de sauvegarde des droits de l'Homme et des libertés fondamentales
CIATER	Comité interministériel de l'administration territoriale
CJUE	Cour de justice de l'Union européenne
CM	Conseil des ministres
CIMAP	Comité interministériel pour la modernisation de l'action publique
COREPER	Comité des représentants permanents
CSDN	Conseil de sécurité et de défense nationale
DDI	Direction départementale interministérielle
ECOSOC	Conseil économique et social des Nations Unies
LOLF	Loi organique relative aux lois de finances
MAP	Modernisation de l'action publique
MAPTAM	Modernisation de l'action publique territoriale et affirmation des métropoles
MOC	Méthode ouverte de coordination
NOTRe	Nouvelle organisation territoriale de la République
NPM	*New Public Management*
ONU	Organisation des Nations Unies
PM	Premier ministre
PR	Président de la République
RéATE	Réforme de l'administration territoriale de l'État
RFDA	*Revue française de droit administratif*
RFIIM	Responsable de la fonction financière ministérielle
RGPP	Révision générale des politiques publiques
RPROG	Responsable de programme (lois de finances)

RDP	*Revue du droit public et de la science politique*
RFAP	*Revue française d'administration publique*
RFDA	*Revue française de droit administratif*
RFSP	*Revue française de science politique*
RIDC	*Revue internationale de droit comparé*
RIDE	*Revue internationale de droit économique*
RP	Représentation permanente
SGAE	Secrétaire général des affaires européennes
SGAR	Secrétariat général pour les affaires régionales
SGG	Secrétariat général du Gouvernement
SGMAP	Secrétariat général pour la modernisation de l'action publique
SGPR	Secrétariat général de la Présidence de la République
SIGMA	Soutien à l'amélioration des institutions publiques et des systèmes de gestion
SOLON	Système d'organisation en ligne des opérations normatives
TFUE	Traité sur le fonctionnement de l'Union européenne
TUE	Traité sur l'Union européenne
UE	Union européenne

INTRODUCTION GÉNÉRALE

« *La coordination administrative n'est pas, du moins encore, un chapitre de la science administrative, elle n'est pas non plus un chapitre du droit administratif, et ce problème n'a pas été jusqu'ici abordé complètement et en tant que tel, que ce soit en termes de science ou en termes de droit* »[1]. Avancé il y a près de cinquante ans, ce constat est toujours aussi pertinent : la coordination n'attire guère l'attention de la doctrine juridique. Mentionnée dans la plupart des manuels de droit administratif, elle n'y est cependant jamais définie et n'est citée qu'à l'occasion de brefs développements relatifs à l'organisation de l'administration centrale ou territoriale[2]. Les manuels d'institutions administratives font preuve d'un laconisme comparable : la notion n'y est pas étudiée pour elle-même, mais sert de critère pour des classifications regroupant des entités exerçant une activité semblable. Quant aux thèses de droit répertoriées[3] ayant pour sujet la coordination, elles ne traitent

---

[1] André G. DELION, « Introduction générale », *in* Institut Français des Sciences Administratives, *La coordination en matière économique et sociale*, Paris, Editions Cujas, Cahier n° 2, 1967, p. 12.

[2] De plus, le terme ne figure que très rarement dans les « Index » et « Table des matières », une absence révélatrice de l'importance relative qui lui est accordée.

[3] Selon le moteur de recherche en ligne *theses.fr* (consulté en juin 2016) qui recense l'ensemble des thèses de doctorat soutenues en France depuis 1985, on dénombre neuf thèses relevant de notre champ d'études (catégories : « droit public » / « droit international » / « droit communautaire ») dont l'intitulé comporte le terme « coordination » : *La coordination des activités des institutions spécialisées du système des Nations Unies dans les domaines économique et social* (Aïssa Si Ahmed, dir. Jean-Paul Jacqué, Strasbourg 3, 1986) ; *La coordination locale par l'autorité administrative préfectorale au Cameroun* (Bernard Messengue Avom, dir. Jean-Marie Pontier, Aix-Marseille 3, 1993) ; *La coordination police-justice dans les structures de l'État en face du terrorisme* (Nathalie Cettina, dir. Claude Goyard, Paris 2, 1999) ; *La coordination des politiques publiques dans les départements-régions d'outre-mer. Le cas de la Martinique* (Roger Cantacuzene, dir. Robert Herzog, Antilles-Guyane, 2000) ; *La coordination normative des instruments internationaux relatifs aux droits sociaux fondamentaux* (Catherine Adam, dir. Jean-François Flauss, Strasbourg, 2002) ; *Les parcs naturels régionaux : d'un territoire d'expérimentation à un outil de coordination locale* (Nicolas Chauprade, dir. Roseline Letteron, Paris 13, 2003) ; *La coordination entre l'ONU et les organisations régionales africaines dans la gestion de la paix* (Hassatou

que d'un aspect spécifique de la question plutôt que de proposer une analyse à caractère général[4]. La lecture des lexiques juridiques n'invalide pas le constat d'une présence résiduelle de la coordination dans les travaux académiques. Parmi tous les ouvrages de référence consultés, un seul en fait mention[5]. La définition qu'il propose est cependant restrictive - cantonnée au seul champ de l'administration - et imprécise - elle ne nous

---

Baldé, dir. Yves Daudet, Paris 1, 2005) ; *La coordination des systèmes fiscaux dans le cadre de l'Union européenne. Profils juridiques* (Michele Marzano, dir. Philipppe Marchessou et Adriano di Pietro, Strasbourg, 2012) ; *La méthode ouverte de coordination dans le système juridique communautaire : recherche à partir des applications en matière sociale et d'emploi* (Stéphane de La Rosa, dir. Rostane Medhi, Aix-Marseille 3, 2006). Cette liste doit être complétée par une recherche réalisée dans le Système Universitaire de Documentation (*sudoc.abes.fr*), un catalogue collectif réalisé par les bibliothèques et centres de documentation de l'enseignement supérieur et de la recherche français qui recense les thèses soutenues depuis 1934. Sept thèses de droit public (entendu au sens large, y compris le droit international et le droit communautaire) sont à mentionner : *Problèmes de coordination interministérielle sous l'égide du Premier Ministre* (Alain Lyonnet, 1968) ; *Recherches sur la coordination administrative. La coordination à l'intérieur des ministères* (Patricia Lemoyne de Forges, 1974) ; *La coordination de l'action des organisations internationales au niveau européen* (Raymond Ferreti, 1979) ; *Les accords de coordination au Mexique (Une nouvelle approche administrative dans le cadre fédéral)* (Alejandro Trevino Martinez, 1980) ; *La coordination dans l'administration centrale du Maroc* (Ali El Mhamid, 1982) ; *La coordination des activités normatives des organisations internationales : le cas des organisations n'appartenant pas à la même « famille »* (Susan Reye, 1984) ; *La coordination interministérielle en France pour les questions relatives aux Communautés européennes : le rôle du S.G.C.I.* (Christian Lequesne, 1984). De plus, une quinzaine de thèses de droit datant pour l'essentiel de la première moitié du XXe siècle porte sur la question très spécifique de la coordination des transports, thème à mi-chemin entre l'économie, la science politique et le droit qui fait référence aux interventions de l'État en matière de transports par la voie réglementaire, fiscale ou encore tarifaire en vue notamment de permettre la construction et l'entretien des infrastructures.
Ce recensement est révélateur du choix récurrent d'un cadre d'analyse qui ne permet d'étudier qu' un aspect très particulier de la coordination en droit public ; une approche restrictive du sujet que nous tenterons de dépasser en proposant une étude des diverses figures de la coordination en droit public.

4 Patricia LEMOYNE de FORGES, *Recherches sur la coordination administrative. La coordination à l'intérieur des ministères*, Thèse, Paris, 1974.

5 Il s'agit de l'ouvrage de Gérard CORNU, *Vocabulaire juridique*, Association Henri Capitant, Paris, PUF, coll. « Quadrige Dicos Poche », 2009. Plutôt que de se concentrer sur une définition spécifique de la coordination en droit, la notice procède à un rappel du sens commun de la notion avant de faire une longue énumération des différentes acceptions du terme dans plusieurs disciplines. Les autres dictionnaires juridiques de référence qui ont été consultés ne contiennent aucune entrée « coordination » : André-Jean ARNAUD (dir.), *Dictionnaire encyclopédique de théorie et de sociologie du droit*, Paris, LGDJ, 1993 ; Denis ALLAND, Stéphane RIALS (dir.), *Dictionnaire de la culture juridique*, Paris, PUF, coll. « Quadrige Dicos Poche », 2003 ; Michelle FONTAINE, *Dictionnaire de droit*, Paris, Foucher, 2004.

renseigne pas sur son contenu et encore moins sur les moyens de la réaliser[6].

Comment interpréter une telle circonspection doctrinale ? Une première réponse consiste à estimer que la coordination n'a aucune existence en droit ; une autre posture est de considérer que la coordination n'a aucune pertinence en droit. Le postulat selon lequel ces deux affirmations sont erronées constitue le point de départ de notre réflexion. D'une part, la parcimonie des analyses juridiques tranche avec les nombreuses occurrences[7] du vocable dans les textes juridiques nationaux et européens, où il est associé à de nombreuses questions essentielles du droit public. D'autre part, porteuse de l'idée d'ordonnancement flexible et horizontal d'une pluralité d'éléments orientés vers un but commun en vue de former un ensemble uni et cohérent, la coordination est congruente avec la réalité juridique de l'État contemporain confronté aux défis de la diversité, de l'horizontalité et de la complexité qui interrogent les procédés classiques d'intégration, de décision et de régulation.

La présente étude vise ainsi à dépasser ce constat paradoxal d'une notion omniprésente mais pourtant inconsistante en droit public malgré son acuité. Comme le suggère Jacques Chevallier, « *pour prendre la mesure des mutations en cours, les schémas de pensée traditionnels ne suffisent plus : il faut s'efforcer de construire d'autres outils, de forger d'autres grilles d'analyse* »[8]. La coordination en est une : elle permet de penser l'organisation, l'action et le droit étatiques[9] de manière dynamique,

---

[6] La coordination y est définie en tant que « *fonction consistant à assurer la cohérence, par rapport à des objectifs communs, des actions décidées par des instances administratives différentes dans l'exercice de leurs attributions, contrepartie nécessaire de la spécialisation administrative* ».

[7] Occurrences du terme « coordination » et de ses dérivés lexicaux tels que « coordonnateur », « coordinateur », « coordonnatrice », « coordinatrice », « coordonnant », etc.

[8] Jacques CHEVALLIER, *L'État post-moderne*, Paris, LGDJ, coll. « Droit et société », 2e éd., 2004, p. 11.

[9] L'État « *permet de faire tenir ensemble les différents éléments constitutifs de la société et ramener celle-ci à l'unité* » (Jacques CHEVALLIER, *L'État*, Paris, Dalloz, coll. « Connaissance du droit. Droit public », 2e éd., 2011, p. 16). La dialectique « unité-pluralité » est à ranger selon Michel Bouvier parmi les « *catégories bien connues des juristes et des politologues* », à l'instar « *des oppositions public/privé, État/individu, objectif/subjectif* » (Michel BOUVIER, *L'État sans politique. Tradition et modernité*, Paris, LGDJ-Montchrestien, 1986, p. 5). Déjà pour le philosophe grec Socrate (469-399 av. J.-C.), la *polis* (cité), organisation politique qui préfigure l'État, est conçue comme le moyen de lier « *les uns aux autres, le plus petit (individu) au plus grand (monde)* » (Christian RUBY, *Introduction à la philosophie politique*, Paris, La Découverte, coll.

c'est-à-dire en tenant compte de leurs évolutions et en prenant de la distance avec la représentation verticale de l'État toujours prégnante dans les études théoriques en dépit de son dépassement empirique.

Afin de préciser et justifier cette entreprise de conceptualisation juridique visant à dégager une approche globale de la coordination en droit public, quelques précisions liminaires tenant à l'objet et au cadre de la recherche s'imposent.

SECTION 1 - OBJET DE LA RECHERCHE

À l'instar de « *nombre de notions cardinales du droit administratif (qui) ne relèvent pas exclusivement du monde du droit* »[10] telle la régulation, la coordination relève à la fois du langage courant et du vocabulaire scientifique. En l'absence de définition juridique préalable, cette « *double appartenance linguistique* »[11] constitue le point de départ d'une réflexion ayant pour objectif de clarifier le sens de la notion en droit public. L'étude des significations extra-juridiques de la coordination permet de mettre en lumière des traits constants, aussi bien dans le langage commun que dans le lexique des disciplines scientifiques qui

---

« Repères », 1996, p. 8). Il s'agit de respecter l'ordre éternel du *cosmos*, « *principe indivisible d'ordre et de concorde qui ajuste ensemble les diverses parties d'un Tout complexe* » (Jean-Jacques CHEVALLIER, *Cours d'histoire des idées politiques. L'idée de l'État*, Paris, Les Cours de droit, 1957, p.109). Au Moyen-Âge, l'ordre divin se substitue à l'ordre du *cosmos* et l'idée d'un principe ordonnateur transcendant sera repris au XIIIe siècle par le théologien dominicain Saint Thomas d'Aquin qui voit en l'*ordo* l'élément théocentrique créé et voulu par Dieu en vue de régler les relations entre les parties de la *multitudo* (communauté) en assurant « *l'unité, la vérité et la bonté absolues* », soit l'intérêt commun. Au XVIe siècle, la pensée machiavélienne présente le principe d'ordre qui caractérise l'État comme non immuable et reposant sur « *l'équilibre momentané produit par la dynamique conflictuelle des forces de la multitude tout entière* » (Saverio ANSALDI, « Conflit, démocratie et multitude : l'enjeu Spinoza-Machiavel », *Multitudes*, 2006/4, n° 27, p. 220). Plus implicitement, il est possible de lire dans les théories contractualistes à l'origine de la conception étatique moderne, la même idée d'ordonnancement de plusieurs individualités (les hommes à l'état de nature) pour former un tout cohérent (l'État) orienté vers une finalité particulière prioritaire (la paix et la sécurité pour Thomas Hobbes, la protection des libertés pour John Locke ou l'intérêt général pour Jean-Jacques Rousseau).

10 Laurence CALANDRI, *Recherche sur la notion de régulation en droit administratif français*, Paris, LGDJ, coll. « Bibliothèque de droit public », 2009, p. 1.

11 Gérard CORNU, *Linguistique juridique*, Paris, Montchrestien, coll. « Domat. Droit privé », 3e éd., 2005.

l'emploient. Ainsi établi, ce « *noyau commun* »[12] de la coordination pourra être explicité en termes juridiques en s'appuyant sur une analyse des occurrences du vocable dans les textes juridiques et les jurisprudences.

§ 1 - La coordination

Parce qu'elle permet de donner une « *idée générale de l'objet proposé au travail de l'esprit* »[13], une analyse lexicale étymologique et épistémologique constitue une étape initiale déterminante du processus de caractérisation juridique qui repose sur une question fondamentale : la coordination est-elle employée en droit dans le sens courant du terme ou a-t-elle dans ce cadre une signification propre ?

A. Étymologie

Le mot « coordination » est fondé sur deux vocables latins : *ordinatio* signifiant « rang », « ligne » - d'où l'on a tiré le verbe *ordinare* qui peut se traduire par « mise en ordre »[14] - et le préfixe d'association *cum* qui reflète l'idée d'« ensemble »[15], de pluralité. Étymologiquement, la coordination peut donc s'entendre comme l'action de réunir de manière ordonnée une pluralité. D'après le dictionnaire Littré[16], la coordination est l'action de « *disposer selon certains rapports* » des éléments divers. L'ouvrage attribue le premier usage connu du mot au savant allemand

---

12 Gérard MARCOU, « Introduction », *in* Gérard MARCOU, Franck MODERNE (dir.), *Droit de la régulation, service public et intégration régionale. Tome 2 : Expériences européennes*, Paris, L'Harmattan, coll. « Logiques juridiques », 2005, p. 12.

13 François GENY, *Science et technique en droit privé positif. Nouvelle contribution à la critique de la méthode juridique*, Paris, LGDJ, t. 1, 1919, p. 147.

14 Le terme *ordinaire « au sens original, c'est disposer correctement les rangs, les lignes, qu'il s'agisse d'arbres ou de centurions »* (André G. DELION, *op. cit*, p.12).

15 Oscar BLOCH, Walther von WARTBURG, *Dictionnaire étymologique de la langue française*, Paris, PUF, coll. « Quadrige Dicos Poche », 2e éd., 2004. André G. DELION précise en outre : « Ordo *en latin, c'est le rang, la rangée, la ligne, et* co, *venant de* cum, *est le préfixe d'association. D'où le sens du verbe ordinaire, non pas donner un ordre, mais* mettre en ordre » (André G. DELION, *op. cit*, p.12).

16 Consultable sur : http://littre.reverso.net/dictionnaire-francais/.

Nicole Oresme en 1370 [17] et cite Jean-Jacques Rousseau pour une illustration de l'emploi du terme : « *Ils ont beau couvrir leur galimatias de coordination* »[18]. Depuis ces premières occurrences, la signification du vocable s'est enrichie d'un aspect téléologique : la mise en ordre d'éléments pluriels formant un ensemble cohérent, dont l'action est orientée vers un objectif partagé. Tous les dictionnaires usuels s'accordent aujourd'hui sur une définition sensiblement identique : « *agencement des parties d'un tout selon un plan logique, pour une fin déterminée* »[19] ; « *agencement de choses, d'activités diverses dans un but déterminé* »[20] ; « *mise en ordre, agencement calculé des parties d'un tout selon un plan logique et en vue d'une fin déterminée* »[21].

Autour du même radical latin a par ailleurs été construit un champ lexical particulier. Mentionnons notamment le verbe « coordonner » (« *disposer selon certains rapports en vue d'une fin* »[22] ; « *agencer des éléments en vue d'obtenir un ensemble cohérent, un résultat déterminé* »[23]) et le substantif « coordonnateur/trice » (« *personne qui a la charge de coordonner diverses initiatives ou actions, de mettre de*

---

17 « Les Pitagoriciens furent disciples et ensuivans la dottrine du philosophe appellé Pitagore qui mettoit deux *coordinacions* de choses » (*Éthiques d'Aristote*, 46) ; « *Ils mettoient un ordre de bien ou coordinacion* » (*Ibid.*, VI (11)). A noter que le vocable était à l'origine orthographié différemment.

18 *L'Émile, ou De l'éducation*, IV, 1762. Pour d'autres usages intéressants du terme, on peut citer Honoré de BALZAC (« *Il faut admettre le fatalisme, ou la coordination forcée des choses soumises à un plan général* », *Louis Lambert*, 1832, p. 131) ; Jean JAURÈS (« *La coordination des efforts* », *Études socialistes*, 1901, p. 94) ; Paul VALERY (« *Un cruel effort de coordination dans l'exécution* », *Variété II*, 1929, p. 38) ; Jean ROSTAND (« *Le plus humble des êtres vivants est un « monde ordonné » ; il témoigne d'une unité, d'une coordination, d'une harmonie, d'une finalité, dont la matière n'offre pas même l'esquisse* », *La Vie et ses problèmes*, 1939, p. 149).
Source: *Trésor de la langue française*. Consultable sur: http://www.cnrtl.fr/definition/.

19 *Le nouveau Petit Robert de la langue française*, 2016.

20 *Le Petit Larousse illustré*, 2016.

21 *Trésor de la langue française*. Consultable sur : http://www.atilf.fr/spip.php?rubrique77.

22 *Le nouveau Petit Robert de la langue française*, 2016. L'apparition du terme est datée de 1771.

23 *Le Petit Larousse illustré*, 2016.

l'ordre dans des éléments dispersés »[24] ; « *personne qui coordonne* »[25]). C'est également la racine latine qui est reprise en anglais, castillan, allemand, italien, ou encore portugais[26] : *coordination*[27] ; *coordinación*[28] ; *koordination* ; *coordinazione* ; *coordenação*. Ainsi, d'après son acception courante, la coordination associe cinq principaux éléments : pluralité, tout, ordre, cohérence et but. On retrouve ces « marqueurs de coordination » dans la plupart des définitions scientifiques extra-juridiques de la notion.

B. Épistémologie

Au-delà de ce sens courant, la notion est caractérisée par « *une histoire à travers son parcours dans les différentes disciplines scientifiques* »[29] qui lui attribuent chacune une signification spécifique[30]. En biologie, par exemple, la coordination est entendue comme le

---

24 *Dictionnaire de l'Académie française*, Imprimerie Nationale Julliard, 9e éd., 1994. « Coordonnateur/trice » a également valeur d'adjectif. A noter que l'on rencontre souvent une autre orthographe : « coordinateur/trice ». Il s'agit d'un anglicisme (le terme vient de *coordinator*) dont le premier usage est daté de 1955 en France (*Le Petit Larousse illustré*, 2016). Bien que ce dernier soit aujourd'hui reconnu et abondamment employé, nous préférerons toutefois utiliser l'orthographe classique du vocable qui date du XVIIIe siècle.

25 *Le nouveau Petit Robert de la langue française*, 2016.

26 Cette similitude orthographique a favorisé les recherches d'études relatives à la coordination en anglais et en castillan permettant ainsi un enrichissement de la réflexion.

27 « *The act of making all the people involved in a plan or activity work together in an organized way* ».
Source : *Cambridge Advanced Learner's Dictionary*.
Consultable sur:
http://dictionary.cambridge.org/dictionary/british/coordination.
On rencontre parfois l'orthographe "*co-ordination*" qui porte encore plus l'idée d'horizontalité.

28 « *Concertar medios, esfuerzos, etc., para una acción común* ».
Source : *Diccionario de la Lengua Española, Real Academia Española*.
Consultable sur :
http://buscon.rae.es/draeI/SrvltConsultaTIPO_BUS=3&LEMA=coordinacion.

29 Jacques CHEVALLIER, « De quelques usages du concept de régulation », *in* Michel MIAILLE (dir.), *La régulation entre droit et politique*, Paris, L'Harmattan, coll. « Logiques juridiques », 1995, p. 73 et s.

30 Ces précisions sont d'autant plus importantes que l'étude de la coordination a toujours été délicate comme a pu le rappeler André G. Delion : celle-ci « *fait appel à toutes les ressources de la science de l'organisation et de la science juridique, d'où les très grandes difficultés que l'on rencontre non seulement à l'étudier, mais même à l'appréhender* », *op. cit.*, p. 12.

« *processus qui assure d'une part le bon agencement des parties d'un organe, et d'autre part la combinaison des commandes à envoyer aux appareils effectueurs* »[31]. En grammaire, le vocable est utilisé pour désigner le « *rapport qui existe entre des unités linguistiques (mots, propositions) ayant le même statut dans la phrase* »[32]. En chimie, une « liaison de coordination » est « *ni ionique ni covalente, entre un métal et ses ligands* » et forme un « *complexe de coordination* », c'est-à-dire un « *édifice moléculaire* » particulier[33]. En informatique, on parle de « *coordination de réseaux* » pour décrire l'ordonnancement de plusieurs « *ensembles d'équipements reliés entre eux pour échanger des informations* »[34]. Le terme peut également désigner une « *relation entre plusieurs concepts situés sur le même rang dans une classification* » en science de la logique[35].

La coordination est également employée dans plusieurs matières plus proches du droit. En science politique, elle fait référence à « *un rassemblement professionnel momentané et spontané, dans un but revendicatif* »[36]. Le vocable est plus particulièrement utilisé en matière de politique de transports où il désigne l'« *harmonisation et répartition équitable des trafics entre le rail et la route, le rail et l'eau, etc. en vue d'une meilleure rentabilité de ces moyens de transport* »[37]. En théorie des organisations, d'après Henry Mintzberg, « *cinq mécanismes de coordination paraissent suffisants pour expliquer les moyens fondamentaux par lesquels les organisations coordonnent leur travail : l'ajustement mutuel, la supervision directe, la standardisation des*

---

31 *Trésor de la langue française*. Consultable sur : http://www.atilf.fr/spip.php?rubrique77.
On parle notamment de « coordination des mouvements », « coordination des organes ». Pour un exemple d'usage illustratif du sens médical de la coordination : « (...) bien que les mouvements qui maintiennent notre attitude et permettent la marche soient aussi commandés par la moelle, leur *coordination* dépend du cervelet » (Alexis CARREL, *L'Homme, cet inconnu*, 1935, p. 111).

32 *Encyclopédie Larousse*. Cette définition doit être complétée par celle de « conjonction de coordination » (ou « coordonnant ») désignant un « mot ou locution qui assure une coordination des mots ou des propositions » (*Le Petit Larousse illustré*, 2016).

33 *Le nouveau Petit Robert de la langue française*, 2016. Terme connexe, la « coordinence » ou « indice de coordination » désigne en chimie le « nombre de plus proches voisins pour un atome donné » (*Le Petit Larousse illustré*, 2016).

34 *Encyclopédie scientifique*. Consultable sur : http://www.techno-science.net/.

35 *Trésor de la langue française*.

36 *Le nouveau Petit Robert de la langue française*.

37 *Trésor de la langue française*.

procédures, la standardisation des produits et la standardisation des qualifications »[38]. Cette réflexion s'inscrit dans la continuité des travaux d'Henri Fayol qui, dès 1916, distinguait six activités essentielles au sein de toute entreprise : technique, commerciale, financière, de sécurité, comptable et administrative. La dernière, précisait-il, consiste en cinq tâches : prévoir, organiser, commander, contrôler et coordonner ; la coordination ayant pour objectif d'harmoniser l'ensemble des actes d'une entreprise de manière à en faciliter le fonctionnement et le succès[39]. La théorie des organisations distingue aujourd'hui habituellement trois grands modes de coordination : « par la hiérarchie », « par le marché » et « par les réseaux »[40] ; une typologie parfois reprise par les études relevant de la *Public Administration*. Citons, en particulier, les travaux de Geert Bouckaert, B. Guy Peters et Koen Verhoest publiés en 2010 qui se fondent sur ce triptyque pour proposer une classification des procédés de coordination employés dans le cadre des « organisations du secteur public »[41].

Matière connexe au droit, la science administrative est la discipline qui a produit le plus de travaux sur la coordination, ce qui en fait une source privilégiée pour nourrir une démarche de conceptualisation juridique. Cet intérêt mérite toutefois d'être nuancé : ces analyses restent peu nombreuses et sont pour l'essentiel anciennes[42].

---

38 Henry MINTZBERG, *Structure et dynamique des organisations*, Paris, Les Editions d'Organisation, 1982, p. 19.

39 Henri FAYOL, *Administration industrielle et générale*, Paris, Dunod, coll. « Stratégies et Management », rééd. 1999. Selon Henri Fayol, « la fonction administrative » entendue au sens général comprend la coordination.

40 V. pour une analyse approfondie de cette typologie : Ernest R. ALEXANDER, *How organization Act Together. Interorganizational Coordination in Theory and Practice*, Amsterdam, Gordon and Breach Publishers.

41 Geert BOUCKAERT, B. Guy PETERS, Koen VERHOEST, *The Coordination of Public Sector Organizations. Shifting Patterns of Public Management*, Palgrave Macmillan, coll. « Public Sector Organizations », 2010. Les auteurs expliquent notamment : « *the coordination instruments are specific activities or structures created to bring about coordination* (...). *As such, specific coordination instruments may refer to specific coordination coordination mechanisms, since the instruments may function mainly by using authority (hierarchy), competition(market) or cooperation (network)* » (p. 50). Voir aussi : Donald CHISHOLM, *Coordination without hierarchy-informal structures in multiorganizational systems*, University of California Press, 1992 ; Kenneth, HANF, Fritz Wilhelm SCHARPF, *Interorganizational policy making : limits to coordination and central control*, London, Sage Publications, 1978.

42 Si l'on veut trouver des analyses relatives à la coordination du point de vue de la science administrative un peu plus récentes, il convient de se référer à des travaux anglophones relevant du domaine d'études qualifié de *Public Administration*. Parmi les

Depuis les années 1970, seuls cinq articles[43] et trois ouvrages collectifs[44] francophones ont choisi la coordination comme objet principal d'étude en préférant retenir une approche restrictive du sujet. Par exemple, l'analyse de Gérard Timsit publiée en 1975 tente une théorisation de la notion, qui ne porte néanmoins que sur la coordination administrative[45]. C'est aussi une approche ciblée que retient Claude Goyard dont les travaux insistent sur les liens qui existent entre coordination et consultation[46]. On retrouve toutefois dans certaines acceptions proposées une approche extensive semblable à celle adoptée par la théorie des organisations, qui inclut la hiérarchie. Mentionnons, par exemple, la surprenante définition de Lucien Sfez qui propose une acception de la coordination combinant plusieurs notions hétérogènes, voire contradictoires : il s'agit d'un « *mélange indistinct de pouvoir hiérarchique et de concertation, de persuasion et d'arbitrage* »[47] ; l'auteur ne tranche pas. Un même sentiment d'équivoque ressort des travaux de Roland Drago qui, comme pour justifier par anticipation une

---

articles et ouvrages consultés, mentionnons par exemple : Franz-Xaver KAUFMANN, *The Public sector: challenge for coordination and learning*, W. de Gruyter, 1991 ; B. Guy PETERS, Donald J. SAVOIE, « Managing Incoherence: The Coordination and Empowerment Conundrum », *Public Administration Review*, Vol. 56, n° 3, mai-juin 1996, p. 281-290 ; B. Guy, PETERS « Managing Horizontal Government: The Politics of Coordination », *Public Administration*, 76 (2), 1998, p. 295-311 ; Geert BOUCKAERT, B. Guy PETERS, Koen VERHOEST, *The Coordination of Public Sector Organizations. Shifting Patterns of Public Management*, Palgrave Macmillan, coll. « Public Sector Organizations », 2010.

43 Claude GOYARD, « La coordination et la consultation dans l'administration publique en France », *RIDC*, vol. 26, n° 4, octobre-décembre 1974, pp. 747-773 ; Gérard TIMSIT, « Le concept de coordination administrative », *Bulletin de l'IIAP*, n° 36, octobre-décembre 1975, pp. 125-148 ; Michel LONGEPIERRE, Pierre MULLER, « La coordination : une activité d'experts ? », *Bulletin de l'IIAP*, n°40, octobre-décembre 1976 ; Céline WIENER, « De la coordination administrative à la décision politique : étude comparée de quelques systèmes », *RFAP*, n° 42, avril-juin 1987 ; Bertrand DUFOURCQ, « La fonction de coordination », *RFAP*, n° 69, janvier-mars 1994.
Source : catalogue *SUDOC*. Consultable sur : http://www.sudoc.abes.fr/.

44 André G. DELION (dir.), *Les problèmes administratifs de la coordination en matière de développement économique et social*, Bruxelles, Institut International des Sciences Administratives, 1969 ; Heinrich SIEDENTOPF (dir.), *La coordination de la politique gouvernementale*, Paris, Editions Cujas, 1976 ; Werner JANN, Per LAEGREID, Koen VERHOEST (dir.), « La coordination des organisations du secteur public à l'ère de la marchéisation et de l'administration décloisonnée », *RISA*, vol. 73, n° 3 – n° spécial, septembre 2007.
Source : catalogue *SUDOC*. Consultable sur : http://www.sudoc.abes.fr/.

45 Gérard TIMSIT, *op. cit.*, pp. 125-148.

46 Claude GOYARD, *op. cit.*, pp. 747-773.

47 Lucien SFEZ, *L'administration prospective*, Paris, Armand Colin, coll. « U », 1970, p. 238.

analyse manquant de substance, introduit son article relatif à la coordination sous l'égide du Premier ministre par cet avertissement : « *le mot de coordination semble être (…) un mot très récent, puisque voici ce que dit Littré : coordonner, "disposer selon certains rapports". Et les exemples qu'il donne nous montrent que ce mot de coordination n'est pas du tout pris à l'époque au sens où nous le prenons aujourd'hui, aussi bien lorsque nous parlons de coordination administrative que lorsque nous parlons de coordination à l'intérieur d'un ensemble humain quelconque* »[48]. De même, Claude Goyard propose une définition qui ne brille pas par sa clarté : « *un système d'administration coordonné est celui dans lequel les actions des différents départements ministériels et organes subordonnés ont entre elles une corrélation telle que les axes suivant lesquels elles s'exercent sont orientés dans un même sens et convergent vers un même objectif. On coordonne par rapport à quelque chose qui a été posé comme objectif devant être atteint et qui sert de terme, de plan, de mesure ou de modèle : pour reprendre Littré, on devrait dire que les actions administratives sont coordonnées aux orientations générales définies par le législateur et le gouvernement* »[49]. André G. Delion est plus bref et tout aussi vague : « *coordonner, c'est – étymologiquement – au sein d'une organisation complexe, utiliser les formules permettent d'assurer l'unité d'action* »[50]. Enfin, mentionnons les contributions réunies par le professeur Heinrich Siedentopf mettant en exergue le rôle de la coordination dans le processus d'élaboration des politiques publiques en privilégiant un regard comparatiste[51] ; tandis que l'ouvrage collectif publié sous la direction des professeurs Werner Jann, Per Laegreid et Ken Verhoest présente la coordination avant tout selon un angle instrumental, c'est-à-dire comme un moyen de rationalisation de l'administration[52]. Le diagnostic posé il y a quelques décennies par Gérard Timsit est donc aujourd'hui encore vérifié : « *beaucoup*

---

48 Roland DRAGO, « La coordination sous l'égide du Premier ministre. Introduction », *in* IFSA, *La coordination en matière économique et sociale*, Paris, Ed. Cujas, Cahier n°2, 1967, p. 26.

49 Claude GOYARD, « La coordination et la consultation dans l'administration publique en France », *op. cit.*, p. 765.

50 André G. DELION, « La coordination administrative en matière économique et sociale. Introduction générale », *op. cit.*, p. 2.

51 Heinrich SIEDENTOPF (dir.), *La coordination de la politique gouvernementale*, *op. cit.* Une approche similaire sera adoptée par Céline WIENER, « De la coordination administrative à la décision politique : étude comparée de quelques systèmes », *RFAP*, n° 42, avril-juin 1987.

52 Werner JANN, Per LAEGREID, Koen VERHOEST (dir.), « La coordination des organisations du secteur public à l'ère de la marchéisation et de l'administration décloisonnée », *op. cit.*

d'analyses du concept de coordination proposées jusqu'ici semblent pourtant en manquer essentiellement (...). *L'on reste sur sa faim* »[53]. Ces études proposent quelques éléments pertinents de réflexion mais pêchent par laconisme ou imprécision. Le choix récurrent d'une approche partielle[54] et parfois partiale[55] limite effectivement leur intérêt dans la perspective d'une démarche de théorisation permettant de révéler une nature juridique propre de la coordination, c'est-à-dire un « *ensemble de critères distinctifs qui constituent cette chose en une notion juridique* »[56].

Une définition retient néanmoins davantage notre attention : « *des formules de coordination, distinctes de l'autorité hiérarchique, sont apparues, avec l'augmentation de la complexité de la machine gouvernementale : visant à renforcer la cohérence de l'action, elles sont compatibles avec la rationalité bureaucratique ; elles complètent en effet les effets intégrateurs de la hiérarchisation et de la direction politique, en jouant sur un plan horizontal et non plus vertical et en misant sur l'incitation plutôt que sur la contrainte* »[57]. Cette approche se démarque du sens commun et des significations généralistes habituellement proposées en science administrative concevant la coordination comme un résultat[58] ; que celle-ci soit réalisée à travers des procédés verticaux ou horizontaux. La coordination est ici envisagée comme un moyen visant à assurer l'unité et la cohérence de l'administration distinct de la hiérarchie ou de la tutelle. Appréhendant la coordination sous un angle fonctionnel et combinant les notions de mise en ordre et d'horizontalité, cette

---

53 Gérard TIMSIT, « Le concept de coordination administrative », *op. cit.*, p. 125-126.

54 Jusqu'à présent, la coordination a toujours été abordée à travers le prisme de thématiques précises au détriment d'une réflexion générale comme en témoigne notamment le numéro spécial précité de la Revue Internationale des Sciences Administratives consacré à « La coordination des organisations du secteur public à l'ère de la marchéisation et de l'administration décloisonnée » (RISA, vol. 73, n° 3, 2007). V. notamment : Silvia OLSEN, « La fragmentation et la coordination dans le secteur ferroviaire scandinave » ; ou encore Tom CHRISTENSEN, Anne Lise FIMREITE, Per LAEGREID, « La réforme des administrations de l'emploi et de la protection sociale – les difficultés présentées par la co-coordination d'organisations publiques différentes ».

55 Comme on le développera, la coordination est parfois instrumentalisée au service d'une politique de modernisation de l'État.La mise en place d'organes ou de procédés de coordination est en ce sens pensée comme un moyen de rationaliser l'organisation de l'administration ou de rendre son action plus efficiente.

56 Gérard CORNU (dir.), *Vocabulaire juridique*, *op. cit.*, p. 607.
La nature juridique désigne les traits essentiels d'un objet vu au prisme du droit.

57 Jacques CHEVALLIER, *Science administrative*, Paris, PUF, coll. « Thémis droit », 5e éd., 2013, p. 333.

58 D'ailleurs souvent de manière négative, davantage en tant que « non résultat » en se concentrant sur les « problèmes de coordination » qui surviennent dans l'administration.

définition constitue une base de réflexion utile pour une spécification juridique. L'étude des emplois de la coordination au sein des législations, réglementations et jurisprudences confirme la pertinence d'une telle approche.

§ 2 - La coordination en droit public

Outre la carence des études doctrinales mises en évidence, la principale difficulté d'une appréhension juridique de la coordination réside, paradoxalement, dans son omniprésence dans toutes les branches du droit public. Cette particularité oblige à privilégier un champ de recherche étendu portant sur « *l'ensemble des règles juridiques relatives à l'existence, à l'organisation, au fonctionnement et aux relations de l'État* »[59]. Une approche *lato sensu*[60] du droit public a donc été préférée afin de rendre compte des multiples figures juridiques de la coordination. Se borner à la seule sphère du droit administratif aurait eu en effet pour conséquence d'ignorer d'autres aspects de la coordination relevant du droit constitutionnel, du droit des finances publiques, du droit international public, du droit de l'Union européenne, du droit des collectivités territoriales, ou encore de la théorie du droit. Le cadre d'analyse retenu est donc celui du « droit de l'État » envisagé d'un point de vue administratif, décisionnel et normatif.

---

59 Didier TRUCHET, *Droit administratif*, Paris, PUF, coll. « Thémis droit », 2008, p. 27. L'auteur précise que le droit public contient plusieurs branches que l'on peut regrouper en deux grands groupes : « *les droits de l'existence de l'État qui le créent dans l'ordre international (le droit international public) et dans l'ordre interne (le droit constitutionnel) ; les droits du fonctionnement de l'État qui lui permettent d'offrir ou d'imposer des prestations juridiques et matérielles aux citoyens (le droit administratif) et d'avoir les moyens financiers de le faire (finances publiques et droit fiscal)* » (*Ibidem*, p. 51). La coordination touche à l'ensemble des branches du droit public.
Dans une certaine mesure, le cadre de recherche choisi s'apparente moins au droit administratif classique qu'à un droit de l'administration, notion retenue notamment par les études américaines et canadiennes qui est caractérisée par un aspect interdisciplinaire autorisant une étude juridique nourrie par des réflexions relevant du champ des politiques publiques. Pour une illustration de cette approche, cf. notamment Charles-Albert MORAND, *Le droit néo-moderne des politiques publiques*, Paris, LGDJ, coll. « Droit et société », 1999.

60 Selon la définition de Léon Duguit, le droit public comprend ; « *"l'ensemble des règles juridiques qui s'appliquent à l'État" : une première partie comprend "l'ensemble des règles qui s'appliquent directement aux gouvernants pris comme tels" - partie qu'on appellera "droit constitutionnel" ; l'autre englobe "les règles qui s'appliquent à l'activité extérieure des gouvernants et de leurs agents" - et qui relèvent notamment d'un "droit administratif"* » (Léon DUGUIT, *Traité de droit constitutionnel,* 3e éd., Fontemoing, 1927, p. 680 et s.)

L'étude se concentrera sur le droit français cependant, sans procéder à une étude de droit comparé, des exemples provenant de droits étrangers viendront éclairer notre analyse ; en gardant à l'esprit que l'État « *doit composer, plus que jamais, avec les exigences de l'Union européenne et celles d'un monde globalisé* »[61]. En outre, il convient de prendre ses distances avec une « *archéologie cloisonnée du savoir juridique* »[62], spécifiquement s'agissant de la coordination qui se trouve au carrefour de plusieurs disciplines. Dès lors, il semble indispensable d'adopter un regard interdisciplinaire qui permet « *non pas de "juxtaposer", ni même de "synthétiser" les enseignements tirés de ces disciplines mais de les confronter, de les mobiliser pour chercher à progresser dans la connaissance du phénomène administratif* »[63]. Seront privilégiées les combinaisons épistémologiques du droit public avec la science administrative et la science politique ; des disciplines voisines du droit public.

A. Identification

Le recensement des emplois du terme « coordination » dans le champ juridique est fondamental : « *si l'on ne veut pas se livrer à une recherche qui soit purement abstraite, et ne soit qu'une construction intellectuelle, l'on doit asseoir cette recherche sur des éléments positifs* »[64]. Cependant, cette recherche doit être complétée par une analyse de type « juristique »[65], c'est-à-dire prenant en considération non

---

61 Jacques CAILLOSSE, *L'État du droit administratif*, Paris, LGDJ, coll. « Droit et société », p. 25.

62 Jean-Pierre SUEUR, « L'histoire du droit », *in* Marc GUILLAUME (dir.), *L'État des sciences sociales en France*, Paris, La Découverte, 1986, p. 36. Ou, pour reprendre une réflexion de Pierre Legendre, il s'agit « *d'entrer dans la compréhension du système de l'État en France avec un peu plus de flexibilité et de finesse entre disciplines appelées à se concerter sur le terrain juridique précisément, leur terrain commun* » (in *Trésor historique de l'État en France. L'administration classique*, Paris, Fayard, 1992).

63 Jacques CHEVALLIER, *Science administrative*, Paris, PUF, coll. « Thémis droit », 5e éd., 2013, p.53. La démarche interdisciplinaire qui combine les enseignements de plusieurs disciplines est ainsi préférée à une démarche pluridisciplinaire qui les superpose.

64 Gérard TIMSIT, *Le rôle de la notion de fonction en droit administratif français*, Paris, LGDJ, coll. « Bibliothèque de droit public », 1964, p. 18-19. Et l''auteur de préciser : « *la tâche du juriste est plus modeste que celle du philosophe ou du sociologue du droit ; il s'agit pour lui d'ordonner, de classifier de façon immédiate les éléments juridiques qui font le droit positif de son pays* ».

65 Encore dénommée linguistique juridique, cette discipline peu développée en droit public cherche à identifier les termes qui ont un sens juridique au regard du cadre dans

seulement les références explicites à la coordination mais également les termes qui y sont associés dans les textes juridiques et les jurisprudences. La coordination n'est effectivement pas une notion ignorée du droit public mais elle est pour l'essentiel innommée ; un caractère qui complique son étude.

1. Références textuelles

La notion s'est progressivement développée dans le vocabulaire législatif et réglementaire, autant national qu'européen. L'analyse du droit positif[66], à ces deux échelons[67], confirme en effet l'existence de plusieurs mentions de la coordination dans les textes juridiques. S'en tenir à une recension du seul terme serait toutefois insuffisant. Il convient d'élargir les recherches en prenant en considération des vocables associés à la coordination tels que : « interministériel », « intergouvernemental », « cohérence », « harmonisation », « pilotage », etc. Prise isolément, aucune de ces mentions éparpillées ne suffit à révéler un sens spécifique de la coordination en droit public ; cependant, mises en relation, elles constituent un corpus de références donnant une substance à une acception juridique de la coordination.

a. Le droit national

S'agissant tout d'abord des textes juridiques français, on dénombre aujourd'hui plus de mille références à la coordination dans la soixantaine de codes en vigueur examinés[68]. Pour autant, si l'on réduit la

---

lequel ils sont employés, leur relation avec des termes qui les précèdent ou les suivent. V. Gérard CORNU, *Linguistique juridique*, *op. cit.*, 2005.

66 Le « droit positif » est entendu comme l'ensemble des règles juridiques en vigueur applicables sur un territoire à un moment donné.

67 Cette approche élargie permet de prendre en compte le droit de l'Union européenne dont l'impact sur la vie juridique français n'est plus à démontrer : « *il n'est plus nécessaire de poser la question de savoir si les affaires européennes sont des affaires extérieures ou intérieures, elles sont les deux à la fois* » (Didier MAUS, « Préface », *in* Jean-Luc SAURON, *L'administration française et l'Union européenne*, Paris, La Documentation française, 2000, p. 5).

68 La recherche effectuée sur le site Legifrance.gouv.fr révèle que 1170 articles parmi les codes en vigueur (codes soulignés ci-dessous) mentionnent le vocable « coordination » : Code de l'action sociale et des familles, Code de l'artisanat, Code des assurances, Code de l'aviation civile, Code du cinéma et de l'image animée, Code civil, Code de commerce, Code des communes, Code des communes de la Nouvelle-Calédonie, Code de la consommation, Code de la construction et de l'habitation, Code de la défense, Code de déontologie de la police nationale, Code de déontologie des

recherche aux seuls codes s'inscrivant dans le champ du droit public, trois sont particulièrement représentatifs : le Code général des collectivités territoriales contient 57 dispositions mentionnant le vocable ; le Code général des impôts, 7[69] (articles 158, 207, 125-0 A, 885-0 V bis A, 990 I, 1461,1654) ; le Code des marchés publics, 3 (articles 10, 188 et 206). Par ailleurs, une recherche portant sur les lois votées de 1990 à nos jours révèle que deux-cent-quarante d'entre elles comprennent au moins une disposition faisant mention du terme « coordination »[70]. Une analyse des textes réglementaires selon les mêmes méthodes de recherche aboutit à un résultat encore plus notable : 3347 décrets et 6803 arrêtés contiennent

---

agents de police municipale, Code de déontologie des architectes, Code de déontologie des professionnels de l'expertise comptable, Code disciplinaire et pénal de la marine marchande, Code du domaine de l'État, Code du domaine de l'État et des collectivités publiques applicable à la collectivité territoriale de Mayotte, Code du domaine public fluvial et de la navigation intérieure, Code des douanes, Code des douanes de Mayotte, Code de l'éducation, Code électoral, Code de l'entrée et du séjour des étrangers et du droit d'asile, Code de l'environnement, Code de l'expropriation pour cause d'utilité publique, Code de la famille et de l'aide sociale, Code forestier, Code forestier de Mayotte, Code général de la propriété des personnes publiques, Code général des collectivités territoriales, Code général des impôts, Code général des impôts -annexe 1, Code général des impôts-annexe 2, Code général des impôts-annexe 3, Code général des impôts-annexe 4, Code des instruments monétaires et des médailles, Code des juridictions financières, Code de justice administrative, Code de justice militaire, Code de la légion d'honneur et de la médaille militaire, Livre des procédures fiscales, Code des marchés publics, Code minier, Code monétaire et financier, Code de la mutualité, Code de l'organisation judiciaire, Code du patrimoine, Code pénal, Code des pensions civiles et militaires de retraite, Code des pensions de retraite des marins français, du commerce, de pêche ou de plaisance, Code des pensions militaires d'invalidité et des victimes de la guerre, Code des ports maritimes, Code des postes et des communications électroniques, Code de procédure civile, Code de procédure pénale, Code de la propriété intellectuelle, Code de la recherche, Code de la route, Code rural (ancien), Code rural et de la pêche maritime, Code de la santé publique, Code de la sécurité sociale, Code du service national, Code du sport, Code du tourisme, Code du travail, Code du travail applicable à Mayotte, Code du travail maritime, Code de l'urbanisme, Code de la voirie routière.
Source : http://www.legifrance.gouv.fr/ (Recherche : « Bases de données » / « Recherche simple dans les codes » / « Recherche d'un article au sein d'un code » / « Par mot ou expression »)
Consulté le 15 juin 2015.

69 S'ajoutent deux articles du Code général des impôts, annexe 2 (articles 310-0 H bis et 371 AQ bis) et trois dispositions du Code général des impôts, annexe 3 (articles 41 sexdecies H, 46 AG sexdecies et 49 I ter). Et trois articles dans le Livre des procédures fiscales : articles L. 84, L. 135 D, R. 213-3.

70 Source : http://www.legifrance.gouv.fr/ (Recherche : « Bases de données »/ « Recherche simple dans les textes législatifs » / « Rechercher ces mots parmi les mots du texte »).
Consulté le 15 juin 2015.

le vocable[71]. Cette recherche de mentions expresses dans les corpus législatif et réglementaire doit être complétée par un examen des textes contenant des vocables formés à partir du radical « coord- » tels que le verbe « coordonner », le substantif « coordonnateur » ou « coordinateur », le gérondif « coordonnant », le participe passé « coordonné/ée », etc. À cette liste doivent également s'adjoindre les textes comprenant des « indices de coordination », c'est-à-dire des termes relevant du même champ lexical que la coordination : interministériel (-lle), interministérialité, pilotage, suivi, etc. ; ces deux derniers termes désignant effectivement des activités généralement associées dans les textes à une fonction de coordination.

Discrète dans la doctrine, la notion fait donc à première vue l'objet d'occurrences pléthoriques dans les textes législatifs et réglementaires en vigueur[72]. Cette abondance ne doit néanmoins pas faire illusion : les résultats doivent être nuancés par une analyse plus ciblée portant non pas sur le contenu des textes étudiés mais exclusivement sur leur intitulé : ce sont alors 21 lois, 385 décrets et 936 arrêtés[73] qui sont concernés. Ces références traduisent de manière plus réaliste la place de la coordination dans le droit positif français où elle est le plus souvent liée à une question très spécifique[74] ou à la création d'un organe dit « de

---

71 Source : http://www.legifrance.gouv.fr/ (Recherche : « Bases de données » / « Recherche simple dans les textes réglementaires »/ « Rechercher ces mots parmi les mots du texte »).
Consulté le 15 juin 2015.

72 Ne sont mentionnés ici que les seuls textes réglementaires et législatifs. On dénombre par ailleurs cent vingt-trois circulaires, soixante-quatorze ordonnances comportant le terme de coordination. Ce sont des sources supplémentaires utiles pour l'analyse de ses manifestations dans le droit positif.

73 Source : http://www.legifrance.gouv.fr/ (« Bases de données » / « Recherche simple dans les textes législatifs et réglementaires » / « Rechercher ces mots parmi les mots du titre »).
Consulté le 15 juin 2015. Encore faut-il retirer de ce panorama les textes redondants comme ceux modifiant une loi, un décret ou un arrêté antérieur.

74 À cet égard, le plus ancien texte référencé dans la base de données *Légifrance* est le décret-loi du 19 avril 1934 relatif à la coordination des transports ferroviaires et routiers. D'autres exemples illustratifs de l'usage ciblé sur des questions spécifiques peuvent être mentionnés : la loi n° 56-1222 du 1er décembre 1956 relative à la coordination des régimes de retraite professionnels ; le décret n° 89-314 du 16 mai 1989 relatif à la coordination des actions de sécurité lors des opérations de lancement spatial en Guyane ; le décret n° 97-213 du 11 mars 1997 relatif à la coordination de la lutte contre le travail illégal ; la loi n° 2000-1354 du 30 décembre 2000 tendant à faciliter l'indemnisation des condamnés reconnus innocents et portant diverses dispositions en matière de procédure pénale ; le décret n° 2010-1027 du 30 août 2010 relatif au fonctionnement du fonds d'intervention pour la qualité et la coordination des soins et au financement des réseaux ;

coordination »[75] (et parfois à la composition de ce dernier ou à la nomination d'une personnalité en son sein[76]).

b. Le droit de l'Union européenne

En droit de l'Union européenne, le terme « coordination » apparaît dans de nombreux textes relevant aussi bien du droit primaire que du droit dérivé : on dénombre[77] par exemple 34 occurrences dans le Traité sur l'Union européenne (TUE)[78], 128 dans le Traité sur le

---

le décret n° 2012-2 du 2 janvier 2012 relatif aux conventions types de coordination en matière de police municipale ; ou plus récemment le décret n° 2014-961 du 22 août 2014 portant coordination entre les régimes de retraite applicables aux fonctions publiques de droit commun et de la Nouvelle-Calédonie.

[75] Par exemple : le décret n° 99-720 du 3 août 1999 portant création d'une commission départementale de coordination en matière de jeunesse ; le décret n° 2002-658 du 29 avril 2002 relatif au comité de coordination régional de l'emploi et de la formation professionnelle ; le décret n° 2009-556 du 19 mai 2009 créant le conseil de coordination interportuaire de la Seine ; le décret n° 2011-1471 du 8 novembre 2011 relatif au comité interministériel de coordination de la santé ; l'arrêté du 8 octobre 2013 relatif au comité de coordination veillant à l'harmonisation de l'application des dispositions législatives et réglementaires applicables en matière de registre du commerce et des sociétés ; ou plus récemment le décret n° 2014-1460 du 8 décembre 2014 modifiant le décret n° 2008-548 du 11 juin 2008 relatif à la commission interministérielle de coordination des contrôles portant sur les opérations cofinancées par les fonds européens.

[76] Mentionnons notamment le décret n° 2000-998 du 12 octobre 2000 relatif à la composition et au fonctionnement du Conseil supérieur d'orientation et de coordination de l'économie agricole et alimentaire ; l'arrêté du 21 novembre 2003 portant nomination du président du comité de coordination des programmes régionaux d'apprentissage et de formation professionnelle continue ; l'arrêté du 18 décembre 2007 fixant la composition des comités exécutifs du comité de coordination des aéroports français ; l'arrêté du 30 juin 2009 portant nomination du président du conseil de coordination interportuaire de la Seine ; le décret n° 2012-277 du 27 février 2012 relatif à la composition et à la compétence de la commission technique spécialisée du Conseil supérieur d'orientation et de coordination de l'économie agricole et alimentaire ; ou encore l'arrêté du 20 février 2015 portant nomination à la commission interministérielle de coordination des contrôles - autorité d'audit pour les fonds européens en France.

[77] Source : http://eur-lex.europa.eu/fr/index.htm (Recherche : « Législation » / « Dans le titre et le texte »). Consulté le 15 juin 2015.

[78] Citons par exemple : l'article 45, alinéa 1er du TUE aux termes duquel « *l'Agence européenne de défense (...) a pour mission (...) de proposer des projets multilatéraux pour remplir les objectifs en termes de capacités militaires et d'assurer la coordination des programmes exécutés par les États membres et la gestion de programmes de coopération spécifiques* » ; son article 16 qui précise que « *le Conseil exerce, conjointement avec le Parlement européen, les fonctions législative et budgétaire. Il exerce des fonctions de définition des politiques et de coordination conformément aux conditions prévues par les traités* » ; ou encore l'article K.4 dont le premier alinéa

fonctionnement de l'Union européenne (TFUE)[79] ; s'y ajoutent 1086 règlements, 541 directives, 1854 décisions, 268 recommandations et 256 avis des institutions européennes. À l'instar de l'étude du corpus juridique national, une analyse limitée aux intitulés rend davantage compte de l'importance de la coordination à l'échelon européen. Avec cette méthode, on ne recense[80] plus que 33 règlements[81], 99 directives[82] et 120 décisions[83]. Au-delà de cette analyse quantitative, une recherche

---

prévoit l'institution d'un « *Comité de coordination composé de hauts fonctionnaires* » dans le cadre de la coopération dans le domaine de la justice et des affaires intérieures.

79 Mentionnons par exemple l'article 124, alinéa 6 du TFUE selon lequel « *la Commission peut prendre toute initiative utile pour promouvoir la coordination entre les actions de l'Union et celles des États membres, afin de renforcer l'efficacité et la complémentarité des dispositifs de l'Union et des dispositifs nationaux d'aide humanitaire* » ; l'article 134, alinéa 1er prévoit qu'« *en vue de promouvoir la coordination des politiques des États membres dans toute la mesure nécessaire au fonctionnement du marché intérieur, il est institué un comité économique et financier* » ; ou encore l'article 5, alinéa 2 précise que « *l'Union prend des mesures pour assurer la coordination des politiques de l'emploi des États membres, notamment en définissant les lignes directrices de ces politiques* ».

80 Source : http://eur-lex.europa.eu/fr/index.htm (Recherche : « Législation » / « Dans le titre »).
Consulté le 15 juin 2015.

81 Trois sujets dominent : la coordination des systèmes de sécurité sociale, la coordination des politiques économiques et la coordination des vols aériens. Citons par exemple : le règlement (UE) n° 1372/2013 de la Commission du 19 décembre 2013 modifiant le règlement (CE) n° 883/2004 du Parlement européen et du Conseil portant sur la *coordination* des systèmes de sécurité sociale ; le règlement UE n° 1175/2011 du Parlement européen et du Conseil du 16 novembre 2011 modifiant le règlement CE n° 1466/97 du Conseil relatif au renforcement de la surveillance des positions budgétaires ainsi que de la surveillance et de la coordination des politiques économiques ; le règlement CE n° 1266/1999 du Conseil du 21 juin 1999 sur la coordination de l'assistance aux pays candidats dans le cadre de la stratégie de préadhésion, et modifiant le règlement CEE n° 3906/89.

82 Deux domaines sont particulièrement concernés : les marchés publics et l'audiovisuel. Quelques illustrations : la directive n° 2010/13/UE du Parlement européen et du Conseil du 10 mars 2010 visant à la coordination de certaines dispositions législatives, réglementaires et administratives des États membres relatives à la fourniture de services de médias audiovisuels (directive Services de médias audiovisuels) ; la directive n° 2005/75/CE du Parlement européen et du Conseil du 16 novembre 2005 rectifiant la directive n° 2004/18/CE relative à la coordination des procédures de passation des marchés publics de travaux, de fournitures et de services ; la directive n° 2004/18/CE du Parlement européen et du Conseil du 31 mars 2004 relative à la *coordination* des procédures de passation des marchés publics de travaux, de fournitures et de services.

83 Parmi les plus récentes, mentionnons par exemple : la décision de la Commission du 25 février 2014 portant modification de la décision n° 2007/479/CE concernant la compatibilité avec le droit communautaire des mesures prises par la Belgique conformément à l'article 3 bis , paragraphe 1, de la directive n° 89/552/CEE du Conseil

qualitative fondée sur une classification thématique reprenant les vingt chapitres du Répertoire de la législation communautaire[84] montre que la coordination est davantage mentionnée dans certains domaines : « Droit d'établissement et libre prestation des services » (chapitre 6) ; « Relations extérieures » (chapitre 11) ; « Politique industrielle et marché intérieur » (chapitre 13). Il est par ailleurs intéressant de noter que le chapitre 14 est spécifiquement consacré à la « Politique régionale et coordination des instruments structurels ». Ce panorama textuel peut être enrichi par une brève analyse jurisprudentielle, nationale et européenne.

2. Références jurisprudentielles

a. Jurisprudence constitutionnelle

On ne rencontre nulle part dans la Constitution française du 4 octobre 1958 le terme « coordination »[85] ; pourtant 91 décisions rendues

---

visant à la coordination de certaines dispositions législatives, réglementaires et administratives des États membres relatives à l'exercice d'activités de radiodiffusion télévisuelle ; la décision du Conseil du 10 novembre 2014 relative à la position à prendre au nom de l'Union européenne au sein du comité mixte institué par l'accord entre la Communauté européenne et ses États membres, d'une part, et la Confédération suisse, d'autre part, sur la libre circulation des personnes en ce qui concerne la modification de l'annexe II dudit accord sur la coordination des systèmes de sécurité sociale ; ou encore la décision n° 2012/218/UE d'exécution de la Commission du 24 avril 2012 exemptant la production et le commerce de gros d'électricité produite en Allemagne à partir de sources conventionnelles de l'application de la directive n° 2004/17/CE du Parlement européen et du Conseil portant coordination des procédures de passation des marchés dans les secteurs de l'eau, de l'énergie, des transports et des services postaux.

84 Source : http://eur-lex.europa.eu/fr/index.htm (« Recherche simple limitée aux titres des documents / Classification du répertoire »). « *La classification du Répertoire comprend uniquement la législation (sauf les traités) ainsi que les travaux préparatoires.* (Elle) *est constituée d'une liste de codes empruntés au Répertoire de la législation communautaire en vigueur. Chacun de ses vingt chapitres peut comprendre jusqu'à quatre niveaux de subdivision* » (extraits du *Mini guide* « Recherche simple », EUR-Lex). Sont ici pris en compte les règlements, directives, décisions, traités mais également d'autres actes comme des avis d'organes communautaires, des questions écrites à la Commission, des communications d'institutions communautaires, des propositions de règlement ou de directive, etc. Le champ des actes comptabilisés selon cette classification thématique est donc plus étendu.

85 Notons en revanche que la Constitution française du 27 octobre 1946 mentionnait à deux reprises le vocable : à l'article 62 du Titre VIII relatif à la disparue Union française (« *Les membres de l'Union française mettent en commun la totalité de leurs moyens pour garantir la défense de l'ensemble de l'Union. Le Gouvernement de la République assume la coordination de ces moyens et la direction de la politique propre à préparer et à assurer cette défense* ») et à l'article 88 du Titre X portant sur les collectivités territoriales (« *Article 88 - La coordination de l'activité des fonctionnaires de l'État, la*

représentation des intérêts nationaux et le contrôle administratif des collectivités territoriales sont assurés, dans le cadre départemental, par les délégués du Gouvernement, désignés en Conseil des ministres »). Par ailleurs, plusieurs constitutions étrangères contiennent aujourd'hui le terme « coordination » ou des dérivés tels que « coordonnateur » et « coordonner ». Mentionnons par exemple : la Loi fondamentale de la République fédérale d'Allemagne de 1949 dont l'article 91a relatif à la coopération de la Fédération et des Länder sur la base d'une loi fédérale dispose dans un alinéa 2 qu'« *une loi fédérale soumise à l'approbation du Bundesrat définira plus précisément les tâches communes ainsi que les détails de la coordination* »
(*Site du Bundestag* :
http://www.bundestag.de/htdocs_f/documents/cadre/loi_fondamentale.pdf). L'article 136 de la Constitution belge de 1994 prévoit « *des groupes linguistiques au Parlement de la Région de Bruxelles-Capitale, et des Collèges, compétents pour les matières communautaires (...). Les Collèges forment ensemble le Collège réuni, qui fait fonction d'organe de concertation et de coordination entre les deux communautés* » (site de la Cour constitutionnelle belge :
http://www.const-court.be/fr/textes_base/textes_base_constitution.html).
L'article 87, alinéa 1er de la Constitution brésilienne de 1988 précise que le ministre d'État est compétent pour « *exercer une orientation, une coordination ou supervision des organes de l'administration fédérale dans les domaines de sa compétence...* » (traduction libre ; Site du Sénat brésilien:http://www.senado.gov.br/legislacao/const/con1988/CON1988_29.03.2012/CON1988.pdf)/.
De même, l'article 75, alinéa 2 de la Constitution helvétique de 1999 prévoit que « *la Confédération encourage et coordonne les efforts des cantons et collabore avec eux* » (notamment en matière d'enseignement, de recherche, de formation et de sécurité) tandis que son article 180, alinéa 1er dispose que « *le Conseil fédéral détermine les buts et les moyens de sa politique gouvernementale. Il planifie et coordonne les activités de l'État* » (Site du Parlement suisse : http://www.parlament.ch/f/wissen/li-bundesverfassung/Pages/default.aspx).
La mention de la coordination n'est toutefois pas réservée à des constitutions fédérales, en témoignent notamment la Constitution colombienne de 1991 dont l'article 209, alinéa 2 dispose que « *les autorités administratives doivent coordonner leurs actions en vue de remplir de manière adéquate les objectifs de l'État* » (traduction libre ; Site de la Présidence colombienne : http://web.presidencia.gov.co/constitucion/index.pdf).
La Constitution italienne de 1947 précise à l'article 95, alinéa 1er que « *le Président du Conseil des ministres dirige la politique générale du Gouvernement et en est responsable. Il maintient l'unité d'orientation politique et administrative, en favorisant et en coordonnant l'activité des ministres* » (Site du Sénat italien :
http://www.senato.it/documenti/repository/istituzione/costituzione_francese.pdf).
De même, l'article 146 de la Constitution polonaise de 1997 précise à l'alinéa 4, §3 que le Conseil des ministres « *coordonne et contrôle l'activité de toutes les autorités de l'administration gouvernementale* ».
(Site du Tribunal constitutionnel polonais :
http://www.trybunal.gov.pl/fr/index.htm).
Enfin, citons en dernier exemple la Constitution du Liban de 1926 dont l'article 64, alinéa 2 dispose que « *le Président du Conseil des ministres (...) assure la coordination entre les ministres et donne les directives générales en vue de garantir la bonne marche du travail* » (Site du Conseil constitutionnel libanais : http://www.conseilconstitutionnelliban.com/sub-fr.aspx?id=169).

par le Conseil constitutionnel[86] font mention du terme, dont deux dans leur intitulé[87]. Une analyse plus précise de ces décisions nuance toutefois leur intérêt : elles ne contiennent aucune indication substantielle qui aurait pu contribuer à préciser juridiquement la notion. Essentiellement, deux types de citations peuvent être distingués : soit le Conseil ne fait que rappeler certaines dispositions de lois, codifiées ou non, mentionnant une coordination réalisée dans un domaine spécifique[88] ; soit il reprend une formule générale insérée dans le dispositif, en général à l'appui d'une décision de non-conformité (totale ou partielle)[89].

---

[86] Source : http://www.legifrance.gouv.fr/ (Recherche : « Bases de données » / « Recherche experte dans la jurisprudence constitutionnelle » / « Recherche dans texte intégral »). On relève plus précisément soixante-quinze décisions *DC*, 4 décisions *AN*, cinq décisions *L*, trois décisions *PDR*, trois décisions *QPC* et une décision *I*). Consulté le 15 juin 2015.
N.B. : *DC* : contrôle de constitutionnalité des lois ordinaires, des lois organiques, des traités, des règlements des assemblées) ; AN : contrôle des élections à l'Assemblée nationale ; *L* : déclassement de textes législatifs au rang réglementaire ; *PDR* : élection du Président de la République ; *QPC* : question prioritaire de constitutionnalité ; *I* : incompatibilité des parlementaires.
Source : *Site du Conseil constitutionnel*.
Consultable sur : http://www.conseil-constitutionnel.fr/.

[87] La première est la décision n° 2011-224 QPC du 24 février 2012, *Coordination pour la sauvegarde du bois de Boulogne* relative à une validation législative de permis de construire. Il est ici question d'une coordination au sens que lui attribue la science politique, c'est-à-dire *un rassemblement momentané dans un but revendicatif*. Cette décision n'a pas d'intérêt particulier dans le cadre de notre réflexion. La seconde est la décision n° 2012-653 DC du 09 août 2012, *Traité sur la stabilité, la coordination et la gouvernance au sein de l'Union économique et monétaire*. (Recherche : « Bases de données » / « Recherche experte dans la jurisprudence constitutionnelle » / « Recherche dans texte titre »).

[88] Citons notamment celle du 4 août 2011 (2011-640 DC) relative à la loi modifiant certaines dispositions de la loi n° 2009-879 du 21 juillet 2009 portant réforme de l'hôpital et relative aux patients, à la santé et aux territoires qui précise « dans son article 7, devenu l'article 15, et ses articles 8 et 13, supprimés en cours de discussion, la proposition de loi initiale modifie les compétences des agences régionales de santé ; qu'ainsi, elle leur donne compétence pour suspendre ou fermer un centre de santé et décider de l'utilisation du fonds d'intervention pour la qualité et la coordination des soins...» (Considérant 5) ; ou encore la décision n° 2004-504 DC du 12 août 2004 sur la loi relative à l'assurance maladie qui rappelle « *qu'aux termes du nouvel article L. 161-36-1 du code de la sécurité sociale, le dossier médical personnel est institué « afin de favoriser la coordination, la qualité et la continuité des soins, gages d'un bon niveau de santé »* (...) *que, pour atteindre cet objectif, le nouvel article L. 161-36-2 prévoit que chaque professionnel de santé inscrira au dossier « les éléments diagnostiques et thérapeutiques nécessaires à la coordination des soins de la personne prise en charge »*... » (Considérant 6).

[89] Mentionnons par exemple la formule « Considérant qu'il ressort de l'économie de l'article 45 de la Constitution et notamment de son premier alinéa aux termes duquel : « Tout projet ou proposition de loi est examiné successivement dans les deux assemblées

b. Jurisprudence administrative

S'agissant de la jurisprudence administrative, 793 arrêts du Conseil d'État[90] mentionnent la « coordination ». Cependant, à nouveau, la présence du vocable ne doit pas seulement être analysée d'un point de vue quantitatif. De fait, comme dans les décisions du Conseil constitutionnel, la coordination apparaît dans les arrêts essentiellement à travers la citation d'un texte national ou européen qui en fait mention[91]

---

du Parlement en vue de l'adoption d'un texte identique », que les adjonctions ou modifications qui peuvent être apportées après la première lecture par les membres du Parlement et par le Gouvernement doivent être en relation directe avec une disposition restant en discussion ; que, toutefois, ne sont pas soumis à cette dernière obligation les amendements destinés à assurer le respect de la Constitution, à opérer une coordination avec des textes en cours d'examen ou à corriger une erreur matérielle » que l'on retrouve dans les décisions de non-conformité partielle n° 2012-649 DC du 15 mars 2012 sur la loi relative à la simplification du droit et à l'allègement des démarches administratives (Considérant 22) et n° 2011-642 DC du 15 décembre 2011 relative à la loi de financement de la sécurité sociale pour 2012 (Considérant 3). Autre expression intéressante : « *Considérant que l'amendement dont sont issues les dispositions susmentionnées a été introduit en nouvelle lecture à l'Assemblée nationale ; que ces adjonctions n'étaient pas, à ce stade de la procédure, en relation directe avec une disposition restant en discussion ; qu'elles n'étaient pas non plus destinées à assurer le respect de la Constitution, à opérer une coordination avec des textes en cours d'examen ou à corriger une erreur matérielle ; qu'il s'ensuit que les paragraphes III et IV de l'article 68 ont été adoptés selon une procédure contraire à la Constitution ; qu'ils doivent être déclarés contraires à cette dernière* » dans la décision n° 2011-645 DC du 28 décembre 2011 relative à la loi de finances rectificative.

Enfin, le juge constitutionnel mentionne parfois une « coordination d'articles » sans toutefois préciser ce qu'il entend par cette expression comme dans la décision n° 2010-616 DC du 10 novembre 2010 sur la loi organique relative à la gestion de la dette sociale dans laquelle il précise « *que les 3° et 4° de l'article 2 de la loi organique procèdent à des modifications par coordination des articles L.O. 111-6 et L.O. 111-7 du même code* » (Considérant 11) ou la décision 2011-683 DC du 28 juillet 2011 relative à la loi de finances rectificative pour 2001 qui considère que « *l'article 1er de la loi déférée, qui réforme l'impôt de solidarité sur la fortune, modifie les articles 885 U, 885 V et 885 W du code général des impôts ; qu'il abroge l'article 885 V bis ; qu'il modifie, par coordination, les articles 885 I bis, 885 I quater, 885 Z, 1723 ter-00 A et 1730 du même code et les articles L. 23 A, L. 66, L. 180 et L. 253 du livre des procédures fiscales* » (Considérant 15).

90 Source : http://www.legifrance.gouv.fr/ (« Bases de données » / « Recherche experte dans la jurisprudence administrative » / « Conseil d'État » / « Recherche dans texte intégral »).

91 Quelques illustrations de ce type de mention : l'arrêt n° 347094 du 16 mai 2012 rappelle que « Considérant qu'aux termes de l'article 156 de la loi du 27 février 2002

ou lorsque l'une des parties au litige est une « coordination »[92] (au sens que lui donne la science politique, c'est-à-dire un rassemblement professionnel momentané qui poursuit un but revendicatif), ou encore quand il comporte dans son intitulé le terme[93]. Redondantes avec les références textuelles déjà citées ou purement formelles, ces mentions ne permettent pas de dégager une notion spécifique : la notion de coordination est orpheline de toute définition jurisprudentielle à caractère général.

c. Jurisprudence européenne

La jurisprudence européenne[94] n'infirme pas ce constat d'une absence de définition juridique. Une analyse des arrêts de la Cour de justice de l'Union européenne met en lumière l'existence de 1668 arrêts, 142 ordonnances et 6 avis[95] mentionnant le terme. Néanmoins, le résultat est trompeur : une recherche cantonnée aux seuls intitulés des actes pris par la Cour révèle seulement 16 arrêts, 3 ordonnances et 6 avis, mais surtout le juge emploie la notion sans jamais préciser le sens qu'il lui

---

relative à la démocratie de proximité : (...) 3° Le dénombrement et la description des caractéristiques des logements. Les données recueillies sont régies par les dispositions de la loi n° 51-711 du 7 juin 1951 sur l'obligation, la coordination et le secret en matière de statistiques et de la loi n° 78-17 du 6 janvier 1978 relative à l'informatique, aux fichiers et aux libertés » ; l'arrêt n°341019 du 5 octobre 2011 précise que « *qu'il résulte en outre de l'article 24 du décret du 21 septembre 1993 que les chefs des services d'insertion et de probation peuvent être chargés de fonctions de coordination d'actions menées dans le cadre de partenariats et d'animation des équipes de travailleurs sociaux...* » ; enfin, autre exemple intéressant, l'arrêt n°320735 du 11 juillet 2011 cite dans le visa « *la directive 93/37/CEE du Conseil du 14 juin 1993 portant coordination des procédures de passation des marchés publics de travaux* ».

92 Dans ce cas, mentionnons par exemple l'arrêt n° 349178 du 6 juillet 2012 visant « *la requête sommaire et le mémoire complémentaire, enregistrés les 11 mai et 10 août 2011 au secrétariat du contentieux du Conseil d'État, présentés pour la coordination des associations pour le droit a l'avortement et à la contraception* ».

93 Ainsi de l'arrêt n° 322610 du 15 avril 2011 dans lequel le juge rappelle « *qu'il ressort des pièces du dossier soumis aux juges du fond que la SA Alcatel CIT a, le 23 juillet 1991, souscrit à hauteur de 495 millions de francs à une augmentation du capital de la société Alcatel Finco, société de droit belge ayant le statut de centre de coordination du groupe Alcatel, constituée en 1988 par la société néerlandaise Alcatel NV...* ».

94 N'est ici mentionnée que la jurisprudence de la CJUE, cependant on dénombre également huit arrêts, ordonnances et avis du Tribunal (de première instance) de l'Union européenne et du Tribunal de la fonction publique dont l'intitulé mentionne la coordination.

95 Source : http://eur-lex.europa.eu/fr/index.htm (« Recherche simple dans l'intégralité du texte »).
Consulté le 15 juin 2015.

donne. Il ne fait encore ici que se référer à un texte juridique ou bien au nom d'une partie qui comporte le terme.

Cette brève synthèse des usages de la coordination en droit public révèle une multiplicité d'emplois sans qu'aucune définition commune ne soit formulée, qu'aucun statut particulier ne soit précisé. Est-ce à dire que la coordination est bien un « *objet du droit, c'est-à-dire réglé par un ensemble de dispositions juridiques* »[96] mais qu'elle n'est pas un « *objet de droit, c'est-à-dire construit par le droit* »[97] ? Cette disparité apparente ne doit pas être vue comme un obstacle dirimant, empêchant toute approche juridique de la coordination, mais comme une incitation à dépasser les grilles d'analyse habituellement retenues. La coordination a une existence et une pertinence en droit public, toutefois une approche classique qui viserait à déterminer un régime juridique unique serait artificielle et, par conséquent, inopérante dans la mesure où elle aboutirait à une classification discutable regroupant des dispositifs dissemblables. La notion, intrinsèquement plurielle dans sa nature comme dans ses expressions, ne s'y prête pas. Tout l'intérêt mais en même temps la difficulté de la recherche a été de procéder à une analyse combinée des manifestations de la coordination en droit public afin de mettre en lumière le sens tacite que lui ont donné les législations, réglementations et jurisprudences examinées[98]. Ce « *travail préalable de recherche sur le mode d'appartenance au droit* »[99] a confirmé deux principales caractéristiques de la coordination lorsqu'elle est employée dans le champ juridique : d'une part, elle est envisagée d'un point de vue fonctionnel ; d'autre part, elle ne relève pas d'une logique verticale. La prise en compte de ces traits spécifiques constants permet d'esquisser les contours d'une acception juridique de la notion qui n'a pas pour ambition d'être exhaustive mais de proposer un panorama des principales figures de la coordination en droit public en mettant l'accent sur son rôle discret mais essentiel en matière d'organisation, de décision et de régulation étatiques

---

96 Jean-Arnaud MAZERES, « Préface », *in* Eric MILLARD, *Famille et droit public. Recherches sur la construction d'un objet juridique*, Paris, LGDJ, coll. « Bibliothèque de droit public », Tome 182, 1995, p. 13.

97 *Ibidem.*

98 N'est-ce d'ailleurs pas tout l'enjeu d'un travail de recherche doctrinale comme le rappelle Jean Rivero : « *la reprise d'un thème qui reste flou dans la loi ou la jurisprudence que la thèse va essayer de préciser et d'approfondir* », *in La thèse en droit et la recherche juridique*, Association pour une fondation nationale des études en droit, Paris, LGDJ, 1993, p. 40.

99 Jacques CAILLOSSE, « Jean-Arnaud Mazères : contribution à une théorie juridique du « local » », *in Études en l'honneur du Professeur Jean-Arnaud Mazères*, Paris, Litec, 2009, p. 64.

B. Définition

Les occurrences du terme de coordination et des vocables qui lui sont associés dans les différentes branches du droit public conduisent à penser que la notion y a une signification particulière. Afin de la saisir, une « *rupture épistémologique* »[100] est nécessaire. Il s'agit de proposer une définition stipulative[101], fruit d'une démarche inductive qui envisage la coordination en tant que fonction, c'est-à-dire non comme un résultat mais comme un mode d'ordonnancement flexible de la pluralité inhérente à l'État. Avant d'expliciter le contenu de la coordination en droit public, il convient au préalable d'en déterminer les frontières.

1. Délimitation conceptuelle

La coordination se spécifie juridiquement tout d'abord en se détachant de la logique hiérarchique ; en revanche, nous ne rejetons pas l'idée d'une coordination verticale[102] : pour reprendre des expressions que l'on retrouve souvent dans les textes juridiques, les organes de coordination « pilotent », « assurent le suivi », « impulsent »... un dialogue entre entités impliquées dans le même processus de décision, ce qui requiert une position « en surplomb » et une action qui transcende les cloisonnements fonctionnels. Selon André G. Delion, « *il n'existe pas de limite rigoureuse où la hiérarchie s'arrête et où la coordination commence* »[103]. L'arbitrage constitue, semble-t-il, cette limite. Si l'on prend l'exemple de la coordination interministérielle, en cas de désaccords persistants entre plusieurs ministères, c'est au Premier

---

100 Pour reprendre une expression consacrée par Gaston Bachelard au sujet des sciences dites « dures » mais qui peut s'appliquer de manière pertinente aux sciences sociales et au droit. Cf. pour une étude précise de cette notion son ouvrage : *La formation de l'esprit scientifique. Contribution à une psychanalyse de la connaissance objective*, Paris, Vrin, 9e éd., 1975.

101 Une définition stipulative n'est « *ni vraie, ni fausse, mais seulement opératoire pour un problème spécifique. Une définition stipulative est une décision que l'on prend au commencement d'une recherche, de constituer une classe d'objets présentant tous un certain caractère* » (Michel TROPER, « Pour une définition stipulative du droit », *Droits*, n° 10, 1989, p. 102).

102 La verticalité n'est pas forcément synonyme de hiérarchie.

103 André G. DELION, « La coordination administrative en matière économique et sociale. Introduction générale », *op. cit.*, p. 6. Cette distinction indécise entre coordination et hiérarchie est encore présente chez certains auteurs contemporains. Elle révèle un usage au sens large du terme, proche du sens commun.

ministre qu'il revient de trancher bien qu'il ne dispose en principe d'aucun pouvoir hiérarchique à l'égard des ministres. En revanche, le Secrétaire général d'un ministère dispose d'un pouvoir hiérarchique sur les services qu'il doit coordonner : la frontière est parfois poreuse.

D'autre part, la coordination ne doit pas être conçue comme un terme générique qui regrouperait tous les modes horizontaux d'organisation ou d'action de l'État tels que la collaboration ou la concertation ; des vocables parfois employés en tant que synonymes de la coordination dans le langage courant. La mise en garde du Professeur Marcou s'applique à notre objet de recherche : « *la tentation est grande de préférer des définitions larges, qui évitent la difficulté d'avoir à préciser les différences avec les notions voisines, et donnent l'illusion de proposer une théorie ou une interprétation nouvelles* »[104]. Le choix d'adopter une approche fonctionnelle de la coordination implique de préciser le sens de plusieurs « notions voisines » afin de les en distinguer.

On peut déceler, en premier lieu, quelques notions connexes à la coordination à l'instar de la collaboration et de la coopération déjà mentionnées, qui se réfèrent à la participation de plusieurs entités à une œuvre commune et reposent sur un principe de relations égalitaires. La distinction entre ces deux notions s'entend moins en termes de nature que de degré : la coopération va plus loin que la collaboration qui désigne, de manière générale, une action conjointe impliquant la mise en commun de compétences et la création d'un organisme par les parties coopérantes pour les exercer. Par exemple, plusieurs communes souhaitant coopérer peuvent décider de créer un établissement public de coopération intercommunale qui, conformément au principe de spécialité, intervient soit pour la gestion de certains services publics locaux ou la réalisation d'équipements locaux, soit pour la conduite de projets collectifs de développement. Un besoin de coordination peut aussi justifier la création d'un organe particulier ; cependant, l'initiative de l'institutionnalisation ne relève pas des entités à coordonner : la collaboration comme la coopération relèvent de la seule volonté des intéressés qui en attendent un bénéfice mutuel tandis que la coordination requiert une intervention extérieure, l'implication d'un organe coordonnateur et/ou la mise en œuvre de procédés de coordination.

D'autres notions sont associées à la coordination. Plusieurs auteurs considèrent ainsi la consultation et la concertation comme des

---

104 Gérard MARCOU, « Introduction », *in* Gérard MARCOU, Franck MODERNE (dir.), *Droit de la régulation, service public et intégration régionale. Tome 2 : Expériences européenne*, *op. cit.*, p. 13.

instruments de coordination. Par exemple, selon Claude Goyard, la consultation, c'est-à-dire la demande d'avis à des entités compétentes destinés à éclairer la prise de décision (à l'intérieur ou à l'extérieur de la sphère administrative) constituerait « *une solution simpliste et paresseuse pour arriver à la coordination* » [105]. En permettant l'expression de plusieurs points de vue, la consultation peut être un moyen d'aboutir à une position commune. Pour autant, les deux notions ne se superposent pas : toute consultation n'est pas coordination. Le même raisonnement s'applique vis-à-vis de la concertation qui ne repose pas, comme la consultation, sur une initiative unilatérale (demande d'avis) mais sur un échange d'arguments en vue de faciliter la recherche d'une position commune. La consultation comme la concertation n'aboutissent pas nécessairement à une prise de décision alors que c'est ce à quoi tend la coordination.

Partant d'une différenciation fondamentale avec la hiérarchie complétée par une distinction avec plusieurs notions voisines, nous avons pu appréhender la coordination d'un point de vue extrinsèque, c'est-à-dire déterminer ce qu'elle n'est pas. Une fois ces limites tracées, l'entreprise de spécification juridique peut se poursuivre : il s'agit à présent d'examiner la coordination d'un point de vue intrinsèque, c'est-à-dire préciser ce qu'elle est.

2. Acception fonctionnelle

Le travail de recherche obéit en principe à une règle fondamentale : « *dans les différents domaines du savoir, on saisit un objet par référence aux connaissances déjà produites sur lui, et l'on construit son propre savoir par cette relation triangulaire indépassable qu'il entretient avec cet objet et avec ces connaissances* » [106]. Or, dans le cas de la coordination, cette démarche scientifique est problématique. Nous avons, en effet, pu constater que l'essentiel des études existantes manque de substance, y compris la seule définition juridique proposée. L'une des explications de cette situation réside dans le fait que la coordination ne peut être envisagée comme une « *notion conceptuelle* » classique caractérisée par « *une définition complète selon les critères logiques habituels et leur contenu (...) abstraitement déterminée une bonne fois pour toutes* ». L'étude de ses diverses manifestations, explicites et

---

105 Claude GOYARD, « La coordination et la consultation dans l'administration publique en France », *op. cit.*, p. 749.

106 Jean-Arnaud MAZERES, « Préface », *in* Mathieu DOAT, *Recherche sur la notion de collectivité locale en droit administratif français*, *op. cit.*, p. VI.

implicites, révèle une notion qui n'a d'existence en droit public qu'au regard de ce à quoi elle sert, des besoins auxquels elle répond. Autrement dit, la coordination est une « *notion fonctionnelle* »[107] dont l'essence juridique se fonde sur le rôle qu'elle joue vis-à-vis de l'État qui, derrière l'image d'un bloc monolithique et rigide, cache une réalité plurielle et dynamique.

Précisément, la fonction de coordination en droit public peut être entendue en tant que mode d'ordonnancement flexible de l'organisation, de l'action et du droit de l'État visant une cohésion des appareils administratifs, une cohérence de centres de décision et une concordance de règles juridiques. Il s'agit de prévenir tout doublon ou contradiction entre des entités relevant d'une même organisation administrative, entre des positions exprimées dans le cadre d'un même processus décisionnel ou entre des règles juridiques participant d'un même ensemble normatif. Sa mise en œuvre suppose l'emploi de procédés plus ou moins formalisés dont les effets juridiques, de nature incitative, relèvent d'une logique de droit négocié ou de droit souple et/ou l'intervention à titre principal ou secondaire d'organes aux statuts divers [108] mais partageant des caractéristiques spécifiques communes (position d'interface, activité pluridisciplinaire, composition transversale...) se situant en position d'extériorité mais non de supériorité au regard des éléments coordonnés (administrations, compétences, règles juridiques). Polymorphe, la fonction de coordination est aussi multidimensionnelle, l'État s'inscrivant désormais dans un cadre pluri-niveaux : elle s'exerce à l'échelon central, territorial, régional et mondial mais aussi entre ces échelons.

En ce sens la coordination permet l'accomplissement des fonctions administrative, politique et normative de l'État, qui sont indissociables. Les différentes « figures de la coordination en droit public » ne doivent ainsi pas être envisagées de manière cloisonnée mais comme un *continuum* : une bonne cohésion des appareils administratifs est une condition de l'action cohérente de multiples centres de décisions qui doit aboutir à l'édiction de règles juridiques concordant avec le droit existant.

---

107 Georges VEDEL, « La juridiction compétente pour prévenir, faire cesser ou réparer la voie de fait administrative », *JCP*, 1950, I, 851, § 4. Le doyen oppose les « notions fonctionnelles » aux « notions conceptuelles ».

108 Comme on le verra, ces organes se situent en position d'extériorité mais non de supériorité vis-à-vis des éléments (administrations, compétences, règles juridiques) coordonnés ; ils partagent quelques traits caractéristiques communs : une position d'interface, une activité pluridisciplinaire, une composition transversale, un pouvoir coordonnateur par attributions ou délégation...

SECTION 2 - CADRE DE LA RECHERCHE

Dans quelle mesure l'idée d'ordonnancement flexible portée par la coordination est-elle pertinente en droit public, discipline marquée par une forte empreinte de la hiérarchie constitutive du « *mode spécifique dominant d'organisation, d'expression et de symbolisation du juridique en Occident* »[109] ? C'est précisément dans ce caractère horizontal que se situe aujourd'hui tout l'intérêt de la notion.

§ 1 - Hypothèse

Comme l'avait déjà noté Gérard Timsit, « *la coordination est en fait non pas simplement une technique qui puisse être étudiée hors de son contexte administratif global, mais une stratégie dont le déploiement ne peut être compris que par référence au champ de l'appareil étatique dans lequel se déroulent ses différentes séquences* »[110]. L'approche fonctionnelle doit être complétée par une réflexion systémique[111] mettant l'accent sur l'évolution permanente de l'État fondé sur « *un équilibre dialectique qui se maintient par un constant rajeunissement de l'ordre. Et c'est précisément l'existence de l'État qui procure à cette dialectique le cadre qui lui permet d'aboutir à un dépassement et non pas à une*

---

109 Denys de BECHILLON, *Hiérarchie des normes et hiérarchie des fonctions normatives de l'État*, Paris, Economica, 1994, p. 4 ; cité par Clément CHAUVET, *Le pouvoir hiérarchique*, Paris, LGDJ, coll. « Bibliothèque de droit public », 2013

110 Gérard TIMSIT, « Le concept de coordination administrative », *op. cit.*, p. 126.

111 On emprunte l'acception de l'analyse systémique mise en évidence par Lucien Sfez : « ... *c'est le système et l'analyse de système qui critiquent la linéarité. Dans le système, ce sont les relations qui importent et non le nombre des éléments.* (...) *von Bertalanffy, dans son premier exposé synthétique de la théorie systémique* (...) *propose la définition suivante : « A system can be defined as a complex of interacting elements... ».* (...) *Tous les auteurs s'accordent sur les traits suivants : pluralité des éléments, relations qui existent entre ces éléments, caractère unifié de l'ensemble.* (...) *Le système est dynamique si, sous l'un ou l'autre de ces aspects, il subit des changements ; sinon il est statique. Le système est ouvert s'il est en interaction avec ce qui l'environne ; sinon il est fermé. C'est la notion de système dynamique et ouvert qui est la plus féconde dans la méthodologie qu'on appelle « approche systémique ».* (...) *le système est dynamique et ouvert manifeste les caractéristiques suivantes : il tire de son environnement certaines formes d'énergie (input) ; le système ouvert transforme l'apport de l'input (throughput) ; le fonctionnement du système ouvert a un caractère cyclique* (...) *le système ouvert est capable d'homéostasie (maintien en état de cohésion dynamique mais pas immutabilité)* ... » (Lucien SFEZ, *La décision*, Paris, coll. « Que sais-je ? », 2ᵉ éd., 1988, p. 39-41).

destruction »[112]. L'analyse de la coordination en droit public, au-delà d'une appréhension en termes fonctionnels, peut effectivement prendre une autre dimension, révélant un caractère homéostatique [113] : son développement apporte la dose de souplesse nécessaire à l'adaptation d'un État tiraillé par des forces centrifuges, internes et externes, interrogeant les modes d'intégration et de régulation de type vertical. De résiduel dans le modèle étatique classique, « *l'enjeu de la coordination* »[114] est devenu essentiel dans le modèle étatique contemporain.

On formule ainsi l'hypothèse selon laquelle les transformations subies par l'État, conduisant à une pluralisation et à une complexification de son organisation, de son action et de son droit, augmentent les besoins de coordination sur le plan administratif, politique et normatif. Les mutations que connaît l'État depuis une quarantaine d'années ne sont certes pas ignorées par le droit public, comme le démontre l'existence d'une littérature juridique abondante sur ce thème [115]. Toutefois, ces

---

112 Georges BURDEAU, *L'État*, Paris, Ed. du Seuil, coll. « Points Essais », 1970, rééd. 2009, p. 118. L'État peut se prêter à une approche en termes de systèmes. On peut en effet envisager à l'instar de Philippe Braud que « *l'État n'est pas un système clos sur lui-même, il est impliqué dans des échanges permanents* » (Philippe BRAUD, *Penser l'État*, Paris, Seuil, coll. « Points Essai », 2004, p. IX). et aujourd'hui plus que jamais. Quant à la coordination, elle est par nature une notion dynamique qui permet la mise en relation et l'ordonnancement d'éléments pluriels interdépendants participant d'un même ensemble. L'étudier au prisme de l'analyse systémique paraît en ce sens pertinent.

113 Pour reprendre un terme propre à l'analyse systémique. L'homéostasie peut se définir comme « *le processus par lequel les systèmes parviennent à se perpétuer en dépit des perturbations auxquelles ils sont soumis : leur persistance ne signifie nullement qu'ils ne connaissent aucune variation de leur fonctionnement, mais leur équilibre global, leurs propriétés essentielles, subsistent ; c'est en intégrant des éléments de renouvellement qu'ils assurent leur continuité, en maintenant leur « état stationnaire ». (...) si stabilité il y a, il s'agit d'une stabilité dynamique, passant par un processus permanent d'adaptation ; dès lors, le changement n'apparaît plus comme antinomique avec l'idée de continuité, mais bien au contraire comme son corollaire indispensable* » (Jacques CHEVALLIER, « Épilogue », *in* Geneviève KOUBI, Guillaume LE FLOCH, Gilles J. GUGLIELMI, *La notion de continuité, des faits au droit*, Paris, L'Harmattan, coll. « Logiques juridiques », 2011, p. 325).

114 *Ibidem*, p. 152.

115 Parmi les nombreuses analyses sur la question, citons notamment : Jean-Claude THOENIG, François DUPUY, *L'administration en miettes*, Paris, Fayard, 1985 ; Jacques CAILLOSSE, « La modernisation de l'État : variations sur le modèle juridique d'administration », *AJDA*, n° 11, 20 novembre 1991, pp. 755-764 ; Guy BRAIBANT, « Du simple au complexe, quarante ans de droit administratif : 1953-1993 », *Études et documents du Conseil d'État*, n° 45, 1993, pp. 409-420 ; Gérard MARCOU, *Les mutations du droit de l'administration en Europe : pluralisme et convergences*, Paris, L'Harmattan, coll. « Logiques juridiques », 1995 ; Nicole BELLOUBET-FRIER, Gérard TIMSIT, Alain CLAISSE, *Les administrations qui changent : innovations techniques ou nouvelles logiques?*, Paris, PUF, coll. « Politique d'aujourd'hui », 1996 ; Vincent

travaux restent pour l'essentiel descriptifs. L'étude de la fonction de coordination permet d'aller plus loin en analysant les transformations de l'État mais, surtout, en mettant en évidence la manière dont il s'adapte grâce à l'activité d'organes et de procédés coordonnateurs qui se sont multipliés au fil des années. Ces dispositifs apportent la dose de souplesse nécessaire pour que l'État puisse « *apprivoiser le pluriel* »[116], c'est-à-dire continue d'administrer, de décider et de produire du droit malgré le fractionnement administratif, le polycentrisme décisionnel et le pluralisme juridique qui, désormais, le caractérisent.

§ 2 - Enjeux

Les facteurs d'expansion et de consolidation de la fonction de coordination sont nombreux. Ils peuvent être synthétisés autour de trois principaux phénomènes. En premier lieu, on constate un processus de fragmentation administrative qui se manifeste, en particulier, par une multiplication des services aussi bien au niveau central (phénomène de « scissiparité »[117]) qu'à l'échelon territorial (approfondissement constant du processus de déconcentration), le développement d'entités autonomes hors de l'administration classique hiérarchique (agencification...) et l'apparition d'organes spécialisés à l'intérieur de la sphère administrative mais dotés d'une autonomie (établissements publics, autorités administratives, autorités publiques...). Associées à une « crise de l'autorité hiérarchique », à une multiplication des dysfonctions bureaucratiques et au développement d'une logique de performance liée

WRIGHT, Sabino CASSESE (dir.), *La recomposition de l'État en Europe*, Paris, La Découverte, 1996 ; CURAPP, *Désordre(s)*, Paris, PUF, 1997 ; Jean-Bernard AUBY, « La bataille de San Romano : réflexions sur les évolutions du droit administratif », *AJDA*, n° 11, novembre 2001, pp. 912-929 ; Philippe ARDANT (dir.), *Les mutations contemporaines du droit public. Mélanges en l'honneur de Benoît Janneau*, Paris, Dalloz, 2002 ; Jacques CHEVALLIER, « La reconfiguration de l'administration centrale », *RFAP*, n° 116, 2005, pp. 715-726 ; Pierre MULLER, « Esquisse d'une théorie du changement dans l'action publique », *RFSP*, vol. 55, février 2005 ; Mathieu DOAT, Jacques LE GOFF, Philippe PEDROT (dir.), *Droit et complexité : pour une nouvelle intelligence du droit vivant*, Presses Universitaires de Rennes, 2007.

116 Mireille DELMAS-MARTY, « Les processus de mondialisation du droit », *in* Charles-Albert MORAND (dir.), *Le droit saisi par la mondialisation,* Bruxelles, Bruylant, p. 78.

117 La scissiparité est à l'origine un terme de biologie pour désigner un « *mode de division des êtres unicellulaires consistant à doubler de longueur, puis à se partager en deux cellules identiques qui peuvent se séparer* ».
Source: *Dictionnaire Larousse,* 2016. Consultable sur : http://www.larousse.fr/. Le vocable a été repris par la doctrine publiciste pour qualifier le phénomène de création d'un nouveau ministère, par scission de directions et de bureaux qui le composent, afin de prendre en charge certaines compétences.

au développement du paradigme du *New Public Management,* ces évolutions renforcent les besoins de « coordination-intégration », première figure de la coordination mise en évidence qui vise la cohésion de la structure administrative étatique.

Une deuxième évolution notable au cours de ces dernières décennies est le développement de l'activité gouvernementale sous l'effet, d'abord, d'une interministérialité politique croissante, puis d'une multiplication et dispersion des lieux de pouvoirs. On a ainsi pu assister à un mouvement de territorialisation impliquant des transferts de compétences à des collectivités territoriales autonomes dotées de la personnalité juridique, d'autorités élues et de ressources propres. Par ailleurs, le processus de mondialisation[118] s'est traduit par la création d'entités internationales qui accordent une place importante à la coordination à défaut de relations hiérarchiques entre États souverains. Quant au mouvement d'européanisation[119], il entraîne une adaptation des systèmes politico-administratifs nationaux indispensable à la participation des États membres au processus décisionnel de l'Union européenne[120]. Il en est résulté une « *forme complexe de gouvernance*

---

118 V. not. sur la question : Carlos MILANI, « La complexité dans l'analyse du système-monde : l'environnement et les régulations mondiales » *in* « Complexité à l'œuvre », *Droit et société*, n° 46, 2000, p. 426 : « *La complexité protéiforme de ce phénomène (globalisation) se caractérise entre autres par la dialectique d'unification et de fragmentation, d'ordre et de désordre, le monde étant devenu un espace de problématisation, de réflexion er de régulation. Les relations internationales se prêtent de nos jours à l'analyse systémique et cybernétique qui annonce le paradigme de la complexité* ».

119 Ce phénomène a été consacré au début des années 1990 par Sven S. Andersen et Kjell A. Eliasseb qui ont analysé les effets de l'intégration européenne sur le système décisionnel national (cf. Sven S. ANDERSEN, Kjell A. ELIASSEN, *Making Policy in Europe, the Europeification of national policy-making*, London, Sage, 1993). Cependant, le terme qu'ils proposent alors (« *europeification* ») évoluera ; désormais le vocable « *europeanization* » s'impose dans la littérature anglophone. Il a été traduit en français par « européanisation » ou européisation ».

120 Plus précisément, selon Jacques ZILLER, « *l'européanisation des administrations pourrait être définie comme la somme des changements internes à l'administration qui peuvent être considérés comme la conséquence directe ou indirecte de la participation d'un État aux Communautés et à l'Union européenne : dans la structure institutionnelle et les organigrammes des administrations, dans leurs procédures et routines, dans leur culture organisationnelle et leur manière d'envisager leur rôle* » (Jacques ZILLER, « Les administrations doivent faire face à l'élargissement et à l'approfondissement de l'intégration européenne, avec ou sans traité constitutionnel », *in* « L'européanisation des administrations : nouvelles missions, nouveaux partenaires », *RFAP*, n° 114, 2005. En France, l'un des signes les plus notables de cette européanisation est l'existence d'un Secrétariat général des affaires européennes. Placée sous l'autorité directe du Premier ministre, cette administration de coordination est chargée de préparer la position

transnationale »[121] modifiant la logique traditionnelle de l'action publique. Une « coordination-articulation » de centres de décision placés à des niveaux décisionnels différents est devenue indispensable ; deuxième figure de la coordination en droit public destinée à éviter toute incohérence politique.

Enfin, comme l'avait déjà relevé Paul Amselek dès le début des années 1980[122], le droit public s'est transformé : il « *a perdu les attributs de systématicité, généralité et stabilité qui caractérisaient le droit moderne* »[123]. La vision classique d'un ordre unique et hiérarchisé posant des règles à caractère impératif[124] a été mise à mal : à un ordre hiérarchisé se substitue progressivement un désordre coordonné[125]. De plus, on

---

française qui sera défendue à Bruxelles durant le processus décisionnel communautaire : « *s'agissant des questions communautaires, la position que les représentants français expriment dans ces institutions est arrêtée après concertation interministérielle par le SGAE* » (circulaire du Premier ministre du 21 mars 1994 relative aux relations entre les administrations françaises et les institutions de l'Union européenne, *J.O.R.F.*, 31 mars 1994, p. 4783). V. not. : Christian LEQUESNE, *Paris-Bruxelles. Comment se fait la politique européenne de la France*, Paris, Presses de la FNSP, 1993 ; Jean-Luc SAURON, Virginie LANCERON, *L'administration nationale et l'Europe*, Paris, La Documentation française, coll. « Réflexe Europe », 2008.

121 Renaud DEHOUSSE, « Les États et l'Union européenne : les effets de l'intégration », *in* Vincent WRIGHT, Sabino CASSESE (dir.), *La recomposition de l'État en Europe*, Paris, La Découverte, 1996, p. 55.

122 Paul AMSELEK, « L'évolution générale de la technique juridique dans les sociétés occidentales », *RDP*, 1982, pp. 275-294.

123 Jacques CHEVALLIER, *L'État post-moderne*, Paris, LGDJ, coll. « Droit et société », 4e éd., 2014, p. 104. Citons également Mireille DELMAS-MARTY qui a pu observer : « *Interdépendances, discontinuités, interactions, imprévisibilité, tous ces traits marquent le passage d'une structure simple à la structure complexe qui caractériserait le droit dit post-moderne* » (Mireille DELMAS-MARTY, « La grande complexité juridique du monde », *in Mélanges Gérard Timsit*, Bruylant, 2005, p. 89).

124 Certains auteurs ont remis en question la pertinence de la conception kelsénienne du droit figurée par une pyramide des normes reposant sur un principe hiérarchique selon lequel une norme n'est valable, c'est-à-dire qu'elle ne produit des effets juridiques, seulement si elle est conforme aux normes qui lui sont supérieures ; une norme fondamentale hypothétique fonde la validité de tout l'ordre juridique ainsi posé (cf. Hans KELSEN, *Théorie pure du droit*, trad. Charles EISENMANN, Bruylant-LGDJ, coll. « La pensée juridique », 1999). V. François OST, Michel van de KERCHOVE, *De la pyramide au réseau? Pour une théorie dialectique du droit*, Bruxelles, Publications des Facultés Universitaires de Saint-Louis, coll. « Droit », 2002 ; Paul AMSELEK, « Réflexions critiques autour de la conception kelsénienne de l'ordre juridique », *RDP*, 1978, n° 1, p. 13 et s. D'autres auteurs en revanche considère que cette théorie normativiste reste tout à fait pertinente. V. not. Michel TROPER, « La pyramide est toujours debout ! Réponse à Paul Amselek », *RDP*, 1978, n° 6, p. 1531 et s.

125 Sur cette question, cf. notamment Mireille DELMAS-MARTY, *Trois défis pour un droit mondial*, Paris, Seuil, coll. « Essais », 1998 et Mireille DELMAS-MARTY, *Les*

assiste à l'expansion d'un droit qualifié de « doux », « mou », « souple »[126], ou « flexible »[127] tandis que les instruments normatifs fondés sur l'horizontalité se sont multipliés à l'instar du contrat[128] qui est désormais un instrument de plus en plus privilégié entre personnes publiques et privées mais aussi entre entités publiques. Comme le fait remarquer Mathieu Doat, « *cette nouvelle cartographie du droit*)...(*permet de se déprendre de la théorie classique qui réduit le droit public au droit de l'État et ramène la loi et le règlement à l'acte unilatéral* »[129]. Perdant son monopole de producteur de droit, l'État doit en outre

forces imaginantes du droit, Tome 2. Le pluralisme ordonné, Seuil, coll. « La couleur des idées », 2006.

126 Ces trois adjectifs étant les traductions les plus couramment utilisées du terme *soft* que l'on retrouve dans l'expression *soft law* signifiant littéralement « droit doux ». Cependant, nous adopterons la même position de la Commission générale de terminologie et de néologie (rattachée au ministère de la Culture et de la Communication) selon laquelle il convient de traduire *soft law* par « droit souple » qui se définit alors comme une « *notion doctrinale relative à des textes ou à des dispositions juridiques n'ayant pas par eux-mêmes d'effets contraignants mais susceptibles de contribuer, dans certaines conditions, à la formation de nouvelles règles juridiquement contraignantes* » ; cf. Avis publié au *JORF* n° 02245 du 19 octobre 2008, p. 16049. Source : *Legifrance*. Cette notion a d'abord été dégagée par la doctrine internationaliste, avant d'être employée à l'égard du système juridique de l'Union européenne. V. not. : Kenneth W. ABBOTT, Duncan SNIDAL, « Hard and Soft Law in International Governance », *International Organization*, vol. 54, n° 3, 2000, pp. 421-456 ; Linda SENDEN, *Soft Law in European Community Law*, Oxford-Portland, Hart Publishing, 2004 ; Ulrika MÖRTH, *Soft Law in Governance and Regulation. An Interdisciplinary Analysis*, Edward Edgar Publishing, 2005. A noter par ailleurs une analyse intéressante qui étudie la *soft law* dans un cadre juridique interne : Daniel SARMIENTO, *El Soft Law Administrativo. Un estudio de los efectos jurídicos de las normas no vinculantes de la Administración*, Madrid, Thomson-Civitas, 2007 ; CONSEIL D'ÉTAT, « Le droit souple », *Étude annuelle*, 2013.

127 Jean CARBONNIER, *Flexible droit. Pour une sociologie du droit sans rigueur*, Paris, LGDJ, 10e éd., 2001.

128 Cf. notamment sur ce thème : Denys de BECHILLON, « Le contrat comme norme dans le droit public positif », *RFDA*, n° 1, février 1992, pp. 15-35 ; Yvonne FORTIN, (dir.), *La contractualisation dans le secteur public des pays industrialisés depuis 1980*, Paris, L'Harmattan, coll. « Logiques juridiques », 1999 ; Gérard MARCOU, « L'administration contractuelle », *AJDA*, n° 19, mai 2003, pp. 970-993 ; Jacques CHEVALLIER, « Loi et contrat dans l'action publique », *Les Cahiers du Conseil constitutionnel*, n° 17, 2004, pp. 75 et s. ; Yves JEGOUZO, « L'administration contractuelle en question » *in Mouvement du droit public. Mélanges F. Moderne*, Paris, Dalloz, 2004 ; Jean-Pierre GAUDIN, *Gouverner par contrat*, Paris, Presses de Sciences Po, 2007.

129 Mathieu DOAT, *Recherche sur la notion de collectivité locale en droit administratif français*, Paris, LGDJ, coll. « Bibliothèque de Droit Public », 2003, p. 12).

composer avec la multiplication de foyers juridiques[130] de telle sorte que « *la conception monolithique et pyramidale du passé a fait place à une organisation plus complexe, fondée sur le pluralisme et la diversité, et impliquant le recours à des dispositifs souples de coordination* »[131] ; une « coordination-harmonisation » de règles et d'ordres juridiques qui représente une troisième figure de la coordination en droit public tendant à régler les conflits de normes qui surgissent afin d'assurer leur concordance.

§ 3 - Plan

L'étude de l'« État coordonné »[132] s'ordonnera, par conséquent, autour de trois principaux axes de réflexion.

Une première partie sera consacrée à l'étude de la fonction de coordination en tant que mode d'intégration visant la cohésion des appareils administratifs. Subsidiaire et complémentaire au regard du pouvoir hiérarchique et de la tutelle dans le cadre du modèle d'administration classique, la fonction de coordination s'est peu à peu émancipée pour devenir indispensable dans le modèle d'État contemporain sous l'effet d'une fragmentation continue de l'administration, d'un affaiblissement de la verticalité et du développement d'une logique de performance.

---

130 On parle alors de « pluralisme juridique ». « *Ordonné* » selon Mireille DELMAS-MARTY, « *il appellerait dans les représentations de l'ordre juridique une transformation, au sens littéral du terme car il s'agit de "passer" d'un modèle simple (interactions verticales), à un modèle complexe (interactions horizontales) ou hypercomplexe (interactions à la fois verticales et horizontales, sur plusieurs niveaux et à plusieurs vitesses), dans nos représentations de l'ordre juridique* » (Mireille DELMAS-MARTY, *Un pluralisme ordonné*, résumé du Cours au Collège de France, Chaire « Études juridiques comparatives et internationalisation du droit », 2004-2005 (consultable et téléchargeable en ligne sur : http://www.college-de-france.fr/default/EN/all/int_dro/resumes.htm).
Cf. également Mireille DELMAS-MARTY, *Les forces imaginantes du droit, Tome 2. Le pluralisme ordonné*, *op. cit.* ; Mathieu DOAT, Jacques LE GOFF, Philippe PEDROT (dir.), *Droit et complexité. Pour une nouvelle intelligence du droit vivant*, *op. cit.*

131 Jacques CHEVALLIER, « Loi et contrat dans l'action publique », *op. cit.*, p. 76.

132 L'« État coordonné » a une double dimension. Tout d'abord un « État coordonné de l'intérieur » : on fait alors référence à l'ensemble des organes et procédés qui permettent une coordination de l'administration, de l'action et des règles juridiques dans le cadre de l'État. D'autre un « État coordonné avec » : on fait alors référence à l'ensemble des organes et procédés qui permettent une coordination de l'administration, de l'action et des règles juridiques de l'État central avec les instances européennes et internationales.

Une deuxième partie analysera la coordination en tant que moyen d'articulation d'actions tendant à une décision politique cohérente. Limitée dans le cadre gouvernemental parlementariste naissant, la fonction de coordination s'est développée parallèlement à l'intensification de l'interministérialité, la multiplication et la diversification des acteurs impliqués dans le processus décisionnel public, le développement d'interactions entre les acteurs publics et privés et la superposition de scènes politiques sous l'effet d'un double mouvement d'européanisation et de mondialisation.

Enfin, il s'agira dans une troisième partie de s'intéresser à la coordination en tant qu'outil d'harmonisation juridique. Dans un premier temps au regard la production gouvernementale du droit, puis à travers le recours à la technique contractuelle et à des procédés relevant du droit souple. La coordination sera ensuite analysée en tant que procédé ordonnant le pluralisme juridique résultant de la perte du monopole normatif de l'État, puis au regard du développement de l'autorégulation, ainsi que de la consolidation d'un ordre juridique européen et de l'édification d'un ordre juridique mondial.

PARTIE 1

LA « COORDINATION-INTÉGRATION » : MODE DE COHÉSION ADMINISTRATIVE

L'État est une « *personne collective* »[133], une nature qui pose une question essentielle : comment organiser la pluralité des entités qui le composent afin de former une unité ? Plus précisément, de quelle manière est réalisée la cohésion des différents appareils administratifs qui le constituent ? Dans le modèle étatique classique, ce dilemme est résolu par la verticalité : le principe hiérarchique et la tutelle sont les modes intégrateurs privilégiés d'une administration régie par quatre principes fondamentaux : « *la professionnalisation, la division du travail, la hiérarchisation des fonctions, l'impersonnalité des règles* »[134]. Cette conception verticale de l'administration, théorisée comme un « idéal-type » par Max Weber[135], a longtemps été perçue dans les travaux

[133] On emprunte la formule à Raymond Carré de Malberg : « *L'État est bien une personne collective, en tant qu'il est la personnification d'une collection d'individus : mais précisément cette collectivité ne devient une personne que parce qu'elle se trouve ramenée à l'unité, c'est-à-dire parce que les individus multiples dont elle se compose, sont réunis en un corps total et indivisible constituant juridiquement une nouvelle individualité* » (in *Contribution à a théorie générale de l'État*, T.1, Paris, Sirey, 1920, p. 47).

[134] Jacques CHEVALLIER, « La science administrative et le paradigme de l'action publique », *in Études en l'honneur de Gérard Timsit*, Bruylant, 2004, p. 270. Il s'agit des principaux principes qui structurent l'administration napoléonienne.

[135] L'idéal-type webérien repose sur une « *direction administrative* (qui) *revendique avec succès (…) le monopole de la contrainte physique légitime* ». V. Max WEBER, Economie et société, Tome 1, Plon, 1971, p. 57. A l'inverse de la domination traditionnelle (« *celle des coutumes sanctifiées par leur validité immémoriale et par l'habitude enracinée en l'homme de les respecter* » (*Ibidem*, p. 114) et charismatique (« *soumission extraordinaire au caractère sacré, à la vertu héroïque ou à la valeur exemplaire d'une personne* » (*Ibid.*, p. 222), la domination légale-rationnelle qui caractérise l'État moderne s'impose « *en vertu de la légalité, en vertu de la croyance en la validité d'un statut légal et d'une compétence positive fondée sur des règles établies rationnellement, en*

académiques comme le gage d'une administration monolithique parfaitement ordonnée. Une telle représentation n'a cependant jamais vraiment correspondu à la réalité d'une administration constamment traversée par des tensions centrifuges qu'une organisation rigide ne parvient pas toujours à contenir. Les dysfonctionnements administratifs se multiplieront tout au long du XIXe et s'accéléreront au début du XXe siècle, mettant en lumière les limites d'un modèle étatique centralisé et hiérarchisé.

Afin de pallier les défaillances des modes verticaux d'intégration, des dispositifs de coordination ont été institués en vue d'assurer un ordonnancement horizontal et flexible des appareils administratifs. La pluralisation, la diversification et la complexification de l'administration, au niveau central comme à l'échelon local, constituent les principaux facteurs de développement d'une fonction de coordination-intégration entendue comme un mode de rationalisation de l'administration et une garantie de son unité sur tout le territoire. Élément clé des politiques de réorganisation administrative, de plus en plus associées à une logique de performance, et du mouvement de déconcentration, la coordination est devenue une fonction essentielle dans l'État contemporain « *à la fois dépassé, re-territorialisé et fragmenté* »[136].

---

d'autres termes l'autorité fondée sur l'obéissance qui s'acquitte des obligations conformes au statut établi » (*Ibid.*, p. 114).

136 Jean-Marc SAUVÉ, « Les rencontres des Acteurs publics 2012 », Intervention au Conseil économique, social et environnemental, 3 juillet 2012.

TITRE 1

LA COORDINATION MOYEN DE RATIONALISATION DE L'ADMINISTRATION

La fonction de coordination-intégration peut d'abord se comprendre en tant que moyen de rationalisation administrative, d'un point de vue organisationnel et conceptuel. Sur le plan de l'organisation administrative, dès la seconde moitié du XIXe siècle, plusieurs auteurs ont dénoncé les travers d'une administration rigide et proposé sa réorganisation par le biais, notamment, de la mise en place d'organes placés en marge de la chaîne hiérarchique et exerçant une activité de nature transversale « *visant à la réduction des tensions au sein de l'appareil administratif* »[137] qu'une structure verticale n'arrive plus, seule, à contenir. Elle se renforcera sous l'effet d'un double processus de fragmentation et de diversification des appareils administratifs : de résiduelle la coordination administrative devient progressivement essentielle. En effet, de moins en moins adapté aux besoins d'intégration propres à une administration plurielle, le potentiel intégrateur du principe hiérarchique a été questionné. Comme a pu le constater André G. Delion, « *si la coordination n'est pas un problème nouveau, il est nouveau qu'elle soit devenue le problème-clé de l'administration* »[138] ; aujourd'hui, plus que jamais, ce constat est pertinent.

Les organes et procédés de coordination se sont développés durant la seconde moitié du XXe siècle, visant une intégration flexible congruente avec la complexité de l'administration contemporaine : « *les structures se sont multipliées, les fonctions sont devenues hétérogènes, des conflits ont éclaté, permanents et occasionnels, des mécanismes de coordination ont été introduits* »[139]. Parallèlement, une démarche managériale s'est peu à peu imposée, accordant à la coordination une

---

137 Gérard TIMSIT, « Le concept de coordination administrative », *Bulletin de l'IIAP*, n° 36, octobre-décembre 1975, p.128.

138 André G. DELION, « Introduction générale », *in La coordination en matière économique et sociale*, *IFSA*, Paris, Ed. Cujas, Cahier n° 2, 1967, p. 12.

139 Claudio FRANCHINI, « Les notions d'administration indirecte et de coadministration », *in* Jean-Bernard AUBY, Jacqueline DUTHEIL DE LA ROCHERE, *Droit Administratif Européen*, Bruxelles, Bruylant, 2007, p. 250.

place centrale en tant qu'outil de performance administrative qui participe, plus largement, de la réforme et de la modernisation de l'État.

CHAPITRE 1

LA COORDINATION REMÈDE À UNE ADMINISTRATION VERTICALE DÉFAILLANTE

Il paraît *a priori* inadéquat de parler d'un mode de cohésion souple et horizontal dans le cadre d'une « *administration unitaire - pyramidale, hiérarchisée, centralisée* »[140]. Si l'on s'en tient à une lecture littérale de la doctrine administrativiste du XIXe siècle, la coordination n'a aucune consistance en droit public : le terme n'est pas employé dans les ouvrages de référence. Il est également absent de la grande majorité des travaux doctrinaux[141] de la première moitié du XXe siècle. Le droit positif est tout aussi muet : la mention du vocable dans les textes et la jurisprudence est très exceptionnelle avant les années 1960. Innommée, la coordination n'est cependant pas inexistante : on ne peut faire l'impasse sur « *quelques grandes traditions de procédures ou de structures de coordination* »[142] qui sont anciennes. Cette fonction de coordination embryonnaire n'a encore qu'une finalité subsidiaire : elle sert à consolider une intégration verticale défaillante, contrebalançant ainsi le « *phénomène de désagrégation du modèle traditionnel de l'administration* »[143].

SECTION 1 - LES PRÉMICES D'UNE COORDINATION RÉSIDUELLE DANS LE CADRE ADMINISTRATIF CLASSIQUE HIÉRARCHISÉ

Faute d'emploi explicite, la coordination propre au modèle d'administration hiérarchisé ne se laisse pas facilement appréhender. Sa mise en évidence appelle une analyse du vocabulaire utilisé dans les manuels classiques de droit administratif et de droit public pour décrire

---

140 Gérard TIMSIT, *Théorie de l'administration*, Paris, Economica, 1986, p. 80.

141 A l'exception de Maurice Hauriou et de Raymond Carré de Malberg mais qui l'emploient dans un sens commun général.

142 André G. DELION, « Introduction générale », *in* « La coordination en matière économique et sociale », *Cahiers de l'Institut français des sciences administratives*, n° 2, 1967, p.13.

143 Gérard TIMSIT, *Théorie de l'administration*, Paris, Economica, 1986, p. 126.

la nature et l'activité d'organes dont le rôle coordonnateur est aujourd'hui pleinement reconnu. Parce qu'ils portent l'idée d'ordonnancement horizontal, l'emploi de termes ou formules tels qu'« harmonisation », « rouage », « intermédiaire », « tous les ministres », « tous les services publics »... sont autant d'indices de l'exercice d'une fonction coordonnatrice qu'il convient de mettre en lumière.

Précisément, parce que l'évolution de la coordination-intégration est indissociable de celle de l'administration, il convient de mentionner les principales transformations que celle-ci a subies, requérant le développement de dispositifs de coordination.

§ 1 - La bureaucratisation des appareils administratifs

L'administration napoléonienne a été pensée comme un « *système bien ordonné de domination et de subordination dans lequel chaque poste se trouve sous le contrôle d'un poste supérieur* » [144] . Le pouvoir hiérarchique s'y exerce « en cascade » : le ministre a autorité sur les services de son département ce qui l'autorise à adresser des instructions aux agents et à contrôler leurs actes ; à leur tour, les services situés à un échelon administratif supérieur ont autorité sur les services placés à un échelon inférieur, et ainsi de suite. Le modèle n'a cependant pas résisté à la réalité. Très tôt, ce schéma fondé sur la verticalité s'est révélé insuffisant pour contenir les tensions centrifuges mettant à mal l'intégration administrative : les services se sont multipliés, dédoublés, cloisonnés. Face à une administration se transformant peu à peu en un « *agrégat d'administrations* »[145], la question prioritaire est devenue celle de la « *cohérence par l'organisation des services* » [146] reposant sur l'institution d'organes de coordination.

A. Les phénomènes d'expansion et de cloisonnement administratifs

Encensé en tant que gage d'efficacité et de célérité, le système d'organisation hiérarchique modélisé par Max Weber est progressivement

---

144 Jacques CHEVALLIER, *Science administrative*, *op. cit.*, p. 293.

145 Léon BLUM, *Lettres sur la réforme gouvernementale* (série d'articles publiés anonymement en 1917-1918 dans la *Revue de Paris*, réunis et rééd. sous son nom en 1936) ; cité par Pierre LEGENDRE, *Trésor historique de l'État en France. L'Administration classique*, Paris, Fayard, coll. « Les Savoirs », éd. 1992., p. 435.

146 François BURDEAU, *op. cit.*, p. 168.

apparu comme « *un système incapable de se corriger en fonction de ses erreurs* »[147]. La conjonction d'une expansion administrative et d'une verticalité trop poussée a engendré des dérives bureaucratiques, « *pathologie de la rationalisation* »[148]. La première de ces dérives est un « *expansionnisme administratif* »[149]. En effet, de 1791[150] à 1914, le nombre de ministères est passé de six à douze ; à la fin de la IIIe République, on en compte une vingtaine. Cette augmentation s'explique par une extension continue du champ d'intervention de l'État au-delà de ses attributions traditionnelles, dites « régaliennes », que sont la défense, la sûreté, les relations diplomatiques, la justice et le trésor[151]. L'accompagnement du développement économique[152], la prise en compte

---

147 Michel CROZIER, *Le phénomène bureaucratique*, Paris, Éd. du Seuil, 1963, p. 277.

148 Simone Goyard-Fabre note ainsi : « *une administration bien réglée, dit-il, est à coup sûr nécessaire dans l'État. Mais lorsqu'elle marche du pas abrupt de la technocratie, elle bascule dans la bureaucratie. Celle-ci est une pathologie de la rationalisation* » (Simone GOYARD-FABRE, *L'État. Figure moderne de la politique*, Paris, Armand Colin, coll. « Cursus Philosophie », 1999, p. 101).
Certains auteurs parlent alors de « rationalité limitée » pour mettre en évidence les dysfonctions d'une rationalisation excessive. Cf. notamment Peter Blau qui propose pour analyser une organisation non seulement de prendre en considération les règles formelles et rationnelles, mais également l'action des individus qui la composent, leurs interactions informelles (*The Dynamics of Bureaucracy : A study of interpersonal relations in two Government agencies*, University of Chicago Press, éd. 1963). Dans le même esprit, cf. James G. March et Johan Olsen (*Ambiguity and Choice in Organizations*, Berge, Universitetsforlaget, 1976) et plus récemment, Michel Crozier et Erhard Friedberg (*L'acteur et le système : les contraintes de l'action collective*, Paris, Le Seuil, coll. « Sociologie politique », 1977).

149 François BURDEAU, *Histoire de l'administration française. Du 18e au 20e siècle*, *op. cit.*, p. 107.

150 La loi des 27 avril-25 mai 1791 sur l'organisation des ministères : la Chancellerie ; le Contrôle général des Finances ; les Affaires étrangères ; la Guerre ; la Marine ; les Affaires particulières. Le nombre de ministères connaîtra ensuite une lente évolution : le gouvernement est composé de 7 membres en 1815 sous Louis XVIII ; 9 à la fin du règne de Louis-Philippe en 1848 ; 12 avant la Première guerre mondiale en 1914.

151 Comme le résume Pierre Legendre, « *le développement de l'Administration constitue la somme des réponses aux sollicitations de la société française. L'Administration est comme un organisme vivant, s'adaptant à des tâches qui lui sont imposées* » (*in Trésor historique de l'État en France. L'Administration classique*, *op. cit.*, p. 189).

152 Par exemple, en 1812 est créé le ministère des Manufactures et du Commerce chargé de mettre en œuvre les politiques industrielles et commerciales ; en 1831, un ministère des Travaux publics voit le jour afin de superviser la construction d'infrastructures. Quelques années plus tard, en 1837, ces matières sont regroupées pour former un ministère plus large en charge des Travaux publics, de l'Agriculture et du Commerce traduisant la prise en considération de l'importance croissante du secteur agricole dans l'économie nationale. A la fin du XIe siècle, la multiplication des interventions étatiques en matière commerciale, industrielle et agricole rend nécessaire le démembrement de ce

croissante des besoins sociaux[153], mais aussi la participation à l'effort de guerre, sont à l'origine d'une inflation ministérielle[154] qui, par ricochet, engendre une multiplication des directions et services des ministères existants. D'autres naissent à la suite de l'apparition de nouveaux départements ministériels créés *ex nihilo* ou par scissiparité du ministère de l'Intérieur[155]. On constate, en outre, la création de commissions et offices spécialisés qui se surajoutent aux structures administratives classiques existantes en rendant les organigrammes ministériels encore plus illisibles[156].

Cette croissance structurelle associée à une verticalité excessive entraîne cloisonnements et rivalités entre des services plus enclins à défendre leur pré carré qu'à agir de concert. La sédimentation

---

ministère pour donner naissance à un ministère de l'Agriculture en 1881, un ministère des Travaux publics en 1869 et à un ministère du Commerce et de l'Industrie en 1892

153 Par exemple, les lois de 1893 sur l'aide médicale gratuite, de 1902 sur la protection de la santé publique, de 1904 sur l'assistance aux enfants abandonnés ou encore et celle de 1905 relative à l'assistance aux vieillards, infirmes et incurables. Cette centralisation des questions sanitaires et sociales se traduit administrativement par la création en 1886 d'une direction générale de l'assistance publique au sein du ministère de l'Intérieur avant de s'en détacher en 1920 pour former un nouveau ministère de l'Hygiène, Assistance et Prévoyance sociale.

154 Le gouvernement est composé de 7 membres en 1815 sous Louis XVIII ; 9 à la fin du règne de Louis-Philippe en 1848 ; 12 avant la Première guerre mondiale en 1914.

155 Aux termes de la loi du 27 avril - 25 mai 1791, il est en charge des questions suivantes : relations avec les corps administratifs, police, mines, travaux publics, santé, assistance, agriculture, commerce, industrie, instruction. Le phénomène de scissiparité a par exemple conduit à la création en 1812 d'un ministère des Manufactures et du Commerce ; ou encore d'un ministère des Travaux publics en 1831. On qualifie de scissiparité le mouvement par lequel plusieurs de ses directions se sont progressivement détachées pour former des ministères à part entière. Les affaires attribuées aux préfets se diversifient ; « *on doit donc plutôt voir en eux les représentants du chef de l'État, dans le département, que ceux du ministre de l'Intérieur ; car leur compétence, dans le département, s'étend à tous les services administratifs et ressemble, en petit, à celle du chef de l'État* » (Anselme BATBIE, *Précis du cours de droit public et administratif*, *op. cit.*, p. 63-64).

156 « *Que de services, de comités, de commissions* » relève P. Renouvin traduisant bien cette impression d'abondance et d'accumulation administratives (P. RENOUVIN, *Les formes du gouvernement de guerre*, Publications de la dotation Carnegie pour la paix internationale, PUF, 1925, p. 53; cité par Grégoire BIGOT, Tiphaine LE YONCOURT, *L'Administration française. Politique, droit et société. Tome 2*, Paris, LexisNexis, coll. « Manuel », 2014, p. 138). Le développement de ce type de structure atteint un pic pendant la Première Guerre mondiale car ils sont supposés permettre une action plus rapide et répondre aux besoins créés par l'effort de guerre que les administrations classiques peinent à combler. Mentionnons par exemple la création de l'Office de reconstruction agricole en 1917 ou celle de l'Office des mutilés et des réformes en 1918. L'Office du commerce extérieur en revanche avait été mis en place avant la guerre.

institutionnelle qui en résulte met en danger la cohésion de l'administration : « *chaque catégorie hiérarchique, chaque strate, va se trouver complètement isolée de toutes les autres strates, aussi bien supérieures que subordonnées. Une organisation bureaucratique de ce type va donc se trouver composée d'une série de strates superposées, communiquant très peu entre elles* »[157]. Les tensions centrifuges augmentent tandis que le principe hiérarchique perd de son pouvoir intégrateur en ne permettant plus toujours d'assurer le liant nécessaire entre administrations.

C'est dans ce contexte que les premières mises en garde contre des dysfonctions bureaucratiques naissent. Dès le XIXe siècle, Vivien, l'un des plus fervents dénonciateurs d'une bureaucratisation des appareils administratifs vecteur de lenteurs et d'inefficacité, note : « *on ne peut dissimuler combien l'Administration française est lente, embarrassée, chargée de complication. Elle défend les intérêts de l'État, mais à grand frais ; elle sert les citoyens, mais au prix d'une longue attente ; elle atteint son but, mais à travers mille obstacles. On peut assigner plusieurs causes à ces graves défauts. Le désir de contrôle de garantie a été porté à l'excès. On oblige l'Administration à recueillir de toutes parts des avis et des renseignements ; on la tient dans une tutelle permanente* »[158]. Quelques décennies plus tard, Henri Chardon se montre tout aussi véhément dans sa description, non dénuée d'ironie, du « voyage d'un dossier » en mettant l'accent sur l'absurdité d'une procédure caractérisée par une longue succession de démarches qui sont la manifestation d'une administration encombrée et rigidifiée : « (…) *l'affaire la plus simple passe trois à quatre fois dans chaque bureau. Elle demande un minimum d'instruction de près de six semaines, quand tout va sur des roulettes.* (…) *Tant de complications et de formalités assurent-elles au moins les garanties de l'État ? Pouvons-nous chercher à nous consoler en nous disant qu'elles ont comme contrepartie une vigoureuse défense de l'intérêt général ? Nullement. L'intérêt général est aussi sacrifié que l'intérêt particulier* (…). *Toutes ces ingénieuses complications de notre mécanisme administratif fonctionnent à faux : elles blessent l'intérêt privé et ne protègent pas l'intérêt public* »[159].

Encore rares au début de la IIIe République, les publications dénonçant les travers de la bureaucratie augmentent considérablement après 1918. Comme le note François Burdeau, « *dès la Première Guerre mondiale, s'exprime une volonté d'introduire plus de rationalité au sein d'une*

---

157 Michel CROZIER, *op. cit.*, p. 234.

158 Alexandre-François VIVIEN, *Études administratives*, Tome I, Paris, Editions Cujas, 3e éd., 1974 (1859)

159 Henri CHARDON, *Les Travaux publics. Essai sur le fonctionnement de nos Administrations*, 1904, p. 130 et s.

organisation ébranlée par la brutalité de son développement anarchique »[160]. Les premières mesures, de nature quantitative, visent la réduction du nombre des services mais, assez rapidement, « *l'enjeu de la coordination* »[161] devient prioritaire : les travaux académiques et les politiques qui se succèdent rechercheront dorénavant moins une diminution qu'un réagencement des structures administratives. La réalisation de cet objectif passe, en particulier, par la création d'entités à caractère horizontal dont la fonction principale est de coordonner l'action de plusieurs services au sein d'un même ministère.

B. La nécessité d'une réforme organisationnelle de l'administration

Dès le XIXe siècle, des juristes, hommes politiques mais aussi écrivains [162] formulent un même constat : un système d'organisation administrative strictement fondé sur la verticalité ne garantit en rien la cohésion des services. En effet, comme a pu le résumer Gérard Timsit, « *loin d'être cet instrument unitaire auquel l'on se réfère trop souvent implicitement. Il apparaît en réalité comme un champ de forces oligopolistiques associées et rivales dont aucune ne peut rien sans les autres mais qui toutes tentent de conquérir un avantage qui ne peut être obtenu qu'au détriment des autres* »[163]. Dans ce cadre, la problématique de la « réforme administrative »[164] se développe progressivement.

Dans un premier temps, ce sont des mesures visant une limitation du nombre des administrations qui sont prises. Elles se révéleront toutefois vite insuffisantes, voire inappropriées. Dès 1871 est créée une Commission de révision des services administratifs qui ne se réunit que deux années. Il lui est substitué une Commission de réorganisation administrative, instituée par un décret du 9 mai 1906, qui survit jusqu'à

---

160 François BURDEAU, *op. cit.*, p. 168.

161 *Ibidem*, p.152.

162 À cet égard, Jean-Benoît Albertini note qu'« *à partir de 1829, les thèmes de la complexité des structures administratives et du besoin de simplification apparaissent de manière croissante dans le débat public où se forge une image sévère de l'administration* ». Et l'auteur de citer par exemple Monnier (*Mœurs administratives dessinées d'après* nature, 1828) et Balzac (*Les Employés*, 1837 ; *Physiologie de l'Employé*, 1841) (Jean-Benoît ALBERTINI, *Réforme administrative et réforme de l'État en France. Thèmes et variations de l'esprit de réforme de 1815 à nos jours*, Paris, Economica, coll. « Collectivités territoriales », 2000, p. 25).

163 Gérard TIMSIT, *Théorie de l'administration*, *op. cit.*, 1986, p. 127-128.

164 Pour reprendre l'expression du titre de l'essai publié par le conseiller d'État René Favareille en 1919 : *Réforme administrative par l'autonomie et la responsabilité des fonctions (Self-administration)*, Albin Michel.

la veille de la Première Guerre mondiale. Puis, la loi du 20 juin 1920 (complétant l'article 35 de la loi de Finances du 13 avril 1900) prévoit que « *toute création de ministères ou de sous-secrétaires d'État, tout transfert d'attribution d'un département ministériel à un autre ne peuvent être décidés que par une loi* » (article 8). Ce texte sera cependant abrogé, faute d'application, par une loi du 24 novembre 1945[165]. De même, les « décrets Poincaré » de 1926 planifiant des fusions de services et les décrets-lois qui se sont succédé entre 1932 et 1935 prévoyant la suppression d'emplois et de services[166], ont *de facto* eu peu de répercussions ; à l'instar de l'action du Comité de réorganisation administrative institué par un décret-loi du 12 novembre 1938 afin de proposer des mesures d'amélioration et de fonctionnement des administrations centrales et des services extérieurs. Comme le rappelle, en effet, Jacqueline Morand-Deviller : « *cette politique de déflation administrative, ces essais infructueux de réduction du nombre des fonctionnaires, d'abaissement et nivellement des traitements pour décourager le recrutement furent entrepris, en particulier, entre 1933 et 1935, Joseph Caillaux créant l'une des fameuses Commissions dite de la "hache" (il y en eut plusieurs) dont la mission était de diminuer le nombre des Offices. Un an plus tard, Laval institue, dans chaque ministère, un Comité chargé de faire des propositions en ce sens. Les résultats furent chétifs (...). Les organismes composés soit de fonctionnaires seuls, soit de fonctionnaires et de parlementaires ont eux-mêmes essuyé de multiples revers dans leurs projets de réformes : ainsi, le Comité supérieur des économies, mis en place par E. Herriot en 1932, afin de coordonner les travaux d'une soixantaine de comités tripartites* ».

Ces tentatives de rationalisation administrative ont, pour l'essentiel, été encouragées par la doctrine qui, peu à peu, a délaissé une approche quantitative du problème pour proposer une véritable réorganisation de l'administration alors déjà envisagée comme un remède à l'accumulation de services. Ainsi de Léon Blum qui, dès 1917[167],

---

165 Bien que souvent préconisée, la solution déflationniste n'a jamais fait l'objet d'une application effective dans l'administration française. Plus récemment citons le décret n° 87-389 du 17 juin 1987 relatif à l'organisation des services d'administration centrale modifié par le décret n° 2008-208 du 29 février 2008 qui limite en principe l'architecture administrative à trois échelons – directions générales, directions et services fixés par décret (article 2) et éventuellement des sous-directions prévues par un arrêté ministériel (article 3) - mais sans restreindre leur nombre.

166 Notamment le décret-loi du 4 avril 1934 qui fait suite au projet de réforme présenté par le président du Conseil Gaston Doumergue.

167 Léon BLUM, *Lettres sur la réforme gouvernementale,* 1917 ; publiées en 1936 chez Grasset sous le titre : *La réforme gouvernementale*. On trouve chez Léon Blum, partisan d'un gouvernement composé au plus de dix ministres de plein exercice, l'idée de

envisage des « super ministères » pour dynamiser la coordination interministérielle : « *par ce moyen, en effet, on évite de surcharger le Premier ministre, on réalise une coordination par masse en créant des ministères correspondant à de grands secteurs de missions administratives* »[168]. L'objectif est de rassembler des services issus de ministères différents mais dotés d'attributions connexes ou complémentaires concernant un même domaine d'intervention étatique[169] dans le but d'améliorer la cohésion administrative. Cette proposition reprend une mesure proposée quelques années plus tôt par Henri Chardon, qui recommandait une diminution du nombre des ministères associée à une réorganisation. Ainsi, il expliquait : « *de ces six ministères, Intérieur, Justice, Travaux publics, Commerce, Agriculture, Travail, je fais seulement trois ministères : le ministère de la Justice ; le ministère des Travaux publics ; le ministère de la Prévoyance, de l'Assistance et de la Santé publique. Je supprime donc l'Intérieur, le Commerce et l'Agriculture et je transforme le ministère du Travail en un ministère d'assurance contre la misère humaine ; assurance contre la misère pécuniaire : prévoyance et assistance ; assurance contre la misère physiologique : hygiène et santé publique. Je répartis entre les trois ministères de la Justice, des Travaux publics et de la Prévoyance, les principales attributions des ministères que je supprime* »[170].

Le conseiller d'État proposait, en outre, une refonte de la logique même de l'organisation administrative afin de rompre avec « *cette mixture de politique et d'administration dont elle* (la France) *a tant*

---

concentration des administrations centrales entre quelques grands ministères préfigurant le modèle des « pôles ministériels » actuels qui se sont surtout développés après la Seconde Guerre mondiale : « *les années soixante ont été marquées en effet par l'adoption d'un ensemble de mesures de réorganisation visant au renforcement de la cohésion administrative (…) la constitution de "grands ministères" sur le modèle de celui des Armées, produit en 1959 de la fusion des trois ministères d'armes (guerre, marine, air) au sein d'une administration unique* » (Jacques CHEVALLIER, « La reconfiguration de l'administration centrale », *op. cit.*, p. 717).

168 Roland DRAGO, « La coordination sous l'égide du Premier ministre. Introduction », *op. cit.*, p. 30.

169 « *Evidemment, il y a d'autres procédés auxquels on peut songer, (…) la coordination par des super-Ministères ; par ce moyen en effet on évite de surcharger le Premier ministre, on réalise une coordination par masse, en créant des Ministères correspondant à de grands secteurs de missions administratives, mais (...) finalement un retour au passé puisque l'on a d'abord été vers une sorte d'atomisation des tâches ministérielles et qu'ensuite, on veut à nouveau les regrouper en oubliant peut-être qu'au départ elles l'étaient déjà* » (*Ibidem*, p. 31-32).

170 Henri CHARDON, *Le pouvoir administratif*, Paris, Perrin et Compagnie, 1911

souffert »[171] : les ministres responsables devant le Parlement ne doivent pas être responsables de la gestion des services publics ; celle-ci devant revenir à des « fonctionnaires techniques permanents »[172] disposant d'un « pouvoir administratif » sur les services distinct du pouvoir politique détenu par les ministres[173]. Dans son esprit, la mise en place de ce type d'administrateurs aurait permis d'assurer une permanence et une stabilité des services publics en dépit des changements de majorité parlementaire, ainsi qu'un décloisonnement des services encouragé par un pouvoir de direction privilégiant l'émulation à la hiérarchisation. Ce modèle de hauts fonctionnaires administrateurs prenant en charge la gestion et l'administration de tout le ministère et laissant au ministre uniquement un rôle politique n'a cependant jamais été mis en œuvre, tel quel, en France. Toutefois, les secrétaires généraux apparus dans les organigrammes ministériels il y a plus de deux siècles s'en rapprochent.

En raison de leur position d'interface et de leur action transversale, les secrétaires généraux comptent parmi les premiers organes ayant exercé une fonction de coordination administrative, à l'instar des directeurs généraux et des sous-secrétaires d'État. Henri Chardon recommandait, par ailleurs, l'instauration de « *sortes de conseils d'administration chargés d'assurer l'unité et la permanence des vues, d'examiner les promotions, de préparer et suivre les programmes, de lier le passé à l'avenir* » [174] ; autrement dit de permettre une meilleure coordination entre services. L'administration consultative participe

---

171 « *Supposons que nous avons gain de cause. La France vomit cette mixture de politique et d'administration dont elle a tant souffert ; elle reconnaît que dans une démocratie, un pouvoir administratif existe rationnellement à côté du pouvoir politique* » (*Ibidem*, p. 34).

172 « *Ce ne sont pas les ministres qui doivent être responsables de la gestion des services publics devant le parlement : ce sont les fonctionnaires permanents qui doivent être responsables devant les ministres de la gestion de ces services, et les ministres ne peuvent être responsables que du contrôle qu'ils exercent sur les fonctionnaires permanents* » (*Ibid.*, p. 15).

173 En cela les administrateurs se distinguent du modèle britannique qui n'opère pas une séparation aussi tranchée entre politique et administration : Henri Chardon précise qu'il est caractérisé par un Secrétaire d'État politique et un Secrétaire d'État administratif.

174 L'auteur poursuit : « *Comment devraient être composés ces conseils ? En majorité par l'élite du corps, c'est-à-dire par des fonctionnaires supérieurs désignés à raison de leurs fonctions, mais aussi pour partie, par des élus du personnel. Cet accès de l'ensemble du personnel au conseil d'administration n'aurait pas seulement pour but de marquer la coopération étroite de tous les agents dans la gestion du service public et de leur permettre de suivre constamment l'organisation du service ; il serait utile en lui-même pour l'activité qu'il imprimerait et la volonté de perfectionnement qu'il susciterait chez les agents* ». Henri FAYOL, *op. cit.*, p. 56-67.

effectivement à l'assouplissement du cadre hiérarchique en recherchant une meilleure intégration administrative.

§ 2 - L'apparition des premiers organes coordonnateurs

L'adaptation nécessaire de l'administration pour pallier les dysfonctions bureaucratiques naissantes se réalise à travers la mise en place de dispositifs répondant à une logique de coordination encore perçue de manière négative, c'est-à-dire « *comme le signe d'une défaillance des structures administratives – un remède au mal* »[175]. Ainsi, les premiers organes coordonnateurs, bien que leur action soit de nature horizontale, tendent indirectement à renforcer la verticalité du cadre administratif ; une apparente contradiction que n'a pas manqué de souligner Michel Crozier : « *les conséquences de ces modes de coordination et de prises de décision renforcent à leur tour les traits bureaucratiques qui leur ont donné naissance* »[176]. Deux types d'entités peuvent être distingués : d'une part, des « chaînons administratifs » placés à la jonction des différents échelons qui composent l'administration ; d'autre part, une administration consultative épaulant les services.

A. Les « chaînons administratifs »

Caractérisés par une position d'interface entre services et une action transversale, on peut considérer que le secrétaire général, le sous-secrétaire d'État et le secrétaire général ont historiquement été les premiers organes chargés d'une fonction de coordination à l'intérieur des ministères.

1. Le secrétaire général

La figure du secrétaire général a fait son apparition au sein des départements ministériels au lendemain de la Révolution, dans le cadre du Comité de sûreté générale[177]. Sous le Premier Empire, il est « *le*

---

[175] Gérard TIMSIT, *Théorie de l'administration*, *op. cit.*, p. 147.

[176] Michel CROZIER, *Le phénomène bureaucratique*, *op. cit.*, p. 307.

[177] Issu du Comité de surveillance de l'Assemblée nationale législative de 1791, il est composé de membres du Comité (entre 9 (septembre 1793) et 30 (2 octobre 1792) et de plus de cent agents répartis dans plusieurs bureaux (bureau central, bureau d'exécution…) et « *surtout – pièce maîtresse du système – un secrétariat général à la tête duquel on place deux hommes qui seront les collaborateurs immédiats des membres du Comité* » (Michel EUDE, « Le Comité de Sûreté Générale en 1793-1794 », *Annales historiques de la Révolution française*, n°261, 1985, p.297. A noter que sous le

collaborateur le plus important du ministre (...) qui répartit les tâches entre les grandes divisions du département dirigées par des chefs de division »[178]. Puis, comme en témoignent les Almanachs royaux et impériaux[179], les secrétaires généraux se sont multipliés sous la Restauration et la Monarchie de Juillet : « *la cohérence de l'administration gouvernementale se renforce, entre 1816 et 1848, des "secrétaires généraux" (...) chargés d'assurer la coordination entre les différentes divisions ou directions d'un même ministère* »[180]. En dehors de cette période, leur existence est intermittente[181] ; tout comme celle du secrétaire général dans les préfectures. Disparus sous le Second Empire, ils feront une réapparition éphémère au début de la IIIe République et s'éclipseront à nouveau des organigrammes ministériels jusqu'au lendemain de la Première Guerre mondiale. Le décret du 2 avril 1920 (modifié par le décret du 2 avril 1925 qui pérennise l'institution) institue

---

Directoire (1795-1799), régime qui succède à celui de la Convention, le Secrétariat général n'a pas le même sens : il désigne un organe sous l'égide du Directoire « *qui coordonne les activités des ministères et des autres services centraux, et établit la liaison avec les administrations départementales* » (Yves THOMAS, *Histoire de l'administration*, Paris, La Découverte, coll. « Repères », p. 21). En 1792 on note la création au sein du ministère de l'Intérieur de cinq divisions comprenant plusieurs services et coiffées par un secrétaire général.

178 François BURDEAU, *Histoire de l'administration française. Du 18e au 20e siècle*, *op. cit.*, p. 76.

179 Par exemple, l'Almanach impérial pour l'année 1810 mentionne dans une Section IV dédiée au département de l'Intérieur le Secrétaire général M. le Baron de Gérando en charge des activités suivantes : « *ouverture, distribution et expédition des dépêches ; archives, timbre, contre-seing, surveillance générale* ». Autre illustration, l'Almanach royal de 1816 précise dans une Section II que M. Paulinier de Fontenilles est secrétaire général du département de l'Intérieur et par ailleurs membre de la Chambre des députés avec un champ d'action qui s'étend à des attributions qui ne sont pas uniquement de nature logistique : « *ouverture et classement des dépêches à l'arrivée ; archives du ministère ; timbre, contre-seing ; fournitures des bureaux et dépenses intérieures ; députations à Paris ; proposition des grâces, etc. ; nominations et fonctionnaires administratifs ; affaires réservées ; renseignements divers ; correspondance particulière ; relations avec les principaux corps de l'État ; contrôle des employés ; demandes de places dans le ministère ; (...) feuilles de travail du Conseil d'État ; enregistrement général ; départ des lettres et des paquets* ».
Source : *gallica.bnf.fr.*

180 Grégoire BIGOT, *L'Administration française. Politique, droit et société. 1786-1870*, Tome I, Paris, Lexis Nexis - Litec, coll. « Manuel », 2010, p. 200.

181 Par exemple, sous la IVe République, les secrétaires généraux de ministère ne sont pas particulièrement appréciés comme le rappelle Pierre Legendre en faisant référence à la Constituante de 1946 qui a considéré l'institution comme un « élément interposé et non indispensable entre le ministre et ses directeurs » (Ass. Nat., 20 avril 1946) (*op. cit.*, p. 437). En revanche, depuis quelques années, des secrétaires généraux réapparaissent dans l'organigramme de certains ministères chargés de coordonner l'action de l'ensemble des directions et services.

un secrétaire général des affaires étrangères qui, pour reprendre les termes exacts du texte juridique, « *exerce, sous l'autorité du ministre, la haute direction de tous les services* ». Bien qu'elle ne soit pas mentionnée explicitement, c'est bien une fonction de coordination qui transparaît de cette disposition, comme le laissent d'ailleurs penser les commentaires de la doctrine de l'époque. Le secrétaire général est alors envisagé comme le « *responsable de la vie administrative du ministère, il a pour mission de coordonner et d'arbitrer l'action des divers services* »[182] sous l'autorité directe du ministre. La fonction coordonnatrice du secrétaire général fait son succès et enthousiasme certains auteurs, à l'instar de René Capitant qui propose de généraliser « *cette tête pensante à côté du ministre* »[183]. Pourtant, nombreux sous le régime de Vichy (une vingtaine), ils sont condamnés par l'Assemblée constituante de 1946 qui les qualifie d'« *éléments interposés et non indispensables entre le ministre et ses directeurs* »[184]. Des secrétaires généraux seront néanmoins mis en place dans les années 1950 mais de manière éphémère[185]. Dans les années 1960, ils sont de nouveau appréciés, « *investis d'une mission coordonnatrice sur la totalité ou une fraction particulière d'un ministère* »[186]. Cependant,

---

182 Patricia LEMOYNE de FORGES, *Recherches sur la coordination administrative. La coordination à l'intérieur des ministères*, *op. cit.*, p. 175.

183 René CAPITANT, *La réforme du parlementarisme*, Paris, Sirey, 1934, p. 32.

184 Pierre LEGENDRE, *Trésor historique de l'État en France. L'Administration classique*, *op. cit.*, p.437. L'auteur cite un document de l'Assemblée Nationale en date du 20 avril 1946. Cette existence erratique des secrétaires généraux peut être vue comme un indicateur de l'intensité du besoin de coordination plus ou moins important selon le degré de fragmentation de la structure ministérielle. Cette plasticité peut être vue comme un atout : « *Il est en tout état de cause indispensable que toutes ces structures de coordination restent très souples : l'organe doit se calquer sur la fonction* » (André G. DELION, « Introduction générale » *in La coordination en matière économique et sociale*, *op. cit.*, p. 20).

185 Mise en place (éphémère) en 1953 d'un secrétaire général dans les ministères de l'Intérieur, des Affaires étrangères, de la Marine marchande, de l'Aviation civile.

186 François BURDEAU, *op. cit.*, p. 167. On distingue en effet « *à côté des secrétaires généraux chargés d'une fonction générale de coordination de l'activité des services (affaires étrangères et éducation nationale en 1963), d'autres, placés à la tête de services, sont spécialisés (PTT, aviation civile, marine marchande, départements d'outre-mer (1958), énergie (1963), police (1966) ; quant au secrétaire général mis en place au ministère des Armées en 1961, il sera investi d'attributions fonctionnelles, en matière administrative, financière et sociale en 1989 (décret du 19 avril). Néanmoins, cette tentative fera long feu : la plupart de ces secrétaires généraux disparaîtront rapidement (à l'éducation nationale dès 1968, à la Police en 1969, aux PTT en 1971...) ; les affaires étrangères et la défense demeureront les deux seuls points d'application de la formule, entendue cependant de manière très différente : le secrétaire général de la défense sera d'ailleurs lui-même supprimé en 1986, avant d'être rétabli trois ans plus tard...* » (Jacques CHEVALLIER, « La reconfiguration de l'administration centrale », *op. cit.*, p. 717-718).

l'histoire se répète et ils finissent par être progressivement délaissés à tel point qu'« *au milieu des années 1980, ne subsiste plus guère que le Secrétaire général pour l'administration de la Défense. De plus en plus, les cabinets ministériels se substituèrent à eux* »[187]. Il faudra attendre la fin des années 2000 pour qu'ils réapparaissent dans les organigrammes ministériels[188].

L'action transversale du secrétaire général, placé entre le ministre et les services, est pensée comme un moyen de compléter celle du ministre. En sa qualité de chef hiérarchique, ce dernier doit, en principe, veiller à la cohésion des services qui lui sont rattachés mais, de fait, il ne remplit que partiellement cette mission, absorbé par l'exercice de ses fonctions politiques en tant que membre du gouvernement. On retrouve ici la nécessité de distinguer les fonctions administratives et politiques déjà soulignée par Henri Chardon. La mise en place de secrétaires généraux participe d'une logique de rationalisation de l'organisation ministérielle. Plusieurs auteurs insistent sur l'utilité d'un organe qui apporterait une réponse adéquate à l'inflation du nombre de bureaux qui a des conséquences néfastes en termes d'intégration administrative. C'est le cas, par exemple, de Maurice Hauriou qui constate : « *cette organisation est trop hiérarchique et trop polycéphale.* (...) *au-dessus des directeurs généraux, il devrait y avoir, dans chaque ministère, un secrétaire général permanent qui coordonnerait tous les bureaux et traiterait toutes les affaires avec le ministre* »[189]. Cette analyse met l'accent sur les défauts d'une organisation trop verticale et la nécessité de mettre en place une entité à vocation horizontale entre le ministre et le directeur général. Les secrétaires généraux peuvent être « *investis d'une mission coordonnatrice sur la totalité ou une fraction particulière d'un ministère* »[190]. Patricia Lemoyne de Forges propose ainsi une typologie qui fait une différence entre des « *secrétaires généraux chargés des tâches de coordination et d'administration générale* » et des « *secrétaires spécialisés* ». Dans la première catégorie, les « *secrétaires généraux à compétence générale* » exercent une fonction de coordination sur l'ensemble des directions et des services placés sous l'autorité d'un

---

187 François BURDEAU, *op. cit.*, p. 169.

188 V. Chapitre 2 ci-après.

189 Maurice HAURIOU, *Précis élémentaire de droit constitutionnel*, Paris, Librairie du Recueil Sirey, 2° éd., 1930, p. 132.

190 François BURDEAU, *Histoire de l'administration française. Du 18e au 20e siècle*, *op. cit.*, p. 167.

ministre[191] ; à l'inverse, la coordination réalisée par des « *secrétaires généraux à compétence horizontale* » ne porte que sur les services et les directions exerçant une activité d'administration générale concernant l'ensemble du ministère[192]. Les « *secrétaires généraux faisant fonction de secrétaire d'État* » et les « *secrétaires généraux faisant fonction de directeur* » relèvent, quant à eux, de la seconde catégorie. Dans ce dernier cas, soit le secrétaire général endosse les attributions d'un directeur général, soit il cohabite avec une direction générale qui exerce également une fonction de coordination.

2. Le directeur général

Sous la Convention, un directeur général coiffe l'ensemble des bureaux du Comité de salut public, puis la Constitution du 5 fructidor an III (22 août 1795) crée un Directoire exécutif formé de cinq membres : « *le pouvoir exécutif est délégué à un Directoire de cinq membres, nommé par le Corps législatif, faisant alors les fonctions d'Assemblée électorale, au nom de la Nation* » (article 132). Aux côtés des ministres (de six, ils passent à sept) réhabilités après avoir été supprimés par le régime conventionnel[193], les cinq directeurs sont en charge de « *la sûreté extérieure ou intérieure de la République* » (article 144). Toutefois, le texte constitutionnel ne mentionnant aucune attribution précise, les directeurs « *ont établi une super-administration centrale coiffant et doublant les services des ministres* »[194]. Aussi ont-ils pu exercer, de fait, une fonction de coordination de nature interministérielle ; à tout le moins jusqu'en 1799 et le début du Consulat, régime qui a instauré de manière durable les directeurs généraux d'administration qui, depuis lors, n'ont pas quitté les organigrammes ministériels.

---

191 Plus rare, l'exemple cité par l'auteur est le secrétaire général du ministère des Affaires étrangères.

192 Ils prennent généralement le nom de « secrétaire général pour l'administration du ministère... ».

193 Les ministres ont été remplacés le 1er avril 1794 par douze commissions exécutives correspondant aux principales divisions du Comité de Salut public, organe de l'Assemblée nationale législative qui concentre alors les pouvoirs, auquel elles sont subordonnées. Ce système original est cependant éphémère : il prend fin avec l'instauration du Directoire en octobre 1795. cf. Raphaël MATTA-DUVIGNAU, *Gouverner, administrer révolutionnairement : le comité de Salut public (6 avril 1793 – 4 brumaire an IV)*, Paris, L'Harmattan, coll. « Logiques juridiques », 2013.

194 Pierre VILLARD, *Histoire des institutions publiques de la France de 1789 à nos jours*, Paris, Dalloz, coll. « Mémentos », 9e éd., 2010, p. 29.

Napoléon Bonaparte procède, en effet, à une réorganisation importante de l'administration centrale en créant cinq nouveaux ministères - qui s'ajoutent aux sept déjà existants - et en multipliant les services en leur sein. Des directions générales sont mises en place et confiées, jusqu'en 1812, exclusivement à des conseillers d'État qui sont supérieurs aux ministres dans l'ordre protocolaire. Cette précaution traduit la manière dont le premier consul, futur empereur, souhaite avoir la mainmise sur le pouvoir exécutif en plaçant aux postes stratégiques de l'administration des hommes qui lui sont proches. Les directeurs généraux sont ainsi parés d'une légitimité qui leur permet de coordonner l'activité des services avec une certaine indépendance à l'égard des ministres qui « *n'étaient plus que des chefs de bureau* »[195]. Dès lors, comme le résume Pierre Legendre, « *si les conflits ouverts appellent des décisions de coordination de la part du Premier Consul ou de l'Empereur lui-même, la régulation permanente est assurée* (...) *par les directeurs généraux* (...) *qui constituent un élément essentiel de cohésion de l'ensemble administratif* »[196].

Le sous-secrétaire d'État est une autre figure historique de coordination administrative.

3. Le sous-secrétaire d'État

Créés sous la Restauration, comme a pu le noter Léon Duguit, « *les sous secrétaires d'État n'occupent pas dans notre organisation politique et administrative une place nettement déterminée* »[197]. La première mention de cette institution remonte à une ordonnance royale du 9 mai 1816 qui leur reconnaît l'exercice d'attributions déléguées par les ministres. Choisis parmi les grands corps de l'État et parfois dans les rangs des parlementaires, ils sont placés hiérarchiquement juste en-dessous des ministres. Sous la Restauration, leur rôle est essentiellement administratif : ils complètent l'action des ministres qui, avec le développement du parlementarisme, « *deviennent des intercesseurs politiques* » responsables devant les chambres, ce qui « *oblige ceux-ci à des négociations permanentes* »[198]. De fait, ils exercent souvent des

---

195 Jean-Antoine CHAPTAL, *Mes souvenirs sur Napoléon*, Paris, Plon, 1893, p. 228 ; cité par Grégoire BIGOT, *L'Administration française. Politique, droit et société. 1786-1870*, *op.cit.*, p. 151. Il fut ministre de l'Intérieur de 1800 à 1804.

196 Pierre LEGENDRE, *op. cit.*, p. 431.

197 Léon DUGUIT, *Manuel de droit constitutionnel*, Paris, E. de Boccard, 4e éd., 1923, p. 554.

198 Pierre LEGENDRE, *op. cit.*, p. 434.

fonctions similaires à celles remplies par un directeur de services dont ils doivent coordonner l'action. En ce sens, François Burdeau classe le sous-secrétaire d'État parmi les « *formules* » qui, historiquement, ont été « *à même de pallier, ou de vaincre, les cloisonnements et triompher des particularismes* »[199].

Disparue en 1852, l'institution réapparaît sous la IIIe République : l'article 8 de la loi du 30 novembre 1875 la mentionne sans toutefois lui attribuer un statut juridique certain. Dans la pratique, les secrétaires d'État acquièrent une tout autre nature : le terme ne désigne plus des « *fonctionnaires intermittents et dont le caractère est mal défini* » mais « *des sortes de ministres, moins le nom* »[200]. Bien qu'aucun texte ne le prévoie, l'habitude sera prise de les autoriser à avoir accès aux Chambres et à participer aux délibérations du Conseil des ministres. Ainsi, Maurice Hauriou note que les sous-secrétaires d'État se distinguent des ministres « *uniquement parce qu'ils n'ont pas le contreseing des actes du chef de l'État et que par suite ils ne peuvent engager leur responsabilité pour les décrets sans engager en même temps celle de leur ministre* »[201]. Mais c'est surtout à partir de la Première Guerre mondiale que le rôle politique du sous-secrétaire d'État s'affirme. Nécessité faisant loi, de nouveaux besoins entraînent la création de départements, que l'on sait éphémères, placés sous la direction de sous-secrétaires mais également de « hauts-commissaires » dont l'action durant cette période est assimilable à celle d'un ministre de plein exercice « traditionnel »[202]. Ce sera définitivement le cas à partir de la IVe République, lorsque le sous-secrétaire d'État prendra le nom de secrétaire d'État. Leur fonction de coordination des services, de nature administrative, reviendra alors aux directeurs généraux.

---

199 François BURDEAU, *op. cit.*, p. 167.

200 Léon DUGUIT, *op. cit.*, p. 553-554.

201 Maurice HAURIOU, *Précis de droit administratif et de droit public général*, Tome 2, 4e éd., 1900, p. 403.

202 On constate par exemple la création en août 1914 de quatre sous-secrétaires d'État respectivement en charge de l'Artillerie et Equipement militaire, du Ravitaillement et Intendance militaire, du Service de santé militaire et enfin de l'Aéronautique militaire. Est également créé en 1916 un ministère de l'Armement et Fabrications de guerre et nommé un sous-secrétaire d'État au Blocus. Notons également l'existence d'un haut-commissaire auprès du Gouvernement britannique pour le règlement des affaires maritimes interalliées et d'un haut-commissaire aux États-Unis de mars à septembre 1917.

Aux côtés de ces organes coordonnateurs, on peut mentionner l'existence de longue date d'une « administration consultative » à vocation transversale.

B. L'administration consultative

Parmi les « *traditions de procédures ou de structures de coordination* » mentionnées par André G. Delion dans son étude sur la coordination administrative figurent, à côté du Conseil d'État, les « *commissions ou conseils consultatifs* », ou conseils administratifs. Citant Vivien, l'auteur précise que sous cette appellation peuvent être rangés « *non seulement les "conseils d'administration des administrations centrales" réunissant les principaux chefs de service, mais plusieurs sortes de commissions et conseils, où il distingue ceux qui sont propres à un service, ceux qui ont un rôle distinct de celui des services et couvrent un problème (...) il convient d'ajouter les Commissions "ad hoc" qui ont été créées d'époque en époque, pour faire face à des problèmes de circonstances* »[203]. L'instauration de ces organes collégiaux date de la loi du 28 pluviôse an VIII et s'explique par la volonté du législateur révolutionnaire d'encadrer l'exercice du pouvoir exécutif en plaçant auprès des principales autorités administratives des entités qu'elles doivent ou peuvent solliciter. Celles-ci se multiplient sous la Monarchie de Juillet, comme le relève Cormenin : « *la force exécutive du pouvoir central, depuis la tête jusqu'aux derniers membres de l'empire, est mitigée par des conseils, à chaque degré de sa hiérarchie* »[204].

Conformément au célèbre adage attribué au rapporteur de la loi de l'an VIII selon lequel « *Agir est le fait d'un seul. Délibérer est le fait de plusieurs* », les conseils sont des entités présentes à l'intérieur d'un ministère qui « *servent à harmoniser son administration* »[205]. Ils ne détiennent aucun pouvoir de décision propre mais éclairent, par leurs avis, les autorités administratives ; une intervention particulièrement utile pour les affaires qui demandent le concours de plusieurs services. Ainsi que le résume Anselme Batbie, « *le législateur a placé, auprès des*

---

203 André G. DELION, « La coordination administrative en matière économique et sociale. Introduction générale », *op. cit.*, p. 13.

204 Louis-Marie de Lahaye CORMENIN, *De la Centralisation*, Paris, Pagnerre Ed., 2e éd., 1842, p. 149.

205 François BURDEAU, *Histoire de l'administration française. Du 18e au 20e siècle*, *op. cit.*, p. 80.

fonctionnaires chargés d'agir, des conseils pour éclairer leur marche. Aussi trouvons-nous, à tous les degrés de la hiérarchie administrative, la délibération confiée à des corps multiples, à côté de l'action mise aux mains d'agents uniques »[206]. Près de cinquante plus tard, leur rôle est identique, comme en témoignent les propos de Maurice Hauriou qui les définit en tant que « *complément nécessaire de l'administration active* (...). *On voulait placer à côté des administrateurs des corps où les mesures d'administration puissent être délibérées par des gens compétents* »[207]. Les conseils se distinguent ainsi des bureaux qui ne délibèrent pas mais interviennent uniquement sur des questions relevant de leurs attributions conformément au principe de spécialisation. Leur mission, de nature consultative, a la particularité d'être transversale : elle consiste à proposer à l'autorité de décision - le ministre ou, plus largement, les chefs de service - une position qui s'impose à l'ensemble des services compétents sur un même dossier.

L'administration consultative qui se développe au XIXe siècle suggère l'horizontalité et le pluralisme ; cependant, les principes de centralisation et de hiérarchisation l'emportent à nouveau : « *les conséquences de ces modes de coordination et de prises de décision renforcent à leur tour les traits bureaucratiques qui leur ont donné naissance* »[208]. La fonction de coordination exercée par les conseils administratifs ne remet aucunement en question la verticalité de l'administration ; ils sont conçus comme des corollaires et compléments nécessaires : « *c'est la condition et l'effet de la centralisation de mettre d'accord le commandement et la délibération* (...) *; hostiles, ils s'entrechoquent ; unis, ils peuvent tout* »[209]. Leurs membres sont nommés par le chef de l'État ou les ministres et ne peuvent agir que dans les limites posées par les règlements - parfois même les lois - qui encadrent strictement leur activité. Les avis donnés aux autorités administratives ne peuvent lier ces dernières. Ainsi que le rappelle effectivement Louis-Antoine Macarel, « *quelque utiles qu'elles soient* (leurs) *délibérations ne doivent donc avoir d'autre caractère que celui de simple avis* »[210]. Néanmoins, bien que leurs avis ne soient que consultatifs, ils lient de manière indirecte le pouvoir de décision des autorités administratives : il

---

206 Anselme BATBIE, *Précis du cours de droit public et administratif*, Paris, Cotillon, 4e éd.,1876, p. 54.

207 Maurice HAURIOU, *op. cit.*, p. 404.

208 Michel CROZIER, *Le phénomène bureaucratique, op. cit.*, p. 234.

209 Louis-Marie de Lahaye CORMENIN, *op. cit.*, p. 149.

210 Louis-Antoine MACAREL, *Eléments de droit politique*, Paris, Librairie de la Cour de cassation, 1833, p. 391.

est difficile de contredire unilatéralement l'avis exprimé. Selon Paul-Marie Gaudemet, instaurer des conseils au sein de l'administration revient à « *placer auprès de l'autorité hiérarchique l'instrument de sa destruction* »[211]. Si le terme de « destruction » est probablement excessif, le constat n'en est pas moins pertinent.

L'administration contemporaine est, en effet, caractérisée par une crise du pouvoir hiérarchique en tant que mode intégrateur devenu insuffisant pour assurer la cohésion d'une administration qui se complexifie et se diversifie. Une réorganisation permanente est nécessaire pour préserver l'homogénéité du cadre administratif malgré des tendances centrifuges qui s'intensifient. Elle passe notamment par un développement des dispositifs de coordination, procédés souples d'intégration adaptés à un besoin croissant de flexibilité.

SECTION 2 - LE DÉVELOPPEMENT D'UNE COORDINATION ESSENTIELLE DANS LE CADRE DE L'ADMINISTRATION CONTEMPORAINE FRAGMENTÉE

« *Singulière administration en effet que celle dont il semble qu'on ne puisse parler avec pertinence qu'au pluriel* »[212], « *sorte de nébuleuse aux contours plus flous et à l'intégration plus faible* »[213], « *mosaïque de structures diversifiées* »[214], « *ensemble baroque et complexe* »[215], « *administration en miettes* »[216]... Les descriptions de l'administration contemporaine mettant l'accent sur l'idée de fragmentation structurelle ne manquent pas. Toutes soulignent, de manière imagée, une réalité : l'unité et la cohésion de l'architecture administrative sont devenues précaires. La *fiction d'un État monolithique* »[217] est désormais profondément remise en cause. Face à ce constat, « *il ne nous est possible*

---

211 Paul-Marie GAUDEMET, « Le déclin de l'autorité hiérarchique », *Dalloz,* Chron. 137, 1947 ; cité par Nadine POULET-GIBOT LECLERC, « Le pouvoir hiérarchique », *RFDA*, n°3, 2007, p. 508.

212 Lucien NIZARD, « Les dynamiques contradictoires en œuvre dans l'administration française. Un essai d'explication théorique », *op. cit.*, p. 574.

213 Pierre SADRAN, *Le système administratif français*, *op. cit.*, p. 42.

214 Jacques CHEVALLIER, « La reconfiguration de l'administration centrale », *op. cit.*, p. 716.

215 Guy BRAIBANT, « Panorama de l'administration française », *in* Françoise GALLOUEDEC-GENUYS (dir.), *A propos de l'administration française*, Paris, La Documentation française, 1998, p. 15.

216 François DUPUY, Jean-Claude THOENIG, *L'administration en miettes*, Paris, Fayard, coll. « L'espace du politique », 1985.

217 Gérard TIMSIT, « Le concept de coordination administrative », *op. cit.*, p. 147.

de conserver que peu de conceptions traditionnelles du problème de la coordination (...) (qui) *était considérée dans une optique administrative technique ou bureaucratique* »[218].

Le facteur premier à l'origine du développement d'une fonction de coordination à finalité d'intégration est l'« *explosion administrative du XXe siècle* »[219], corollaire d'un phénomène d'inflation ministérielle. Néanmoins, « *il est probablement erroné de considérer la spécialisation proprement dite comme le seul et unique facteur de coordination* »[220]. L'intensification de l'éclatement de la structure administrative se manifeste également à travers un phénomène de segmentation, c'est-à-dire une multiplication de structures en dehors du cadre hiérarchique classique. L'architecture administrative, de plus en plus brouillée, requiert ainsi une plus grande cohérence que la verticalité ne suffit plus à assurer : « *l'administration française est dès lors contrainte à un processus d'adaptation des cadres axiologiques et pratiques sur lesquels reposait l'institution* »[221]. Dans ce contexte, la coordination est devenue un élément clé des politiques de réorganisation de l'administration mises en œuvre en vue de préserver sa cohésion en dépit de tensions centrifuges de plus en plus prononcées.

§ 1 – La mise en cause de l'intégration verticale

La prise en compte par la doctrine juridique de la réalité d'une administration plurielle et complexe est relativement récente en France où le « mythe de la bureaucratie », édifié sur le modèle d'administration napoléonienne, est profondément ancré. C'est à partir des années 1960, sous l'influence, en particulier, de la sociologie des organisations, que les études relatives à l'administration ont commencé à insister sur ses faiblesses et à penser de nouveaux modes d'organisation non définis pas l'unilatéralité mais tout aussi capables de contenir des pressions centrifuges. Figure centrale de ce courant, Michel Crozier distingue trois

218 Roman SCHNUR, « Le rôle du chef du gouvernement et ses services dans la coordination et la détermination des priorités », *in* Heinrich SIEDENTOPF, *La coordination de la politique*, Paris, Editions Cujas, 1976, p. 38.

219 François BURDEAU, *Histoire de l'administration française. Du 18e au 20e siècle*, *op. cit.*, p. 153.

220 Koen VERHOEST, Geert BOUCKAERT, B. Guy PETERS, « Les deux faces de la réorganisation : la spécialisation et la coordination dans quatre pays de l'OCDE au cours de la période 1980-2005 », *RISA*, vol.73, n° 3, 2007 p. 376.

221 Jacques CHEVALLIER, « Le regard des sciences sociales », *in* Françoise GALLOUEDEC-GENUYS (dir.), *A propos de l'administration française*, *op. cit.*, p. 184.

principales dysfonctions propres « *aux traits bureaucratiques du modèle français (...) : tout d'abord les décisions ne sont jamais complètement adéquates, parce que les gens qui les prennent doivent être protégés de tout contact avec ceux qui risquent d'en être affectés (experts et groupes de pression) ; en second lieu, la rigidité de chaque administration dans ses rapports avec son environnement se double d'une rigidité dans ses relations avec chacune des administrations, ce qui crée de difficiles problèmes de coordination ; enfin naturellement le problème général et inévitable de l'adaptation au changement est très mal résolu* »[222]. S'y ajoute une autre défaillance probablement encore plus importante dans la mesure où il s'agit d'un élément fondamental dans une structure administrative fondée sur la verticalité : le pouvoir hiérarchique est remis en cause, empiriquement et conceptuellement.

A. L'aggravation des dysfonctions bureaucratiques et la crise du pouvoir hiérarchique

Les problèmes de cloisonnement, de rigidité et d'immobilisme sont les difficultés les plus souvent dénoncées par les auteurs qui insistent sur leur caractère inhérent au système. Ainsi que le résume Jacques Chevallier, « *certains des défauts découlent de l'application même des principes bureaucratiques (lenteur, rigidité, impersonnalité, difficultés d'adaptation...) ; d'autres apparaissent comme des dysfonctions induites par les dispositifs de correction (déplacement des buts, cloisonnements, différenciation)* »[223]. L'agencement de services sous la forme de strates superposées et subordonnées ne suffirait pas à maintenir une intégration suffisante ; d'autant plus s'ils sont facteurs de conflits de nature corporatiste[224]. L'augmentation des activités prises en charge par l'État provoque une prolifération organisationnelle et fonctionnelle à l'origine d'un phénomène de fragmentation, mais également de nombreux chevauchements de compétences sources de conflits entre services soucieux de défendre leur pré carré.

---

222 Michel CROZIER, *Le phénomène bureaucratique*, *op. cit.*, p. 324.

223 Jacques CHEVALLIER, *Science administrative*, *op. cit.*, p. 386.

224 Déjà en 1921, le sénateur Brangier avait constaté la pluralité et la tendance au corporatisme de l'administration française mettant en cause son intégration : « *Il n'y a pas de véritable administration ; il y a bien des organes variés qui se côtoient, qui souvent ne se connaissent pas, qui se jalousent, quelquefois se gourmandent et se chamaillent, mais qui ne constituent pas en fait une administration unique* » (cité par François BURDEAU, *op. cit.*, p. 168).

Dans le cas du système français, le risque de rivalités est majoré par l'instabilité chronique de la nomenclature administrative qui s'explique en grande partie par l'origine décrétale des règles relatives à la nomination des ministres, secrétaires d'État et ministres délégués[225]. En conséquence, « *des ministères peuvent être créés ou supprimés.* (...) *et il arrive que des services soient ballottés d'un ministère à l'autre, ou parfois même écartelés entre deux ou plusieurs ministères, au hasard des combinaisons ministérielles* »[226]. Une telle plasticité facilite, en théorie, une adaptation au contexte socio-économique et donc une meilleure réponse aux enjeux politiques du moment, mais le penchant des directions et des services au cloisonnement rend, de fait, tout redécoupage des périmètres ministériels délicat et préjudiciable à la cohérence de l'administration. Ces « *effets dysfonctionnels* »[227] sont complétés par une interrogation quant à la réalité même de la notion de pouvoir hiérarchique, pilier de l'organisation wébérienne : instrument juridique qui permet à un supérieur d'adresser des instructions à ses subordonnés, d'annuler ou de réformer leurs décisions de plein droit, c'est-à-dire sans qu'aucun texte ne le prévoie, le pouvoir hiérarchique symbolise l'unilatéralité. Or, son inadaptation pour décrire l'administration contemporaine est perçue, dès 1947, par le Professeur Gaudemet qui parle déjà de « *déclin de l'autorité hiérarchique* »[228]. L'affaiblissement du principe de subordination a depuis lors fait l'objet de nombreuses études et aujourd'hui encore, comme le note Clément

---

225 Les ministres et secrétaires d'État sont nommés par le Président de la République sur proposition du Premier ministre (article 8, alinéa 2 de la Constitution). L'organisation de l'administration centrale de chaque ministère en directions générales et en directions est fixée par décret contresigné par le ministre concerné (article 2 du décret du 5 juin 1987). Depuis l'entrée en vigueur du décret n° 2008-208 du 29 février 2008, la consultation du Conseil d'État n'est plus requise (décret simple). Un arrêté du ministre intéressé fixe l'organisation des directions générales, directions et services des administrations centrales en sous-directions et l'organisation interne des sous-directions (article 3).

226 Jean-Louis AUTIN, Catherine RIBOT, *Droit administratif général*, Paris, Litec, coll. « Objectif Droit », 2e éd., 2003, p. 61.

227 Gérard TIMSIT, *Théorie de l'administration*, *op. cit.*, p. 191.

228 L'auteur avait ainsi anticipé l'évolution du principe au sein de l'administration contemporaine qui sera très bien décrite une trentaine d'années plus tard par Michel Crozier : « *actuellement, les structures d'autorité qui donnaient son efficacité à ce modèle, semblent s'effriter dans tous les pays et dans tous les domaines...* » (Michel CROZIER, « La crise bureaucratique », *op. cit.*, p.114). A cette époque, il s'agit encore d'une approche singulière, la logique de subordination dominant encore la représentation de l'administration comme en témoigne par exemple la consécration de la notion de « contrôle hiérarchique » (qui permet l'annulation et la réfection de l'acte d'un subordonné par son supérieur) au rang de principe général du droit par l'arrêt CE, Sect., *Quéralt* du 30 juin 1950.

Chauvet, « *l'on peut remarquer que le pouvoir hiérarchique reste une notion contestée, mal établie, incertaine, sujette à désaccords et objet de divergences* »[229]. Deux principaux courants doctrinaux peuvent à cet égard être distingués : certaines analyses se contentent de relativiser la portée actuelle de la notion ; d'autres, en revanche, vont plus loin et n'hésitent pas à remettre en question son existence.

Le constat dressé par Nicole Belloubet-Frier résume bien la position du premier groupe d'auteurs : « *la chaîne hiérarchique a totalement changé de nature et de sens* »[230]. Le pouvoir hiérarchique n'a pas disparu, cependant il ne peut plus être conçu de la même manière au regard de la diversité et de l'horizontalité qui progressivement touchent l'ensemble de l'administration. Aujourd'hui, « *le pouvoir de décider, d'instruire constitue bel et bien la seule réalité tangible de ce pouvoir hiérarchique.* (…) *se traduit par la nécessité d'argumenter – c'est-à-dire de contextualiser, problématiser, définir des objectifs, évaluer des stratégies et en mesurer les implications – tout en sachant entendre les éléments d'appréciation fournis par les autres acteurs et en les faisant participer à l'élaboration de la décision sous réserve qu'il ne fasse pas perdre de vue l'objectif initial* »[231]. L'unilatéralité laisserait ainsi place à un dialogue oscillant entre négociation et arbitrage, donc fondé sur une logique plus proche de la coordination que de la subordination. D'autres auteurs sont plus radicaux et décrivent une « *notion juridique fuyante* »[232], un « *mythe* »[233], voire un « *tigre de papier* »[234] ; des expressions amplement reprises et commentées[235].

229 Clément CHAUVET, *Le pouvoir hiérarchique*, Paris, LGDJ, coll. « Bibliothèque de droit public », 2013.

230 Nicole BELLOUBET-FRIER, « Pouvoir et relations hiérarchiques : l'exemple du ministère de l'Education Nationale », *in Études en l'honneur de Gérard Timsit*, Bruxelles, Bruylant, 2004, p. 235.

231 Nicole BELLOUBET-FRIER, *Ibidem*, p. 242.

232 André LEGRAND, « Un instrument du flou : le pouvoir hiérarchique », *in L'unité du droit. Mélanges en hommage à Roland Drago*, Paris, Economica, p. 65.

233 Jean-Claude GROSHENS, « Le pouvoir des supérieurs hiérarchiques sur les actes de leurs subordonnés », *AJDA*, 1966, p. 144.

234 *Ibidem*, p. 152 ; cité par Clément CHAUVET, *op. cit.*, p.16. L'auteur nuance néanmoins ses propos en précisant que « *l'autorité hiérarchique n'est pas, dans la vie administrative, un vain mot, même si à bien des égards le supérieur n'est qu'un tigre de papier qui n'en dispose pas moins d'une puissance redoutable* » (*Ibid.*, p. 152).

235 On pense notamment à la réponse de Jean Rivero à l'article de Jean-Claude Groshens : « *Si le tigre est redoutable, il faut qu'il ne soit pas en papier, s'il est en papier, il n'est redoutable que pour les enfants en bas âge* » (Jean RIVERO, « Remarques à propos du pouvoir hiérarchique », *AJDA*, 1966, p. 154). Selon l'auteur, le

Mais tous ces auteurs partagent finalement un même constat : la hiérarchie recule. Seule l'intensité de ce reflux les divise. Bien qu'il n'ait jamais été le mode relationnel unique des organes au sein de l'État[236], le principe hiérarchique a longtemps été présenté par la doctrine comme l'élément central de l'organisation bureaucratique. Il est aujourd'hui concurrencé par d'autres instruments juridiques qui nuancent, voire écartent, la notion d'unilatéralité. Le processus de délégation fonctionnelle à des entités situées hors du cadre vertical (segmentation) et la « *tendance décentralisatrice* »[237] ont conduit à une multiplication des cas de tutelle et à une remise en question du principe de centralisation, autre pilier de l'administration classique. Parmi les modes de relations plus souples qui se sont répandus, « *dans un inventaire à la Prévert, on peut citer : la transparence, le partenariat, la co-administration, la coopération, la négociation, la prévention, la prospective* »[238] ; ajoutons la concertation, la consultation, ou encore la participation, déjà mentionnées. Tous ces instruments révèlent d'une « *dynamique d'évolution des systèmes administratifs* [qui] *se caractérise par la recherche de formes nouvelles d'organisation rompant avec la rigidité bureaucratique* »[239] ; la structure hiérarchique classique ne parvenant plus à assurer la cohésion d'une administration qui se fragmente et se segmente en se complexifiant.

En conséquence, les besoins de coordination-intégration, c'est-à-dire une coordination qui remplit une fonction de cohésion essentielle et non plus résiduelle comme cela était le cas dans le cadre administratif

---

pouvoir hiérarchique est patent : « *le pouvoir du chef de service correspond à une nécessité, non pas même juridique ou biologique, en ce sens que, si l'on prétendait éliminer ce pouvoir, le service ne saurait fonctionner normalement* » (Jean RIVERO, *Note sous Conseil d'État, 7 février 1936, Jamart* ; cité par André LEGRAND, « Un instrument du flou : le pouvoir hiérarchique », *op. cit.*, p. 62).

236 À cet égard, Clément Chauvet note que « *si l'on prend la structure administrative communément considérée comme la plus complexe, l'État, on distingue bien la part somme toute réduite du pouvoir hiérarchique dans les relations entre ses organes. Par exemple, les rapports entre pouvoirs publics ne se font pas sur un mode hiérarchique. (...) il n'y a pas de subordination hiérarchique entre Parlement et le Gouvernement, entre le Gouvernement et les juges, entre ces derniers et le Parlement. (...) de tels liens seraient en effet contraire à l'essence du principe de séparation des pouvoirs, que celui-ci s'exerce sur un mode souple ou rigide* » (Clément CHAUVET, *op. cit.*, p. 38-39).

237 François BURDEAU, *op. cit.*, p. 188.

238 Jean-Jacques GLEIZAL, « L'administration du XXIe siècle », *in* Jean-Michel GALABERT, Marcel-René TERCINET (dir.), *Mélanges en l'honneur du professeur Gustave Peiser*, PUG, 1995, p. 289.

239 Jacques CHEVALLIER, *Science administrative*, *op. cit.*, p. 291-292.

classique dominé par le principe hiérarchique, se sont constamment renforcés.

B. La fragmentation et la segmentation de la structure administrative

La pluralité de l'administration est longtemps restée occultée par la doctrine juridique qui préférait la figure monolithique offerte par le modèle wébérien à la réalité d'une organisation depuis toujours composée d'entités diverses et variées. Comme l'a rappelé Lucien Nizard, « *tout se passe dès lors comme si l'essentiel était le singulier, et que le pluriel ne désignait que des ratés superficiels ; comme si l'Administration était normalement unifiée et que les exceptions, pour nombreuses qu'elles fussent, vinssent confirmer la règle* »[240]. Cependant, initiées au XIXe siècle, l'extension et la diversification constantes des tâches prises en charge par les pouvoirs publics se sont poursuivies au début du XXe siècle avant de connaître une forte augmentation à partir de 1945[241]. L'augmentation continue du nombre des ministères chargés de la préparation et de l'exécution des nouvelles tâches prises en charge provoque un « *éparpillement des compétences* »[242] qui engendre une complexification croissante de l'administration dont la cohésion est de plus en plus menacée. « *Nous touchons là un des problèmes majeurs de la coordination. Le mécanisme même de la spécialisation ministérielle, qui est une forme normale de la spécialisation des tâches, crée un nombre croissant de problèmes de coordination* »[243] : plus le nombre de ministères augmente, c'est-à-dire plus la spécialisation s'intensifie, plus les besoins de coordination sont importants. Le processus inflationniste a, en outre, eu tendance à se déplacer de l'échelon ministériel à celui des services : si l'on s'en tient au nombre de ministres, le rythme de croissance a semblé se ralentir sous la Ve République mais il s'agit d'une déflation cosmétique. L'effectif gouvernemental total, c'est-à-dire prenant également en compte les sous-secrétaires d'État, secrétaires

240 Lucien NIZARD, « Les dynamiques contradictoires en œuvre dans l'administration française : un essai d'explication théorique », *RFAP*, n° 15, juillet-septembre 1980, p. 89.

241 « *Le nombre des membres du Gouvernement est passé progressivement d'une vingtaine à la fin de la IIIème République, à une trentaine sous la IVème République et à une quarantaine aujourd'hui* ». (Olivier GOHIN, Jean-Gabriel SORBARA, *Institutions administratives*, Paris, LGDJ, coll. « Manuel », 7e éd., 2016, p. 137).

242 François BURDEAU, *op. cit.*, p. 165.

243 André G. DELION, « Introduction générale », *op. cit.*, p. 14.

d'État et ministres délégués[244], se situe depuis 1958 « *entre vingt-cinq et quarante-deux, avec des phases d'expansion et de récession, celle-ci succédant parfois brutalement à celle-là* »[245].

Le caractère fragmenté de l'administration renforçant les besoins de coordination est particulièrement important en France. Le décret n° 87-389 du 15 juin 1987 relatif à l'organisation des services d'administration centrale[246], modifié par le décret n° 2008-208 du 29 février 2008, a tenté de rationaliser la structure administrative en la limitant à trois échelons : le texte prévoit, d'une part, que « *l'organisation des services centraux de chaque ministère en directions générales, directions et services est fixée par décret* » (article 2) ; d'autre part, que « *l'organisation des directions générales, directions et services des administrations centrales en sous-directions est fixée par un arrêté du ministre concerné* » [247] (article 3). Toutefois, malgré cet effort de clarification et de limitation, l'organisation ministérielle reste caractérisée par une tendance forte à l'expansion[248] et à l'instabilité chronique qui s'expliquent notamment par le fait que le nombre et les attributions des ministres ne sont fixés en France ni par la loi[249] ni par la

---

244 Tandis que sous les IIIe et IVe Républiques, le nombre de sous-secrétaires et secrétaires d'État est généralement inverse au nombre de ministères, sous la Ve République le nombre de secrétaires d'État et de ministres délégués est souvent égal au nombre de ministères.

245 Conseil d'État (Section du Rapport et des Études), *Structures gouvernementales et organisation administrative*, Paris, La Documentation française, coll. « Notes et études documentaires », n° 4818, 1986, p. 32.

246 Un décret édicté à la suite d'un rapport du Conseil d'État dénonçant fortement l'inflation interministérielle, et l'expansion infra-ministérielle qui rend difficile une action cohérente.

V. Conseil d'État, Section du Rapport et des Études, *Structures gouvernementales et organisation administrative*, *op. cit.*

247 Depuis 2008, un arrêté simple suffit pour déterminer l'organisation des directions générales, directions et services des administrations centrales en sous-directions ; auparavant, un arrêté conjoint du ministre et du Premier ministre était requis.

248 Corollaire d'une inflation ministérielle qui n'a cessé de s'accentuer depuis la IIIe République. Il en résulte une administration pléthorique : « *l'administration centrale comporte ainsi quelques 175 directions (et assimilées), 400 sous-directions et 2000 bureaux – dont l'effectif peut varier de 2 à 800 personnes* » (Jacques CHEVALLIER, *Science administrative*, *op. cit.*, p. 318).

249 Le nombre des députés et des sénateurs est fixé par voie législative. En revanche, comme le rappelle Jean-Louis QUERMONNE, « *en n'inscrivant pas cette matière* (composition du gouvernement) *dans le domaine de la loi, l'article 34 de la Constitution de 1958 l'a placée implicitement, en vertu de l'article 37, dans le domaine du règlement. Dès lors, la structure du gouvernement – sinon, toujours celle des administrations centrales – dépend du bon vouloir du président de la République et du Premier ministre. Et elle résulte de la combinaison de quatre séries de textes : les décrets de nomination,*

Constitution[250]. La création de nouveaux ministères résulte de décrets du Président de la République qui, au moment de la formation du Gouvernement, nomme les ministres sur proposition du Premier ministre (et met fin à leurs fonctions dans les mêmes conditions ; article 8 de la Constitution du 4 octobre 1958) et en fixe le nombre ainsi que les fonctions (décrets relatifs à la composition du Gouvernement)[251]. De même, il n'existe pas de lois ou de textes généraux établissant la structure des administrations centrales de l'État. Chaque ministère est organisé selon ses propres règles posées par décret pris sur proposition du ministre compétent ; des règles qui peuvent changer si le ministre le décide ou lorsqu'il est remplacé par un autre ministre soucieux de remodeler son administration. Un décret relatif aux attributions de chaque ministre est publié après leur nomination, qui doit obligatoirement être un décret en conseil des ministres après avis du CE (article 1er du décret du 22 janvier

---

(...) les décrets d'attribution (...), les décrets de délégation, (...) les décrets d'organisation » (*in L'appareil administratif de l'Etat, op. cit.*, p. 55). Précisons que la nomination du Premier ministre est un pouvoir propre du Président de la République et ne requiert aucun contreseing. En revanche, le décret présidentiel nommant les ministres doit également porter la signature du chef du gouvernement. Dans d'autres États, la composition du gouvernement peut être encadrée par une loi comme au Japon où la loi relative au Gouvernement du 6 janvier 2001 précise que le nombre de ministre ne peut dépasser quatorze (à l'exclusion du premier ministre) tout en concédant une dérogation : celui-ci peut être porté à dix-sept en cas de besoins particuliers ; ou encore en Espagne avec la loi 10/1983 du 16 août 1983 portant organisation de l'administration centrale de l'État dont l'article 1er, alinéa 2 dressait une liste de quinze départements ministériels. Parfois, c'est la Constitution elle-même qui encadre le pouvoir qui revient à l'exécutif de composer le gouvernement : aux États-Unis, le § 101 du Titre 5 de l'*United States Code* (2011) énumère quinze *Executive departments* (comparables aux ministères).

250 L'article 8 de la Constitution du 4 octobre 1948 relatif à la composition du gouvernement est particulièrement laconique : « *le Président de la République nomme le Premier Ministre* » (alinéa 1er) puis, « *sur la proposition du Premier ministre, il nomme les autres membres du gouvernement* » (alinéa 2).

251 « *C'est donc le Premier ministre – puisqu'il faut un décret – qui organise la structure de chaque ministère dans ses grandes divisions (secrétariats généraux, directions générales, directions et services) par grand domaine d'activité et le ministre qui apporte le détail de cette organisation par arrêté. Cet arrêté peut créer des sous-directions mais il va au-delà : il descend jusqu'à la cellule de base de l'administration centrale qui est le bureau. Les dénominations choisies par les textes ne paraissent pas toujours cohérentes entre elles. Ainsi, les sous-directions ne sont pas nécessairement placées dans une direction, puisqu'il peut en être créé dans des services. Par exemple, le décret du 9 juillet 2008 relatif à l'organisation du ministère de la justice prévoit que l'administration centrale du ministère de la justice comprend le secrétaire général ; la direction des services judiciaires ; la direction des affaires civiles et du sceau ; la direction des affaires criminelles et des grâces (...). L'arrêté du 9 juillet 2008 fixant l'organisation en sous-directions de la direction des affaires civiles et du sceau* (précise) *que cette direction comprend trois sous-directions...* » (Dominique MAILLARD DESGREES DU LOU, *Institutions administratives*, Paris, PUF, coll. « Themis Droit », 2011, p. 283-284).

1959 relatif aux attributions des ministres), dont le contenu est généralement très discuté en raison de l'importance des attributions accordées et des moyens attribués. Dès lors, « *pendant la durée du gouvernement, des ministères peuvent être créés ou supprimés. Il n'y a donc pas de structure gouvernementale permanente, et il arrive que des services soient ballotés d'un ministère à l'autre, ou parfois même écartelés entre deux ou plusieurs ministères, au hasard des combinaisons ministérielles* »[252].

L'augmentation constante des services qui résulte de ces modalités donne « *une impression générale de complexification* »[253] à laquelle un schéma hiérarchique rigide peine à répondre. Comme l'indique Nicole Belloubet-Frier, « *la verticalité fonctionnelle ne fonde plus à elle seule la réalité du pouvoir de décision* »[254] d'autant plus que les directions ont tendance au cloisonnement. L'intervention d'organes coordonnateurs permettant de dynamiser les relations entre services et de redonner une cohésion générale à la structure administrative est devenue une nécessité. Comme le résument Koen Verhoest, Geert Bouckaert et B. Guy Peters, « *l'évolution vers la spécialisation s'apparente à une fragmentation* (...) *ce qui confirme l'une des thèses fondamentales de la théorie de l'organisation selon laquelle la spécialisation et la différenciation renforcent le besoin de coordination* » [255] . Le foisonnement des ministères et de leurs services - par scissiparité ou création - n'est pas l'unique facteur de « *désagrégation des structures administratives* »[256] à l'origine d'un besoin croissant de coordination.

---

[252] Jean-Louis AUTIN, Catherine RIBOT, *Droit administratif général*, *op. cit.*, p. 61.

[253] Guy BRAIBANT, « Du simple au complexe, quarante ans de droit administratif (1953-1993) », *Rapport public du Conseil d'Etat*, n° 45, Paris, La Documentation française, 1993.

[254] Nicole BELLOUBET-FRIER, « Pouvoir et relations hiérarchiques : l'exemple du ministère de l'Education Nationale », *op. cit.*, p.235. Certains auteurs proposent un constat plus radical à l'instar de Véronique LABROT qui considère qu'« *à l'approche sectorielle, s'est désormais superposée, voire substituée, une approche holistique, globale* » (Véronique LABROT, « Droit et complexité. Regard sur le droit de l'environnement », *in* Mathieu DOAT, Jacques LE GOFF, Philippe PÉDROT (dir.), *Droit et complexité. Pour une nouvelle intelligence du droit vivant*, Presses Universitaires de Rennes, coll. « L'Univers des Normes », 2007, p. 34).

[255] Koen VERHOEST, Geert BOUCKAERT, B. Guy PETERS, « Les deux faces de la réorganisation : la spécialisation et la coordination dans quatre pays de l'OCDE au cours de la période 1980-2005 », *op. cit.*, p. 358.

[256] Philippe BEZÈS, « Le renouveau du contrôle des bureaucraties. L'impact du *New Public Management* », *Informations sociales*, n° 126, 2005/6, p. 34.

L'extension des fonctions étatiques a, par ailleurs, conduit à la mise en place d'organes spécialisés pour assurer certaines tâches s'éloignant, à des degrés divers, du schéma classique d'organisation assis sur le principe hiérarchique. En France, ce processus dit de segmentation s'est manifesté par « *la création par l'État d'entités fonctionnelles, qu'il va doter d'une autonomie relative ; c'est là un mouvement de scissiparité (...) conduisant à la 'devolution' de certaines missions, le plus souvent sectorialisées* »[257]. L'établissement public est un exemple typique de ce type de structures. Technique juridique ancienne[258] de délégation de tâches opérationnelles[259] relevant de l'État, leur nombre a connu une forte accélération ces trente dernières années[260]. Défini comme une « *personne morale de droit public disposant d'une autonomie administrative et financière afin de remplir une mission d'intérêt général, précisément définie, sous le contrôle de la collectivité publique dont il dépend (État, région, département ou commune)* »[261], l'établissement public n'est pas soumis au pouvoir hiérarchique mais à la tutelle[262] de la collectivité publique dont il complète l'action en assumant la gestion de certaines

---

257 Maryvonne HECQUARD-THERON, Jean-Pierre THERON, « Variations sur les « tendances du système administratif français » », *in Études en l''honneur du professeur Jean-Arnaud Mazères*, Paris, LexisNexis/Litec, p. 772.

258 Les établissements publics constituent un instrument aux mains de la puissance publique pour gérer son intervention (souvent monopolistique) dans divers secteurs dès les années 1930. Formule juridique utilisée pour la nationalisation d'entreprises privées au lendemain de la Seconde Guerre mondiale.

259 « *Pour familière qu'elle nous soit devenue, la notion d'établissement public ne repose pas sur des fondements juridiques clairement établis. Le terme, consacré par ses premières mentions dans le code civil en 1804 et dans la loi de finances pour 1813 (...). La jurisprudence et la doctrine ont progressivement dessiné les contours de la notion. (...) Parallèlement à cet effort doctrinal qui avait permis de la doter d'une densité dont elle manquait jusqu'alors, la formule de l'établissement public connut un vif succès, qui marqua sa consécration administrative* » (Conseil d'État, « Les établissements publics », *Les études du Conseil d'État*, octobre 2009, p. 9-10)

260 Cette délégation dite « opérationnelle » qui se réalise au moyen de la création de structures fonctionnelles se double d'une délégation « opérationnelle » territoriale qui s'est notablement développée depuis la loi d'orientation n° 92-125 du 6 février 1992 relative à l'administration territoriale de la République et le décret n° 92-604 du 1er juillet 1992 portant charte de la déconcentration que nous avons déjà mentionnés.

261 Direction de l'information légale et administrative, Premier ministre, « Qu'est-ce qu'un établissement public ? ». Source : www.vie-publique.fr.

262 La tutelle peut se définir comme l'ensemble des pouvoirs, prévus dans un texte, par lesquels une autorité peut approuver les actes de l'organe qui s'y rattache, s'y opposer, ou encore se substituer à lui en cas de carence.

activités[263]. La création d'autorités administratives indépendantes (AAI) obéit à une logique encore moins verticale. « *Institution de l'État chargée, en son nom, d'assurer la régulation de secteurs considérés comme essentiels* »[264], le statut d'autorité administrative indépendante est consacré juridiquement pour la première fois en France dans la loi n° 78-17 du 6 janvier 1978 relative à l'informatique, aux fichiers et aux libertés. Créées sur le modèle des *regulatory agencies* ou *independent regulatory commissions* aux États-Unis et des *quasi non-governmental organizations* (*QUANGOS*) au Royaume-Uni, les AAI sont « *des autorités autonomes, distinctes de l'administration, mais appartenant à l'État et dotées d'un pouvoir de décision*[265] (...) *C'est là la reconnaissance même du principe de l'existence d'autorités administratives n'appartenant pas à la hiérarchie des administrations centrales aboutissant aux ministres* ». En effet, les AAI ne sont pas dotées d'une personnalité morale mais le principe d'indépendance qui les caractérise implique l'absence de tutelle ou de pouvoir hiérarchique de la part du pouvoir exécutif[266] : dotées d'attributions étendues (recommandation, décision, réglementation[267], sanction), elles échappent

---

263 Une distinction est faite entre l'établissement public administratif (EPA) et l'établissement public à caractère industriel ou commercial (EPIC) en fonction de la nature de leur activité : santé (par exemple l'Etablissement français du sang), enseignement (universités, lycées), culture (par exemple certains musées nationaux comme le Louvre), économie (par exemple la Caisse des dépôts et consignations, la SNCF...), etc.

264 Direction de l'information légale et administrative, Premier ministre, « Qu'est-ce qu'une autorité administrative indépendante ? ». Source : www.vie-publique.fr.

265 Le pouvoir de prendre des décisions relève d'un pouvoir réglementaire d'exécution des lois qui leur permettent de prendre des mesures de portée limitée aussi bien dans leur champ d'application que leur contenu (essentiellement cantonné à un pouvoir de régulation).

266 Une indépendance cependant nuancée par un rattachement budgétaire : à l'exception de l'Autorité des marchés financiers, les AAI dépendent financièrement du Premier ministre ou d'un ministère ; souvent les membres des AAI sont nommés par le gouvernement ; parfois un commissaire du gouvernement est placé auprès d'une AAI, chargé de représenter le ministre, voire le Premier ministre. De plus, la responsabilité de l'État peut être engagée en raison des actes dommageables d'une AAI (CE, 22 juin 1984) qui reste par ailleurs soumise au contrôle du juge administratif à l'instar de toute entité administrative (décision n° 86-217 DC du 18 septembre 1986, loi relative à la liberté de communication).

267 Le Conseil constitutionnel a cependant limité le pouvoir réglementaire des AAI en considérant à propos de la Commission nationale de la communication et des libertés que l'article 21 de la Constitution - qui reconnaît le Premier ministre comme le titulaire de principe du pouvoir réglementaire – ne fait « *pas obstacle à ce que le législateur confie à une autorité de l'État, autre que le Premier ministre, le soin de fixer des normes permettant de mettre en œuvre une loi* » (Considérant 58, décision n° 86-217 DC du 18

à tout pouvoir d'instruction, d'orientation, de révocation et ne sont pas soumises au contrôle (notamment financier) de l'administration. Le principe d'indépendance s'applique également vis-à-vis des acteurs ou des entreprises du secteur qu'elles ont en charge de réguler. En ce sens, comme a pu le noter le professeur Chapus, les AAI « *contribuent à manifester de plus remarquablement ce que peut être un processus de démembrement du pouvoir central et, par là même, de l'État* »[268]. Ce démembrement est encore accentué par la mise en place d'autorités publiques indépendantes (API) qui, exerçant des fonctions de régulation identiques à celles des autorités administratives indépendantes, s'en distinguent par le fait qu'elles possèdent une personnalité juridique[269].

Enfin, dernière manifestation d'une segmentation toujours plus poussée de l'administration, on peut mentionner le phénomène d'« agencification » qui a touché la France[270] à partir des années 1990. Inspirées du schéma administratif de pays dans lesquels la formule est historiquement beaucoup plus développée[271], les agences contribuent à la transformation progressive du schéma classique d'organisation de l'administration : « *la multiplication des agences est l'expression du basculement vers un système de gouvernance éclatée, passant par des canaux diversifiés* »[272]. Un tel développement d'agences spécialisées aux statuts juridiques divers[273] menace la cohésion administrative. Bien

septembre 1986, loi relative à la liberté de communication) sous réserve : que ce pouvoir réglementaire reste soumis à celui du Premier ministre et qu'il permette l'édiction de « *mesures de portée limitée tant par leur champ d'application que par leur contenu* » (Considérant 15, décision n° 88-248 DC du 17 janvier 1989, loi modifiant la loi relative à la liberté de communication).

268 René CHAPUS, *Droit administratif général*, Paris, Montchrestien, coll. « Domat Droit public », Tome 1, 14e éd., 2000, p. 219.

269 L'établissement public est une personne publique spécialisée, l'API est une personne spécialisée à l'instar de l'établissement public mais s'en distingue par son non-rattachement à l'État ou à une collectivité territoriale, propre de l'établissement public. (cf. avis du 16 juin 1992 à l'occasion duquel le Conseil d'État a affirmé que « *tout établissement public doit être techniquement rattaché à une personne morale* »).

270 S'inspirant du schéma administratif de pays comme les États-Unis, du Royaume-Uni ou encore la Suède.

271 À l'instar des États-Unis, du Royaume-Uni ou encore de la Suède.

272 Jacques CHEVALLIER, « Agencification et gouvernance », *in* Conseil d'État « Les agences : une nouvelle gestion publique ?, *Études annuelle du Conseil d'État*, 2012, p. 241-242.

273 « Notre droit positif ignore l'agence, qui ne correspond à aucune catégorie juridique définie. Les agences ont le plus souvent été créées sous la forme d'établissements publics administratifs, mais on en trouve dans toutes les catégories de personnes publiques, des établissements publics industriels et commerciaux, comme l'agence nationale pour la rénovation urbaine (ANRU) ou l'agence française pour le

qu'elles ne disposent pas d'une autonomie pleine et entière[274], les agences se sont de fait émancipées du cadre vertical :« *la multiplication des agences est l'expression du basculement vers un système de gouvernance éclatée, passant par des canaux diversifiés* »[275]. La délégation de la mise en œuvre de politiques à des agences spécialisées dans un secteur d'activité était censée permettre aux administrations centrales de se concentrer sur leur rôle de pilotage, condition d'une action publique plus efficace. Cependant, les administrations centrales rencontrant des difficultés quotidiennes à exercer leur fonction de conception, les agences ont eu tendance à se l'octroyer. Dès lors, comme le souligne le rapport annuel 2012 du Conseil d'État, « *les difficultés posées par le phénomène des agences se situent à un autre niveau, qui est celui de la cohérence d'ensemble de l'action de l'État* »[276] . Afin d'y remédier, l'étude propose une série de mesures reposant sur « *l'idée que les agences ne doivent pas être appréhendées comme des démembrements de l'État mais comme des composantes de l'État entendu largement. C'est à renforcer la cohérence de cet ensemble formé par l'État et les agences - dénommé par l'étude "réseau État-agences"* »[277]. Ces recommandations délaissent le mode relationnel classique fondé sur la subordination. Le rapport suggère, en particulier, de faire évoluer la tutelle exercée par les administrations centrales sur les agences d'un instrument unilatéral à un outil contractuel prenant la forme d'une « convention pluriannuelle d'objectifs et de moyens » (CPOM). Il s'agit ici explicitement de promouvoir « *une organisation en réseau qui articule et ouvre plutôt qu'elle ne sépare et se replie sur elle-même* » ; en d'autres termes, une

---

développement international des entreprises (UbiFrance) ; des groupements d'intérêt public, par exemple l'agence du service civique (ASC) ou l'agence française pour le développement et la promotion de l'agriculture biologique (Gip-Bio). Certaines agences sont des personnes de droit privé, des associations comme l'association nationale pour la formation professionnelle des adultes (AFPA) ou des sociétés commerciales, telles qu'Oséo ou l'agence de l'outre-mer pour la mobilité (LADOM). Enfin, il existe des agences dépourvues de personnalité morale : les services à compétence nationale (SCN) de l'État tels que l'agence de participations de l'État (APE), l'agence France Trésor (AFT) ou l'agence du patrimoine immatériel de l'État (APIE) » (Conseil d'État, *Les agences : une nouvelle gestion publique ?*, Rapport annuel, 2012, p. 40-41). Les agences se distinguent néanmoins des AAI : les dernières sont indépendantes (ce qui engendre notamment une irrévocabilité de leurs membres), les premières ne sont qu'autonomes.

274 L'agence reste soumise à un pouvoir de tutelle. Le pouvoir exécutif n'intervient pas dans la gestion courante de l'agence mais définit les orientations politiques qu'elle met en œuvre.

275 Jacques CHEVALLIER, « Agencification et gouvernance », *op. cit.*, p. 241-242.

276 Conseil d'État, Étude annuelle 2012, « Les agences : une nouvelle gestion publique ? » », Résumé, p. 4. Disponible sur le site du Conseil d'État : http://www.conseil-etat.fr/fr/rapports-et-etudes/etude-annuelle-2012.html.

277 *Ibidem*, p. 5.

coordination de l'activité des agences avec celle des services de l'État, mais également avec celle d'acteurs privés de plus en plus nombreux à prendre part à l'action publique.

Effectivement, pour reprendre un principe de la théorie des organisations, « *plus l'entreprise est fractionnée et différenciée, plus la procédure hiérarchique est inadéquate et plus les stratégies d'intégration doivent être élaborées* »[278]. Dans le cas du système administratif, le schéma purement vertical a aujourd'hui clairement montré ses limites. En présence d'une configuration administrative plurielle et complexe, « *on comprend que le problème de la coordination devienne, au fil des années, une des préoccupations prioritaires des responsables* »[279].

§ 2 - Une réorganisation par la coordination en réponse à la complexification administrative

« *La coordination "à l'échelle de l'administration" peut prendre des formes multiples, qui vont des efforts pratiques et de différents efforts de coordination nouveaux, ne faisant intervenir aucun changement structurel, à des regroupements organisationnels et autres mesures de coordination structurelle* »[280]. En France, c'est la seconde option qui a été largement plébiscitée. La problématique de la réorganisation de l'administration, indissociable de la question plus large de la réforme de l'État, on l'a vu, n'est pas récente : « *dès la Première Guerre mondiale, s'exprime une volonté d'introduire plus de rationalité au sein d'une organisation ébranlée par la brutalité de son développement anarchique* »[281]. Les premières mesures, de nature quantitative, visaient la réduction du nombre des services mais, assez rapidement, la priorité s'est portée vers un réagencement des structures administratives associé à un développement de mécanismes de coordination à tous les échelons. La question prioritaire est devenue celle de la « *cohérence par l'organisation des services* »[282] non garantie par un cadre bureaucratique facteur, au contraire, de cloisonnements structurels et d'enchevêtrements fonctionnels. La lecture des principaux rapports et études à l'origine des

278 Eric ASENE, François PICHAULT, « La coordination au sein des organisations : éléments de recadrage conceptuel », *op. cit.*, p. 62.

279 François BURDEAU, *op. cit.*, p.168.

280 Tom CHRISTENSEN, Anne Lise FIMREITE, Per LAEGREID, « La réforme des administrations de l'emploi et de la protection sociale. Les difficultés présentées par la co-ordination d'organisations publiques différentes », *RISA*, 73 (3), p. 431.

281 François BURDEAU, *Histoire de l'administration française. Du 18e au 20e siècle*, *op. cit.*, p. 168.

282 *Ibidem.*

politiques de réaménagement de la structure administrative indique qu'une voie a été préférée : « *la France (...) privilégie fortement les formes structurelles de coordination* »[283]. Ce choix, déjà tangible dans les réformes proposées et appliquées au début du XXe siècle[284], s'est affirmé à partir la fin de la Seconde Guerre mondiale et avec une particulière acuité depuis une trentaine d'années.

A. La coordination au centre des propositions de réforme administrative

Parmi les travaux les plus significatifs de ces dernières décennies, citons le rapport *Structures gouvernementales et organisation administrative*[285] publié en 1986 par la Commission (désormais Section) du rapport et des études du Conseil d'État chargée notamment d'« *analyser les questions que pose l'articulation entre les compétences gouvernementales et l'organisation des administrations centrales (problèmes posés par la mise de services à la disposition d'autres départements ministériels, rôles respectifs des cabinets et des directions et services, coordination à l'intérieur de chaque département ministériel)* »[286]. Dès le premier paragraphe, la clarification de l'architecture administrative centrale[287] et déconcentrée est posée comme une priorité et la question de la coordination reconnue comme « *un thème majeur de réflexion* »[288]. À la suite de cette étude, la Mission sur l'organisation et les responsabilités de l'État présidée par Jean Picq, conseiller-maître à la Cour des comptes, publie en 1994 un rapport

283 Koen VERHOEST, Geert BOUCKAERT, B. Guy PETERS, « *La coordination des organisations du secteur public à l'ère de la marchéisation et de l'administration décloisonnée* », *op. cit.*, p. 377.

284 V. notamment : Léon BLUM, *Lettres sur la réforme gouvernementale*, *op. cit.*

285 Conseil d'État (Section du Rapport et des Études), *Structures gouvernementales et organisation administrative*, Notes et études documentaires, n° 4818, 1986.

286 *Ibidem*, p. 5. Le document cite ici la lettre de mission du Premier ministre adressée au vice-président du Conseil d'État en date du 16 juillet 1984.

287 Le décret n°87-389 du 15 juin 1987 précité pris à la suite de ce rapport consacre une structure administrative commune à l'ensemble des ministères : « *l'organisation des services centraux de chaque ministère en directions générales, directions et services* » (article 2).

288 *Ibid.*, p. 5. Le rapport aborde la question de la coordination administrative ou intra-ministérielle (secrétaires d'État, ministères horizontaux, etc.) mais se consacre surtout au thème de « *la coordination interministérielle effectuée par le Premier ministre ou en son nom* ».

intitulé *L'État en France. Servir une nation ouverte sur le monde*[289]. Le document relève trois principales faiblesses de l'organisation administrative française - l'instabilité, la confusion et la centralisation - avant de rappeler la double inflation connue en France depuis 1958 - ministérielle (membres du gouvernement) et infra-ministérielle (cabinets, directions, services) -. Le document suggère notamment « *trois mesures concomitantes* (qui) *permettraient de restaurer la capacité de décision de l'État : déléguer le travail interministériel* (...), *réduire le nombre de ministres et stabiliser la structure gouvernementale* (...), *renforcer les capacités d'expertise et de coordination du Premier ministre* »[290]. Les recommandations insistent, par ailleurs, sur la nécessité de renforcer la fonction coordonnatrice des directeurs généraux d'administration tout en encourageant la mise en place de secrétaires généraux[291] dotés, eux aussi, d'une mission de coordination des services, ainsi que la création de comités de direction composés des directeurs et présidés par le ministre[292].

Le rapport Picq s'inscrit dans la continuité du rapport de la Commission du Commissariat général du Plan « État, administration et services publics de l'an 2000 » présidée par Christian Blanc. Intitulé *Pour un État stratège, garant de l'intérêt général*, le document remis en 1993 insiste sur l'urgence de repenser le rôle de l'État afin qu'il s'adapte à une société plus complexe. À cette fin, les propositions suggèrent notamment de développer une approche stratégique, un renforcement des moyens d'étude et d'évaluation des politiques, et encore une meilleure formation des fonctionnaires. La réorganisation de l'administration est vue comme l'un des moyens d'atteindre ces objectifs : le rapport recommande un effort de rationalisation des structures passant par plus

---

289 Jean PICQ (rapp.), *L'État en France : servir une nation ouverte sur le monde*, rapport au Premier ministre de la Mission sur les responsabilités et l'organisation de l'État, 1994.
Disponible sur le site de la Documentation française :
http://www.ladocumentationfrancaise.fr/var/storage/rapports-publics/954026900/0000.pdf.

290 *Ibidem*, p. 98-101.

291 « *La coordination administrative. Dans certains ministères, le directeur général de l'administration remplit déjà cette fonction. Il conviendrait de le consacrer en créant un secrétariat général auquel seraient rattachés les services de moyens* (...), *les services de communication et, le cas échéant, le service chargé des affaires internationales et le service d'étude et de prospective. Alors que c'est la règle au Royaume-Uni, en France seuls quelques ministères ont un secrétaire général (les affaires étrangères, la défense pour les seules affaires administratives). Le secrétaire général serait en charge, expressément, de la coordination des procédures administratives, juridiques et financières du ministère* » (*Ibid.*, p.106).

292 *Ibid.*, p. 106.

de déconcentration (réduire d'un tiers en cinq ans l'effectif des administrations centrales au profit des territoires), la réduction du nombre des ministères et des secrétaires d'État, mais aussi la recomposition des directions (réduction de moitié en cinq ans) ainsi que l'instauration de secrétaires généraux - éventuellement commun à plusieurs départements ministériels - en charge de la coordination des procédures administratives, juridiques et financières des ministères.

Plus récemment, le rapport sur la coordination du travail interministériel de juillet 2007, rédigé conjointement par le Conseil d'État et l'Inspection générale des finances[293], se concentre sur la question de la coordination réalisée au niveau du Premier ministre pour dénoncer son « *emballement pathologique propre à la France* »[294], tout en précisant que cette évolution est en partie provoquée par « *une faible coordination des services en amont des réunions interministérielles* »[295]. L'importance de la coordination infra-ministérielle est, à plusieurs reprises, mentionnée et son développement encouragé. Le document rappelle notamment, en le valorisant, que « *des structures* ad hoc *destinées à favoriser la coordination entre services, ou favorables à une telle coordination, ont été mises en place pour des sujets correspondant à des priorités gouvernementales de premier rang* »[296]. Plus explicitement, l'une des propositions suggère de « *décentraliser le travail de coordination au niveau des services en restreignant la taille des cabinets* », avant d'ajouter qu'« *à cet égard, la mission a été frappée par*

---

293 Conseil d'État-Inspection générale des finances, *Rapport sur la coordination du travail interministériel*, n°2007-M-020-01, juillet 2007. Ce rapport a été établi dans le cadre de la sixième vague d'audits lancés par la « Mission d'audit de modernisation.

294 *Ibidem*, p. 1.

295 *Ibid.*, p. 7. Le rapport précise : « *Dans certains cas, la faiblesse de la coordination interservices préalable aux réunions interministérielles est une stratégie assumée : en retardant cette phase de coordination, le ministère concerné donne peu de temps d'analyse et de contre-expertise aux autres ministères et espère ainsi tirer avantage d'une coordination précipitée. L'absence de coordination entre les services tient également à l'éloignement qui existe entre les ministres et leurs services : les cabinets reproduisant à leur niveau le travail technique des services, c'est logiquement à leur niveau également que se fait le premier stade de la coordination. Dernière raison au manque de coordination interservices : aucune structure n'est chargée d'organiser en amont le pilotage de la coordination au niveau des services, contrairement à ce que fait le Cabinet Office au Royaume-Uni ou le secrétariat général à la Commission européenne. En France, le système de coordination est centré sur Matignon et les réunions interministérielles, donc sur un niveau très politique, et le secrétariat général du Gouvernement n'est pas chargé, actuellement, d'intervenir dans les travaux interservices préalables* ».

296 *Ibid.*, p. 8.

l'effacement assez général des directeurs d'administration centrale dans le processus global de coordination »[297]. Finalement, un rééquilibrage de l'exercice de la fonction coordonnatrice est soutenu par les auteurs du rapport qui suggèrent, en particulier, de « *développer la coordination entre le Secrétaire général du Gouvernement et les secrétaires généraux des ministères sur les sujets techniques* »[298].

Tous ces rapports mettent l'accent, avec plus ou moins d'insistance, sur le caractère central de la coordination dans toute réforme tendant à une rationalisation de l'organisation administrative. Reprenant la définition proposée par B. Guy Peters, on peut alors considérer que la coordination désigne « *les instruments et mécanismes visant à renforcer l'alignement volontaire ou forcé des tâches et des actions des organisations au sein du secteur public. Ils servent à créer une plus grande cohérence et à réduire les redondances, les lacunes et les contradictions dans les politiques et entre celles-ci et la mise en œuvre ou la gestion* »[299]. Figure représentative de cette fonction de cohésion, après des années d'absence, le secrétaire général de ministère a fait son retour dans les organigrammes ministériels il y a une vingtaine d'années. Depuis, ses attributions n'ont cessé d'être renforcées afin de consolider son pouvoir de coordination administrative. La recommandation, maintes fois réitérée dans plusieurs rapports, a donc été suivie d'effets.

B. Le renouveau du secrétaire général de ministère

Le secrétaire général de ministère est un « *phénix administratif* »[300]. Rares sous la IVe République[301], éphémères au début

---

297 *Ibid.*, p. 11.

298 *Ibid.*, p. 16. Proposition n° 11 du rapport.

299 B. Guy PETERS, « Managing Horizontal Government: the Politics of Co-ordination », *Canadian Centre for Management Development*, Research paper n° 21, 1998 ; cité par Koen VERHOEST, Geert BOUCKAERT, B. Guy PETERS, *op. cit.*, p. 362.

300 Hélène PAULIAT, « Un Phénix administratif : le secrétaire général de ministère », *in Mélanges en l'honneur du Professeur Henri Oberdorff*, Paris, LGDJ-Lextenso Editions, coll. « Mélanges », 2015.

301 Mise à part la parenthèse du régime de Vichy qui comptait avec une vingtaine de secrétaires généraux dont les fonctions ne correspondaient toutefois pas tout à fait à celles qu'ils exercent aujourd'hui. Sous la IVe République, notons en 1953 l'instauration qui sera cependant de courte durée d'un Secrétaire général dans les ministères de l'Intérieur, des Affaires étrangères, de la Marine marchande et de l'Aviation civile.

de la Vᵉ République[302], mis à part dans les ministères des Affaires étrangères[303] et de la Défense[304], les secrétaires généraux avaient disparu des ministères jusqu'au début des années 2000. Le regain d'intérêt pour cet organe à vocation horizontale s'explique par leur nature de « *grands pôles de coordination au sein d'un ministère aux structures particulièrement lourdes et complexes* »[305]. Le premier secrétaire général « nouvelle génération » a été institué dans le ministère de l'Économie et des Finances par le décret n° 2000-429 du 23 mai 2000 afin de favoriser une meilleure cohésion et gestion d'un ministère qui comprenait dix-huit directions et directions générales (dont sept directions à un niveau territorial) ; une configuration complexe source de nombreux dysfonctionnements et cloisonnements. Puis, sous l'impulsion de la circulaire du 2 juin 2004[306] prise par le Premier ministre dans le cadre de la politique dite des « stratégies ministérielles de réforme » consécutives au vote de la loi organique n° 2001-692 du 1ᵉʳ août 2001, des secrétaires généraux sont réinstaurés dans plusieurs grands ministères, notamment le ministère de l'Intérieur (décret n° 2004-750 du 27 juillet 2004), le ministère des Affaires sociales (décret n° 2005-91 du 7 février 2005), le ministère de l'Équipement (décret n° 2005-471 du 16 mai 2005), le ministère de l'Environnement (décret n° 2005-474 du 16 mai 2005), le ministère de la Justice (décret n° 2005-1015 du 24 août 2005), le ministère de l'Éducation Nationale, de l'Enseignement supérieur et de la Recherche (décret n° 2006-572 du 17 mai 2006) et le ministère de la Culture (décret n° 2006-1453 du 24 novembre 2006). On trouve à présent des secrétaires généraux dans les principaux ministères qui « *correspondent aux grands domaines de responsabilités de l'État : les*

302 Plusieurs secrétaires généraux sont créés au début des années 1960 mais ils disparaîtront très rapidement.

303 La fonction y a été créée en 1914.

304 Depuis 1962.

305 Jacques CHEVALLIER, « La reconfiguration de l'administration centrale », *op. cit.*, p. 718.

306 La circulaire, actualisant la circulaire du 25 juin 2003 relative aux stratégies ministérielles de réforme demandait la nomination « *d'un secrétaire général dans chaque ministère dont la taille et les charges de gestion le justifient* », avec comme action prioritaire « *la mise en œuvre de la stratégie de réforme du ministère* » et le pilotage des audits de modernisation des ministères institués par une circulaire du 29 septembre 2005 (précisée par une circulaire du 13 juillet 2006).

affaires étrangères[307], *la défense*[308], *l'intérieur*[309], *la justice*[310], *les questions économiques et financières*[311], *l'éducation*[312], *les affaires sociales*[313], *l'agriculture*[314], *le développement durable*[315], *la culture*[316] »[317]. Certains ne relèvent que d'un seul ministre (affaires étrangères, défense, intérieur, justice, agriculture, culture...) ; d'autres exercent une action plus transversale et sont rattachés à plusieurs ministères (par exemple, le

---

307 Décret n° 76-990 du 2 novembre 1976 fixant les attributions du secrétaire général du ministère des affaires étrangères.

308 Décret (modifié) n° 2009-870 du 15 juillet 2009 relatif aux attributions du délégué général pour l'armement et du secrétaire général pour l'administration du ministère de la défense (article 2).

309 Décret n° 2013-728 du 12 août 2013 portant organisation de l'administration centrale du ministère de l'intérieur et du ministère des outre-mer (articles 1, 2, 3).

310 Décret (modifié) n° 2008-689 du 9 juillet 2008 relatif à l'organisation du ministère de la justice (article 2).

311 Décret (modifié) n° 2010-444 du 30 avril 2010 relatif aux attributions du secrétaire général du ministère de l'économie, de l'industrie et de l'emploi et du ministère du budget, des comptes publics et de la réforme de l'État et portant création d'un secrétariat général.

312 Décret n° 2014-133 du 17 février 2014 fixant l'organisation de l'administration centrale des ministères de l'éducation nationale et de l'enseignement supérieur et de la recherche (article 2).

313 Décret n° 2013-727 du 12 août 2013 portant création, organisation et attributions d'un secrétariat général des ministères chargés des affaires sociales.

314 Décret (modifié) n° 2008-636 du 30 juin 2008 fixant l'organisation de l'administration centrale du ministère chargé de l'agriculture, de l'alimentation, de l'agroalimentaire et de la forêt (article 2).

315 Décret (modifié) n° 2008-680 du 9 juillet 2008 portant organisation de l'administration centrale du ministère de l'écologie, de l'énergie, du développement durable et de l'aménagement du territoire (article 2).

316 Décret (modifié) n° 2009-1393 du 11 novembre 2009 relatif aux missions et à l'organisation de l'administration centrale du ministère de la culture et de la communication.

317 Cour des comptes, « Les secrétaires généraux et secrétariats généraux de ministères », référé n° 70554 au Premier ministre, 25 juillet 2014.

secrétaire général des ministères chargés des affaires sociales[318], le secrétaire général des ministères économiques et financiers[319]...).

S'agissant de leurs attributions, la circulaire de 2004 précitée ne délimitait aucun périmètre d'action particulier des secrétaires généraux ; cependant, la lecture de tous les décrets qui les ont institués révèle un cœur de mission identique : « *les secrétaires généraux sont responsables de la politique de modernisation menée dans le cadre de leur ministère ; et ils sont parallèlement investis d'une fonction de coordination de l'activité des services* »[320]. Concrètement, le secrétaire général assiste le (ou les) ministre(s) dont il relève pour l'administration des fonctions « supports » (ou de « soutien ») du ministère exercées par des

318 Article 1, alinéa 1er du décret n° 2013-727 du 12 août 2013 portant création, organisation et attributions d'un secrétariat général des ministères chargés des affaires sociales : « *Le secrétaire général des ministères chargés des affaires sociales assiste, pour l'administration et la conduite des affaires de leur ministère, les ministres chargés de l'action sociale, de la sécurité sociale, de la santé, du travail, de l'emploi, de la formation professionnelle, des sports, de la jeunesse, de l'éducation populaire et de la vie associative* ».

319 Article 1, alinéa 1er du décret n° 2010-444 du 30 avril 2010 relatif aux attributions du secrétaire général du ministère de l'économie, de l'industrie et de l'emploi et du ministère du budget, des comptes publics et de la réforme de l'État et portant création d'un secrétariat général : « *Le secrétaire général du ministère de l'économie, de l'industrie et de l'emploi et du ministère du budget, des comptes publics et de la réforme de l'État assiste les ministres pour l'administration de leur ministère* ».

320 Jacques CHEVALLIER, « L'État central : quelles évolutions ? Quels enjeux ? », *Cahiers français*, n° 346, sept-oct 2008, p. 40. Une mention particulière doit cependant être faite du secrétaire général des affaires étrangères qui a toujours historiquement exercé une fonction plus politique qu'administrative. Le décret n°76-990 du 2 novembre 1976 fixant les attributions du secrétaire général du ministère des affaires étrangères, toujours en vigueur, ne comprend que quatre articles, dont trois précisent laconiquement les fonctions du secrétaire général : « *Le secrétaire général du ministère des affaires étrangères assiste le ministre dans l'orientation générale et la conduite des affaires. Il assure, à sa demande, toute tâche d'étude et de prévision* » (article 1) ; « *Le secrétaire général supplée le ministre dans les rapports avec les diplomates accrédités. Il peut le représenter dans les réunions ou organismes interministériels* » (article 2) ; « *Le secrétaire général suit les questions relatives à l'organisation du ministère. Il veille à l'adaptation des moyens des services et des postes à leurs missions* » (article 3). L'article 2 du décret n° 2012-1511 du 28 décembre 2012 portant organisation de l'administration centrale du ministère des affaires étrangères n'est pas plus disert : « *Le secrétaire général assiste le ministre dans la définition des politiques et la conduite des affaires. Outre les missions qui lui sont confiées par le décret du 2 novembre 1976 susvisé, il a autorité, au nom du ministre, sur l'ensemble des services du ministère. Il préside le conseil de direction. Il est secondé dans ses fonctions par un secrétaire général adjoint* ».

directions[321] horizontales qui, le plus souvent, sont regroupées au sein d'un secrétariat général[322] sur lequel il a autorité. L'article 2 du décret n° 2014-834 du 24 juillet 2014 est venu combler cette lacune de la circulaire de 2004 et confirmer la nature horizontale de la mission des secrétaires généraux de ministère en insérant un article 3-8 dans le décret n° 87-389 du 15 juin 1987 relatif à l'organisation des services d'administration centrale listant précisément les fonctions qui leur reviennent : « *Sauf dérogation prévue par décret et sans préjudice d'autres attributions qui peuvent lui être conférées par le décret régissant l'organisation du ministère, le secrétaire général a la responsabilité, pour l'ensemble du ministère, des fonctions transverses suivantes : 1° La fonction financière ; 2° Le contrôle de gestion et le pilotage des dispositifs de contrôle interne ; 3° La politique ministérielle de gestion des ressources humaines ; 4° Les achats et marchés ; l'immobilier ; 5° La politique de développement des systèmes d'information ; 6° Le conseil juridique ; 7° L'information et la communication ; 8° La coordination de la tutelle sur les opérateurs relevant du ministère* ». La disposition prévoit, en outre, une mutualisation de ces fonctions transversales dans chaque ministère sous la responsabilité des secrétaires généraux.

Hormis cette clarification de leur champ d'attributions, l'objet principal du décret du 24 juillet 2014 était de renforcer la fonction de coordination des secrétaires généraux désormais consacrée dans le nouvel article 3-2 du décret du 15 juin 1987[323] aux termes duquel « *le secrétaire général assure une mission générale de coordination des services et de modernisation du ministère. Il peut être chargé, par arrêté*

321 Parfois qualifiées de « délégations » ; par exemple pour le secrétariat général des ministères chargés des affaires sociales : « délégation à l'information et à la communication » ; « délégation à la stratégie des systèmes d'information de santé »...

322 « *Si la circulaire précitée du 2 juin 2004 demandait aux ministres la nomination d'un secrétaire général, elle n'évoquait pas la mise en place d'un secrétariat général, ni ne définissait les services à rattacher au secrétaire général. Les choix initiaux ont en conséquence été divers : nomination de secrétaires généraux sans secrétariat général (économie et finances, affaires sociales, environnement) ; création d'un secrétariat général regroupant l'ensemble des fonctions de soutien (agriculture, culture, éducation) ; mise en place d'un secrétariat général « stratège » (équipement). Mais, au fil du temps, tous les ministères ont fini par se doter d'un secrétariat général réunissant tout ou partie des services de soutien : l'environnement à l'occasion de sa fusion avec l'équipement en 2008 ; l'économie et les finances en 2010 ; les ministères sociaux en 2013. (...) Il existe, toutefois, une exception notable à cette convergence vers le modèle de grand secrétariat général : le ministère des affaires étrangères où le secrétaire général, dont l'autorité est fortement affirmée au sein du ministère, ne dispose que d'une équipe restreinte auprès de lui* » (Cour des comptes, « Les secrétaires généraux et secrétariats généraux de ministères », référé, *op. cit.*).

323 Ajouté par l'article 2 du décret du 24 juillet 2014.

du ministre, de missions de coordination particulières, portant sur certains dossiers, ou l'activité de certains services ». Ce faisant, le décret de 2014 a répondu aux attentes des rapports précités qui dénonçaient la tendance des cabinets à s'approprier la fonction de coordination administrative des secrétaires généraux en s'immisçant dans le travail technique des services[324], au détriment de la cohérence et de la qualité du travail gouvernemental. De plus, il est intéressant de relever que leur fonction de coordination administrative s'étend au-delà des frontières de leur ministère. Le nouvel article 3-3 du décret de 1987[325] prévoit, en effet, que « *le secrétaire général est responsable, dans la limite de ses attributions, de la bonne insertion du ministère dans le travail interministériel. Il reçoit du Premier ministre une lettre de mission, contresignée par le ministre sous l'autorité duquel il est placé, qui précise les objectifs qui lui sont assignés en ce qui concerne la contribution du ministère au travail interministériel* ».

Toutefois, ce qui retient probablement le plus l'attention dans le nouvel article 3-2 précité est la manière dont il associe explicitement coordination et modernisation. Ce lien n'est pas inédit - la plupart des décrets mentionnant les attributions des secrétaires généraux dans chaque ministère invoquaient déjà leur rôle en matière de modernisation[326] - mais a été amplifié par le décret de 2014 qui n'en fait pas une attribution secondaire. Le secrétaire général apparaît ainsi comme l'organe responsable du pilotage des dispositifs mis en œuvre dans les ministères dans le cadre de la politique de modernisation de l'action publique visant une meilleure maîtrise des dépenses publiques. À cet égard, une attention particulière est portée dans le décret de 2014 à son rôle en matière de

---

324 Une pratique néfaste en termes de coordination de l'action gouvernementale : « *Il en résulte que l'échelon politique, que devrait incarner le cabinet, est encombré de sujets de nature technique, à rebours de sa mission consistant à sérier les sujets en repérant ceux d'entre eux qui nécessitent une implication politique. Parallèlement, les services se trouvent démotivés, leur travail étant reproduit au niveau des cabinets et sont incités à faire remonter tous les sujets au niveau de leur cabinet* » (Conseil d'État, IFG, *Rapport sur la coordination du travail interministériel*, *op. cit.*, p. 11).

325 Ajouté par l'article 2 du décret du 24 juillet 2014.

326 D'ailleurs la Cour des comptes elle-même reconnaît dans le référé précité leur « *valeur ajoutée indéniable dans la conduite des chantiers de modernisation* » et cite plusieurs exemples illustratifs d'initiatives qui ont été pilotées par des secrétaires généraux : regroupement des offices agricoles au sein de FranceAgriMer en 2009, transformation de la direction du service national au ministère de la Défense, réduction du nombre des directions chargées des politiques publiques au ministre du Développement durable, etc. (p. 4).

ressources humaines[327] et de gestion budgétaire, immobilière et des achats[328] ; des domaines qui, par nature, sont les plus stratégiques en matière de rationalisation administrative. Deux articles leur sont consacrés tandis que leurs autres domaines d'attributions ne sont mentionnés que dans la liste de l'article 3-8 précité. Mais le rôle du secrétaire général n'est pas seulement celui d'exécutant, il est incité à « *propose*(r) *les évolutions dans l'organisation et le fonctionnement du ministère qui permettent de rendre celui-ci plus économe en moyens et plus souple dans son adaptation aux nouvelles conditions d'exercice des missions* » (nouvel article 3-4 du décret du 15 juin 1987 ; article 2 du décret du 24 juillet 2014) et « *exerce une mission de conseil et d'évaluation concernant le recours par le ministère à des agences et des opérateurs ainsi que pour l'exercice de la tutelle sur les établissements publics rattachés au ministère* » (nouvel article 3-5 du décret du 15 juin 1987 ; article 2 du décret du 24 juillet 2014).

En définissant un socle minimal de compétences et en réaffirmant le rôle central de cette figure administrative en matière de coordination et de modernisation des administrations, le décret du 24 juillet 2014 s'inscrit dans une logique de réorganisation ministérielle destinée à améliorer la cohésion administrative ; condition d'une action gouvernementale réussie. Preuve supplémentaire de la priorité accordée à cette valorisation du rôle des secrétaires généraux, une récente circulaire du Premier ministre relative à l'organisation du travail gouvernemental[329] consacre une demi-page à la « *responsabilité des secrétaires généraux et des directeurs d'administration centrale* (qui) *est primordiale pour la préparation des textes et leur mise en œuvre* ». Le document insiste particulièrement sur la nécessité de préserver les frontières entre politique et administratif[330] et d'appliquer effectivement

---

327 Nouvel article 3-7 du décret du 15 juin 1987 : « *Le secrétaire général promeut la modernisation de la politique de gestion des ressources humaines et veille à la qualité du dialogue social au sein du ministère.*
« *Il est responsable, pour le ministère, de la politique interministérielle d'identification, de diversification et de formation des futurs cadres dirigeants* » (ajouté par l'article 2 du décret du 24 juillet 2014).

328 Nouvel article 3-4 *in fine* du décret du 15 juin 1987 : « *Il veille en particulier à la qualité de la politique du ministère et des opérateurs qui en relèvent, en matière de gestion budgétaire, immobilière et des achats* » (ajouté par l'article 2 du décret du 24 juillet 2014).

329 Circulaire n° 5822/SG, « Organisation du travail gouvernemental », 30 octobre 2015.

330 La circulaire fait ici implicitement référence aux empiètements du cabinet sur les attributions du secrétaire général néfastes en termes de coordination du travail

le décret de 2014 qui renforce l'action des secrétaires généraux au niveau ministériel et interministériel : « *Il appartient aux secrétaires généraux des ministères, en application du décret du 24 juillet 2014 et au titre de leur mission générale de coordination des services, de veiller à ce que l'ensemble des services concernés par la préparation et par la mise en œuvre des réformes soient pleinement associés au travail interministériel* ». Au-delà d'une volonté d'améliorer empiriquement la cohésion administrative, cette réorganisation à travers la valorisation de la fonction de coordination du secrétaire général est révélatrice de l'évolution de la notion même de coordination en tant que mode de rationalisation de l'administration. Néanmoins, on peut relever un effet néfaste paradoxal de l'institution d'organes de coordination : destinés à éviter le démembrement de l'administration, leur multiplication est aussi susceptible d'accentuer le risque de fragmentation qu'ils sont censés parer.

Dans un premier temps, essentiellement attachée à une problématique de réorganisation des services, la coordination est aussi désormais associée au paradigme de la performance administrative qui correspond à une évolution plus générale de la manière de concevoir l'État, notamment sous l'influence des courants de la « *nouvelle gestion publique* »[331] ou *New Public Management*.

---

gouvernemental : « *Il convient de préserver les domaines respectifs de la délibération politique et de l'action administrative. (...) Pour assurer la qualité du travail de préparation des textes et pour mobiliser les administrations chargées de leur mise en œuvre, il est nécessaire de mettre les secrétaires généraux et les directeurs d'administration au cœur du processus. Ce n'est pas le rôle des cabinets ministériels d'écrire les projets de textes* ».

331 V. not. Michel MASSENET, *La nouvelle gestion publique : pour un État sans bureaucratie*, Paris, Ed. Hommes et techniques, 1975.

CHAPITRE 2

LA COORDINATION VECTEUR DE PERFORMANCE ADMINISTRATIVE

La coordination organisationnelle est duale : elle peut être perçue comme une solution autant que comme un problème. Une vision négative s'est progressivement répandue parmi la doctrine, en particulier chez les auteurs de science administrative. Certains ont effectivement relevé les effets négatifs d'une multiplication d'organes de coordination. Plutôt que de contenir le processus de fragmentation, le développement de la coordination y participerait significativement comme l'expliquent Jacques Chevallier et Danièle Lochak : la « *prolifération des administrations de coordination ne fait, dans cette perspective d'un État monolithique, qu'apparaître comme un risque : celui d'un démembrement de l'administration ou de la réduction de l'État à une "bureaucratie énucléée"* »[332]. De même, Roland Drago a pu s'interroger sur le point de savoir « *si, par l'excès des mécanismes de coordination, la coordination ne tue pas la coordination, en ce sens que finalement, on va aboutir à un nouveau découpage administratif sans que la coordination réelle soit réalisée* »[333]. Mentionnons, enfin, Michel Massenet qui a mis en garde contre « *l'idée d'une administration de synthèse en train de passer de l'état d'idée pionnière à celui de gadget intellectuel* »[334].

Le doute s'est donc installé quant à l'effectivité du potentiel intégrateur de ces services horizontaux qui se sont multipliés en se heurtant à une logique verticale toujours ancrée, bien que désormais plus nuancée, dans la matrice administrative. Cette situation n'est pas propre au système administratif français - « *la plupart des pays ont du mal à*

---

332 Jacques CHEVALLIER, Danièle LOCHAK, *Introduction à la science administrative*, Paris, Dalloz, coll. « Mémento », 1974, p. 114.

333 Roland DRAGO, « La coordination sous l'égide du Premier ministre. Introduction », *op. cit.*, p. 31.

334 Michel MASSENET, *La nouvelle gestion publique : pour un État sans bureaucratie*, *op. cit.*, p. 33.

mettre en place les mécanismes adéquats de coordination »[335] -, toutefois les difficultés éprouvées par les organes coordonnateurs afin de remplir leur mission cohésive y sont particulièrement fortes en raison d'un penchant pour une spécialisation accrue des tâches. Ceci engendre, on l'a vu, la création de services qui ont tendance au cloisonnement et dont l'agencement évolue en permanence sous l'effet de démembrements, remembrements, imbrications ou superpositions. La coordination visant une rationalisation de l'administration s'est donc renforcée d'un point de vue organisationnel, tout en évoluant pour répondre de plus en plus à des exigences de performance : « *la référence au modèle de l'entreprise conduit à mettre l'accent sur le besoin de coordination de l'action administrative et sur la nécessité d'une profonde révision des procédures* »[336].

SECTION 1 - L'ÉVOLUTION VERS UNE COORDINATION ASSOCIÉE AU PARADIGME DE L'EFFICACITÉ ADMINISTRATIVE

Les origines du paradigme de l'industrialisation des services, cherchant à concilier exigences d'efficacité et spécificité de la gestion publique en accordant une place décisive à la coordination, sont anciennes. Comme le rappellent Jacques Caillosse et Jacques Hardy, « *sous le terme management sont inscrites des préoccupations dont rien ne permet d'affirmer qu'elles sont nouvelles. L'œuvre d'un Fayol au début du XXe siècle démontre leur persistance* »[337]. Depuis, la thématique d'une organisation rationnelle et efficace de l'administration n'a cessé de se développer, encouragée par des travaux visant une adaptation des méthodes managériales de l'entreprise au secteur public. Cependant, le véritable tournant fut celui du *New Management public* ou « nouvelle gestion publique » qui, depuis une quarantaine d'années, inspire à travers le monde les réformes touchant à l'organisation et au fonctionnement des administrations. Comme le soulignent Jacques Chevallier et Luc Rouban, « *si la question administrative soulève des enjeux politiques en France, étant donné le fort investissement idéologique opéré depuis la fin de la*

---

335 Geert BOUCKAERT, « La réforme de la gestion publique change-t-elle les systèmes administratifs ? », n° spécial : « La réforme de l'État et la nouvelle gestion publique », *RFAP*, n°105/106, 2003, p. 51.

336 Jean-Benoît ALBERTINI, *Réforme administrative et réforme de l'État en France. Thèmes et variations de l'esprit de réforme de 1815 à nos jours*, Paris, Economica, coll. « Collectivités territoriales », 2000, p. 40.

337 Jacques CAILLOSSE, Jacques HARDY, *Droit et modernisation administrative*, DGAFP, Paris, La Documentation française, coll. « Perspectives », 2000, p. 21.

guerre dans le secteur public, tous les pays occidentaux, à des degrés divers et selon des rythmes différents, ont été confrontés à un mouvement de réforme justifié par deux arguments. Le premier tient au coût budgétaire apparemment excessif de la fonction publique et des administrations. Le second souligne l'évolution de la culture économique et politique des citoyens qui préféreraient choisir leurs prestations selon leur qualité et leur utilité »[338].

§ 1 - Le développement de la thématique ancienne de l'industrialisation des services

L'un des principaux pionniers de l'idée d'industrialisation des services en France est Henri Fayol, ingénieur et ancien directeur général de plusieurs sociétés à qui l'on doit l'ouvrage *Administration industrielle et générale* publié en 1916. Il y décrit six activités que l'on retrouve, selon lui, dans toutes les organisations : technique, commerciale, financière, de sécurité, comptable et administrative. La fonction administrative, précise-t-il, se décompose à son tour en cinq tâches : prévoir, organiser, commander, contrôler et coordonner, c'est-à-dire, « *relier, unir, harmoniser tous les actes et tous les efforts* »[339] au sein d'une entreprise de manière à en faciliter le fonctionnement. En s'inspirant des travaux de l'américain Frederick W. Taylor qui, dès 1911, avait mis en évidence des « principes de management scientifique »[340], le fayolisme opère un rapprochement entre les organisations de type industriel et les administrations publiques[341], rompant ainsi avec le modèle

---

338 Jacques CHEVALLIER, Luc ROUBAN « Introduction », n° spécial : « La réforme de l'État et la nouvelle gestion publique », *RFAP*, n°105/106, 2003, p. 7.

339 Henri FAYOL, *Administration industrielle et générale*, 1916, p. 8.
Voir not. : Jean-Louis PAUCELLE (dir.), *Henri Fayol, inventeur des outils de gestion : textes originaux et recherches actuelles*, Paris, Economica, 2003.

340 Frederick W. TAYLOR, *The Principles of Scientific Management*, New York, Harper Brothers, 1911.

341 Cependant, ainsi que le note Simone GOYARD-FABRE, l'approche managériale ne consiste pas à importer tels quels les outils du privé dans le secteur public mais à les adapter en vue d'améliorer la performance de l'action administrative dans le respect de sa spécificité : « *Dans ces réflexions, toutes pénétrées du souci technique de l'organisation et de rapprochements avec les organisations industrielles, il ne faut pourtant jamais oublier que doit être préservée la spécificité de l'administration. Sujette de droits sur les citoyens, objet de droits des citoyens, son activité est irréductible à l'activité d'une entreprise. (...) aussi loin que nous allions dans les efforts de coordination de l'administration, nous devons toujours nous souvenir qu'elle est au service de l'homme, qu'elle est un organe de droit et qu'elle est un exécutant des*

bureaucratique classique[342]. Est ainsi consacrée une vision instrumentale de la fonction de coordination qui s'exerce dans le cadre de l'administration. Henri Fayol pense ces fonctions comme universelles. Elles seront, d'ailleurs, reprises par le consultant américain Luther Gulick qui, en 1937, concevra le modèle POSDCORB (*Planning, Organizing, Staffing, Directing, Coordinating, Reporting, Budgeting*)[343].

Néanmoins, dès 1921, Henri Fayol propose d'aller encore plus loin pour mettre fin aux « *nombreux vices d'administration* »[344]. Dans l'ouvrage *L'incapacité de l'État : les PTT*, il propose ni plus ni moins la privatisation de l'administration des postes et télécommunications au nom d'une rationalisation indispensable. Une partie de la classe politique est conquise par ce discours réformateur visant à rompre avec une gestion pyramidale qui ne remplit plus ses promesses d'unité et de cohésion administratives. En effet, plusieurs hauts fonctionnaires, qui ne sont pas dupes et sont conscients des limites de la gestion bureaucratique qu'ils pratiquent au quotidien, s'emparent de la thématique de la réorganisation de l'administration. Ainsi, Léon Blum publie anonymement en 1917-1918 une série d'articles réunis et réédités sous son nom en 1936 sous le titre *Lettres sur la réforme gouvernementale*. De manière comparable, dénonçant avec véhémence les dysfonctions bureaucratiques, le conseiller d'État Henri Chardon écrit sensiblement à la même époque : « *Chaque administration est une organisation destinée à produire une utilité sociale, à créer de la vie : elle devrait donc être conçue, dirigée d'après les méthodes industrielles les plus fortes et les plus modernes. Toutes sont combinées, agencées pour produire des mots, des papiers, du néant. Aucune considération technique ne domine leurs efforts ; partout, une multitude folle de rouages ; une constante rupture des forces ; des chapelets d'écluses coûteuses, où les affaires séjournent pour des*

---

décisions de la souveraineté politique » (*in l'État, figure moderne du politique*, *op. cit.*, p. 22).

342 « *Là où le modèle wébérien mettait l'accent sur la direction et le contrôle centraux de l'action des unités organisationnelles mais aussi de l'action collective, les rigidités (en termes de procédures, de règles à suivre, de contrôles, etc.) qui en résultaient ont été considérées comme un obstacle à la performance, comme une restriction de la liberté, de la flexibilité* » (Calliope SPANOU, « Abandonner ou renforcer l'État wébérien ? », *n° spécial : «* La réforme de l'État et la nouvelle gestion publique », *RFAP*, n° 105/106, 2003, p. 117).

343 Développé par l'*Institute of Public Administration* que L. Gulick présidera de 1942 à 1961, ce modèle est aujourd'hui considéré comme l'un des piliers de la théorie du management public.

344 Henri FAYOL, *L'incapacité de l'État : les PTT*, Paris, Dunod, 1921, p. 7 ; cité par Grégoire BIGOT, Tiphaine LE YONCOURT, *L'Administration française. Politique, droit et société. Tome 2*, *op. cit.*, p. 142.

vérifications frustratoires ; on pèse, on soupèse, on vérifie, on contre-vérifie ; la moindre différence donne lieu à des confrontations, à des suppléments d'enquêtes, à des commentaires, à des discussions aigres-douces. Pendant ce temps, l'intéressé crève de dépit ou de faim : heureux quand on ne s'en prend pas à lui »[345].

Après la Première Guerre mondiale, sous l'influence des travaux de la *Public Administration* qui s'affirme en tant que véritable discipline outre-Atlantique, les réflexions liant organisation administrative et efficacité se développent[346]. Mentionnons, par exemple, les études de Georges Mer et Joseph Patouillet, deux universitaires et hauts fonctionnaires (docteurs en droit et rédacteurs à l'administration centrale des régies financières) qui créent à la fin des années 1920 la revue *L'État moderne*[347]. Prenant comme exemple le ministère des Finances, ils prônent une meilleure organisation des services en ayant pour modèle les structures industrielles. Citons aussi le groupe « X-Crise » créé en 1931 et rassemblant des anciens élèves de l'École polytechnique mené dans les premiers temps par l'ingénieur Jean Coutrot pour réfléchir, entre autres, aux moyens d'améliorer le fonctionnement de l'administration en recourant notamment à l'expertise et à la technocratie[348].

---

345 Henri CHARDON, *Le pouvoir administratif*, *op. cit.*, p. 91-92

346 V. sur cette question : Philippe BEZÈS, « Politique et administration en régme néo-managérial. Recomposition, réactivation ou balancier ? », *in Mélanges en l'honneur du Professeur Jacques Chevallier. Penser la science administrative dans la post-modernité*, Paris, LGDJ-Lextenso Editions, coll. « Les Mélanges », 2013, pp. 409-428.

347 « (...) *c'est surtout dans le domaine de la réforme des administrations centrales et de la fonction publique que l'État moderne a émis l'ensemble le plus complet de propositions : création d'un Conseil supérieur de l'administration, distinction entre « employés » ou « collaborateurs » et fonctionnaires d'autorité, renforcement de la promotion interne, rénovation de la formation des fonctionnaires, création d'écoles professionnelles et d'une École supérieure d'administration (idée émise dès 1928), communication de la notation au cours de l'entretien annuel, adoption d'un « contrat collectif » ou d'un statut pour les fonctionnaires, lutte contre le pantouflage, rajeunissement et sélection des chefs, organisation scientifique du travail, rénovation de l'outillage, allègement de « la manutention administrative », développement des statistiques, rénovation des locaux, organisation d'un cadre de réserve pour les remplacements ou pour les périodes de pointe, renforcement de la discipline, recrutement au choix des chefs, mise en place d'un secrétaire général et d'un conseil d'administration paritaire dans chaque ministère, décentralisation et déconcentration, mise en commun de la documentation entre services, création d'inspecteurs généraux pour contrôler les services, création d'un organe de la réforme administrative auprès de la Présidence du conseil et d'un centre d'études administratives* ». (Florence DESCAMPS, « *L'État moderne*, une contribution originale des fonctionnaires des finances à la réforme de l'État (1928-1940) », *RFAP*, n° 120, 2006/4, p. 671).

348 Plus généralement, sur ce courant qui se développe entre les deux-guerres inspiré notamment par les expériences américaines et allemandes de rationalisation de

La Seconde Guerre mondiale, puis les besoins de la reconstruction organisée autour d'une planification guidée par l'État, ralentiront ce mouvement industrialiste en France. Il réapparaîtra et se renforcera à partir des années 1970, sous l'influence d'expériences étrangères qui se fondent essentiellement sur le paradigme du *New Public Management*.

§ 2 - La consécration du principe de « nouvelle gestion publique »

La coordination participe-t-elle du mouvement de « *juridicisation des préceptes managériaux* »[349] ? Comme dans la plupart des pays occidentaux, l'administration française n'a pas échappé à l'influence du paradigme managérial qui a trouvé dans la remise en question du rôle de l'État un terreau fertile pour s'épanouir[350]. En effet, dans les années 1970 les critiques à l'encontre du modèle étatique interventionniste se sont développées, révélatrices, pour reprendre une expression bien connue de Pierre Rosanvallon, d'une « *crise de l'État-providence* »[351] qui se manifeste de trois manières différentes : une crise de financement, une crise d'efficacité et une crise de légitimité. Émerge alors la notion d'« État stratège »[352] qui sous-entend « *une séparation nette, dans l'État, entre les*

---

l'organisation administrative : Stéphane RIALS, *Administration et organisation 1910-1930. De l'organisation de la bataille à la bataille de l'organisation dans l'administration française*, Paris, Beauchesne, 1977.

349 Jacques CHEVALLIER, « La juridicisation des préceptes managériaux », *Politiques et management public*, vol. 11, n° 4, 1993 ; cité par Jacques CAILLOSSE et Jacques HARDY : « *La difficulté – en même temps que l'intérêt du sujet, résulte des interactions constantes entre droit et management. Ce que J. Chevallier avait fort bien identifié il y a quelques années en parlant certes de juridicisation des préceptes managériaux mais aussi de la transcription de ces préceptes managériaux jusque dans le droit dont la substance même, de ce fait, change* » (*in Droit et modernisation administrative*, », *op. cit.*, 2000, p. 13).

350 Voir not. sur la question de la réception du paradigme du NPM en France : le numéro spécial de la *RFAP*, coord. par Jacques Chevallier et Luc Rouban, *La réforme de l'État et la nouvelle gestion publique*, n° 105/106, 2003 ; Philippe BEZÈS, *Réinventer l'État. Les réformes de l'administration française (1962-2008)*, Paris, PUF, coll. « Le lien social », 2009.

351 Pierre ROSANVALLON, *La crise de l'État-providence*, Paris, Seuil, coll. « Points Essais », éd. 1992 (1981).

352 V. not. : Jacques CHEVALLIER, « L'État stratège », *in Le temps de l'État. Mélanges en l'honneur de Pierre Birnbaum*, Paris, Fayard, 2007, p. 372-385 : « *Le thème de l'État stratège est à première vue d'une grande banalité. Entendue comme un ensemble de démarches coordonnées en vue d'atteindre un but, la stratégie est en effet inhérente à toute action humaine, dès l'instant où celle-ci s'efforce d'aller au-delà de la simple*

fonctions de stratégie, de pilotage et de contrôle et les fonctions opérationnelles de mise en œuvre et d'exécution »[353]. L'intervention étatique n'est plus systématique ; l'intérêt général ne suffit plus, à lui seul, à fonder son action. La rupture avec le modèle bureaucratique est consommée et les mesures recherchant la performance se multiplient. Cette redéfinition des fonctions étatiques modifie et interroge la fonction coordonnatrice : « *la question que l'on doit se poser est celle de savoir si les organes de coordination assurent leur mission et arrivent à coordonner* »[354]. Un vocabulaire négatif se développe : les termes de « manque »[355], « problèmes »[356], « difficultés »[357]... sont de plus en plus employés dans le discours doctrinal et politique.

Cependant, plutôt que de servir d'arguments pour écarter la coordination de la panoplie des mesures réformatrices, la mise en évidence de défaillances sert à repenser et valoriser son rôle dans un État qui a substantiellement changé d'un point de vue organique et idéologique. Le référentiel du *New Public Management* (NPM)[358] a été à l'origine de

---

improvisation du raisonnement à court terme » (p. 372) ; Philippe BEZÈS, « Le modèle de « l'État stratège » : genèse d'une réforme organisationnelle dans l'administration française », *Sociologie du travail*, n° 4, 2005, p. 431-450.

353 Philippe BEZÈS, « Politique et administration en régime néo-managérial. Recomposition, réactivation ou balancier ? », *op. cit.*, p. 415-416.

354 Claude GOYARD, « La coordination et la consultation dans l'administration publique en France », *op. cit.*, p. 749.

355 « (...) *les fonctionnaires des ministères se voyaient handicapés dans l'exercice des affaires de l'État par certaines difficultés qu'ils nommaient « manque de coordination ».* (...) *Parfois les fonctionnaires s'accusaient mutuellement de mauvaise volonté ou d'absence de volonté de coopérer* » (Roman SCHNUR, *op. cit.*, p. 38).

356 « *Des problèmes de coordination complexe à tous les niveaux se rencontrent pourtant...* » (André G. DELION, « Introduction générale », *op. cit.*, p.15 ; cf. du même auteur : « Les problèmes administratifs de la coordination en matière de développement économique et social », *in Rapport au XVe Congrès international des sciences administratives*, Dublin, septembre 1968, publié dans les *Cahiers de l'IFSA*, n° 5, p. 64).

357 « *La lourdeur des procédures hiérarchiques est fréquemment incriminée, de même que l'éloignement ou l'isolement des décideurs, le nombre excessif des niveaux d'administration, les difficultés de la coordination des services, etc.* » (Philippe BRAUD, *Penser l'État*, *op. cit.*, p. 232).

358 Un terme générique - voire un « label » - qui traduit de manière générale l'importation de techniques du secteur privé dans l'administration en vue d'améliorer la gestion publique mais il peut prendre divers sens plus précis : « *une simple tentative de classement du New Public Management* (...) *fait ressortir l'ambiguïté de l'expression. Il ne s'agit pas d'une réforme à proprement parler, ni d'une doctrine de l'administration publique. L'étiquette s'applique à une série de réformes diverses, pour la plupart des micro-réformes dans le domaine des appellations, des modes de fonctionnement, des comportements, voire du cadre réglementaire. L'ambiguïté est immense. Pour les uns le*

réformes de la gestion publique dans la plupart des pays occidentaux. Dans ce cadre, la coordination est envisagée « *comme un préalable technique à tout travail rationnel en groupes, comme un idéal d'efficience constamment visé mais jamais atteint* »[359] ; une finalité qui ne se substitue pas mais s'ajoute et se combine avec sa mission cohésive. Cette évolution n'est pas surprenante au regard du mouvement général de décloisonnement entre les secteurs privé et public qui se manifeste notamment par l'importation de principes issus de l'entreprise au sein de l'administration. La science économique a depuis longtemps envisagé la coordination à travers le prisme de la performance en constatant « *qu'un ensemble non coordonné obtient des résultats inférieurs à ceux d'un ensemble coordonné* »[360]. Cette formule trouve désormais à s'appliquer dans la sphère administrative.

---

terme New Public Management englobe toutes les micro-réformes de la gestion publique, telles qu'elles ont été introduites en particulier au Royaume-Uni dans les années quatre-vingt et quatre-vingt-dix, quelle que soit la philosophie qui les sous-tend. Pour d'autres il s'agit de toutes les micro-réformes puisant leur inspiration dans les pratiques de l'administration d'entreprise. Pour d'autres enfin il s'agit de réformes dont la philosophie est nécessairement une version caricaturale du néolibéralisme » (Jacques ZILLER, « Vrais et faux changements dans les administrations en Europe », *RFAP*, n°105-106, 2003, p.72). Dans le même esprit, Philippe BEZÈS note que « *le statut du NPM est ambigu. Il s'agit d'un ensemble hétérogène d'axiomes tirés de théories économiques, de prescriptions issues de savoirs de management, de descriptions de pratiques expérimentées dans des réformes (notamment dans les pays anglo-saxons) et de rationalisations doctrinales réalisées par des organisations transnationales (OCDE, Banque mondiale, etc. Le New Public Management constitue donc largement un puzzle doctrinal à vocation générique, c'est-à-dire susceptible d'être appliquée à tous les services administratifs quel qu'ils soient, et alimentant des conceptions de réformes multiples et parfois contradictoires* » (*in* « Le renouveau du contrôle des bureaucraties. L'impact du New Public Management », *op.cit.*, p. 26).

359 Eugen PUSIC, « La coordination de la politique gouvernementale », *in* Heinrich SIEDENTOPF (dir.), La coordination de la politique gouvernementale, Paris, Ed. Cujas, 1976, p. 5.

360 André LABOURDETTE, *Les administrations publiques. Environnement, fonctionnement interne et modes de gestion*, Paris, L'Harmattan, 1998, p.31. L'auteur s'interroge sur « *la coordination et à la non-coordination* » d'un point de vue mathématique. Partant du postulat selon lequel « *quand il n'y a pas d'institution de coordination, la décision d'une personne est indépendante de celle des autres* », il présente une série d'équations utilisant notamment la fonction de Lagrange (formule qui permet de décrire les variables dynamiques dans un système physique), et aboutit à la conclusion suivante : « *une allocation optimale, au sens de Pareto, suppose l'existence d'un coordinateur* » (*Ibidem*, p. 35).

En effet, depuis une quarantaine d'années, la « *révolution du rendement* »[361] s'est accélérée, encouragée au niveau international par les recommandations d'institutions comme le Fonds monétaire international, la Banque mondiale ou encore l'OCDE ; cette dernière ayant consacré de nombreux rapports sur le thème du « *Management in Government* »[362] sous l'égide du PUMA[363] (*Public Management Committee*) et dans le cadre du programme SIGMA (*Support for Improvement in Governance and Management)* co-conduit avec l'Union européenne. Or, il est intéressant de relever que de nombreuses analyses produites par l'OCDE ont pour objet principal la coordination[364], généralement envisagée comme un procédé d'« *improvement* »[365] de l'action d'organisations complexes ; une catégorie dans laquelle sont classés l'administration et le gouvernement contemporains : « *It only states the obvious to say that it is a wonder that modern government does not degenerate more often into chaos! It is equally a truism to say that co ordination is crucial to effective government, as it is to any complex organisation. (...) co-ordination allows elements and actors to remain plural and different, while it aims for results that are harmonious and effective* »[366].

En France, le mouvement managérial s'est imposé un peu plus tardivement en comparaison d'autres pays comme les États-Unis, le Royaume-Uni ou même la Nouvelle-Zélande ; des pays qui ne sont caractérisés ni par un culte du service public ni par un attachement à

---

361 Pierre LEGENDRE, « La bureaucratie, la science et le rendement », *Bulletin de l'Institut international de l'administration publique*, n° 28, 1973 ; cité par Jacques CAILLOSSE, Jacques HARDY, *Droit et modernisation administrative*, *op. cit.*, p. 21.

362 Intitulé d'un programme lancé par l'OCDE en 2005 et détaillé notamment dans le rapport « Towards Better Measurement of Governement », *OECD Working Papers on Public Governance*, 2007/1.

363 Etabli en 1990, le PUMA est renommé *Public Management Programme and Territorial Development Directoriate* (GOV) au début des années 2000.

364 Une requête sur le moteur de recherche de la *iLibrary* de l'OCDE révèle l'existence de 42 documents qui ont pour thème principal la coordination (recherche dans le titre). Consultable sur : http://www.oecd-ilibrary.org/
(consulté le 27 février 2013).

365 « Amélioration » (traduction libre).

366 « C'est une évidence de noter qu'il est étonnant que le gouvernement moderne ne dégénère pas plus souvent en chaos ! C'est également un truisme de dire que la coordination est cruciale à un gouvernement efficace, comme elle l'est dans n'importe quelle organisation complexe. (...) la coordination permet à des éléments et des acteurs de rester pluriels et différents, tout en visant des résultats harmonieux et efficaces » (traduction libre), *in* « Co-ordination at the Centre of Government », *Sigma Papers*, n°35, OECD Publishing, 2004, p. 12. Disponible sur : http://www.oecd-ilibrary.org/governance/co-ordination-at-the-centre-of-government_5kml60v4x2f6-en.

l'intérêt général. Comme le note Jacques Ziller, « *l'utilisation du terme "nouvelle gestion publique" est apparue en 1975 avec la publication du livre de Michel Massenet, alors directeur général de la fonction publique ; c'était la période de rationalisation des choix budgétaires (RCB), avatar français et sophistiqué du Planning Programming Budgeting System (PPBS)* »[367] introduit au Département de la Défense américain en 1961 avant d'être étendu à toutes les agences et les départements ministériels fédéraux par le président Lyndon B. Johnson en 1965[368]. Utilisée de manière parcimonieuse dès le milieu des années 1960 pour le traitement de certaines questions spécifiques (investissement dans le secteur énergétique, équipements routiers, etc.), la méthode dite de RCB a été étendue à l'ensemble des procédures budgétaires par une décision prise en Conseil des ministres en mars 1968. Elle est alors devenue une « *démarche cohérente de préparation, d'exécution et de contrôle des décisions publiques* »[369] applicable à l'ensemble des administrations. Précisément, l'objectif principal de la RCB était de modifier en amont les conditions de préparation du budget par les ministères en privilégiant une approche programmatique plutôt qu'une discussion par nature des dépenses, tout en promouvant *ex post* une démarche évaluative. Cette ambition transversale impliquait une « *nécessaire coordination* »[370] assurée au niveau interministériel par le ministère des Finances (direction de la prévision et direction du budget) et à l'échelon intra-ministériel par des « cellules RCB » créées dans chaque ministère afin de procéder à « *une répartition globale des moyens entre les différents objectifs généraux du gouvernement, puis entre les objectifs particuliers de*

---

367 Jacques ZILLER, « Vrais et faux changements dans les administrations en Europe », *op. cit.*, p. 71.

368 Ne donnant pas de résultats satisfaisants, la méthode sera progressivement abandonnée au États-Unis tandis que la RCB inaugurée en France en 1968 s'en inspirera. Le manque de coordination « top-down » est l'un des facteurs de cet échec : « *The problems with PPBS were predictable. (...) agencies lacked the clear and singular objectives and technical expertise enjoyed by tje Departement of Defense. (...) Even if « top-level » offcials could agree ont he definition of a desirable program outcome, they were unlikely to leave decisions about the means by which it could be achieved to a process incapable of reflecting their values and priorities. PPBS formally ended with an Office of Management and Budget (OMB) memo in 1971* » (Janet M. KELLY, William C. RIVENBARK, *Peformance Budgeting for State and Local Government*, M.E. Sharpe, 2° éd., 2010, p. 40).

369 Michel GIROUX, « Les développements de la rationalisation des choix budgétaires », *Bulletin de l'IIAP*, n° 28, octobre-décembre 1973, p. 677.

370 *Ibidem*, p.690.

chaque administration, (…) de manière la plus efficace possible »[371]. Or, comme l'explique Bernard Perret, un déficit de coordination a été l'un des facteurs de l'échec d'une procédure qui a finalement été officiellement abandonnée en 1984 : « *les relations entre le ministère des finances et les ministères dépensiers sont restées marquées par l'opacité et la défiance. Le processus de préparation budgétaire est un processus conflictuel marqué par la résurgence de rapports de force politiques* »[372].

L'échec de la RCB n'a cependant pas marqué un coup d'arrêt des volontés de rationalisation de la dépense publique ; bien au contraire. La thématique de la réforme administrative continuera de progresser. De nouvelles initiatives se succéderont tout au long des décennies 1980 et 1990 en passant progressivement d'une vision quantitative à une vision qualitative de la nouvelle gestion publique qui doit désormais non seulement permettre une meilleure rationalisation des dépenses mais aussi une amélioration structurelle de l'État lui-même. Parallèlement, se développera une « *exigence de qualité* »[373] du service public qui, empruntée au secteur privé, tend à une rationalisation des deniers publics ainsi qu'à une amélioration des relations entre l'administration et les usagers.

Comme le résume Jacques Chevallier : « *Dans un premier temps (décennie 1980), on ne parle encore, mais c'est déjà un changement, que de « modernisation administrative », avec l'accent mis sur la « démarche qualité » (1986) puis sur la recherche des voies d'un « renouveau du service public » (1989) — différence de perspective qui n'est pas dépourvue d'implications politiques. Dans un second temps (décennie 1990), la question de la « modernisation administrative » est intégrée dans une problématique plus large de « réforme de l'État », dont elle constitue le volet essentiel : à travers la volonté de « mieux servir les citoyens » (1995), de construire un État « plus proche » et « plus efficace » (1997) ou encore de promouvoir une « administration de service », placée sous le triple « signe de l'efficacité, de la proximité et*

---

[371] Renaud de la Génière, ancien directeur du budget aux débuts de la RCB (de 1967 à 1974) ; cité par Bernard PERRET, « De l'échec de la rationalisation des choix budgétaires (RCB) à la loi organique relative aux lois de finances (LOLF) », *RFAP*, n° 117, 2006, p. 34.

[372] Bernard PERRET, *op. cit.*, p. 34.

[373] Lucie CLUZEL-METAYER, *Le service public et l'exigence de qualité*, Paris, Dalloz, coll. « Nouvelle Bibliothèque de thèses », 2006.

de la simplicité » (2002), l'ambition est fondamentalement la même »[374]. Un troisième temps débute avec le vote de la loi organique n° 2001-692 relative aux lois de finances (LOLF) le 1er août 2001 qui a été présentée comme le texte fondateur d'une « nouvelle constitution budgétaire » délaissant une « logique de moyens » pour privilégier une « culture de résultats » dans toutes les administrations.

Parce qu'elle est intrinsèquement transversale et requiert un assentiment des services pour son application effective, l'application de cette réforme, qui transforme en profondeur la logique d'action de l'État, a renforcé les besoins de coordination administrative.

SECTION 2 - LA CONSOLIDATION DE LA COORDINATION EN TANT QU'INSTRUMENT DE MODERNISATION DE L'ÉTAT

Après trente-six tentatives de réforme infructueuses de l'ordonnance n° 59-2 du 2 janvier 1959 relative aux lois de finances, un consensus politique entre des députés et des sénateurs de gauche et de droite sur la nécessité de « *contrôler réellement pour dépenser mieux et prélever moins* »[375] aboutit au dépôt d'une proposition de loi organique sur le bureau de l'Assemblée Nationale le 11 juillet 2000. Le vote de la LOLF marque un tournant important au sein de l'administration française où la « rationalité juridique » et la rationalité managériale »[376] ont plus qu'ailleurs été difficilement conciliables compte tenu de son histoire caractérisée par une opposition marquée entre le secteur privé et le secteur public, qui justifie notamment le dualisme de juridictions et le caractère exorbitant du droit administratif. Comme le résume Jacques

---

374 Jacques CHEVALLIER, « Les orientations nouvelles des politiques de réforme administrative en France », *Pyramides*, n° 19, 2010, p. 15.

375 Intitulé du rapport qui a en partie inspiré la proposition de loi organique réalisé par le Groupe de travail sur l'efficacité de la dépense publique et le contrôle parlementaire créé en 1998 au sein de la chambre basse par Laurent Fabius, alors président de l'Assemblée Nationale. Publié le 27 janvier 1999, il a pour rapporteur Didier MIGAUD, aujourd'hui premier président de la Cour des Comptes. L'un des objectifs principaux du document et réévaluer le rôle du Parlement dans la procédure budgétaire en prenant en considération les besoins croissants de performance sous la pression notamment de recommandations communautaires (Pacte de Stabilité et de Croissance, 1997) et internationales (études de l'OCDE) : « *Une première conclusion à laquelle le groupe de travail est arrivé, c'est que dépenser mieux suppose que les Assemblées contrôlent réellement dépenses et recettes, ainsi que l'efficacité de celle-ci* ».
Disponible sur : http://www.assemblee-nationale.fr/dossiers/depense/rapport.asp.

376 V. Jacques CHEVALLIER, Danièle LOCHAK, « Rationalité juridique et rationalité managériale », *RFAP*, n° 24,1982.

Caillosse, « *en cherchant à rendre nécessaire l'inquiétude sur les performances du service public au lieu de rendre toujours possible l'auto-justification par des usages parfois incantatoires de l'intérêt général ; en contribuant, non sans crises, à discréditer le vieux modèle d'administration bureaucratique miné par le discours de la gestion des ressources humaines, les politiques de réforme de l'État, par leur inspiration managériale rendent de plus en plus artificiels et problématiques la plupart des grands découpages de la réalité par lesquels procède la pensée juridique pour donner à voir un monde ordonné, dans le but de le conformer à ses images.* (...) *c'est la crédibilité même des procédés de classement, nomenclatures et autres modes de raisonnement qu'emprunte le pouvoir administratif (du moins, tous ceux qui peuvent parler et agir en son nom) pour construire sa propre légitimité, qui finit par faire problème* »[377]. L'administration a dû s'adapter et, désormais, des termes et expressions tels que « Missions », « Programmes », « Indicateurs de performance », « budgets opérationnels de programme »... sont d'usage courant pour les agents qui participent à l'élaboration de la loi de finances ; et particulièrement au sein du « ministère horizontal » des Finances qui exerce un rôle privilégié aux côtés du Premier ministre dans le cadre de la procédure budgétaire à travers l'action de plusieurs directions à vocation interministérielle (la direction du budget et la direction générale des finances publiques). Toute question portant sur les deniers publics est, en effet, par nature transversale et appelle des échanges entre services. La coordination intègre aussi cette « *grammaire lolftienne* »[378] : de nouveaux dispositifs ont été instaurés visant à améliorer la coordination administrative budgétaire. Ainsi, la nouvelle nomenclature mise en œuvre par la LOLF comprend une mission « Direction de l'action du Gouvernement » subdivisée en trois programmes dont l'un est consacré à la « Coordination du travail gouvernemental » ce qui traduit la priorité qui lui est accordée. D'autre part, dans la continuité de la LOLF, le décret n° 2012-1246 du 7 novembre 2012 relatif à la gestion budgétaire et comptable publique a institué dans les ministères, un responsable de la fonction financière ministérielle (RFFIM) désigné par le ministre pour assurer la coordination administrative de la préparation de la loi de finances.

Parallèlement a été initiée en 2007 une Révision générale des politiques publiques (RGPP) qui, outre une rationalisation budgétaire

---

377 Jacques CAILLOSSE, « Les figures croisées du juriste et du manager dans la politique de réforme de l'État », *n° spécial : «* La réforme de l'État et la nouvelle gestion publique », *RFAP*, n° 105/106, 2003, p. 126.

378 Jean-François BOUDET, « La « grammaire lolftienne », *RFDA*, nov-déc 2015, pp. 1215-1224.

visant une diminution des dépenses publiques, avait un objectif de plus grande envergure : réformer l'État en améliorant son organisation et son fonctionnement. En 2012, y a été substituée la Modernisation de l'action publique (MAP) avec une finalité identique mais un champ d'intervention plus large. Afin de coordonner la mise en œuvre de ce dispositif qui concerne l'ensemble des administrations, a aussi été créé auprès du Premier ministre un Secrétariat général à la modernisation de l'action publique (SGMAP) qui regroupe plusieurs services.

§ 1 - L'amélioration de la coordination au cœur des politiques de rationalisation budgétaire

La nouvelle nomenclature budgétaire instaurée par la loi organique n° 2001-692 relative aux lois de finances (LOLF) du 1er août 2001, qui privilégie une répartition des crédits entre les ministères selon la finalité et non plus la nature de la dépense[379], implique une approche horizontale et efficiente de l'action publique[380]. Les crédits sont en effet désormais alloués en vue d'une intervention publique précise, votés par « mission » présentée dans la LOLF comme « *un ensemble de programmes concourant à une politique définie* ». De nature ministérielle ou interministérielle, chaque mission demande donc l'harmonisation de l'action « *d'un ou plusieurs services d'un ou plusieurs ministères* » (article 7, §1). Parmi les trente-et-une missions définies dans la loi de finances pour 2016[381], l'exemple de la « Direction de l'action du Gouvernement » est doublement intéressant. Interministérielle, celle-ci regroupe les moyens financiers et humains qui permettent au Premier

---

379 Cette nouvelle présentation mise en œuvre pour la première fois pour la loi de finances pour 2006 est plus que formelle ; elle rompt avec la logique de moyens qui prévalait sous l'empire de l'ordonnance de 1959 dont l'article 7 prévoyait deux modes de présentation du budget de l'État : « *selon la nature ou la destination* » des dépenses. Mais en pratique, c'est la nature des dépenses qui a été retenue avec des crédits votés par ministères répartis en titres et spécialisés en 850 chapitres : chaque ministère recevait une somme à dépenser déterminée en fonction des crédits accordés l'année précédente. Etait ainsi privilégiée une vision quantitative et le débat budgétaire ne portait essentiellement que sur le montant des dépenses avec la pression de chaque ministère pour obtenir des crédits équivalents à ceux de l'année passée, quitte à dépenser à tout prix l'ensemble de leurs crédits d'une année pour obtenir le même montant l'année suivante.

380 V. not. : Frank MORDACQ (dir.), *La LOLF : un nouveau cadre budgétaire pour réformer l'État*, Paris, LGDJ, coll. « Systèmes », 2006.

381 Source : http://www.performance-publique.budget.gouv.fr/documents-budgetaires/lois-projets-lois-documents-annexes-annee/exercice-2016/projet-loi-finances-2016-bg#resultat.

ministre d'exercer le « *pilotage de l'action gouvernementale et territoriale* », c'est-à-dire d'exercer son rôle de coordination des ministères. Le programme, unité de spécialisation, réunit quant à lui « *des crédits destinés à mettre en œuvre une action ou un ensemble cohérent d'actions relevant d'un même ministère et auxquels sont associés des objectifs précis, définis en fonction de finalités d'intérêt général, ainsi que des résultats attendus et faisant l'objet d'une évaluation* » (article 7, §1, 2°). La mission « Direction de l'action du Gouvernement » comprend trois programmes : « Coordination du travail gouvernemental », qui « *fédère les fonctions d'état-major, de stratégie et de prospective, de coordination et de soutien exercées par les services du Premier ministre* »[382] (programme 129) ; « Moyens mutualisés des administrations déconcentrées » ; et « Protection des droits et libertés » (programme 308). Le montant des crédits accordés au programme « Coordination du travail gouvernemental » révèle l'importance de la fonction coordonnatrice exercée au niveau du Premier ministre : 137 millions d'euros d'autorisations d'engagement ouvertes par le projet de loi de finances pour 2015[383]. La réussite de la LOLF dépend de l'acceptation et de l'appropriation par ces dernières d'une approche globale des finances publiques, ce qui appelle un dialogue permanent visant au partage des mêmes ambitions de rationalisation de la dépense publique et de performance : « *la réforme budgétaire prendra tout son sens lorsque les décisions gouvernementales s'articuleront de manière cohérente avec les objectifs formulés dans le cadre budgétaire* »[384]. Bien que le terme de coordination ne soit pas explicitement mentionné dans la LOLF, la fonction coordonnatrice est omniprésente et se révèle cruciale pour l'exécution d'une procédure « *ayant pour but une réforme d'envergure* »[385] qui demande l'action coordonnée de l'ensemble des administrations tout au long du processus d'élaboration de la loi de finances[386] sous l'égide du Premier ministre, autorité de coordination

---

382 Source : Source : http://www.performance-publique.budget.gouv.fr/sites/performance_publique/files/farandole/ressources/2016/pap/pdf/PAP2016_BG_Direction_Action_Gouvernement.pdf.

383 *Ibidem.*

384 Bernard PERRET, « De l'échec de la rationalisation des choix budgétaires (RCB) à la loi organique relative aux lois de finances (LOLF) », *op. cit.*, p. 40.

385 Jean-François CALMETTE, « La loi organique relative aux lois de finances (LOLF) : un texte, un esprit, une pratique », *RFAP*, n° 117, 2006, p. 55.

386 Les différents procédés de coordination intervenant au moment de la préparation, de l'exécution et de l'évaluation de la loi de finances feront l'objet d'une analyse détaillée dans la troisième partie de l'étude.

interministérielle, et du ministère horizontal des Finances et des Comptes publics.

S'agissant tout d'abord de la phase préparatoire de la loi de finances, son calendrier est ponctué de plusieurs étapes de coordination. Dès la fin janvier est organisé un séminaire gouvernemental qui a pour objet de retenir une stratégie générale en matière de recettes et de dépenses publiques précisée dans des lettres de cadrage envoyées à chaque ministère. Le mois de février est le moment du début des « conférences budgétaires de première phase », c'est-à-dire de réunions entre les services de la direction du Budget et les services budgétaires de tous les ministères en vue d'examiner les crédits demandés par chacun d'eux, dans le respect des lettres de cadrage. S'ensuivent des réunions au mois de mars entre le ministre du Budget et les autres ministres pour coordonner les demandes des diverses administrations et déterminer les différents crédits et effectifs qui peuvent être alloués dans la future loi de finances, éventuellement en arbitrant les points conflictuels qui n'ont pas pu être réglés au niveau des services. Au mois d'avril, le processus de coordination monte encore d'un échelon : c'est au tour du Premier ministre de coordonner et de procéder à des arbitrages sur le montant des crédits associés à chaque mission. Fruit de cette coordination, une lettre-plafond est ensuite envoyée aux ministres, fixant une limite supérieure de crédits et de créations d'emploi à ne pas dépasser. Peuvent alors débuter, en avril-mai, les « conférences budgétaires de deuxième phase » entre la direction du Budget et les services des ministères qui se coordonnent pour arrêter une répartition des crédits par programmes. Cette étape est complétée par la tenue de conférences de gestion publique entre les mêmes protagonistes en vue de finaliser les objectifs et indicateurs retenus. Ces rencontres sont complétées par un débat d'orientation budgétaire, qui se déroule en principe au mois de juin au Parlement, au cours duquel sont établis de manière plus précise les objectifs et indicateurs pour la prochaine loi de finances dont le projet sera finalisé, ainsi que les documents qui lui sont obligatoirement attachés, durant l'été. Au mois de septembre, le chef du Gouvernement procède à une dernière coordination et éventuellement à d'ultimes arbitrages sur les recettes du projet de lois de finances envoyé au Conseil d'État pour avis avant d'être adopté en Conseil des ministres, condition pour que débute la phase parlementaire d'examen puis de vote du projet de budget qui se déroule d'octobre à décembre.

Complexe et long, le processus de préparation budgétaire implique donc de nombreux protagonistes à différents niveaux décisionnels ; du Premier ministre à l'ensemble des services ministériels qui exécuteront l'un des programmes prévus dans le projet de loi de finances. Entre ces deux bouts de la chaîne budgétaire s'insèrent des « *acteurs de la performance* »[387] qui sont, pour l'essentiel, des organes exerçant une fonction de coordination. Plusieurs entités placées au sein du ministère des Finances et des Comptes publics répondent à cette définition telles que les services du contrôle budgétaire et comptable, la direction générale de l'Administration et de la Fonction publique (DGAFP), la direction du Budget (DB), la direction générale des Finances publiques (DGFip). On trouve par ailleurs des organes coordonnateurs en matière budgétaire dans l'ensemble des ministères comme les responsables de programmes et de budget opérationnels de programme (BOP), les directions des affaires financières (DAF), les directions des ressources humaines (DRH), mais aussi les secrétaires généraux de ministère en charge des arbitrages budgétaires sous l'autorité du ministre dont ils relèvent. La mission coordonnatrice de ces organes a notamment été précisée par la commission des finances, de l'économie générale et du contrôle budgétaire à l'occasion d'un rapport d'information sur les décisions d'attribution des moyens budgétaires publié en 2011 qui détaille en particulier comment les directeurs des affaires financières et des ressources humaines agissent conjointement à divers stades de la procédure budgétaire : « *les DAF et les DRH dans chaque ministère préparent, en lien avec les responsables de programme, les décisions et arbitrages dans le domaine budgétaire. Ils pilotent, pour le premier, l'analyse des coûts, coordonnent et consolident les comptes rendus d'exécution des responsables de programme et organisent le contrôle interne et l'audit, et pour le second exerce un contrôle direct sur la gestion des emplois et des carrières des agents.* (…) *Ils sont aussi les interlocuteurs attitrés des autorités chargées du contrôle financier et du département comptable ministériel* »[388]. Par ailleurs, afin de répondre à des besoins de coordination croissants, la mise en œuvre de la LOLF s'est parfois accompagnée de dispositifs particuliers. Par exemple, « *pour certaines politiques interministérielles présentant de forts enjeux budgétaires et de pilotage par la performance, des documents de politique transversale (DPT) ont été conçus après la LOLF afin de*

387 « Les acteurs de la performance », *Le forum de la performance*, Site Internet du Ministère de l'Economie et des Finances. Disponible sur : http://www.performance-publique.budget.gouv.fr/les-acteurs-de-la-performance.html.

388 Commission des finances, de l'économie générale et du contrôle budgétaire (Michel BOUVARD, Jean-Pierre BRARD, Thierry CARCENAC, Charles de COURSON, rapp.), *Rapport d'information sur les décisions d'attributions des moyens budgétaires*, Assemblée Nationale, 2011.
Disponible sur : http://www.assemblee-nationale.fr/13/rap-info/i3644.asp#P417_86999.

présenter des objectifs coordonnés entre les programmes concourant à une politique transversale »[389].

Une coordination est tout autant indispensable au moment de l'évaluation de la loi de finances. La LOLF a créé deux nouveaux documents destinés à responsabiliser les gestionnaires publics autour de l'objectif de maîtrise des dépenses publiques et à faciliter le contrôle traditionnellement exercé par le Parlement sur le budget de l'État élaboré par le pouvoir exécutif[390] : des projets annuels de performances (PAP) sont désormais annexés aux projets de loi de finances auxquels répondent des rapports annuels de performance (RAP) joints à la loi de règlement. La loi organique précise que le projet annuel de performance, qui accompagne chaque programme prévu dans la loi de finances, contient notamment « *la présentation des actions, des coûts associés, des objectifs poursuivis, des résultats obtenus et attendus pour les années à venir mesurés au moyen d'indicateurs précis dont le choix est justifié* » (article 51, 5°, a). Le vocabulaire utilisé pour définir les indicateurs du programme « Coordination du travail gouvernemental » inscrit pleinement la fonction coordonnatrice gouvernementale dans une démarche de performance : « *ratio d'efficience bureaucratique* » ; « *ratio d'efficience de la gestion des ressources humaines* » ; « *diffusion des travaux stratégiques et prospectifs* » ; « *taux de raccordement au réseau interministériel de l'État* »[391], etc. D'autre part, parallélisme des formes oblige, chaque projet de loi de règlement doit comporter en annexe un rapport annuel de performance qui indique et analyse, pour chaque objectif et indicateur présenté dans les programmes, « *les écarts avec les prévisions des lois de finances de l'année considérée, ainsi qu'avec les*

---

389 *Ibidem.*

390 Dans une démocratie parlementaire, c'est au Parlement de voter le budget de l'État. Ce principe est basé en France sur la DDHC du 26 août 1789 qui, à l'article 14, dispose que « *tous les citoyens ont le droit de constater, par eux-mêmes ou par leurs représentants, la nécessité de la contribution publique, de la consentir librement, d'en suivre l'emploi, et d'en déterminer la quotité, l'assiette, le recouvrement et la durée* » (principe du consentement à l'impôt). Ainsi, le Parlement est théoriquement doté de la capacité de refuser le budget voté par l'exécutif si celui-ci ne lui convient pas. Or, en pratique, le vote du budget s'est révélé être un acte purement formel, le système des services votés en est la plus belle illustration : plus de 90% des dépenses étaient reconduites chaque année sans faire l'objet d'un débat et en un seul vote avant l'application de la LOLF. La réforme budgétaire a voulu procéder, selon les mots de rapporteur général à la Commission des Finances de l'Assemblée Nationale à l'occasion d'un séminaire en 2000, à la « *réappropriation indispensable par le Parlement de ses pouvoirs de contrôle en matière budgétaire* ».

391 Pour la liste complète des indicateurs. V. *Ibid.*, p. 16-17.

réalisations constatées dans la dernière loi de règlement » (article 54, 4°).

La mise en œuvre de ces nouvelles pratiques n'a pas été aisée. Peu habitués à une logique de performance, les services chargés de préparer la loi de finances ont rencontré des difficultés pour établir des objectifs et des indicateurs de performance pertinents ainsi que l'avait déjà relevé un rapport de la mission d'information sur la loi organique (MILOF) de la commission des finances de l'Assemblée Nationale qui constatait en 2005 l'existence de « *dispositifs de performance encourageants mais perfectibles* »[392]. Ces difficultés ont de nouveau été mises en lumière par la Cour des Comptes dans son rapport thématique portant sur la mise en œuvre de la LOLF de novembre 2011 dans lequel elle soulignait « *la nécessité d'impulser une véritable politique de sensibilisation, et pourquoi pas de recherche, relative au management public, dépassant les aspects techniques, ne doit pas conduire à créer une nouvelle structure, mais à définir le bon échelon de coordination et d'animation d'un réseau d'acteurs encore éparpillés* »[393] et recommandait, en prenant les exemples de l'Allemagne et du Royaume-Uni, « *la nomination d'un haut fonctionnaire responsable de mission, ministérielle ou interministérielle* (qui) *serait de nature à renforcer à la fois la portée de la mission et les possibilités d'exercice de la responsabilité managériale. En exerçant une fonction spécifique, "au-dessus" des responsables de programme à la fois de coordination des actions ministérielles et de répartition des moyens budgétaires...* »[394]. Ce qui fut fait avec le décret n° 2012-1246 du 7 novembre 2012 relatif à la gestion budgétaire et comptable publique. Afin d'assurer le respect de la procédure budgétaire mise en place avec la LOLF, le texte prévoit que « *pour chaque ministère, un responsable de la fonction financière ministérielle est désigné par le ministre. Ce responsable coordonne la préparation, la présentation et l'exécution du budget* » (article 69, alinéa 1er) en constantes relations avec les services du ministère. Dans le cadre de cette fonction, le décret précise notamment

---

392 Mission d'information sur la loi organique (Michel BOUVARD, Jean-Pierre BRARD, Charles de COURSON, Didier MIGAUD, rapp.), *Rapport d'information sur la mise en œuvre de la loi organique relative aux lois de finances*, Assemblée Nationale, n° 2161, 2005.

393 Cour des Comptes, *La mise en œuvre de la loi organique relative aux lois de finances (LOLF) : un bilan pour de nouvelles perspectives*, novembre 2011, p. 92. Disponible sur : https://www.ccomptes.fr/Publications/Publications/La-mise-en-oeuvre-de-la-loi-organique-relative-aux-lois-de-finances-LOLF.

394 *Ibidem*, p. 80-81. Le rapport poursuit en précisant : « ... *les secrétaires généraux, ou selon les ministères, un responsable de niveau équivalent, semblent les acteurs les plus légitimes pour endosser la responsabilité des missions* ».

que ce RFFIM « *coordonne l'élaboration des projets et rapports annuels de performances prévus par la loi organique du 1er août 2001 ; (...) veille, en liaison avec les responsables de programme, à la transmission au ministre chargé du budget des informations relatives au périmètre des budgets opérationnels de programme et des unités opérationnelles* ». La mise en place de cet organe censé assurer une meilleure cohérence des services durant la procédure budgétaire n'a cependant pas résolu les problèmes de coordination ; d'autres difficultés, s'agissant des relations entre les RFFIM et les responsables de programmes (RPROG), sont apparues notamment « *pour coordonner leurs interventions respectives dans la préparation des dossiers budgétaires, proposer des arbitrages au ministre, suivre l'exécution budgétaire, piloter le plafond d'emplois ministériels et la masse salariale* »[395].

La prise en considération de la nouvelle logique de performance par toutes les administrations s'est révélée délicate, ces dernières étant peu habituées à une approche en termes de résultats. Une autre raison explique ces difficultés néfastes en termes de coordination : la nouvelle nomenclature budgétaire qui prévoit une présentation de la loi de finances par missions (ministérielle ou interministérielle), programmes (ministériels), et actions (qui regroupent des crédits d'un programme ayant la même finalité) ne modifie pas l'organisation de l'administration selon un découpage ministériel et intra-ministériel classique. Or, comme le remarque Jacques Chevallier, « *logiquement, cette réforme aurait dû entraîner un complet remodelage des structures des administrations centrales, les directions étant reconstruites autour des programmes* (...). *Un tel bouleversement, constitutif d'une véritable "révolution" administrative, était cependant peu concevable* (...) *aussi l'architecture administrative traditionnelle subsiste-t-elle en marge des programmes. La réforme budgétaire aboutit ainsi en pratique à la coexistence de deux logiques organisationnelles au niveau de l'administration centrale : l'une opérationnelle, sous-tendue par l'idée de programmes, dont la réalisation est confiée à un "responsable de programme" ; l'autre gestionnaire, héritée de la conception tradionnelle, et structurée autour des directions à compétence verticale ou horizontale* »[396]. Ainsi, aux

---

395 Cour des comptes, « Les secrétaires généraux et secrétariats généraux de ministères », référé n° 70554 au Premier ministre, 25 juillet 2014, p. 6.

396 Jacques CHEVALLIER, « La reconfiguration de l'administration centrale », *op. cit.*, p. 724. Ce décalage a été précisé par Julien Meimon : « *...cette réforme, introduite en 2001, façonne, on le sait, une nouvelle « grammaire budgétaire » qui prend ses distances avec les découpages ministériels. Supprimant la notion de « budget ministériel »,* (...) *la LOLF organise le budget de l'État en politiques publiques ou « missions ». Et ces « missions », tantôt infraministérielles (par exemple les transports), ministérielles (justice) ou interministérielles (la mission recherche et enseignement par exemple), se*

besoins de coordination budgétaires pratiques, c'est-à-dire au moment de la préparation et de l'exécution de la loi de finances, s'ajoutent, à un niveau plus théorique, des besoins de coordination entre différentes logiques d'organisation et de décision au sein de l'administration.

Entre 2001 et 2006, date de la mise en œuvre effective de la LOLF, se sont succédé plusieurs initiatives transversales fondées sur une même logique managériale de rationalisation budgétaire, complétée par une ambition plus large de « *métamorphose de l'État* »[397]. Ainsi, une circulaire du 25 juin 2003 a prévu le lancement de « stratégies ministérielles de réforme » dans chaque ministère. Puis, une autre circulaire en date du 29 septembre 2005, complétée par une circulaire du 13 juillet 2006, instaure un programme d'audits des administrations. Ces dispositifs ont préfiguré la Révision générale des politiques publiques (RGPP) lancée par le Premier ministre le 10 juillet 2007 et qui s'est articulée autour de trois grands axes : améliorer la qualité du service rendu aux usagers ; réduire les dépenses publiques ; poursuivre la modernisation de la fonction publique et valoriser les initiatives des agents. Pour ce faire, une nouvelle série d'audits est programmée, destinée à identifier des pistes de réforme sous le pilotage d'un Conseil de la modernisation des politiques publiques (CMPP). « *Organe névralgique de la RGPP, l'instance décisionnaire ultime* »[398], le CMPP est présidé par le Président de la République. Il réunit l'ensemble du Gouvernement et les membres permanents d'un Comité de suivi de la RGPP, organe qui coordonne les propositions des comités de pilotage instaurés dans chaque ministère, dont il valide les propositions de décisions. D'un point de vue quantitatif, le bilan de cette démarche est *a priori* satisfaisant : « *au total, ce sont plus de 300 mesures de modernisation qui ont été adoptées en 2007 et 2008 à l'occasion des trois premiers conseils de modernisation des politiques publiques (CMPP). En juin 2010, puis en mars 2011, un quatrième et un cinquième CMPP sont venus conclure un nouveau cycle d'audits ministériels, se traduisant par l'adoption de près de 150 décisions supplémentaires* »[399]. Cependant, le

---

déclinent en programmes qui sont, eux, ministériels. (...) chaque recomposition de l'architecture gouvernementale introduit un problème de cohérence entre les choix politiques et le cadre administratif et budgétaire » (Julien MEIMON, « Introduction », *in* Institut de la gestion publique et du développement économique, *Les réorganisations administratives. Bilan et perspectives en France et en Europe*, *op. cit.*, p. 9)

397 Michel BOUVIER, « La révision générale des politiques publiques et la métamorphose de l'État », *AJDA*, n° 7, février 2008, pp. 329-333.

398 Source : http://www.senat.fr/rap/r10-666-1/r10-666-122.html.

399 Source : Forum de la performance. Disponible sur : http://www.performance-publique.budget.gouv.fr/performance-gestion-publiques/archives-modernisation-etat-

rapport remis au Premier ministre en septembre 2012, réalisé conjointement par l'Inspection générale des Finances, des Affaires sociales et de l'Administration, mettant un terme à la RGPP, est plus sceptique. À sa lecture, il ressort que l'une des causes principales de l'échec de la RGPP est un déficit de coordination. Plus précisément, le document dénonce un manque de concertation et de dialogue entre toutes les administrations lors du processus de préparation des décisions ; une « *démarche verticale et cloisonnée* »[400], organisée en fonction du découpage ministériel classique et non par politiques publiques. « *Ce manque de transversalité* »[401] révélerait une coordination lacunaire entre acteurs de la RGPP que le document propose de pallier en créant « *un nouveau mode de pilotage interministériel* »[402] qui passe par une série de réformes des procédés coordonnateurs mis en œuvre selon une logique de performance en vue, notamment, de « *conforter la coordination interministérielle au plan technique auprès du Secrétariat général du gouvernement* »[403] et de « *maintenir une direction de la modernisation à vocation interministérielle* »[404].

La coordination est donc explicitement mise au cœur de la politique de réforme de l'État dont la réussite repose sur le partage d'une même ligne de conduite et de règles d'organisation par toutes les administrations. La politique de Modernisation de l'Action Publique (MAP), qui se substitue à la RGPP[405] à la fin de l'année 2012, renforce encore plus la corrélation entre coordination et performance : une meilleure coordination permet une meilleure performance de l'État. Ainsi, « *la MAP se distingue de la RGPP par son caractère plus global et sa méthode plus concertée* »[406] et elle assurée par le Secrétariat général pour

---

demarches-anterieures/essentiel/revision-generale-politiques-publiques/revision-generale-politiques-publiques#.V7Gw-aKZGAY.

400 *Ibidem*, p. 14.

401 *Ibid.*, p. 14.

402 *Ibid.*, p. 65.

403 *Ibid.*, p. 66.

404 *Ibid.*, p. 68.

405 « *La MAP se distingue seulement de la RGPP sur la forme en accentuant les questions des ressources humaines et de simplification des relations entre administrations et usagers (…) ; d'autre part, sur le plan juridique par l'annonce de l'élaboration d'un code des relations entre l'administration et les usagers et l'inversion de la règle de la décision implicite de rejet* » (Jean-François BOUDET, « La « grammaire lolftienne », *op. cit.*, note 15, p. 1216).

406 Michel LE CLAINCHE, « La Modernisation de l'action publique (MAP) n'est pas la poursuite de la RGPP », *RFAP*, n°145, 2013/1, p. 203. V. aussi : Jean-Claude

la modernisation de l'action publique (SGMAP) dont l'action coordonnatrice quotidienne est complétée par l'organisation de Comités interministériels pour la modernisation de l'action publique (CIMAP) ayant pour objet d'impulser des mesures visant la performance publique en réunissant tous les acteurs ministériels concernés[407].

§ 2 - Le rôle central du Secrétariat général pour la modernisation de l'action publique

« *Le secrétariat général pour la modernisation de l'action publique (SGMAP) est un service du Premier ministre qui accompagne le Gouvernement dans la mise en œuvre de la réforme de l'État et soutient les administrations dans leurs projets de modernisation. Il encourage les acteurs publics à s'approprier de nouvelles manières de concevoir et mener les politiques publiques. Avec le citoyen au centre de tous ses objectifs et de ses méthodes, le SGMAP œuvre pour une action publique plus performante. Il développe et diffuse le numérique au sein de l'administration pour ajuster les services aux besoins et aux usages des citoyens* ». Telle qu'elle est présentée par le *Portail de la modernisation de l'action publique*[408], la nature de la mission du SGMAP ne fait aucun doute : elle est clairement transversale. C'est précisément pour agir plus efficacement au niveau interministériel que le SGMAP créé par le décret n° 2012-1198 du 30 octobre 2012 a été « *placé sous l'autorité du Premier ministre et rattaché au Secrétariat général du Gouvernement* »[409]. Il se substitue à la Direction générale de la modernisation de l'État (DGME) qui, instituée par le décret n°2005-1792 du 30 décembre 2005[410], était

---

SAVIGNAC, « La modernisation de l'action publique : de la RGPP à la MAP », *Les Cahiers de la fonction publique et de l'administration*, n° 329, janvier-février 2013.

407 L'organisation et la mission du SGMAP et des CIMAP feront l'objet d'une étude plus poussée dans la seconde partie de la thèse.

408 Site officiel de la politique de modernisation de l'action publique. Disponible sur : http://www.modernisation.gouv.fr/le-sgmap/missions/roles-et-missions-du-sgmap.

409 Article 1er, alinéa 1er du décret n° 2012-1198 du 30 octobre 2012 portant création du Secrétariat général pour la modernisation de l'action publique.

410 La DGME regroupait la Délégation à la modernisation de la gestion publique et des structures de l'État (DMGPSE), une Délégation aux usagers et aux simplifications administratives (DUSA) ainsi qu'une Agence pour le développement de l'administration électronique (ADAE) instituées par le décret n° 2003-141 du 21 février 2003 portant création de services interministériels pour la réforme de l'État. L'article 2 du décret n° 2005-1792 du 30 décembre 2005 portant création d'une Direction générale de la modernisation de l'État au ministère du budget, des comptes publics et de la réforme de l'État précisait ses attributions qui pour l'essentiel impliquaient l'exercice d'une fonction de coordination : la DGME a « *pour mission de coordonner, d'aider et d'inciter, au niveau interministériel, les administrations en vue de moderniser les modes de*

placée au sein du ministère du Budget, des Comptes publics et de la Réforme de l'État[411]. Devenue la Direction interministérielle pour la modernisation de l'action publique (DIMAP), elle a été placée sous l'égide du SGMAP, à l'instar de la Direction interministérielle des systèmes d'information et de communication (DISIC)[412] créée par un décret du 21 février 2011. Depuis, pour assurer une meilleure coordination des initiatives mises en œuvre, l'organisation du SGMAP a évolué.

Le décret n° 2015-1165 du 21 septembre 2015, qui abroge le décret du 30 octobre 2012 précité, maintient sa nature de service placé sous l'autorité du Premier ministre et rattaché au Secrétariat général du Gouvernement mais le SGMAP comprend désormais : la direction interministérielle pour l'accompagnement des transformations publiques et la direction interministérielle du numérique et du système d'information et de communication[413]. Le changement de qualification des directions interministérielles qui lui sont rattachées ne modifie pas la nature de sa mission : « *Le secrétariat général pour la modernisation de l'action publique coordonne, favorise et soutient, au niveau interministériel, les travaux conduits par les administrations en vue d'évaluer et de moderniser l'action publique, notamment afin d'améliorer le fonctionnement des services déconcentrés de l'État, le service rendu aux citoyens et aux usagers et de contribuer à la bonne gestion des deniers publics* »[414]. Autrement dit, la fonction principale du SGMAP consiste à améliorer la cohérence de la mise en œuvre de la modernisation de l'action publique (MAP)[415] au sein de tous les ministères. La

fonctionnement et de gestion de l'État pour améliorer le service rendu aux usagers, contribuer à une utilisation plus performante des deniers publics et mobiliser les agents publics. Elle est également chargée de l'animation et de la coordination de l'évaluation des politiques publiques ».

411 Le SAP est quant à lui un service du Premier ministre mais il est mis à disposition de la ministre chargée de la Réforme de l'État, de la décentralisation et de la fonction publique.

412 Une direction dont dépend le « Réseau interministériel de l'État » (RIE), service à compétence nationale.

413 Article 1er, alinéa 2 du décret n° 2015-1165 du 21 septembre 2015 relatif au secrétariat général pour la modernisation de l'action publique.

414 Article 2, I du décret n° 2015-1165 du 21 septembre 2015 relatif au secrétariat général pour la modernisation de l'action publique.

415 La politique de « Modernisation de l'action publique » (MAP) lancée le 18 décembre 2012 a succédé à la politique de « Révision générale des politiques publiques » menée de 2007 à 2012 en poursuivant la même mission : la réforme de l'État. Trois principaux objectifs y sont associés : simplifier l'administration, améliorer l'efficience des politiques publiques et promouvoir de nouvelles méthodes d'action publique.

« Mission Synthèse et soutien » et le « Service coordination » qui comprenait la « Mission coordination et relations avec les ministères » et la « Mission Coordination interministérielle de l'administration déconcentrée de l'État » ont disparu formellement de l'organigramme ; toutefois, incontestablement, le cœur de son action est la coordination qui se décline en plusieurs actions dans des domaines spécialisés mais qui concourent toutes à la modernisation de l'action publique.

Ainsi, la Direction interministérielle pour l'accompagnement des transformations publiques (DIAT) « *coordonne les travaux d'amélioration de l'action des administrations au profit des usagers*[416]. (...) *anime, avec la direction du budget, la direction générale des finances publiques et la direction générale de l'administration et de la fonction publique, chacune pour ce qui la concerne, les travaux de modernisation de la gestion publique*[417] » (article 4, décret du 21 septembre 2015). La Direction interministérielle du numérique et du système d'information et de communication de l'État (DINSIC), quant à elle, « *oriente, anime et coordonne les actions des administrations de l'État visant à améliorer la qualité, l'efficacité, l'efficience et la fiabilité du service rendu par le système d'information et de communication de l'État et ceux des autres autorités administratives* »[418] (article 5, décret du 21 septembre 2015). Chacune de ces directions comprend, à son tour, plusieurs services dont la fonction de coordination est encore plus

Voir : *Le portail de la modernisation de l'action publique*, site Internet entièrement dédié à la MAP (http://www.modernisation.gouv.fr/).

416 « *A cet effet : elle promeut les actions permettant de mieux prendre en compte les attentes des usagers, des agents et des partenaires de l'État, et d'améliorer et d'évaluer la qualité de service ; elle coordonne et accompagne les actions de simplification et d'allégement des formalités administratives ; elle est associée aux travaux menés pour l'amélioration du langage administratif* » (article 4, I).

417Dans le cadre de cette mission : « *Elle assiste les ministères dans l'élaboration et la mise en oeuvre de leur stratégie de modernisation. Elle en suit et en évalue la réalisation. Elle concourt à l'adaptation de l'organisation des administrations de l'État pour tenir compte de l'évolution de leurs missions et de leurs modes de gestion. Elle participe à la conception et à la promotion des nouveaux modes de gestion de l'État et de ses établissements publics. Elle est chargée de l'animation et de la coordination des travaux d'audit et d'évaluation des politiques publiques. Elle réalise, en associant les administrations et corps d'inspection et de contrôle des ministères concernés, les travaux destinés à mesurer l'efficacité et l'efficience de ces politiques en veillant à comparer leurs résultats aux objectifs poursuivis et aux moyens mis en oeuvre et à dégager des voies d'amélioration* » (article 4, II).

418Dans le cadre de cette mission, entre autres : « *Elle promeut l'innovation en matière de technologies de l'information et de la communication Elle contribue, avec les administrations de l'État, à l'ouverture des données publiques. Elle veille à ce que ces systèmes concourent de manière cohérente à simplifier les relations entre les usagers et les administrations de l'État et entre celles-ci et les autres autorités administratives* ».

spécialisée. La DIAT chapeaute le service « stratégies interministérielles de modernisation », le service « appui aux transformations » et la mission « programme de simplification » ; la DINSIC regroupe le service « performance des services numériques », la Mission « Etalab », la mission « incubateur des services numériques » et le « réseau interministériel de l'État ». Enfin, trois services sont directement rattachés au Secrétaire général : les Missions « CAPGouv », « Soutien et ressources » et « Communication ».

L'action conjointe de ces directions et services doit permettre d'assurer au quotidien une cohérence des initiatives relevant de la modernisation de l'action publique qui ont été initiées dans tous les ministères. Par exemple, le SGMAP a accompagné le ministère de l'Enseignement supérieur et de la Recherche dans le lancement, en octobre 2013, de la première plateforme française de cours en ligne (« France Université Numérique »). Son rôle a été déterminant pour faire dialoguer et collaborer tous les acteurs impliqués dans le projet ; une « *méthode agile, une méthode reposant sur le fait de rapprocher les utilisateurs (en l'occurrence les enseignants) et les développeurs, au cours de cycles courts d'itération* »[419]. Pour s'assurer d'une réelle implication et de la prise en considération des enjeux de réforme de l'État par les administrations, l'article 3 du décret du 21 septembre 2015 précité prévoit que « *le Secrétariat général pour la modernisation de l'action publique travaille notamment avec les secrétaires généraux de ministères et les corps d'inspection et de contrôle des ministères* ». L'action coordonnatrice du SGMAP n'a donc pas uniquement une dimension interministérielle ; le Secrétariat veille par ailleurs à une bonne coordination au sein des ministères, notamment grâce à des contacts permanents avec les secrétaires généraux des ministères dont la mission de coordination de la modernisation de l'État, on l'a vu, a sensiblement été renforcée depuis 2014. Afin d'accomplir au mieux sa mission de coordination, le SGMAP est composé environ de 170 agents issus de toutes les administrations ; certains venant du secteur privé.

Enfin, le SGMAP pouvant aussi compter sur un Comité interministériel pour la modernisation de l'action publique (CIMAP) créé

---

419 Source : « France Université Numérique : un accompagnement innovant du SGMAP », *Le Portail de la modernisation de l'action publique*, juin 2014.
Disponible sur :
http://www.modernisation.gouv.fr/les-services-publics-se-simplifient-et-innovent/par-la-co-construction/france-universite-numerique-fun-accompagnement-sgmap-innovant.

par le décret n° 2012-1199 du 30 octobre 2012[420]. Présidé par le Premier ministre et composé de l'ensemble des ministres ainsi que du ministre délégué chargé du budget[421], le Comité devait se réunir en principe tous les trimestres pour fixer les orientations de la politique gouvernementale visant à remplir les objectifs suivants : « *1° Améliorer l'organisation et le fonctionnement des services et des établissements publics de l'État, et veiller à l'articulation de leurs missions avec celles des autres administrations publiques ; à cette fin il décide et coordonne les évaluations de politiques publiques, notamment partenariales ; 2° Améliorer le service rendu par les administrations publiques en prenant mieux en compte les attentes des usagers et partenaires de l'administration, développer la simplification des normes et des procédures et évaluer la qualité du service ; 3° Mieux associer les agents publics à la modernisation de l'action publique et à la qualité du service rendu* »[422]. Le premier CIMAP qui s'est tenu le 18 décembre 2012 a confirmé l'ambition interministérielle de « *rénover le modèle français en alliant cohésion sociale et performance dans le respect des engagements budgétaires du gouvernement* » [423] en privilégiant cinq domaines d'intervention : « simplifier l'action publique » ; « mesurer la qualité du service public » ; « accélérer la transition numérique » ; « évaluer pour moderniser les politiques publiques » ; « intégrer les agences et les opérateurs dans la modernisation de l'action publique »[424]. Il ne s'est

---

420Cet organe de coordination succède au Comité interministériel pour la réforme de l'État (CIRE) créé le décret n°95-1007 du 13 septembre 1995 dans le but de « *fixer les orientations de la politique gouvernementale* » dans les principaux domaines relevant de la politique de modernisation (article 2). Il est le lointain héritier Comité de la réforme administrative institué en février 1946 en vue de réduire les dépenses publiques mais aussi de veiller à une meilleure organisation des services publics. Dont la composition était aussi révélatrice d'une action coordonnatrice qui se voulait la plus large possible, au-delà même du strict cadre administratif : outre le vice-président du Conseil chargé de la Réforme administrative et le Ministre des Finances, le Comité comprend le Président de la Commission des Finances de l'Assemblée Nationale, le Vice-Président du Conseil d'État, le Secrétaire général du Gouvernement, les Directeurs du Budget et de la Fonction publique ainsi que cinq représentants d'organisations syndicales.

421 L'article 2 du décret n° 2012-1199 du 30 octobre 2012 portant création du Comité interministériel pour la modernisation de l'action publique précise : « *Selon les questions inscrites à l'ordre du jour, les autres membres du Gouvernement peuvent être appelés à y siéger. Le ministre chargé de la réforme de l'État en est le rapporteur général. Le secrétariat du comité interministériel est assuré par le secrétaire général pour la modernisation de l'action publique* ».

422Article 1er du décret n° 2012-1199 du 30 octobre 2012 portant création du Comité interministériel pour la modernisation de l'action publique.

423 « Le Comité interministériel pour la modernisation de l'action publique », *Portail de la Fonction publique* : http://www.fonction-publique.gouv.fr/fonction-publique/la-modernisation-de-la-fonction-publique-0.

424 Relevé de décisions du CIMAP réuni le 18 décembre 2012. Disponible sur :

réuni finalement que quatre fois, le dernier s'étant tenu le 18 décembre 2013. Néanmoins, comme le précise le site Internet dédié à la modernisation de l'État : « *De 2012 à 2013, le comité interministériel pour la modernisation de l'action publique* (CIMAP) *était l'instance centralisée de décision et d'arbitrage en matière de modernisation de l'action publique. La mise en œuvre des décisions issues des CIMAP se poursuit. De nouvelles décisions sont prises, notamment en Conseil des ministres* »[425].

---

http://www.modernisation.gouv.fr/fileadmin/Mes_fichiers/pdf/CIMAP_18_12_12/DP-CIMAP_Releve_decisions.pdf.
Pour chacun d'entre-eux, l'ensemble des ministres sont appelés à élaborer des « programmes de modernisation et de simplification » pour la période 2013-2015 en concertation avec « *l'ensemble des partenaires de l'État, notamment les associations représentant les collectivités territoriales et les partenaires sociaux* » ; un processus qui doit aboutir à une coordination de la politique de modernisation au niveau interministériel.

425 Source : http://www.modernisation.gouv.fr/le-sgmap/le-cimap.
Notons notamment parmi les derniers chantiers mis en œuvre dans le cadre de la MAP le lancement en février 2016 d'un « plan d'action publique transparente et collaborative » et la création d'ateliers citoyens pilotée par le SGMAP. Ce dispositif « *permet de recueillir l'avis de Français sur une question qui les concerne directement : question sociétale, sujet polémique ou à fort enjeu, évolution d'une politique publique. (..) il doit être organisé en amont d'une décision, lorsque le choix politique est encore ouvert* ». (http://www.modernisation.gouv.fr/)

CONCLUSION DU TITRE 1

L'administration française est généralement associée à la verticalité. Puisant ses racines dans un modèle napoléonien idéalisé, cette représentation est aujourd'hui encore présente dans de nombreux travaux malgré son caractère mythique. Une relecture de l'histoire du système administratif s'émancipant de ce prisme d'analyse a permis de mettre en lumière l'existence, dès le début du XIXe siècle, d'organes à caractère horizontal agissant sur l'ensemble des services d'un même ministère ou/et sur plusieurs services de ministères différents : placés en dehors de la ligne hiérarchique, leur mission consiste à favoriser les relations entre administrations en vue d'une meilleure intégration administrative. Encore innommée, c'est bien une fonction de coordination qui apparaît visant à améliorer le fonctionnement d'une administration caractérisée par des « dérives bureaucratiques » telles que le cloisonnement ou le dédoublement de services. Le secrétaire général de ministère constitue l'exemple le plus révélateur de ce type d'organes qui, dans le modèle d'administration classique, tient encore un rôle subsidiaire en suppléant les défaillances des modes de cohésion verticaux. Les dispositifs de coordination se développeront sous l'effet de deux principaux facteurs : une fragmentation combinée à une diversification des entités composant l'administration d'une part, une mise en cause du potentiel intégrateur du pouvoir hiérarchique d'autre part. Sensibles dès la fin du XIXe siècle, ces phénomènes se sont accélérés à partir de la seconde moitié du XXe siècle en complexifiant la structure administrative. Dans ce contexte, la coordination est devenue un élément clé des politiques de réorganisation des services qui se sont succédé jusqu'à nos jours afin de préserver une intégration administrative compromise par des tensions centrifuges.

Parallèlement, une logique managériale s'est progressivement implantée dans l'administration française. L'idée d'un « management administratif » est ancienne, comme en témoignent notamment les travaux d'Henri Fayol au début du XXe siècle ; toutefois, la « *nouvelle gestion publique* »[426] ou *New Public Management* ne s'est véritablement affirmée dans l'administration française que depuis une trentaine d'années. À chaque étape de cette évolution matérialisée par la mise en œuvre de politiques visant une optimisation des dépenses publiques et à une

---

426 V. not. Michel MASSENET, *La nouvelle gestion publique : pour un État sans bureaucratie*, Paris, Ed. Hommes et techniques, 1975.

transformation de l'État, la coordination a occupé une place centrale. Citons notamment l'instauration, dans le cadre de la mise en œuvre de la loi organique relative aux lois de finances de 2001, de responsables de programmes dans chaque ministère et de hauts fonctionnaires spécialement chargés de la « fonction financière ministérielle ». Par ailleurs, le secrétaire général de ministère, figure emblématique des politiques de réorganisation administrative, est devenu un acteur majeur de la politique de modernisation de l'État aujourd'hui coordonnée au niveau interministériel par un Secrétariat général pour la modernisation de l'action publique.

L'évolution de la fonction de coordination-intégration est donc indissociablement liée aux transformations connues par l'administration. Le développement de procédés de coordination visant une meilleure rationalisation et performance des services participe plus largement d'un « *processus d'adaptation des cadres axiologiques et pratiques sur lesquels reposaient l'institution administrative* »[427] ; un constat qui se vérifie au niveau central mais également territorial.

427 Jacques CHEVALLIER, « Le regard des sciences sociales », *in* Françoise GALLOUEDEC GENUYS (dir.), *À propos de l'administration française*, Paris, La Documentation française, 1998, p. 184.

TITRE 2

LA COORDINATION GARANTIE D'UNE UNITÉ ADMINISTRATIVE TERRITORIALE

La plupart des auteurs du XIXe siècle présentent la centralisation comme un trait caractéristique de l'administration française légué par l'histoire comme le révèle la lecture des manuels de référence de l'époque qui rivalisent de formules synthétisant cette idée : « *les règles générales qui président à tout le mécanisme administratif, se rattachent au principe de la centralisation* »[428] ; « *chez nous, la Centralisation a résolu le grand problème de l'unité dans le Territoire, la Législation, et le Gouvernement. La Centralisation explique la France administrative* »[429], etc. Depuis le XVIIe siècle et les débuts d'une politique d'élimination des États provinciaux qui disposaient d'une large autonomie accordée par le pouvoir royal, c'est en effet une logique d'intégration et de rationalisation de l'administration territoriale par le biais de techniques centralisatrices qui a dominé. Bien qu'elle se veuille une rupture avec l'Ancien Régime, la Révolution ne met pas fin à cette logique de verticalité qui atteint son apogée avec la loi du 28 pluviôse an VIII (17 février 1800) instituant un préfet conçu comme le relais passif du pouvoir consulaire, puis impérial, dans les territoires. Son action, qui a pour objet de consolider la centralisation, s'inscrit dans un cadre vertical ; toutefois son statut d'unique représentant de l'autorité centrale dans le département le conduit à exercer une fonction de direction des services extérieurs portant en germe une action coordonnatrice qui s'affirmera surtout à partir du décret du 25 mars 1852. Consacrant le principe selon lequel « *on peut gouverner de loin mais on n'administre bien que de près* »[430], ce texte a été interprété

---

428 Alexandre-François VIVIEN, *Études administratives*, *op. cit.*, p.63. Citons encore : « *C'est du centre que part l'impulsion ; c'est au centre que réside le contrôle suprême destiné à maintenir l'unité dans l'application de la législation administrative* » (Léon AUCOC, *Conférences sur l'administration et le droit administratif faites à l'Ecole impériale des Ponts et Chaussées*, T. I, Paris, Dunod, 1869, p. 80) ; la centralisation assure « *la promptitude et la sûreté de l'action administrative, et avec elle l'ordre, la régularité, l'harmonie et l'unité de l'ensemble* » (Louis-Antoine MACAREL, *Cours d'administration et de droit administratif*, Paris, Plon Frères, T. I, 2e éd., 1852, p. 44).

429 Louis-Marie de Lahaye CORMENIN, *op. cit.*, p. 57.

430 Exposé des motifs du décret du 25 mars 1852.

comme l'acte de naissance d'un véritable processus de déconcentration[431] que l'on peut envisager comme « *un moyen efficace de démultiplication de la coordination* »[432].

Progressivement, les attributions du préfet s'étendent et s'émancipent du pouvoir central ; une tendance renforcée par un mouvement décentralisateur naissant, source de complexification de l'administration territoriale qui doit désormais nouer des relations avec des collectivités placées en dehors du cadre hiérarchique. Cette nouvelle configuration renforce les besoins de coordination assurée par le préfet qui, à partir de la seconde moitié du XIXe siècle, n'est plus un agent passif de la centralisation mais une interface indispensable entre les services extérieurs (déconcentrés) et les collectivités décentralisées dans un cadre de « co-administration ». Ainsi, « *tout au long de l'histoire politique et administrative française, l'institution préfectorale s'est maintenue, sachant s'adapter, faisant preuve d'une étonnante capacité d'adaptation et de redéploiement* »[433] d'une mission toujours plus transversale.

---

431 Bien que qualifié de « décret sur la décentralisation administrative ». *A posteriori*, cette qualification n'est pas correcte. Le terme de décentralisation doit ici être entendu comme synonyme de « déconcentration », terme qui n'apparaîtra qu'en 1869 sous la plume de Léon Aucoc.

432 André G. DELION, « Introduction générale », *op. cit.*, p. 20. On se concentrera ici sur la notion de déconcentration administrative et empruntons la définition de l'auteur : « *La déconcentration consiste à déléguer des pouvoirs à des autorités administratives à un niveau local. Quand des administrations locales reçoivent de telles délégations et peuvent ainsi régler ensemble des problèmes d'intérêt local, cela peut favoriser la coordination. En effet, si les problèmes sectoriels locaux remontent dans chacune des administrations centrales, celles-ci souvent trop cloisonnées risquent de faire attendre la solution des problèmes qu'elles jugent parfois mineurs. Si au contraire les administrations locales sont compétentes, elles ont plus de chances de se rencontrer et de s'entendre sur des problèmes concrets proches d'elles et dont les citoyens exigent sur place la solution* » (André G. DELION, « Les problèmes administratifs de la coordination en matière de développement économique et social », *op. cit.*, p. 64).

433 Henri OBERDORFF, Jean-Charles FROMONT, « L'institution préfectorale entre tradition et modernité », *in* Jean-Jacques GLEIZAL, *Le retour des préfets ?*, PUG, 1995, p. 19.

CHAPITRE 1

L'ÉMERGENCE D'UNE FONCTION PRÉFECTORALE DE COORDINATION EN TANT QU'AMÉNAGEMENT D'UNE CENTRALISATION DÉFAILLANTE

C'est « *moins le principe de centralisation qu'il convient de contester que ses formes qu'il est nécessaire de corriger* »[434]. Ce constat de Vivien résume parfaitement la logique qui préside à l'origine à l'instauration de représentants du pouvoir central au niveau local, depuis les intendants de l'Ancien Régime jusqu'aux préfets napoléoniens. Ces derniers deviendront les pivots d'un processus de déconcentration d'abord envisagé comme un aménagement nécessaire d'une centralisation dont le pouvoir intégrateur est parfois défaillant (lenteurs, entraves...), non comme sa mise en cause : « *ce ne serait pas la gêner et la diminuer, que de la déplacer, en l'abaissant* »[435].

SECTION 1 - LA NAISSANCE D'UN PRÉFET SUBORDONNÉ RELAIS DES SERVICES CENTRAUX

Fruit d'une longue tradition centralisatrice, l'organisation administrative du territoire français a longtemps reposé sur une construction de type hiérarchique[436] : chaque service implanté localement relève du pouvoir central représenté par des intendants choisis par le roi sous l'Ancien Régime, puis par des préfets depuis la loi du 28 pluviôse an VIII (17 février 1800).

---

434 Alexandre-François VIVIEN, *Études administratives*, *op. cit.*, p. 61.

435 Louis-Marie de Lahaye CORMENIN, *De la Centralisation*, *op. cit.*, p. 154.

436 Le caractère vertical de l'organisation territoriale est particulièrement accentué en France, le centralisme étant perçu comme un moyen de soumettre les pouvoirs locaux à l'autorité royale sous l'Ancien Régime et comme la garantie du respect du principe d'égalité et de l'intérêt général sur tout le territoire après 1789 qui marque l'apogée de l'hostilité envers les corps intermédiaires (cf. notamment le décret d' « Allarde » des 2 et 17 mars 1791 et loi « Le Chapelier » du 14 juin 1971 qui proscrivent les corporations).

§ 1 - L'ancrage historique de la centralisation

Principe d'organisation qui tend à regrouper les moyens d'impulsion au niveau central, la centralisation est pensée comme la « *pierre angulaire de tout l'édifice, héritage de l'Ancien Régime* »[437]. Elle tend alors à asseoir le pouvoir du roi face aux grands seigneurs et aux autonomies municipales qui se développent : « *le roi exproprie les féodalités privées et récupère l'intégralité des prérogatives régaliennes : le pouvoir administratif morcelé, fractionné, parcellisé dans le cadre du féodalisme est ramené à l'unité et concentré entre les mains du monarque* »[438]. La conception absolutiste du pouvoir se manifeste localement dès le XVIIe siècle avec la suppression ou la reprise en main des administrations indépendantes des États provinciaux au moyen de l'installation d'intendants qui se substituent aux commissaires de provinces (créés au XVe siècle) en tant que délégués du pouvoir royal dans les territoires[439], mais aussi à travers l'unification de l'administration des villes dont les assemblées (« Corps de la ville ») sont présidées par un « juge royal », ou encore par le biais de la transformation de la charge de maire en office vénal dont la délivrance dépend du bon vouloir du roi (édit de 1662).

Ce « verrouillage » royal des administrations locales est conçu comme le procédé d'intégration territoriale le plus pertinent dans « *un si vaste royaume, la diversité des sols, des caractères et des habitudes, devait apporter des obstacles à l'exécution* »[440]. La période révolutionnaire n'a pas contredit ce postulat, bien au contraire. L'idée d'une expérience décentralisatrice est vite délaissée au profit d'une réaffirmation du principe centralisateur sur de nouveaux fondements : il ne s'agit plus de garantir un exercice uniforme du pouvoir royal sur tout le territoire mais l'égalité de tous les citoyens devant la loi et la satisfaction de l'intérêt général dont seul le pouvoir central est considéré

---

437 Pierre LEGENDRE, *Trésor historique de l'État en France. L'Administration classique*, *op. cit.*, p .62.

438 Jacques CHEVALLIER, Danièle LOCHAK, *La science administrative*, Paris, PUF, coll. « Que sais-je ? », 1980, p. 72.

439 Instruments de la centralisation, leurs missions n'étaient que temporaires à l'instar de celles des premiers intendants au début du XVIIe siècle. Leur mission devient permanente en 1635.

440 Arrêt du Conseil d'État du Roi, portant établissement d'une administration provinciale dans le Berri, 12 juillet 1778.

comme le garant[441]. Sous l'influence des Jacobins, la loi consacre juridiquement le département (loi du 22 décembre 1789) et la commune (loi du 14 décembre 1789) mais en tant que circonscriptions administratives conçues sur un mode identique dans tout le pays. La centralisation est perçue comme un moyen d'éviter l'hétérogénéité qui caractérisait l'ancienne organisation territoriale : « *la suppression de la diversité provinciale doit conduire à briser les patries locales qui, fondées sur l'histoire et les mœurs, sont irrationnelles, à supprimer l'amour du clocher, pour créer un amour unique de la grande patrie. Il y a donc dans cette organisation une volonté caractérisée d'unification abstraite* »[442] ; volonté qui se manifeste explicitement sous le Directoire[443], la Convention[444] et le régime de la Terreur[445] qui mettent en place des administrations territoriales dépendantes du centre. Puis, le

---

441 Après 1789, « *le pouvoir central a seul été chargé directement du soin des intérêts généraux* » (Léon AUCOC, *Conférences sur l'administration et le droit administratif faites à l'Ecole impériale des Ponts et Chaussées*, *op. cit.*, p. 81). C'est sur ce même fondement que les corps intermédiaires sont écartés par la Loi Le Chapelier du 14 juin 1791).

442 Jacques ELLUL, *Histoire des institutions. IXe siècle*, Paris, PUF, 1962, éd. 1999.

443 Durant le Directoire, le Roi est représenté dans les départements par un syndic élu pour quatre ans responsable de l'exécution des lois sur le territoire avec conseil général qui désignait un Directoire de départements, organe à caractère uniquement administratif. Le Roi pouvait annuler les actes des Conseils estimés contraires aux lois et disposait d'un pouvoir semblable au niveau des districts et cantons dont les administrations étaient subordonnées aux administrations départementales qui pouvaient annuler leurs décisions et suspendre leurs membres.
Source : Jacques ELLUL, *Histoire des institutions. IXe siècle*, Paris, PUF, 1962, éd. 1999.

444 On assiste lors de la Convention à un renforcement de la centralisation avec l'envoi de représentants en mission pour lutter contre les résistances locales et la nomination de Directoires de département et la mise en place de municipalités en principe élus mais souvent des représentants du pouvoir central nommaient des administrateurs jacobins. Tous les Directoires et municipalités étaient directement placés sous la direction du Comité de Salut Public et ne devaient se charger que des questions que la loi leur attribuait. Le décret du 14 Frimaire An II (4 décembre 1793) décide le remplacement des procureurs locaux par des « agents nationaux » dépendant du Comité de Salut Public qui adressaient un rapport tous les dix jours au Comité de Salut Public. Le pouvoir des départements a été diminué avec la suppression des Conseils généraux et le Directoire départemental avait des attributions limitées, comme la répartition des contributions, la gestion des routes, canaux, manufactures et domaines nationaux.
Source : *Ibidem.*

445 Sous la Terreur, les Conseils généraux ne sont pas rétablis et les membres des Directoires sont toujours désignés par la Convention thermidorienne. Le Directoire départemental doit surveiller les administrations inférieures et adresser un rapport tous les dix jours au Comité de Législation. Dans les communes, les agents nationaux sont remplacés par les anciens syndics agents du pouvoir central.
Source : *Ibid.*

Consulat marque un tournant majeur en institutionnalisant durablement la centralisation relayée par des préfets conçus pour être une « *courroie de transmission de l'autorité centrale* »[446]. Créé par la loi du 28 pluviôse an VIII, ils doivent être les garants de l'unité et de la cohésion territoriale de l'État.

§ 2 - L'encadrement hiérarchique de l'action préfectorale

« *Si la centralisation n'eut pas existé, Napoléon l'eût inventée* »[447]. À tout le moins put-il la renforcer avec l'instauration de préfets avant tout considérés comme des moyens d'assurer la présence de l'État central sur tout le territoire afin de niveler les derniers particularismes. Choisi *intuitu personae* et révoqué par le premier consul (article 41, Titre IV, Constitution du 22 Frimaire An VIII)[448], le préfet est parfois présenté comme l'héritier de l'intendant de l'Ancien Régime mais il dispose en réalité d'une moindre marge de manœuvre[449]. Comme le résume le conseiller d'État Chaptal à l'occasion des débats devant le Corps législatif précédant le vote de la loi de pluviôse an VIII, « *le préfet ne discute point les actes qu'on lui transmet ; il les applique, il en assure et surveille l'exécution* »[450]. C'est la même idée de subordination qui ressort de la circulaire du ministre de l'Intérieur Lucien Bonaparte édictée quelques mois

---

446 Francis CHAUVIN, « L'exercice de l'autorité au sein de l'État : le préfet et ses collaborateurs », *in* CURAPP, *La loi du 28 pluviôse an VII*, Paris, PUF, 2000, p. 147. (*Le Moniteur Universel*, 6 ventôse an VIII, p. 624).

447 Louis-Marie de Lahaye CORMENIN, *De la Centralisation*, *op. cit.*, p. 23.

448 Article 41, Constitution de l'An VIII : « *Le Premier consul promulgue les lois ; il nomme et révoque à volonté les membres du Conseil d'État, les ministres, les ambassadeurs et autres agents extérieurs en chef, les officiers de l'armée de terre et de mer, les membres des administrations locales et les commissaires du gouvernement près les tribunaux. Il nomme tous les juges criminels et civils autres que les juges de paix et les juges de cassation, sans pouvoir les révoquer* ». Autre indice d'un encadrement important de l'administration locale par le pouvoir central, l'article 59 de la Constitution de l'An VIII : « *Les administrations locales établies soit pour chaque arrondissement communal, soit pour des portions plus étendues du territoire, sont subordonnées aux ministres* ».
Source : Site du Conseil constitutionnel.
Disponible sur : http://www.conseil-constitutionnel.fr/conseil-constitutionnel/francais/la-constitution/les-constitutions de-la-france/constitution-du-22-frimaire-an-viii.5087.html.

449 V. sur cette question : Catherine LECOMTE, « De l'intendant au préfet : rupture ou continuité ? », *in* CURAPP, *La loi du 28 pluviôse an VIII deux cents ans après : survivance ou pérennité ?*, PUF, 2000, p. 11-26.

450 Corps législatif, Séance du 28 pluviôse an VIII, Présidence du Citoyen Grégoire, *Archives parlementaires*, IIe Série (1800-1860), p. 230.

seulement après le vote de la loi. Le texte précise, en effet, que « *les préfets n'ont le droit de proclamer ni leur propre volonté ni leurs opinions* »[451] ; autrement dit, ils ne doivent en principe être que des relais passifs du pouvoir central dans les services extérieurs placés sous leur autorité. L'étymologie même du terme suggère la verticalité : « préfet » vient du latin *praefectus* qui signifie « mis à la tête »[452]. Le vocable traduit donc une double sujétion : des préfets à l'égard de l'administration centrale (« mis ») et des services territoriaux à l'égard des préfets (« à la tête de ») qui sont secondés par des collaborateurs et des sous-préfets[453] relayant à leur tour les orientations préfectorales au niveau des arrondissements[454].

La loi du 28 pluviôse an VIII donne finalement peu d'indications quant au contenu de la mission du préfet : l'article 3 se contente d'indiquer, avec une formule aussi laconique qu'imprécise, que « *le préfet sera seul chargé de l'administration* ». Pour se faire une idée plus précise de sa nature et de son étendue, un détour par les commentaires du texte proposés par la doctrine administrativiste de l'époque est indispensable. Gérando explique ainsi que « *le préfet est, sous les ordres de tous les ministres, l'agent chargé de l'administration locale dans le département* »[455]. Dans le même esprit, bien que dans un contexte politique différent, Aucoc note que « *le préfet est dans le département le représentant de l'Empereur ; par conséquent il est le chef de tous les services publics, à l'exception de ceux qui ont été expressément mis en dehors de ses attributions, et il correspond avec tous les ministres, chacun pour le service qu'il dirige* »[456]. Citons encore Batbie qui relève à propos des préfets : « *quoiqu'ils dépendent, au point de vue des questions de personnel, du ministère de l'Intérieur, ils correspondent*

---

451 Circulaire du 24 germinal an VIII.

452 Origine étymologique rappelée par René Chapus, *in Droit administratif général. Tome 1*, Paris, Montchrestien, coll. « Domat Droit public », 2001, p. 235.

453 Le Préfet est aussi assisté par deux Conseils : le Conseil de préfecture et le Conseil général. Le premier est une juridiction administrative composée de conseillers nommés par le chef d'État et présidée par le Préfet. Le second a surtout une fonction financière, ses membres sont choisis par le Premier Consul sur une liste de notables locaux. En l'an VIII, une nouvelle circonscription administrative a été créée : l'arrondissement, intermédiaire entre le département et la commune avec des attributions très limitées qui consistent avant tout en l'exécution des décisions du préfet.

454 Autre preuve de l'encadrement du centre, les sous-préfets sont nommés et révoqués par le chef de l'État et sont assistés par des Conseils d'arrondissement formés selon les mêmes règles que celles relatives aux Conseils généraux.

455 Joseph-Marie de GERANDO, *Institutes du droit administratif français*, Paris, Librairie de la Cour de Cassation, 1829, p. 137.

456 Léon AUCOC, *Conférences sur l'administration et le droit administratif faites à l'Ecole impériale des Ponts et Chaussées*, *op.cit.*, p. 138-139.

directement avec chaque ministre pour les affaires ressortissant à son département ministériel »[457]. Cependant, c'est probablement à Théophile Ducrocq que l'on doit la définition de la fonction préfectorale la plus précise : « *le préfet (...) relève plus particulièrement du ministre de l'Intérieur, dans les attributions duquel se trouvent le personnel des préfectures et sous-préfectures et toute l'administration départementale et communale ; néanmoins le préfet correspond directement avec tous les ministres pour les affaires ressortissant à chaque ministère. Ses fonctions s'étendent à tous les services administratifs proprement dits, ce qui fait de lui, sous l'autorité des ministres, le représentant direct du pouvoir exécutif dans le département* »[458].

Ces analyses sont intéressantes dans la mesure où plutôt que de mettre l'accent sur le caractère subordonné des attributions du préfet, elles insistent sur la nature transversale de sa mission. En tant qu'unique représentant direct de tous les ministres dans le département, son champ d'action est plus large que celui confié aux intendants de l'Ancien Régime nommés par le roi qui étaient en charge des seules questions de justice, de police et de finances dans la généralité. Cette action s'écarte de la logique verticale habituelle de l'administration : déjà les préfets « *font figure moins de maîtres impérieux que de coordinateurs* » [459] dont la mission requiert une action emprunte d'horizontalité. Les linéaments de la fonction coordonnatrice du préfet sont ici posés bien qu'elle ne soit encore qu'embryonnaire. Elle se développera tout au long du XIXe siècle sous l'effet de trois principaux facteurs : l'augmentation des défaillances de la centralisation [460], l'élargissement des attributions accordées aux préfets et, enfin, les débuts d'un mouvement décentralisateur. Lentement, l'organisation territoriale verticale héritée du schéma napoléonien évolue d'une logique de « *subordination totale du pôle périphérique au pôle central, qui dispose seul du pouvoir d'impulsion et peut imposer ses vues grâce à une emprise directe sur ses membres* »[461] vers une relation moins unilatérale. Le préfet reste le représentant subordonné du pouvoir central chargé de transmettre ses ordres à l'échelon local mais il gagne peu à peu en autonomie.

---

457 Anselme BATBIE, *Précis du cours de droit public et administratif*, *op. cit.*, p. 63.

458 Théophile DUCROCQ, *Cours de droit administratif*, Paris, Ernest Thorin, 4e éd., 1874, p. 78.

459 François BURDEAU, *Histoire de l'administration française. Du 18e au 20e siècle*, *op. cit.*, p. 30.

460 Au milieu du XIXe siècle, Vivien note par exemple que « *l'absence de toute centralisation conduit à l'anarchie ; (...) poussées à l'extrême, la centralisation enfante la servitude* » (Alexandre-François VIVIEN, *Études administratives*, *op. cit.*, p. 39). De même, bien que fervent partisan de la centralisation, Cormenin concède que « poussée *à l'excès* (elle) *ne serait pas sans dangers* » (Louis-Marie de Lahaye CORMENIN, *De la Centralisation*, *op. cit.*, p. 71).

461 *Ibidem*, p. 163.

SECTION 2 - L'AUTONOMISATION ET L'EXTENSION DES POUVOIRS DU PRÉFET

L'idée toujours dominante au XIXe siècle en matière d'administration locale peut se résumer en empruntant la célèbre formule de Maurice Hauriou : l'échelon local n'est qu'« *une manière d'être de l'État* »[462]. Cependant, à partir des décrets du 25 mars 1852[463], traditionnellement considérés comme constituant l'acte de naissance de la déconcentration[464], le préfet gagne en autonomie vis-à-vis du pouvoir central. Par ailleurs, sa mission s'enrichit avec la loi loi départementale du 10 août 1871 et la loi municipale du 5 avril 1884 [465] marquant les débuts d'une logique relationnelle horizontalisée entre les services extérieurs et les collectivités territoriales[466]. À l'aube de la IIIe République, le préfet est reconnu

---

462 L'auteur poursuit : « *...caractérisée par le fait que l'État se résout en un certain nombre de personnes administratives qui ont la jouissance de droits de puissance publique et qui assurent le fonctionnement de services publics en exerçant ces droits, c'est-à-dire en faisant des actes d'administration* ». Pourtant l'auteur faisait référence à la décentralisation ce qui traduit la présence encore très forte d'une approche centralisée des territoires que l'on retrouve chez beaucoup d'auteurs de l'époque. V. Maurice HAURIOU, article « Décentralisation », *Répertoire Béquet*, 1891, p. 482.

463 Commentant ce texte, Emile-Victor FOUCART précise : « *le décret n'exige plus l'intervention du ministre de l'intérieur que pour les affaires départementales et communales qui affectent directement l'intérêt général de l'État, telles que l'approbation des budgets départementaux, les impositions extraordinaires, les délimitations territoriales. Il donne aux préfets le droit de statuer sur toutes les autres affaires départementales et communales, qui jusqu'alors exigeait la décision du chef de l'État ou du ministre de l'intérieur, et sur un certain nombre d'affaires d'un intérêt général* » (*in Eléments de droit public et administratif*, Tome 1, Paris, Libraires-Editeurs, 4e éd., 1855, p. 190).

464 En dépit de son intitulé dont l'inadéquation a été relevée par Maurice Hauriou : décret « *sur la décentralisation administrative* ».

465 La loi départementale du 10 août 1871 pose le principe de l'élection des conseillers généraux au suffrage universel en reconnaissant des attributions propres au Conseil général (travaux publics, instruction publique, tribunaux, police, hôpitaux, hospices) tandis que la loi municipale du 5 avril 1884 consacre le conseil municipal comme organe délibérant de la commune élu au suffrage universel et chargé d'élire un maire (sauf à Paris) responsable de l'application des délibérations portant sur « les affaires de la commune » tout en gardant son statut de représentant de l'État. Sous le premier Empire, les communes étaient composées d'un maire (candidat proposé par le Préfet et nommé pour cinq ans par le Premier consul qui pouvait les destituer) et d'un conseil municipal dont les conseillers étaient choisis par le préfet.

466 Avant les lois de 1871 et 1884, deux autres lois ont été fondatrices de la décentralisation qui s'est développée surtout à partir de la fin du XIXe siècle : la loi du 18 juillet 1837 qui accorde la personnalité juridique à la commune dont le maire est à la fois représentant de l'État et exécutif local, et la loi du 10 mai 1838 qui la reconnaît implicitement au profit des départements (capacité d'ester en justice, droit de propriété).

comme un pivot de l'administration chargé de « *stimuler les efforts, les coordonner* »[467] ; une fonction qui ne cessera de s'approfondir jusqu'à la consécration d'un pouvoir d'animation par deux décrets de 1964 ; puis de direction avec la réforme constitutionnelle de 1982.

§ 1 - L'augmentation des attributions déléguées par le pouvoir central

Comme le souligne Jean-Marie Pontier, ce qui caractérise le plus les préfets est « *leur permanence dans le temps allant de pair avec le renouvellement de leurs missions* »[468] qui a toujours tendu vers un renforcement de leur rôle coordonnateur. À partir de la seconde moitié du XIXe siècle, le mouvement de déconcentration s'accélère. Conformément à la formule restée célèbre contenue dans l'exposé de ses motifs - « *on peut gouverner de loin mais on n'administre bien que de près* »[469] -, le décret du 25 mars 1852 confie au préfet des attributions qui relevaient auparavant du chef de l'État ou des ministres. Il peut ainsi directement nommer des agents à des fonctions ou emplois nécessaires au fonctionnement des services publics implantés au niveau local sans qu'il soit nécessaire d'obtenir l'aval du pouvoir central[470]. Puis, le décret du 13 avril 1861 transfère au préfet plus d'une centaine de questions qui relevaient auparavant du niveau central et nécessitaient une décision ministérielle. Son champ d'attributions s'étend encore avec le décret-loi du 5 novembre 1926 : désormais, les préfets « *gardent une vocation générale à bénéficier des transferts de compétences en provenance de*

467 Propos attribués à Léon Gambetta en 1870 ; cité par François BURDEAU, *Histoire de l'administration française. Du 18e au 20e siècle*, *op. cit.*, p. 217.

468 Jean-Marie PONTIER, « Le nouveau préfet », *AJDA*, 26 avril 2010, p. 819.

469 On trouve dans l'exposé des motifs de ce texte la célèbre formule «« *on peut gouverner de loin mais on n'administre bien que de près* » qui décrit une situation de déconcentration, c'est-à-dire de création de services extérieurs (déconcentrés) qui peuvent être définis comme des circonscriptions administratives dépourvues de personnalité juridique et soumises au contrôle hiérarchique du pouvoir central qui l'implante au niveau local pour y relayer son action. Il est intéressant de noter que qualifié de « décret sur la décentralisation administrative », ce texte traite en réalité de la déconcentration, indice de la confusion entre les deux mouvements que Maurice Hauriou a bien saisi : les échelons locaux ne sont encore vus que comme l'échelon local n'est encore vu que comme « *une manière d'être de l'État* ». Toutefois, il convient d'éviter tout anachronisme, le terme de déconcentration n'apparaîtra qu'en 1869 sous la plume de Léon Aucoc.

470 On peut égaler citer plusieurs décrets de 1926 qui transfèrent d'autres attributions des ministres aux préfets.

l'échelon central en qualité de représentants du pouvoir exécutif »[471] à l'égard duquel ils se trouvent toujours dans une relation de subordination qui va néanmoins peu à peu se distendre. Progressivement, la fonction coordonnatrice des préfets se précise avec l'édiction de plusieurs textes qui vont notamment leur accorder le pouvoir de directement nommer des agents à des fonctions ou emplois nécessaires au fonctionnement des services publics implantés au niveau local sans qu'il soit nécessaire d'obtenir l'aval du pouvoir central[472]. La verticalité s'amenuise dans les relations entre les administrations centrales et les préfets mais aussi entre les préfets et les services extérieurs. Le pouvoir préfectoral exercé sur ces derniers n'est plus unilatéral et rigide, comme en témoigne une circulaire du ministre de l'Intérieur datée de février 1920[473] : « *vous aurez à cœur de simplifier, d'assouplir, d'accélérer le jeu des rouages administratifs.* (...) *Dans les conjonctures actuelles, administrer ce n'est pas seulement faire régner l'ordre dans les finances, dans les esprits et aussi dans la rue : c'est stimuler, c'est coordonner les initiatives de tous. Vous entrerez donc en contact, de votre personne, avec tout ce que votre département contient de forces agissantes et d'organisations saines et vivaces* (...) (qui) *trouveront en vous, non pas un tuteur discret, mais un guide éclairé d'autant plus aisément écouté et suivi qu'il apparaîtra désintéressé* »[474].

La fonction de coordination du préfet change de dimension : il n'est plus un simple relais de l'autorité centrale qui, dans la « *chaîne d'exécution* (qui) *descend sans interruption du ministère à l'administré, transmet la loi et les ordres au gouvernement jusqu'aux dernières ramifications de l'ordre social avec la rapidité du fluide électrique* »[475] ; il devient un rouage actif garant d'un dialogue entre les services centraux et les services extérieurs. Son action vise à permettre une cohésion générale qui ne peut plus désormais être seulement assurée par le lien hiérarchique et une logique de centralisation qui connaissent des défaillances. Ainsi, comme

---

471 Francis CHAUVIN, « L'exercice de l'autorité au sein de l'Etat : le préfet et ses collaborateurs », *op. cit.*, p. 149. Il serait plus juste de parler de « délégation » plutôt que de « transfert ».

472 V. plusieurs décrets de 1926 qui transfèrent d'autres attributions des ministres aux préfets.

473 Circulaire de Théodore Steeg, ministre de l'Intérieur du 20 janvier 1920 au 16 janvier 1921.

474 Source : Site Internet du Ministère de l'Intérieur, « Histoire des préfets ». Disponible sur : http://www.interieur.gouv.fr/Le-ministere/Histoire/Histoire-des-prefets.

475 *Le Moniteur Universel*, 6 ventôse an VIII, p.624 ; cité par Francis CHAUVIN, *op. cit.*, p. 147.

l'explique Pierre Legendre, désormais « *l'autorité du préfet joue à double sens : d'une part, en effet, le préfet occupe la position de représentant de l'État ; mais d'autre part, sa situation même fait de lui un correcteur ; en d'autres termes, par le préfet la centralisation s'autocontrôle, ne dépasse pas certains seuils dans l'absolutisme administratif* »[476]. Les limites de l'intégration territoriale verticale encouragent encore un nouvel approfondissement de la déconcentration[477] sous la IIIe et la IVe République qui va se combiner avec un mouvement décentralisateur.

§ 2 - Une expansion de l'action du préfet dans le cadre d'un système de « co-administration »

Dès la fin du XIXe siècle, l'exercice de la fonction préfectorale implique de développer des relations avec les collectivités décentralisées en dehors du cadre hiérarchique. L'action du préfet devient alors plus horizontale et informelle, comme le décrit Jacques Chevallier : « (...) *l'idée d'autorité exclusive et sans partage du préfet, tout aussi illusoire comme l'avait montré sous l'Ancien Régime l'exemple des intendants, sera nuancée par l'établissement de relations d'interdépendance avec les notables locaux : très tôt les préfets rechercheront les bonnes grâces des notables ; et les conseils généraux, censés représenter les intérêts de la circonscription, serviront de médiateurs vis-à-vis de la société locale. On voit ainsi s'esquisser le système d'interdépendance entre le préfet et "ses" notables, qui sera au cœur du modèle républicain d'administration* »[478].

Ce système s'épanouit pleinement à partir des lois du 10 août 1871 et du 5 avril 1884 qui renforcent le processus de décentralisation en reconnaissant respectivement le principe de l'élection des conseillers généraux et des conseillers municipaux. Le territoire devient un lieu d'interrelations permanentes caractérisées par l'enchevêtrement, au sein d'un même espace géographique, des logiques de déconcentration et de décentralisation qui, loin d'être contradictoires, n'ont cessé de se développer conjointement depuis lors. Le rôle du préfet s'en trouve transformé. Il dispose d'un pouvoir hiérarchique à l'égard des agents qui lui sont subordonnés dans les préfectures et d'un pouvoir de tutelle *a*

476 Pierre LEGENDRE, *Trésor historique de l'État en France*, *op. cit.*, p. 141.

477 C'est par exemple la position de Paul Deschanel qui explique en des termes explicites : « *Il y a un certain nombre d'affaires qui se traitent à Paris et qui pourraient être mieux réglées sur place, soit par le préfet seul, soit par le préfet assisté de la commission départementale.* (...) *C'est là un premier remède à la lenteur des bureaux et à l'abus de paperasserie* ». (Paul DESCHANEL, *La décentralisation*, 1895, p. 69).

478 Jacques CHEVALLIER, « Synthèse », *in* CURAPP, *La loi du 28 pluviôse an VIII deux cents ans après : survivance ou pérennité ?*, PUF, 2000, p. 271.

priori sur les actes des communes et du département (à partir d'un décret-loi du 5 novembre 1926). Il est toujours le chef de l'exécutif départemental mais il perd ce titre dans la commune au bénéfice du maire élu par le conseil municipal. Ce double rôle du préfet est d'ailleurs explicitement indiqué à l'article 3 de la loi du 10 août 1871 : « *Le préfet est le représentant du pouvoir exécutif dans le département* (alinéa 1er). *Il est, en outre, chargé de l'instruction préalable des affaires qui intéressent le département, ainsi que de l'exécution des décisions du Conseil général et de la commission départementale, conformément aux dispositions de la présente loi* (alinéa 2) ».

Pour décrire cette situation complexe, Maurice Hauriou forge le terme de « coadministration », une configuration qu'il décrit de la manière suivante : « *il ne faut pas se dissimuler que depuis la décentralisation administrative l'exécution des services publics est devenue le résultat d'une coadministration, c'est-à-dire que beaucoup de services sont organisés de compte à demi entre l'État et le département, l'État et la commune, le département et la commune ou même la participation des trois administrations.* (...) *il se produit entre administrations des pourparlers et des tractations qui aboutissent à des accords* » [479]. Ces accords, représentatifs de relations de nature horizontale, témoignent d'une coordination qui se distingue du pouvoir de tutelle classique. Le préfet n'applique donc plus mécaniquement les mesures prises par le pouvoir central au niveau territorial et doit prendre en considération les intérêts locaux portés par les élus locaux. La notion de coadministration est toujours aussi pertinente pour décrire le contexte territorial de l'exercice des pouvoirs préfectoraux. En effet, depuis la fin du XIXe siècle, le développement parallèle de la déconcentration et de la décentralisation a eu pour résultat un renforcement constant du rôle du préfet pour répondre aux besoins croissants de coordination non seulement entre services centraux et services déconcentrés, entre services déconcentrés, mais aussi entre services déconcentrés et collectivités territoriales.

---

479 Maurice HAURIOU, *Précis de droit administratif et de droit public général*, *op. cit.*, p. 790.

CHAPITRE 2

LA CONSÉCRATION DE LA COORDINATION EN TANT QU'ÉLÉMENT CLÉ DE L'ADMINISTRATION TERRITORIALE

Comme a pu l'expliquer André G. Delion, « *pour éviter la congestion des échelons de coordination, il faut rechercher tous les moyens de démultiplier la coordination, c'est-à-dire toutes les mesures de déconcentration* » [480] . Cette association entre coordination et déconcentration se retrouve dans tous les textes juridiques relatifs à l'administration territoriale qui ont été adoptés ces dernières décennies. La déconcentration a pour principal objectif d'éviter un encombrement des services centraux mais, plus elle s'est intensifiée, plus ce risque s'est déplacé au niveau local. On a pu ainsi constater « *une prolifération des services extérieurs entraînant un enchevêtrement géographique inextricable* »[481] doublée d'un cloisonnement de ces derniers. Distants de quelques mètres, les services peuvent s'ignorer parce qu'ils dépendent d'un ministère différent. Cette configuration a modifié le rôle du préfet : « *quand les gouvernements se sont étoffés, quand la structure des services centraux s'est alourdie et capillarisée, il en a subi le contrecoup en devenant lui-même le représentant d'une autorité centrale éclatée* »[482]. Pour répondre aux besoins croissants de cohésion de l'administration territoriale qui se sont intensifiés sous les IIIe et IVe Républiques, les pouvoirs du préfet ont été consolidés à l'égard des services extérieurs mais aussi dans ses relations avec les collectivités locales.

SECTION 1 - L'APPROFONDISSEMENT DE LA COORDINATION PRÉFECTORALE

La déconcentration pose un dilemme : « *d'un côté, chaque administration centrale veut des relais efficaces, découpés géographiquement en fonction de nécessités administratives jugées*

480 André G. DELION, « Introduction générale », *in La coordination en matière économique et sociale*, *op. cit.*, p. 20.

481 Jean-Louis QUERMONNE, *L'appareil administratif de l'État*, *op. cit.*, p. 119.

482 Francis CHAUVIN, *op. cit.*, p. 146.

incontournables, de l'autre il fait administrer le territoire dans toutes ses facettes, donc avec un minimum de coordination, d'harmonie et d'interministérialité »[483]. Le développement des pouvoirs du préfet permet de le résoudre. Depuis les décrets de 1964, ils sont devenus les pivots de la déconcentration, une condition de son effectivité, en assurant le décloisonnement des services centraux et en évitant un éclatement des appareils administratifs. Pour remplir cette mission, ils peuvent compter sur des « auxiliaires de coordination » que sont les sous-préfets et les secrétaires généraux de préfecture au niveau départemental et le Secrétaire général des affaires régionales ainsi que le Comité de l'administration régionale dans la région.

§ 1 - L'extension continue du pouvoir de coordination du préfet

Aujourd'hui encore, le statut du préfet, qui déroge au statut général de la fonction publique, n'est pas exempt de toute relation de dépendance à l'égard du pouvoir central[484]. « Délégué du Gouvernement » (article 72, alinéa 3 C), il est nommé et relevé de ses fonctions par décret du Président de la République sur proposition du Premier ministre et du ministre de l'Intérieur (article 13, alinéa 3 C). Toutefois, depuis une cinquantaine d'années, les responsabilités du préfet se sont étendues ; une évolution associée à la reconnaissance puis l'approfondissement d'un pouvoir de coordination des services extérieurs/déconcentrés avec les services centraux mais également avec les collectivités locales. Le préfet coordonnateur est ainsi devenu une figure centrale de l'« État territorial », garant de l'unité administrative d'une République déconcentrée et décentralisée mais qui doit rester une et indivisible (article 1er C).

---

483 Henri OBERDORFF, Nicolas KADA, *Institutions administratives*, Paris, Sirey, coll. « Sirey Université », 7e éd., 2013, p. 165.

484 « *Le statut des préfets est plus marqué par des obligations que par des droits, compte tenu des exigences de loyalisme envers le gouvernement qu'il sert. Un manque de loyauté peut avoir des conséquences négatives sur la carrière. Les garanties dont ils disposent sont plus faibles que pour les autres fonctionnaires.* (...) *Les mutations sont opérées discrétionnairement comme les avancements. Les sanctions disciplinaires sont prononcées sans recours à des instances disciplinaires, après simple communication du dossier. Le dossier administratif des préfets peut comporter mention des opinions politiques, ce que ne permet pas le statut général de la fonction publique. Les préfets n'ont ni le droit syndical, ni le droit de grève* », *Ibidem*, p. 153.

A. La coordination au cœur du pouvoir préfectoral d'animation des services extérieurs

Deux décrets parus le 14 mars 1964 ont procédé à un renforcement majeur de la fonction de coordination préfectorale : le décret n° 64-250 relatif aux pouvoirs des préfets, à l'organisation des services de l'État dans les départements et à la déconcentration administrative et le décret n° 64-251 relatif à l'organisation des services de l'État dans les circonscriptions d'action régionale. Aux termes du premier, les préfets sont reconnus comme les dépositaires exclusifs de l'autorité de l'État et les représentants directs de l'ensemble des ministres dans le département : « *sous l'autorité des ministres compétents, le préfet anime et coordonne les services départementaux des administrations civiles de l'État, et assure la direction générale de l'activité des fonctionnaires de ces services* »[485]. Le second précise la mission du « *préfet coordonnateur institué au chef-lieu de chaque circonscription d'action régionale* »[486] institué en 1959[487] en le chargeant de mettre en œuvre la politique du gouvernement en matière de développement économique et d'aménagement du territoire dans sa circonscription, une action transversale : « *dans ce domaine, il anime et contrôle l'activité des préfets des départements*

---

485 Article 2 du décret n° 64-250 du 14 mars 1964 relatif aux pouvoirs des préfets, à l'organisation des services de l'État dans les départements et à la déconcentration administrative.

486 Article 1er du décret n° 64-251 du 14 mars 1964 relatif à l'organisation des services de l'État dans les circonscriptions d'action régionale.

487 « *En 1954, les comités régionaux d'expansion, d'initiative privée, sont officiellement agréés. Puis un décret du 30 juin 1955 crée vingt et une régions économiques de programme et un autre, du 7 janvier 1959, les transforme en circonscriptions d'action régionale, cadre obligatoire et unique de l'action décentralisée. Dans chacune d'elles, une conférence interdépartementale réunit les préfets, sous la présidence de l'un d'eux, appelé coordonnateur, pour émettre un avis sur la préparation des plans régionaux de développement, après avoir consulté les comités régionaux d'expansion. Les décrets du 14 mars 1964 créent vingt et un préfets de région. Parallèlement, sont mises en place des commissions de développement économique régionales (CODER), instances consultatives composées des représentants des intérêts socioprofessionnels ou territoriaux, chargées d'émettre un avis sur toutes les questions relatives au développement économique et à l'aménagement du territoire dans la circonscription régionale* ». Puis, la loi n° 72-619 du 5 juillet 1972 portant création et organisation des régions accorde aux circonscriptions d'action régionale le statut d'« établissements publics régionaux » dotés de la personnalité juridique et d'une autonomie budgétaire. Finalement les régions deviennent des collectivités territoriales à part entière avec la loi n° 82-213 du 2 mars 1982 relative aux droits et libertés des communes, des départements et des régions. (Source : « La régionalisation, une histoire de plus d'un demi-siècle », Site Internet de l'Association des régions de France) Disponible sur : http://www.arf.asso.fr/histoire-du-fait-regional). Notons que c'est une loi du 19 avril 1941 qui a pour la première fois créé des préfets de régions disposant de pouvoirs particuliers en matière économique et de police mais maintenus à la Libération, ils disparaissent en 1946.

de la région, ainsi que celle des chefs de service, des présidents ou directeurs d'établissements publics et des sociétés d'économie mixte dont l'action s'étend sur plusieurs départements de la circonscription, et qui n'ont pas un caractère national »[488]. En soulignant le caractère interministériel de la mission coordonnatrice préfectorale, ces décrets ébranlent l'image classique d'une organisation territoriale hiérarchisée en prenant en considération la réalité plurielle des services extérieurs. Comme le souligne Jean-Louis Quermonne, « *il était donc devenu indispensable de rééquilibrer cette structure verticale par une structure horizontale dont l'administration préfectorale serait le pivot* »[489] ; d'autant plus que cette diversification de l'administration territoriale s'est poursuivie avec l'apparition de nouveaux ministères qui ont déconcentré une partie de leurs services et l'inclination des ministères plus anciens à implanter localement des services. Les années 1960 et 1970 ont été particulièrement riches en création de directions départementales[490] ou régionales[491] ayant vocation à coordonner l'action des services extérieurs. Dès lors, comme le soulignait déjà Roland Drago, « *toute l'économie des systèmes actuels de coordination repose donc sur cette idée d'assurer une coordination horizontale par rapport à une spécialisation*

---

488 Article 2, alinéa 1er du décret n° 64-251 du 14 mars 1964. La disposition poursuit en mentionnant une autre compétence transversale et coordonnatrice à caractère plus général attribuée au préfet de région : « *Il est en outre chargé de contrôler et de coordonner l'activité administrative des services civils de l'État et des établissements publics n'ayant pas un caractère national, dont l'action s'étend sur plusieurs départements de la circonscription* » (article 2, alinéa 2).

489 Jean-Louis QUERMONNE, *L'appareil administratif de l'État*, Paris, Ed. du Seuil, coll. « Points Politique », 1991 p. 123.

490 Par exemple, le décret n° 64-783 du 30 juillet 1964 a créé les directions départementales de l'action sanitaire et sociale (DDASS) qui fusionnent ces deux directions avec les services des préfectures chargés de l'aide sociale et les services extérieurs du Ministère de l'Éducation nationale chargés de l'hygiène scolaire. Des directions départementales de l'Équipement (DDE) ont par ailleurs été créées en mars 1967 par le décret n° 67-278 reprenant les attributions des services territoriaux des Ponts et Chaussées et des directions de la Construction. D'autres illustrations peuvent être mentionnées : « les autres services extérieurs de l'État implantés à l'échelon du département seront principalement : la Direction départementale du travail et de l'emploi, la Trésorerie générale, la Direction départementale des services fiscaux, la Direction départementale des services et de l'éducation (ex-Inspection académique), la Direction des postes et des télécommunications et le service extérieur de l'Office national des anciens combattants et victimes de guerre ».

491 Notons par exemple la création dans chaque région d'un Comité régional des affaires culturelles (CRAC) chargé d'une fonction coordonnatrice par la circulaire du 22 février 1963 relative aux conditions de coordination administrative pour la préparation et la mise en œuvre des programmes de caractère culturel se rattachant au plan d'équipement. En 1969, leur seront substituées des Directions régionales d'action culturelle (DRAC) dans cinq régions avant leur généralisation à l'ensemble du territoire en 1977.

verticale, et on la retrouve (...) au niveau des circonscriptions d'action régionale et au niveau des départements »[492].

La coordination est devenue un instrument essentiel de cohésion territoriale dans le cadre d'un processus de déconcentration qui perd progressivement en verticalité : elle permet de relier le centre et les services extérieurs et devient tout aussi indispensable pour faire le lien entre les services d'une ou plusieurs circonscriptions déconcentrées. L'horizontalisation de la fonction de coordination préfectorale continuera de s'accentuer à partir des années 1980 sous l'effet de réformes territoriales qui alternent renforcement de la déconcentration et développement de la décentralisation. Ce « *couple décentralisation/déconcentration* »[493] est une particularité du modèle français d'administration territoriale qui révèle une tension permanente entre le principe centralisateur historiquement très ancré et la reconnaissance de pouvoirs croissants à des collectivités locales source de complexification du rôle coordonnateur du préfet garant de la cohésion territoriale. En ce sens, la loi constitutionnelle n° 82-213 du 2 mars 1982 relative aux « droits et libertés des communes, des départements et des régions » a marqué un tournant majeur en transformant les relations entre les services déconcentrés et les collectivités territoriales. Le renforcement du principe de libre administration des collectivités territoriales[494], le remplacement de la tutelle administrative et financière exercée *a priori* sur les actes des autorités locales et le transfert du pouvoir exécutif départemental et régional à un élu local[495] sont contrebalancés par un renforcement des pouvoirs des préfets de région et de départements sur les services déconcentrés par les décrets n° 82-389 et n° 82-390 du 10 mai 1982. Les préfets[496] exercent désormais un rôle de direction des services de l'État et non plus seulement d'animation ce qui signifie qu'en principe, les services déconcentrés doivent nécessairement passer par eux pour s'adresser aux administrations centrales.

---

492 Roland DRAGO, « La coordination sous l'égide du Premier ministre. Introduction », *op. cit.*, p. 28.

493 Jacques CAILLOSSE, « Retour sur le couple décentralisation/déconcentration. Une décentralisation sans transfert de pouvoir normatif n'est-elle qu'une figure masquée de la déconcentration ? », *Pouvoirs locaux*, n° 98, III, 2013, p. 67.

494 Article 72, alinéa 3 de la Constitution du 4 octobre 1958 : « *Dans les conditions prévues par la loi, ces collectivités s'administrent librement par des conseils élus et disposent d'un pouvoir réglementaire pour l'exercice de leurs compétences* ». Un principe déjà reconnu à l'article 87, alinéa 1er de la Constitution du 27 octobre 1946 qui disposait : « *Les collectivités territoriales s'administrent librement par des conseils élus au suffrage universel* ».

495 Avec la réforme de 1982, la direction du conseil général passe du préfet de département à un président du conseil général ; de même la direction du conseil régional est transférée du préfet de région à un président de conseil régional.

496 Rebaptisés Commissaires de la République jusqu'en 1988.

B. La reconnaissance d'un pouvoir de direction préfectoral des services déconcentrés et l'horizontalisation de la coordination territoriale

Délestée de ses fonctions exécutives, l'institution préfectorale est confortée dans sa fonction de représentante de l'ensemble des ministères garante de l'unité de l'État, mise en cause par le transfert de nombreuses compétences à des entités locales[497] dotées d'une personnalité juridique propre. Comme l'explique Jacques Caillosse, la décentralisation appelle une nouvelle approche des relations centre-périphérie de moins en moins fondée sur un principe de verticalité : « *le centre va devoir assurer la cohérence juridique de l'action publique au regard des exigences constitutionnelles propres à une République décentralisée mais unitaire* »[498]. Le préfet joue un rôle essentiel dans la conciliation de ces deux logiques d'organisation territoriale à travers une fonction coordonnatrice qui s'adapte à une configuration de plus en plus complexe. Une nouvelle « co-administration » s'installe. Concrètement, il lui revient de faciliter le dialogue entre les administrations déconcentrées et les collectivités territoriales[499] afin d'éviter que ces dernières se tournent vers l'administration centrale pour résoudre des difficultés locales. En effet, « *la construction des interrelations et la cohérence de l'action qui en résultait étaient fondées sur le principe de tutelle, principe qui a disparu avec le vote des lois de décentralisation. L'instrument de l'unification est donc supprimé au moment où les ressorts de l'action se sont transformés* (…). *Face à cette situation nouvelle la réponse du Gouvernement a été de renforcer la politique de déconcentration pour mieux coordonner l'action des administrations centrales* » [500] sur les territoires. Poursuivant cette finalité, un Comité interministériel de l'administration territoriale (CIATER) est créé en 1982, chargé de veiller à la bonne application des décrets du 10 mai 1982 et à

---

[497] Loi n° 83-8 du 7 janvier 1983 relative à la répartition des compétences entre les communes, les départements, les régions et l'État.

[498] Jacques CAILLOSSE, « Questions sur l'identité juridique de la « gouvernance » », *op. cit.*, p. 55.

[499] Il s'agit de dialogues souvent informels entre représentants de l'administration déconcentrée et des collectivités territoriales mais ce dialogue peut aller jusqu'à la conclusion de partenariats ou contrats (État-collectivités territoriales ; autorités déconcentrées-collectivités territoriales). Cette pratique est aujourd'hui courante pour certaines politiques, en particulier dans les domaines de la politique de la ville et de l'aménagement du territoire.

[500] Nicole de MONTRICHER, « L'administration territoriale de la République : une idée en quête de réalité », *in* Françoise DREYFUS, Jean-Michel EYMERI (dir.), *Science politique de l'administration. Une approche comparative*, Paris, Economica, coll. « Études politiques », p. 138.

encourager des transferts de pouvoirs des ministres aux préfets. Par ailleurs, les recommandations se multiplient en faveur d'une nouvelle organisation administrative territoriale. Ainsi, est publié en 1986 le rapport *Structures gouvernementales et organisation administrative* [501] de la Commission (Section) du rapport et des études du Conseil d'État qui a notamment été chargée d'« *analyser les questions que pose l'articulation entre les compétences gouvernementales et l'organisation des administrations centrales (problèmes posés par la mise de services à la disposition d'autres départements ministériels, rôles respectifs des cabinets et des directions et services, coordination à l'intérieur de chaque département ministériel* »[502]. Dès le premier paragraphe, la clarification de l'architecture administrative centrale[503] et déconcentrée est posée comme une priorité et la question de la coordination reconnue comme « *un thème majeur de réflexion* »[504]. Puis, à défaut de résultats concluants, l'action du CIATER est relancée par une circulaire du Premier ministre Michel Rocard en date du 23 février 1989 qui propose de « *faire de la déconcentration le principe de droit commun des interventions de l'État* » ; un objectif qui sera repris par le décret n° 92-604 du 1er juillet 1992 portant charte de la déconcentration.

Édicté en vue de l'application de la loi d'orientation n° 92-125 du 6 février 1992 sur « l'administration territoriale de la République » (dite « loi ATR »), ce décret consacre la déconcentration comme « *règle générale de répartition des compétences entre les administrations centrales et les services déconcentrés* » (article 1er du décret) et clarifie le rôle de chaque échelon territorial. Par ailleurs, la circulaire du Premier ministre Pierre Bérégovoy du 18 septembre 1992 relative à la déconcentration et à la simplification des structures administratives mentionne explicitement le terme de subsidiarité pour qualifier la nouvelle logique d'organisation du territoire qui reconnaît aux services

---

501 Conseil d'État (Section du Rapport et des Études), *Structures gouvernementales et organisation administrative*, Notes et études documentaires, n° 4818, 1986.

502 *Ibidem*, p. 5. Le document cite ici la lettre de mission du Premier ministre adressée au vice-président du Conseil d'État en date du 16 juillet 1984.

503 Le décret n° 87-389 du 15 juin 1987 précité pris à la suite de ce rapport consacre une structure administrative commune à l'ensemble des ministères : « *l'organisation des services centraux de chaque ministère en directions générales, directions et services* » (article 2).

504 Conseil d'État (Section du Rapport et des Études), *Structures gouvernementales et organisation administrative*, *op. cit.*, p. 5. Le rapport aborde la question de la coordination administrative ou intra-ministérielle (secrétaires d'État, ministères horizontaux, etc. mais se consacre surtout au thème de « *la coordination interministérielle effectuée par le Premier ministre ou en son nom* ».
V. Partie 2, Titre1 : « La coordination gouvernementale ».

déconcentrés[505] une compétence de droit commun pour la mise en œuvre des politiques décidées au niveau national[506]. Comme le note Jean-Benoît Albertini, la réforme de 1992 marque de ce fait le passage d'une « *déconcentration octroyée par les administrations centrales, sectorielles dans son étendue et dans sa finalité et instrumentale dans sa conception, à une déconcentration assumée conjointement par les différents niveaux d'administration, interministérielle dans son contenu et managériale par sa méthode* »[507]. Dans ce contexte, le préfet voit son rôle de « *coordonnateur de l'interministérialité* »[508] conforté en même temps que se développe celui d'interlocuteur privilégié des entités décentralisées ; surtout s'agissant du préfet de région en charge « *de la coordination des actions de toute nature intéressant plusieurs départements de la région* »[509] (article 3 du décret du 1er juillet 1992 précité). Le cadre hiérarchique de la déconcentration s'atténue et laisse place à une nouvelle configuration de « co-administration » [510] dans

505 L'expression « service extérieur » est abandonnée et substituée par la formule « services déconcentrés » à partir de la loi n° 92-125 du 6 février 1992 relative à « l'administration territoriale de la République ».

506 « *Vous veillerez tout d'abord à rationaliser vos structures d'administration centrale par la mise en œuvre du principe de subsidiarité posé par les textes précités : - l'administration centrale doit se voir réserver les seules compétences de conception, d'impulsion, d'orientation, d'évaluation et de contrôle ; - les autres missions devront être déconcentrées à l'échelon départemental ou régional, selon les principes fixés par la loi du 6 février 1992 relative à l'administration territoriale de la République et les modalités définies par le décret portant charte de la déconcentration* ». De plus, pour atteindre cet objectif de rationalisation des structures centrales et la délégation de compétences à des services déconcentrés, un Comité pour la réorganisation et la déconcentration des administrations (CRDA) a été créé pour animer et coordonner les initiatives en matière de réorganisation administrative (décision d Conseil des ministres du 21 octobre 1992).

507 Jean-Benoît ALBERTINI, *Contribution à une théorie de l'État déconcentré*, Bruxelles, Bruylant, coll. « Publications de la Faculté de droit de l'Université René Descartes, 1999 ; cité par ENA-Direction de l'Information, *L'administration territoriale de l'État : les relations entre le niveau national et le niveau régional*, Rapport du groupe n° 19, Promotion 2008-2010, février 2010, p. 13.

508 Michel MERCIER (rap.), *Rapport d'information au nom de la mission commune d'information du Sénat chargée de dresser le bilan de la décentralisation et de proposer les améliorations de nature à faciliter l'exercice des compétences locales*, Sénat, n°447, Tome 1, 2000, p. 22.

509 Outre ce pouvoir de coordination générale, la disposition ajoute que l'échelon territorial de « *la mise en œuvre des politiques nationale et communautaire en matière de développement économique et social et d'aménagement du territoire ; de l'animation et de la coordination des politiques de l'État relatives à la culture, à l'environnement, à la ville et à l'espace rural* ».

510 « *Aujourd'hui, aucune politique publique n'appartient à une seule collectivité. Toutes sont intersectorielles, interministérielles, inter-collectivités* » (Paul BERNARD,

laquelle collectivités territoriales et services déconcentrés se retrouvent sur un pied d'égalité[511] : « *la nouvelle administration territoriale de la République qui se met en place vaut rupture avec un vieux modèle centraliste de gestion de l'espace* »[512]. On constate ainsi un décalage croissant entre le mode relationnel classique fondé sur la verticalité et la complexification de l'administration territoriale. Il devient important « *de trouver des procédures d'ajustement mutuel permettant de susciter la coopération, ou au moins la coordination, à l'échelon opérationnel, entre les agents de l'État et ceux des collectivités territoriales* »[513] afin de préserver malgré tout une cohésion. À cet égard, le rapport *L'État en France : servir une nation ouverte sur le monde*[514] (plus connu sous le nom de « rapport Picq ») remis au Premier ministre en 1994 relève trois principales faiblesses de l'organisation administrative française - l'instabilité, la confusion et la centralisation - et propose, à côté d'autres mesures destinées à améliorer la coordination au niveau central, de « *privilégier la coordination des services de l'État situés sur un même territoire* »[515], de regrouper les services départementaux et régionaux de l'État en grandes directions territoriales sous l'autorité des préfets[516], ou encore d'installer des missions interrégionales facilitant le rapprochement des services déconcentrés de l'État[517]. Le rapport Picq s'inscrit dans la continuité du rapport de la Commission du Commissariat général du Plan « État, administration et services publics de l'an 2000 » présidée par Christian Blanc. Intitulé *Pour un État stratège, garant de l'intérêt général*, le document remis en 1993 insiste sur l'urgence de repenser le rôle de l'État afin qu'il s'adapte à une société plus complexe.

« La coopération entre l'État et les collectivités locales. Réflexion sur la co-administration », *in* CURAPP, *La loi du 28 pluviôse an VIII*, PUF, 2000, p. 123).

511 La loi du 6 février 1992 dispose en effet dans un article 1er, alinéa 1er que « *l'administration territoriale de la République est assurée par les collectivités territoriales et par les services déconcentrés de l'État* ».

512 Jacques CAILLOSSE, Jacques HARDY, *Droit et modernisation administrative*, *op. cit.*, p. 25.

513 Nicole de MONTRICHER, « L'administration territoriale dela République : une idée en quête de réalité », *op. cit.*, p.136. L'auteur poursuit en expliquant que la loi du 6 février 1992 instaure une « *norme de coordination et de cohérence entre les interventions des fonctionnaires de l'État et ceux des collectivités territoriales...* » (p. 136).

514 Jean PICQ (rapp.), *L'État en France : servir une nation ouverte sur le monde*, Paris, La Documentation française, coll. « Collection des rapports officiels », 1995. Disponible sur : http://www.ladocumentationfrancaise.fr/var/storage/rapports-publics/954026900.pdf.

515 *Ibidem*, p. 113.

516 *Ibid.*, p. 116.

517 *Ibid.*, p. 118.

La réorganisation de l'administration est vue comme l'un des moyens de réaliser cet objectif : le rapport recommande notamment un effort de rationalisation des structures qui passe par plus de déconcentration, (réduire d'un tiers en cinq ans l'effectif des administrations centrales au profit des territoires). Par ailleurs, plusieurs dispositifs de coordination sont effectivement mis en place. Mentionnons, par exemple, le décret n° 99-896 du 20 octobre 1999 (modifiant le décret n° 82-390 du 10 mai 1982) qui permet au représentant de l'État dans les régions de créer des délégations interservices en vue d'une meilleure coordination et intégration des administrations déconcentrées.

Toutefois, malgré la prise en compte de ces enjeux, l'insuffisance de cohésion administrative territoriale continuera d'être régulièrement dénoncée en tant que conséquence de cloisonnements persistants entre services déconcentrés[518] et de chevauchements de compétences[519]. On constate alors une augmentation du nombre des services déconcentrés en même temps qu'une extension de leurs champs d'action. Traditionnellement chargés de la gestion des services de l'État et du relais des décisions de l'administration centrale au niveau régional et départemental, des services déconcentrés ont été mis en place à l'échelon « zonal », interrégional et interdépartemental. Aggravant encore la fragmentation de l'organisation administrative, le décret n° 97-464 du 9 mai 1997 a instauré des services à compétence nationale (SCN) en vue d'exercer « *des fonctions de gestion, d'études techniques ou de formation, des activités de production de biens ou de prestation de services, ainsi*

---

518 Comme l'explique à cet égard Philippe BEZÈS et Marc-Olivier BARUCH, la permanence d'une logique corporatiste malgré la transversalité croissante de la scène décisionnelle locale complique l'exercice de la fonction préfectorale de coordination : « *La lutte contre le déclin du pouvoir de coordination de l'État local, incarné par les préfets, se heurte à la solidité de certains arrangements historiques parce qu'elle met en jeu simultanément une série d'équilibres de pouvoir entre différentes catégories d'agents (parlementaires et élus locaux/hauts fonctionnaires), entre différents échelons (central/régional/départemental), entre différents ministères (ministère de l'intérieur/ministères sectoriels) et corps concurrents* » (*in* « Généalogies de la réforme de l'État. Introduction au numéro spécial », *RFAP*, n° 120, 2006, p. 632.)

519 Ce phénomène s'explique en grande partie par le mécanisme de la « clause générale de compétence » - instauré par la loi municipale de 1884 pour les communes et étendu à l'ensemble des collectivités territoriales en 1982 - qui accorde à ces dernières la possibilité d'agir au nom « des affaires de la collectivité » ou d'un intérêt public local (propre à chaque collectivité et précisé par la jurisprudence) sans qu'il soit nécessaire que soient énumérées ses attributions et dès lors que la compétence n'a pas été attribuée de manière exclusive à une autre collectivité. De fait, les frontières des blocs de compétences qui étaient censés accorder des compétences spécifiques à chaque collectivité ont été chevauchées et les cas de doublons se sont multipliés ; une situation néfaste en termes de cohérence de l'action publique.

que toute autre mission à caractère opérationnel, présentant un caractère national et correspondant aux attributions du ministre sous l'autorité duquel ils sont placés »[520]. Ces créations répondent au principe posé par la loi ATR selon lequel l'administration centrale ne devait plus exercer de tâches de gestion pour se concentrer sur ses tâches « stratégiques »[521] : la fragmentation territoriale se double d'une fragmentation fonctionnelle amplifiée par un processus de diversification organique. Les « *phénomènes de démultiplication de l'appareil* »[522] s'intensifient.

Les critiques s'accentuent avec le développement d'une logique de performance notamment prônée, nous l'avons vu, par la LOLF du 1er août 2001. En effet, au moment de la mise en œuvre progressive de la loi organique, « *la plupart des ministères ont conduit leur réflexion sur les objectifs et les indicateurs au niveau des administrations centrales, en occultant la place des services déconcentrés et la mesure comparative de leurs performances* »[523]. Ainsi, le rapport de la Cour des comptes relatif à *La déconcentration des administrations et la réforme de l'État* remis au Président de la République en novembre 2003 consacre un chapitre entier aux difficultés de la « *gestion interministérielle locale* ». Après avoir rappelé l'importance de la coordination exercée dans un cadre décisionnel local particulièrement complexe[524], le document insiste sur la nécessité de renforcer l'action interministérielle du préfet et des services préfectoraux[525] qui l'assistent dans sa fonction coordonnatrice : « *dès lors*

---

520 Article 1er du décret n° 97-464 du 9 mai 1997 relatif à la création et à l'organisation des services à compétence nationale.

521 « *Les administrations centrales assurent au niveau national un rôle de conception, d'animation, d'orientation, d'évaluation et de contrôle* » (article 2 du décret n° 92-604 du 1er juillet 1992 portant charte de la déconcentration).

522 Jean-Bernard AUBY, « La bataille de San Romano, réflexions sur les évolutions récentes du droit administratif », *AJDA*, 2001, p. 916.

523 Michel BOUVARD, « La mesure de la performance », *RFFP*, n° 91, septembre 2005, p. 36.

524 « *Les tâches de coordination, de synthèse, d'évaluation, de mise en cohérence, qui sont d'une importance capitale pour l'efficacité du pilotage territorial des politiques nationales peuvent échoir à un service de la préfecture ou à des services déconcentrés dans le cadre de pôles de compétences ou de délégations interservices* » (*in* Cour des comptes, *La déconcentration des administrations et la réforme de l'État*, Rapport au Président de la République, novembre 2003, p. 165).

525 Sachant qu'il convient de distinguer parmi les services préfectoraux ceux qui jouent le rôle de services déconcentrés du ministère de l'Intérieur (en charge du contrôle de légalité, des élections, de la réglementation...) de ceux qui sont effectivement chargés d'une fonction coordonnatrice d'appui, en complément de la mission de direction et de coordination des services déconcentrés de tous les ministères exercée par le préfet.

qu'il est reconnu que la coordination interministérielle locale des politiques de l'État et de la gestion des moyens de leurs services est une condition de l'efficacité des actions engagées et du bon emploi des moyens qu'elles impliquent, sa mise en œuvre doit être plus rigoureusement assurée »[526]. Cette recommandation fait écho à la loi constitutionnelle n° 2003-276 du 28 mars 2003, fidèle à la tradition française d'organisation territoriale selon laquelle « *la déconcentration a été dès l'origine considérée comme le corollaire indispensable de la décentralisation* »[527]. Le texte établit le principe d'« organisation décentralisée de la République »[528] et consacre à l'article 72 de la Constitution le caractère interministériel de l'action préfectorale : « *dans les collectivités territoriales de la République, le représentant de l'État, représentant de chacun des membres du Gouvernement, a la charge des intérêts nationaux, du contrôle administratif et du respect des lois* » (nouvel alinéa 6)[529]. Bien qu'elle ne soit pas mentionnée explicitement, la fonction coordonnatrice du préfet est donc désormais présente dans le texte constitutionnel.

Or l'interministérialité implique nécessairement une coordination de l'« *État déconcentré,* (qui) *est une juxtaposition de services cloisonnés et*

---

526 Cour des Comptes, *La déconcentration des administrations et la réforme de l'État*, Rapport au Président de la République, novembre 2003, Synthèse, p. 23). Le rapport précise à cet égard : « *Au fil de ses enquêtes, la Cour a souvent relevé que l'État déconcentré est une juxtaposition de services cloisonnés et disparates dans leurs modes d'organisation et dans leur rapport au préfet. Chaque ministère continue à traiter trop systématiquement avec son chef de service. Les fonctions prioritaires sont morcelées localement entre plusieurs administrations dont le champ de compétences et, en conséquence, les moyens sont réduits. Le regroupement des services déconcentrés en quelques grands pôles, correspondant aux grandes fonctions de l'État, placés plus nettement sous leur autorité, est désormais envisagé* » (*Ibidem*, p. 166).

527 Guy BRAIBANT, « Du simple au complexe, quarante ans de droit administratif (1953-1993) », *op. cit.*. Rappelons également les expressions de Gaston Defferre, principal artisan de la réforme décentralisatrice de 1982 qui présentait la décentralisation comme « *le deuxième pilier de la décentralisation* », ou encore « *son indispensable contrepartie* ».

528 La révision constitutionnelle modifie l'article 1er, alinéa 1er de la Constitution qui définit les valeurs de la République (indivisible, laïque, démocratique et sociale) en ajoutant : « Son organisation est décentralisée » (article 1 de la loi du 28 mars 2003 relative à l'organisation décentralisée de la République »)

529 Article 72, alinéa 6 issu de la révision constitutionnelle de 2003 (article 5 de la loi du 28 mars 2003). L'ancienne rédaction inchangée depuis le 4 octobre 1958 n'insistait pas sur le caractère interministériel de la fonction préfectorale : « *Dans les départements et les territoires, le délégué du Gouvernement a la charge des intérêts nationaux, du contrôle administratif et du respect des lois* » (article 72, alinéa 3 avant la loi du 28 mars 2003). Notons que le « délégué du gouvernement » devient « le représentant de l'État ».

disparates dans leurs modes d'organisation et dans leur rapport au préfet »[530].

La valorisation de la fonction préfectorale[531] est encore plus évidente avec le décret n° 2004-374 du 29 avril 2004 relatif aux pouvoirs des préfets, à l'organisation et à l'action des services de l'État dans les régions et les départements. À plusieurs reprises le texte procède à une clarification de la coordination exercée au niveau territorial. L'article 2 précise, par exemple, que « *le préfet de région est le garant de la cohérence de l'action des services de l'État dans la région. (…) Il anime et coordonne l'action des préfets de départements* » ; plus loin, l'article 27 prévoit le cas de transversalité fonctionnelle en indiquant que « *lorsque plusieurs services ou parties de services déconcentrés dans le département ou la région concourent à la mise en œuvre d'une même politique, le préfet peut désigner un chef de projet, chargé d'animer et de coordonner l'action de ces services ou parties de services, dans un domaine déterminé et pour une durée limitée* ». On peut enfin faire référence à l'article 67 du Titre V du décret qui renforce le pouvoir coordonnateur du préfet de région en présence de compétences interrégionales : « *lorsque deux ou plusieurs régions s'associent pour la conduite d'actions commune, un arrêté conjoint du Premier ministre, du ministre de l'Intérieur et du ou des ministres compétents peut désigner comme coordonnateur de l'action de l'État dans les régions concernées le préfet de l'une de ces régions* »[532].

Ces mesures poursuivent le mouvement de territorialisation de l'action publique qui s'est accéléré depuis la réforme de 1992, cadre propice au développement de la fonction coordonnatrice. Le constat est unanime ; en revanche, la signification de cette évolution fait débat. Deux lectures sont possibles : si l'on se place dans le cadre d'un schéma hiérarchique classique,

---

530 Cour des Comptes, *La déconcentration des administrations et la réforme de l'État*, *op. cit.*, p. 166.

531 Valorisation mais aussi évolution du rôle du préfet dans un environnement moins hiérarchisé. Comme le résume effectivement le rapport de la Cour des comptes de 2003 précité, « *dans son champ de responsabilité, le préfet a vu conforté son rapport d'autorité avec les chefs de services déconcentrés, nécessaire pour l'unité de l'action de l'État dans le département ou la région, mais son rôle à leur égard est, de plus en plus, celui d'un animateur et d'un coordonnateur des interventions administratives, veillant à la fois au respect des priorités gouvernementales et à la nécessaire prise en compte des réalités territoriales* » (p. 159).

532 Mentionnons aussi l'article 66 qui, suivant la même logique transversale, prévoit : « *lorsqu'une politique d'aménagement et de développement du territoire intéresse plusieurs régions, le Premier ministre peut, par arrêté, confier au préfet de l'une de ces régions une mission interrégionale de mise en œuvre de cette politique. Pour l'accomplissement de cette mission interrégionale, le préfet de région, désigné (…), anime et coordonne l'action des préfets des départements et des départements intéressés* ».

la déconcentration est perçue comme un moyen de « *restaurer l'autorité du centre par le biais d'une norme de coordination et de cohérence entre les interventions des fonctionnaires de l'État et ceux des collectivités territoriales* »[533] ; si l'on accepte de tenir compte des « *nouveaux visages de la déconcentration* »[534], on peut y voir des interrelations qui se multiplient entre acteurs locaux et qui sont de moins en moins marquées par la verticalité. La réorganisation de l'administration territoriale de l'État (Réate) initiée par le Conseil de modernisation des politiques publiques (CMPP) du 12 décembre 2007 dans le cadre de la RGPP opte pour la seconde approche. Après avoir constaté que « *l'État a très peu adapté la forme de sa présence dans les territoires* », le rapport publié à la suite de ce premier Conseil de modernisation insiste sur « *l'enchevêtrement inextricable de relations horizontales, transversales et verticales* » qui justifie une adaptation de l'administration territoriale de l'État : « *il est apparu progressivement que cette organisation éclatée ne permettrait pas de répondre de manière optimale à l'émergence de nouvelles problématiques transversales et nécessitait la mise en place de palliatifs qui n'ont jamais donné entière satisfaction* »[535]. La nouvelle démarche réformatrice prend acte de l'insuffisance des dispositifs de coordination mis en place sans refonte structurelle[536] et propose « *un nouvel État territorial* »[537] fondé sur une réorganisation des départements et régions, ainsi qu'une redéfinition de leurs attributions en accordant une place prioritaire à l'interministérialité et à la collégialité à travers le réaménagement et la création d'entités coordonnatrices à l'échelon central et local[538]. Il s'agit de

---

533 Nicole de MONTRICHER, « L'administration territoriale dela République : une idée en quête de réalité », *op. cit.*, p. 136.

534 Pascal COMBEAU, « Les nouveaux visages territoriaux de la déconcentration », *op. cit.*.

535 Rapport disponible sur : http://www.modernisation.gouv.fr/uploads/media/dossier_CMPP1-12_decembre_2007.pdf (« La modernisation de l'organisation locale de l'État », p. 63 et s.)

536 À cet égard, le Rapport d'information du Sénat sur le bilan de décentralisation publié en 2000 précise : « *le comité interministériel à la réforme de l'État du 13 juillet 1999, estimant qu'une démarche tendant à une recomposition fonctionnelle des services se heurtait à des rigidités statutaires et rencontrait de nombreux obstacles structurels, a renoncé à cette réorganisation, préférant explorer d'autres voies* ». Parmi ces dernières, mentionnons les « programmes pluriannuels de modernisation », le « projet territorial de l'État dans le département », les « systèmes d'information territoriaux », ou encore la constitution de « pôles de compétences », etc. Peu ambitieux, ces outils n'ont pas produit les effets escomptés en matière de cohésion territoriale. (Michel MERCIER (rap.), *op. cit.*, p. 115).

537 Compte-rendu du Conseil de modernisation des politiques publiques du 11 juin 2008, p. 1.

538 On se concentre ici sur l'échelon territorial mais les services du Premier ministre ainsi que plusieurs ministères ont connu des réaménagements structurels importants.

créer un « *nouveau lieu où les administrations agissent et doivent se coordonner pour traiter les affaires publiques au plus près des problèmes et des citoyens concernés* »[539].

C. La coordination au centre du nouvel « État territorial »

Les modalités de mise en oeuvre d'une nouvelle réorganisation territoriale se précisent à l'occasion du second (4 avril 2008) mais surtout du troisième CMPP (11 juin 2008) qui envisage de dépasser le schéma hiérarchique classique de l'organisation administrative territoriale de moins en moins pertinent : « *l'administration de demain, c'est aussi une administration qui valorise l'interministérialité. (...) l'administration de demain, c'est aussi une vision nouvelle de l'autorité, qui passe par plus de transversalité. (...) il faut que nous sortions du modèle hiérarchique ancien* »[540]. Répondant à cette ambition, le décret n° 2010-146 du 16 février 2010[541] modifie le décret n° 2004-374 du 29 avril 2004[542] et propose une redéfinition des fonctions préfectorales au niveau de la région et du département, associée à une nouvelle architecture qui n'ignore pas la dimension horizontale des services. La coordination est posée comme un enjeu majeur au moment de « *la construction, sous la direction du préfet, d'une présence territoriale adaptée et diversifiée, ce qui suppose, non de renoncer aux politiques sectorielles mais d'admettre l'intérêt d'une gestion interministérielle* »[543]. Comme en 2004, c'est surtout le préfet de région qui voit son rôle coordonnateur renforcé. Il lui est reconnu une fonction générale de coordination complétée par un pouvoir d'autorité sur les départements. L'article 2, I, alinéa 1er du décret du 29 avril 2004 modifié dispose en effet que :

> « *le préfet de région est le garant de la cohérence de l'action de l'État dans la région. Il a autorité sur les préfets de département,*

---

539 Jean-Jacques GLEIZAL, « L'administration du XXIe siècle », *op. cit.*, p. 293.

540 Discours de François Fillon sur la réforme de l'administration territoriale au CNIT, 16 novembre 2009.
Disponible sur : http://archives.gouvernement.fr/fillon_version2/premier-ministre/discours-de-francois-fillon-sur-la-reforme-de-l-administration-territoriale-de-l-et.html.

541 Décret n° 2010-146 du 16 février 2010 modifiant le décret n°2004-374 du 29 avril 2004 relatif aux pouvoirs des préfets, à l'organisation et à l'action des services de l'État dans les régions et les départements, JORF n° 0040 du 17 février 2010.

542 Aujourd'hui encore en vigueur dans sa version modifiée en 2010.

543 Jean-Benoît ALBERTINI, Sébastien JALLET, « Les nouveaux visages de l'État territorial », *Pouvoirs locaux*, n° 91, IV, 2011, p. 49.

sauf dans les matières définies aux articles 10, 11 et 11-1[544]. *L'autorité du préfet de région sur les préfets de département ne peut être déléguée. Le préfet de région est responsable de l'exécution des politiques de l'État dans la région, sous réserve des compétences de l'agence régionale de santé, ainsi que de l'exécution des politiques communautaires qui relèvent de la compétence de l'État. À cet effet, les préfets de département prennent leurs décisions conformément aux instructions que leur adresse le préfet de région. Le préfet de région peut également évoquer, par arrêté, et pour une durée limitée, tout ou partie d'une compétence à des fins de coordination régionale. Dans ce cas, il prend les décisions correspondantes en lieu et place des préfets de département* ».

Le terme « autorité » utilisé ici n'exprime pas nécessairement un lien de subordination dans la mesure, comme le note Jean-Marie Pontier, où il ne remet pas en question deux principes qui subsistent et empêchent toute relation hiérarchisée : « *en premier lieu, les préfets continuent de former un seul corps. (…) et surtout, la reconnaissance de l'autorité du préfet de région sur les préfets de département ne s'accompagne pas de la réforme, qui, elle, serait justifiée, consistant à dissocier les fonctions de préfet de région et du préfet de département siège de la région* »[545]. En l'état actuel du droit

---

544 Article 10 : « *Le préfet de département assure le contrôle administratif du département, des communes, des établissements publics locaux et des établissements publics interdépartementaux qui ont leur siège dans le département. Il veille à l'exercice régulier de leurs compétences par les autorités du département et des communes.*
Il assure également, sous réserve de dispositions particulières et de celles de l'article 33, le contrôle administratif des établissements et organismes publics de l'État dont l'activité ne dépasse pas les limites du département ».
Article 11 : « *Le préfet de département a la charge de l'ordre public et de la sécurité des populations.*
Il est responsable, dans les conditions fixées par les lois et règlements relatifs à l'organisation de la défense et de la sécurité nationale, de la préparation et de l'exécution des mesures de sécurité intérieure, de sécurité civile et de sécurité économique qui concourent à la sécurité nationale.
Il est tenu informé par l'autorité militaire de toutes les affaires qui peuvent avoir une importance particulière dans le département ».
Article 11-1 : « *Le préfet de département est compétent en matière d'entrée et de séjour des étrangers ainsi qu'en matière de droit d'asile.*
Un arrêté conjoint du ministre de l'intérieur et du ministre chargé de l'asile peut donner compétence, dans plusieurs départements, à un préfet de département et, à Paris, au préfet de police, pour statuer sur les demandes d'admission au séjour, au titre de l'asile, présentées par des étrangers se trouvant à l'intérieur du territoire français ».

545 Jean-Marie PONTIER, « Le nouveau préfet », *op. cit.*, p. 823.

territorial, transitoire selon l'auteur[546], il nous semble donc que l'autorité reconnue au préfet de région ne peut être assimilée à un pouvoir hiérarchique sur le préfet de département : cette autorité ne s'exerce que pour certaines matières (exclusion de l'ordre public, de la sécurité de la population, du contrôle de légalité, de la police des étrangers, du droit d'asile qui relèvent de la compétence exclusive du préfet de département) ; le pouvoir d'évocation ne s'exerce pas sur les actes mais des domaines de compétence, il est temporaire et mis en œuvre à « *des fins de coordination régionale* »[547]. Il paraît, par conséquent, plus pertinent d'interpréter l'autorité nouvelle alors accordée au préfet de région comme un pouvoir de coordination renforcé en vue d'assurer la cohérence devenue plus délicate de l'action de services départementaux désormais plus transversaux[548]. Le décret de 2004 modifié précise par ailleurs que le préfet de région peut se substituer au préfet de département à des fins de coordination régionale (article 2, I, alinéa 4)[549]. Le préfet de région a également désormais la possibilité de désigner, pour une durée limitée et dans

---

546 « *La déconcentration est le résultat d'un effort patient et continu, d'une « longue patience », le décret de 2010 s'inscrit dans cette politique d'instauration d'une véritable déconcentration qui n'existait pas auparavant et dont l'inexistence, cause de la faiblesse de la décentralisation, a été occultée et étrangement pervertie par une opinion, fausse, selon laquelle la déconcentration aurait été un obstacle à la décentralisation,ce que dément n'importe quelle analyse tant soit peu sérieuse de l'histoire administrative* » (*Ibidem*).

547 L'utilisation du terme « évocation » peut prêter à confusion mais il se distingue du pouvoir d'évocation classique, celui à la disposition du supérieur hiérarchique qui l'exerce sur les actes de son subordonné. La circulaire du ministre de l'Intérieur du 20 juillet 2010 relative à l'exercice du droit d'évocation par le préfet de région est très claire à ce sujet : « *Le droit d'évocation confère au préfet de région la capacité de modifier la répartition des compétences opérée par les normes réglementaires. Le préfet de région acquiert en quelque sorte la faculté d'élargir sa propre compétence dans les conditions définies par le décret. Le droit d'évocation s'applique sur « tout ou partie d'une compétence ». Il ne vise donc pas à transférer des blocs de compétences mais à faire traiter au niveau régional des compétences déterminées, le cas échéant des segments de compétences, variables selon les spécificités du moment* ».

548 A noter que la version initiale du décret du 29 avril 2004 précisait dans un article 2 que : « *Le préfet de région est le garant de la cohérence de l'action des services de l'État dans la région. A ce titre, il fixe des orientations générales qu'il élabore avec les préfets de département dans la région.*
Il anime et coordonne l'action des préfets de département ». De plus, le compte-rendu du Conseil de modernisation des politiques publiques du 11 juin 2008 déjà mentionné complète la phrase citée en précisant que le préfet de région « *sera ainsi le pilote et le garant de la cohésion de l'action interministérielle de l'État* ». L'« autorité hiérarchique» est associée à la mission de pilotage et de cohésion qui de fait correspond à l'exercice d'une fonction de coordination del'action des services départementaux.

549 « *Le préfet de région est le garant de la cohérence de l'action de l'État dans la région. (...) Le préfet de région peut également évoquer, par arrêté, et pour une durée limitée, tout ou partie d'une compétence à des fins de coordination régionale. Dans ce cas, il prend les décisions correspondantes en lieu et place des préfets de département* ».

un domaine déterminé, « *un chef de projet, chargé d'animer et de coordonner* » plusieurs services déconcentrés dans le département ou la région qui participent à la mise en œuvre d'une même politique (article 27, alinéa 1er)[550]. Enfin, notons que son pouvoir coordonnateur ne se limite pas aux services régionaux et départementaux : le préfet de région peut-être aussi chargé d'une mission de coordination inter-régionale (articles 67)[551].

Quant au préfet de département, comme le précise l'article 10 du décret du 29 avril 2004 modifié, il « *assure le contrôle administratif du département, des communes, des établissements publics locaux et des établissements publics interdépartementaux qui ont leur siège dans le département. Il veille à l'exercice régulier de leurs compétences par les autorités du département et des communes* ». Cette fonction de coordination administrative découle d'une fonction de coordination politique fondée sur l'article 9 du décret précité : « *Le préfet de département met en œuvre les politiques nationales et européennes* ». Dans le cadre de cette mission, il veille à la cohérence des politiques interministérielles à l'échelon territorial : l'emploi, la solidarité, la cohésion sociale, l'aménagement du territoire, l'urbanisme et l'environnement et la programmation des crédits des fonds structurels européens. Ainsi, « *le préfet joue de plus en plus souvent le rôle de chef d'orchestre ou d'animateur des acteurs de la mise en œuvre d'une politique publique. Dans ces domaines, il agit moins par décisions que par négociations* »[552]. En outre, deux types de matières relèvent toujours de la compétence exclusive du préfet de département : l'ordre public et la sécurité[553]

---

550 « *Lorsque plusieurs services ou parties de services déconcentrés dans le département ou la région concourent à la mise en œuvre d'une même politique, le préfet peut désigner un un chef de projet, chargé d'animer et de coordonner l'action de ces services ou parties de services, dans un domaine déterminé et pour une durée limitée* ».

551 « *Lorsque deux ou plusieurs régions s'associent pour la conduite d'actions commune, un arrêté conjoint du Premier ministre, du ministre de l'Intérieur et du ou des ministres compétents peut désigner comme coordonnateur de l'action de l'État dans les régions concernées le préfet de l'une de ces régions* ». Mentionnons aussi l'article 66 qui, suivant la même logique transversale, prévoit : « *Lorsqu'une politique d'aménagement et de développement du territoire intéresse plusieurs régions, le Premier ministre peut, par arrêté, confier au préfet de l'une de ces régions une mission interrégionale de mise en œuvre de cette politique. Pour l'accomplissement de cette mission interrégionale, le préfet de région, désigné (...), anime et coordonne l'action des préfets des départements et des départements intéressés* ».

552 Sénat, *Rapport d'information sur l'équilibre territorial des pouvoirs*, n° 2881, février 2006, p. 109.

553 Article 11 du décret du 29 avril 2004 modifié : « *Le préfet de département a la charge de l'ordre public et de la sécurité des populations. Il est responsable, dans les conditions fixées par les lois et règlements relatifs à l'organisation de la défense et de la sécurité nationale, de la préparation et de l'exécution des mesures de sécurité intérieure, de sécurité civile et de sécurité économique qui concourent à la sécurité*

d'une part ; l'entrée et de séjour des étrangers, ainsi que le droit d'asile,[554] d'autre part. Enfin, notons que le décret prévoit aussi la possibilité pour le Premier ministre, lorsqu'une politique intéresse plusieurs départements, de confier au préfet de l'un de ces départements une mission interdépartementale de coordination pour une durée limitée qui peut être reconduite (article 69, I). À ce titre, le texte précise que le préfet départemental coordonnateur peut négocier et conclure au nom de l'État des conventions avec les collectivités territoriales et les établissements publics. Encore une fois, l'approfondissement de la déconcentration va de pair avec un renforcement de la fonction coordonnatrice préfectorale et une horizontalisation des relations au niveau territorial. La coordination est ici posée comme un enjeu majeur au moment de « *la construction, sous la direction du préfet, d'une présence territoriale adaptée et diversifiée, ce qui suppose, non de renoncer aux politiques sectorielles mais d'admettre l'intérêt d'une gestion interministérielle* »[555].

À nouveau, déconcentration et décentralisation vont également s'entremêler. Le renforcement du rôle du préfet de région participent d'un mouvement plus général de régionalisation qui se manifeste aussi dans le cadre de la décentralisation comme en témoigne la loi n° 2014-58 du 27 janvier 2014 dite de « modernisation de l'action publique territoriale et d'affirmation des métropoles » (dite loi « MAPTAM »), complétée par la loi n° 2015-29 du 16 janvier 2015 relative à la délimitation des régions, aux élections régionales et départementales et modifiant le calendrier électoral[556]. Au-delà d'une nouvelle clarification des responsabilités des collectivités territoriales et de l'État[557] qui passe notamment par de nouveaux transferts de

---

nationale. Il est tenu informé par l'autorité militaire de toutes les affaires qui peuvent avoir une importance particulière dans le département ».

554 Article 11-1 du décret du 29 avril 2004 ajouté par le décret du 16 février 2010 : « *Le préfet de département est compétent en matière d'entrée et de séjour des étrangers ainsi qu'en matière de droit d'asile. Un arrêté conjoint du ministre de l'intérieur et du ministre chargé de l'asile peut donner compétence, dans plusieurs départements, à un préfet de département et, à Paris, au préfet de police, pour statuer sur les demandes d'admission au séjour, au titre de l'asile, présentées par des étrangers se trouvant à l'intérieur du territoire français* ».

555 Jean-Benoît ALBERTINI, Sébastien JALLET, « Les nouveaux visages de l'État territorial », *op. cit.*, p. 49.

556 Le troisième volet de la réforme territoriale engagée après les États généraux de la démocratie territoriale réunis au Sénat en octobre 2012 est constitué par le projet de loi portant nouvelle organisation territoriale de la République en cours d'adoption par le Parlement (projet de loi voté en seconde lecture par le Sénat le 2 juin 2015).

557 Entretien de Marylise LEBRANCHU, Ministre de la Réforme de l'État, de la Décentralisation et de la Fonction publique, *Portail du Gouvernement*, 11 avril 2013. Disponible sur : http://www.gouvernement.fr/gouvernement/marylise-lebranchu-il-est-temps-de-moderniser-l-action-publique-territoriale.

compétences aux collectivités territoriales, c'est toute « *l'identité de la France territoriale* »[558] qui se transforme. La fonction du préfet trouve encore à se renforcer en tant que coordonnateur des services déconcentrés mais aussi de plus en plus en tant qu'entité charnière des relations, entretenues sur un mode non hiérarchique, avec les collectivités décentralisées. Incontestablement, « *la nouvelle administration territoriale de la République qui se met en place vaut rupture avec un vieux modèle centraliste de gestion de l'espace* »[559] auquel se substitue progressivement un schéma relationnel horizontal dont la coordination est devenue le pivot[560] ; ce que confirme le décret n° 2015-510 du 7 mai 2015.

Abrogeant le décret n° 92-604 du 1er juillet 1992 pour s'y substituer en tant que nouvelle « Charte de la déconcentration », le nouveau décret propose, dans son article 1er, une définition de la déconcentration faisant de la coordination l'une de ses composantes essentielles :

> « *La déconcentration consiste à confier aux échelons territoriaux des administrations civiles de l'État le pouvoir, les moyens et la capacité d'initiative pour animer, coordonner et mettre en œuvre les politiques publiques définies au niveau national et européen, dans un objectif d'efficience, de modernisation, de simplification, d'équité des territoires et de proximité avec les usagers et les acteurs locaux. Elle constitue la règle générale de répartition des attributions et des moyens entre les échelons centraux et territoriaux des administrations civiles de l'État. Elle implique l'action coordonnée de l'ensemble des services déconcentrés et des services territoriaux des établissements publics de l'État* ».

Avec la répétition à deux reprises du verbe « coordonner », jamais un texte juridique n'avait aussi explicitement marqué un détachement avec le modèle classique d'une administration déconcentrée recevant passivement des ordres des administrations centrales *via* le préfet. Le décret prend acte des limites du pouvoir hiérarchique pour assurer la cohésion de l'administration déconcentrée. Les relations entre le centre et les services établis au niveau local ne reposent plus sur une logique ascendante et verticale. Comme l'énonce aussi clairement le compte-rendu du Conseil des ministres précédant

---

558 Jean-Luc BOEUF, « L'identité de la France territoriale à l'heure des réformes », *Pouvoirs locaux*, n° 96, I, 2013, p. 66.

559 Jacques CAILLOSSE, Jacques HARDY, *Droit et modernisation administrative*, DGAFP, Paris, La Documentation française, coll. « Perspectives », 2000, p. 25.

560 L'omniprésence du vocable dans les derniers textes juridiques de la réforme territoriale en témoigne.

l'entrée en vigueur du décret, il est au contraire recherché « *un renversement du principe d'organisation, en reconnaissant l'initiative au niveau local, et la nécessité pour les administrations centrales d'adapter leurs modes de fonctionnement aux enjeux de l'administration déconcentrée. Cela peut autoriser des organisations différentes selon les territoires, en fonction des réalités locales (principe de modularité)* »[561].

§ 2 - Les auxiliaires de coordination du préfet

Depuis 1964 et la reconnaissance de véritables pouvoirs de pilotage puis de direction aux préfets, leur fonction de coordination s'est considérablement renforcée et élargie. Afin de l'exercer de manière effective au quotidien, les préfets sont entourés de plusieurs agents dont l'action est indispensable. Parmi eux, le secrétaire général de préfecture au niveau du département et le secrétaire général pour les affaires régionales assisté d'un comité de l'administration régionale à l'échelon de la région font figure de véritables auxiliaires de coordination préfectorale.

A. L'entourage du préfet de département

L'article 13 du décret n° 2004-374 du 29 avril 2004 modifié[562] relatif aux pouvoirs des préfets, à l'organisation et à l'action des services de l'État dans les régions et départements procède à une énumération des personnes chargées d'assister le préfet de département dans l'exercice de ses fonctions. Sont mentionnés : un secrétaire général, un directeur de cabinet, des sous-préfets d'arrondissement, des chefs des services déconcentrés des administrations civiles de l'État dans le département et la région, un commandant du groupement de gendarmerie départementale, les responsables des unités et délégations territoriales des services déconcentrés des administrations civiles de l'État dans la région, un directeur départemental des services d'incendie et de secours et (éventuellement) un ou plusieurs chargés de mission[563].

---

561 Compte-rendu du Conseil des ministres, « Charte de la déconcentration », 6 mai 2015.
Disponible sur : http://www.gouvernement.fr/conseil-des-ministres/2015-05-06/charte-de-la-deconcentration.

562 Décret toujours en vigueur : dernière modification de l'article 13 par l'article 7 du décret n° 2015-1689 du 17 décembre 2015.

563 Plus spécifiquement la disposition précise aussi *in fine* : « *Le préfet de département est également assisté dans l'exercice de ses fonctions du directeur général de l'agence régionale de santé et du responsable de sa délégation départementale dans le département, dans les conditions définies à l'article L. 1435-1 du code de la santé publique dans sa rédaction à compter de l'entrée en vigueur de la loi n° 2009-879 du 21*

Parmi ces organes, les sous-préfets d'arrondissement occupent une place particulièrement importante. Sur délégation du préfet, ils exercent de nombreuses attributions qui en font des collaborateurs privilégiés participant effectivement à la fonction de coordination préfectorale comme l'indique l'article 14 du décret du 29 avril 2004 modifié[564] :

> « *Le sous-préfet d'arrondissement est le délégué du préfet dans l'arrondissement. Il assiste le préfet dans la représentation territoriale de l'État et, sous son autorité : 1° Il veille au respect des lois et règlements et concourt au maintien de l'ordre public et à la sécurité des populations ; 2° Il anime et coordonne l'action, dans l'arrondissement, des services de l'État. Ces dispositions s'appliquent à la Gendarmerie nationale, dans les limites compatibles avec son statut militaire ; 3° Il participe à l'exercice du contrôle administratif et au conseil aux collectivités territoriales. Le préfet peut lui confier des missions particulières, temporaires ou permanentes, le cas échéant hors de l'arrondissement* ».

Le préfet de région peut, avec l'accord du préfet de département, lui confier des missions particulières, temporaires ou permanentes, d'intérêt régional. Parmi ces missions, nombreuses sont celles qui relèvent d'une fonction coordonnatrice. Les sous-préfets sont particulièrement actifs en matière de sécurité, de régulation des flux migratoires ou encore d'emploi à travers notamment le pilotage du service public de l'emploi local (SPEL), lieu de coordination des acteurs locaux, privés et publics qui participent à la politique de l'emploi[565].

---

juillet 2009 portant réforme de l'hôpital et relative aux patients, à la santé et aux territoires ».

564 Par l'article 8 du décret n° 2010-146 du 16 février 2010.

565 V. l'instruction de la Délégation générale à l'emploi et à la formation professionnelle (DGEFP) n°2011-09 du 3 mars 2011 relative à la mobilisation pour l'emploi au niveau infra-départemental qui précise la fonction de coordination du sous-préfet en matière d'emploi local : « *L'action des sous-préfets devra s'inscrire dans une démarche de valeur ajoutée par rapport aux actions existantes. En particulier, l'intervention des sous-préfets doit permettre d'amplifier les contacts avec les organisations professionnelles, les employeurs, les élus, en utilisant les compétences d'ensemblier, de médiateur et de facilitateur qui sont les leurs. A ce titre, pour garantir la cohérence et l'efficacité des services de l'État, il importe que les sous-préfets s'appuient très fortement sur les compétences de la DIRECCTE et de l'opérateur de placement de référence qu'est Pôle Emploi. Les sous-préfets veilleront également à situer leurs démarches d'impulsion et de coordination dans le cadre des orientations régionales et des objectifs de résultats définis par le préfet de région...* » (p. 2).

Issu de ce corps de haut fonctionnaire[566], le secrétaire général de préfecture est une figure centrale de la coordination départementale. Sous l'autorité du préfet, il est chargé de l'assister dans la mise en œuvre des politiques interministérielles dans le département ; il « *le seconde dans la coordination des services de l'État et le fonctionnement de la préfecture. Ses fonctions de coordination intéresseront non seulement les dossiers de fond, mais aussi la coordination des moyens des directions au titre des mutualisations* »[567]. À cette fin, le secrétaire général de préfecture reçoit des délégations dans toutes les matières et il est chargé de remplacer le préfet en cas d'absence ou d'empêchement. Le secrétaire général participe aussi au pouvoir de direction préfectorale sur les services déconcentrés. Dans cette tâche, il peut compter sur le travail des services de la préfecture dont il assure la direction sur délégation du préfet. Ces services administratifs sont organisés en directions[568], habituellement au nombre de quatre et subdivisées en services et bureaux, chargées des principales questions relevant de la compétence du préfet du département : direction de la réglementation et des libertés publiques ; direction de l'immigration et de l'intégration ; direction des relations avec les collectivités locales ; direction des ressources humaines et des moyens. Par ailleurs, il est fréquent que figurent explicitement dans les organigrammes des missions ou directions spécialisées dans la tâche de coordination interministérielle et parfois directement rattachées au préfet de département. Ces administrations répondent à un double objectif visant une cohérence générale des interventions de l'État dans le département : « *assurer une articulation efficace entre le niveau régional et le niveau départemental ; assurer une coordination entre la préfecture et les directions départementales interministérielles, entre la préfecture et les services déconcentrés départementaux ou les unités territoriales des services déconcentrés régionaux* »[569].

Les dernières réformes territoriales n'ont profondément changé ni les fonctions ni l'organisation des préfectures de département ; cependant,

---

566 Historiquement, le Secrétaire général de préfecture est aussi le sous-préfet de l'arrondissement chef-lieu du département (ordonnance du 20 décembre 1815).

567 Circulaire du 7 juillet 2008 relative à l'organisation de l'administration départementale de l'État.

568 La dénomination de ces directions peut sensiblement varier selon les préfectures cependant elles exercent les mêmes attributions dans tous les départements.

569 Source : http://www.correze.gouv.fr/Services-de-l-Etat/La-prefecture-et-les-sous-prefectures/L-organisation-des-services-prefectoraux. (pour un exemple dans le département de la Corrèze).

l'évolution du rôle du préfet de département, qui apparaît diminué en comparaison du renforcement des attributions du préfet de région, a provoqué des interrogations quant à son positionnement dans cette nouvelle carte de la déconcentration. Le rapport d'information du Sénat sur les préfectures et la réorganisation territoriale de l'État remis en 2013 relève à cet égard qu' :

> « *il ressort de ces échanges* (avec les préfets de département et leurs équipes) *un doute, presque un désarroi, sur le devenir des préfectures de départements et de leurs missions. Ce sentiment doit être mis en relation, d'une part, avec l'impression de n'être plus qu'une simple courroie de transmission sans prose véritable sur le cours des choses, et, d'autre part, avec une inquiétude relative au manque de moyens pour assumer les missions restantes.* (…) *Face à ces interrogations, votre rapporteure spéciale rappelle que le département demeure un échelon de proximité essentiel et que le préfet de département doit rester un interlocuteur indispensable pour les élus locaux ainsi que les acteurs du tissu économique et social de nos territoires* »[570].

Une telle interrogation ne se pose pas pour les préfectures de région, et encore moins pour le secrétariat général des affaires régionales dont les fonctions ont été amplifiées dans le cadre de la modernisation de l'administration territoriale, parmi lesquelles figure une mission générale de coordination générale des services déconcentrés dans la région.

B. L'entourage du préfet de région

Depuis sa création en 1964, le secrétaire général pour les affaires régionales (SGAR) assiste le préfet de région dans sa mission de coordination de l'action des services déconcentrés dans la région avec

---

570 Sénat (commission des finances, rapp. Michèle André), *Rapport d'information sur les préfectures et la réorganisation territoriale*, n° 77, 16 octobre 2013, p.16. Disponible sur : http://www.senat.fr/rap/r13-077/r13-0771.pdf. L'une des réponses à ces interrogations est le plan « Préfecture Nouvelle Génération » annoncé à l'issue du Conseil des ministres du 16 décembre 2015 par le ministre de l'Intérieur qui a un objectif double : « *rendre aux Français un service de meilleure qualité et renforcer les quatre missions prioritaires des préfectures et des sous-préfectures que sont la gestion des crises, la lutte contre la fraude documentaire, l'expertise juridique et le contrôle de légalité, et enfin la coordination territoriale des politiques publiques* ». Dans ce cadre, l'avenir de la préfecture du département semble assuré.
Source : http://www.interieur.gouv.fr/Actualites/L-actu-du-Ministere/Le-plan-prefectures-nouvelle-generation.

l'État d'une part et avec les services départements d'autre part[571]. Ses fonctions n'ont cessé de s'étendre au fur et à mesure de l'affirmation des pouvoirs du préfet de région. Il est à la tête du secrétariat général aux affaires régionales qui fait notamment office de secrétariat du comité de l'administration, dont l'action coordonnatrice dans la région est complémentaire à celle du SGAR.

1. Le Secrétariat général pour les affaires régionales

La coordination constitue le cœur de la mission du Secrétaire général pour les affaires régionales. L'article 1er (I et II) du décret n° 2009-587 du 25 mai 2009 relatif aux missions des secrétaires généraux pour les affaires régionales est explicite sur ce point :

> « *I.- Le secrétaire général pour les affaires régionales assiste le préfet de région, en métropole ou outre-mer, dans l'exercice de ses missions. II.-Sous son autorité, il exerce les fonctions suivantes : 1° Il coordonne l'action des services régionaux de l'État et veille à l'articulation de celle-ci avec celle des services départementaux ; 2° Il veille à la cohérence de la mise en œuvre des politiques nationales et de celles de la Communauté européenne qui relèvent du niveau régional et met en œuvre certaines d'entre elles ; il peut également mettre en œuvre certaines politiques nationales ou européennes qui relèvent du niveau interrégional lorsque le préfet de région en a été désigné coordonnateur ; 3° Il anime l'action des services régionaux de l'État dans les domaines des études, de l'évaluation et de l'utilisation des technologies de l'information et de la*

---

571 Mission dévolue au préfet de région depuis sa création par le décret n° 64-251 du 14 mars 1964. L'article 1er de ce décret (abrogé par le décret n° 82-390 du 10 mai 1982) avait créé un « préfet coordonnateur » dans le chef-lieu de chaque « circonscription d'action régionale ». L'article 2 précisait ses attributions qui participent toutes à l'exercice de sa fonction de coordination : « *Le préfet de la région a pour mission de mettre en oeuvre la politique du Gouvernement concernant le développement économique et l'aménagement de sa circonscription. Dans ce domaine, il anime et contrôle l'activité des préfets des départements de la région, ainsi que celle des chefs de service, des présidents ou directeurs d'établissements publics et des sociétés d'économie mixte dont l'action s'étend sur plusieurs départements de la circonscription, et qui n'ont pas un caractère national. Il est en outre chargé de contrôler et de coordonner l'activité administrative des services civils de l'État et des établissements publics n'ayant pas un caractère national, dont l'action s'étend sur plusieurs départements de la circonscription. Il peut enfin être investi par décret en Conseil d'État d'attributions particulières. Il reçoit ses directives du Premier ministre et pour les affaires de leur compétence, des ministres intéressés* ».

communication ; 4° Il coordonne la mise en œuvre des actions d'information et de communication de l'État relatives aux politiques publiques dans la région, en relation avec le service d'information du Gouvernement ; 5° Il anime et coordonne l'organisation et la mise en œuvre des fonctions mutualisées des services de l'État en région ; 6° Il organise et anime une plate-forme d'appui interministériel à la gestion des ressources humaines ; 7° Il organise et anime une plate-forme régionale des achats de l'État »[572].

Pris dans le cadre de la politique de Réorganisation de l'administration territoriale de l'État (RéATE), ce décret de 2009 a notablement renforcé la mission de coordination du SGAR qui s'est élargie compte tenu de l'extension des attributions du préfet. La dernière réforme territoriale initiée par la loi NOTRe du 7 août 2015[573], qui confie de nouvelles compétences aux nouvelles régions fusionnées[574], a encore accentué cette mission ; en témoigne la circulaire du Premier ministre du 29 septembre 2015[575] qui explique : « *C'est pourquoi il est important de redéfinir le rôle du secrétariat général pour les affaires régionales autour de ses missions d'animation et de coordination interministérielle et d'impulsion des audits de modernisation* ». À cette fin, une réorganisation du SGAR selon une logique transversale est prévue autour de deux pôles : le premier plus particulièrement dédié à la coordination interministérielle des politiques publiques et du dialogue avec les collectivités territoriales ; le second en charge, en lien avec les directions régionales, de la coordination interministérielle de la mise en œuvre du décret du 7 mai 2015 portant charte de la déconcentration, des actions de modernisation ainsi que de la mutualisation des moyens de fonctionnement des services déconcentrés.

Pour remplir, ces missions le SGAR s'appuie sur une équipe interministérielle composée d'un Secrétaire général pour les affaires

---

572 Modifié par le décret n° 2015-1894 du 29 décembre 2015 (article 2). L'extension des compétences des régions est une des priorités de la loi dont l'intitulé du Titre 1er est explicite : « Des régions renforcées ».

573 Loi n° 2015-991 du 7 août 2015 portant nouvelle organisation de la République (dite « loi NOTRe »).

574 Les régions métropolitaines passent de 22 à 13 (loi n° 2015-29 du 16 janvier 2015 ; appliquée à partir du 1er janvier 2016).

575 Circulaire n° 5812 / SG, « Réforme territoriale de l'État – Secrétariats généraux pour les affaires régionales, 29 septembre 2015.

régionales disposant d'une délégation de signature du préfet[576], d'un adjoint pour les affaires régionales (créé en 2009), de chargés de mission dont le nombre a fortement crû ces dernières années pour répondre à l'extension de son champ d'action[577], de collaborateurs contractuels, d'un délégué régional à la recherche et à la technologie (institué en 2009) et d'un délégué régional aux droits des femmes et à l'égalité. Le SGAR est par ailleurs chargé du secrétariat du Comité de l'administration régionale, instance stratégique en matière de coordination interministérielle et interdépartementale.

---

576 Il s'agit d'une délégation « *en toutes matières, et notamment pour celles qui intéressent plusieurs chefs de services déconcentrés des administrations civiles de l'État dans la région* » (article 38, alinéa 1er du décret n° 2004-374 du 29 avril 2004 relatif aux pouvoirs des préfets, à l'organisation et à l'action des services de l'État dans les régions et départements (modifié par le décret n° 2010-146 du 16 février 2010). De plus, depuis 2010, il peut désormais suppléer le préfet de région en cas de vacance ou d'empêchement de ce dernier : « *En cas d'absence ou d'empêchement, le préfet de région est suppléé par le secrétaire général pour les affaires régionales. Le préfet de région désigne un des préfets de département présents dans la région afin d'assurer sa suppléance en cas d'absence ou d'empêchement du secrétaire général pour les affaires régionales. En cas de vacance momentanée du poste de préfet de région, le préfet du rang le plus élevé en fonction dans la région assure l'intérim* » (aticle 39 du décret du 29 avril 2004 modifié).

577 V. Cour des comptes, *Rapport public thématique : « L'organisation territoriale de l'État »*, juillet 2013. Le document souligne l'augmentation soutenue des effectifs des SGAR depuis 2009. Il est précisé qu'en 2013, les SGAR 897 équivalents temps plein travaillé (ETPT) au titre du seul programme « Administration territoriale » de la mission « Administration générale et territoriale de l'État ». La Cour des comptes souligne par ailleurs qu'« *en réalité, le nombre d'agents des SGAR est sensiblement supérieur : il comprend des agents relevant de plusieurs administrations des niveaux régional et national, et donc de plusieurs programmes. Ainsi le SGAR du Languedoc-Roussillon comporte 50,5 ETP, celui de Nord-Pas-de-Calais 70,3 ETP avec des objectifs cibles de 78,1 ETP, celui de Poitou-Charentes 46,1 ETP* ». L'institution note aussi que « *[les SGAR] comportent un ou deux conseillers dans le domaine de chacune des directions régionales. Les conseillers constituent, auprès des préfets de région,* une sorte de cabinet régional. *Cette situation n'est pas totalement compatible avec le rôle de réflexion et de pilotage de ces directions et avec la responsabilisation des directeurs régionaux. L'enquête montre que, dans certains cas, les dossiers préparés par les directions régionales sont ré-instruits par ces conseillers et que la relation entre le SGAR et les directions régionales s'effectue, dans nombre de cas, par leur intermédiaire* ». La Cour des comptes considère ainsi que « *les SGAR sont devenus de véritables services dont le nombre d'agents est parfois supérieur à celui de directions comme la DRJSCS ou la DDCS* ».

2. Le comité de l'administration régionale

Présidé par le préfet de région, le CAR est composé :

> « *1° Des préfets de département ; 2° Du recteur de région académique ; 3° Du directeur régional des finances publiques ; 4° Du secrétaire général placé auprès du préfet du département où se situe le chef-lieu de la région ; 5° Du secrétaire général pour les affaires régionales ; 6° Du directeur régional de l'alimentation, de l'agriculture et de la forêt ; 7° Du directeur régional de l'environnement, de l'aménagement et du logement ; 8° Du directeur régional de la jeunesse, des sports et de la cohésion sociale ; 9° Du directeur régional des entreprises, de la concurrence, de la consommation, du travail et de l'emploi ; 10° Du directeur régional des affaires culturelles ; 11° Le cas échéant, du directeur interrégional de la mer. Le directeur général de l'agence régionale de santé est membre du comité de l'administration régionale. Le préfet de région associe, en tant que de besoin, les responsables d'établissements publics et les services de l'État ayant leur siège dans la région ou dont l'activité s'exerce au-delà de la région. Il peut proposer aux chefs de cour et de juridiction d'assister aux travaux du comité de l'administration régionale. Il peut inviter toute personne qualifiée à être entendue* »[578].

Instance de consultation et d'évaluation, le rôle principal du CAR est de faire dialoguer les principales autorités des échelons régional et départemental dans le cadre de la préparation et l'application des politiques de l'État dans les territoires. Il est par ailleurs « *consulté sur les orientations stratégiques de l'État dans la région* »[579] et sur les moyens nécessaires à la mise en œuvre des politiques de l'État dans la région. Le CAR se prononce notamment sur plusieurs outils de coordination, tels que le plan interministériel de gestion prévisionnelle en matière de ressources humaines ou le schéma régional organisant la mutualisation des moyens entre services de l'État. Son caractère délibératif en fait un organe d'« *expression de la collégialité*

---

[578] Article 35 du décret n° 2004-374 du 29 avril 2004 (modifié par le décret n° 2015-1616 du 10 décembre 2015, article 14).

[579] Article 36 du décret n° 2004-374 du 29 avril 2004 (modifié par le décret n° 2016-247 du 3 mars 2016).

régionale »[580] où se tissent les relations entre les principaux acteurs de l'administration déconcentrée régionale.

SECTION 2 - LA RÉORGANISATION HORIZONTALE DES SERVICES DÉCONCENTRÉS

Depuis les débuts du processus de déconcentration, la multiplication des services déconcentrés, associée à un développement des relations avec des collectivités territoriales qui se sont affirmées au fil des réformes accentuant la décentralisation, a mis à mal la cohésion territoriale. Le renforcement indispensable de la coordination territoriale a essentiellement été réalisé grâce à une extension des pouvoirs du préfet à laquelle s'est ajoutée, dans les années 2000, une réforme organisationnelle d'envergure : « *la RéATE a été conçue avant tout comme une réforme de structures, visant à resserrer le nombre de directions pour leur donner plus de consistance et ainsi simplifier le travail de mise en cohérence interministérielle des actions de chaque service* »[581]. Cette ambition a été concrétisée en 2009 avec la création, au niveau départemental et régional, de directions horizontales permettant une meilleure coordination administrative territoriale. Plus qu'une rationalisation structurelle, c'est une meilleure mutualisation des moyens de gestion et logistiques[582] des services déconcentrés et la suppression de « doublons fonctionnels » qui sont recherchées, « *avec pour objectif principal de renforcer l'unité d'action de l'État en mettant fin au cloisonnement de ses administrations* »[583].

§ 1 - La coordination des directions départementales

Le décret n° 2009-1484 du 3 décembre 2009 procède à une vaste réorganisation des services déconcentrés de l'État au niveau départemental en créant des directions départementales interministérielles (DDI) fusionnant les nombreux services existants. En privilégiant l'interministérialité – les DDI sont rattachées au Premier

580 Circulaire du Premier ministre du 13 décembre 2010.

581 ENA-Direction de l'Information, *L'administration territoriale de l'État : les relations entre le niveau national et le niveau régional*, *op. cit.*.

582 A travers notamment des schémas pluriannuels de stratégie immobilière (SPSI).

583 Nicolas KADA, « Réforme de l'administration territoriale de l'État : les ratés de la Réate », *AJDA*, 2011, n° 14.

ministre[584] (non à un ministre en particulier) et placées sous l'autorité du préfet de département[585] - ; la transversalité – avec l'institution de directions interdépartementales - ; et l'adaptabilité – avec un modèle de base qui peut être modulé en fonction de la population ou du lieu de certains départements -, cette réforme rompt avec une logique d'organisation ministérielle et pose les conditions d'une meilleure coordination de l'action des services départementaux.

A. Les directions départementales interministérielles

Aussi laconique soit-il, l'article premier du décret n° 2009-1484 du 3 décembre 2009 relatif aux directions départementales interministérielles met en place une administration départementale qui tranche avec la logique classique de la déconcentration : « *les directions départementales interministérielles sont des services déconcentrés de l'État relevant du Premier ministre, placés sous l'autorité du préfet de département* ». L'organisation de ces nouveaux services départementaux n'est plus calquée sur celle des ministères, ce qui marque une rupture avec une conception hiérarchisée de l'administration déconcentrée qui a conduit à des cloisonnements sectoriels et doublons fonctionnels. En faisant de l'interministérialité une règle[586], la réforme de 2009 parachève

---

584 « *La mission « Direction de l'action du Gouvernement » regroupe en premier lieu les crédits et les emplois des entités rattachées aux services du Premier ministre, d'une part, les fonctions d'assistance au Premier ministre dans son rôle de pilotage de l'action gouvernementale (Secrétariat général du Gouvernement, Secrétariat général de la Défense et de la Sécurité nationale, Secrétariat général des affaires européennes, ...) et, d'autre part, les fonctions de soutien du Premier ministre dans les rôles que lui confère la Constitution (direction des services administratifs et financiers, ...). La mission inclut également les effectifs et les moyens mutualisés des administrations territoriales de l'État, rattachés depuis 2011 aux services du Premier ministre (directions départementales interministérielles, Secrétariats généraux aux affaires régionales)* » (Ministère de l'Economie et des Finances, « Projet de loi de finances pour 2013. Les missions de l'État », *Portail de l'Economie et des Finances*, p. 41.
Disponible sur : http://www.economie.gouv.fr/files/projet-loi-finances-2013-plf-missions.pdf).

585 « *Les directions départementales interministérielles sont des services déconcentrés de l'État relevant du Premier ministre, placés sous l'autorité du préfet de département* » (article 1er du décret n° 2009-1484 du 3 décembre 2009 relatif aux directions départementales interministérielles) ; « *Le préfet arrête, sur proposition du directeur, l'organisation de chaque direction départementale interministérielle dans son département conformément aux orientations du Premier ministre, après présentation au comité de l'administration régionale et accord du préfet de région* » (article 9 du décret précité).

586 Avant 2009, plusieurs ministères pouvaient intervenir par le biais d'une seule direction départementale mais cela ne concernait que quelques directions particulières

la disparition de la notion de « services extérieurs » à laquelle le décret du 1er juillet 1992 dit « Charte de la déconcentration » avait en théorie mis fin en lui substituant l'expression de « services déconcentrés ». L'horizontalité gagne progressivement du terrain sur la verticalité, fondement historique de la déconcentration bouleversé par « *la Réate* (qui) *a été conçue avant tout comme une réforme de structures, visant à resserrer le nombre de directions pour leur donner plus de consistance et ainsi simplifier le travail de mise en cohérence interministérielle des actions de chaque service* »[587].

Le décret du 3 décembre 2009 appliqué depuis le 1er janvier 2010 a mis en place un schéma départemental simplifié composé de deux directions interministérielles [588] : une direction départementale des territoires (DDT) et une direction départementale de la cohésion sociale et de la protection des populations (DDCSPP). Cette organisation est la règle dans tous les départements de moins de 400 000 habitants ; au-dessus de ce seuil, le préfet a la possibilité de créer une autre direction par scission de la DDCSPP pour former une direction départementale de la cohésion sociale (DDCS) et une direction départementale de la protection des populations (DDPP)[589]. Notons cependant que le décret ne

---

(ex. la DDASS pour le compte du ministère des affaires sociales, du travail et de la solidarité et du ministère de la santé).

587 ENA-Direction de l'Information, *L'administration territoriale de l'État : les relations entre le niveau national et le niveau régional*, *op. cit.*, p. 23.

588 Article 2 du décret n° 2009-1484 du 3 décembre 2009 relatif aux directions départementales interministérielles :
« *I. — Dans chaque département sont créées les directions départementales interministérielles suivantes :*
1° Sous réserve des dispositions du 2°, une direction départementale des territoires ou, dans les départements du littoral, une direction départementale des territoires et de la mer, et une direction départementale de la cohésion sociale et de la protection des populations ».
Cette organisation est modulable. Le texte poursuit :
« *2° Dans les départements dont la liste figure en annexe 1, une direction départementale des territoires, ou, dans les départements du littoral, une direction départementale des territoires et de la mer, une direction départementale de la cohésion sociale et une direction départementale de la protection des populations.*
II. — Dans les départements dont la liste figure en annexe 2, une délégation à la mer et au littoral est créée au sein de la direction départementale des territoires et de la mer ».

589 Les départements qui ont opté pour cette configuration figurent dans l'annexe 1 du décret du 3 décembre 2009. On en dénombre quarante-six (août 2014). Liste disponible sur : http://www.legifrance.gouv.fr/affichTexteArticle.do;jsessionid=09EC842324C17C94E79A064F2BA39A08.tpdjo08v_1idArticle=LEGIARTI000022391721&cidTexte=LEGITEXT000021374056&dateTexte=20110805.

s'applique pas à tous les départements de la région Ile-de-France[590], ni aux départements d'outre-mer [591] qui disposent d'une organisation spécifique liée à leur particularité juridique. Le modèle basique de deux DDI peut aussi être modulé en fonction d'une spécificité géographique : dans les départements côtiers, la direction départementale des territoires prend le nom de direction départementale des territoires et de la mer (DDTM). En outre, la spécificité du traitement des affaires maritimes est prise en compte dans plusieurs départements à travers la création d'une délégation à la mer et au littoral au sein de la DDTM[592]. Dans tous les cas, il appartient au préfet d'arrêter « *sur proposition du directeur, l'organisation de chaque direction départementale interministérielle dans son département conformément aux orientations du Premier*

---

590 V. le décret n° 2010-687 du 24 juin 2010 relatif à l'organisation et aux missions des services de l'État dans la région et les départements d'Île-de-France entré en vigueur le 1er juillet 2010.
« *Quatre directions régionales et interdépartementales ont été créées au niveau régional. Elles cumulent le pilotage des politiques au niveau régional et leur mise en œuvre dans les seuls départements de la petite couronne s'agissant des compétences liées à l'aménagement du territoire et au logement. Les départements de la grande couronne sont organisés selon le schéma à trois directions interministérielles comme indiqué à l'article 2 et à l'annexe 1 du décret n°2009-1484 du 3 décembre 2009 relatif aux directions départementales interministérielles. Conformément à l'article 23 du décret du 24 juin 2010, les départements de la petite couronne sont organisés selon un schéma spécifique à deux directions interministérielles : une DDPP et une DDCS dépourvue des missions de logement et d'hébergement qui sont assurées par l'unité territoriale de la direction régionale et interdépartementale de l'hébergement et du logement (DRIHL). Les compétences dévolues à la DDT sont exercées pour l'essentiel par l'unité territoriale de la direction régionale et interdépartementale de l'équipement et de l'aménagement (DRIEA)* ».
Source : « L'administration territoriale de l'État », *Le portail de l'État au service des collectivités.*
Disponible sur : http://www.collectivites-locales.gouv.fr/ladministration-territoriale-letat#__RefHeading__38_109887175.

591 « *La réorganisation des services de l'État en Guyane, en Guadeloupe, en Martinique, à la Réunion, à Mayotte et Saint-Pierre-et-Miquelon est intervenue le 1er janvier 2011, selon des modalités prenant en compte les spécificités de ces territoires conformément au conseil interministériel pour l'outre-mer du 6 novembre 2009 :*
- une organisation des services déconcentrés de l'État de type régional pour les quatre départements et régions d'outre-mer et pour le département de Mayotte ;
- une adaptation spécifique pour Saint-Pierre-et-Miquelon avec deux directions interministérielles ».
Source : « L'administration territoriale de l'État », *Le portail de l'État au service des collectivités.*
Disponible sur : http://www.collectivites-locales.gouv.fr/ladministration-territoriale-letat#__RefHeading__38_109887175.

592 La liste des départements avec une DDTM comportant une délégation à la mer et au littoral figure à l'annexe 2 du décret du 3 décembre 2009. Ils sont au nombre de vingt-et-un (août 2014).

ministre, après présentation au comité de l'administration régionale et accord du préfet de région ». Bien que certaines directions départementales « traditionnelles » subsistent encore, à l'instar de la Direction départementale des Finances Publiques (DDFip)[593] ou de la Direction des services départementaux de l'éducation nationale (DSDEN)[594], la mise en place de ces nouvelles directions transversales[595] rationalise une organisation qui était complexe et souvent illisible : le département comptait une quinzaine de directions départementales ayant des configurations variées[596] et dont les compétences pouvaient se chevaucher. L'amélioration n'est pas seulement structurelle : la rationalisation de la carte déconcentrée départementale doit permettre une action plus cohérente en regroupant des services qui agissent dans un même domaine, au-delà des cloisonnements ministériels. Cet objectif est clairement indiqué dans une circulaire du Premier ministre du 31 décembre 2008 sur l'organisation départementale de l'État : « *Ces services doivent travailler ensemble, sous l'autorité et la coordination des préfets pour tout ce qui relève de leur compétence. Le nouvel organigramme n'a pas pour but, en effet, de tracer des frontières nouvelles entre services mais de traduire des priorités de regroupement fonctionnel et de faciliter les relations entre les structures* »[597]. Autrement dit, les DDI assurent une meilleure coordination de l'action des services départementaux.

---

593 Les premières DDFip sont les services déconcentrés de la Direction générale des Finances publiques du Ministère de l'Economie et des Finances dans les départements. Elles ont été créées par le décret n°2009-707 du 16 juin 2009 pour regrouper les services chargés de la fiscalité et de la comptabilité publique.

594 Les DSDEN sont les services déconcentrés du ministère de l'Education nationale et du ministère de l'Enseignement supérieur et de la Recherche dans les départements. Créées par le décret n°2012-16 du 5 janvier 2012, elles remplacent les anciennes inspections d'académie.

595 Outre les DDFip et les DSDEN, d'autres services perdurent aux côtés des DDI : les délégations militaires départementales, les groupements de gendarmerie départementale (Ministère de la Défense, Ministère de l'Intérieur)), les directions départementales de la sécurité publique (Ministère de l'Intérieur). Mentionnons également les services de la navigation qui sont présents dans certains départements qui depuis le 1er janvier 2013 ne sont plus des services déconcentrés de l'État mais sont rattachés à l'établissement public administratif « Voies navigables de France ».

596 L'absence de règles communes d'organisation des directions départementales était source d'illisibilité et d'instabilité. Un même ministère pouvait intervenir à travers plusieurs directions et services (ex. du ministère de l'économie, des finances et de l'industrie représenté par la DDSF, DDCCRF et la trésorerie générale. Par ailleurs, au regard de leurs attributions, certaines directions n'étaient présentes que dans certains départements (ex. DD des affaires maritimes ou DD de la police aux frontières).

597 Circulaire du Premier ministre n°5359 SG du 31 décembre 2008, p. 1.
Disponible sur : http://circulaire.legifrance.gouv.fr/pdf/2009/04/cir_2240.pdf.

Par exemple, la direction départementale des territoires est compétente pour traiter de politiques qui relevaient jusqu'en 2010 de plusieurs directions départementales, en particulier les directions départementales de l'équipement et les directions départementales de l'agriculture et de la forêt. De manière comparable, la direction départementale de la cohésion sociale est quant à elle chargée de traiter les questions liées notamment au logement social, à l'hébergement d'urgence, ou encore à la jeunesse et aux sports qui auparavant relevaient pour l'essentiel de la compétence des directions départementales des affaires sanitaires et sociales et des directions départementales de la jeunesse et des sports. Mentionnons encore la direction départementale de la protection des populations qui reprend les attributions des anciens services déconcentrés vétérinaires et des directions départementales de la concurrence, de la répression des fraudes et de la consommation.

La transversalité de l'action des services départements n'est pas seulement de nature interministérielle : certains d'entre eux agissent à un niveau interdépartemental.

B. Les directions interdépartementales

Aux termes de l'article 7 du décret du 3 décembre 2009 : « *Une direction départementale interministérielle peut exercer certaines des missions définies aux articles 3, 4 et 5 dans plusieurs départements. Dans ce cas, le directeur est placé sous l'autorité fonctionnelle de chacun des préfets des départements intéressés. Les directions départementales interministérielles et les missions concernées sont définies par arrêté du Premier ministre* ». Outre cette « interdépartementalité occasionnelle », notons l'existence de onze directions interdépartementales des routes créées par le décret n° 2006-304 du 16 mars 2006[598] qui regroupent les services déconcentrés du ministère de l'Écologie, du Développement durable et de l'Énergie[599] chargés de l'entretien, de l'exploitation et de la gestion des routes nationales ; une mission jusque-là dévolue aux directions départementales de l'équipement. Enfin, certains anciens services départements non intégrés dans des DDI sont devenus des « unités territoriales » de directions régionales. De fait, leur action est transversale puisqu'elle s'inscrit dans le cadre plus général d'une coordination régionale qui dépasse les frontières départementales.

---

598 Le décret n° 2006-304 du 16 mars 2006 portant création et organisation des directions interdépartementales des routes a été modifié par le décret n° 2013-1181 du 17 décembre 2013.

599 Des services qui relevaient du ministère de l'Equipement au moment de leur création en 2006.

Sur le plan régional, la formule des pôles régionaux créés par le décret n° 2004-1053 du 5 octobre 2004 pour coordonner l'action de chefs de service départements et régionaux autour d'une politique commune transversale[600] a été abandonnée au profit d'une réorganisation des directions dans chaque région[601]. Ce nouveau schéma régional repose encore sur une logique de découpage ministériel classique ; cependant les relations entre directions sont encouragées par le SGAR et institutionnalisées dans le cadre du CAR.

§ 2 - La coordination des directions régionales

Tandis que la nouvelle administration départementale repose sur un schéma interministériel conçu comme le meilleur moyen de répondre aux besoins des citoyens, l'organisation de la région ne rompt pas avec le découpage ministériel. Pour autant, comme au niveau départemental, les dernières réformes de l'échelon régional ont favorisé la transversalité. Le décret n° 2004-1053 du 5 octobre 2004 avait créé huit « pôles régionaux » se substituant à une vingtaine de directions régionales[602]. Il

---

600 Article 1er du décret du 5 octobre 2004 : « *Les pôles régionaux de l'État sont au nombre de huit : un pôle « éducation et formation » (...) ; un pôle « gestion publique et développement économique » (...) ; un pôle « transport, logement, aménagement » (...) ; un pôle « santé publique et cohésion sociale » (...) ; un pôle « économie agricole et monde rural » (...) ; un pôle « environnement et développement durable » (...) ; un « pôle développement de l'emploi et insertion professionnelle » (...) ; un pôle « culture » (...)* ». (Décret abrogé par le décret n° 2010-146 du 16 février 2010, article 51).

601 L'organisation des services régionaux de l'État est recomposée en huit principales entités, dont certaines sont communes à plusieurs régions, contre une vingtaine de directions auparavant : Direction régionale des affaires culturelles (DRAC) ; Direction interégionale de la mer (DIRM) ; Direction régionale de l'environnement, de l'aménagement et du logement (DREAL) ; Direction régionale de l'alimentation, de l'agriculture et de la fôret (DRAAF) ; Direction régionale de la jeunesse, des sports et de la cohésion sociale (DRJSCS) ; Direction régionale des entreprises, de la concurrence et de la consommation, du travail et de l'emploi (DIRECCTE) ; Direction régionale des finances publiques (DRFIP) ; Agence régionale de santé (ARS) ; Rectorat d'Académie.

602 Article 1er du décret n° 2004-1053 du 5 octobre 2004 relatif aux pôles régionaux de l'État et à l'organisation de l'administration territoriale dans les régions (abrogé) :
« *Les pôles régionaux de l'État sont au nombre de huit :*
-un pôle "éducation et formation", dont le responsable est le recteur d'académie. Dans les régions comportant plus d'une académie, chaque recteur est responsable du pôle pour l'académie qu'il dirige ;
-un pôle "gestion publique et développement économique", dont le responsable est le trésorier-payeur général de région ;
-un pôle "transport, logement, aménagement" ou "transport, logement, aménagement et mer" pour les régions littorales, dont le responsable est le directeur régional de l'environnement, de l'aménagement et du logement ;

était recherché, au moyen de cette réorganisation, une amélioration de la coordination de l'action de services[603] prenant part à une politique commune transversale. Toutefois, il ne s'agissait que d'un simple regroupement fonctionnel entre services qui restaient juridiquement distincts. La réforme engagée dans le cadre de la Réate a été plus loin en procédant à la fusion de services et à la suppression de certaines directions régionales ; une véritable institutionnalisation de la transversalité qui donne les moyens d'une meilleure cohérence dans les interventions de services impliqués dans une même politique qui autrefois étaient éparpillés. La réorganisation structurelle encourage une amélioration fonctionnelle. Conformément au modèle proposé dans le cadre du Conseil de modernisation des politiques publiques réuni le 12 décembre 2007, repris dans une circulaire du Premier ministre du 19 mars 2008[604], la région comprend désormais huit structures[605] : un rectorat d'académie, une agence régionale de santé (ARS)[606] et six directions régionales qui comprennent chacune plusieurs services régionaux.

-un pôle "santé publique et cohésion sociale", dont le responsable est le directeur régional des affaires sanitaires et sociales ;
-un pôle "économie agricole et monde rural", dont le responsable est le directeur régional de l'agriculture et de la forêt ;
-un pôle "environnement et développement durable", dont le responsable, désigné par arrêté du préfet de région, peut être le directeur régional de l'environnement ou le directeur régional de l'environnement, de l'aménagement et du logement ;
-un pôle "développement de l'emploi et insertion professionnelle", dont le responsable est le directeur régional du travail, de l'emploi et de la formation professionnelle ;
-un pôle "culture", dont le responsable est le directeur régional des affaires culturelles ».

603 Pouvaient leur être associées d'autres structures agissant dans le cadre de la même politique (établissements publics, agences, organismes publics régionaux...).

604 Circulaire du Premier ministre n° 5285 SG du 19 mars 2008 sur la réforme de l'organisation des services territoriaux de l'État.

605 Dix si l'on tient également compte dans certaines régions la présence de « Région de Gendarmerie » qui regroupent les anciens « groupements de gendarmerie mobile » et les délégués régionaux à la recherche et à la technologie qui sont placés sous l'autorité du SGAR par le décret n°2009-589 du 25 mai 2009 et dont l'une des principales missions consiste à veiller à « *la cohérence des initiatives prises dans la région avec les orientations de la politique nationale de recherche et d'innovation et les programmes d'action mis en place dans ce cadre* » (article 1er, alinéa 2 du décret du 25 mai 2009).

606 Les ARS ont été créées le 1er avril 2010 en remplacement des agences régionales de l'hospitalisation (ARH), les directions générales des affaires sanitaires et sociales (DRASS), les directions départementales des affaires sanitaires et sociales (DDASS) (ou les directions de santé et du développement social (DSDS) en Guadeloupe, Martinique et Guyane), et les unions régionales des caisses d'assurance maladie (URCAM). A proprement parler ce ne sont pas des services déconcentrés mais des établissements publics administratifs cependant, le directeur général de l'ARS dispose des mêmes pouvoirs que ceux d'un chef de service déconcentré.

A. Les directions régionales

De nouvelles directions ont progressivement été mises en place dans chaque région à partir de 2009 : la Direction régionale des affaires culturelles (DRAC)[607] ; la Direction régionale de l'environnement, de l'aménagement et du logement (DREAL)[608] ; la Direction régionale de l'alimentation, de l'agriculture et de la forêt (DRAAF)[609] ; Direction régionale de la jeunesse, des sports et de la cohésion sociale (DRJSCS)[610] ; Direction régionale des entreprises, de la concurrence et de la consommation, du travail et de l'emploi (DIRECCTE)[611] ; Direction régionale des finances publiques (DRFip)[612]. L'exemple des DIRECCTE est probablement le plus illustratif de cette réorganisation qui vise une amélioration des services fournis aux citoyens en même temps qu'une meilleure gestion des dépenses publiques. Les DIRECCTE regroupent de nombreux et divers services déconcentrés : les directions départementales et régionales de l'emploi, du travail et de la formation

---

607 Décret n° 2010-633 du 8 juin 2010 relatif à l'organisation et aux missions des directions régionales des affaires culturelles (Ministère de la Culture et de la Communication). Dans les DOM une « Direction des Affaires culturelles » exerce les mêmes attributions.

608 Décret n° 2009-235 du 27 février 2009 relatif à l'organisation et aux missions des directions régionales de l'environnement, de l'aménagement et du logement (Ministère de l'Ecologie, du Développement durable et de l'Energie). Dans les DOM une « Direction de l'environnement, de l'aménagement et du logement » exerce les mêmes attributions.

609 Décret n° 2010-429 du 29 avril 2010 relatif à l'organisation et aux missions des directions régionales de l'alimentation, de l'agriculture et de la forêt (Ministère de l'Agriculture, de l'Agro-alimentaire et de la Forêt). Dans les DOM une « Direction de l'alimentation, de l'agriculture et de la forêt » exerce les mêmes attributions.

610 Décret n° 2009-1540 du 10 décembre 2009 relatif à l'organisation et aux missions des directions régionales de la jeunesse, des sports et de la cohésion sociale (Ministère des Affaires sociales, de la Santé et des Droits des femmes et Ministère de la Ville, de la Jeunesse et des Sports). Dans les DOM une « Direction de la jeunesse, des sports et de la cohésion sociale » exerce les mêmes attributions.

611 Décret n° 2009-1377 du 10 novembre 2009 relatif à l'organisation et aux missions des directions régionales des entreprises, de la concurrence, de la consommation, du travail et de l'emploi (Ministère de l'Economie, de l'Industrie et du Numérique et Ministère du Travail, de l'Emploi, de la Formation professionnelle et du Dialogue social). Dans les DOM une « Direction des entreprises, de la concurrence, de la consommation, du travail et de l'emploi » exerce les mêmes attributions.

612 Arrêté du 18 juin 2009 portant création de directions régionales et départementales des finances publiques (Ministère des Finances et des Comptes publics).

professionnelle (DDTEFP et DRTEFP) ; les directions régionales de l'industrie (DDI) et services métrologie des directions régionales de la Recherche et de l'Environnement (DRIRE) ; les directions régionales de la concurrence, de la consommation et de la répression des fraudes (DRCCRF) ; les directions régionales du tourisme (DRT) ; les directions régionales du commerce et de l'artisanat (DRCA) ; les directions régionales du commerce extérieur (DRCE) ; les chargés de mission régionaux à l'intelligence économique (CRIE).

Bien que le décret ne mentionne pas explicitement le terme de coordination, les attributions accordées aux nouvelles directions relèvent effectivement d'une fonction coordonnatrice : elles visent à faire travailler ensemble des administrations prenant part à une même politique. Cette tâche est sûrement encore plus évidente s'agissant des directions interrégionales.

B. Les directions interrégionales

En accord avec l'objectif de transversalité voulu par la Réate, ont été créées quatre catégories de directions interrégionales[613] : la direction interrégionale des douanes et droits indirects (DRDDI)[614], la direction interrégionale de la mer (DIRM)[615] ; la direction interrégionale des services pénitentiaires (DISP)[616] et la direction interrégionale de la protection judiciaire et de la jeunesse (DIPJJ)[617]. Dans le cas de la DIRM, sa mission de coordination est explicitement indiquée :

« *I. - Dans son ressort, sous l'autorité des préfets de région, du préfet maritime et sous réserve des compétences des*

---

613 Mentionnons également l'existence à l'échelon interrégional de Centres d'études techniques de l'Equipement, de Centres interministériels de renseignements administratifs et de neuf directions de la sécurité de l'Aviation civile.

614 Il en existe douze. Elles sont rattachées au Ministère des Finances et des Comptes publics.

615 Décret n° 2010-130 du 11 février 2010 relatif à l'organisation et aux missions des directions interrégionales de la mer Il en existe quatre, une située sur chaque façade maritime. Dans les DOM et les TAAF, notons la présence d'une « Direction de la mer » qui exerce des compétences identiques. Elles relèvent du Ministère de l'Ecologie, du Développement durable et de l'Energie.

616 Décret n° 2010-214 du 2 mars 2010 relatif au ressort territorial, à l'organisation et aux attributions des services déconcentrés de la protection judiciaire de la jeunesse. Il en existe neuf sur le territoire métropolitain et un dans les DOM. Elles sont rattachées au Ministère de la Justice.

617 Il en existe neuf. Elles sont rattachées au Ministère de la Justice.

préfets de département et des compétences attribuées à d'autres services ou établissements publics de l'État, la direction interrégionale de la mer : 1° Est chargée de conduire les politiques de l'État en matière de développement durable de la mer, de gestion des ressources marines et de régulation des activités maritimes et de coordonner, en veillant à leur cohérence, les politiques de régulation des activités exercées en mer et sur le littoral, à l'exclusion de celles relevant de la défense et de la sécurité nationales et du commerce extérieur »[618].

Autre exemple, l'article 5 du décret n° 2010-214 du 2 mars 2010 décrit les attributions des DIPJJ en employant les expressions « concertation », « organisation des relations », « organisation de la complémentarité des interventions des différents acteurs » qui sont autant d'indices, ici encore, de l'exercice d'une fonction de coordination interrégionale.

Les besoins de cohérence de l'action sont plus accentués dans certains territoires en raison de leur population ou de leur emplacement géographique. Ainsi, le schéma d'organisation des services déconcentrés en métropole est adapté aux particularités des départements et régions d'outre-mer[619]. Encore plus dérogatoire, l'organisation des services déconcentrés en Île-de-France est propre à cette région. Le décret n° 2010-687 du 24 juin 2010 relatif à l'organisation et aux missions des services de l'État dans la région et les départements d'Ile-de-France a mis en place des services spécifiques : « *Les services déconcentrés des administrations civiles de l'État dans la région Ile-de-France comprennent des directions régionales, des directions régionales et interdépartementales et des directions départementales* »[620] (article 1er). Quatre directions régionales et interdépartementales ont été instituées[621] :

---

618 Article 3 du décret n° 2010-130 du 11 février 2010.

619 V. le décret n° 2010-1582 du 17 décembre 2010.

620 Article 1er du décret n° 2010-687 du 24 juin 2010 relatif à l'organisation et aux missions des services de l'État dans la région et les départements d'Ile-de-France.

621 Elles s'ajoutent à deux directions départementales interministérielles de la cohésion sociale et de la protection des populations dans les Hauts-de-Seine, en Seine-Saint-Denis et dans le Val-de-Marne ; à une direction départementale de la protection des populations placée sous l'autorité du préfet de police qui peut déléguer sa signature dans les matières relevant de ses attributions au directeur de la préfecture de police chargé de la protection du public et une direction départementale de la cohésion sociale placée sous l'autorité du préfet de la région Ile-de-France, préfet de Paris à Paris. La région compte aussi trois directions régionales que l'on retrouve également dans les autres régions métropolitaines : la Direction régionale des affaires culturelles (DRAC) ;la Direction

celle de l'hébergement et du logement (DRIHL) ; de l'équipement et de l'aménagement (DRIEA) ; de l'environnement et de l'énergie (DRIEE) et de l'alimentation, l'agriculture et la forêt (DRIAAF)[622].

Par exemple, la direction régionale et interdépartementale de l'équipement et de l'aménagement est notamment chargée :

> « *1° (...) d'élaborer et de mettre en œuvre les politiques de l'État en matière : a) De développement et d'aménagement durables, notamment dans les domaines de la construction, de l'urbanisme, de l'aménagement durable des territoires, des déplacements, des infrastructures et des services de transport, du contrôle des transports terrestres, de la circulation, de l'éducation et de la sécurité routières, de la valorisation des données qui relèvent de sa compétence ; b) D'habitat, notamment dans le domaine foncier, de la répartition de l'offre de logements sur le territoire et de la restructuration urbaine ; 2° Elle assure le pilotage et la coordination des politiques citées aux a et b du 1° mises en œuvre par d'autres services déconcentrés et les établissements publics de l'État concernés* »[623].

Ces exemples mettant en lumière l'action transversale des directions locales sont révélateurs d'une coordination territoriale qui se détache de plus en plus d'une logique verticale.

---

régionale de la jeunesse, des sports et de la cohésion sociale (DRJSCS) et la Direction régionale des entreprises, de la concurrence et de la consommation, du travail et de l'emploi (DIRECCTE).

622 Article 2 du décret n° 2010-687 du 24 juin 2010.

623 Article 9 du décret n° 2010-687 du 24 juin 2010.

CONCLUSION DU TITRE 2

À l'instar de la représentation d'une administration française fortement hiérarchisée, le « dogme de la France jacobine » est resté tenace en dépit des réformes qui se sont multipliées depuis plus d'un siècle visant un approfondissement de la déconcentration et, par conséquent, un affaiblissement du cadre vertical. La principale figure de ce processus est le préfet : l'évolution de son statut et de son rôle est révélatrice du développement d'une fonction de coordination destinée à assurer une cohésion de l'administration au niveau local. Créée à la toute fin du XVIIIe siècle, l'institution préfectorale a d'abord été conçue comme un simple relais du pouvoir des autorités centrales au niveau local. Le rappel des principales étapes de l'évolution de l'administration territoriale a cependant permis de souligner comment le préfet s'est peu à peu détaché d'une relation de subordination pour devenir non seulement une interface entre le centre et les services implantés au niveau local, mais également entre ces services en vue notamment de faciliter leurs relations. Le tournant s'est amorcé avec les décrets de 1964 qui ont explicitement consacré un pouvoir de pilotage au préfet mais cette transformation s'est véritablement consolidée avec la révision constitutionnelle de 1982 qui lui a reconnu un rôle de direction des services déconcentrés en même temps qu'elle accentuait le mouvement décentralisateur.

Cette évolution traduit une horizontalisation de l'organisation administrative territoriale qui s'est en particulier matérialisée par une consolidation de la fonction de coordination préfectorale entre le centre et les services déconcentrés et entre ces derniers, mais aussi entre les services déconcentrés et les collectivités locales. L'approfondissement parallèle de la déconcentration et de la décentralisation s'est poursuivi jusqu'à nos jours, notamment avec la loi d'orientation sur « l'administration territoriale de la République » du 6 février 1992, complétée par le décret portant « charte de la déconcentration » du 1er juillet 1992 ; ou, plus récemment, la loi dite de « modernisation de l'action publique territoriale et d'affirmation des métropoles » du 27 janvier 2014 et la loi du 7 août 2015 portant « nouvelle organisation de la République », assorties du décret du 7 mai 2015 qui abroge et se substitue au décret de 1992 précité. Il en résulte un renforcement continu des besoins de coordination territoriale et, par conséquent, du pouvoir coordonnateur à caractère général du préfet et d'une coordination spécialisée exercée par des directions départementales et régionales dont le caractère transversal a été accentué en 2009 à l'occasion d'une réorganisation d'envergure des services déconcentrés de l'État privilégiant l'interministérialité.

CONCLUSION DE LA PARTIE 1

Les deux figures majeures de la coordination-intégration sont le secrétaire général de ministère au niveau de l'administration centrale et le préfet au niveau de l'administration territoriale. À la différence du premier qui, dès son apparition dans les organigrammes ministériels du début du XIXᵉ siècle, a été conçu comme un organe à vocation horizontale, le second a d'abord été pensé comme un relais du pouvoir central au niveau local. Tous deux partagent néanmoins des caractéristiques communes. Ils occupent tout d'abord une position d'interface : entre le centre et les services déconcentrés, entre services déconcentrés et entre les services déconcentrés et les collectivités territoriales s'agissant du préfet ; entre l'autorité hiérarchique et ses services et entre services d'un même ministère ou de plusieurs ministères en ce qui concerne le secrétaire général de ministère. Surtout, ils exercent une action de nature transversale visant un ordonnancement souple des entités composant l'administration. Cette fonction de coordination-intégration s'est peu à peu renforcée parallèlement aux transformations subies par les appareils administratifs ; mieux adaptée que le pouvoir hiérarchique et la tutelle aux problèmes de cohésion d'une administration qui n'a cessé de se complexifier et de se diversifier. On retrouve une dynamique similaire d'évolution en matière politique : à une coordination classique, qui s'exerce dans le cadre du travail gouvernemental, s'ajoutent aujourd'hui une coordination territoriale, une coordination européenne et même une coordination à l'échelle mondiale.

PARTIE 2

LA « COORDINATION-ARTICULATION » : OUTIL DE COHÉRENCE POLITIQUE

On entend par coordination-articulation l'ajustement de compétences en vue d'« *établir la cohérence entre plusieurs centres de décision* »[624]. Cette notion recouvre, tout d'abord, la coordination gouvernementale. On en trouve les prémices dans les expériences de gouvernements collégiaux à l'existence éphémère *post* Révolution de 1789 qui s'émancipent d'une logique de pouvoir verticale, c'est-à-dire exclusivement détenu par le roi. Elle se développera tout au long du XIXe siècle parallèlement au parlementarisme et à une extension du champ d'intervention de l'État qui se concrétise par une interministérialité croissante des politiques, source potentielle de conflits de compétences entre ministères. Elle s'ancrera avec la réunion de deux éléments : une autonomisation de la fonction de président du Conseil et l'installation de services administratifs permanents à ses côtés pour l'assister dans sa fonction de direction de l'action du Gouvernement, fondement d'un pouvoir de coordination dont la principale composante est la faculté d'arbitrer des désaccords ministériels persistants. La coordination gouvernementale se renforcera encore sous la Ve République qui consacrera un dispositif complexe faisant intervenir en premier lieu le Premier ministre, assisté d'auxiliaires de coordination dont un cabinet et le Secrétariat général du Gouvernement au rôle central dans le travail gouvernemental, et de manière plus exceptionnelle le Président de la République.

Cependant, la coordination de nature décisionnelle est aujourd'hui plus étendue et ne se limite plus à la seule action gouvernementale. Sous l'effet d'un double mouvement de territorialisation et de supranationalisation des politiques, l'action publique a changé d'échelle. La coordination est devenue multi-

624 Pour reprendre la définition de la coordination proposée par André Georges Delion (André G. DELION (dir.), *Les problèmes administratifs de la coordination en matière de développement économique et social*, Bruxelles, Institut International des Sciences Administratives, 1969, p. 5).

dimensionnelle : il s'agit d'articuler les compétences d'acteurs qui prennent part à un même processus de décision mais qui sont placés dans des espaces politiques relevant de plusieurs échelons (national, européen, international).

TITRE 1

LA COORDINATION AU CŒUR DE L'ACTION GOUVERNEMENTALE

« *Comment le gouvernement combine-t-il ses différentes activités, en faveur de résultats aussi effectifs et harmonieux que possible, c'est-à-dire comment la coordination se fait-elle ?* »[625]. Cette question posée par Eugen Pusić souligne l'importance de la coordination dans le cadre du processus de décision gouvernementale. Elle permet la réalisation effective d'un programme politique ; le passage de l'initative à la conception puis l'exécution des mesures nécessaires à sa mise en œuvre. Omniprésente à toutes les étapes du travail gouvernemental, elle relève aujourd'hui en France du chef de gouvernement qui « *se présente comme l'institution par excellence chargée d'assurer la coordination* »[626] ainsi que le suggère implicitement l'article 21, alinéa 1er de la Constitution du 4 octobre 1958[627]. La disposition lui attribue un pouvoir de direction de l'action gouvernementale qui implique notamment la définition des grandes orientations politiques et la réalisation d'une coordination interministérielle effective. Il s'agit d'une fonction charnière qui consiste à articuler l'action des différents ministères[628] dotés de compétences

---

625 Eugen PUSIC, « La coordination de la politique gouvernementale », *op. cit.*, p. 16.

626 Roland DRAGO, « La coordination sous l'égide du Premier ministre. Introduction », *op. cit.*, p. 27.

627 L'article 21, alinéa 1er de la Constitution de la Ve République dispose que « *le Premier ministre dirige l'action du Gouvernement* ». Cette fonction de direction de l'action gouvernementale complète l'article 20 de la Constitution aux termes duquel « *le Gouvernement détermine et conduit la politique de la nation* (alinéa 1er). *Il dispose de l'administration et de la force armée* (alinéa 2) ». A ce double titre, le chef de gouvernement assure l'exécution des lois, exerce le pouvoir réglementaire (d'application et autonome) et coordonne l'activité des ministres dans le cadre de réunions, conseils et comités interministériels et de la réunion du Conseil des ministres qui visent la cohérence et la continuité de la décision politique.

628 Le Premier ministre n'est pas le supérieur hiérarchique des ministres (CE, 12 novembre 1965, *Compagnie marchande de Tunisie*). Il ne peut donc exercer la fonction de coordination par la voie du pouvoir hiérarchique. Celle-ci se réalise au moyen de réunions, comités, conseils interministériels, et dans le cadre du Conseil des ministres où il détient un pouvoir d'arbitrage.

complémentaires ou concurrentes, en vue d'assurer la cohérence et la continuité de l'action gouvernementale.

L'association de la fonction coordonnatrice à la fonction de décision politique exercée par le chef de gouvernement est le fruit d'une évolution constitutionnelle plutôt tardive compte tenu d'un trait permanent du système politique français depuis l'Ancien Régime : « *le chef de l'État est dans notre pays investi d'une réelle autorité.*)…(*non seulement par les périodes "autoritaires"*)…(, *mais aussi par des régimes "mixtes" comme la Restauration ou la Monarchie de Juillet* »[629]. Un pouvoir ministériel commence à se former dès l'Ancien Régime, des tentatives d'institution d'organes administratifs veillant à la cohérence et à la permanence de l'action politique émergent durant la période révolutionnaire. Néanmoins, la fonction gouvernementale, et partant une véritable coordination interministérielle, ne s'affirmera qu'avec la combinaison de deux évolutions : le développement de l'interministérialité consécutive à une intervention croissante de l'État dans les domaines économique et social, d'une part ; l'ancrage progressif d'un régime parlementaire, d'autre part. La coordination gouvernementale ne prendra de l'envergure qu'à partir de l'apparition, d'abord coutumière, d'un président du Conseil déchargé de toute autre attribution ministérielle et la consolidation d'un véritable Conseil des ministres à la fin de la IIIe République. Dès lors, « *la fonction de chef de Gouvernement est en France considérée comme essentielle* »[630] et celui-ci se voit doté de services administratifs permanents. Par ailleurs, l'existence d'un Secrétariat général du Gouvernement, dont le « *coeur de métier historique* (...) *consiste principalement à impulser et coordonner l'action du Gouvernement* »[631] sera confirmée après la Seconde Guerre mondiale ; tandis que le statut de président du Conseil sera reconnu par la Constitution de la IVe République. Sous la Ve République, les prérogatives du Premier ministre chargé de la direction de l'action gouvernementale par la Constitution de 1958 seront étendues, notamment en matière de coordination gouvernementale.

---

629 Francis de BAECQUE, « Le rôle du chef du Gouvernement et ses services dans la coordination et la détermination des priorités. Rapport français », *in* Heinrich SIEDENTOPF (dir.), *La coordination de la politique gouvernementale*, Paris, Ed. Cujas, 1976, p. 43.

630 *Ibidem*, p. 43.

631 Serge LASVIGNES, « Le rôle du Secrétariat général du gouvernement dans la préparation des lois », *in* Roland DRAGO, *La confection de la loi*, Cahier des Sciences morales et politiques, Paris, PUF 2003. « *Coeur de métier* » de « Matignon » que le SGG partage avec le cabinet selon l'auteur.

CHAPITRE 1

L'ÉMANCIPATION PROGRESSIVE D'UN POUVOIR MINISTÉRIEL : UNE COORDINATION SUBORDONNÉE AUX AUTORITÉS EXÉCUTIVES

N'est-il pas *a priori* antinomique d'associer coordination et Ancien Régime ? On serait tenté de répondre positivement à cette question tant l'image d'un monarque de droit divin seul à exercer le pouvoir, suivant une logique verticale et unilatérale, est forte dans la symbolique administrative de la France. La réalité est cependant plus nuancée. Déjà les rois mérovingiens s'entouraient de conseillers, une pratique qui s'est progressivement institutionnalisée avec le Conseil du roi que l'on a pu concevoir comme un très lointain ancêtre du Conseil des ministres actuel. Toutefois, les « secrétaires d'État », ancienne qualification des « ministres », ne feront leur apparition qu'au XVIe siècle mais on ne peut encore parler de véritable Gouvernement détenteur d'un pouvoir exécutif autonome : le monarque les réunit, les consulte, les écoute mais reste *in fine* le seul à décider parce qu'il est le seul à incarner l'intérêt général[632]. Il exerce tout le pouvoir exécutif et contrôle les pouvoirs judiciaire et législatif. Ce n'est qu'après la Révolution de 1789, qui met fin au système de monarchie absolue, que l'on peut déceler quelques éléments indiquant l'existence d'une fonction embryonnaire de

---

632 « *Dans cette nation organisée en corps de l'Ancien Régime, la représentation est corporative. On ne prend pas en compte les individus mais les groupes dans lesquels ils sont intégrés. Celle-ci étant divisée, les députés aux États généraux ne peuvent défendre que des intérêts particuliers (...) des différents groupes qu'ils représentent respectivement. Bien sûr ces intérêts divergents doivent être conciliés au niveau national. Cependant cette tâche d'arbitre appartient exclusivement au roi, souverain de droit divin, qui est le seul à pouvoir dégager et défendre l'intérêt général* » (Gérard CHIANEA, *Histoire des institutions publiques de la France. L'État moderne en formation (1789-1870)*, t. III, Grenoble, Presses Universitaires de Grenoble, coll. « Le droit en plus », 1996, p. 10).
Cf. pour une illustration de cette supériorité de l'exécutif la déclaration de Louis XV au Parlement de Paris, séance de la flagellation, 3 mars 1766 « *A moi seul appartient le pouvoir législatif sans dépendance et sans partage (...) l'ordre public tout entier émane de moi. J'en suis le gardien suprême (...) et les droits et intérêts de la nation dont on ose faire corps séparé du monarque ne reposent qu'en ses mains...* ».

coordination politique. Le XIXe siècle sera néanmoins marqué par la Restauration et deux Empires qui laissent persister l'idée que « *l'Administration française ne peut être réellement dirigée que par l'intermédiaire d'un mode de gouvernement autoritaire* »[633]. Une institution se démarquera pourtant en raison de l'importance de son intervention dans le processus de décision gouvernementale : le Conseil d'État. Indispensable au chef de l'État, son action transversale en fait l'un des premiers grands organes coordonnateurs.

Le facteur essentiel de la naissance puis du développement d'une fonction de coordination politique résidera dans l'émergence d'un régime parlementaire, qui s'est consolidée relativement tardivement[634] en France. Embryonnaire durant la période révolutionnaire[635], ce mode de gouvernement commencera à prendre racine sous la Restauration, se développera dans le cadre de la Monarchie de Juillet, avant de connaître un essor à partir de 1875. La fonction gouvernementale se cristallisera autour de la figure du président du Conseil et d'un Gouvernement désormais responsable devant le Parlement et non plus devant le seul chef de l'État (roi ou empereur). La coordination devient alors un élément indispensable du travail gouvernemental qui requiert une articulation constante des compétences ministérielles.

---

633 Pierre LEGENDRE, *Trésor historique de l'État en France. L'Administration classique*, *op. cit.*, p. 432.

634 En comparaison de l'Angleterre dont le système dit *Westminster Model* sert de référence en matière de parlementarisme. Ses prémices remontent au XIIIe siècle avec la *Magna Carta* (1215) assurant une protection des droits des nobles qui prennent l'habitude de se réunir en assemblée, contre le pouvoir royal. En 1272, le Parlement qui n'est encore composé que de nobles et de membres du Clergé (actuelle Chambre des Lords) est institutionnalisé par le roi Edward Ier. En 1332, sous le règne d'Edward III, une chambre des Communes réunissant des représentants des comtés et villes est consacrée. (Source : http://www.parliament.uk). Le régime parlementaire est définitivement consacré au milieu du XVIIIe siècle avec la constitution d'un Cabinet de ministres autonome et politiquement responsable devant la Chambre des Communes.

635 Le régime éphémère instauré par la Constitution des 3-14 septembre 1791 (qui prend fin le 10 août 1792) est une monarchie constitutionnelle mais non encore parlementaire au sens strict du terme. Certes, le pouvoir législatif est reconnu mais il y a peu de relations entre le roi et l'Assemblée (pas de droit de dissolution). De plus, le pouvoir exécutif n'est pas encore divisé : les ministres ne sont pas autonomes et ne sont soumis à aucune responsabilité politique.

SECTION 1 - LA GENÈSE D'UNE COORDINATION POLITIQUE LIMITÉE

On peut parler de « prémices ministérielles » en France dès l'époque mérovingienne (Ve-VIIIe siècle) durant laquelle le roi était entouré de « serviteurs du palais » avec à leur tête un maire du palais dont l'influence sur le pouvoir royal était importante (ex. de Pépin le Bref, père de Charlemagne qui a pris la place du roi en 751). Cependant, il s'agissait davantage de conseillers personnels du monarque aux fonctions souvent mal définies. Sous les Carolingiens (751-Xe siècle), l'embryon de gouvernement était composé de hauts dignitaires conseillant le roi ; chez les Capétiens et les Valois (Xe-XVe siècle), la maison royale est composée d'officiers (sénéchal, connétable, chambrier, chancelier...), d'officiers (chambellans, échansons, notaires...) de chevaliers et de clercs ; vassaux du roi, les palatins étaient de proches conseillers qui ont commencé à se réunir sous la forme de conseils. Ce n'est qu'à partir du XIIe siècle que le Conseil du roi s'institutionnalise et figure dans les actes royaux : il réunit les ministres et des conseillers chargés de préparer les actes juridiques que seul le monarque peut édicter. Une coordination s'esquisse mais elle reste subsidiaire, enserrée dans un cadre hiérarchique très fort. Plus tard, le modèle d'organes collégiaux à vocation transversale constitue un outil privilégié de gouvernement pour les révolutionnaires, toutefois ces expériences d'horizontalité tourneront court avec l'avènement de l'Empire qui reviendra à une logique monarchique en créant un Conseil d'État subordonné au pouvoir exécutif. Celui-ci devient une pièce maîtresse du régime dont l'action, qui implique une fonction de coordination, est indispensable pour gouverner.

§ 1 - Le gouvernement embryonnaire de l'Ancien Régime : des conseillers au service du roi

Le Conseil du roi institutionnalisé à l'époque capétienne est consulté par le roi sur toutes les questions qui intéressent le Royaume, mais il ne se réunit encore que de manière erratique. Ce n'est qu'au XVIe siècle que les réunions du Conseil deviennent régulières, voire quotidiennes. Cette époque marque le passage progressif du roi seigneur féodal au roi monarque absolu dont l'autorité se renforce pour faire face aux guerres intérieures et extérieures mettant en question l'unité et la cohésion du royaume. Désormais, le pouvoir royal assume la totalité des domaines touchant à la vie de la Nation, ce qui se manifeste par le développement d'une activité législative royale importante à travers l'édiction d'ordonnances à caractère général. Le roi ne pouvant concrètement assurer seul la préparation de ces actes, le Conseil devient un auxiliaire indispensable ; il est composé de nobles, de grands officiers de la Couronne, de conseillers choisis parmi des officiers (gouverneurs, trésoriers...), de dignitaires ecclésiastiques et de juristes. C'est un lieu de débats où se confrontent et doivent s'harmoniser par le dialogue différentes positions. En ce sens, on peut y déceler un embryon de coordination qui reste toutefois subordonnée au « bon vouloir » du monarque, seul titulaire du pouvoir de prendre des décisions pour toute la Nation. Peu à peu, le Conseil se spécialise et se divise en formations, chacune compétente pour traiter un type d'affaires. Les Conseils présidés par le roi prennent le nom de Conseils de gouvernement.

Au XVIe siècle, une catégorie particulière de conseillers se distingue par l'étendue des attributions qui leur sont confiées : les secrétaires d'État[636]. Choisis personnellement par le roi qui leur attribue une charge, les secrétaires d'État (au nombre de quatre) préparent toutes les décisions royales concernant une portion du territoire, une tâche qui requiert une approche transversale des affaires. À partir de 1588, leurs compétences géographiques se transforment en compétences spécialisées par matières[637]. Les secrétaires d'État conseillent le roi, contresignent et expédient les actes royaux dont ils sont, de fait, les véritables rédacteurs. Un pouvoir ministériel se forme donc progressivement dont l'influence sur les décisions du roi est parfois décisive, notamment sous Louis XIII. Selon Jacques Ellul, le début du XVIIe siècle est ainsi caractérisé par le « ministériat » : « *Richelieu pense que le Roi qui incarne le pouvoir absolu ne peut vraiment l'exercer, il lui faut une équipe de gouvernement homogène, fermement dirigée par un principal ministre qui ait l'appréciation de la raison d'État, et que, de ce fait, le Roi doit soutenir contre tous.* (…) *sous sa direction doit s'organiser tout un ensemble*

---

636 Créés en 1547. Sous Charles IX (1560-1574), le monarque est entouré de Secrétaires d'État à la Maison du Roi, des Affaires étrangères, de la Guerre, de la Marine, des sceaux de France et le Chancelier de France, Grand chambellan de France, Surintendant des finances, Grand maître de France et Grand maître de l'artillerie française. Sous Henri IV (1589-1610), on retrouve le même découpage ministériel avec en plus un Ministre principal et le Connétable de France. Sous Louis XIII (1610-1643), d'autres ministres font leur apparition : le Grand maître de la navigation et un Secrétaire d'État de la religion prétendue réformée (ministère temporaire). Le roi Louis XIV (1643-1715) conserve la même répartition ministérielle à laquelle s'ajoute un Lieutenant général de Police. On retrouve toutes ces fonctions ministérielles pendant le règne de Louis XV (1715-1774) et sous Louis XVI (1774-1791).

637 Au nombre de quatre : le Secrétaire d'État des Affaires étrangères, le Secrétaire d'État de la Guerre, le Secrétaire d'État de la Marine et le Secrétaire d'État de la Maison du Roi. Parmi les plus proches du roi s'ajoutent le Chancelier et le Contrôleur général des Finances.

administratif »[638]. Sous Louis XIV, en revanche, les ministres perdent en autonomie : ils ont en principe interdiction de se réunir hors de la présence du roi et n'ont plus de fonctions spécialisées permanentes. Ils sont convoqués au Conseil lorsque le roi le décide mais celui-ci peut préférer travailler seul avec quelques secrétaires d'État. Le Conseil se divise alors en Grand Conseil, compétent en matière de préparation et d'exécution de la législation et de justice retenue[639], Conseil d'en haut chargé des affaires les plus politiques, Conseil des Dépêches qui traite de l'administration intérieure du Royaume et Conseil des finances. On ne peut alors parler de coordination proprement dite, car les décisions relèvent du pouvoir royal. Certains actes sont édictés sans même faire l'objet d'une délibération : les arrêts du Conseil signés « en commandement » sont des décisions du roi contresignées par un secrétaire d'État sans passer devant l'un des Conseils.

La mort de Louis XIV laisse place à une très brève mais intéressante expérience qui rompt avec la logique de la monarchie absolue : la polysynodie. De 1715 à 1718, le rôle des Conseils devient prépondérant. Présidés chacun par un noble, ils remplacent les secrétaires d'État pour la préparation des décisions prises par le Conseil de régence[640]. Néanmoins, la lenteur de ce gouvernement collégial ainsi que les défaillances de coordination politique dues à des conflits permanents entre membres d'un même Conseil ont vite raison de ce système. Sous les règnes de Louis XV et Louis XVI, les secrétaires d'État réapparaissent avec un pouvoir qui ne cesse de s'accroître. Peu nombreux[641], ils sont cependant chacun à la tête d'une administration organisée. La Révolution française va donc bouleverser le modèle politique monarchique en instaurant des modes de gouvernement collégiaux subordonnés au pouvoir législatif qui n'est plus détenu par le roi mais par une Assemblée nationale.

---

638 Jacques ELLUL, *Histoire des institutions. XVIe-XVIIIe siècle*, Paris, PUF, 1956, éd. 1999, p. 78-79.

639 Le Grand Conseil (encore appelé Conseil d'État privé) est aussi chargé des rapports avec le clergé, des conflits entre les ordres...

640 Régence assurée par Phlippe d'Orléans durant la minorité de Louis XV.

641 Au nombre de six, leurs compétences correspondent à ce que l'on qualifie aujourd'hui de fonctions régaliennes, à savoir les Affaires étrangères, l'Intérieur, la Justice, les Finances, la Défense et la Guerre.

§ 2 - Les expériences révolutionnaires de gouvernement collégial : les comités de la Convention et l'apparition d'un Secrétaire général assistant les ministres sous le Directoire

La fin du règne de Louis XVI est marquée par une succession de crises politiques et économiques conduisant à des revendications croissantes, en particulier de la part du Tiers-État qui demande une meilleure représentation au sein des États généraux. Le 17 juin 1789, les députés du Tiers État et quelques représentants de la noblesse et du clergé se proclament « Assemblée nationale », puis « Assemblée Nationale Constituante » le 9 juillet 1789. La prise de la Bastille, quelques jours plus tard, acte le transfert du pouvoir législatif du roi politiquement affaibli à l'Assemblée nationale[642]. La monarchie perdure mais le gouvernement est assuré par des commissions spécialisées issues de l'Assemblée. La loi des 27 avril-25 mai 1791 sur l'organisation des ministères[643] crée « *un Conseil d'État composé du roi et des ministres* » (article 15) dont l'organisation fait penser à celle du Conseil des ministres actuel : il réunit l'ensemble des titulaires de six départements ministériels sous la présidence du roi. La Constitution du 3 septembre 1791 tente une monarchie parlementaire : le roi reste le chef de l'Exécutif, nomme et révoque les ministres, mais exerce désormais ses pouvoirs au nom de la Nation. Une ébauche de coordination interministérielle est prévue à l'article 4 de la Section IV (« Des ministres ») du Chapitre II (« De la Royauté, de la régence et des ministres ») avec la consécration d'un contreseing ministériel des actes royaux : « *Aucun ordre du roi ne pourra être exécuté, s'il n'est signé par lui et contresigné par le ministre ou l'ordonnateur du département* ». Cependant, l'article 1er de la Section première (« Pouvoirs et fonctions de l'Assemblée nationale législative »), du Chapitre III (« De l'exercice du pouvoir législatif ») précise que relève du Corps législatif la fonction de « *proposer et décréter les lois : le roi peut seulement inviter le Corps législatif à prendre un objet en considération* ». Par ailleurs, les ministres font figure d'exécutants qui ne sont plus subordonnés au roi mais aux députés : ce régime marque une rupture avec le système de l'Ancien Régime, non avec le principe de sujétion ministérielle qui le caractérise. Dans ce contexte, aucune réelle coordination gouvernementale, qui implique un minimum d'autonomie d'action des ministres, n'est possible. Cet encadrement du pouvoir

---

642 Tout acte (loi ou décret) voté par l'Assemblée n'est cependant applicable que s'il a fait l'objet d'une promulgation par le roi.

643 La loi de 1791 modifie l'intitulé de certaines fonctions : la Chancellerie devient la Justice, l'Intérieur se substitue aux Affaires particulières, enfin le Contrôle général des Finances prend l'appellation de Contributions et Revenus publics.

ministériel se renforce encore le 10 août 1792 lorsque l'Assemblée législative décide d'assumer tout le pouvoir politique en suspendant le roi et en renvoyant ses ministres : est alors désigné, par acclamation, un Conseil exécutif provisoire composé de six ministres qui reçoivent directement leurs ordres des parlementaires.

Élue en septembre 1792[644], la Convention nationale qui succède à l'Assemblée législative fonde la Première République et marque le début d'un gouvernement inédit fondé sur la collégialité. Après avoir aboli la royauté lors de sa première séance le 21 septembre 1792, un Comité se constitue, dominé par les Girondins, qui élabore un projet de Constitution présenté devant la Convention nationale par Condorcet les 15 et 16 février 1793. L'article 1er du Titre V prévoit un organe exécutif qui se veut collégial et égalitaire : « *Le Conseil exécutif de la République sera composé de sept Ministres et d'un Secrétaire* »[645] ; l'article 3 du Titre V ajoute : « *Le Conseil exécutif sera présidé alternativement par chacun des Ministres, et le Président sera changé tous les quinze jours* ». Parmi les attributions de ce Conseil exécutif, on trouve celles de veiller à l'exécution des lois et des décrets par l'administration, le traitement des affaires en Conseil, l'enregistrement ainsi que l'application par les ministres des décisions prises en Conseil. L'enregistrement relève du « secrétaire » du Gouvernement mentionné à l'article 1er précité que l'on peut envisager comme un ancêtre du Secrétariat général du Gouvernement. Cependant, ce projet de Constitution avorte et la Convention, qui se veut le « *centre unique de l'impulsion du gouvernement* »[646], préserve le Conseil exécutif provisoire en y associant une vingtaine de comités spécialisés[647]. Composés de membres élus par la Convention pour un mandat d'un mois renouvelable indéfiniment, ces

---

644 Première expérience de suffrage universel dans l'histoire constitutionnelle française. A nuancer cependant car seuls les hommes de plus de 21 ans pouvaient voter. Les conditions étaient : « être Français, âgé de vingt et un ans, domicilié depuis un an, vivant de son revenu et du produit de son travail, et n'étant pas en état de domesticité » (article 2 du décret relatif à la formation des assemblées primaires pour le rassemblement de la Convention nationale du 11-12 août 1792).

645 L'article 2 du Titre V du projet de Constitution girondine précise : « *Il y aura, 1°. Un Ministre de la Législation ; 2°. Un Ministre de la Guerre ; 3°. Un Ministre des Affaires étrangères ; 4°. Un Ministre de la Marine ; 5°. Un Ministre des Contributions publiques ; 6°. Un Ministre d'Agriculture, de Commerce et de Manufactures ; 7°. Un Ministre des Secours, Travaux, Etablissements publics et des Arts* ».

646 Loi du 14 frimaire an II (4 décembre 1793).

647 Parmi lesquels : le Comité de guerre, le Comité des finances, le Comité d'instruction publique, le Comité de législation, le Comité de la marine et des colonies, le Comité des décrets, le Comité de secours public, le Comité des domaines, le Comité de division territoriale, etc.

comités sont chargés de préparer les textes soumis au vote des députés dans le domaine qui relève de leurs attributions. Toutefois, assez rapidement, des conflits de compétences surgissent et la Convention crée pour les résoudre, le 1er janvier 1793, un Comité de Défense générale qui exerce une fonction de coordination de l'activité des comités. Composé de représentants des huit principaux comités (trois membres par comité), c'est à lui que revient le pouvoir effectif de proposer les lois et mesures nécessaires en matière de défense intérieure et extérieure, mais aussi la direction du travail parlementaire. Le Comité de défense générale reçoit ainsi une part importante du pouvoir exécutif ; les ministres doivent quotidiennement lui rendre compte de leurs activités. Complétant cette coordination politique centrale, des représentants en mission sont envoyés dans toute la France pour coordonner les actions des autorités locales avec le système de gouvernement collégial.

Défaillant dans sa mission d'articulation des attributions de tous les comités, le Comité de Défense générale est finalement remplacé le 6 avril 1793 par un Comité de salut public. Exerçant un contrôle direct sur le Comité exécutif, le Comité de salut public s'émancipe de la Convention et s'octroie des compétences exécutives de plus en plus étendues : les membres désignés par les députés (en principe pour un mois, mais de fait souvent automatiquement réélus) se répartissent les affaires par domaines : intérieur, guerre, marine, diplomatie... Cet organe collégial issu du pouvoir législatif se substitue empiriquement aux ministres qui ne sont plus que des agents d'exécution de ses décisions, jusqu'à leur suppression par la loi du 1er avril 1794 (12 germinal an II) qui redistribue leurs compétences à douze commissions exécutives spécialisées nommées par la Convention (article 2). Cette suppression marque un transfert implicite du pouvoir gouvernemental au Comité de salut public. Comme le note en effet Raphaël Matta-Duvignau : « *Malgré le refus d'officialiser la situation, les membres du comité savent, au fond d'eux, qu'ils sont le gouvernement, et qu'ils dirigent, en fait, la Révolution* »[648]. Toutefois, les conflits qui se multiplient au sein du Comité de salut public, qui devient de fait incapable d'assurer un minimum de coordination du pouvoir, constituent l'un des principaux facteurs de la chute du régime de la Convention. Le poids des comités est progressivement réduit jusqu'à leur disparition avec la Constitution du 22 août 1795 (5 fructidor an III) approuvée par plébiscite.

---

648 Raphaël MATTA-DUVIGNAU, *Gouverner, administrer révolutionnairement : le comité de Salut public (6 avril 1793 – 4 brumaire an IV)*, *op. cit.*, 2013.

Cette nouvelle Constitution instaure un pouvoir exécutif collégial composé de cinq membres qui exercent le pouvoir exécutif délégué par le Corps législatif (article 133). Ils sont élus par un Conseil des Anciens qui discute et vote les lois sur proposition d'un Conseil des Cinq-Cents qui détient l'initiative des lois. Ces directeurs sont assistés de ministres (article 148) qui ne forment toutefois pas conseil (article 151) et sont essentiellement chargés de fonctions administratives. Par ailleurs, il est intéressant de relever que « [le Directoire exécutif] *se choisit, hors de son sein, un secrétaire qui contresigne les expéditions, et rédige les délibérations sur un registre où chaque membre a le droit de faire inscrire son avis motivé ; - Le Directoire peut, quand il le juge à propos, délibérer sans l'assistance de son secrétaire ; en ce cas, les délibérations sont rédigées sur un registre particulier, par un des membres du Directoire* »[649]. Ni ministre ni directeur, le secrétaire est un haut fonctionnaire attaché au pouvoir exécutif qui a donc l'exclusivité de la tenue du registre des délibérations auxquelles il doit en principe assister, sauf désaccord du Directoire. Il est chargé de coordonner l'activité du Directoire avec les ministres et regroupe les textes adoptés afin de les transmettre aux journaux compétents pour publication. Ainsi, comme a pu le relever Jean Guiselin, « (Joseph-Jean) *Lagarde*[650] *exerçait donc des fonctions qui préfiguraient des fonctions remplies aujourd'hui par le Secrétariat général du Gouvernement, aussi bien dans un rôle de coordination relativement simple que dans l'enregistrement des décisions, la liaison entre les différentes institutions et le monopole exercé sur les publications officielles* »[651].

§ 3 - Le Premier Empire : l'émergence d'une Secrétairie d'état et d'un Conseil d'État dévoués au chef de l'État

La fonction de secrétaire ne disparaîtra pas après le coup d'État du 18 brumaire an VIII (9 novembre 1799) qui marque le début du régime du Consulat fondé sur un système de gouvernement reposant sur trois consuls « *nommés pour dix ans et indéfiniment rééligibles* » (article 39), mais dont les pouvoirs ne sont pas égaux, ainsi que des ministres. Le Premier Consul (« *le citoyen Bonaparte* », article 39) exerce de fait la totalité du pouvoir exécutif et une grande partie du pouvoir législatif, les deux autres consuls n'ayant qu'une voix consultative. En principe aucune

---

649 Article 143, Constitution du 22 août 1795.

650 Avocat, magistrat et administrateur, il a été secrétaire général jusqu'à la fin du Directoire en 1799.

651 Jean GUISELIN, *Le Secrétariat général du Gouvernement*, Thèse en droit public, Université Panthéon-Assas, dir. Guillaume Drago, 2015, p. 32-33.

décision n'est valable sans l'accord des ministres chargés d'exécuter les lois mais, concrètement, choisis discrétionnairement par le Premier Consul devant lequel ils sont responsables, leur pouvoir reste limité. Le cadre constitutionnel consulaire laisse donc peu de place à une réelle coordination gouvernementale qui requiert une véritable prise en considération des positions ministérielles. Elle est encore plus faible après le sénatus-consulte du 4 août 1802 (16 thermidor an X) qui instaure le Consulat à vie et ne prévoit pas de conseil des ministres réguliers. Ceux-ci sont désormais convoqués par le premier Consul puis l'Empereur pour traiter des questions les plus délicates[652], mais ils ne sont pas toujours écoutés. Cependant, le Secrétaire perdure et va même paradoxalement être renforcé en étant directement placé auprès de l'Empereur et doté d'une Secrétairie d'État créée par un arrêté du 4 nivôse an VIII (25 décembre 1799) qui joue un rôle central en matière de coordination :

> « *dans le fait, d'une part, tous les portefeuilles des ministres, contenant les actes soumis à Napoléon, passaient par les mains du secrétaire d'État ; d'autre part les propositions adoptées par l'empereur étaient contresignées par lui. (...) le ministre secrétaire d'État avait d'autres fonctions importantes. D'abord, il était le lien de correspondance entre Napoléon et le Conseil d'État. Il était chargé de réunir tous les travaux des divers départements ministériels, pour les transmettre à l'empereur, quand il était absent, et de distribuer entre les différents ministres les ordres de Napoléon. Il tenait la plume aux différents conseils de Gouvernement et d'administration, que l'empereur rassemblait dans son cabinet, en dehors des séances du Conseil d'État. Enfin, il avait toutes les affaires de gouvernement qui n'étaient pas attribuées aux autres ministres* »[653].

---

652 « *Le conseil d'administration est une institution propre à l'époque napoléonienne. Ce n'est pas un organe permanent, mais une réunion informelle, autour de Napoléon, de ministres et de hauts fonctionnaires. L'objet en est d'éclairer le chef du gouvernement sur tel problème particulier ou sur une question d'ensemble (...). Napoléon sollicite l'avis de ces conseils quand il juge insuffisantes les informations fournies par les ministères* » (Yves THOMAS, *Histoire de l'administration*, *op. cit.*, p. 32).

653 Louis-Antoine MACAREL, *Cours d'administration et de droit administratif*, *op. cit.*, p.87. Pierre Legendre a précisé la nature de cette fonction en employant explicitement le terme de coordination : « *si les conflits ouverts appellent des décisions de coordination de la part du Premier Consul ou de l'Empereur lui-même, la régulation permanente est assurée (..) entre ministres par l'intermédiaire de la Secrétairerie d'État* » (in *Trésor historique de l'État en France. L'Administration classique*, *op. cit.*, p. 431).

Quant au Secrétaire, Napoléon lui donne le statut de ministre secrétaire d'État en 1804. Il devient alors :

> « *un personnage qui, sans en avoir le titre, en avait du moins l'influence* (ministre). (…) *contresigna des actes qui, suivant les règles d'une responsabilité ministérielle bien entendue auraient dû avoir la garantie des chefs de départements auxquels ils se rapportaient. Placé fréquemment entre le premier Consul ou l'Empereur et les ministres à portefeuille, il lui fallait un grand fond de modération et de réserve pour se faire pardonner par ceux-ci quelques empiétements presque forcés sur leurs attributions. Ce poste exigeait en même temps beaucoup de flexibilité dans l'esprit, des connaissances très variées et une grande facilité de travail. Depuis le premier jour du Consulat jusqu'au dernier jour de l'Empire, le dévouement fut sans borne d'un côté, comme la confiance de l'autre* »[654].

Cette description fait ressortir le rôle central du Secrétaire d'État, mais aussi sa dépendance à l'égard du Premier Consul devenu Empereur. Ces attributions en font un point de passage obligé de toutes les affaires discutées, ce qui rappelle celles du Secrétariat général du Gouvernement actuel ; toutefois, cette subordination en fait un auxiliaire politique loyal au service du pouvoir impérial, ce qui interdit de pousser plus loin le rapprochement. Rouage entre les ministres et le chef de l'État, il « *jouait à la fois le rôle du secrétaire général de gouvernement et du secrétaire général de la Vᵉ République* »[655]. En charge de la préparation des conseils des ministres et de son compte-rendu verbal, tout le travail ministériel passe de fait entre ses mains.

Un autre organe central du régime napoléonien est le Conseil d'État qui peut être considéré comme une pièce maîtresse de la coordination gouvernementale. En effet, le pouvoir limité des ministres sous l'Empire doit être nuancé : leur participation directe à l'élaboration de la politique générale est minime, pour autant ils exercent une influence indirecte sur l'action politique du fait de leur accès au Conseil d'État. Chargé aux termes de l'article 52 de la Constitution de l'an VIII de « *rédiger les projets de loi et les règlements d'administration publique, et de résoudre les difficultés qui s'élèvent en matière administrative* », le Conseil d'État est un organe exerçant une fonction « *non seulement de*

---

654 Louis Pierre Edouard BIGNON, *Histoire de France sous Napoléon*, I, 9, 1829 (cité par Alfred-Auguste ERNOUF, *Maret, duc de Bassano*, Paris, Librairie académie Didier Émile Perrin, 2ᵉ éd., 1884 ; *in* Jean GUISELIN, *op. cit.*, p. 34-35)

655 La fonction a été occupée durant tout l'Empire par Hugues Maret.

coordination juridique, mais de coordination sur le plan de la politique administrative, économique et sociale »[656]. En effet, sa mission de nature interministérielle et sa position intermédiaire entre la sphère politique et la sphère administrative sont des signes de l'exercice d'une fonction coordonnatrice qui a pour finalité de seconder le pouvoir exécutif. Sous la plume de certains auteurs, le Conseil d'État est même considéré comme l'un des organes du pouvoir exécutif. Ainsi, Foucart écrit : « *les ministres et le Conseil d'État, tels sont les organes du pouvoir exécutif s'exerçant dans la sphère politique ou dans la région supérieure de l'administration* »[657]. Cette confusion peut s'expliquer historiquement par l'emploi de l'expression « Conseil d'État » pour désigner sous la Convention une entité composée des autorités exécutives, comme l'indique l'article 15 de la loi du 27 avril 1791 : « *il y aura un Conseil d'État composé du Roi et de ses ministres* ». Cet organe éphémère correspond davantage à la conception contemporaine du Conseil des ministres dont la fonction coordonnatrice à l'appui de l'action gouvernementale s'est renforcée tout au long du XIXe siècle.

Le Conseil d'État est un organe collégial qui trouve ses origines dans le Conseil du roi de l'Ancien Régime (disparu définitivement en avril 1791)[658]. Placé auprès du Premier Consul (puis de l'Empereur) qui nomme discrétionnairement ses membres[659], il est conçu comme un auxiliaire qui l'assiste dans l'exercice de la fonction gouvernementale.

---

656 André G. DELION, « Introduction générale », *op. cit.*, p. 13.

657 Emile-Victor FOUCART, *Eléments de droit public et administratif*, *op. cit.*, p. 170.

658 « *Le Conseil d'État a une double origine : par l'une, l'ancien conseil du roi, il est une de nos plus antiques institutions ; par l'autre, le conseil d'État de l'an VIII, qui a mis l'ancien corps en harmonie avec le nouveau droit public de la France, il est devenu non seulement, comme autrefois, l'une des plus grandes, mais aussi l'une des plus vitales institutions du pays* (…). *En 1789, le conseil du roi, qui avait subi des vicissitudes et des changements divers, était divisé, bien qu'il fût un et indivisible, en cinq conseils royaux : le conseil des affaires étrangères (ou conseil d'en haut, dit aussi le conseil d'État), le conseil des dépêches, le conseil des finances, le conseil du commerce, le conseil privé ou conseil des parties. Par les quatre premiers, l'ancien conseil du roi correspond aux conseils d'État modernes, divisés en comités ou sections ; mais par le dernier de ces conseils royaux, il correspond à la cour de cassation de nos jours.* (…) *En toutes matières du reste, le conseil dépouillé de pouvoir propre, auxiliaire du roi, ne faisait que préparer les actes du roi, qui était toujours réputé présent en son conseil* » (Théophile DUCROCQ, *Cours de droit administratif*, *op. cit.*, p. 46).

659 Sauf sous la IIe République comme le rappelle Emile-Victor Foucart : « *la Constitution de 1848 fit du Conseil d'État un corps politique composé de membres élus par l'Assemblée législative, qui coopérait nécessairement, sauf quelques exceptions, au pouvoir législatif par la préparation de la loi, suppléant ainsi en partie une seconde Chambre qui n'existait pas. Comme auxiliaire du pouvoir exécutif, le Conseil d'État rédigeait les règlements* » (*op. cit.*, p. 162).

Son champ d'attributions est donc par nature interministériel[660] : il rédige des projets de loi et d'acte réglementaire, donne un avis sur toutes les questions qui lui sont soumises quelle que soit la matière concernée, tranche les conflits en matière administrative[661]. C'est sur cette proximité avec le pouvoir et la transversalité de son intervention que met l'accent la doctrine classique sans jamais mentionner explicitement le terme de coordination. Néanmoins, les formules employées sont révélatrices. Par exemple, dans ses *Études administratives*, Vivien explique que le Conseil d'État a pour fonction « *d'empêcher la confusion des pouvoirs, de maintenir l'harmonie entre tous les ressorts de la machine administrative* (…). *Il apaise les débats d'attributions qui s'élèvent entre les divers départements ministériels, et introduit ainsi l'unité dans la pluralité* »[662]. Dans le même esprit, Ducrocq constate que « *le Conseil d'État présente toujours l'application la plus élevée du principe, qui, à chaque degré de la hiérarchie, place la délibération confiée à des conseils administratifs à côté de l'action administrative, remise à des agents uniques* »[663] : son activité coiffe tous les ministères. De manière plus directe, Aucoc remarque qu'« *en ce qui concerne les services publics, il n'y en a presque pas où le Conseil d'État n'intervienne* »[664].

Ce rôle d'assistant indispensable à l'action gouvernementale le place en surplomb de chaque ministère. La transversalité de son action lui accorde une légitimité et un pouvoir d'influence sur les décisions prises par le chef de l'exécutif bien qu'en principe, selon le droit, ses avis n'aient qu'un caractère consultatif. En ce sens, le Conseil d'État peut être vu comme « *le premier rouage de l'administration, dont il facilite la marche en résolvant les difficultés qui peuvent l'arrêter* »[665]. Cette position privilégiée dépend néanmoins de la volonté de l'Exécutif de lui accorder ou non une place effective : instrument actif du pouvoir, doté d'attributions administratives et politiques étendues sous le Consulat, le

---

660 Pour exercer une activité aussi diverse, le Conseil d'État est alors divisé en cinq sections spécialisées : finances, législation, guerre, marine, intérieur.

661 Le Conseil d'État intervient également dans le cadre de la tutelle sur les collectivités locales et les établissements publics en proposant l'approbation de leurs actes les plus importants ; plus rarement, le Conseil peut proposer au chef de l'État des sanctions disciplinaires à l'encontre de fonctionnaires coupables de forfaiture.

662 Alexandre-François VIVIEN, *Études administratives*, *op. cit.* ; cité par André G. DELION, « Introduction générale », *op. cit.*, p. 13.

663 Théophile DUCROCQ, *Cours de droit administratif*, *op.cit.*, p. 45.

664 Léon AUCOC, *Conférences sur l'administration et le droit administratif faites à l'Ecole impériale des Ponts et Chaussées*, *op.cit.*, p. 126.

665 Emile-Victor FOUCART, *Eléments de droit public et administratif*, *op. cit.*, p. 163.

Conseil d'État n'est mentionné ni dans la Charte du 4 juin 1814 ni dans celle du 14 août 1830. Sous la Restauration, un organe qualifié de Conseil d'État est créé et organisé par les ordonnances du 9 juin 1814, du 23 août 1815 et du 9 avril 1817, mais cet organe est cantonné à la rédaction d'avis ; il ne participe plus à la préparation des lois et des règlements d'administration publique. Après une courte période sous la coupe du pouvoir législatif[666], l'institution retrouve sous le Second Empire son statut d'auxiliaire du chef de l'État et du Gouvernement qu'il conserve encore aujourd'hui.

La consécration d'un véritable dispositif structuré et permanent de coordination gouvernementale ne sera toutefois possible qu'avec l'avènement d'un gouvernement collégial et solidaire avec à sa tête une présidence du Conseil stable. Les expériences de coordination jusqu'à la fin de la IIIe République sont intermittentes et éphémères, à l'image d'un régime parlementaire qui n'est pas encore stabilisé. Après l'Empire, le Secrétaire de Gouvernement ne refera qu'une apparition ponctuelle, en période de crises politiques ou institutionnelles, comme en 1848 et 1870, afin d'assurer la continuité d'un pouvoir menacé. Cependant, dans le même temps, à partir de la Restauration, se développe le parlementarisme et émerge progressivement une véritable présidence du Conseil dont l'autonomisation et la pérennisation seront les conditions de l'institutionnalisation d'un dispositif de coordination gouvernementale pérenne.

SECTION 2 - LA CONSOLIDATION D'UN POUVOIR GOUVERNEMENTAL : UNE COORDINATION INTERMINISTÉRIELLE EN GESTATION

La tradition monocratique du pouvoir en France a longtemps remisé l'action des ministres au second rang : ce n'est qu'avec la conjugaison d'une spécialisation ministérielle croissante et la consécration du régime parlementaire qu'elle a été reconnue. La naissance d'une fonction gouvernementale s'accompagne de l'affirmation progressive d'une coordination interministérielle. L'augmentation du

---

666 D'après la Constitution du 4 novembre 1848, le Conseil d'État est composé de membres nommés pour six ans par l'Assemblée Nationale (article 71) ; en outre, il est « *consulté sur les projets de loi du Gouvernement qui, d'après la loi, devront être soumis à son examen préalable, et sur les projets d'initiative parlementaire que l'Assemblée lui aura renvoyés. - Il prépare les règlements d'administration publique ; il fait seul ceux de ces règlements à l'égard desquels l'Assemblée nationale lui a donné une délégation spéciale. - Il exerce, à l'égard des administrations publiques, tous les pouvoirs de contrôle et de surveillance qui lui sont déférés par la loi* » (article 75).

nombre de ministères - de sept au début du Consulat à onze à la fin de l'Empire – a eu pour conséquence de multiplier les affaires de nature transversale requérant l'organisation de réunions ayant pour objet l'ajustement des positions des ministères. Comme le note Jacques Fournier, « *le nombre des ministres suffit, à lui seul, à imposer une coordination du travail gouvernemental* »[667]. Il suffit, en effet, qu'au moins deux ministres soient compétents à propos d'une même affaire pour qu'une coordination soit nécessaire et plus leur nombre est important, c'est-à-dire plus l'interministérialité se développe, plus les besoins de coordination augmentent. Or, le XIXe siècle a été témoin d'une spécialisation croissante des tâches provoquée, notamment, par le développement des interventions étatiques dans les domaines économique et social. Cette évolution a eu des répercussions sur l'organisation gouvernementale qui s'est enrichie de nouveaux départements créés de toutes pièces ou issus d'un mouvement dit de scissiparité du ministère de l'Intérieur.

Cependant, le facteur décisif de la consolidation d'une coordination interministérielle est l'affirmation d'un régime parlementaire qui, en rééquilibrant les pouvoirs exécutif et législatif, vient nuancer une tradition monocratique fortement ancrée dans l'histoire politique française. Le principe de responsabilité politique, essence du régime, consacre le Gouvernement et le Parlement en tant que principaux acteurs de la vie institutionnelle. Les ministres prennent progressivement de l'ascendant et leur action, de plus en plus transversale, appelle une articulation accrue de leurs attributions, condition d'une action gouvernementale cohérente. Alors, « *le gouvernement, en tant qu'outil de direction politique de l'Administration, découvre les dimensions nouvelles de la tâche, qui se résument en un maître-mot : coordination* »[668]. Ce tournant historique de la coordination au niveau politique décrit par Pierre Legendre date de la fin de la IIIe République, précisément lorsqu'est officiellement, mais discrètement institué avec la loi de finances du 24 décembre 1934 un président du Conseil doté de services propres, puis créé un Secrétariat général du Gouvernement (SGG) par le décret du 31 janvier 1935[669].

---

667 Jacques FOURNIER, *Le travail gouvernemental*, Paris, Presses de la FNSP-Dalloz, 1987, p. 23.

668 Pierre LEGENDRE, *Trésor historique de l'État en France. L'Administration classique*, *op. cit.*, p. 435.

669 Comme l'indique en effet Antoine Faye, « *sa création discrète, dans l'article 23 de la loi de finances du 24 décembre 1934, puis dans le décret d'application du 31 janvier 1935, ne s'observe qu'à la lumière des crédits alloués au recrutement des chargés de mission* » (*in Le Secrétariat général du Gouvernement et les questions*

§ 1 - Les balbutiements du parlementarisme sous la Restauration et la Monarchie de Juillet : l'affirmation difficile d'une présidence du Conseil dénuée de structure administrative propre

« *Le principe du gouvernement parlementaire est né, on le sait, dans le contexte culturel et le cadre juridique de la monarchie libérale* »[670] en s'inspirant des institutions politiques britanniques. Ce constat n'est au premier abord pas évident à la lecture des premières dispositions des Chartes du 4 juin 1814 et du 14 août 1830 : le roi y est présenté en tant que « *chef suprême de l'État* » (article 14, C 1814) à qui « *seul appartient la puissance exécutive* » (article 13, C 1814 ; article 14, C 1830). Toutefois, bien que Jean-Jacques Chevallier ait pu considérer que la Charte constitutionnelle de 1830 « *n'est autre chose qu'une nouvelle édition, revue et corrigée, de la précédente* », on constate quelques évolutions entre les deux textes qui traduisent une diminution des pouvoirs du monarque. Tout d'abord, la disparition du préambule de 1814 dans lequel Louis XVIII précisait qu'il « octroyait » unilatéralement une Charte à ses sujets en est un indice. Le pouvoir législatif prend par ailleurs de l'importance réduisant du même coup le pré carré royal : l'initiative des lois n'est plus un monopole du roi[671], mais elle est partagée avec les Chambres (article 15, C 1830) ; le président de la Chambre des députés est élu par ses membres et non plus nommé par le roi (article 30, C 1830) ; le pouvoir réglementaire royal est limité (il ne peut plus permettre de paralyser l'application des lois). De plus, la Charte de 1830 (article 42), tout comme celle de 1814 (article 50), reconnaissent au chef de l'État un droit de dissolution de la chambre basse, cependant aucune réciprocité n'est encore juridiquement prévue : les députés ne peuvent

---

constitutionnelles, Mémoire pour le Master 2 Recherche de droit public approfondi, dir. Guillaume Drago, Université Panthéon-Assas, 2010, p. 4).

670 Armel LE DIVELLEC, « Vers la fin du parlementarisme négatif à la française ? », *Jus Politicum*, n° 6, octobre 2011.
Disponible sur :
http://www.juspoliticum.com/Vers-la-fin-du-parlementarisme.html.

671 La Charte de 1814 accorde l'initiative des lois au roi (article 16). Le texte institue un Parlement composé de deux chambres (Chambre des pairs et Chambre des députés des départements) qui discute et vote les lois qui leurs sont proposées (article 18) mais leur « *puissance législative* » est encore très limitée : elles ne peuvent que « *supplier le roi de proposer une loi* » (article 19), ce dernier pouvant également refuser de sanctionner et de promulguer les lois après leur vote (article 22). L'article 14 de la charte réserve en outre un pouvoir réglementaire au monarque qui « *fait les règlements et ordonnances nécessaires pour l'exécution des lois et la sûreté de l'État* ».

renverser le chef de l'État, ni les ministres qui, d'après une lecture littérale des textes constitutionnels, ne constituent pas encore un organe autonome vis-à-vis du monarque. L'article 55 de la Charte de 1814 prévoit un principe de responsabilité [672] devant le Parlement mais uniquement « *pour fait de trahison ou de concussion* » (article 56). Néanmoins, on constate que dans la pratique la généralité de la formule de l'article 13 - « *Ses ministres sont responsables* »[673] - fait naître un début de responsabilité politique et solidaire des ministres devant le Parlement, en contrepartie du droit de dissolution de la Chambre des députés accordé au chef de l'État (article 50, Charte 1814 ; article 42, Charte 1830). Comme le note Pierre Legendre, c'est à partir de ce moment que l'on discerne les débuts d'un partage du pouvoir exécutif : « *ce n'est plus le monarque qui fait front, mais le gouvernement* »[674] portant politiquement la responsabilité des actes pris par un roi irresponsable politiquement.

Il est toutefois intéressant de noter qu'une ordonnance de Louis XVIII du 9 juillet 1815 nomme Talleyrand président du Conseil des ministres et secrétaire d'État au département des Affaires étrangères. Malgré l'hostilité de Charles X puis de Louis-Philippe à l'égard de cette fonction susceptible de concurrencer leur pouvoir, la présidence du Conseil va progressivement se renforcer parallèlement à la consolidation du principe de solidarité gouvernementale entre ministres qui gagnent en autonomie et latitude d'action, secondés par des cabinets qui sont désormais officiellement reconnus[675]. Ainsi, à propos du président du Conseil sous la Restauration, Raymond Hayem explique : « *ayant une juste et haute idée de sa mission, il s'informait de l'activité des différents départements ministériels pour assurer la coordination de la politique du*

---

672 « *La Chambre des députés a le droit d'accuser les ministres, et de les traduire devant la Chambre des pairs qui seule a celui de les juger* ». Une disposition reprise mot pour mot dans l'article 47 de la Charte de 1830.

673 L'article 12 de la Charte de 1830 reprend exactement la même expression. L'article 68 de la Constitution de 1848 reprend le principe d'une responsabilité de nature pénale.

674 Pierre LEGENDRE, *Trésor historique de l'État en France. L'Administration classique*, *op. cit.*, p. 433.

675 Prenant modèle sur les « *secrétaires intimes* » de l'Ancien Régime qui procuraient au roi des conseils politiques, les ministres dotés d'une véritable administration au lendemain de la Révolution ont, à la même époque, commencé à s'entourer de proches pour les seconder dans leur office. Ce qui n'était qu'une coutume informelle est devenu une véritable institution au début du XIXe siècle. Comme le rappelle François Burdeau, « *c'est sous la Restauration que les cabinets ministériels accèdent à l'existence officielle : l'Almanach royal les mentionne* » (*in Histoire de l'administration française. Du 18e au 20e siècle*, *op. cit.*, p. 258).

Conseil. Son contrôle s'appliquait rigoureusement aux affaires étrangères qu'il regardait comme les plus importantes (...) Casimir Perier était le maître absolu du Gouvernement »[676]. Néanmoins, le président du Conseil ne peut encore compter sur une structure administrative permanente pour le seconder dans sa tâche de coordination interministérielle. La Secrétarie d'État instituée sous le Premier Empire disparaît en 1815, supprimée par Louis XVIII sur le conseil du duc de Richelieu :

> « *sous la monarchie de Juillet, était posé le principe d'un Président du Conseil puissant, coordonnant l'action gouvernementale, pouvant imposer ses vues, voire destituer les ministres s'opposant à la politique définie. (...) la place occupée par le Président du Conseil dans le Cabinet était très largement tributaire de la personnalité de son titulaire (...). L'absence de structure administrative peut s'expliquer aussi par la difficulté des Présidents du Conseil à faire accepter par le roi leur autorité sur le Gouvernement. La consécration de cette supériorité par la mise en place d'une structure administrative permanente était inacceptable par le roi,sans être indispensable en raison du nombre restreint de ministres et du nombre limité de questions à traiter* »[677].

Néanmoins, l'imprécision des Chartes donne libre cours à une interprétation de plus en plus orientée vers une autonomisation du Gouvernement à l'égard de l'autorité royale qui, de plus en plus impopulaire, finit par être renversée par des émeutes mettant fin à la Monarchie de Juillet.

§ 2 - Du Second Empire a la confirmation du régime parlementaire : l'avènement d'un gouvernement collégialement responsable devant le Parlement et l'affirmation progressive d'une présidence du Conseil autonome

La Constitution du 4 novembre 1848 instaurant la IIe République comprend deux dispositions révélatrices d'une avancée notable de la logique parlementaire dans le système constitutionnel français : la mention explicite d'un Conseil des ministres (article 64) et du

---

676 Raymond HAYEM, *Le Conseil des ministres sous Louis-Philippe*, Paris, Thèse, Droit, 1939, p.74 ; cité par Jean GUISELIN, *op. cit.*, p. 45.

677 Jean GUISELIN, *op. cit.*, p. 47.

contreseing ministériel des actes du président[678] comme condition nécessaire de la production d'effets juridiques de ces derniers (article 67). Ces éléments sont les indices d'une dissociation du pouvoir exécutif et de l'affirmation du Gouvernement ; cependant, en l'absence de responsabilité politique des ministres, on ne peut encore parler de véritable régime parlementaire. Le Président élu au suffrage universel direct est dépossédé du droit de dissolution de l'Assemblée unique[679] qui ne peut obliger ni le chef de l'État ni les ministres à quitter le pouvoir. De plus, à défaut de moyens de renversement réciproques, en cas de conflit, l'avantage est au Président de la République qui jouit de la légitimité qui lui donne son élection au suffrage universel direct.

C'est ce qui se produit en janvier 1852 lorsque le Président Louis-Napoléon Bonaparte transforme la République en Second Empire dont la Constitution consacre de nouveau un chef d'État détenant la réalité du pouvoir exécutif et dominant le pouvoir législatif. L'ancienne Secrétairie d'État est restaurée sous le nom de « Ministère d'État », une structure administrative « *dont l'intitulé masque en réalité la multitude d'attributions que détient cet organisme puisqu'il regrouperait aujourd'hui le cabinet civil du President de la Republique, le Secretaire général de la présidence de la République (SGPR), le Secrétariat général du Gouvernement et même le ministère de la Culture* »[680]. Sa principale fonction est celle d'être un relais entre l'Empereur et les ministères d'une part, entre le pouvoir exécutif, les corps législatifs et le Conseil d'État

678 « ... *autres que ceux par lesquels il nomme et révoque les ministres* » (article 67, Constitution 1848).

679 L'article 51 de la Constitution du 4 novembre 1848 dispose que le Président de la République « *ne peut céder aucune portion du territoire, ni dissoudre ni proroger l'Assemblée nationale, ni suspendre, en aucune manière, l'empire de la Constitution et des lois* ». En procédant à une dissolution, la responsabilité du Président de la République se verra engagée : « *Toute mesure par laquelle le président de la République dissout l'Assemblée nationale, la proroge ou met obstacle à l'exercice de son mandat, est un crime de haute trahison* » (article 68).

680 Jean GUISELIN, *op. cit.*, p. 38. L'auteur poursuit en insistant sur le rôle central de cette institution : « Ministère d'État : « *Napoléon III cumule les fonctions de chef d'État et de chef de gouvernement. D'autre part, les ministres ne paraissent pas devant les Assemblées. La direction des affaires manquerait donc de coordination, si l'un des ministres, nomme ministre d'État, ne servait d'intermédiaire à la fois entre l'Empereur et les autres ministres pour le travail de routine et, surtout, entre le gouvernement tout entier et chacune des Assemblees. Il est ainsi amené à étudier toutes les questions importantes traitées par les ministres et notamment celles qui passent devant le Conseil d'État. En outre, il centralise peu à peu ce qui touche aux Beaux-Arts, assure la direction du Moniteur et le secrétariat du souverain. Le Ministre d'État siège aux Tuileries* (Jacques de BRABANT, *Achille Fould et son temps (1800-1867). L'homme clef du Second Empire.* Paris, Ed. Cairn, 2001) » (p. 38-39).

d'autre part ; autrement dit de coordonner l'activité des principales institutions du régime : « *créé comme un intermédiaire entre l'Empereur et les rouages supérieurs de l'organisation gouvernementale et administrative. (...) c'est par son intermédiaire que l'Empereur correspond vers les divers ministères* »[681]. Cependant, le ministère d'État est supprimé en 1869 et ses attributions réparties entre les autres ministres qui durant le Second Empire ont perdu de leur pouvoir. Comme le soulignent Jean-Jacques Chevallier et Gérard Conac, « *les ministres ne sont qu'un moyen du chef de l'État, ne sont que ses commis. La Proclamation explicative précise que, « auxiliaires honorés et puissants » de la pensée du chef de l'État, les ministres cependant "ne forment plus un conseil responsable, composé de membres solidaires, obstacles journaliers à l'impulsion particulière du chef de l'État (...)". Ces ministres, commis du chef de l'État, ne composent donc pas un Conseil des ministres comme en régime parlementaire* »[682]. Mentionnons, toutefois, le sénatus-consulte du 8 septembre 1869 qui modifie la Constitution dans un esprit plus parlementariste : l'article 1er partage l'initiative des lois entre le Corps législatif et l'Empereur auparavant réservée à ce dernier et l'article 2 dispose que les ministres délibèrent en conseil sous la présidence de l'Empereur devant lequel ils sont responsables. Cette orientation libérale est confirmée par le sénatus-consulte du 20 avril 1870 qui, ratifié par plébiscite le 8 mai 1870, consacre la responsabilité des ministres devant le Parlement.

Le Second Empire s'effondre avec la guerre franco-prussienne : à l'issue de la défaite de l'armée française à Sedan le 2 septembre 1870, Napoléon III capitule. La IIIe République proclamée le 4 septembre 1870 confirme le caractère parlementaire du régime. Un Gouvernement de Défense Nationale est mis en place et une Assemblée Nationale majoritairement monarchiste est élue le 8 février 1871, quelques semaines après la signature de l'armistice avec la Prusse. Au printemps 1871 éclate la Commune de Paris (18 mars-28 mai 1871) qui ressuscite dans la capitale le système de gouvernement par comités de la Convention. La IIIe République survit et renforce le pouvoir exécutif : le chef de gouvernement[683] Adolphe Thiers prend le titre de « Président de la République » avec la loi Rivet du 31 août 1871 révocable par l'Assemblée nationale et dont les actes doivent être contresignés par les

681 Emile-Victor FOUCART, *Eléments de droit public et administratif*, *op. cit.*, p. 158.

682 Jean-Jacques CHEVALLIER, Gérard CONAC, *Histoire des institutions et des régimes politiques de la France de 1789 à nos jours*, Paris, Dalloz 1991, 8e éd., p. 213-214.

683 Le titre officiel était : « chef du pouvoir exécutif de la République ».

ministres qui en endossent ainsi la responsabilité politique. Cette évolution institutionnelle est soutenue par les monarchistes, légitimistes comme orléanistes, qui se partagent les sièges de l'Assemblée Nationale avec les républicains minoritaires. Ils la voient comme une étape vers le retour de la monarchie. Au printemps 1873, Adolphe Thiers, qui a finalement soutenu le régime républicain, est remplacé par Patrice de Mac Mahon, mais celui-ci laisse de fait la tâche de gouverner à Albert de Broglie qui prépare le retour imminent d'un roi. Cependant, en raison des désaccords entre les deux courants monarchistes sur le nom d'un futur monarque, le projet d'une nouvelle Restauration échoue. Dans ce contexte politique instable, Auguste-Casimir Perrier, républicain conservateur, demande d'ouvrir les travaux pour une future Constitution. Le 30 janvier 1875 est voté « l'amendement Wallon » aux termes duquel : « *le président de la République est élu à la majorité absolue des suffrages par le Sénat et la Chambre des députés réunis en Assemblée Nationale. Il est nommé pour sept ans ; il est rééligible* ». L'impersonnalité de la fonction présidentielle est ainsi consacrée. Sont ensuite votées les lois constitutionnelles de 1875 qui fixent le régime de la IIIe République : la loi du 24 février 1875 qui instaure un Sénat[684] ; la loi du 25 février 1875 relative à l'organisation des pouvoirs publics ; la loi du 16 juillet 1875 sur les rapports entre pouvoirs publics.

La plus importante est probablement la loi du 25 février 1875 qui confirme le caractère parlementaire du régime : le pouvoir législatif est exercé par deux assemblées (la Chambre des députés élue au suffrage universel et le Sénat) (article 1) ; le président de la République est élu à la majorité absolue des suffrages par le Sénat et la Chambre des députés réunis en Assemblée nationale pour sept ans renouvelables (article 2) et détient l'initiative des lois concurremment avec les membres des deux chambres (article 3) ; le Gouvernement est responsable politiquement devant le Parlement[685] (article 6) tandis que le chef de l'État retrouve un droit de dissolution (article 5)[686] ; enfin est mentionné un « Conseil des

---

684 « *Le Sénat se compose de trois cents membres : deux cent vingt-cinq élus par les départements et les colonies, et soixante-quinze élus par l'Assemblée nationale* » (article 1er, loi du 24 février 1875 relative à l'organisation du Sénat).

685 « *Les ministres sont solidairement responsables devant les chambres de la politique générale du gouvernement, et individuellement de leurs actes personnels. Le président de la République n'est responsable qu'en cas de haute trahison* » (article 6, loi du 25 février 1875 relative à l'organisation des pouvoirs publics).

686 « *Le président de la République peut sur l'avis conforme du Sénat, dissoudre la Chambre des députés avant l'expiration légale de son mandat. En ce cas, les collèges électoraux sont convoqués pour de nouvelles élections dans le délai de trois mois* » (article 5, loi du 25 février 1875 relative à l'organisation des pouvoirs publics).

ministres » (article 4, article 7) qui est notamment investi du pouvoir exécutif en cas de vacance du pouvoir dans l'intervalle de l'élection d'un nouveau président de la République (article 7). Le chef de l'État n'est donc constitutionnellement plus le seul détenteur du pouvoir exécutif et ce sont les ministres qui engagent leur responsabilité politique pour les actes qu'ils contresignent. La consécration d'une conception moniste du parlementarisme à la suite de la « crise du 16 mai 1877 »[687] parachève une lente évolution : le Gouvernement se révèle progressivement en tant qu'organe autonome qui n'est responsable que devant la chambre élue, non devant le chef de l'État. Par ailleurs malgré le silence des lois constitutionnelles de 1875, le titre de président de Conseil est utilisé en 1876 par Jules Dufaure et le sera de nouveau ; néanmoins il n'est pas exclusif : le « président du Conseil » est aussi un ministre. De plus, en raison de la défiance des assemblées à l'égard d'un pouvoir exécutif qu'elles veulent contrôler et limiter, cette pratique restera coutumière : aucune institutionnalisation de la présidence du Conseil ou d'une structure permanente de coordination gouvernementale n'est réalisée jusqu'à la Grande Guerre.

Depuis la fin de la période révolutionnaire, on constate en effet « *une spécialisation de plus en plus poussée, qui se traduit notamment par l'élévation du nombre des ministères : de 7 à la veille de Brumaire, ils sont passés à 11 en 1814* ». Puis, ce phénomène d'« inflation ministérielle »[688] s'accentue tout au long du XIXe siècle[689] à tel point qu'à

687 Deux conceptions du parlementarisme s'opposent au lendemain du vite des lois constitutionnelles de 1875 : le Maréchal Mac Mahon, chef de l'État, défend une lecture dualiste du régime, c'est-à-dire un gouvernement responsable non seulement devant l'assemblée élue, mais également devant le chef de l'État (« interprétation orléaniste » de la Constitution qui de fait s'est imposée depuis 1814) ; en revanche, les républicains sont partisans d'un système moniste selon lequel le principe de responsabilité politique du gouvernement ne s'applique qu'à l'égard du Parlement. Après plusieurs dissolutions suivies d'une victoire électorale des républicains, le président Mac Mahon quitte le pouvoir ; cet événement entérine un effacement du chef de l'État au profit du Gouvernement qui devient durant la IIIe et la IVe République l'acteur principal du pouvoir exécutif.

688 L'étude reprend ici un article qui détaille les principales caractéristiques du phénomène d'augmentation constante du nombre des ministères couramment qualifiée d'« inflation ministérielle » : « L'inflation ministérielle », *in* Pascal MBONGO (dir.), *La séparation entre administration et politique en droits français et étrangers*, Paris, Berger-Levrault, 2014.

689 Le gouvernement est composé de 7 membres en 1815 sous Louis XVIII ; 9 à la fin du règne de Louis-Philippe en 1848 ; 12 avant la Première guerre mondiale en 1914.

la fin de la IIIe République[690] on compte une vingtaine de membres du Gouvernement[691]. Dès lors, « *la verticalité fonctionnelle ne fonde plus à elle seule la réalité du pouvoir de décision* »[692] : la mise en place d'un dispositif institutionnel permanent de mise en cohérence de l'action gouvernementale devient de plus en plus indispensable pour parer aux crises politiques qui se multiplient avant la Première Guerre mondiale, dues pour l'essentiel à une défaillance de coordination entre ministres. Cette évolution trouve son origine dans une intervention croissante de l'État pour accompagner le développement économique et répondre aux nouveaux besoins sociaux qui en découlent. Dès les premières décennies du XIXe siècle, le pouvoir politique s'emploie à créer les conditions d'un développement industriel, commercial et agricole par le biais de mesure d'encadrement, d'incitation et de protection[693]. L'application de ces politiques transforme l'organisation administrative qui évolue et s'adapte[694] : des ministères techniques sont créés dans le but de fournir

---

690Et l'inflation ministérielle s'est poursuivie jusqu'à nos jours : une trentaine de membres de gouvernement en moyenne sous la VIe république ; une quarantaine sous la Ve République.

691 En moyenne, on relèvera que le nombre des membres du Gouvernement est passé progressivement d'une vingtaine à la fin de la IIIe République, à une trentaine sous la IVe République et à une quarantaine aujourd'hui.

692 Nicole BELLOUBET-FRIER, « Pouvoir et relations hiérarchiques : l'exemple du ministère de l'Education Nationale », *op. cit.*, p. 235.

693 Des législations encourageant l'initiative entrepreneuriale sont alors votées à l'instar par exemple de la loi du 21 avril 1810 autorisant la concession de l'exploitation des mines ou du Code de commerce de 1807 qui consacre la possibilité de créer des sociétés anonymes. L'interventionnisme économique se traduit également à cette époque par la mise en place d'infrastructures dans le cadre de politiques de grands travaux (routes, canaux, chemins de fer). L'État encourage par ailleurs le financement de l'industrie en fondant dès 1816 une Caisse des Dépôts et Consignations et en incitant à la création d'institutions bancaires privées telles que la Banque de France en 1800, la Caisse générale du Commerce et de l'Industrie en 1837, ou encore le Crédit Lyonnais en 1863. Dans le même esprit de valorisation de l'activité économique du pays, le secteur agricole est modernisé et protégé de la concurrence extérieure grâce à la mise en place des « tarifs Méline » en 1892.

694A partir de la fin du XVIe siècle, un noyau dur ministériel se forme autour de six fonctions qualifiées aujourd'hui de régaliennes : la Chancellerie ; le Contrôle général des Finances ; les Affaires étrangères ; la Guerre ; la Marine ; les Affaires particulières. Cette répartition sera reprise et consacrée au lendemain de la Révolution par la loi des 27 avril-25 mai 1791 sur l'organisation des ministères. En 1815 sous Louis XVIII, le Gouvernement se compose de sept ministères ; neuf à la fin du règne de Louis-Philippe en 1848 ; douze avant la Première Guerre mondiale en 1914. Cette inflation ministérielle continuera de s'intensifier sous la IIIe, la IVe et même la Ve République : « le nombre des membres du Gouvernement est passé progressivement d'une vingtaine à la fin de la IIIe République, à une trentaine sous la IVe République et à une quarantaine aujourd'hui

les moyens humains et financiers nécessaires à la mise en œuvre des nouvelles législations qui se multiplient.

Un premier mouvement inflationniste se réalise par scissiparité du ministère de l'Intérieur en charge de très nombreuses matières depuis la loi du 27 avril-25 mai 1791[695]. Progressivement, plusieurs de ses directions se détachent pour former des ministères à part entière : en 1812 est créé le ministère des Manufactures et du Commerce chargé de mettre en œuvre les politiques industrielles et commerciales ; en 1831, un ministère des Travaux publics voit le jour afin de superviser la construction d'infrastructures. Quelques années plus tard, en 1837, ces matières sont regroupées pour former un ministère plus large en charge des Travaux publics, de l'Agriculture et du Commerce traduisant la prise en considération de l'importance croissante du secteur agricole dans l'économie nationale. À la fin du XIXe siècle, la multiplication des interventions étatiques en matière commerciale, industrielle et agricole rend nécessaire le démembrement de ce ministère pour donner naissance à un ministère de l'Agriculture en 1881, un ministère des Travaux publics en 1869 et à un ministère du Commerce et de l'Industrie en 1892. En 1880 apparaît un ministère des Postes et Télégraphes qui deviendra en 1932 le ministère des Postes, Télégraphes et Téléphones ; une évolution qui tient compte des innovations technologiques et de leur rôle majeur dans le développement du pays. L'essor économique produit de la croissance qui permet une amélioration générale des conditions de vie sans pour autant mettre fin à la pauvreté prise en compte par les pouvoirs publics qui élaborent une législation de plus en plus contraignante. Sa mise en œuvre effective appelle la création de nouveaux ministères comme celui du Travail et de la Prévoyance sociale en 1906 qui ne sera plus en charge que du Travail à partir de 1920[696], avant que lui soit

». (Olivier GOHIN, Jean-Gabriel SORBARA, *Institutions administratives*, Paris, LGDJ, coll. « Manuel », 7e éd., 2016).

695 Relations avec les corps administratifs, police, mines, travaux publics, santé, assistance, agriculture, commerce, industrie, instruction.

696 Par exemple, les lois de 1893 sur l'aide médicale gratuite, de 1902 sur la protection de la santé publique, de 1904 sur l'assistance aux enfants abandonnés ou encore et celle de 1905 relative à l'assistance aux vieillards, infirmes et incurables. Cette centralisation des questions sanitaires et sociales se traduit administrativement par la création en 1886 d'une direction générale de l'assistance publique au sein du ministère de l'Intérieur avant de s'en détacher en 1920 pour former un nouveau ministère de l'Hygiène, Assistance et Prévoyance sociale. A partir de la seconde moitié du XIXe siècle, les politiques sociales s'orientent vers de nouvelles priorités : d'hygiéniste l'État devient protecteur. Une première loi est votée le 22 mars 1841 limitant le travail des enfants mais à défaut de contrôles sérieux, elle ne produit pas les effets escomptés. Il faut attendre la fin du siècle pour que de nouvelles mesures soient instaurées : une loi de 1892 réglemente le travail des enfants et des femmes dans les établissements industriels,

rattachée la Sécurité sociale en 1946. Les préoccupations sociales de l'État s'étendent progressivement au-delà des questions de protection (hygiène, santé et travail) et tendent à améliorer les conditions de vie des habitants. Un ministère de l'Instruction publique voit le jour en 1828 auquel sont rattachés tantôt les Cultes (en 1848, 1852...), tantôt les Beaux-Arts (en 1871, 1876, 1896, 1920, 1925...). On note aussi la création d'un Conseil supérieur de l'Instruction publique en 1850 puis les lois Jules Ferry rendant l'école élémentaire gratuite (1881) et l'enseignement public laïc (1882)[697].

§ 3 - L'institutionnalisation de la coordination interministérielle : l'autonomisation de la présidence du Conseil et la consécration de services administratifs permanents

Cette accentuation continue de la spécialisation fonctionnelle gouvernementale est à l'origine de crises politiques et institutionnelles à répétition, mais la prise de conscience de l'importance d'un véritable statut de président du Conseil n'aura lieu que durant la Première Guerre mondiale. Dès le début du conflit sont créées des administrations spécifiques qui viennent se superposer à l'action de ministères déjà nombreux. Sont ainsi institués en août 1914 quatre sous-secrétaires d'État respectivement en charge de l'Artillerie et de l'Équipement militaire, du Ravitaillement et de l'Intendance militaire, du Service de santé militaire et enfin de l'Aéronautique militaire. Puis, est formé en 1916 un ministère de l'Armement et Fabrications de guerre et nommé un sous-secrétaire d'État au Blocus. Plus que jamais la cohérence et la permanence du travail gouvernemental sont indispensables pour réaliser l'effort de guerre nécessaire tout en assurant le cours normal des autres politiques, notamment économiques et sociales. Pour répondre à ces besoins grandissants de coordination, alors qu'il forme un second gouvernement à la suite de l'entrée en guerre de la France (août 1914 - octobre 1915), René Viviani décide de se consacrer entièrement à ses fonctions de président du Conseil ; une expérience qui ne sera toutefois pas réitérée sous ce régime : « *les présidents du Conseil se réservèrent les ministères devenus les plus prestigieux : les Affaires étrangères pour Viviani dans son premier Gouvernement, puis pour Aristide Briand et*

---

une autre datant de 1898 précise le statut des accidents du travail, une troisième votée en 1900 limite la durée du travail.

697 Son champ d'action s'élargit ; il devient ministère de l'Education Nationale en 1932. Suivant la même logique seront créés plus tard un Secrétariat aux sports et aux loisirs en 1936, un ministère du Logement en 1954.

Alexandre Ribot ; la Guerre pour Paul Painlevé et Georges Clemenceau »[698]. De plus, une myriade d'organes chargés d'une mission de coordination spécifique et temporaire sont instaurés ; « *près de trois cents comités, commissions ou offices, dont plus de quatre-vingts rattachés au ministère de la Guerre, permirent de soulager l'administration centrale et de recourir à de nouvelles compétences* »[699]. La création de ces structures va en réalité encore augmenter les besoins de coordination gouvernementale assurée par le président du Conseil qui peut s'appuyer sur un auxiliaire administratif[700].

En effet, en juin 1914, Alexandre Ribot qui succède à René Viviani met en place un Secrétariat administratif à la présidence du Conseil, « *ébauche du Secrétariat général du Gouvernement* »[701], afin de seconder le président du Conseil dans l'exercice de sa fonction gouvernementale ; en particulier pour préparer les Conseils des ministres, suivre les travaux parlementaires et arbitrer. Paul Painlevé qui lui succède n'abandonne pas l'idée d'un organe administratif de coordination et crée un Secrétaire général de la présidence du Conseil par un décret du 15 septembre 1917 qui emploie explicitement le verbe « coordonner » : « *il est institué à la présidence du Conseil en vue de coordonner l'action gouvernementale un Secrétariat général chargé de centraliser les renseignements, documents, études et travaux qui sont demandés dans ce but par le Président du Conseil aux divers départements ministériels* ». Pour assurer effectivement cette mission, le Secrétariat général est

---

698 Anne-Laure ANIZAN, « 1914-1918. Le gouvernement de guerre », *Histoire@Politique*, n° 22, 2014/1, p. 221. L'auteur précise : « *Le ministère qui ne revint pas au président du Conseil fut confié à une personnalité de premier plan : la Guerre, à Adolphe Messimy puis à Alexandre Millerand dans les gouvernements Viviani, aux généraux Galliéni, Roques puis Lyautey dans les cabinets Briand, enfin, à Paul Painlevé dans le ministère Ribot ; aux Affaires étrangères furent nommés Alexandre Ribot (gouvernement Painlevé) puis Stéphane Pichon (ami personnel de Clemenceau, lui ne dirigea que formellement ce ministère). Les Finances, nerf de la guerre, la Marine, de plus en plus stratégique avec l'extension du front en Orient, l'Intérieur, toujours plus surveillé alors que la contestation gagnait, les Colonies, qui constituaient un réservoir d'hommes et de matières premières, furent également des ministères convoités* ».

699 *Ibidem*, p. 224. Parmi les plus connus, on peut mentionner le haut-commissaire auprès du Gouvernement britannique pour le règlement des Affaires maritimes interalliées ou le haut-commissaire aux États-Unis de mars à septembre 1917.

700 Notons aussi la création éphémère par un décret du 13 février 1912 d'un cabinet spécial de trois membres auprès du cabinet ministériel du président du Conseil par ailleurs ministre pour l'aider dans sa tâche de coordination gouvernementale.

701 Cité par Gérard CONAC, « Le secrétariat général du Gouvernement : cinquante ans d'histoire », *in* I.F.S.A., *Le Secrétariat général du Gouvernement*, Paris, Economica, p.18.

composé de deux sections : la première est chargée de « *réunir et classer les travaux et études élaborées par les différents ministères et les documents de toute nature pouvant intéresser l'action gouvernementale* » ; la seconde a pour mission d'« *étudier les questions actuelles d'ordre administratif ou juridique* ». Ces attributions, étendues sur le papier, sont en réalité plus limitées et consistent pour l'essentiel, non pas à coordonner l'action du Gouvernement, mais à assurer une fonction de nature logistique : la transmission de documents entre le chef du Gouvernement et les ministères.

Le Secrétariat général avait été conçu comme un organe temporaire appelé à disparaître après la guerre. Georges Clémenceau, qui prend la présidence du Conseil à la suite de Paul Painlevé en novembre 1917, ne supprime cependant pas la structure mais l'incorpore à un sous-secrétariat d'État au sein du ministère de la Guerre. Ainsi, le décret du 21 novembre 1917 dispose : « *M. Jeanneney, sous-secrétaire d'État au ministère de la guerre, est attaché à la présidence du Conseil en vue d'assurer sur toutes les questions dont la solution exige un accord interministériel ou interallié, la coordination des mesures qu'exige la conduite de la guerre* ». Pragmatique et fort de plusieurs expériences gouvernementales antérieures qui l'ont sensibilisé à l'importance de renforcer la présidence du Conseil afin d'améliorer la cohérence et l'efficacité de l'action gouvernementale, Georges Clémenceau oriente l'action du sous-secrétariat vers un objectif prioritaire : gagner la guerre. La structure est donc cantonnée à une mission de coordination spécifique qui sous-entend son caractère éphémère : une fois accomplie, elle a donc vocation à disparaître. À la fin de la guerre, le sous-secrétariat survit néanmoins et sa mission est réorientée vers la gestion de la transition de l'état de guerre à l'état de paix. En ce sens, le décret du 6 décembre 1918 précise qu'il « *a qualité pour provoquer et coordonner dans toutes les branches de l'activité militaire et civile, le passage progressif de l'état de guerre à l'état de paix et en suivre l'exécution. Il prend, dans la limite des délégations qui lui sont consenties par les ministres intéressés, toutes décisions ayant trait à la démobilisation. Il en est référé pour le surplus au ministre de la guerre, Président du Conseil* ». Finalement un secrétariat général administratif existera par intermittence après 1918 mais restera essentiellement un organe de documentation.

Cependant, comme le note Maurice Hauriou, « *à mesure que les présidents du Conseil se sont succédé, l'idée s'est dégagée que la présidence du Conseil était un poste nécessaire et elle a pris figure d'institution »*[702]. Après la guerre, les propositions de consécration d'un véritable statut de président du Conseil secondé par une structure administrative permanente l'assistant dans sa fonction de coordination gouvernementale, qui commençaient déjà à se manifester avant 1914, se multiplient. En effet, « *c'est surtout depuis la Grande Guerre que l'aménagement d'une coordination interministérielle a été ressenti comme une exigence majeure. Depuis lors, elle est devenue prioritaire et les formules diverses imaginées ont pris une considérable extension* »[703]. Ainsi d'Henri Chardon qui propose un président du Conseil sans autre portefeuille ministériel : « *Quel que soit le nombre des ministres, dans une organisation rationnelle, le Président du Conseil ne doit pas assumer la gestion spéciale d'un ministère. Il doit être le véritable chef du gouvernement ; il doit diriger effectivement tout le gouvernement, surveiller constamment la gestion des différents ministres, se tenir prêt à conférer à tout instant sur chaque affaire, avec chacun d'eux ; contrôler leur action, mettre de l'unité dans leurs vues et faire prévaloir au besoin les siennes sur les leurs* »[704] ; c'est-à-dire coordonner et arbitrer l'action gouvernementale. Il ajoute que dans l'exercice de cette fonction, le président du Conseil doit être accompagné d'une structure administrative interministérielle permanente : « *Donnons-lui les instruments permanents de travail nécessaires ; un service d'administration générale ; un service de législation ; un service de presse, un service de statistique générale et rattachons à la présidence du Conseil le Conseil d'État...* »[705]. L'auteur reprend ici la proposition de loi de Louis Marin déposée en 1917, puis à nouveau en 1919, visant à mettre en place un organe administratif permanent afin de « *rendre possible la liaison entre les gouvernements successifs. (...) on ne peut compter, pour remplir cette mission sur le sous-secrétariat d'État à la présidence du Conseil, lequel a un caractère politique, est toujours plus ou moins alourdi de services de gestion, et dont l'existence même est remise en cause à chaque changement de ministère* »[706]. De même, Léon Blum écrit qu'« *il faut un chef de gouvernement comme il faut un chef d'industrie* »[707] ; en insistant sur

---

702 Maurice HAURIOU, *Ibidem*, p. 132.

703 François BURDEAU, *Histoire de l'administration française. Du 18e au 20e siècle, op. cit.*, p. 171-172.

704 Henri CHARDON, *L'organisation d'une démocratie. Les deux forces, le nombre ; l'élite, Paris,* Libraire académique Perrin et Cie, 1921, p. 99.

705 *Ibidem*, p. 98.

706 Propos du député rapporteur de la proposition de loi ; cité par Jean GUISELIN, *op. cit.*, p. 62

707 Léon BLUM, *La réforme gouvernementale*, Paris, Grasset, 1936.

l'importance de créer à ses côtés un bureau des affaires générales qui « *devra réunir l'ensemble des services statistiques, dispersés aujourd'hui dans une foule de ministères, alors que les chiffres n'instruisent que par la confrontation et l'interprétation (...) l'essentiel sera que le bureau compte à sa tête un certain nombre d'hommes que l'étendue de leur intelligence et de leur culture rende capables de mettre promptement au point toutes les affaires, fût-ce les plus spéciales. (...) Quant au chef de bureau, collaborateur intime et constant du président, il devra assurer le secrétariat de la présidence du Conseil des ministres. (...) Toute mesure qui peut engager à un degré quelconque la politique générale, et par conséquent toute mesure qui excède l'expédition des mesures courantes de chaque ministère doit pareillement être soumise au Président du Conseil et décidée d'accord avec lui. L'exécution doit en être suivie et contrôlée par lui. C'est au bureau des affaires générales à préparer cet accord et à pratiquer cette surveillance* »[708].

Ces propositions ont porté leurs fruits puisqu'en 1924, Édouard Herriot recrée un véritable Secrétariat général des services administratifs à la présidence du Conseil dont les fonctions dépassent celles d'un organe de documentation. Comme l'explique René Menesson, « *il ne s'agit pas seulement de fournir des renseignements, il faut avant tout servir de trait d'union entre les divers départements dans les questions exigeant un accord entre eux. Il s'agit également de suivre les affaires qui par leur caractère et leur objet intéressent l'action gouvernementale. Au rôle documentaire du sous-secrétariat vient s'ajouter une fonction directrice. Et comme conséquence de cette extension de pouvoirs, le sous-secrétaire a dans les limites de ses attributions la délégation générale et permanente de la signature du Président du Conseil* »[709]. En 1925, les services, confiés à un sous-secrétaire d'État, s'étoffent et se structurent. Un arrêté du 2 octobre 1925 les organise en quatre sections : la section de la présidence du Conseil, la section économique et sociale, la section administrative et juridique, et la section des services intérieurs et financiers. Cette organisation esquisse les traits du Secrétariat général du Gouvernement actuel, tant du point de vue de l'étendue de ses attributions que du caractère transversal de son action. La section de la Présidence du Conseil devient un organe central de la coordination gouvernementale : désormais les ministres ne peuvent plus adresser de questions au Conseil des ministres sans avoir, au préalable, saisi la section de la Présidence du

---

708 *Ibidem*, p. 61 et s.

709 Robert MENNESSON, *L'organisation des services de la présidence du Conseil en France*. Thèse, Droit, Paris, La Sorbonne, 1928, p. 126.

Conseil[710]. Un autre élément que l'on retrouve aujourd'hui est la fonction exercée par la section administrative et juridique qui, en lien avec le Conseil d'État, veille à une cohérence normative entre les projets de textes discutés et les règles existantes. L'existence de cet organe auxiliaire de coordination gouvernementale sera toutefois de courte durée : devenu président du Conseil en juillet 1926, Raymond Poincaré décide par mesure d'économies de supprimer le secrétariat administratif de la présidence du Conseil et transfère ses services au ministère des Finances dont il assume aussi le portefeuille[711].

Le secrétaire général de la présidence du Conseil ne sera définitivement institué qu'avec l'affirmation pleine et entière de la fonction de président du Conseil ; c'est-à-dire un chef de Gouvernement qui ne cumule plus cette tâche avec un portefeuille ministériel. « *La "naissance" du Premier ministre et de ses services comme instrument central de la coordination est peut-être la plus importante évolution de notre organisation administrative depuis plus d'un siècle* »[712]. Cette réforme a été initiée par le président du Conseil Gaston Doumergue qui envisage dans son « Projet de réforme de l'État » une « *présidence du Conseil* (qui) *doit être dotée de services et d'un personnel sélectionné permanent et peu nombreux, détaché des grandes administrations publiques. Grâce à ces services, le président du Conseil doit suivre attentivement l'action de chaque département, veiller à ce que l'un ne gêne pas l'autre et à ce que travaux, initiatives et efforts soient coordonnés en vue du bien général* »[713]. Cependant, démissionnaire en novembre 1934, c'est sous le gouvernement de son successeur Pierre-Etienne Flandin que sera votée le 24 décembre 1934 la loi de finances pour l'année 1935 qui dispose dans un article 23 que « *le ministre chargé*

---

710 « *En vertu de cette nouvelle organisation, chaque membre du gouvernement doit, avant de saisir le Conseil des ministres d'une question en aviser la Présidence du Conseil, ou plus exactement la section dite de la Présidence. Celle-ci fait étudier le problème par la section compétente (section économique et sociale ou administrative et juridique), puis avertit les ministres intéressés de la date à laquelle la discussion aura lieu au conseil en leur adressant un rapport résumant à la fois les caractères et l'état d'avancement de la question. Chaque ministre a donc les moyens et le temps d'étudier personnellement l'affaire avant de prendre part à la délibération du Conseil* » (Robert MENNESSON, *op. cit.*, p. 129 et s.

711 Décret du 23 août 1926.

712 André G. DELION, « La coordination administrative en matière économique et sociale. Introduction générale », *op. cit.*, p. 14.

713 Définition de la présidence du Conseil selon Gaston Doumergue.
Source : « Histoire du SGG », *Portail du Gouvernement.*
Disponible sur : http://www.gouvernement.fr/histoire-du-sgg.

de la présidence du Conseil a sous sa direction : les services administratifs de la présidence du conseil... »[714]. Le président du Conseil est donc dorénavant exclusivement en charge de la présidence du Conseil sans autre attribution ministérielle et secondé par des services spécifiques qui lui sont attachés en propre. La loi de finances est complétée par le décret du 31 janvier 1935 organisant les services administratifs de la présidence du Conseil qui prévoit, dans un article 1er, que le président du Conseil est désormais assisté d'une dizaine de fonctionnaires[715] et de chargés de mission[716] dont l'un d'eux prend le titre de secrétaire général des services administratifs de la présidence du Conseil. Leur rôle principal consiste à « *documenter le président du Conseil, de lui fournir les éléments de décision et de suivre les travaux législatifs* »[717]. L'action du Secrétariat reste toutefois modeste au début et difficilement distinguable de celle du cabinet du président du Conseil. En outre, plusieurs secrétaires généraux se succèdent rapidement, ce qui nuit à la légitimité de la structure dont la régularité est critiquée par certains parlementaires qui contestent une création institutionnelle non prévue par la Constitution. De plus, les administrations ont tendance à résister à l'intervention du Secrétariat dans la coordination interministérielle, notamment lorsqu'il aide le chef du Gouvernement à arbitrer entre les ministères en cas de conflits de compétences.

Néanmoins, lorsque Léon Blum, qui s'était montré favorable à cette réforme dans ses écrits, devient président du Conseil en juin 1936, il renforce la fonction et le poids du Secrétariat qui devient alors un « *pivot de toute l'action gouvernementale et organe charnière entre le gouvernement et l'administration* »[718]. L'institution perdure durant la Seconde Guerre mondiale en se politisant, comme le souligne Jean Guiselin : « *l'importance attribuée par Vichy aux processus administratifs donne une place prééminente au Secrétaire général du*

---

714 D'autres services sont rattachés au Président du Conseil. En effet, l'article 23 de la loi de finances poursuit : « *... la direction générale des services d'Alsace et de Lorraine ; le secrétariat général du conseil supérieur de la défense nationale ; le conseil national économique ; le conseil national de la main-d'œuvre ; les services de la statistique générale de la France* ».

715 Nommés par le président du Conseil. Parmi lesquels : un chef de bureau, un sous-chef de bureau, deux rédacteurs, un commis d'ordre et de comptabilité, servant de chef du service intérieur, un autre commis d'ordre et de comptabilité, et des huissiers dont un argentier. S'y ajoutent des auxiliaires temporaires.

716 Recrutés par le président du Conseil parmi des hauts fonctionnaires. Le nombre de chargés de mission est plafonné à quinze.

717 Source : « Histoire du SGG », *Portail du Gouvernement.*

718 Jacques CHEVALLIER, *Science administrative*, *op. cit.*, p. 80.

Gouvernement qui acquiert un rôle essentiel de coordination du travail gouvernemental et de conseil »[719]. De plus, le général de Gaulle crée en 1940 à Londres un Secrétariat général à la coordination placé sous l'autorité d'un Commissaire et chargé de traiter les questions communes aux services civils mis en place pour organiser la Résistance. Lorsque le Comité français de Libération nationale (CFLN) est formé en juin 1943 à Alger, le Secrétariat général survit et prend le nom de Secrétariat général à la Présidence dont l'action porte désormais sur des questions civiles et militaires. La structure connaît un nouveau changement en juin 1944 lorsqu'il devient le Secrétariat général du Gouvernement provisoire qui succède au CFLN. En 1946, il prend le nom de Secrétariat général du Gouvernement (SGG) et est doté d'un règlement intérieur adopté par le Conseil des ministres le 3 février 1947. Le SGG s'ancre alors dans le paysage politico-administratif français : « *c'est sous les gouvernements provisoires de la Libération puis pendant les premières années de la IVe République que le Secrétariat général du Gouvernement acquiert ses traits définitifs d'organisme administratif et d'instrument léger et souple de coordination et de continuité, à la fois au service du chef de gouvernement et du gouvernement tout entier* »[720]. Sous la IVe République, l'instabilité politique chronique qui affaiblit les pouvoirs du président du Conseil aurait pu conduire à la disparation du Secrétariat général du Gouvernement ; cependant, son rôle a paradoxalement été renforcé. Il est en effet apparu comme le principal garant de la cohérence et de la continuité de l'action gouvernementale en dépit des changements incessants de chefs de Gouvernement et de ministres. Preuve de ce statut, à l'occasion du passage de la IVe à la Ve République, le Secrétaire général du Gouvernement n'a pas été changé[721].

L'institutionnalisation du travail gouvernemental sera confortée sous la Ve République jusqu'à la consécration d'un dispositif complexe de coordination gouvernementale sous l'égide d'un Premier ministre doté d'un pouvoir constitutionnel de direction de l'action du Gouvernement.

---

719 Jean GUISELIN, *op.cit.*, p. 103.

720 Jean-Louis QUERMONNE « La coordination du travail gouvernemental », *in* IFSA, *Le Secrétariat général du Gouvernement*, Paris, Economica, 1986, p. 26.

721 Il s'agissait de Roger Belin, Secrétaire général du Guvernement du 23 janvier 1958 au 14 mars 1964.

CHAPITRE 2

L'AFFIRMATION D'UNE FONCTION GOUVERNEMENTALE : UNE COORDINATION ASSOCIÉE AU POUVOIR EXÉCUTIF

Le travail gouvernemental est un processus décisionnel qui débute par une impulsion des autorités exécutives et aboutit à l'édiction d'un texte juridique destiné à mettre en œuvre un programme politique. Cela n'est possible que par une articulation et un ajustement des compétences des ministères qui agissent dans des domaines interdépendants ou voisins : rares sont les politiques qui n'impliquent pas plusieurs ministères. La conjugaison du principe de spécialisation ministérielle et du caractère interministériel de la plupart des politiques requiert une double coordination[722] : au niveau des services ministériels pour la préparation des projets de textes[723] et au niveau interministériel pour leur concrétisation. Toutefois « *quant à la coordination, elle est dans un Gouvernement nécessaire à tous les échelons, mais tout particulièrement au niveau du Premier ministre qui est responsable de la cohérence de l'action des divers secteurs de l'activité juridique* »[724]. En effet, selon l'article 20 de la Constitution de 1958, c'est au Gouvernement dans son ensemble à qu'il revient de déterminer et conduire la politique de la Nation ; toutefois, la responsabilité de fixer des priorités, de procéder à des choix, d'impulser l'action des ministères et le cas échéant d'arbitrer entre leurs positions - autrement dit de coordonner l'action gouvernementale - relève du Premier ministre qui, aux termes de l'article 21, alinéa 1er de la Constitution, « *dirige l'action du Gouvernement* » .

---

722 A défaut d'organe qui centralise la préparation des projets de loi tel le *Parliamentary Counsel Office* britannique, en France « *qu'il s'agisse d'un projet de loi, d'un décret ou de tout autre texte, c'est d'abord dans les services du ministère compétent qu'est élaborée normalement la première mouture du projet* » (Jacques FOURNIER, *Le travail gouvernemental*, *op. cit.*, p. 241).

723 Cette question sera traitée en détail dans la Partie 3, Titre 1.

724 Francis de BAECQUE, « Le rôle du chef du Gouvernement et ses services dans la coordination et la détermination des priorités. Rapport français », *Colloque international de Spire*, Institut international des sciences administratives, 1974, p. 3.

Néanmoins, dans l'exercice de cette fonction de « coordination de direction », le chef du Gouvernement doit composer avec les « interférences présidentielles » dans le travail gouvernemental. L'une des spécificités du système politique français est l'existence d'un exécutif effectivement dualiste. Comme dans tout régime parlementaire, le pouvoir exécutif est distribué sous la Ve République entre un chef de Gouvernement et un chef d'État mais l'élection de ce dernier au suffrage universel direct[725] et une pratique présidentialiste des institutions l'ont investi d'une réelle autorité. De fait, le chef de l'État joue un rôle actif dans la détermination des priorités politiques et n'hésite pas à intervenir dans le processus de décision gouvernementale. Le chef du Gouvernement ne peut ignorer les indications du chef de l'État à qui il doit son poste : le Président de la République nomme le Premier ministre (de son choix, sauf en période exceptionnelle de cohabitation) et les membres du Gouvernement sur proposition de ce dernier (article 8 de la Constitution de 1958). De plus, l'article 9 de la Constitution dispose que « *le Président de la République préside le conseil des ministres* », instance centrale de la coordination interministérielle. Enfin, dans les matières qui relèvent de son « pré carré » (diplomatie, affaires militaires...) et en cas de dossiers politiquement stratégiques, le Président de la République n'hésite pas à intervenir, en préemptant ou en remettant en cause l'arbitrage interministériel du Premier ministre.

On retrouve cette dualité dans l'entourage des deux têtes de l'exécutif : « *le président et le Premier ministre ont tous deux un cabinet et un secrétariat, même si, pour le premier, le cabinet est souvent inclus dans le secrétariat. La fonction administrative est assurée par le secrétariat général du gouvernement à Matignon et par le cabinet du chef de l'État à l'Élysée, tandis que la fonction politique est confiée au cabinet du Premier ministre et au secrétariat général de l'Élysée* » [726] .

---

725 Le Président de la République française se distingue de ses homologues étrangers par son élection au suffrage universel direct (article 6 de la Constitution) qui lui accorde une légitimité particulière à intervenir dans l'action quotidienne du Gouvernement dirigé par un Premier ministre qu'il a choisi pour appliquer le programme politique sur lequel il a été élu.

726 Xavier MAGNON, « L'organisation particulière du Secrétariat général de l'Élysée et du cabinet du Premier ministre », *in* Jean-Michel EYMERI-DOUZANS, Xavier BIOY, Stéphane MOUTON (dir.), *Le règne des entourages. Cabinets et conseillers de l'exécutif*, Paris, Sciences Po-Les Presses, 2015, p. 362. L'auteur précise sa thèse : « *Dans mélange de droit et de pratique – ou mieux de pratique institutionnelle -, on retrouverait dans cette organisation un chef de l'État qui détermine la politique de la Nation et un Premier ministre qui la conduit. De fait, le Secrétariat général de l'Élysée, en tant que structure d'information du président, doit être à même de l'éclairer sur les impulsions politiques qu'il entend donner à la politique de la Nation et lui permettre*

Ces « administrations d'état-major » sont, de fait, les principaux artisans de la coordination interministérielle.

SECTION 1 - LA COORDINATION PRIMO-MINISTÉRIELLE

La corrélation entre fonction de coordination gouvernementale et pouvoir de direction du Gouvernement figure désormais explicitement dans les lois de finances. Depuis la mise en œuvre en 2006 de la loi organique relative aux lois de finances du 1er août 2001, la nomenclature budgétaire mentionne, en effet, une mission « Direction de l'action du Gouvernement » dont le principal programme, on l'a vu, porte sur la « Coordination du travail gouvernemental » et mentionne également d'autres entités chargées d'assister le Premier ministre. En effet, la fonction de coordination de ce dernier, qui vise à faire agir de concert les ministres prenant part à une même politique, est très large si l'on tient compte du nombre élevé de ministères, du caractère transversal de la plupart des politiques et de la logique conflictuelle qui caractérisent historiquement les gouvernements français.

Ainsi, « *si c'est effectivement le chef de l'exécutif qui doit assurer la coordination interministérielle, si cette fonction relève de ses attributions constitutionnelles et de la logique administrative, il n'a pas les moyens d'assurer effectivement cette coordination* »[727]. Le Premier ministre est assisté d'un cabinet et d'un Secrétaire général du Gouvernement qui jouent des rôles d'auxiliaires de coordination interministérielle. Il est aussi entouré d'une « *nébuleuse de services de coordination* » [728], organes [729] temporaires ou *ad hoc* chargés de coordonner des questions gouvernementales spécifiques.

---

d'apprécier l'exécution que le gouvernement fait de ces orientations politiques. Le cabinet du Premier ministre, quant à lui, doit aider ce dernier dans sa tâche de direction politique du gouvernement et de coordination des différents ministères entre eux » (*Ibidem*, p. 376)

727 Roland DRAGO, « La coordination sous l'égide du Premier ministre. Introduction », *op. cit.*, p. 27.

728 *Ibidem*, p. 31. Cf. la liste des services du Premier ministre sur le site « Portail du Gouvernement ».
Disponible sur : http://www.gouvernement.fr/premier-ministre/organismes-directement-places-sous-l-autorite-du-premier-ministre.

729 « *On a relevé en maintes occasions le foisonnement des textes qui portent création d'organes de coordination, conseils, comités, commissions ; ou qui insistent sur l'importance des missions de coordination dévolues à certains organismes : délégations, commissariats, missions* » (Claude GOYARD, « La coordination et la consultation dans l'administration publique en France », *op. cit.*, p. 747).

§ 1 - Le pouvoir coordonnateur de direction du Premier ministre

À défaut de pouvoir hiérarchique sur les ministres [730], la coordination interministérielle à caractère général [731] exercée par le Premier ministre consiste en une « *recherche simultanée d'impulsion et de cohérence* » [732] qui tend, non pas à imposer ses vues aux ministères, mais à ajuster leurs positions divergentes. Cette « coordination de direction » se manifeste, tout d'abord, par un pouvoir de cadrage exercé en amont du travail gouvernemental destiné à guider l'action des ministères en insistant sur la nécessaire collégialité de leur action. Ce procédé de nature incitative peut suffire pour aboutir à une position interministérielle consensuelle sur un projet de loi ou de décret discuté durant le travail gouvernemental, surtout si ce dernier ne porte pas sur des questions sensibles politiquement ou budgétairement. Cependant, les relations entre ministères sont souvent conflictuelles et sources de blocages et peuvent requérir de « monter au bleu » [733] ; c'est-à-dire à l'arbitrage du Premier ministre, directement ou *via* son cabinet, afin de résoudre les désaccords persistants entre deux ou plusieurs ministères empêchant la finalisation du projet de texte juridique.

---

730 Le Premier ministre propose le nom des ministres au président de la République qui les nomme (article 8, alinéa 2 de la Constitution) mais n'en est pas le supérieur hiérarchique comme a pu l'affirmer le Conseil d'État dans l'arrêt CE, 13 juin 1961, *Premier ministre c/ Bestaux*. Une position confirmée avec l'arrêt CE, 12 novembre 1965, *Compagnie marchande de Tunisie* qui a précisé qu'il n'existait pas de hiérarchie entre les actes des ministres.

731 La coordination de certaines questions spécifiques (logistiques ou opérationnelles) est déléguée à des services primo-ministériels ou à des entités spécialement créées à cet effet.
V. ci-après : § 2 : « Le pouvoir coordonnateur auxiliaire de l'entourage du Premier ministre ».

732 Pierre SADRAN, *op. cit.*, p. 25.

733 Expression qui fait référence au « bleu », document qui matérialise une décision d'arbitrage réalisé au niveau du Premier ministre établi par le SGG à l'issue d'une réunion interministérielle ou d'un comité interministériel.

A. La coordination de cadrage

Parce qu'il est le seul détenteur d'un droit d'initiative législative concomitamment avec les parlementaires [734] et d'un pouvoir réglementaire général et autonome[735], il revient au Premier ministre de fixer les lignes d'action prioritaires du Gouvernement qui devront se concrétiser à travers l'édiction de textes juridiques, dont l'élaboration et l'application relèvent des ministres en fonction de leur domaine d'attributions. On peut considérer ce pouvoir d'impulsion comme un moyen de réaliser une « coordination gouvernementale de cadrage », c'est-à-dire une coordination exercée en amont du processus décisionnel : elle consiste à fixer des grandes orientations politiques par le biais notamment d'un programme de travail gouvernemental préparé par les services du Premier ministre en concertation avec les ministères et après plusieurs consultations obligatoires (par ex. du Conseil d'État) ou informelles (experts, syndicats...). Lorsqu'il intervient après la nomination d'un nouveau Premier ministre, le programme de travail gouvernemental reprend généralement les éléments du discours de politique générale prononcé devant l'Assemblée Nationale conformément à l'article 49, alinéa 1er de la Constitution[736].

Cette « coordination par anticipation » peut aussi prendre la forme d'indications plus techniques directement adressées aux ministères et à leurs administrations par la voie de circulaires relatives à « la méthode de travail gouvernemental »[737], à « l'organisation du travail gouvernemental » [738] ou encore à « l'organisation du travail

---

734 Article 39, alinéa 1er de la Constitution : « *L'initiative des lois appartient concurremment au Premier ministre et aux membres du Parlement* ».

735 Article 21, alinéa 1er de la Constitution : « *Le Premier ministre dirige l'action du Gouvernement. Il est responsable de la Défense nationale. Il assure l'exécution des lois. Sous réserve des dispositions de l'article 13, il exerce le pouvoir réglementaire et nomme aux emplois civils et militaires* ».

736« *La programmation du travail gouvernemental doit assurer la mise en œuvre des orientations que je donnerai lors de mon discours de politique générale, conformément aux priorités du Président de la République* » (Circulaire du Premier ministre, « Méthode de travail du Gouvernement », n°5735/SG, 12 septembre 2014).

737 V. not. la circulaire du Premier ministre n° 5735/SG relative à la « Méthode de travail du Gouvernement » du 12 septembre 2014.

738V. not. les circulaires du Premier ministre n° 5222/SG intitulée « Organisation du travail gouvernemental » du 18 mai 2007 et du 6 juin 1997 qui porte aussi sur l'organisation du travail gouvernemental.

interministériel »[739]. Il s'agit de documents à caractère descriptif et pédagogique destinés à guider l'action des ministères et de leurs services afin de prévenir l'émergence de positions divergentes ou concurrentes. L'amélioration de la coordination réalisée à différentes étapes du travail gouvernemental constitue le sujet principal de ces circulaires visant à assurer l'unité et la cohérence de l'action du Gouvernement. Par exemple, la circulaire du Premier ministre du 30 octobre 2015 relative à l'organisation du travail interministériel insiste sur l'importance de renforcer le lien entre coordination infra-ministérielle et coordination gouvernementale :

> « *Il appartient aux secrétaires généraux des ministères (...) au titre de leur mission générale de coordination des services, de veiller à ce que l'ensemble des services concernés par la préparation et par la mise en œuvre des réformes soient pleinement associés au travail interministériel* ».

Plus subtilement, la circulaire du Premier ministre en date du 12 septembre 2014 sur la méthode de travail du Gouvernement explique qu' :

> « *un membre du gouvernement ne doit pas rester prisonnier des intérêts particuliers de son ministère ; il faut qu'il sache s'engager dans la démarche collective* ».

Dans le même esprit, le Premier ministre fait clairement référence à l'importance de la coordination interministérielle dans la circulaire du 18 mai 2007 lorsqu'il précise :

> « *Il incombe à chaque membre du Gouvernement de préparer, dans le domaine d'attributions qui est le sien, les décisions que le Gouvernement doit prendre. (...) J'ai voulu que ces compétences soient simplement et nettement délimitées afin de tirer de nos administrations le meilleur d'elles-mêmes et d'imprimer une parfaire cohérence de l'action gouvernementale* »[740].

---

739 V. la circulaire du Premier ministre n° 5822/SG, « Organisation du travail interministériel », 30 octobre 2015.

740 La circulaire reprend ici presque mot pour mot la circulaire du Premier ministre du 6 juin 1997 relative à l'organisation du travail gouvernemental qui indiquait : « *Chaque ministre et chaque secrétaire d'État a la responsabilité de préparer, dans le domaine d'attributions qui est le sien, les décisions que le Gouvernement doit prendre. Les décrets d'attributions, qui assignent à chacun de vous des compétences au sein du Gouvernement, seront élaborés dans les prochains jours par le secrétariat général du Gouvernement, arbitrés par moi-même ou par mon cabinet, puis délibérés en conseil des ministres. J'ai voulu que ces compétences soient simplement et nettement délimitées*

Enfin, certaines circulaires enjoignent aussi les ministères à porter une attention particulière à la coordination juridique entre les projets de textes préparés par leurs services et le corpus normatif existant. Mentionnons, par exemple, la circulaire du 18 mai 2007 portant sur l'organisation du travail gouvernemental, particulièrement précise sur cette question :

> « *Il s'agit aussi de rendre les textes parfaitement conformes à l'objectif poursuivi et d'assurer leur intelligibilité et leur lisibilité, comme leur correcte insertion dans l'ordonnancement juridique.* (...) *Vous prendrez également les mesures de coordination requises pour faire en sorte que l'activité de vos différents services ne conduise à une multiplication de textes épars, contraire aux exigences de cohérence et de clarté* ».

Dénuées de valeur juridique contraignante, les circulaires témoignent néanmoins d'une « *fonction d'autorité du Premier ministre* »[741] et doivent en principe être respectées par les ministères ainsi prévenus que « *la règle doit demeurer le travail interministériel coopératif, qui débouche sur des accords* »[742]. Suivant la même logique d'incitation, mentionnons la réunion de ministres autour du Premier ministre dont l'ancêtre est le conseil de cabinet, une pratique instaurée au début de la Ve République et qui avait pratiquement disparu jusqu'à ce que les cohabitations lui redonnent tout son intérêt. Ce type de rencontre permet, en effet, un dialogue général et ouvert entre les ministres et le Premier ministre en dehors du Conseil des ministres, donc à l'écart du Président de la République[743]. À l'origine, les conseils de cabinet étaient convoqués surtout en cas de tensions entre le Gouvernement et le chef de l'État, cependant désormais requalifiés plus sobrement de réunions de ministres, celles-ci n'ont plus pour objet d'écarter ce dernier du travail gouvernemental mais de renforcer la collégialité et la solidarité des ministres, comme le laisse entendre la circulaire du Premier ministre du 12 septembre 2014 :

> « *Les projets de loi ou les sujets appelant une décision engageant plusieurs membres de l'ensemble du Gouvernement seront*

---

afin de tirer de nos administrations le meilleur d'elles-mêmes et d'imprimer une parfaite cohérence à l'action gouvernementale ».

741 V. not. sur cette question : Geneviève KOUBI, « Les circulaires du Premier ministre », *in Mélanges G. Dupuy*, Paris, LGDJ, 1997, p. 197 et s.

742 Circulaire du Premier ministre relative à la méthode de travail du Gouvernement du 12 septembre 2014.

743 V. not. sur cette question : Olivier SCHRAMECK, *Matignon rive gauche, 1997-2001*, Paris, Ed. du Seuil, 2001, p. 35 et s.

précédés, très en amont, d'une réunion de nature politique, réunissant sous ma présidence les principaux ministres concernés. Elle aurait fait au préalable l'objet des échanges nécessaires entre ministres. Par ailleurs (...), je vous réunirai, avec l'accord du Président de la République, tous les quinze jours, le jeudi matin, afin que nous délibérions, de façon ouverte et confiante »[744].

Ces réunions, qui complètent les dialogues informels que le Premier ministre entretient quotidiennement avec chacun de ses ministres, ont pour finalité de sensibiliser ces derniers aux enjeux des politiques prioritaires du programme gouvernemental et de s'assurer de leur implication. Ces rencontres peuvent aussi permettre d'anticiper et de prévenir des défaillances de coordination durant le travail gouvernemental dès lors qu'en cas de conflits de positions entre ministres, celui qui s'oppose aux lignes fixées par le Premier ministre ne pourra éviter, s'il s'obstine, un arbitrage défavorable. La coordination peut effectivement se faire plus directive lorsque la seule manière de mettre fin à ces divergences est un arbitrage au nom du Premier ministre ou directement par lui pour les affaires les plus délicates.

B. La coordination par arbitrage

L'autre composante essentielle du pouvoir de coordination primo-ministérielle, qui intervient cette fois en aval du travail gouvernemental, est l'arbitrage[745]. Ce procédé n'a cessé de se développer au fur et à mesure que s'est étendue l'action du Gouvernement en devenant de plus en plus transversale. Le décalage entre la réalité d'une horizontalisation des tâches et la permanence d'une configuration gouvernementale sectorielle impose le recours à un échelon supérieur de décision en cas de rivalités persistantes entre ministères : « *toute l'économie des systèmes actuels de*

---

744 Circulaire du Premier ministre n° 5735/SG, « Méthode de travail du Gouvernement », 12 septembre 2014. Suivant la même logique, la circulaire du Premier ministre relative à l'organisation du travail gouvernemental du 6 juin 1997 dispose : « *La direction de mon cabinet tiendra avec tous les autres directeurs de cabinet, chaque lundi, une réunion consacrée aux questions générales de coordination ainsi qu'à la communication du Gouvernement* ».

745 L'arbitrage peut se définir comme « *toute décision du Premier ministre prise dans le cadre de sa fonction de direction gouvernementale afin de trancher un litige mettant aux prises des membres du collège gouvernemental l'ayant saisi à cet effet* » (Alexandre BONDUELLE *Le pouvoir d'arbitrage du Premier ministre sous la Ve République*, Paris, LGDJ, coll. « Bibliothèque constitutionnelle et de science politique », tome 94, 1997, p. 85).

coordination repose donc sur l'idée d'assurer une coordination horizontale par rapport à une spécialisation verticale »[746]. Un autre facteur de cette évolution est lié au mouvement plus général de concentration du pouvoir exécutif, corollaire d'une intervention croissante de l'État, qui a touché la plupart des régimes politiques dans la deuxième moitié du XXe siècle : « *la nécessité de coordonner les domaines de l'action publique a eu en particulier pour conséquence l'augmentation du pouvoir du chef de Gouvernement* » [747]. Un lien explicite est ainsi fait entre les besoins croissants de coordination interministérielle et le renforcement de l'autorité du Premier ministre ; une relation confirmée par Philippe Bezès qui remarque que « *dans la première moitié des années 1990, plusieurs traces, souvent hétérogènes, témoignent du souci des Premiers ministres de réaffirmer l'autorité politique face à l'administration en général et aux ministères transversaux en particulier* »[748].

Pourtant, dans la majorité des cas, « *la pratique habituelle des réunions interministérielles aboutit à un arbitrage au nom du Premier ministre par le cabinet de celui-ci. L'arbitrage du Premier ministre intuitu personae est plus rare. (...) l'appel d'une décision d'arbitrage sur les questions faciles sera réglé par un membre du cabinet du Premier ministre, les questions difficiles seront réservées à l'arbitrage du directeur du cabinet et seules les questions « les plus importantes » remonteront jusqu'au Premier ministre lui-même* »[749]. L'arbitrage réalisé

---

746 Roland DRAGO, « La coordination sous l'égide du Premier ministre. Introduction », *op. cit.*, p.28. L'auteur pousse le raisonnement plus loin en constatant que « *si les organismes de coordination deviennent si nombreux par l'utilisation de procédés de recoupements horizontaux, cela veut dire, que la spécialisation ministérielle telle que nous la connaissons (non fonctionnelle selon l'auteur mais organique et statique) est inadaptée, et plus les organismes de coordination se développent et plus on doit considérer que les structures ministérielles sont inadaptées. On peut alors aboutir ainsi à une nouvelle spécialisation ministérielle remettant en cause la plupart des compétences ministérielles* » (p. 31).

747 Heinrich SIEDENTOPF explique en effet que « *la nécessité de coordonner les domaines de l'action publique a eu en particulier pour conséquence l'augmentation du pouvoir du chef de Gouvernement et l'élargissement de son rôle aux moyens des instruments de planification, de coordination et de contrôle qui lui sont propres* » (*in* « Introduction », *op. cit.*, p. 3).

748 Philippe BEZÈS, « Concurrences ministérielles et différenciation : la fabrique de la « réforme de l'État » en France dans les années 1990 », *op. cit.*, p. 247.

749 Alain PARIENTE, *Recherches sur l'action du Premier ministre sous la Cinquième République*, *op. cit.*, p. 107. Plus rarement, le Premier ministre peut décider de « s'auto-saisir » pour arbitrer une question dont les enjeux politiques sont importants. En principe, des conseillers du Président de la République sont présents à la réunion de coordination.

au nom du Premier ministre se fait dans le cadre des nombreuses réunions interministérielles qui ponctuent quotidiennement le processus d'élaboration des projets de loi ou de décret. Le Premier ministre y intervient indirectement, *via* un membre de son cabinet chargé de présider les réunions rassemblant des fonctionnaires représentant les ministères concernés[750]. L'arbitrage est généralement sollicité par les ministres eux-mêmes, le chef de Gouvernement préférant encourager le dialogue entre eux pour éviter d'atteindre ce palier supérieur de coordination. Cette position ressort clairement des circulaires relatives au travail gouvernemental précitées :

> « *Lorsque pour la préparation de telle ou telle mesure relevant de vos compétences, les attributions d'autres membres du Gouvernement sont en cause, il vous appartiendra d'engager sans attendre avec eux les discussions nécessaires. J'insiste sur la nécessité d'une discussion interministérielle préalable à la saisine éventuelle de mon cabinet* »[751] ; « *L'efficacité du travail interministériel doit être vérifiée en permanence. On se conformera aux principes suivants : - il ne doit y avoir réunion que s'il doit y avoir arbitrage, c'est-à-dire décision ; - l'arbitrage doit avoir été préparé par un travail en amont entre les services ; - la réunion à Matignon doit être l'exception* »[752].

L'intervention directe du Premier ministre lorsque des conflits d'intérêts ou de compétences susceptibles de porter atteinte à la cohésion d'ensemble de l'action gouvernementale persistent se fait dans le cadre de comités interministériels qu'il préside. Par ailleurs, il arrive que le Premier ministre décide de recourir à l'évocation, c'est-à-dire de se saisir lui-même d'un dossier politiquement urgent ou sensible pour l'arbitrer. L'arbitrage peut ainsi être conçu comme l'ultime degré de coordination primo-ministérielle qui prend ici une dimension verticale - « *le chef du gouvernement n'est jamais le tiers neutre par rapport à un différend ; il est toujours celui qui, devant assumer la totalité des politiques gouvernementales, a le pouvoir de décision* »[753] - mais non hiérarchique

---

750 V. Partie 3, Titre 1. Les réunions interministérielles ponctuent quotidiennement le processus d'élaboration des projets de loi et de décret. Il s'agit de l'instance basique de coordination interministérielle.

751 Circulaire du Premier ministre n° 5222/SG, « Organisation du travail gouvernemental »,18 mai 2007.

752 Circulaire du Premier ministre n° 5735/SG, « Méthode de travail du Gouvernement », 12 septembre 2014.

753 Guy CARCASSONNE, *La Constitution*, Paris, Ed. du Seuil, coll. « Points », 3e éd., 1999, p. 124. Voir : CE, 16 décembre 1959, *Société Mavrommatis Frères* : la direction

- « *le Premier ministre dirige le gouvernement, il ne le résume pas, et sa signature ne peut remplacer celle d'un ministre* »[754] -. La décision du Premier ministre n'est donc pas, en principe, discrétionnaire. Il doit trancher les positions divergentes en se fondant sur le dossier d'arbitrage préparé par ses collaborateurs. À côté du cabinet du Premier ministre, un autre acteur indispensable au travail gouvernemental est le Secrétariat général du Gouvernement qui, « *aux frontières du politique et de l'administratif, (...) est par excellence l'instrument de coordination, le régulateur et le maître d'oeuvre des procédures d'élaboration et d'exécution des lois et décrets* »[755]. Ces deux auxiliaires du Premier ministre, à l'action discrète, sont de fait les principaux artisans de l'unité et de la cohérence du travail gouvernemental.

§ 2 - Le pouvoir coordonnateur auxiliaire de l'entourage du Premier ministre

« *Le Premier ministre, au surplus, ne signe les décrets qu'après que le secrétariat général du Gouvernement ait vérifié leur contenu et que le cabinet ait été également consulté, examens qui permettent tout à la fois de s'assurer que les priorités retenues ont bien été respectées et de veiller à la coordination de l'ensemble* »[756]. Cette remarque résume parfaitement le rôle crucial et complémentaire de ce duo à toutes les étapes du travail gouvernemental. Le Premier ministre dispose comme les autres ministres d'un cabinet dont les membres ont la charge de régler certaines questions en son nom. Ils président les réunions interministérielles au niveau des hauts fonctionnaires (sans les ministres) et préparent au nom du Premier ministre les arbitrages entre les divers départements ministériels. Quant au Secrétariat général du Gouvernement, « *gardien de la légalité, gestionnaire, coordonnateur, il ne participe au processus de décision politique qu'indirectement* »[757] mais de manière décisive.

---

du gouvernement n'entraîne pas un pouvoir hiérarchique sur les ministres donc de droit à intervenir dans les affaires confiées réglementairement à un ministre.

754 *Ibidem.*

755 Gérard CONAC, « Le Secrétariat général du Gouvernement : cinquante ans d'histoire », *in* Institut Français des Sciences Administratives, *Le Secrétariat général du Gouvernement,* Paris, Economica, 1986, p. 11.

756 Francis de BAECQUE, *op. cit.*, p. 56.

757 Jean-Louis QUERMONNE « La coordination du travail gouvernemental », *in* IFSA, *Le Secrétariat général du Gouvernement*, *op. cit.*, p. 30.

A. Le cabinet du Premier ministre

Ce qui n'était qu'un petit groupe de collaborateurs auprès du ministre qui exerçait concomitamment les fonctions de président du Conseil sous la IIIe République[758] est devenu une structure importante composée de conseillers et de chargés de mission choisis pour leur expertise dont le nombre oscille sous la Ve République entre cinquante et soixante[759]. S'y ajoutent un directeur de cabinet (assisté habituellement d'un ou deux directeur(s) de cabinet adjoint(s)) qui coordonne leur travail quotidien et un chef de cabinet (et souvent d'un chef de cabinet adjoint) qui joue un rôle plus logistique : il dirige (assisté généralement d'un chef de cabinet adjoint) le secrétariat du cabinet composé notamment d'un secrétariat particulier, d'un service de presse et de quelques conseillers techniques. Le cabinet est structuré selon une logique horizontale : les membres du cabinet se regroupent en pôles dont la plupart ne coïncident pas avec les découpages ministériels. Comme le souligne Xavier Magnon, à travers cette organisation « *il s'agit de disposer de conseillers en charge de questions plus générales et plus larges, ce qui marque une transversalité à même de faciliter la coordination et la direction du gouvernement* »[760]. L'essentiel de leur mission consiste, en effet, à assister quotidiennement le Premier ministre dans sa fonction de direction de l'action du Gouvernement au moment de la préparation des textes qui mettent en œuvre son programme politique. Autrement dit, à l'articulation du politique et de l'administratif et en surplomb des

---

758 Le décret du 13 février 1912 permet au ministre exerçant par ailleurs les fonctions de président du Conseil (avant la loi du 30 décembre 1934, le président du Conseil exerçait également, sauf rares exceptions, les attributions d'un ministre de plein exercice). de s'entourer uniquement de trois collaborateurs : un chef de cabinet et deux chefs adjoints ou sous-chefs ; article 3 du décret du 13 février 1912. Ce texte ne sera cependant jamais réellement appliqué et sous la IVe République, le décret n° 48-1223 du 28 juillet 1948, toujours en vigueur, augmente le seuil. Cependant, comme l'indique son article 1er *in fine*, le décret n'est pas applicable au cabinet du Président du Conseil/Premier ministre ce qui explique le nombre important des membres du cabinet primo-ministériel qui a eu tendance à croître depuis 1958 malgré les dénonciations récurrentes de plusieurs rapports.

759 S'y ajoutent des « membres officieux » proches conseillers du Premier ministre malgré l'interdiction maintes fois répétée dans les circulaires du Premier ministre.

760 Xavier MAGNON, « L'organisation particulière du Secrétariat général de l'Élysée et du cabinet du Premier ministre », *in* Jean-Michel EYMERI-DOUZANS, Xavier BIOY, Stephane MOUTON (dir.), *Le règne des entourages. Cabinets et conseillers de l'exécutif*, Paris, Sciences Po-Les Presses, 2015, p. 379. L'auteur relève toutefois que « *cette dimension verticale ne se vérifie pas toujours. Il existe des domaines dont l'organisation « colle » au plus près des ministères* ». Il cite notamment la Justice, l'Education Nationale, ou encore l'Agriculture qui laissent peu de place à la transversalité.

ministères, le cœur de mission des membres du cabinet primo-ministériel consiste à faciliter la coordination interministérielle en encourageant le dialogue entre les principaux acteurs du travail gouvernemental : « *le cabinet d'un ministre vit au cœur du ministère. Celui du Premier ministre vit au cœur de l'État* »[761].

Concrètement, l'essentiel du travail d'un collaborateur ou d'un chargé de mission de cabinet consiste à suivre, au regard de son domaine de compétence, le travail des services ministériels en veillant à prévenir toute divergence qui perturberait le bon déroulement du travail gouvernemental. Ils informent et conseillent le Premier ministre sous la forme de notes, transmises par l'intermédiaire des directeurs de cabinet, pointant les difficultés politiques, techniques et juridiques posées par tel ou tel projet en discussion et proposent généralement des solutions pour les régler. En principe, le cabinet primo-ministériel ne peut s'adresser qu'aux cabinets ministériels ; cependant, bien que cette pratique ait maintes fois été dénoncée, il a tendance à s'immiscer dans le travail des services. Il arrive également aux collaborateurs du Premier ministre de consulter des représentants de la société civile (notamment des représentants d'organisations professionnelles), tâche qui revient en principe aux services opérationnels chargés d'élaborer les projets de textes. Cette ingérence est usuelle pour les dossiers les plus sensibles politiquement, le cabinet recevant des instructions plus ou moins formelles du Premier ministre pour orienter le dialogue qui se réalise au niveau ministériel. Ainsi, « *le Premier ministre dispose d'un instrument de direction politique avec son cabinet, à travers lequel il contrôle l'action des membres du gouvernement. Ses collaborateurs* (...) *couvrent chacun un secteur comprenant plusieurs ministères qu'ils ont mission de suivre et lui assurent une espèce d'ubiquité grâce à leurs correspondants dans les différents cabinets ministériels* »[762]. En réalité, les contacts directs entre le Premier ministre et les membres de son cabinet ne sont pas usuels. Le directeur de cabinet, qui est habilité à prendre certaines décisions au nom du Premier ministre en son absence, fait souvent office de « filtre » et les réunions de directeurs de cabinets ministériels régulièrement organisées sous sa présidence sont des lieux de prédilection pour transmettre aux administrations, de manière plus ou moins subtile, les orientations à suivre.

---

761 Alain CLAISSE, *Le Premier ministre de la Ve République*, Paris, LGDJ, coll. « Bibliothèque constitutionnelle et de science politique », 1972 p. 224.

762 Pierre AVRIL, « Diriger le Gouvernement », *Pouvoirs*, n° 83, 1997, p. 34.

Ainsi, « *on aurait tort de sous-estimer ce travail quotidien, opiniâtre, rigoureux, efficace, courageux des conseillers-arbitres de Matignon* »[763]. Le cabinet primo-ministériel est loin d'être un relais passif entre le chef du Gouvernement et les ministères. Son rôle est particulièrement notable en cas de désaccords persistants entre administrations qui bloquent la finalisation du travail gouvernemental. Dans ce cas, c'est au cabinet qu'il revient de préparer l'arbitrage du Premier ministre, qui sera le plus souvent rendu dans le cadre des nombreuses réunions interministérielles organisées tous les jours à Matignon sous la présidence d'un membre du cabinet primo-ministériel (voire du directeur de cabinet)[764] ; le Premier ministre réservant son pouvoir d'arbitrage aux dossiers les plus sensibles politiquement qui sont notamment traités en comités interministériels. En théorie, ces réunions ne doivent porter que sur des questions politiques mais, le plus souvent, demandées trop tôt dans le processus d'élaboration des projets de texte par le cabinet du Premier ministre ou un ministre, elles sont aussi le lieu d'une coordination portant sur des points techniques. De nouveau, les collaborateurs du Premier ministre, présents en considération de leur domaine d'expertise, ont l'occasion d'influencer le contenu du projet de texte qui sera finalement adopté.

Pour certains auteurs, l'importance de la fonction coordonnatrice exercée par le cabinet du Premier ministre est telle qu'elle peut empiéter sur le pouvoir de direction de l'action du Gouvernement détenu par le Premier ministre. En ce sens, Francis de Baecque explique qu'« *en pratique, le système fonctionne sans à coups graves et le cabinet est souvent pour le Premier ministre l'organe qui élabore pour lui les grandes lignes de sa politique* »[765] ; autrement dit, les collaborateurs du Premier ministre influencent « *la définition de pans entiers de l'action*

---

763 Guy THUILLIER, *Regards sur la haute administration*, Paris, Economica, 1979, p. 27.

764 En effet, « *la pratique habituelle des réunions interministérielles aboutit à un arbitrage au nom du Premier ministre par le cabinet de celui-ci. L'arbitrage du Premier ministre* intuitu personae *est plus rare.* (...) *l'appel d'une décision d'arbitrage sur les questions faciles sera réglé par un membre du cabinet du Premier ministre, les questions difficiles seront réservées à l'arbitrage du directeur du cabinet et seules les questions « les plus importantes » remonteront jusqu'au Premier ministre lui-même* » (Alain PARIENTE, *Recherches sur l'action du Premier ministre sous la Cinquième République*, *op. cit.*, p. 107). Plus rarement, le Premier ministre peut décider de « s'auto-saisir » pour arbitrer une question dont les enjeux politiques sont importants. En principe, des conseillers du Président de la République sont présents à la réunion de coordination.

765 Francis de BAECQUE, « Le rôle du chef du Gouvernement et ses services dans la coordination et la détermination des priorités. Rapport français », *op. cit.*, p. 50.

gouvernementale, d'un ensemble de décisions coordonnées » [766]. L'ascendant pris sur le Premier ministre par son cabinet est ici probablement présenté de manière exagérée ; pour autant, le pilotage de la coordination interministérielle, en particulier à travers les arbitrages rendus à l'occasion des dizaines de réunions interministérielles qui se tiennent tous les jours à Matignon, relève effectivement pour l'essentiel du travail des collaborateurs et chargés de mission. Selon Olivier Schrameck, cette tendance à empiéter, tantôt sur les compétences du chef du Gouvernement, tantôt sur les attributions des ministres, s'explique par « *une nature ambiguë : ni simple cellule d'aide à la décision ni superministère* ». Autrement dit, cela découle de son positionnement institutionnel d'interface propre à sa nature d'organe coordonnateur. Pour éviter « *une telle dérive* », l'une des solutions recommandées par l'auteur est « *d'éviter d'arbitrer c'est-à-dire de décider sur des affaires opposant plusieurs départements ministériels lorsqu'un membre du gouvernement a personnellement fait valoir une position en appelant à l'autorité du Premier ministre lui-même* »[767].

On voit que la fonction de coordination du cabinet du Premier ministre a un caractère essentiellement politique, dans les deux sens du terme : d'une part, il permet la mise en œuvre du programme gouvernemental en veillant au bon déroulement du processus d'élaboration des textes juridiques qui l'applique ; d'autre part, il doit tenir compte de facteurs qui relèvent d'une logique partisane, tâche qui revient essentiellement au directeur de cabinet. En cela, le cabinet primo-ministériel se distingue fondamentalement d'un autre acteur central du travail gouvernemental, l'« *acteur privilégié de l'organisation et de la coordination du travail collectif* » [768] : le Secrétariat général du Gouvernement.

---

766 Francis de BAECQUE, Jean-Louis QUERMONNE, *Administration et politique sous la Ve Republique*, Paris, Presses de la FNSP, 1982, p. 85. L'auteur précise en outre : « *La dialectique du pouvoir au sein de l'état-major du Premier ministre montre qu'il y a un secteur dans lequel le Premier ministre est particulièrement influençable, c'est celui des micro-décisions touchant des affaires où l'aspect technique est important. Le travail effectué sur le dossier à la base par le chargé de mission, ou le conseiller technique qui en est responsable, est revu par le chef de secteur, puis soumis au Premier ministre. Plus le dossier est complexe, plus le Premier ministre est lié par les « experts » : il est prisonnier de la confiance qu'il a en eux, des informations qu'ils lui fournissent, des réseaux de relations qu'ils ont établis avec les autres acteurs responsables, de leur compétence* ».

767 Olivier SCHRAMECK, *Dans l'ombre de la République. Les cabinets ministériels*, Paris, Dalloz, 2006, p. 124-125.

768 François BURDEAU, *Histoire de l'administration française. Du 18e au 20e siècle*, *op. cit.*, p. 172.

B. Le Secrétariat général du Gouvernement

« *Courroie de transmission entre les pouvoirs publics* » [769], « *organisme administratif et d'instrument léger et souple de coordination et de continuité, à la fois au service du chef de gouvernement et du gouvernement tout entier* » [770], « *par excellence l'instrument de coordination, le régulateur et le maître d'oeuvre des procédures d'élaboration et d'exécution des lois et décrets* » [771]... Les auteurs rivalisent de formules pour souligner le rôle central joué par le Secrétariat général du Gouvernement dans le cadre du travail gouvernemental. Aboutissement, on l'a vu, de nombreuses expériences de structures administratives auxiliaires de coordination du Gouvernement, le SGG dans sa forme contemporaine trouve son fondement juridique dans l'article 23 de la loi de finances pour 1935. Depuis son action n'a cessé de se renforcer, surtout sous la Ve République, sous l'effet notamment d'une interministérialité croissante [772] rendant plus délicate la coordination interministérielle et d'un renforcement du pouvoir exécutif. C'est aujourd'hui « *une institution administrative et non politique, peu connue du grand public, qui occupe une place importante dans l'organisation des institutions françaises, et dans leurs relations dont il est un rouage essentiel* »[773].

---

769 Jean-Louis QUERMONNE, *L'appareil administratif*, Paris, Ed. du Seuil, coll. « Points », 1991, p .45-46. Le SGG joue également un rôle important de « *conseil juridique à l'égard du cabinet du Premier ministre et des autres ministères. Les membres du SGG et notamment les chargés de mission examinent la correction juridique et formelle des textes qui passent entre leurs mains. Ils peuvent être consultés par les ministres ou leurs cabinets sur certaines questions juridiques sur lesquelles ils souhaitent avoir l'avis d'un organe détenant une « expertise horizontale »* » (« Le Secrétariat général du Gouvernement » *Portail du Gouvernement*, Site Internet du Premier ministre. Disponible sur : http://www.gouvernement.fr/gouvernement/le-secretariat-general-du-gouvernement-5.)

770 Jean-Louis QUERMONNE « La coordination du travail gouvernemental », *op. cit.*, p . 26

771 Gérard CONAC, « Le Secrétariat général du Gouvernement : cinquante ans d'histoire », *in* IFSA, *Le Secrétariat général du Gouvernement*, *op. cit.*, p. 13.

772 Secrétaire général du Gouvernement de 1982 à 1986 Jacques Fournier explique en effet : « *Il s'agit de la complexité des structures gouvernementales, qui est liée à la diversification progressive des tâches de l'État. Aujourd'hui, nous avons en France, et cet exemple n'est pas isolé, un Gouvernement composé de quarante-trois personnes, dont dix-neuf en comptant le Premier ministre. Il faut coordonner cet ensemble et le faire fonctionner. C'est la première justification du Secrétariat général du Gouvernement* » (« Le Secrétariat général du gouvernement », *in* IFSA, *Le Secrétariat général du Gouvernement*, *op. cit.*, p. 34).

773 Pour reprendre la formule de présentation du Secrétariat général du Gouvernement qui figure sur le site Internet du Gouvernement : http://www.gouvernement.fr/secretariat-general-du-gouvernement-sgg.

Aux frontières du politique et de l'administratif et organisé selon une logique transversale (composition et structure), le SGG répond parfaitement à la définition de l'« *administration d'état-major* » proposée par Jean-Louis Quermonne[774] ou d'« *administration du sommet de l'Exécutif* » formulée par Vincent Wright[775]. Sa mission principale consiste à permettre l'exercice effectif du pouvoir de coordination interministérielle qui revient au premier chef au Premier ministre. Elle se décompose en trois principales fonctions exercées lors de l'élaboration et de la mise en œuvre des projets de textes gouvernementaux : l'organisation du travail gouvernemental, le conseil juridique au Gouvernement et la direction des services civils du Premier ministre. Pour chacune d'elle, point de passage obligé des principales procédures du travail gouvernemental, il joue un rôle de « coordonnateur de la coordination » en assurant un dialogue entre les principales institutions de l'État : le Premier ministre, le Président de la République (*via* le Secrétariat général de la présidence de la République), les ministères et leurs administrations, les services des assemblées parlementaires et le Conseil d'État. Ces échanges sont favorisés grâce à une « *symbiose entre de nombreux membres du cabinet du Premier ministre, les directeurs des cabinets ministériels, les fonctionnaires du SGG, et même certains collaborateurs du président de la République, souvent tous issus des mêmes corps et formés à la même école – y compris lors des cohabitations – des discussions et des arbitrages qui évitent bien des conflits. Cette communauté de formation, de culture et de valeurs entre les membres des cabinets – à rôle politique – et la trentaine de fonctionnaires du SGG – dont le rôle est fait de technicité juridique et de mémoire de la République pour en incarner la continuité – permet un fonctionnement harmonieux des réunions de travail gouvernemental* »[776]. L'expertise pluridisciplinaire de ces hauts fonctionnaires ainsi que

---

774 Jean-Louis QUERMONNE, *L'appareil administratif, op. cit.*, p. 29 et s. Selon l'auteur, l'« administration d'état-major » est reconnaissable à trois éléments : « *on la rencontre au sommet de la pyramide administrative* (...) ; (elle) *est également pluri-disciplinaire* (...) ; *enfin, l'administration d'état-major prospère à l'articulation de l'administration et de la politique* ». A noter que la notion avait déjà été dégagée par Max Weber qui décrivait un « *état major administratif* » (*Le Savant et le Politique*, Paris, UGE, 1963) ; puis a été reprise par Gérard TIMSIT qui distingue des systèmes moniste et dualiste d'administration d'état-major (*Administrations et États, Études comparées*, Paris, PUF, 1987).

775 Vincent WRIGHT, « Administrer le sommet de l'exécutif' », *RFAP*, n° 83, juillet-septembre 1997.

776 Christian BIGAUT, « Les cabinets, diplomates de l'interministériel et de l'arbitrage », *in* Jean- Michel EYMERI-DOUZANS, Xavier BIOY, Stephane MOUTON (dir.), *Le règne des entourages. Cabinets et conseillers de l'exécutif*, Paris, Sciences Po-Les Presses, 2015, p. 602-603.

l'organisation transversale du SGG sont également des atouts majeurs pour réaliser la coordination interministérielle.

1. Une organisation horizontale pour faciliter la coordination gouvernementale

En dépit de l'étendue de ces tâches, le SGG reste un organe administratif relativement léger : il comprend une centaine de fonctionnaires, dont une trentaine chargés de tâches de conception. Il est dirigé par un haut fonctionnaire, traditionnellement issu du Conseil d'État, nommé par le Président de la République en Conseil des ministres qui incarne la stabilité nécessaire à l'action gouvernementale. Depuis la fin de la Seconde Guerre mondiale, seulement neuf secrétaires généraux se sont succédé : l'actuel titulaire de la fonction Marc Guillaume a été nommé le 2 avril 2015[777]. Le Secrétaire général exerce une fonction à caractère politique : outre la direction du SGG et la supervision des services du Premier ministre, il intervient au moment de la préparation et du suivi du Conseil des ministres auquel il assiste. Il est secondé par un cabinet [778], des conseillers (un « conseiller constitutionnel », un « conseiller pour la coopération internationale » et un « chargé de mission développement des systèmes d'information et valorisation des ressources documentaires ») et un directeur adjoint. Lui sont également directement rattachées une « mission d'organisation des services du

---

777 Sauf en 1986 et 1995, le secrétaire général du Gouvernement est resté en poste après une alternance politique consécutive à une élection présidentielle. Depuis 1946 se sont succédé seulement neuf secrétaires généraux du Gouvernement : André Segalat (nommé le 15 septembre 1946) ; Roger Belin (nommé le 23 janvier 1958) ; Jean Donnedieu de Vabres (nommé le 14 mars 1964) ; Marceau Long (nommé le 13 février 1975) ; Jacques Fournier (nommé le 30 juin 1982) ; Renaud Denoix de Saint Marc (nommé le 24 mai 1986) ; Jean-Marc Sauvé (nommé le 24 mai 1995) ; Serge Lavisgnes (nommé le 22 septembre 2006) ; Marc Guillaume (nommé le 2 avril 2015). Cette permanence correspond à sa mission de garant de la cohérence et de la continuité de l'action gouvernementale et témoigne de l'importance du rôle du Secrétariat général du gouvernement, au-delà des contingences politiques. Un autre élément révélateur de ce rôle de garant de la constance du pouvoir est sa fonction particulière lors de la formation d'un nouveau gouvernement : il lui appartient de le « guider » dans son installation, de préparer les décrets d'attributions et de délégations qui définissent les compétences de chaque ministre, d'affecter les moyens logistiques aux nouvelles équipes ministérielles (immeubles, bureaux...). Le SGG conserve aussi les dossiers du travail gouvernemental et les tient à la disposition des gouvernements successifs.

778 En étroite relation avec le Secrétaire général adjoint, le cabinet composé d'un directeur, d'un chef et de chargés de mission fixe l'ordre du jour du Conseil des ministres, constituer les dossiers qui y seront discutés, envoie les convocations, prépare les communiqués, suit les décisions qui y sont prises. Le cabinet est notamment chargé de la préparation concrète chaque semaine du Conseil des ministres. Voir ci-après.

Premier ministre », une « mission cadres dirigeants » et une « mission coordination de la réforme des services déconcentrés de l'État »[779].

Le SGG comprend aussi deux pôles placés sous l'égide du directeur adjoint du Secrétaire général du Gouvernement. Le premier, le pôle économique, est composé d'une dizaine de chargés de mission[780] (choisis souvent parmi d'anciens élèves de l'ENA qui ont le statut d'administrateur civil), chacun responsable de plusieurs secteurs de l'activité gouvernementale[781] et généralement assistés de chargés de mission adjoints. Le second pôle, le Service de la législation et de la qualité du droit, est chargé de surveiller le bon déroulement de la procédure d'élaboration des projets de textes et se compose d'une « cellule de programmation de l'activité normative », d'une « mission de dématérialisation des procédures », d'un « département de l'activité normative » et d'un « département de la qualité du droit » dont l'action est horizontale. Enfin, le SGG comprend une « mission des archives nationales » et un « service de documentation » responsable du traitement logistique des dossiers correspondant aux réunions organisées à Matignon[782] et de leur diffusion[783].

779 Source : « Annuaire de l'administration ».
Disponible sur : https://lannuaire.service-public (dernière consultation : août 2016).

780 Leurs principales fonctions consistent à suivre l'activité des ministères qui relèvent de leurs attributions en liaison avec les membres du cabinet du Premier ministre, de préparer les réunions interministérielles, d'en rédiger les comptes-rendus, d'assurer une expertise juridique à destination du Gouvernement, de suivre les projets transmis au Conseil d'État ou soumis au Conseil des ministres. Voir ci-après.

781 Justice, culture, communication, télécommunications ; Équipement, logement, transports, tourisme, mer, environnement, urbanisme, ville ; Fonction publique, réforme de l'État, éducation nationale, recherche, espace, jeunesse et sports ; Intérieur, collectivités territoriales, outre-mer, déconcentration ; Industrie, énergie, agriculture, forêt, pêche et aménagement du territoire ; Solidarité, santé, protection sociale, famille, personnes âgées, handicapés, travail, emploi et formation professionnelle, droits des femmes ; Affaires étrangères et européennes, défense, coopération, anciens combattants, rapatriés et francophonie ; Questions de constitutionnalité, affaires contentieuses et diffusion du droit ; Conseiller pour les affaires économiques.

782 Tous les matins, les agents de ce service sortent les dossiers qui seront étudiés lors des nombreuses réunions qui se tiendront dans la journée et les remettent aux chargés de mission compétents qui y participeront.

783 Le service enregistre les relevés de décisions des réunions interministérielles et du Conseil des ministres, répertorie les textes législatifs et réglementaires en les saisissant dans une base de données informatique.

2. Une mission de « coordonnateur de la coordination » gouvernementale

Le rôle primordial du SGG « *c'est d'être l'une des chevilles ouvrières de l'organisation du travail collectif du Gouvernement* »[784], ce qui implique une omniprésence à toutes les étapes du travail gouvernemental[785] en tant que garant de sa cohérence et de sa continuité ainsi que du bon fonctionnement des institutions qui y prennent part.

Sa première tâche est logistique. Elle consiste tout d'abord en l'organisation des réunions interministérielles qui, au nombre d'une vingtaine par jour, sont les instances de coordination les plus communes. Les chargés de mission compétents au regard de leur portefeuille d'attributions convoquent les ministères intéressés, élaborent l'ordre du jour, préparent les dossiers à traiter. En outre, la présence d'un chargé de mission est obligatoire aux réunions interministérielles dont il doit rédiger les relevés de décisions portant arbitrage du Premier ministre (les « bleus ») qui sont diffusés aux ministères intéressés par le SGG. Le SGG assure également le secrétariat des conseils interministériels en relation avec le Secrétariat général de la présidence de la République et du conseil des ministres où doivent obligatoirement être délibérés les projets de textes gouvernementaux les plus importants (projets de loi, article 39 C ; projets d'ordonnances, articles 13, 38 C ; certains décrets, article 13 C).

L'organisation de ce dernier, instance de finalisation du processus de coordination gouvernementale, obéit à une routine minutieuse : tous les vendredis matin, le Secrétaire général, lui-même secondé par son cabinet, prépare les projets d'ordre du jour des six prochains Conseils des ministres. Une seconde réunion est ensuite organisée en présence des principaux membres du cabinet du Premier ministre pour arrêter les ordres du jour qui seront soumis au Président de la République, qui préside le Conseil des ministres, pour approbation. De plus, le Secrétaire assiste personnellement au Conseil des ministres et en rédige le compte-

---

784 Marceau LONG, « Le secrétaire général du Gouvernement », *in Les services du Premier ministre, conférences*, PUAM, 1981, p. 64.

785 Le texte de référence reste cet égard le Règlement intérieur des travaux du Gouvernement du 3 février 1947 « *délibéré et adopté en Conseil des ministres,* (qui) *a pour objet de préciser la procédure suivant laquelle s'ordonnent les travaux du Gouvernement de la République et s'établissent ses rapports avec les Assemblées* ». Comme le relèvent de nombreux auteurs, ce document est difficile d'accès (non publié au *Journal Officiel* mais seulement dans *Notes et études documentaires*, n° 605, 26 février 1947). V. reproduction du Règlement dans la thèse de Jean GUISELIN, *Le Secrétariat général du Gouvernement*, *op. cit.*, p. 414-429.

rendu, le relevé de décisions qui sera diffusé aux administrations concernées par voie dématérialisée et le communiqué public. Comme le souligne Jean Guiselin, l'implication du SGG dans la procédure du Conseil des ministres est essentielle pour préserver la cohérence du travail gouvernemental sur des dossiers qui ont normalement déjà été arbitrés avant d'être délibérés dans le cadre de cette instance qui symbolise la collégialité du Gouvernement : « *sans cette présence au Conseil des ministres du secrétaire général du Gouvernement - dont la neutralité et la crédibilité sont ici essentielles -, il serait toujours possible à un ministre de contourner ou de contredire une décision ou une solution retenue en Conseil des ministres au motif qu'il n'aurait pas compris la décision de la même manière que le ministre des Finances par exemple* »[786]. En d'autres termes, la présence du Secrétaire général du Gouvernement tend à dissuader les ministres de remettre en question la coordination interministérielle qui a été réalisée en amont. Le Secrétaire général du Gouvernement joue aussi un rôle d'intermédiaire entre le Premier ministre et le Président de la République. En principe neutre et apolitique, il permet de faciliter leurs échanges au moment de la préparation du Conseil des ministres et, plus largement, durant tout le processus de travail gouvernemental. En cas de relations conflictuelles, il préserve un lien entre les deux têtes de l'Exécutif indispensable à une bonne conduite des affaires publiques, en particulier durant les périodes de cohabitation.

Le SGG est aussi un relais entre le Gouvernement et le Parlement qui doivent coordonner leur action dans le cadre de la procédure législative. À l'issue du Conseil des ministres, les textes réglementaires délibérés sont signés et entrent en vigueur à leur publication ; en revanche, les projets de loi discutés doivent être transmis aux assemblées afin qu'elles les votent. Cet échange entre les deux institutions passe obligatoirement par le SGG qui assure la transmission des dossiers qui se fait aujourd'hui, pour l'essentiel, de manière dématérialisée [787] *via* l'application SOLON II. En relation avec le ministre chargé des relations avec le Parlement[788] et le ministre chargé de défendre le texte devant le

---

786 Jean GUISELIN, *Le Secrétariat général du Gouvernement*, *op. cit.*, p. 232.

787 « *Selon le SGG, sur environ 28 000 textes publiés chaque année au Journal officiel, seuls 4 000 ne transitent pas par l'application informatique « Solon II »* » (SENAT (Alain ANZIANI, rapp.), *Coordination du travail gouvernemental et publications officielles,* rapport pour avis sur le projet de lois de finances pour 2014, n° 162, 2013-2014, p. 23).

788 « *Par délégation du Premier ministre,* (le) *secrétaire d'État chargé des relations avec le Parlement, est chargé de suivre les rapports entre le Gouvernement et le Parlement* » (article 1er du décret n°2014-399 du 17 avril 2014). Le ministre chargé des

Parlement au regard de ses attributions, le SGG entretient des « *relations avec le Parlement* (qui) *sont essentiellement procédurales. Il s'agit d'établir le décret de présentation des projets de loi, d'assurer la transmission du projet d'une Assemblée à l'autre, de demander la convocation d'une commission mixte paritaire, de transmettre la déclaration d'urgence* »[789]. Pour autant, le rôle du SGG n'est pas celui d'un relais passif : il suit les débats en veillant au respect de la procédure, prévient d'éventuelles difficultés entre les ministres et les parlementaires et peut avertir le cabinet du Premier ministre s'il constate des incohérences juridiques ; par exemple, si un amendement pose question en termes de compatibilité avec le corpus juridique existant, notamment au regard de la Constitution. De plus, après le vote d'une loi, le SGG s'assure que les décrets d'application soient pris dans un délai raisonnable et en rend compte au Premier ministre. L'interlocuteur privilégié du Parlement au sein du SGG est le chef du service de la législation qui est en contact permanent avec les directions de la séance des assemblées et veille à un dialogue constant entre les ministres et les parlementaires. Ainsi, le SGG centralise les réponses aux questions écrites des différents ministères, contrôle leur contenu, les transmet aux assemblées pour publication au *Journal Officiel*. Il transmet aussi les rapports des ministres au Parlement.

L'organisation du travail gouvernemental implique également une fonction de « *greffier* »[790] de l'État : outre la conservation des « bleus » rédigés à l'issue des réunions interministérielles et des relevés de décisions des Conseils des ministres, c'est au SGG qu'il revient, après le

relations avec le Parlement est aussi un auxiliaire de coordination interministérielle du Premier ministre. Il intervient dès le début de la procédure législative en participant à l'élaboration de l'ordre du jour lorsqu'il revient au Gouvernement de le fixer. Il doit alors prendre en considération à la fois les priorités des ministres, l'état d'avancement des projets de loi à présenter et la charge de travail des assemblées parlementaires. Il participe aux réunions interministérielles destinées à harmoniser les différents projets de loi préparés par les ministères et aux réunions d'arbitrage qui permettent de choisir les projets de loi susceptibles d'être inscrits à l'ordre du jour des assemblées et de prévoir un calendrier d'examen de ces textes. D'une manière générale, il est chargé de faciliter les relations entre les ministres et les parlementaires. Il doit notamment veiller à prévenir d'éventuelles difficultés entre le Gouvernement et sa majorité. Ainsi, non seulement le ministre chargé des relations avec le Parlement participe activement à la coordination interministérielle nécessaire à la participation gouvernementale au processus législatif, il est aussi le maître d'oeuvre d'une coordination de l'action du Gouvernement et du Parlement.

789 Renaud DENOIX de SAINT MARC, « Le secrétaire général du Gouvernement », *Revue des sciences morales et politiques*, n° 2, 2002, p. 11.

790 *Ibidem*, p. 8 et s.

vote d'une loi ou l'adoption d'un décret, de recueillir les contreseings[791] nécessaires à leur mise en œuvre conformément à ce que prévoit la Constitution[792]. Ce faisant, le SGG permet d'acter matériellement le consensus des ministères sur les textes adoptés et leur engagement implicite d'assurer leur application. Le SGG est, par ailleurs, le point de passage obligé des textes pour leur publication au *Journal Officiel* : qu'il s'agisse d'une loi, d'un décret ou d'un acte réglementaire ministériel, aucun texte ne peut être publié, donc produire des effets juridiques, sans l'accord du secrétaire général du Gouvernement. En ce sens, la circulaire du Premier ministre relative à l'organisation du travail gouvernemental du 18 mai 2007 précise : « *Le Secrétariat général du Gouvernement assure la publication de tous les textes émanant des ministères. Préalablement à leur publication, les textes font l'objet d'un ultime examen par ses soins et par le cabinet du Premier ministre* »[793]. Cette obligation n'a pas seulement un caractère procédural en permettant de vérifier le respect des étapes du processus décisionnel[794] ; elle manifeste aussi indirectement l'assentiment du Premier ministre, auquel le SGG est directement rattaché, à la publication des textes. À nouveau, il s'agit de préserver une coordination de l'action gouvernementale en évitant que chaque ministre procède lui-même à la publication des textes, éventuellement en les modifiant à la dernière minute. Par ailleurs, le SGG

---

791 *Via* l'application SOLON. « *Les textes que ceux-ci ont compétence pour signer (principalement décrets de promulgation des lois, ordonnances et décrets. En ce qui concerne les contreseings, le secrétariat général du Gouvernement recueille celui du Premier ministre sur les actes du Président de la République pour lesquels ce contreseing est requis, ainsi que les contreseings des ministres sur les décrets de promulgation des lois, les ordonnances, les décrets en conseil des ministres, les décrets en Conseil d'État et les décrets pris en application du second alinéa de l'article 37 de la Constitution. Dans les autres cas, c'est au ministère responsable du texte qu'il revient de recueillir les signatures pour les arrêtés ministériels et interministériels, ainsi que les contreseings pour les décrets autres que ceux mentionnés ci-dessus* ».
Source : Guide de légistique, en ligne : https://www.legifrance.gouv.fr/Droit-francais/Guide-de-legistique/II.-Etapes-de-l-elaboration-des-textes/2.1.-Regles-generales/2.1.7.-Procedures-de-recueil-des-signatures-et-contreseings.

792 Aucune décision qui relève du domaine de compétences d'un ministère ne peut être prise sans son consentement comme le confirme l'article 22 de la Constitution qui précise que tout acte du Premier ministre requiert le contreseing des ministres chargés de son exécution ; de même que les actes du Président de la République pris en dehors de l'exercice de ses « pouvoirs propres » doivent recueillir le contreseing des ministres responsables (art. 19 C).

793 Circulaire du Premier ministre, « Organisation du travail gouvernemental », n° 5222/SG, 18 mai 2007, p. 7.

794 Avant la publication, le SGG vérifie notamment que les contreseings et signatures nécessaires ont bien été recueillis, contrôle la régularité des délégations de signatures, vérifie que les saisines obligatoires d'organes consultatifs ont été réalisées...

procède à l'enregistrement des lois et règlements dans un répertoire : « *ce fichier législatif, créé en 1949 et devenu depuis la banque de données LEX, est tenu à jour par le service de documentation. Il présente divers avantages : outre son exhaustivité (il recense les textes en vigueur depuis l'Édit de Villers-Cotterêts du 25 août 1539), il offre par une indexation appropriée la possibilité de retrouver une norme particulière et de suivre son évolution à travers les textes qui l'ont successivement modifiée ou appliquée. En ce sens il est complémentaire de la banque de données LEGI, produite par la direction des Journaux Officiels, qui met en ligne une série de codes, lois et décrets* »[795]. Ce « *travail de mémoire du travail gouvernemental* »[796] répond à un besoin de permanence de l'État au-delà des changements de gouvernements mais aussi à l'exigence démocratique d'accès des citoyens aux données publiques, en l'espèce au droit *via* le site *Legifrance*.

Plus généralement, le Secrétariat est chargé de la diffusion de la documentation juridique auprès des ministres et de leurs administrations qui peuvent l'interroger sur tel ou tel point de droit. On aborde ici une autre fonction essentielle du SGG, celle de conseiller juridique. Ses chargés de mission peuvent être consultés par les ministres et leurs cabinets, ou par le cabinet du Premier ministre, sur des questions juridiques. Toujours en tant que conseiller juridique, le SGG joue un rôle qui est loin d'être négligeable au moment de la formation d'un nouveau gouvernement puisqu'il prépare les décrets d'attributions et de délégation précisant les compétences de chaque membre du Gouvernement, affecte les moyens logistiques nécessaires aux nouvelles administrations et leur apporte toute indication juridique nécessaire (notamment s'agissant de la procédure du travail gouvernemental). Ce sont aussi les chargés de mission du SGG qui sont chargés de la correction juridique et formelle des textes juridiques qui leur sont soumis dans le cadre du travail gouvernemental en portant une attention particulière à la qualité du droit et à une insertion harmonieuse des règles de droit envisagées dans le corpus juridique existant.

Cette vigilance portée à la coordination normative se manifeste spécialement avant la transmission de projets de textes au Conseil d'État. Pour tous les projets de loi (article 39 de la Constitution), d’ordonnances (articles 38 et 74-1 de la Constitution), et certains décrets[797], le Conseil

---

795 Pascal PETITCOLLOT, « La mémoire du travail gouvernemental », *RFAP*, n° 102, avril-juin 2002, p. 288.

796 *Ibidem*.

797 Pour les projets de décrets réglementaires (article 37) et des décrets pris en application de dispositions, le plus souvent législatives, prévoyant la consultation. Plus rarement, le Conseil d'État peut être saisi si le Gouvernement le juge utile.

d'État doit être obligatoirement consulté. Le ministre à l'origine de ce type de projet de texte doit le transmettre au SGG qui seul est habilité à saisir le Conseil d'État (formations consultatives) au moins quatre semaines avant la date prévue pour son inscription à l'ordre du jour du Conseil des ministres[798] (sauf urgence) où il sera délibéré avant d'être transmis aux assemblées pour les projets de loi et adoptés pour les projets de décrets. Le Conseil d'État exerce ici un rôle de coordination juridique déterminant qui consiste à vérifier la compatibilité des projets de texte avec l'ensemble de la législation en vigueur. Le suivi de l'avis du Conseil d'État par le Gouvernement est une garantie de la cohérence de l'ordonnancement juridique. Le SGG prend part à cette coordination juridique, il ne se contente pas d'être un simple transmetteur de dossiers, comme le laisse apparaître la circulaire du Premier ministre sur l'organisation du travail interministériel du 30 octobre 2015 : « *la pratique qui s'est installée d'organiser sous la présidence du secrétaire général du Gouvernement une réunion de relecture des projets de loi avant la saisine du Conseil d'État doit être généralisée pour tous les projets de textes importants* »[799]. De plus, un chargé de mission du Secrétariat assiste aux délibérations du Conseil d'État, y expose le point de vue du Gouvernement et s'assure de la cohérence des interventions des représentants des ministères.

---

798 À noter que « *le Secrétariat général du Gouvernement doit disposer du texte suffisamment à l'avance pour pouvoir, avant d'en saisir le Conseil d'État, le soumettre à l'accord du Premier ministre ou de son cabinet et examiner les diverses questions de droit susceptibles de se poser.* (...) *Si un décret a été transmis au Conseil d'État par un ministère alors qu'il nécessite une délibération du Conseil des ministres, le Secrétariat général du Gouvernement, informé par le Conseil d'État ou par le ministère chargé du texte, décide soit de retirer le texte, soit de régulariser la procédure par l'envoi au Conseil d'État d'un projet, après s'être assuré qu'il fait l'objet d'un accord interministériel. Pour les autres décrets en Conseil d'État ou après avis du Conseil d'État, sous réserve de ceux pris en application du second alinéa de l'article 37 de la Constitution, le Conseil d'État est saisi par le ministre intéressé. Seuls les ministres ou les fonctionnaires ayant une délégation expresse ont qualité pour signer la lettre de saisine ; lorsqu'elle n'est pas signée par un ministre, il est d'usage qu'elle le soit par le directeur d'administration centrale intéressé* ».
Source : Guide de Légistique, « Le rôle du Secrétariat général du Gouvernement et du Conseil d'État ».
Disponible sur : http://www.legifrance.gouv.fr/Droit-francais/Guide-de-legistique/II.-Etapes-de-l-elaboration-des-textes/2.1.-Regles-generales/2.1.1.-Le-role-du-Secretariat-general-du-Gouvernement-et-du-Conseil-d-Etat.

799 Circulaire du Premier ministre, « Organisation du travail gouvernemental », n° 5822/SG, 30 octobre 2015, p. 3.

Le rôle du SGG est tout aussi important à l'égard du Conseil constitutionnel[800] : non seulement les chargés de mission exercent une veille juridique sur les questions de constitutionnalité éventuellement soulevées par un projet de texte à tous les stades de la procédure et en informe les ministres mais surtout, en cas de saisine, ce sont eux qui, en liaison avec les ministères intéressés avec lesquels sont organisées plusieurs réunions, rédigent les observations[801] du Gouvernement[802]. De nouveau, le SGG intervient de manière active pour permettre de préserver une cohérence normative. Comme le souligne, en effet, Guillaume Drago, « *il ne se contente pas de défendre la loi par une argumentation objective. Lors de la réunion avec le rapporteur, il lui arrive de suggérer des interprétations au Conseil constitutionnel pour éviter une déclaration de non-conformité. On se trouve là en présence d'une véritable exécution "négociée" ou "marchandée", selon laquelle les inconstitutionnalités qui ont pu être soulignées dans la saisine ou par le rapporteur sont analysées et transformées par le Gouvernement en des interprétations conformes, du type interprétation minorante ou « retrait de venin »* »[803]. Par ailleurs, en cas de doute sur la constitutionnalité d'un texte qu'ils préparent, les ministres doivent en principe se tourner vers le SGG afin qu'il les éclaire. La circulaire du Premier ministre du 12 septembre 2014 relative à la méthode de travail du Gouvernement insiste sur ce point :

> « *Le risque d'inconstitutionnalité doit s'anticiper et s'évaluer. Dans le cas d'un projet de loi, il doit être pris en compte tout au long de la procédure parlementaire. Vous saisirez le secrétaire général du Gouvernement dès qu'il existe un doute sur la constitutionnalité d'une disposition. Vous le ferez suffisamment en amont lors de la préparation des projets de loi pour qu'une solution évitant le risque ne puisse être trouvée* »[804].

---

800 V. sur le sujet : Antoine FAYE, *Le Secrétariat général du Gouvernement et les questions constitutionnelles*, Mémoire pour le Master 2 « Recherche de droit public approfondi », dir. Guillaume Drago, Université Panthéon-Assas, 2010.

801 Seules les saisines parlementaires font l'objet de telles observations.

802 A noter qu'avec l'instauration de la question prioritaire de constitutionnalité, le SGG a créé un poste de chargé de mission particulier pour coordonner la préparation de la position du Gouvernement sur les QPC examinées par le Conseil constitutionnel en relation avec les ministères concernés.

803 Guillaume DRAGO, *L'exécution des décisions du Conseil constitutionnel*, PUAM-Economica, coll. « Droit public positif », 1991, p. 208-209 (cité par Jean GUISELIN, *op. cit.*, p. 317).

804 Circulaire du Premier ministre, « Méthode du travail du Gouvernement », n° 5735/SG, 12 septembre 2014, p. 4.

Il s'agit, ce faisant, d'assurer une coordination juridique « par anticipation » en prévenant tout risque d'incohérences normatives.

Enfin, la dernière grande fonction du SGG est d'ordre administratif ; elle consiste en la direction de ses propres services mais aussi en la supervision de l'ensemble des services rattachés au Premier ministre. À ce titre, il est notamment chargé de questions logistiques (bâtiments, parc automobile, documentation...) en portant une attention particulière à la modernisation de l'action publique qui impose une gestion rationalisée de l'argent public. Parmi ces nombreux organes, certains exercent une fonction de coordination interministérielle spécialisée, à titre principal ou secondaire, de façon temporaire ou permanente.

C. Les services du Premier ministre

Alors que les services rattachés au Président de la République sont peu nombreux et, pour l'essentiel, chargés de tâches d'administration générale[805], outre un cabinet et le SGG, gravite autour du Premier ministre une « *constellation bigarrée* »[806] d'une soixantaine d'organes formant « *un ensemble administratif qui a la taille d'un petit ministère sans en avoir pour autant l'homogénéité* »[807]. C'est le résultat de dizaines d'années de sédimentation administrative résultant d'une extension continue du champ d'intervention de l'État. Parce qu'elles demandent une expertise particulière ou qu'elles sont considérées comme prioritaires, le traitement de certaines questions transversales a effectivement été délégué à des entités placées sous l'orbite du Premier ministre selon des modalités de rattachement divers : certaines se trouvent sous son autorité directe ; d'autres lui sont rattachées par l'intermédiaire d'un ministre délégué ou d'un secrétaire d'État ; quelques-unes, enfin, sont autonomes et bénéficient des moyens financiers destinés aux services du Premier ministre. Ces organes sont divers au regard de leur statut (administration, autorité administrative indépendante...), dénomination (délégué interministériel, mission interministérielle, comité interministériel, commission interministérielle, commissariat, secrétaire général, service, conseil, délégation...), composition (certains emploient une centaine de personnes voire plus tandis que d'autres sont des organes plus légers

---

805 Mis à part le SGPR, les services présidentiels sont notamment en charge du personnel administratif nécessaire au fonctionnement du cabinet et du secrétariat général, personnel d'intendance, de sécurité, ou encore de logistique.

806 Pierre SADRAN, *Le système administratif français*, *op. cit.*, p. 27.

807 Jacques FOURNIER, *Le travail gouvernemental*, *op. cit.*, p. 151.

d'une dizaine d'agents), durée d'existence (permanents ou éphémères), et surtout fonction.

Pour reprendre la classification officielle du Gouvernement, parmi cette « *nébuleuse* »[808] figurent des organes chargés des thématiques suivantes [809] : « affaires sociales » [810] ; « droits et libertés » [811] ; « économie »[812] ; « formation »[813] ; « information administrative »[814] ; « mémoires et distinctions » [815] ; « modernisation » [816] ; « politique européenne et internationale »[817] ; « santé publique »[818] ; « sécurité et

---

808 Jean Louis QUERMONNE, « Le Secrétariat général du Gouvernement », *op. cit.*, p. 52.

809 Le site officiel du Gouvernement mentionne aussi une rubrique non thématique : « autorités administratives indépendantes » : Commission d'accès aux documents administratifs (CADA) ; Haute autorité à la transparence de la vie publique (HATVP) ; Commission nationale de l'informatique et des libertés (CNIL) ; Conseil supérieur de l'audiovisuel (CSA) ; Défenseurs des droits (DDD) ; Commission nationale consultative des droits de l'homme (CNCDH) ; Comité consultatif national d'éthique pour les sciences de la vie et de la santé (CCNE) ; Contrôleur général des lieux de privation de liberté.

810 Délégation interministérielle à l'hébergement et à l'accès au logement (Dihal) ; Conseil national de l'insertion par l'activité économique ; Haut conseil de la famille ; Haut comité pour le logement des personnes défavorisées ; Haut conseil à la vie associative ; Conseil national des politiques de lutte contre la pauvreté et l'exclusion sociale (CNLE) ; Délégué interministériel à la mixité sociale dans l'habitat (DIMH).

811 Observatoire de la laïcité ; Commission nationale d'orientation et d'intégration (CNOI) ; Mission interministérielle de vigilance et de lutte contre les dérives sectaires (Miviludes) ; Haut conseil à l'égalité entre les hommes et les femmes ; Délégation interministérielle pour l'égalité des chances des Français d'Outre-Mer ; Délégation interministérielle à la lutte contre le racisme et l'antisémitisme (DILCRA).

812 Conseil national de l'industrie ; Délégation interministérielle à l'intelligence économique (D2IE) ; Investissements d'avenir (CGI) ; Programme d'investissements d'avenir (PIA).

813 Ecole Nationale de l'Administration (ENA).

814 Conseil d'orientation de l'édition publique et de l'information administrative (COEPIA) ; Direction de l'information légale et administrative (DILA).

815 Grande chancellerie de la Légion d'Honneur ; Conseil national des communes « Compagnon de la Libération ».

816 Secrétariat général pour la modernisation de l'action publique (SGMAP).

817 Secrétariat général des affaires européennes (SGAE).

818 Haut conseil du financement de la protection sociale.

défense »[819] ; « soutien »[820] ; « stratégie et prospective »[821] ; « coordination du travail gouvernemental » ; « coordination territoriale ». Ces deux dernières catégories nous intéressent tout particulièrement. La première catégorie regroupe une dizaine d'organismes : Secrétariat Général du Gouvernement (SGG) ; Service d'information du Gouvernement (SIG) ; Secrétariat général de la mer (SGMer) ; Délégué et Comité interministériel aux Archives de France ; Cabinet du Premier ministre et organismes rattachés ; Mission interministérielle de lutte contre les drogues et les conduites addictives (MILDECA) ; Commission supérieure de codification ; Commission pour l'indemnisation des victimes de spoliations (CIVS) ; Comité Interministériel du Handicap (CIH) ; Comité d'indemnisation des victimes des essais nucléaires (CIVEN). La seconde rubrique ne mentionne que la Délégation interministérielle à la méditerranée (DIMED) et le Commissariat général à l'égalité des territoires (CGET). Ce classement n'est toutefois pas entièrement satisfaisant : les deux rubriques dédiées à la coordination sont incomplètes. Certains services, tels que le Secrétariat général des affaires européennes ou encore le Secrétariat général de la défense et de la sécurité nationale, sont classés dans d'autres catégories alors que la coordination interministérielle constitue le cœur de leur activité.

On retrouve une classification thématique semblable dans la nomenclature budgétaire. La mission « Direction de l'action du Gouvernement » se subdivise en trois programmes : « Protection des droits et libertés » (programme 308), « Moyens mutualisés des administrations déconcentrées » (programme 333) et « Coordination du travail gouvernemental » (programme 129)[822]. Ce dernier « *sous la responsabilité du secrétaire général du Gouvernement (...) fédère les fonctions d'état-major, de stratégie et de prospective, de coordination et de soutien exercées par les services du Premier ministre, au sein d'un ensemble budgétaire rationalisé. Il intègre également les subventions versées aux Ordres nationaux (Grande Chancellerie de la Légion*

---

819 Secrétariat général de la défense et de la sécurité nationale (SGDSN) ; Institut des hautes études de défense nationale (IHEDN) ; Institut national des hautes études de la sécurité et de la justice (INHESJ) ; Comité de la filière industrielle de sécurité (CoFIS).

820 Direction des services administratifs et financiers (DSAF).

821 France Stratégie ; Conseil d'orientation pour les retraites (COR-Retraites) ; Conseil d'orientation pour l'emploi (COE) ; Conseil d'analyse économique (CAE) ; Centre d'études prospectives et informations internationales (CEPII).

822 Source : Projet de loi de finances pour 2016, « Direction de l'action du Gouvernement ».
Disponible sur : http://www.performance-publique.budget.gouv.fr/sites/performance_publique/files/farandole/ressources/2016/pap/pdf/PAP2016_BG_Direction_Action_Gouvernement.pdf.

d'honneur, Conseil national des communes, Compagnons de la Libération). Enfin, les moyens du secrétariat général pour la modernisation de l'action publique figurent, depuis 2013, dans le programme »[823]. Précisément, le programme comprend les actions suivantes : « Coordination du travail gouvernemental » ; « Coordination de la sécurité et de la défense » ; « Coordination de la politique européenne » ; « Soutien » ; « Stratégie et prospective » ; « Ordre de la Légion d'honneur » ; « Ordre de la Libération » ; « Mission interministérielle de lutte contre les drogues et les conduites addictives » ; « Modernisation de l'action publique ». Cependant, parce qu'elles ne sont pas exhaustives, ces classifications thématiques officielles ne rendent pas compte de toute la réalité de la coordination interministérielle exercée par les services placés sous l'égide du Premier ministre. Aussi est-il nécessaire de se référer subsidiairement à l'annuaire public qui dresse une liste de tous les services du Premier ministre en les classant non pas selon leur domaine d'action mais leur nature[824].

La combinaison de ces deux types de classement permet de proposer une nouvelle classification se concentrant sur les services du Premier ministre coordonnateurs qui partagent plusieurs caractéristiques communes : ils sont habilités par un texte juridique à exercer une coordination interministérielle spécifique, à titre principal ou secondaire, complémentaire de la fonction de coordination générale du Premier ministre qui revient à ce dernier au nom de son pouvoir de direction de l'action gouvernementale ; leur action, aux frontières du politique et de l'administratif, a un caractère transversal ; leur composition privilégie la pluridisciplinarité ; enfin, leurs effectifs sont limités, spécialisés[825] et comprennent généralement une proportion importante de fonctionnaires

---

823 « Présentation stratégique du Projet annuel de performances » par le Secrétaire général du Gouvernement Marc Guillaume, *in PLF 2016 - Extrait du bleu budgétaire de la mission : Direction de l'action du gouvernement*, octobre 2015, p. 2.

824 Liste sur le site de l'annuaire public : https://lannuaire.service-public.fr/gouvernement/administration-centrale-ou-ministere_172210. Dernière consultation : septembre 2016

825 Comme a pu le souligner Roland Drago, « *les agents les plus dynamiques (ou ceux qui disposent de meilleurs appuis) vont chercher à s'orienter vers ces organismes de coordination nouveaux et le risque alors, comme pour les Administrations de mission, consiste à créer une sorte d'aristocratie au sein de la fonction publique, les agents qui composent en petit nombre ces organismes de coordination ayant évidemment des tâches plus exaltantes* ». (Roland DRAGO, « La coordination sous l'égide du Premier ministre. Introduction », *in* IFSA, *La coordination en matière économique et sociale,* Cahier n° 2, Paris, Ed. Cujas, 1967, p. 30).

issus des « grands corps de l'État »[826]. Quatre catégories d'organes peuvent alors être distinguées : les « coordonnateurs d'état-major »[827], les « coordonnateurs de mission »[828], les « coordonnateurs d'expertise », les « coordonnateurs de soutien ».

Mis à part le SGG et le cabinet, qui sont des auxiliaires de coordination directs du Premier ministre, la première catégorie correspond aux « secrétariats généraux », organes administratifs qui ont généralement vocation à être permanents et à exercer une fonction de coordination à titre principal dans un domaine d'activité particulier et/ou prioritaire pour le Gouvernement. Il s'agit du Secrétariat général des affaires européennes[829], du Secrétariat général de la défense et de la sécurité nationale, du Secrétariat général pour la modernisation de l'action publique et du Secrétariat général de la mer.

La qualification de « coordonnateurs de mission » peut s'appliquer aux organes qui exercent une fonction de coordination, à titre principal et en principe de manière éphémère et/ou intermittente, au sujet de questions prioritaires pour le Gouvernement. Ces entités sont reconnaissables par leur qualification : l'adjectif « interministériel » qui

---

826 V. notamment : Marie-Christine KESSLER, « Les grands corps de l'État », *Revue administrative*, 1986, p. 221. La composition des autorités de coordination est révélatrice d'un rapport de combinaison et non de subordination entre administration et politique ; d'une « *osmose entre la haute fonction publique et le personnel de direction politique de l'État* » (Jacques CAILLOSSE, « Sous le droit administratif, quelle(s) administration(s) ? Réflexions sur l'enseignement actuel du droit administratif », in *Mélanges en l'honneur du Professeur Gustave Peiser*, PUG, coll. « Droit public », 1995, p. 85)

827 En empruntant la notion d'« administration d'état-major » mise en évidence par Jean-Louis Quermonne. V. not. *L'appareil administratif de l'État, Paris,* Ed. du Seuil, coll. « Points Politique », 1991).

828 En s'inspirant de la notion d' « administration de mission » dégagée par Edgar Pisani dans l'article : « Administration de gestion, administration de mission », *RFSP*, n° 2, 1956. Prenant comme modèle la *Tennessee Valley Authority* américaine, l'auteur décrit l'administration de mission comme « *adaptée à un problème, à un temps, à un lieu ; elle est localisée, elle est spécialisée, elle doit s'éteindre le jour où le problème posé se trouve résolu. (...). Légère, elle a le goût de faire faire, elle est réaliste, mouvante, elle va vers l'événement* » (p. 324-325).
V. aussi : Christian AUTEXIER, Mireille HEPPENHEIMER, « Essai de définition de l'administration de mission », *RAP*, n° 18, avril-juin 1971 : « *ces administrations sont essentiellement chargées de tâches d'impulsion, d'animation et surtout de coordination. (...) Animation et coordination sont les caractéristiques principales de ces administrations* » (p. 271).

829 V. ci-après, Titre 2 pour une étude détaillée de l'action coordonnatrice du Secrétariat général des affaires européennes.

leur est accolé est signe de l'exercice d'une fonction de coordination. Cette catégorie regroupe notamment les délégués/délégations interministériel(le)s, les comités interministériels, les commissions interministérielles.

Par « coordonnateurs d'expertise », on désigne les organes qui exercent une fonction de coordination mais de manière secondaire, en complément de leur activité principale consistant à produire des connaissances dans un domaine qui requiert des compétences techniques spécifiques. On les retrouve notamment sous les dénominations d'observatoire, de commissariat, ou encore de conseil. Prenons l'exemple du Commissariat général à la stratégie et à la prospective (« France Stratégie »)[830] qui participe de manière indirecte à la fonction de coordination interministérielle, comme l'indique l'article 1er du décret du 22 avril 2013 l'instituant[831] :

> « *Le Commissariat général apporte son concours au Gouvernement pour la détermination des grandes orientations de l'avenir de la nation et des objectifs à moyen et long terme de son développement économique, social, culturel et environnemental ainsi que pour la préparation des réformes décidées par les pouvoirs publics. Par ses méthodes de travail, notamment l'association des partenaires sociaux et des autres parties intéressées, il favorise la concertation, l'élaboration d'analyses et de scénarios partagés et la large participation de l'ensemble de la société française à la réflexion sur l'avenir* ».

Plus directement, « *il peut apporter un appui méthodologique aux administrations et au secrétariat général du Gouvernement pour l'élaboration des études d'impact des projets de loi. Il peut également assurer la coordination de travaux de prospective sectoriels, notamment en matière de métiers et de qualifications* »[832]. Autre exemple qui figure

---

830 Le CGSP succède au Centre d'analyse stratégique qui s'était substitué en 2006 au Commissariat général au Plan créé en 1946 afin de coordonner l'effort de reconstruction après la Seconde Guerre mondiale en prévoyant des plans de redressement de l'économie française.

831 Décret n° 2013-333 du 22 avril 2013 portant création du Commissariat général à la stratégie et à la prospective.

832 Article 1er, *in fine* du décret du 22 avril 2013 précité. L'organisme « *est également chargé de coordonner un réseau de huit organismes : le Conseil d'analyse économique (CAE), le Conseil d'orientation des retraites (COR), le Conseil d'orientation pour l'emploi (COE), le Haut Conseil de la famille (HCF), le Haut Conseil pour l'avenir de l'assurance maladie (HCAAM), le Haut Conseil du financement de la protection sociale*

dans la rubrique « Coordination territoriale » sur le site du Gouvernement, le Commissariat général à l'égalité des territoires qui a fusionné la Délégation interministérielle à l'aménagement du territoire et à l'attractivité régionale (DATAR), le Secrétariat général du comité interministériel des villes (CIV) et l'Agence nationale pour la cohésion sociale et l'égalité des chances. Le décret du 31 mars 2014 qui l'a créé dispose en effet que :

> « *Le Commissariat général à l'égalité des territoires conçoit, prépare et met en œuvre la politique nationale d'égalité des territoires, dont il assure le suivi et la coordination interministérielle. Il est chargé, en particulier, de la conception, de l'élaboration et de la mise en œuvre de la politique de la ville. Il veille au développement de la participation citoyenne à l'ensemble de ces politiques. Il assure l'évaluation des politiques publiques en matière d'égalité des territoires. (...) Il coordonne la préparation et le suivi des instruments contractuels de mise en œuvre de la politique d'égalité des territoires associant l'État et les collectivités territoriales. Il est tenu informé par les services compétents des prévisions budgétaires et des évaluations de ces instruments, et en assure la synthèse. Il pilote l'élaboration des contrats de plan État-régions et des contrats de ville, coordonne leur mise en œuvre, assure leur suivi et veille à leur cohérence. (...) Il coordonne l'utilisation des fonds structurels européens et d'investissement, en lien avec leurs autorités de gestion, les ministères compétents et les collectivités territoriales intéressées* »[833].

Enfin, la dernière catégorie de coordonnateurs près le Premier ministre que l'on peut distinguer est celle des « coordonnateurs de soutien » regroupant les organes permanents qui permettent au quotidien aux services du Premier ministre d'agir en assurant leurs besoins humains, financiers, informatiques, ou encore documentaires. L'administration essentielle en la matière est la Direction des services administratifs et financiers (DSAF) qui, placée sous l'autorité du secrétaire général du Gouvernement :

(HCFi-PS), le Conseil national de l'industrie (CNI) et le Centre d'études prospectives et d'informations internationales (CEPII) ».
Source : site Internet de *France Stratégie*.
Disponible sur : http://www.strategie.gouv.fr/presentation-de-france-strategie.

833 Article 2 du décret n° 2014-394 du 31 mars 2014 portant création du Commissariat général à l'égalité des territoires.

« *assure les missions d'administration générale destinées à fournir à l'ensemble des services généraux du Premier ministre les moyens de leur fonctionnement et de leur activité* »[834].

Une fonction qui implique notamment de gérer les ressources humaines, préparer et exécuter leur budget, gérer les opérations immobilières, ou encore organiser les moyens informatiques et d'information. Outre cette coordination logistique des moyens accordés aux services primo-ministériels, la DSAF :

« *peut se voir confier l'animation, la coordination et le pilotage opérationnel de la mise en œuvre de politiques et de projets qui intéressent l'ensemble des services budgétairement rattachés au Premier ministre. En liaison avec le haut fonctionnaire au développement durable des services du Premier ministre, elle participe à la mise en œuvre des politiques de développement durable* »[835].

Mentionnons par ailleurs le Service d'information du Gouvernement (SIG) placé sous l'autorité du Premier ministre qui est chargé :

« *d'analyser l'évolution de l'opinion publique et le contenu des médias ; de diffuser aux élus, à la presse et au public des informations sur l'action gouvernementale ; d'entreprendre des actions d'information d'intérêt général à caractère interministériel sur le plan national et, en liaison avec les préfets et les ambassadeurs, dans le cadre des services déconcentrés de l'État ; d'apporter une assistance technique aux administrations publiques et de coordonner la politique de communication de celles-ci, en particulier en matière de campagnes d'information et d'études d'opinion* »[836].

---

834 Article 1, alinéa 1er du décret n° 2000-1088 du 10 novembre 2000 relatif à la direction des services administratifs et financiers du Premier ministre (modifié par le décret n° 2011-171 du 11 février 2011).

835 Article 1er, 6° du décret n° 2000-1088 du 10 novembre 2000 relatif à la direction des services administratifs et financiers du Premier ministre modifié.

836 Article 2 du décret n° 2000-1027 du 18 octobre 2000 relatif au service d'information du Gouvernement. Le SIG a été créé en 2000 se substituant au Service d'information et de diffusion (SID) créé en 1976.

Cet ensemble disparate de services auxiliaires de coordination du Premier ministre constitue pour certains auteurs un véritable « premier ministère »[837], une qualification que tendrait à confirmer le montant du budget qui leur est alloué. En effet, comme le précise le rapport pour avis du Sénat sur le projet de loi de finances pour 2016 : « *Le programme "Coordination du travail gouvernemental" ne connaît que des changements de périmètre très limités dans le projet de loi de finances pour 2016 par rapport à la loi de finances initiale pour 2015. En outre, il connaît une augmentation de 8,88 % de ses autorisations d'engagement, à 621 millions d'euros contre 570, et de 2,08 % de ses crédits de paiement, à 618 millions d'euros contre 606. À l'issue de l'examen du budget par l'Assemblée nationale, cette augmentation a été ramenée respectivement à 8,10 % et 1,35 %* »[838].

SECTION 2 - LA COORDINATION PRÉSIDENTIELLE

En matière de répartition du pouvoir coordonnateur au sommet de l'Exécutif, « *il est tentant d'y retrouver la répartition des rôles entre le chef de l'État et le Premier ministre telle qu'elle résulte de la Constitution et de la pratique de la Cinquième République* »[839]. Ainsi, le Premier ministre peut être vu comme le « coordonnateur interministériel de droit commun » chargé au premier chef de la coordination du travail gouvernemental tandis que le Président de la République, en raison de sa position en surplomb des institutions, serait un « coordonnateur interministériel d'exception » intervenant de manière occasionnelle sur des questions particulièrement sensibles. Selon ce schéma, auxiliaire privilégié du chef de l'État, « *le secrétariat général de l'Élysée, en tant que structure d'information du président, doit être à même de l'éclairer sur les impulsions politiques qu'il entend donner à la politique de la Nation et lui permettre d'apprécier l'exécution que le gouvernement fait de ces orientations politiques* »[840].

---

837 V. not. Roselyne PY, Le Secrétariat général du Gouvernement, Paris, La Documentation française, coll. « Notes et études documentaires », 1985.

838 SENAT (Alain ANZIANI, rapp.), *Coordination du travail gouvernemental, publications officielles et modernisation de l'État*, rapport pour avis sur le projet de lois de finances pour 2016, n° 170, 2015-2016, p. 7.

839 Xavier MAGNON, « L'organisation particulière du Secrétariat général de l'Élysée et du cabinet du Premier ministre », *in* Jean-Michel EYMERI-DOUZANS, Xavier BIOY, Stéphane MOUTON (dir.), *Le règne des entourages. Cabinets et conseillers de l'exécutif*, Paris, Sciences Po-Les Presses, 2015, p. 376.

840 *Ibidem*.

A. Le pouvoir coordonnateur d'évocation du Président de la République

« *Le Président de la République veille au respect de la Constitution. Il assure, par son arbitrage, le fonctionnement régulier des pouvoirs publics ainsi que la continuité de l'État.* (alinéa 1er) *Il est le garant de l'indépendance nationale, de l'intégrité du territoire et du respect des traités.* (alinéa 2) ». Une lecture littérale de l'article 5 de la Constitution brosse le portrait d'un chef de l'État qui tient une place essentielle ; cependant le terme « arbitrage » est ici utilisé dans le sens de régulateur des institutions et non d'acteur direct du travail gouvernemental. Toutefois, cette disposition doit être combinée avec l'article 19 de la Constitution qui mentionne un certain nombre d'actes du Président de la République dispensés de contreseing : nomination du Premier ministre (article 8, alinéa 1er), organisation d'un référendum législatif (article 11), droit de dissolution (article 12), mise en œuvre des « pouvoirs exceptionnels » (article 16), saisine du Conseil constitutionnel (article 54), etc.

L'importance de ces « pouvoirs propres » laisse entrevoir la place qu'occupe réellement le Président de la République dans le régime de la Ve République : il n'est pas le chef d'État passif des autres régimes parlementaires. Il se distingue de ses homologues étrangers par son élection au suffrage universel direct (article 6 de la Constitution) qui lui accorde une légitimité particulière pour intervenir dans l'action quotidienne du Gouvernement dirigé par un Premier ministre qu'il a choisi pour appliquer le programme politique sur lequel il a été élu. Cet ascendant du chef de l'État apparaît d'ailleurs clairement dans les directives primo-ministérielles relatives au travail gouvernemental. Dans la circulaire du 12 septembre 2014, le chef du Gouvernement précise ainsi que « *la programmation du travail doit assurer la mise en œuvre des orientations que je donnerai lors de mon discours de politique générale, conformément aux priorités du Président de la République* »[841]. Une bonne entente est, par conséquent, indispensable entre les deux têtes de l'Exécutif dont la qualité dépend de la personnalité des détenteurs du pouvoir, des enjeux politiques du moment, mais aussi de la configuration institutionnelle. Comme l'explique Pierre Avril, « *contraint dans la répartition des rôles, le Premier ministre peut se heurter aux interférences que le président tolère ou encourage en admettant que les ministres fassent appel des décisions de Matignon auprès de l'Élysée,*

---

841 Circulaire du PM n° 5735/SG, « Méthode du travail du Gouvernement », 12 septembre 2014.

voire en leur adressant lui-même des instructions sans passer par le chef du gouvernement »[842].

Le chef de l'État n'est donc jamais neutre par rapport à l'action gouvernementale. Il l'est d'autant moins en période de fait majoritaire durant laquelle il peut jouer un rôle actif dans la détermination des grandes lignes politiques[843], de manière directe[844] ou plus discrète à travers notamment son pouvoir de nomination des hauts fonctionnaires les plus importants[845] et, on l'a vu, du Premier ministre lui-même[846]. L'implication du Président de la République est particulièrement sensible dans certains domaines qui relèvent de son « pré carré ». Par exemple, aux termes de l'article 15 de la Constitution, en tant que « *chef des armées* », le chef de l'État « *préside les conseils et les comités supérieurs de la défense nationale* » dont le secrétariat est assuré par le Secrétariat général de la défense et de la sécurité nationale (SGDSN)[847]. Outre ces

---

842 Pierre AVRIL, « Diriger le gouvernement », *op. cit.*, p. 38.

843 Comme en témoignent les références fréquentes au programme présidentiel dans les circulaires du Premier ministre portant sur l'organisation ou les méthodes de travail gouvernemental. Citons à titre d'exemple la circulaire du Premier ministre du 12 septembre 2014 : « *Lors du conseil des ministres du 27 août dernier, le Président de la République a fixé le cap du Gouvernement. Il s'agit d'assurer le redressement du pays, pour que les Français vivent mieux, dans une société plus juste, avec une économie plus forte. A cet effet, il incombe au Gouvernement de mettre en œuvre le Pacte de responsabilité et de solidarité...* ». Tout aussi illustrative, on peut aussi mentionner la circulaire du Premier ministre du 18 mai 2007 : « *Le Président de la République a souhaité qu'une nouvelle impulsion soit donnée à la politique du pays afin de répondre aux attentes exprimées par les Françaises et les Français lors de la campagne électorale. Conformément au mandat confié par le Président de la République, le Gouvernement a pour mission de préparer, sans délai, leur mise en œuvre...* ».

844 On pense notamment aux interventions du Président de la République, habituelles ou exceptionnelles, à forte teneur politique qui donne des orientations de gouvernement qui dépassent souvent les frontières des domaines d'intervention qui lui sont en principe attribués (diplomatie, affaires militaires...) : conférences de presse, vœux présidentiels, entretien du 14 juillet, etc.

845 Article 13, alinéa 2 : « *Il nomme aux emplois civils et militaires de l'État* ».

846 Le Président de la République nomme le Premier ministre (de son choix, sauf en période exceptionnelle de cohabitation) et les membres du Gouvernement sur proposition du Premier ministre (article 8 de la Constitution de 1958) ce qui prédétermine les grandes orientations politiques qui seront conduites.

847 Le décret n° 2009-1657 du 24 décembre 2009 crée le « Conseil de défense et de sécurité nationale » qui se substitue au Conseil de sécurité intérieure et au Conseil supérieur de défense. Un Secrétariat général de la défense et de la Sécurité nationale (SGDSN) est par ailleurs mis en place ; il remplace le Secrétariat général de la défense nationale (SGDN) et le fusionne avec le Secrétariat général du conseil de sécurité intérieure (SGCI) créé en 2002 : « *au sommet de l'État, les conseils qui traitaient de défense, de sécurité intérieure et de crises extérieures ont été unifiés en un unique*

compétences de coordination spécifique, l'article 9 de la Constitution permet au Président de la République de s'immiscer dans la conduite de l'action interministérielle. Cette disposition lui confie, en effet, la présidence du Conseil des ministres, instance de concrétisation juridique du travail gouvernemental qui se réunit hebdomadairement à l'Élysée. L'intervention présidentielle est loin d'être uniquement protocolaire : il convoque le Conseil des ministres, il en arrête l'ordre du jour proposé par le Premier ministre par l'intermédiaire du Secrétariat général du gouvernement et peut écarter ou imposer des sujets de délibération. Le SGG prépare le Conseil des ministres en collaboration avec le Secrétariat général de la présidence de la République (SGPR).

B. Le Secrétariat général de la présidence de la République

L'entourage du Président de la République est à l'image de ses fonctions constitutionnelles : la « machine élyséenne »[848] est composé de plusieurs organes que l'on ne retrouve pas auprès du Premier ministre. Comme le résume Jacques Fournier, « *du côté du président, le côté "représentation" est plus important. Les entrevues diplomatiques, les déplacements du président en France ou à l'étranger, impliquent l'existence de services chargés de la logistique et du protocole qui seront plus développés à l'Élysée qu'à Matignon. Le Premier ministre, lui, est placé plus directement au contact des ministres. Ses collaborateurs devront consacrer plus de temps au travail interministériel. L'équipe des conseillers techniques et chargés de mission sera donc plus lourde à Matignon qu'elle ne l'est à l'Élysée* »[849]. Créés sous la IVe République[850], les services de l'Élysée se sont depuis lors développés mais leurs effectifs sont généralement moins nombreux que ceux des services qui entourent le Premier ministre. Le Président de la République dispose tout d'abord d'un cabinet mais dont la fonction se distingue de celui des cabinets

---

conseil de défense et de sécurité nationale, afin d'améliorer et de rendre plus cohérents la préparation des décisions et le suivi de leur mise en oeuvre ».
Source : Site du SGDSN. Disponible sur : http://www.sgdsn.gouv.fr/site_rubrique92.html).
Le Conseil de défense et de sécurité nationale est présidé par le chef de l'État, responsabilité qui découle de son statut de « *chef des armées* » (article 15 de la Constitution).

848 Yves CANNAC, « La « machine élyséenne » (1974-1981) », *in* Serge BERNSTEIN, René REMOND, Jean-François SIRINELLI (dir.), *Les Années Giscard. Institutions et pratiques politiques (1974-1978)*, Paris, Fayard, 2003.

849 Jacques FOURNIER, *Le travail gouvernemental*, *op. cit.*, p. 139.

850 V. not. le décret du 18 janvier 1954.

ministériels ou du cabinet primo-ministériel dans la mesure où l'essentiel de son activité a trait à la logistique : sous l'égide d'un directeur et d'un chef de cabinet, le cabinet présidentiel est l'héritier de la « maison civile » des présidents de la IIIe République ; il est chargé d'organiser la vie quotidienne du Président (agenda, courrier, déplacements, réceptions...). Le chef de l'État, en tant que « chef des armées » (article 15 de la Constitution) est par ailleurs entouré d'un état-major particulier, héritier de la « maison militaire » des présidents avant 1958, qui est dirigé par un officier de rang supérieur, général ou amiral, et composé de plusieurs officiers représentant des trois corps d'armée (terre, air, mer) : en relation avec Matignon, le ministère de la Défense, l'état-major des armées et les états-majors des trois armées, l'état-major particulier assiste le Président dans l'ensemble de ses attributions de nature militaire (nomination des officiers, préparation des Conseils de sécurité et de défense nationale en collaboration avec le Secrétariat général de la défense et de la sécurité nationale sous l'autorité du Premier ministre...). Enfin, pièce centrale de la « maison Élysée », le Secrétariat général de la présidence de la République (SGPR) qui, en dépit de son appellation, joue un rôle plus proche de celui cabinet du Premier ministre que du Secrétariat général du Gouvernement[851].

Cette similitude se manifeste tout d'abord dans la composition du SGPR : dirigé par un Secrétaire général, il est composé de secrétaires généraux adjoints et de conseillers techniques et chargés de missions spécialisés par grands secteurs fonctionnels. Elle transparaît ensuite dans l'activité de ses membres, notamment le premier d'entre eux : « *le Secrétariat général a (...) pris sa consistance dans le contexte nouveau de la Ve République conduisant le Secrétaire général à exercer par sa polyvalence un rôle homologue à celui du directeur de cabinet du Premier ministre* »[852]. Premier collaborateur du chef de l'État, le Secrétaire général l'informe et le conseille quotidiennement au sujet des grands dossiers nationaux et internationaux sur la base des notes produites par les conseillers et les chargés de mission dont il coordonne l'activité qui est comparable à celle des collaborateurs du Premier ministre. Enfin, mentionnons l'existence de quelques collaborateurs directs du président de la République : par exemple, sous la présidence

---

851 A noter à ce sujet que la dénomination retenue sur le site internet de l'Élysée est désormais « cabinet du Président de la République » pour mieux rendre compte de ses réelles fonctions et dans son organigramme figurent les conseillers relevant du cabinet présidentiel *stricto sensu* qui se trouvent ainsi formellement intégrés au Secrétariat général de la Présidence de la République.

852 Olivier SCHRAMECK, *Dans l'ombre de la République. Les cabinets ministériels*, *op. cit.*, p. 130.

de Nicolas Sarkozy, figuraient dans l'organigramme des services élyséens, aux côtés du Secrétaire général a la présidence de la République, du directeur de cabinet, du chef de l'état-major particulier : un « conseiller spécial du président de la République », un « conseiller diplomatique et Sherpa », des « conseillers (techniques) du président de la République » et des « conseillers a la présidence de la République »[853]. Les membres du SGPR suivent au quotidien le traitement des dossiers dans les ministères et en informent le Secrétaire général qui transmet au président de la République les données les plus pertinentes afin de lui permettre de veiller à la cohérence de l'action gouvernementale au regard des grandes orientations politiques prioritaires qu'il a fixées. Autrement dit, le SGPR est une courroie de transmission entre les ministères et le chef de l'État qui permet à ce dernier d'exercer une influence sur le travail gouvernemental plus ou moins appuyée selon l'interprétation qui est faite de son rôle d'« arbitre des institutions » (article 5 de la Constitution). Selon Xavier Magnon, la « *faiblesse institutionnelle et structurelle de fait du chef de l'État renforce le rôle du Secrétariat général dans sa fonction d'information afin que le président dispose des éléments les plus précis et pertinents possibles pour pouvoir donner ses orientations politiques et vérifier leur réalisation* »[854].

Cet ascendant s'exerce essentiellement de manière informelle : un dialogue par convocation personnelle à l'Élysée, appels téléphoniques ou courriels entre conseillers du SGPR, conseillers des cabinets ministériels et parfois directeurs d'administration centrale et déconcentrée est préféré aux directives présidentielles[855]. Généralement, l'influence du Président de la République par orientation des travaux des ministres et supervision de la phase de coordination interministérielle reste donc discrète ; cependant, les membres du SGPR peuvent aussi assister à des réunions formelles de coordination (réunions interministérielles[856], comités interministériels[857]) ce qui leur permet de manifester un intérêt présidentiel particulier pour telle ou telle question et en retour de fournir

---

853 S'y ajoutent des conseillers plus officieux, parfois qualifiés de « visiteurs du soir ».

854 Xavier MAGNON, « L'organisation particulière du Secrétariat général de l'Élysée et du cabinet du Premier ministre », *op. cit.*, p. 377.

855 V. not. Maurice GAILLARD, *Les directives présidentielles*, Presses Universitaires de Lyon, 1979.

856 Les réunions interministérielles regroupent des hauts fonctionnaires et des collaborateurs du Premier ministre intéressés à un même dossier (V Partie 3, Titre 1).

857 Les comités interministériels sont présidés par le Premier ministre ou l'un de ses collaborateurs et réunissent les ministres concernés par un même dossier (V. Partie 3, Titre 1).

de nombreuses informations au chef de l'État : « *"branchés" en permanence sur les membres du cabinet du Premier ministre et sur les directeurs de cabinet des principaux ministres, les collaborateurs du président se font constamment entretenir de l'état d'avancement des travaux gouvernementaux. À chaque comité interministériel (...), un émissaire de l'Élysée, généralement le conseiller technique compétent, assiste régulièrement. Il y prend rarement la parole. Il le fait généralement quand il estime nécessaire de rappeler les positions prises par le chef de l'État* »[858]. De plus, le SGPR contribue aux côtés du SGG à la préparation technique du Conseil des ministres. La participation du Président à l'action gouvernementale peut être encore plus directe avec l'organisation de réunions à l'Élysée. Certaines sont institutionnalisées comme le Conseil de défense et de sécurité nationale ; d'autres peuvent être convoquées par le Président de la République (conseils restreints, conseils interministériels). Or, « *à travers la préparation des conseils élyséens, c'est en fait directement le travail effectué par les ministres que les membres du Secrétariat général de la présidence surveillent. Surveillance qui ne se limite pas à la vérification ultime des textes. L'entourage élyséen entre généralement plus tôt dans le processus d'élaboration des projets, surtout lorsqu'il s'agit de textes auxquels le chef de l'État attache une importance particulière* »[859]. De manière plus exceptionnelle, le Président de la République peut aussi décider d'intervenir dans le processus de coordination interministérielle en évoquant[860] certains dossiers qui, à ses yeux, revêtent une importance politique ou stratégique particulière[861]. Il peut le faire de manière informelle ou en réunissant à l'Élysée des conseils restreints *ad hoc* composés du Premier ministre, des ministres intéressés et de plusieurs hauts fonctionnaires compétents.

---

858 Samy COHEN, « Le Secrétaire général à la Présidence de la République », *in* Francis de BAECQUE, Jean-Louis QUERMONNE, *Administration et politique sous la Ve République*, Paris, Presses de la FNSP, 1982, p. 123.

859 *Ibidem*, p. 120.

860 Comme le relève Pierre SADRAN, ce potentiel coordonnateur du chef de l'État est propre au régime politique de la Ve République qui consacre un partage des pouvoirs au sein de l'Exécutif entre le chef du Gouvernement et le Président de la République. Historiquement, le président du Conseil devenu Premier ministre est caractérisé par un « *rôle d'impulsion, de coordination et d'arbitrage qu'il partage sous la Ve République avec le chef de l'État, mais qui lui revenait en propre sous les régimes précédents* » (*in Le système administratif français*, *op. cit.*, p. 25).

861 L'évocation explicite de dossiers par le Président de la République est plus rare et se réalise essentiellement dans les domaines pour lesquels il dispose d'une compétence constitutionnelle propre, donc d'une légitimité à arbitrer (diplomatie, affaires militaires...).

L'ascendant présidentiel doit cependant être nuancé en fonction de la configuration politique[862]. En période de concordance des majorités présidentielle et parlementaire, la nature et le degré d'ingérence présidentielle varient surtout selon la personnalité du chef de l'État[863]. En cas de cohabitation, le rôle du SGPR est plus délicat, le Gouvernement étant moins réceptif aux instructions présidentielles. Ainsi, on oscille entre « *un fonctionnement minimaliste d'une administration d'état-major assistant le président de la République dans ses strictes attributions présidentielles* » et « *une pratique maximaliste d'une administration d'influence qui amplifie la fonction présidentielle* »[864].

862 V. not. Fabien FOUCAUD, « Le secrétaire général de l'Élysée : éclairage sur la présidentialisation du régime », *RDP*, n° 4, 2010.

863 V. not. le témoignage de Frédéric SALAT-BAROUX, ancien Secrétaire général de Jacques Chirac qui avait plutôt tendance à ne pas trop s'immiscer dans le travail du Gouvernement, *in* Fabien FOUCAUD, « Le Secrétaire général de l'Élysée : éclairage sur la présidentialisation du régime », *op. cit.*

864 Henri OBERDORFF, « L'administration des sommets de l'État en France », *RFAP*, n° 83, juillet-septembre 1997.

CONCLUSION DU TITRE 1

Un détour par l'histoire constitutionnelle française a permis de mettre en lumière les premiers dispositifs auxquels on peut associer une fonction de coordination gouvernementale. Cette démarche a, par ailleurs, souligné l'existence d'une relation étroite entre la nature du régime et le degré de développement des organes placés aux côtés des autorités exécutives dont la mission principale consiste à assurer la cohérence de l'action politique : chaque régime invente une structure de coordination propre. Avant la fin du XIXe siècle, il est délicat de parler d'une réelle coordination gouvernementale en l'absence d'un véritable Gouvernement, c'est-à-dire d'une structure collégiale et solidairement responsable devant le Parlement. On ne peut néanmoins ignorer l'existence éphémère d'un Secrétaire général assistant les ministres sous le Directoire, ou encore d'une Secrétarie d'État durant le Premier Empire, qui font figure de lointains ancêtres de l'actuel Secrétariat général du Gouvernement ; mais surtout la création du Conseil d'État contribue à apaiser les conflits de compétences qui peuvent s'élever entre ministères. Sous la Restauration et le Second Empire, l'existence de structures de coordination gouvernementale est intermittente et leur action privilégiée surtout en période de crise politique (1848, 1870) afin de préserver la continuité du pouvoir. La IIIe République ancrera durablement le régime parlementaire caractérisé par un gouvernement détenteur de réels pouvoirs, condition primordiale à l'émergence d'une véritable coordination gouvernementale.

Cependant, ce n'est qu'avec la conjonction de deux autres éléments que celle-ci ne pourra réellement se développer : d'une part, l'extension du champ d'intervention de l'État qui entraîne l'augmentation du nombre de ministères et, par conséquent, le risque de conflits de compétences ; d'autre part, l'institution d'une présidence du Conseil autonome, non associée à un portefeuille ministériel, assistée par des services administratifs permanents qui assurent au quotidien une articulation des compétences ministérielles. Cette dernière évolution se produira avec la loi de finances de 1935 qui esquisse le dispositif de coordination gouvernementale actuel. Il sera consolidé sous la Ve République qui, en renforçant le pouvoir exécutif, lui donne également les moyens d'assurer effectivement la cohérence de l'action gouvernementale.

Le détenteur de principe du pouvoir de coordination interministérielle est le Premier ministre, compétence qui découle de son pouvoir constitutionnel de direction de l'action du Gouvernement. En l'absence de pouvoir hiérarchique sur les ministres, la direction primo-ministérielle se manifeste essentiellement à travers une faculté d'arbitrage visant à régler les conflits entre ministères en cas de désaccords persistants. L'exercice quotidien de cette fonction est assuré par deux auxiliaires du chef du Gouvernement : son cabinet d'une part, chargé d'une coordination de type politique consistant pour l'essentiel à préparer les arbitrages du Premier ministre ; le Secrétariat général du Gouvernement d'autre part, qui assure l'aspect administratif de la coordination en organisant les principales instances où elle est concrètement réalisée (réunions interministérielles, Conseil des ministres...). Le bicéphalisme du pouvoir exécutif qui caractérise la Ve République n'est en outre pas sans portée : le Président de la République a la possibilité d'intervenir de manière plus ou moins directe pour influencer les arbitrages rendus.

Les phénomènes de territorialisation, d'européanisation et de mondialisation des politiques ont par ailleurs rendu nécessaire une articulation de compétences d'organes qui, situés dans des espaces décisionnels différents, ne sont pas liés par des relations de type vertical.

TITRE 2

LA COORDINATION À L'INTERFACE D'ESPACES DÉCISIONNELS

Le constat du passage d'un gouvernement classique à une *multi-level governance* est bien connu et amplement commenté : « *un système autocentré sinon hiérarchique, que structuraient la domination de l'État et la limitation des acteurs au sein d'un cadre institutionnel clair, cède le pas à un univers largement a-centrique que caractérise l'éclatement des frontières* »[865]. En effet, désormais l'État ne détient plus le monopole du traitement des questions politiques et doit ajuster son action avec celle d'autres acteurs situés aux échelons national, local et supranational. Cette superposition de scènes décisionnelles est le fruit d'un double phénomène synthétisé dans le néologisme, quelque peu oxymorique, de « *glocalization* » : la territorialisation et la mondialisation. Un changement d'échelle intermédiaire complexifie encore ce nouveau cadre politique multi-niveaux : l'européanisation.

Ces trois mouvements participent d'une recomposition majeure de l'action publique : il ne s'agit pas d'une simple superposition d'espaces décisionnels mais d'une véritable imbrication fonctionnelle et institutionnelle qui se manifeste par une multiplication des interactions entre acteurs qui interviennent de concert mais à des niveaux de décision distincts. Comme le note Jean-Philippe Leresche, « *on ne peut en effet penser les changements d'échelles sans appréhender conjointement les enchevêtrements de compétences, les réseaux de politiques publiques multi-acteurs et multi-scalaires et les articulations entre multi-dimensionnelles entre les différents niveaux de gouvernement* »[866]. Cette dispersion complique la recherche d'une action cohérente, d'autant plus que, comme l'ont souligné certains auteurs, ce changement d'échelle ne s'accompagne pas de l'émergence d'un référentiel partagé par tous les

---

865 Jean-Claude THOENIG, Patrice DURAN, « L'État et la gestion publique territoriale », *RFSP*, vol. 46, n° 4, 1996, p. 580.

866 Jean-Philippe LERESCHE, « Introduction. Logiques de pouvoirs et gouvernance multi-niveaux », *in* Alain FAURE, Jean-Philippe LERESCHE, Pierre MULLER, Stéphane NAHRATH, *Action publique et changements d'échelles : les nouvelles focales du politique*, Paris, L'Harmattan, coll. « Logiques politiques », 2007, p. 253.

acteurs des politiques publiques multi-niveaux. Le référentiel étatique ne s'impose plus. L'articulation entre espaces décisionnels[867] - national, territorial, européen et mondial - passe par des dispositifs qui ne relèvent pas du principe hiérarchique mais d'une « *coordination complexe entre un continuum d'acteurs aux différents niveaux d'action publique* »[868].

---

867 Les configurations de coordination multi-niveaux sont plurielles : central-local ; national-mondial : national-européen ; local-mondial ; local-européen.

868 Gilles MASSARDIER, *Politiques et action publiques*, *op.cit.*, p. 193.

CHAPITRE 1

LA TERRITORIALISATION DES POLITIQUES

Entendue comme la « *tendance à une définition plus localisée des problèmes publics et des moyens de prise en charge de ces problèmes* »[869], la territorialisation de l'action publique est l'une des conséquences du processus de décentralisation qui s'est accéléré en France à partir de la loi n° 82-213 du 2 mars 1982 relative aux droits et libertés des communes, des départements et des régions (dite « loi Defferre »). L'émergence de véritables politiques locales a créé de nouveaux besoins de coordination avec les politiques nationales, voire européennes. Autre facteur important d'un renforcement des besoins de coordination : la combinaison des processus de déconcentration et de décentralisation déjà mentionnée qui participe d'une complexification et d'une horizontalisation des relations entre les services déconcentrés et les collectivités territoriales. Cette nouvelle configuration est caractérisée par une tension permanente entre centralisation et émancipation des territoires qui se traduit dans le texte même de la Constitution. L'article 1er, alinéa 1er affirme, en effet, que « *la France est une République indivisible* », avant de préciser que « *son organisation est décentralisée* »[870]. Les modèles d'analyse classiques faisant de la hiérarchie et de la tutelle les clés de voûte des rapports entre le centre et le local trouvent leurs limites ; ils doivent à présent être complétés par une réflexion en termes de « *gouvernance locale* » dans

---

869 Anne-Cécile DOUILLET, « Les élus ruraux face à la territorialisation de l'action publique », *RFSP*, vol. 53, n° 4, août 2003, p. 586.

870 La mention de l'organisation décentralisée de la République française a été ajoutée avec la révision constitutionnelle du 28 mars 2003. L'équilibre entre ces deux forces se réalise à travers le principe d'autonomie locale c'est-à-dire, pour reprendre la définition proposée par l'article 3 (alinéa 1er) de la Charte européenne de l'autonomie locale (Conseil de l'Europe, 1988), « *le droit et la capacité effective pour les collectivités locales de régler et de gérer, dans le cadre de la loi, sous leur propre responsabilité et au profit de leurs populations, une part importante des affaires publiques* ». En d'autres termes, l'autonomie locale désigne la latitude d'action accordée par l'État, seul souverain, aux collectivités territoriales qui ne disposent pas de la « compétence de leur compétence ». Leur existence et leur action sont encadrées par le législateur qui leur transfère des attributions dans la limite du respect des principes d'unité et d'indivisibilité de l'État.

laquelle la coordination occupe une place centrale en tant que procédé adapté au caractère pluriel et de moins en moins vertical des interactions entre des acteurs locaux toujours plus nombreux et divers. L'évolution envisagée par Claude Goyard il y a près de quarante ans est aujourd'hui une réalité : « *la coordination ne devrait pas devoir s'opérer seulement au niveau interministériel proprement dit, c'est-à-dire entre les ministères mais, surtout dans la période dans laquelle nous paraissons entrer, au niveau local* »[871].

SECTION 1 - LE DÉVELOPPEMENT DES POLITIQUES LOCALES ET L'APPROFONDISSEMENT DE LA COORDINATION ENTRE ADMINISTRATIONS ET COLLECTIVITÉS TERRITORIALES

Le renforcement du principe de libre administration des collectivités territoriales et la fin de la tutelle préfectorale *a priori* par la loi constitutionnelle du 2 mars 1982 [872] ont rendu possible le développement de politiques locales menées sous l'impulsion et la responsabilité d'une collectivité territoriale ou de plusieurs d'entre elles (par exemple dans le cadre d'une coopération intercommunale). Cependant, la cohabitation de deux modes de répartition des compétences entre le niveau central et les collectivités territoriales, qui caractérise le système local français, est une source potentielle d'enchevêtrement et de doublons d'actions. Le mécanisme de transfert de compétences « par blocs », consacré dans les lois du 7 janvier[873] et du 22 juillet[874] 1983[875] et

871 Claude GOYARD, « La coordination et la consultation dans l'administration publique en France », *op. cit.*, p. 763.

872 De plus, la tutelle administrative et financière exercée *a priori* par le préfet sur les actes des collectivités locales est remplacée par un contrôle de légalité réalisé *a posteriori* par le juge administratif (qui peut être saisi d'un déféré préfectoral, obligatoire pour certaines matières) et un contrôle financier des chambres régionales des comptes (sur saisine du préfet ; loi du 10 juillet 1982). Enfin, les présidents des conseils généraux et régionaux sont reconnus comme exécutifs locaux à la place des préfets de département et de région.

873 Loi n° 83-8 du 7 janvier 1983 relative à la répartition des compétences entre les communes, les départements, les régions et l'État, JORF du 9 janvier 1983, p. 215.

874 Loi n° 83-663 du 22 juillet 1983 complétant la loi n° 83-8 du 7 janvier 1983, relative à la répartition des compétences entre les communes, les départements, les régions et l'État, JORF du 23 juillet 1983, p. 2286.

875 Ces deux lois ont institué un calendrier sur trois ans prévoyant des transferts de compétences jusque là exercées par les préfets au profit des élus locaux : la première année, l'État a dû se défaire de compétences dans les domaines de l'urbanisme, du logement, de la formation professionnelle et de l'aménagement territoire ; la seconde, ce sont les attributions relatives à l'action sociale, à la santé et aux transports qui ont

la loi du 13 août 2004[876], a longtemps coexisté avec une « clause générale de compétence »[877] qui autorise en principe les collectivités territoriales à prendre des décisions de leur propre initiative dès lors qu'il est possible de discerner un intérêt public local[878] (municipal, départemental ou régional)[879]. Cette situation d'incertitude a régulièrement été dénoncée

---

été concernées ; enfin, la troisième année les transferts ont touché les champs de l'éducation, de la culture et de l'environnement.

876 Loi n° 2004-809 du 13 août 2004 relative aux libertés et responsabilités locales.

877 Même si la formule « clause de compétence générale » n'a jamais été consacrée en ces termes par le législateur, elle est présente dans le Code général des collectivités territoriales (CGCT). Son fondement est à rechercher à l'article 61 la loi du 5 avril 1884 pour les communes (« *Le conseil municipal, règle par se délibérations, les affaires de la commune* ») et la loi de 1871 pour le département qui précisait la compétence générale de principe du conseil général pour « statuer sur tous objets d'intérêt départemental ». La clause générale de compétence est aujourd'hui codifiée à l'article L. 1111-2 du CGCT disposant que « *les communes, les départements et les régions règlent par leurs délibérations les affaires de leur compétence* ». Un principe large et peu précis qui se décline pour chacune des catégories de collectivités (article L. 2121-29 du CGCT pour la commune, article L. 3211-1 pour le département et article L. 4221-1 pour la région). On peut aussi lire l'alinéa 2 de l'article 72 de la Consitution ajouté par la révision constitutionnelle du 28 mars 2003 comme une confirmation implicite du principe de la clause générale de compétence : « *les collectivités territoriales ont vocation à prendre les décisions pour l'ensemble des compétences qui peuvent le mieux être mises en œuvre à leur échelon* » (article 72, al.2 de la Constitution). D'aucuns y ont également vu l'affirmation d'un principe de subsidiarité.

878 En tout état de cause, la « clause de compétence générale » est limitée par deux éléments relevés par le sénateur Antoine Lefèvre dans le *Rapport d'information sur la clarification de la répartition des compétences entre l'État et les collectivités territoriales* (Délégation aux collectivités territoriales et à la décentralisation, Sénat, rapport n° 283, 2 février 2011) : de fait, cette clause n'habilite les collectivités territoriales à agir dans un domaine qui relève de la loi donc de la compétence de l'État central (par exemple, les communes ne peuvent réglementer le droit de vote des étrangers) ou d'une compétence attribuée par la loi à une autre collectivité même s'il existe un intérêt local (interprétation des compétences des blocs selon une logique exclusive) ; par ailleurs, l'article L. 1111-4, alinéa 2 du CGCT impose que « *les communes, les départements et les régions financent par priorité les projets relevant des domaines de compétences qui leur ont été dévolus par la loi* » ce qui restreint fortement en pratique la mise en œuvre de la clause compte tenu de l'état des finances locales (les crédits résiduels après financement des actions relevant des compétences attribuées par la loi sont rares).

879 Pour certains auteurs néanmoins la clause générale de compétences obéirait à une logique cachée de centralisation ; une position notamment partagée par Jérôme CHAPUISAT qui la résume ainsi : *« présentée souvent comme la garantie de libertés indéfinies, la clause générale de compétences n'est en réalité que l'instrument d'une implacable mise sous tutelle »* (*in* « Libertés locales, libertés publiques », *AJDA*, 1982 ; cité par Jacques CAILLOSSE, « Comment le droit de l'État ouvre le territoire au « local » », *in* Jacques CAILLOSSE, *Les « mises en scène » juridiques de la décentralisation. Sur la question du territoire en droit public français*, Paris, LGDJ, coll. « Droit et Société », 2009, p. 109).

par plusieurs rapports[880] qui ont fini par aboutir à une refonte du système proposant une définition plus stricte des compétences de chaque niveau. Dans le but de clarifier l'architecture territoriale et d'éviter les actions concurrentes, voire redondantes, des collectivités territoriales, la loi n° 2010-1563 du 16 décembre 2010 dite de « réforme des collectivités territoriales » avait prévu la suppression de la clause générale de compétence pour les départements et les régions annulée par la loi n° 2014-58 du 27 janvier 2014 de Modernisation de l'action publique territoriale et d'affirmation des métropoles (MAPTAM) à travers l'article 1er de son titre premier intitulé « Clarification des compétences et collectivités territoriales et coordination des acteurs ». Cependant, la loi de loi portant Nouvelle organisation territoriale de la République (NOTRe) du 7 août 2015 a de nouveau supprimé à partir du 1er janvier 2016 la clause générale de compétence pour les régions et les départements. Cependant, cette suppression n'est pas synonyme de « spécialisation rigide » des compétences des collectivités territoriales : d'une part, la clause générale de compétences a été maintenue pour les communes ; d'autre part, à l'exclusion de la compétence exclusive de la région en matière de développement économique, de soutien de l'innovation et d'internationalisation des entreprises, la loi NOTRe ne prévoit pas de cloisonnement d'attributions, ce qui de fait serait difficilement applicable. Comme l'a noté en ce sens le professeur Marcou, « *pour établir une véritable spécialisation des compétences et définir des compétences vraiment exclusives, à supposer que cela soit réellement souhaitable, il faudrait réviser l'ensemble des politiques publiques organisées par la loi depuis le début des années 1980 et qui ont en général délibérément prévu ou permis la coopération ou la concurrence des collectivités territoriales dans les mêmes domaines, entre elles ou avec l'État* »[881].

---

880 Pour ne citer que les rapports les plus connus sur la question du partage des compétences et du besoin de les coordonner : Guichard (1976), Hoeffel (1991), Hauswirth (1995), Mauroy (2000). Et plus récemment les rapports des députés Didier Quentin et Jean-Jacques Urvoas (2008) et du sénateur Antoine Lefèvre (2011). Pour citer un exemple typique d'enchevêtrement de compétences territoriales : « *il est de l'intérêt de la commune de verser une aide économique à une entreprise qui envisage de s'implanter sur le territoire communal. Mais le département peut également avoir intérêt à ce que l'entreprise, dont le bassin d'emploi est plus large que celui de la commune, se développe. Enfin, la région a tout intérêt à participer à la dynamique économique* » (Didier QUENTIN, Jean-Jacques URVOAS (rap.), *Rapport sur la clarification des compétences des collectivités territoriales*, Commission des lois constitutionnelles, de la législation et de l'administration générale de la République, Assemblée Nationale, rapport n° 1153, 8 octobre 2008).

881 Gérard MARCOU, « Changements et permanences dans le système français d'administration territoriale », *RFAP*, n° 141, 2012, p. 34.

Au contraire, la loi NOTRe montre « *l'inanité des blocs de compétences* » [882] en encourageant une action coordonnée des collectivités territoriales. Un nouvel article L. 1111-4 du CGCT prévoit des compétences partagées (alinéa 2), par nature transversales, qui permettent aux collectivités d'intervenir en dehors des compétences qui leur sont attribuées : « *Les compétences en matière de culture, de sport, de tourisme, de promotion des langues régionales et d'éducation populaire sont partagées entre les communes, les départements, les régions et les collectivités à statut particulier* ». Cette coordination implique une relation horizontale conformément à l'article 72, alinéa 5 de la Constitution qui pose le principe de l'interdiction de la tutelle d'une collectivité territoriale sur une autre tout en prévoyant, lorsque l'exercice d'une compétence nécessite le concours de plusieurs collectivités territoriales, que l'une d'entre elles puisse organiser les modalités de leur action commune. Autrement dit, la coordination des compétences entre collectivités territoriales est assurée par une collectivité « chef de file », fonction créée, à l'égard de la région, par la loi n° 95-115 d'orientation pour l'aménagement et le développement du territoire du 4 février 1995 qui a été étendue à l'ensemble des collectivités territoriales ainsi qu'aux EPCI à fiscalité propre bénéficiaires d'un transfert de compétences par la loi « MAPTAM » du 27 janvier 2014[883].

L'action publique territoriale appelle donc des mécanismes d'ajustement des politiques locales entre elles et des politiques nationales avec les politiques locales passant par une coordination des actions de tous les acteurs territoriaux qui parfois s'enchevêtrent ou se superposent. Il s'agit de trouver un juste équilibre des pouvoirs correspondant à la logique de coexistence de la déconcentration et de la décentralisation qui ne s'opposent pas mais se combinent comme l'expliquait déjà Charles Eisenmann en forgeant la notion de « *semi-décentralisation* », très intéressante pour comprendre le système local actuel. Conçue comme un troisième mode de relations entre le centre et le local reposant sur des principes d'interdépendance et d'association [884], la « semi

---

882 Jean-Marie PONTIER, « La redéfinition des compétences : à la recherche de la cohérence », *RDP*, n° 5, 2015, p. 1247.

883 V. notamment sur le sujet : Samuel DYENS, « La « clarification » des compétences dans la loi MAPAM : coordonner avant d'imposer ?, *AJCT*, 2014 ; Laetitia JANICOT, « La fonction de collectivité territoriale chef de file », *RFDA*, mai-juin 2014.

884 Autrement dit, « *c'est à cet état d' « entre-deux » que C. Eisenmann réserve son concept de semi-décentralisation ; désignant par là la combinaison (et non la simple juxtaposition) des principes de la décentralisation – en cela que l'administration locale ne se trouve nullement soumise à la décision de l'autorité territoriale de l'État – et de la centralisation, puisque la norme locale requiert le consentement d'un organe d'État et n'est donc pas le fait d'une institution réellement indépendante* » (Jacques

décentralisation » désigne « *le système dans lequel la maîtrise de l'action administrative locale appartient à un organe suprême – ou à plusieurs, il n'importe – composé d'un organe d'État et d'un organe local non centralisé (ou organe de collectivité locale), les volontés de ces deux organes entrant à égalité dans les décisions majeures, puisqu'elles exigent leur concordance et leur concours, - ce qui les lie l'un à l'autre et l'un par l'autre* »[885]. Même si le terme n'est pas explicitement mentionné, c'est bien la nécessité d'une coordination qui ressort de cette définition. Ce schéma d'analyse fait figure de précurseur en soulignant une complexification de l'action publique territoriale qui n'a jamais été aussi forte qu'aujourd'hui avec le passage d'un système de rapports verticaux à un mode relationnel de plus en plus horizontal caractérisant des acteurs de plus en plus variés.

On retrouve ici une configuration proche du modèle de « *régulation des systèmes organisés complexes* »[886] qui avait été mis en évidence par Michel Crozier et Jean-Claude Thoenig pour étudier le système décisionnel politico-administratif local en soulignant la diversité des acteurs[887] qui y prennent part et l'existence d'arrangements informels entre services déconcentrés et élus des collectivités territoriales. Cette analyse soulignait déjà les limites d'une coordination de type vertical, de moins en moins adaptée à une configuration décisionnelle plus complexe : « *si l'on résiste à la coordination du sommet, ce n'est pas parce qu'on ne se connaît pas, parce qu'on est trop loin l'un de l'autre, c'est parce qu'on fait partie d'un système qui a d'autres formes de coordination qui sont elles à demi-conscientes mais d'autant plus efficaces* »[888]. Reprenant l'étude de Jean-Pierre Worms portant sur « le préfet et ses notables »[889] et l'étendant à l'ensemble des relations entre

---

CAILLOSSE, « La décentralisation comme objet d'analyse juridique. Les leçons de Charles Eisenmann », *in* Jacques CAILLOSSE, *Les « mises en scène » juridiques de la décentralisation. Sur la question du territoire en droit public français*, *op. cit.*, p. 65.

885 Charles EISENMANN, *Cours de droit administratif*, t.1, Paris, LGDJ, ed. 1982, p. 297-298 ; cité par Nicolas CHIFFLOT, *Le droit administratif de Charles Eisenmann*, Paris, Dalloz, coll. « Nouvelle bibliothèque de thèses », 2009, p. 133.

886 Jean-Claude THOENIG, Michel CROZIER, « La régulation des systèmes organisés complexes. Le cas du système politico-administratif local en France », *Revue française de sociologie*, vol. 16, n° 1, 1975.

887 « *L'ensemble politico-administratif départemental français est formé d'un assez grand nombre de services administratifs, de collectivités, de groupes et d'associations indépendants les uns des autres : conseils généraux, préfectures, directions de services extérieurs, municipalités, chambres de commerces, d'agriculture, de métiers, fédérations de syndicats d'employeurs, de travailleurs, d'agriculteurs, etc.* », *Ibidem*, p. 6

888 *Ibid.*, p. 6.

889 Jean-Pierre WORMS, « Le Préfet et ses notables », *Sociologie du travail*, n° 8, juillet-septembre 1966.

services déconcentrés et élus territoriaux, les auteurs insistaient sur le degré élevé d'interdépendance[890] qui caractérise leurs relations et fonde les besoins d'une coordination plus horizontale : « *comme dans tout système complexe, aucune décision d'aucun acteur ne peut être prise de façon unilatérale ; parvenir à un compromis acceptable constitue le préalable indispensable à toute action* ». Le système appelle une coordination à travers des relations largement informelles, un va-et-vient de négociations entre « bureaucrates et notables » (d'où la qualification de « régulation croisée » qui écarte l'idée d'une coordination uniquement réalisée par le nveau central) agissant dans la même sphère décisionnelle locale[891]. La sociologie des organisations vient ici éclairer les interrelations permanentes qui existent entre représentants de l'État, services déconcentrés et collectivités territoriales en montrant comment elles peuvent se développer en marge du cadre vertical formel. Par conséquent, la coordination passe par des ajustements, des accords d'actions et de stratégies au service d'une action locale commune. Pour autant, comme le soulignent Jean-Claude Thoenig et Patrice Duran, le modèle de « régulation croisée » est aujourd'hui dépassé : d'une part il ignore l'intervention croissante d'acteurs privés et le développement de la contractualisation encore renforcée par la loi NOTRe[892] ; d'autre part, il décrit « *des mécanismes d'arrangement entre dirigeants élus des collectivités territoriales et services de l'État qui se déploient dans un contexte où l'action collective s'opère localement dans les interstices d'un mode de gestion centralisé aussi bien que bureaucratique* »[893].

Mettant l'accent sur les articulations horizontales du processus décisionnel local, l'analyse est intéressante mais insuffisante dans la mesure où elle occulte ou sous-estime trois grands traits majeurs du système territorial actuel : la perte de centralité de l'État, une horizontalisation des rapports entre acteurs de plus en plus divers et une transversalisation des matières ; trois

---

890 « *Entre bureaucrates et notables se développe une complicité basée sur le partage d'une expérience commune, d'intérêts complémentaires et de normes identiques, complicité forte et qui résiste à l'épreuve* » (Jean-Claude THOENIG, Michel CROZIER, « La régulation des systèmes organisés complexes. Le cas du système politico-administratif local en France », *op. cit.*, p. 7).

891 Des échanges qui peuvent être médiatisés par l'intervention d'une instance coordonnatrice qui ne se place pas forcément position de supérieur hiérarchique : « *les fonctions d'intégration et de coordination sont généralement remplies par quelqu'un dont l'activité et la source de légitimation sont d'une autre nature que celles des parties qu'il intègre ou coordonne* », *Ibidem*, p. 7.

892 V. Partie 3, Titre 1, Chapitre 2.

893 Jean-Claude THOENIG, Patrice DURAN, « L'État et la gestion publique territoriale », *op. cit.*, p. 581. De même l'étude de Pierre GREMION sur le pouvoir périphérique a tenté de nuancer une approche moins hiérarchique des relations entre l'État et ses services déconcentrés et avec les élus locaux mais sans se défaire d'une vision jacobine (cf. Pierre GREMION, *Le pouvoir périphérique. Bureaucrates et notables dans le système politique français*, Paris, Le Seuil, 1976).

éléments clés du modèle de gouvernance territoriale qui constitue désormais une grille de lecture plus pertinente de la configuration décisionnelle locale actuelle caractérisée par une pluralité et une horizontalisation accrues des relations entre acteurs centraux et locaux engendrant des besoins croissants de coordination.

SECTION 2 - LA COORDINATION À TRAVERS LE PRISME DE LA « GOUVERNANCE LOCALE »

Selon Jean-Bernard Auby, « *la répartition des rôles n'était certainement pas plus claire* (...) *sans doute l'était-elle même moins encore, mais les actions locales et d'État étaient imbriquées sous la houlette de l'État, qui était en position de les coordonner ; les flottements n'étaient donc pas perceptibles. Il en va différemment dans l'univers né des réformes de décentralisation, où l'État n'est plus, ou n'est plus toujours, en posture de coordonner* »[894]. La tutelle administrative et financière *a priori* du centre sur les collectivités territoriales a été supprimée, le principe de libre administration des collectivités territoriales a été renforcé, les partenariats entre acteurs publics mais également entre acteurs publics et privés ont été multipliés, la coopération entre collectivités territoriales s'est aussi développée, particulièrement entre régions, qu'elle soit « conventionnelle » ou « spontanée »[895]. Cette horizontalisation de la décision locale appelle une meilleure coordination. Comme le souligne à cet égard Daniel Behar, la territorialisation rend « *caduques les logiques verticales, sectorielles au profit d'une transversalité de l'action. Par essence, l'approche territoriale serait globale et décloisonnée. Quels que soient les domaines, elle produirait ainsi un changement d'appréhension du réel en suscitant*

---

894 Jean-Bernard AUBY, « La bataille de San Romano. Réflexions sur les évolutions récentes du droit administratif », *op. cit.*, p. 920.

895 « *On peut ainsi à l'heure actuelle distinguer une coopération conventionnelle, qui passe, comme son nom l'indique, par la conclusion de conventions entre les régions et une coopération institutionnelle, que l'on entendra ici comme la coopération par le biais d'établissements publics de coopération interrégionale. A cela s'ajoute une coopération que l'on peut qualifier de spontanée, en ce qu'elle n'est pas prévue expressément par les dispositions applicables du Code général des collectivités territoriales, mais tout de même engagée par certaines régions, de leur propre initiative* » (Pierre de MONTALIVET, « La coopération interrégionale. État des lieux et perspectives », *in* Jacques FIALAIRE, Pierre de MONTALIVET (dir.), *Coopération locale et territoire*, Paris, LexisNexis-Litec, coll. « Colloques et débats », 2008, p. 51)

le basculement de catégories verticales et fragmentées vers des catégories horizontales donc globales »[896].

La fonction de coordination a aussi évolué pour répondre aux nouveaux besoins de cohérence nés du décloisonnement des secteurs public et privé, du brouillage des frontières sectorielles et de l'affirmation d'espaces décisionnels territoriaux qui produisent « *hétérogénéité, flexibilité, pluralité, instabilité, fluidité, labilité, ductilité, transversalité, hybridité...* »[897]. La coordination consiste désormais en un ajustement, qui se veut flexible, de compétences concurrentes ou complémentaires détenues par des acteurs divers impliqués dans un même processus d'action et qui se trouvent en interactions permanentes. Certains auteurs n'hésitent ainsi pas à analyser « *la gouvernance territoriale comme processus de coordination des acteurs* »[898]. Il est intéressant de noter que l'on retrouve explicitement cette association entre coordination et gouvernance territoriales dans la loi n° 2013-403 du 17 mai 2013 relative à « l'élection des conseillers départementaux, des conseillers municipaux et des conseillers communautaires, et modifiant le calendrier électoral » qui « *prévoit notamment de poser le principe de libre coordination des interventions des collectivités territoriales* »[899] à travers le dispositif du « *pacte de gouvernance territoriale* » et la mise en place d'une « *conférence territoriale de l'action publique* »[900] visant une meilleure

---

896 Daniel BEHAR, « Les nouveaux territoires de l'action publique », *in* Dominique PAGÈS, Nicolas PELISSIER, *Territoires sous influence.1*, Paris, L'Harmattan, coll. « Communication et civilisation », 2000.

897 Romain PASQUIER, Julien WEISBEIN, « La « gouvernance territoriale » : une perspective pragmatique », *in* Romain PASQUIER, Vincent SIMOULIN, Julien WEISBEIN (dir.), *La gouvernance territoriale. Pratiques, discours et théories*, Paris, LGDJ, coll. « Droit et société », 2007, p. 219.

898 Fabienne LELOUP, Laurence POYART, Bernard PECQUEUR, « La gouvernance territoriale comme nouveau mode de coordination territoriale ? », *Géographie Économie Société*, vol. 7, n°4, 2005, p. 324.

899 « Objet du texte », *Dossier législatif*, Site du Sénat ; disponible sur : http://www.senat.fr/dossier-legislatif/pjl12-495.html.

900 La loi prévoit notamment l'institution d'une « *conférence territoriale de l'action publique* » dans chaque région qui « *débat et rend des avis sur tous les sujets relatifs à l'exercice des compétences et les politiques publiques nécessitant une coordination ou une délégation de compétences entre différents niveaux de collectivités territoriales et de leurs groupements* » (article 4). De plus, le texte prévoit la création de « *schéma régional de l'intermodalité* » qui « *coordonne à l'échelle régionale, en l'absence d'une autorité organisatrice de transport unique et dans le respect de l'article L. 1221-1, les politiques conduites en matière de mobilité par les collectivités publiques mentionnées à ce même article, en ce qui concerne l'offre de services, l'information des usagers, la tarification et la billettique* » (article 8 bis). Sont également mentionnés la mise en place d' « *organes de coordination* » : « *une conférence métropolitaine* » qui est une « *instance de coordination entre la métropole et les communes membres, au sein de laquelle il peut*

cohérence de l'exercice des compétences au niveau local. Bien que l'idée de « *pacte de gouvernance territoriale* »[901] ait été abandonnée, ce projet de loi est intéressant, car il souligne le défi central posé par une configuration territoriale sous-tendue par un mouvement de balancier permanent entre centralisation et décentralisation ; à savoir une coordination de l'action de l'État, des services déconcentrés et des collectivités territoriales de moins en moins fondée sur des relations de type hiérarchique.

Les enjeux de coordination territoriale ont donc changé de nature, mais aussi d'envergure. Il ne s'agit plus seulement d'assurer une cohérence de l'action de services centraux et déconcentrés, mais plus largement de préserver un équilibre entre la liberté de décision des collectivités territoriales et des autres acteurs publics et privés aujourd'hui légitimes à intervenir et l'action des autorités centrales. On touche ici la question de l'unité, donc de la pérennité, d'un État devenu pluriel comme le soulignait déjà le rapport annuel du Conseil d'État de 1993 : « *la promotion, sous l'effet des choix arrêtés en 1981, du principe de libre administration des collectivités locales, s'est opérée au détriment d'autres principes, non moins fondamentaux, tels que le principe d'indivisibilité du territoire, de continuité de l'État et des services publics, d'égalité devant le service public* »[902]. En ce sens, la coordination est plus qu'un instrument technique de mise en cohérence qui s'adapte pour répondre aux nouveaux besoins d'une action publique devenue plus complexe ; elle permet d'éviter les effets désintégrateurs d'une double perte de centralité de l'État, interne et externe. Le phénomène de territorialisation est accompagné et encouragé par le processus d'européanisation qui offre aux collectivités territoriales un lieu de

---

être débattu de tous sujets d'intérêt métropolitain ou relatifs à l'harmonisation de l'action de ces collectivités » ; « *un conseil de développement* » qui est « *consulté sur les principales orientations de la métropole, sur les documents de prospective et de planification et sur la conception et l'évaluation des politiques locales de promotion du développement durable du territoire* »).

901 Ce « *pacte de gouvernance* » figure dans la première version du projet de loi déposé par le Gouvernement au Sénat le 10 avril 2013 (texte n° 495, 2012-2013) mais le dispositif disparaît du texte adopté par les sénateurs le 6 juin 2013 (texte n° 163, 2012-2013). Le pacte était envisagé comme « *le cadre dans lequel les collectivités territoriales et les établissements publics de coopération intercommunale à fiscalité propre coordonnent leurs interventions, définissent, dans le cadre de leurs compétences, des modalités d'organisation de l'action publique adaptées aux particularités locales et rationalisent l'organisation de leurs services* ». (« Étude d'impact » attaché au projet de loi déposé le 10 avril 2013 au Sénat).
Disponible sur : http://www.senat.fr/leg/etudes-impact/pjl12-495-ei/pjl12-495-ei.html.

902 Conseil d'État, « Décentralisation et ordre juridique », *in Rapport annuel*, 1993.

représentation et d'expression, parfois sans médiation de l'État[903]. Comme le note Romain Pasquier, « *l'intégration européenne peut en effet être analysée comme une nouvelle structure d'opportunités, fournissant des ressources inédites aux acteurs territoriaux pour renforcer leurs positions vis-à-vis des administrations centrales* »[904]. Le Conseil de l'Europe s'inscrit dans une démarche identique avec l'adoption d'une Charte européenne de l'autonomie locale[905] qui prend acte de l'importance d'un processus d'« *universalisation de la décentralisation* »[906] et consacre un modèle de statut juridique des collectivités territoriales. Cette « européisation de la territorialisation » n'est pas que théorique comme en témoigne, par exemple, la politique régionale des fonds structurels de l'Union européenne dont l'élaboration et la mise en œuvre impliquent les administrations régionales au même titre que les administrations nationales et la Commission européenne. Par ailleurs,

---

903 V. sur ce point : Joël RIDEAU, Sophie PEREZ, « La place des régions dans le système institutionnel de l'Union européenne », *in* Jean VERGES (dir.), *L'Union européenne et les collectivités territoriales*, Paris, Economica, 1997, p.7 et s.). Par exemple, l'action des collectivités territoriales au sein du Comité des régions, la présence des régions au sein des différents comités établis auprès du Conseil de l'Union européenne et de la Commission européenne, l'accès des régions à la juridiction communautaire ; participation des régions au processus décisionnel communautaire au niveau national (ex. *Länder* en Allemagne à travers l'action du *Bundesrat*, cf. article 23 de la Loi fondamentale allemande), etc.

904 Romain PASQUIER, « Quand le local rencontre le global : contours et enjeux de l'action internationale des collectivités territoriales », *RFAP*, n° 141, 2012, p. 169.

905 La Charte européenne de l'autonomie locale (adoptée en 1985, entrée en vigueur en 1988) élaborée par le Conseil de l'Europe distingue sept composantes de l'autonomie locale définie comme « *le droit et la capacité effective pour les collectivités locales de régler et de gérer, dans le cadre de la loi, sous leur propre responsabilité et au profit de leurs populations, une part importante des affaires publiques* » : exercice d'un pouvoir réglementaire pour gérer les affaires publiques locales (article 3, alinéa 1er) ; transfert de compétences par la Constitution ou la loi (article 4) ; disposition de moyens administratifs humains (article 6) et financiers (article 9) ; exercice d'une démocratie locale (article 3, alinéa 2, article 7) ; droit d'association avec d'autres collectivités territoriales (article 10) ; droit de recours juridictionnel pour assurer le respect du libre exercice de leurs compétences (article 11) ; exercice d'un contrôle administratif (de légalité ou d'opportunité) à l'encontre des actes des collectivités territoriales prévu par la Constitution ou la loi en vue d'assurer le respect de la légalité et des principes constitutionnels (article 8).
V. *Charte européenne de l'autonomie locale. Rapport explicatif*, coll. « Local et Régional », Editions du Conseil de l'Europe, 2010.
Disponible sur :
http://www.coe.int/t/congress/sessions/18/Source/CharteEuropeenne_fr.pdf.

906 Pour reprendre une expression de Gérard MARCOU, *in Decentralization and Local Democracy in the World*, World Bank and United Cities and Local Goverments co-publication, First global report 2008.

bien que le Conseil constitutionnel ait rappelé que les collectivités territoriales n'ont pas la qualité de sujet de droit international[907], la création d'un Comité des régions par le traité de Maastricht a permis l'institutionnalisation de la représentation et de l'implication politique des territoires au niveau communautaire. Enfin, répondant à une logique d'action encore plus horizontale, « *il faut y ajouter le fait que, de plus en plus, les collectivités territoriales développent des coopérations internationales, et même dans des conditions de grande liberté en ce qui concerne certaines collectivités d'outre-mer - d'assez grande liberté aussi en métropole pour ce qui est de la coopération transfrontalière qu'encouragent les autorités européennes* » [908] . La coopération décentralisée entre collectivités territoriales françaises (et leurs groupements) et autorités locales étrangères est en effet en pleine expansion[909] et en voie d'institutionnalisation comme l'illustre la création d'un Groupement européen de coopération territoriale en 2006[910] qui « *a pour objectif de faciliter et promouvoir la coopération transfrontalière, transnationale et interrégionale entre ses membres. Le groupement est composé d'États membres, de collectivités régionales, de collectivités locales et/ou d'organismes de droit public à titre facultatif* »[911].

---

907 Décision n° 83-160 DC du 19 juillet 1983, *Convention fiscale de Nouvelle-Calédonie*. Mentionnons aussi dans le même esprit l'avis du Conseil d'État n° 326996 du 16 mars 1980 qui rappelle que les collectivités ne sont pas compétentes pour créer du droit international, compétence relevant du pouvoir exécutif selon la Constitution.

908 Jean-Bernard AUBY, « La bataille de San Romano. Réflexions sur les évolutions récentes du droit administratif », *op. cit.*, p. 920.

909 Permise grâce à l'article 65 de la loi du 2 mars 1982 qui a reconnu aux régions la possibilité de mener des actions de coopération transfrontalière ; puis encouragée par la loi du 6 février 1992 qui élargit la possibilité de former des coopérations transfrontalières à toutes les catégories de collectivités territoriales). Ce procédé se développe de plus en plus : « *environ 3250 collectivités territoriales ayant mené de telles actions et près de 6000 liens de coopération de coopération développés avec plus de 115 pays différents, une majorité d'entre eux concernant toutefois l'Union européenne. (données 2007)* » (Nathalie JACQUINOT, « La coopération décentralisée, entre facilité et complexité », *in Études en l'honneur du professeur Jean-Arnaud Mazères*, Paris, LexisNexis, coll. « Mélanges », 2009, p. 381).

910 Règlement (CE) n° 1082/2006 du Parlement européen et du Conseil relatif à un groupement européen de coopération territoriale du 5 juillet 2006.

911 Site officiel de l'Union européenne (EUROPA). V. « Groupement européen de coopération territoriale », *Synthèse de la législation de l'UE-Agriculture-Cadre général*. Disponible sur : http://europa.eu/legislation_summaries/agriculture/general_framework/g24235_fr.htm.

Plus généralement, le cadre européen est le lieu par excellence de la coordination, en particulier l'Union européenne dont le processus décisionnel ne pourrait fonctionner sans dispositifs visant à articuler les niveaux décisionnels national et européen.

CHAPITRE 2

LA SUPRA-ÉTATISATION DES POLITIQUES

Complétée, voire concurrencée, à l'échelle nationale par l'intervention croissante d'acteurs privés et publics variés, l'action étatique est par ailleurs enserrée dans une double dynamique supranationale - la mondialisation[912] et l'européanisation[913] – qui pose la question de l'obsolescence du schéma classique des relations internationales. Le modèle dit westphalien fondé sur les principes de souveraineté et d'intergouvernementalisme ne rend plus compte de manière satisfaisante des nouveaux types de relations qui se nouent entre les États. On constate une multiplication des interactions et interdépendances entre ces derniers, ainsi qu'une prolifération d'organisations internationales. Plutôt que de parler d'un ordre transnational, la coordination nous semble être une notion pertinente pour caractériser l'articulation de l'action des États mais aussi, de plus en plus, d'organisations non gouvernementales, qui repose sur une logique relationnelle non hiérarchique. La complexification et la diversification du système international sont des facteurs majeurs d'augmentation des besoins de cohérence décisionnelle au niveau international, d'autant plus

---

912 On préfère ici le terme de « mondialisation » à « globalisation » davantage employé en matière d'économie et de finances.

913 Cadre d'analyse qui met l'accent sur l'adaptation nécessaire des structures administratives des États membres pour répondre aux exigences de participation au processus décisionnel de l'Union européenne. Il est ici préféré à l'analyse « néo-réaliste » stato-centrée proposée par Stanley Hoffman et Andrew Moravcsik qui envisagent l'Union européenne en tant que coopération d'États rationnels qui décident de mettre en commun des intérêts en restant maîtres du niveau et de la vitesse d'intégration européenne (Stanley HOFFMANN , « Reflections on the Nation State in Western Europe », *Journal of Common Market Studies*, 21, 1982, p. 21-37 ; Andrew MORAVSCIK, « Preferences and Power in the European Community: a Liberal Intergovernmentalist Approach », *Journal of Common Market Studies*, 31, 1993, p. 473-517). L'européanisation offre une grille d'analyse également plus large que le « néo-fonctionnalisme » inspirée des travaux fonctionnalistes de David Mitrany repris par Ernst B. Haas qui adopte une approche plutôt européocentrée en se concentrant sur le phénomène de *spill over*, c'est-à-dire les de transferts fonctionnels constants des États membres au bénéfice de l'Union européenne (Ernst B. HAAS, *The Uniting of Europe. Political, Social and Economic forces*, Stanford University Press, éd. 1968).

que de « *nouveaux défis planétaires* »[914] (environnement, développement, etc.) émergent appelant une intervention conjointe des États qui ne soit pas fondée sur une logique de confrontation de souverainetés mais sur des « *efforts de coordination entre différentes organisations* »[915].

L'enceinte politique qui a poussé le plus loin le développement de ces relations de coordination est l'Union européenne qui se caractérise par la problématique suivante : « *comment maintenir un minimum d'unité, de continuité et donc de cohérence dans un système caractérisé par la multiplicité des traités institutifs, l'extrême diversité des structures organiques qui en sont issues ainsi que des politiques qu'elles sont appelées à développer et à mettre en œuvre ?* »[916]. Pour répondre à ce défi, un processus décisionnel particulier a été mis en place : à défaut d'appareil administratif européen suffisant [917], l'édiction de règles juridiques européennes requiert également l'intervention des administrations nationales. Le système décisionnel de l'Union européenne repose ainsi sur un mécanisme complexe de coordination multi-niveaux.

---

914 Pierre de SENARCLENS, *La mondialisation. Théories, enjeux et débats*, Paris Armand Colin, coll. « U-Science Politique », 2e éd., 2002, p. 129.

915 Serge SUR, *Relations internationales*, Paris, Montchrestien, coll. « Domat politique », 3e éd., 2004, p. 79.

916 Claude BLUMANN, Louis DUBOUIS, *Droit institutionnel de l'Union européenne*, Paris, Lexis Nexis, coll. « Manuel », 5e éd., 2013, p. 115.

917 Cette absence de réseau administratif unique de préparation et de mise en œuvre de la décision communautaire s'explique par « *le faible développement quantitatif de l'administration communautaire au sens strict (services des institutions, organes et agences communautaires) (qui) est le résultat d'un choix à la fois clair et implicite des rédacteurs des traités pour un modèle reposant essentiellement sur « l'administration indirecte » des politiques communes par les services des États membres* ». V. Jacques ZILLER, « Les administrations doivent faire face à l'élargissement et à l'approfondissement de l'intégration européenne, avec au sans traité constitutionnel » *in* « L'européanisation des administrations : nouvelles missions, nouveaux partenaires », *RFAP*, n° 114, 2005, p. 213-218. La Commission européenne comprend au total un plus de 32000 agents au 1er janvier 2013 (fonctionnaires, agents temporaires, agents contractuels, agents locaux, conseillers spéciaux, et agent de droit national de la Commission européenne). Source : Site de la Commission européenne, « Chiffres-clés des membres du personnel » (disponible sur http://ec.europa.eu/civil_service/about/figures/index_fr.htm). Il s'agit d'un effectif administratif très limité pour une organisation de vingt-huit États membres. A titre de comparaison, la seule administration d'État en France compte près de 2,6 millions d'agents.

SECTION 1 - LA COORDINATION AU CŒUR DU PROCESSUS DÉCISIONNEL EUROPÉEN

Comme l'ont explicitement rappelé les conclusions du Conseil européen d'Helsinki des 10 et 11 décembre 1999 qui tiennent compte des concepts de « co-administration »[918] et d'« *administration composée* »[919] forgés par la doctrine communautariste :

> « *le Conseil doit avoir une vue d'ensemble des politiques de l'Union. Il est essentiel, à cette fin, de disposer, au coeur du système, d'une filière unique de coordination capable d'orienter l'action de l'Union conformément à la volonté de ses responsables politiques. Cet axe privilégié commence au niveau des États membres, avec un dispositif de coordination et d'arbitrage efficace au niveau interministériel, et se prolonge, au niveau de l'Union, par le Coreper, le Conseil "Affaires générales" et le Conseil européen.* (…) *Si les mécanismes de coordination interne dans les États membres relèvent et doivent continuer à relever de la compétence exclusive de chaque État membre, il n'en reste pas moins que l'efficacité de ces mécanismes a une incidence directe sur le fonctionnement du Conseil et sur la cohérence de ses travaux* »[920].

---

918 V. notamment : Jacques ZILLER, « Introduction : les concepts d'administration directe, d'administration indirecte et de coadministration et les fondements du droit administratif européen », *in* Jean-Bernard AUBY, Jacqueline DUTHEIL DE LA ROCHERE, *Droit administratif européen*, Bruxelles, Bruylant, 2007, p. 237 et s. Comme l'explique Jacques Ziller, « *la fonction administrative européenne est exercée non seulement de manière directe par les institutions, organes et organismes de l'Union, mais aussi de manière indirecte par les institutions, organismes et démembrements de ses États membres* » (p. 237) ; « *la co-administration n'est pas à proprement parler une troisième catégorie d'administration communautaire qui serait apparue chronologiquement, après l'administration directe et l'administration indirecte* (…) *La co-administration n'est que la coordination des deux types d'administration, directe et indirecte, qui passe par différentes modalités organisationnelles* » (p. 243).

919 Eberhard SCHMIDT-ASSMANN, « Où va l'administration européenne ? », *in Études Gérard Timsit*, Bruxelles, Bruylant, coll. « Mélanges », 2005, p. 500. L'auteur emploie par ailleurs le terme allemand de *Verwaltungsverbund* que l'on peut traduire par « association administrative ».

920 Conseil européen d'Helsinki, « Lignes directrices pour une réforme », Conclusions, Annexe III, 10-11 décembre 1999. Une « filière de coordination » cruciale dont le bon fonctionnement commence dès le niveau national c'est pourquoi le texte ajoute que « *chaque État membre procédera régulièrement au réexamen de ses modalités de coordination interne des questions relevant de l'UE et les ajustera de manière à assurer un fonctionnement optimal des rouages du Conseil* ». Ce document officiel n'est pas le seul à faire référence à la coordination qui est une préoccupation constante de l'Union européenne, condition d'une action multi-niveaux. Mentionnons notamment les

Ce *continuum* de coordination débute au niveau supra-national avec l'élaboration d'un projet de texte par la Commission européenne, souvent influencée par les orientations et priorités exposées par le Conseil européen[921] en amont. Il se poursuit au niveau national (en France, sous l'égide du Secrétariat général des affaires européennes en collaboration avec la représentation permanente basée à Bruxelles), puis continue au niveau européen dans le cadre des groupes de travail, des comités et du Comité des représentants permanents (COREPER) du Conseil de l'Union européenne et, parallèlement, au sein des commissions du Parlement européen. Une fois le règlement ou la directive voté(e), son application requiert une nouvelle phase de coordination qui se réalise simultanément au sein de la Commission chargée de l'exécution des traités et du droit avec généralement l'aide de comités, mais également au niveau des États membres chargés de mettre en œuvre les textes européens sur leur territoire respectif conformément aux principes de primauté du droit de l'Union et de « coopération loyale »[922].

---

conclusions dressées à l'issue du Conseil européen de Göteborg des 15 et 16 juin 2001 qui appellent à une « *coordination effective entre* (l)*es différentes formations* » du Conseil ». Citons également le « Livre blanc sur la gouvernance européenne » du 25 juillet 2001 : « *Le Conseil doit renforcer sa capacité à coordonner tous les aspects de l'action européenne, tant en son sein que dans les États membres* » (p. 35).

921 Composé des chefs d'État ou de gouvernement des États membres, le Conseil européen est issu d'une pratique débutée en 1961 (réunions connues sous le nom de « Sommet »). Non prévu dans les traités originels, le Conseil européen a été reconnu dans une « Déclaration solennelle sur l'Union européenne » (Stuttgart, 19 juin 1983) qui a donné une définition et une description de ses fonctions, reprises dans l'Acte unique européen (1986). Les traités ultérieurs le mentionnent et précisent sa définition mais ce n'est qu'avec le Traité de Lisbonne qu'il acquiert le rang d'« institution » de l'Union. Cependant, le Conseil européen ne se réunit pas souvent et n'a pas vocation à être un organe actif de coordination à l'inverse de la Commission et du Conseil qui participent au processus décisionnel européen. Comme l'indique l'article 15 TUE, « le Conseil européen donne à l'Union les impulsions nécessaires à son développement et en définit les orientations et les priorités politiques générales ». Le rapport du groupe institué par le Secrétaire général du Conseil relatif au « Fonctionnement du Conseil dans la perspective d'une Union élargie » (dit « rapport Trumpf/Piris ») du 10 mars 1999 est sur ce point très clair : « *Lorsque la coordination nationale entre les différents ministères est insuffisante, et en cas de difficultés entre deux Conseils, la tentation est forte de se tourner vers le Conseil européen pour qu'il arbitre. Telle n'est cependant pas la vocation de ce dernier, sauf dans les cas particulièrement importants. Son rôle est de donner à l'Union, au plus haut niveau, les impulsions nécessaires à son développement et d'en définir les orientations politiques générales* » (p. 4).
Disponible sur : http://www.cvce.eu/content/publication/2006/10/5/0bcead79-7ce6-45fa-972f-71860c4bf8b3/publishable_fr.pdf.

922 Le principe de primauté du droit européen sur les droits nationaux découle du fameux arrêt de la CJUE, *Costa c/ Enel* du 15 juillet 1964 ; celui dit de « coopération loyale » entre les États membres et l'Union résulte de deux dispositions :

§ 1 - Le Secrétariat général des affaires européennes, une administration de coordination interface entre le niveau national et l'échelon européen

S'agissant de la « *face nationale de la gouvernance communautaire* » [923], l'émergence d'un agenda européen s'est accompagnée d'une adaptation des administrations nationales qui s'est accentuée avec l'accélération du processus d'intégration à partir des années 1980[924]. Le processus décisionnel original de l'Union européenne (UE), caractérisé par une méthode décisionnelle particulière et un réseau administratif propre peu développé, nécessite une adaptation constante des systèmes politico-administratifs nationaux pour permettre leur participation à l'élaboration d'actes européens toujours plus nombreux. On a alors assisté à un processus dit d'européanisation[925] qui s'est

- « *En vertu du principe de coopération loyale, l'Union et les États membres se respectent et s'assistent mutuellement dans l'accomplissement des missions découlant des traités.* (al. 1er) *Les États membres prennent toute mesure générale ou particulière propre à assurer l'exécution des obligations découlant des traités ou résultant des actes des institutions de l'Union européenne* (al. 2) ... » (article 4-3 du Traité sur l'Union européenne) ;
- « *Les États membres prennent toutes les mesures de droit interne nécessaires pour la mise en œuvre des actes juridiquement contraignants de l'Union...* » (article 291, al. 1 du Traité sur le fonctionnement de l'Union européenne).

923 Franck PETITEVILLE, *La face nationale de la gouvernance communautaire*, Institut européen d'administration publique, Maastricht, 1998.

924 Au moyen surtout de l'Acte unique européen de février 1986 (entré en vigueur le 1er juillet 1987) qui étend le vote à la majorité qualifiée au sein du conseil et crée les procédures de coopération et d'avis conforme accordant une place plus importante au Parlement européen dans le processus décisionnel ; le Traité de Maastricht du 7 février 1992 (entré en vigueur le 1er novembre 1993) qui crée l'Union européenne et consacre notamment la procédure de codécision qui accroît encore le poids du Parlement européen dans le processus de décision communautaire ; enfin, le Traité de Lisbonne du 13 décembre 2007 (entré en vigueur le 1er décembre 2009) qui renforce de nouveau les pouvoirs du Parlement européen, consacre la personnalité juridique de l'Union européenne, créé un poste de Haut représentant de l'Union pour les affaires étrangères et de président du Conseil européen , enfin précise le système de répartition des compétences entre celles attribuées à l'Union européenne, celles restant à l'État et celle qui sont partagées conformément à un principe de subsidiarité en vertu duquel « dans les domaines qui ne relèvent pas de sa compétence exclusive, l'Union intervient si, et dans la mesure où, les objectifs de l'action envisagée ne peuvent être atteints de manière suffisante par les États membres, tant au niveau central qu'au niveau régional et local, mais peuvent l'être mieux, en raison des dimensions ou des effets de l'action envisagée, au niveau de l'Union » (article 5, § 3, TUE).

925 V. not. Stefanie TRAGL, « L'adaptation des structures centrales dans les nouveaux États membres » *in L'européanisation des administrations : nouvelles missions,*

notamment traduit par la mise en place de structures assurant un dialogue permanent entre l'échelon européen et l'échelon national, une interaction à la base du fonctionnement de l'Union européenne. Ainsi, à l'instar des autres États membres, la France s'est dotée d'une représentation permanente basée à Bruxelles qui veille à ce que les positions nationales soient entendues lors des négociations européennes[926]. De plus, les

---

nouveaux partenaires, *RFAP*, n°114, 2005, p. 269-280. L'origine de la notion d'européanisation est attribuée à Svein S. Andersen et Kjell A. Eliassen qui analysent dans un ouvrage paru en 1993 les effets de l'intégration européenne sur le système décisionnel national en qualifiant ce processus d'« *europeification* » (Svein S. ANDERSEN et Kjell A. ELIASSEN, *Making Policy in Europe, the Europeification of national policy-making*, London, Sage, 1993, rééd. 2001) ; et qui prendra plus tard le nom d'« *europeanization* » (Robert LADRECH, « Europeanization of Domestic Politics and Institutions: The case of France », *Journal of Common Market Studies*, 1994, vol. 32, p. 69). V. aussi la définition proposée par Jacques Ziller, in « Les administrations doivent faire face à l'élargissement et à l'approfondissement de l'intégration européenne, avec ou sans traité constitutionnel », *RFAP*, n°114, 2005, p. 213-218 : « *L'européanisation des administrations pourrait être définie comme la somme des changements internes à l'administration qui peuvent être considérés comme la conséquence directe ou indirecte de la participation d'un État aux Communautés et à l'Union européenne : dans la structure institutionnelle et les organigrammes des administrations, dans leurs procédures et routines, dans leur culture organisationnelle et leur manière d'envisager leur rôle* ». Dans un autre article, l'auteur préfère le terme d'« européisation » : « *terme à la fois plus court et plus correct en langue française que celui d'européanisation. (...)"Europeanisation" dérive de "European", « "européisation" de "européen"*» (Jacques ZILLER, « L'européisation du droit : de l'élargissement des champs du droit de l'Union européenne à une transformation des droits des États membres », *EUI Working Paper, Law*, n° 2006/19, p. 1). Pour une définition plus complète de Claudio RADAELLI permet de souligner le caractère cognitif et pas seulement institutionnel du phénomène : « *Europeanization refers to: processes of construction, diffusion and institutionalization of formal and informal rules, procedures, policy paradigms, styles, « ways of doing things » and shared beliefs and norms which are first defined and consilodated in the making of the EU policy and politics and then incorporated in the logic of domestic discourse, identies, political structures and public policie* » (*in* « Wither Europeanization? Concept stretching and substantive change », *EIOP*, vol. 4, n° 8, 2000).

926 Il s'agit de définir une position commune qui deviendra la position française officielle défendue à Bruxelles à partir des différents points de vue des administrations concernées. Un service ou un ministère est dit « concerné » dès lors qu'il se trouve dans l'une de ces trois situations : « *le texte communautaire interfère avec une loi nationale comprise dans son « portefeuille » législatif ; le texte communautaire modifie une partie du corps réglementaire géré par ce département ministériel ; le texte communautaire touche à l'organisation ou au fonctionnement d'une profession dont le ministère a la gestion ou tutelle* » (Jean-Luc SAURON, *Droit communautaire et décision nationale*, Paris, LGDJ, coll. « Systèmes », 1998). Le processus coordonnateur se déroule en deux temps car « *l'organisation du traitement des affaires communautaires est fondée, en France, sur deux principes : celui de la compétence de chaque administration pour les affaires qui la concernent et celui de la coordination centralisée assurée par un organe relevant du Premier ministre, le Secrétariat général du Comité interministériel pour les questions de coopération économique européenne* » (Alexandre CARNULETTI,

ministères ont adapté leur organisation en créant des cellules spécialisées dans le traitement des affaires européennes, rattachées soit aux directions juridiques, soit aux services chargés des affaires internationales[927]. Par ailleurs, l'Assemblée nationale et le Sénat ont été dotés, en 1979, d'une « Délégation pour l'Union européenne » ayant pour mission de suivre les travaux conduits à Bruxelles en vue d'assurer l'information de leur assemblée respective et éventuellement de donner un avis sur un projet d'acte européen au moyen de résolutions ou de rapports publics. A également été institué, sous l'égide du ministère des Affaires étrangères, un ministre chargé des Affaires européennes dont la fonction consiste à l'heure actuelle, essentiellement, à communiquer sur la politique européenne de la France.

Le signe le plus évident d'une européanisation des systèmes politico-administratifs est la création de mécanismes et de procédures de coordination interministérielle en vue de définir la position officielle de chaque État membre qui sera défendue à l'occasion des différentes étapes du processus décisionnel communautaire (groupes de travail, COREPER, Conseil de l'Union européenne). En France, cette responsabilité a été confiée à un Secrétariat général du Comité interministériel pour les questions de coopération économique européenne (SGCI) ; devenu Secrétariat général des affaires européennes (SGAE) avec le décret du 17 octobre 2005[928]. La mission originaire du SGCI, créé par décret du 25 juin 1948[929] dans le cadre de l'Organisation européenne de coopération

« L'administration française face à la règle communautaire », *RFAP*, n° 48, octobre-décembre 1988, p. 9-10).

927 En France, ce sont en général des « sous-directions affaires internationales et européennes » au sein desquelles on trouve un « bureau affaires européennes ».

928 Décret n° 2005-1283 du 17 octobre 2005 relatif au Comité interministériel sur l'Europe et au secrétariat général des affaires européennes.

929 Décret n° 48-1029 du 25 juin 1948 portant organisation des services français en ce qui concerne la participation de la France au programme de relèvement européen, *Journal officiel* du 27 juin 1948, p. 6154. Son article 3 précise la fonction coordonnatrice du SGCI : « *Le secrétariat général permanent est chargé, en liaison avec l'ensemble des administrations intéressées, de préparer les délibérations et les décisions du comité interministériel et de veiller à leur exécution. Il réunit à cet effet les représentants des ministères et services intéressés* ». Conçu à l'origine comme un organe temporaire, le Secrétariat a fait preuve d'efficacité et survécu à la fin de ce programme d'aide organisé sous l'égide l'Organisation européenne de coopération européenne (OECE). Sa mission a été renouvelée lorsque de nouveaux besoins de coordination interministérielle sont apparus à l'échelle européenne avec la création en 1951 de la Communauté européenne du charbon et de l'acier (CECA), puis celle en 1957 de la Communauté économique européenne (CEE) et de la Communauté européenne de l'énergie atomique (CEEA), et depuis 1992 avec l'Union européenne. Le Secrétariat général du Comité interministériel pour les questions de coopération économique européenne (SGCI) est devenu Secrétariat

européenne (OECE), consistait à assurer une bonne répartition des fonds transférés par les États-Unis dans le cadre du Programme de relèvement européen (« Plan Marshall »). Placée sous l'autorité directe du chef du Gouvernement (président du Conseil puis Premier ministre sous la Ve République), cette administration a fait preuve d'une telle efficacité que sa mission a été renouvelée lorsque de nouveaux besoins de coordination interministérielle dans le cadre européen sont apparus. Le SGCI a ainsi été pérennisé lors de la création de la Communauté européenne du Charbon et de l'Acier (CECA) par le Traité de Paris du 18 avril 1951, puis à la naissance de la Communauté économique européenne (CEE) et de la Communauté européenne de l'Energie atomique (CEEA) avec la signature des Traités de Rome le 25 mars 1957. Ainsi, au gré des réformes des traités tendant vers une intégration européenne toujours plus renforcée, le SGCI a été conduit à couvrir l'ensemble des domaines définis par le Traité sur l'Union européenne signé à Maastricht le 7 février 1992, à l'exception notable de la Politique étrangère et de sécurité commune (PESC), qui reste de la compétence du ministère des Affaires étrangères. Le changement de dénomination acté par le décret de 2005 modifiant le décret de 1948 n'a fait que mettre en cohérence le fait et le droit.

A. Une organisation transversale

Le SGAE est devenu au fil du temps « *une véritable tour de contrôle, un instrument de médiation, un lieu d'intégration, qui assure aussi bien la mise en cohérence des différentes branches de l'appareil d'État que l'articulation entre un niveau national et un niveau communautaire devenus indissociables* »[930]. Administration d'état-major rattachée au Premier ministre, il est le point de passage obligé de tous les dossiers européens traités au niveau national. La fonction de coordination est co-substantielle à cette institution située au cœur des relations Paris-Bruxelles comme en témoigne la transversalité qui caractérise tant son organisation que sa composition. Il est, en effet, composé de plusieurs « secteurs » qui ne correspondent pas aux découpages ministériels mais aux formations du Conseil de l'Union européenne[931]. On dénombre

---

général des affaires européennes (SGAE) avec le décret n° 2005-1283 du 17 octobre 2005.

930 Jacques CHEVALLIER, « Préface », *in* Virginie LANCERON, *Du SGCI au SGAE. Evolution d'une administration au cœur de la politique européenne de la France*, Paris, L'Harmattan, coll. « Logiques juridiques », 2007, p. 5.

931 Comme le rappelle le site Internet du SGAE : « *Le Conseil de l'Union européenne, également appelé « Conseil des ministres », se réunit par formations sectorielles en fonction des sujets traités (...). Les ministres des États membres siègent dans les formations sectorielles relevant de leur domaine de compétences* ».

actuellement vingt-quatre secteurs[932], dont dix-neuf « opérationnels », c'est-à-dire participant effectivement à la mission de coordination interministérielle visant un accord entre les ministères qui deviendra la position française officielle sur la scène européenne comme l'explicite la circulaire du Premier ministre relative aux relations entre les administrations françaises et les institutions de l'Union européenne du 21 mars 1994 : « *les positions françaises dans toutes les instances de l'Union européenne doivent* (...) *être exprimées avec clarté et dans la plus grande cohérence* ». À cette fin, *« s'agissant des questions*

Source : http://www.sgae.gouv.fr/site/sgae/SGAE/Les-institutions-europeennes/Le-Conseil-de-l-UE.
Les formations du Conseil de l'Union européenne sont au nombre de dix : Conseil « affaires économiques et financières », Conseil « Agriculture et pêche » , Conseil « Compétitivité », Conseil des affaires étrangères, Conseil des affaires générales, Conseil « Education, jeunesse, culture et sport », Conseil « Emploi, politique sociale, santé et consommateurs », Conseil « Environnement », Conseil « Justice et affaires intérieures », Conseil « Transports, télécommunications et énergie ».
Source : Site du Conseil de l'Union européenne.
Disponible sur : http://www.consilium.europa.eu/fr/council-eu/configurations/.

932 Chaque secteur est administré par un chef de secteur collaborant avec en moyenne cinq ou six adjoints. Les chefs de secteur sont à leur tour placés sous la responsabilité de trois Secrétaires généraux adjoints (SGA), eux-mêmes se trouvant sous l'autorité du Secrétaire général des Affaires européennes qui est depuis le 9 avril 2014 Philippe Léglise-Costa, conseiller des affaires étrangères hors classe.
L'organisation actuelle est la suivante : un SGA responsable des secteurs LCP (libre circulation des personnes), JUD (espace judiciaire européen) et SEC (sécurité de l'espace européen) ; un SGA responsable des secteurs FIN (questions économiques et financières), MICA (marché intérieur, consommateur concurrence, aides d'État, armement), OCDE (questions traitées à l'OCDE), POLEST (élargissement, Balkans occidentaux, politique de voisinage), COOP (coopération au développement, DOM/TOM) auxquels s'ajoutent cinq secteurs « support » coordonnant les aspects logistiques (ADMIN, administration générale ; GRH, gestion des ressources humaines, budget, logistique ; MIT, mission informatique et télécommunications ; DOC, documentation, archives ; INFO, information sur l'Europe) ; un SGA responsable des secteurs AGRAP (agriculture, alimentation, pêche), CIAA (Comité interministériel de l'agriculture et de l'alimentation), EURATOM (traité Euratom), ITEC (industrie, télécommunications, postes, sociétés de l'information, environnement, énergie, compétitivité, recherche, espace) ; TESC (travail, emploi, politique sociale, santé, éducation, culture, audiovisuel, sport ; TREG (transports, politique régionale). S'y ajoutent, directement placé sous l'autorité du Secrétaire général, le secteur JUR (conseiller juridique) et le secteur PARL (pour le Parlement national), deux conseillers auprès du Secrétaire général dont l'un chapeaute les secteurs PROCOORD (coordination, prospective, modernisation, communication), PARL (pour le Parlement européen) et PIF (présence et influence françaises dans les institutions européennes).A noter : le secteur PARL est divisé en deux : versant national, versant européen ; le premier est placé directement sous l'égide du Secrétaire général et le second sous la direction d'un Conseilletr auprès du Secrétaire général.
Source : http://www.sgae.gouv.fr/files/live/sites/sgae/files/contributed/SGAE/1.Le%20SGAE/textes/organigramme.pdf.

communautaires, la position que les représentants français expriment dans ces institutions est arrêtée après concertation interministérielle par le SGCI (SGAE) »[933]. De plus, sa composition est pluridisciplinaire ce qui en fait un véritable microcosme représentatif de toute l'administration centrale française[934]. Ces éléments sont révélateurs de la prise en considération de la logique décisionnelle européenne indispensable à la réalisation d'une fonction coordonnatrice polymorphe. Ainsi que l'indique le décret du 17 octobre 2005[935], elle se décompose en plusieurs missions qui recouvrent l'ensemble des relations entre la France et l'Union européenne[936]. Le travail de coordination interministérielle réalisé durant la phase d'élaboration du droit européen peut, en effet, se

---

933 Circulaire du Premier ministre du 21 mars 1994 relative aux relations entre les administrations françaises et les institutions de l'Union européenne. Journal officiel, 31 mars 1994, p.4783.

934 La mise à disposition d'agents publics en provenance de la plupart des ministères constitue le mode de recrutement privilégié au SGAE ce qui rend possible la pluridisciplinarité, condition d'une coordination interministérielle réussie.

935 Son article 2 précise :
« *Il est créé un secrétariat général des affaires européennes qui exerce, sous l'autorité du Premier ministre, les attributions suivantes :*
1° Sous réserve de la responsabilité du ministre des affaires étrangères au titre de la politique étrangère et de sécurité commune :
a) Il instruit et prépare les positions qui seront exprimées par la France au sein des institutions de l'Union européenne ainsi que de l'Organisation de coopération et de développement économiques. Il assure la coordination interministérielle nécessaire à cet effet. Il transmet les instructions du Gouvernement aux agents chargés de l'expression des positions françaises auprès de ces institutions ;
b) Il veille à la mise en oeuvre, par l'ensemble des départements ministériels, des engagements souscrits par le Gouvernement dans le cadre des institutions européennes ;
c) Il assure, avec le secrétariat général du Gouvernement, la mise en oeuvre des procédures qui incombent au Gouvernement pour l'application de l'article 88-4 de la Constitution ;d) Il assure le secrétariat du comité interministériel sur l'Europe ;
2° Il assure, en liaison avec le secrétariat général du Gouvernement, le suivi interministériel de la transposition des directives et des décisions-cadres ;
3° Il coordonne, avec le ministre chargé des affaires européennes, le dispositif interministériel permettant l'information du Parlement européen sur les positions de négociations du Gouvernement ;
4° Il coordonne le dispositif interministériel de suivi de la présence française au sein des institutions européennes ».

936 L'action du SGAE porte sur tous les domaines définis par les traités relatifs à l'Union européenne, à l'exception de ce qui correspondait au « deuxième pilier » avant l'entrée en vigueur du Traité de Lisbonne, soit la coopération en matière de Politique étrangère et de sécurité commune, qui reste de la seule compétence du ministère des Affaires étrangères, pour autant que cette politique ne fasse pas appel à des instruments communautaires.

décomposer en trois étapes[937]. Chacune est l'occasion d'une double conciliation, d'une part, entre les intérêts propres de chaque ministère et, d'autre part, entre les intérêts nationaux et la logique européenne : diffusion de l'information, « circularisation »[938] des contributions, définition d'une position.

B. Le dialogue interministériel sur les questions européennes

S'agissant de la première étape, il est important de souligner que tous les documents officiels de l'Union européenne doivent en principe obligatoirement transiter par le SGAE, pont entre la représentation permanente (RP) et les ministères. Tous les jours, le SGAE reçoit de la Commission[939], *via* la RP, une variété de documents répartis dans les secteurs selon la matière concernée : propositions d'actes européens (directives, règlements), communications officielles, documents moins solennels, comme des *non-papers* ou même des notes informelles reçues par courrier électronique[940]. Les documents sont ensuite envoyés aux

937 L'étude reprend ici un article décrivant le processus de coordination interministérielle propre au SGAE : Virginie LANCERON, « La France et le processus décisionnel européen. Le Secrétariat général des affaires européennes au cœur des relations Paris-Bruxelles », *Annuaire français de relations internationales*, Volume IX, 2008, pp. 407-422.

938 Néologisme employé par les acteurs de la coordination interministérielle pour désigner l'échange de réflexions entre les ministères sur une proposition d'un ministère « chef de file » *via* le SGAE.

939 Une transmission aujourd'hui pour l'essentiel dématérialisée.

940 Quelques défaillances sont à souligner : l'une des principales difficultés relevées concerne la diffusion, par le SGAE, des documents en provenance de l'Union européenne, sans forcément procéder à un filtre préalable pour bien cibler les ministères réellement concernés. Ces derniers reçoivent ainsi quotidiennement un magma d'informations, dont ils ne ressortent pas forcément les éléments les plus importants qui nécessiteraient une participation de leur part à l'élaboration d'une position officielle. Cette situation révèle que l'organisation en secteurs, correspondant davantage à la répartition matérielle de l'Union qu'au découpage ministériel national, ne suffit pas : il existe toujours un décalage. En fait, il reste difficile, pour certains sujets, de définir précisément quelles seront les administrations concernées, la pluri-ministérialité étant le plus souvent la règle s'agissant des dossiers européens, alors que les ministères français ont l'habitude de relations caractérisées par une logique conflictuelle. Cette diffusion parfois précipitée s'explique également par des difficultés en termes de timing, le temps décisionnel européen étant bien souvent plus rapide que le temps décisionnel français : les agents du SGAE travaillent en effet dans l'urgence, les délais accordés par l'Union pour définir une position française étant souvent brefs – il arrive ainsi que le SGAE reçoive des documents en provenance de Bruxelles, sur lesquels il faut se

chefs et adjoints des secteurs compétents. Dès leur réception, leurs agents doivent rapidement déterminer quels sont les ministères concernés par le dossier européen traité. Un ministère est dit « concerné » lorsqu'il correspond au moins à l'un de ces cas : « *le texte communautaire interfère avec une loi nationale comprise dans son "portefeuille" législatif ; le texte communautaire modifie une partie du corps réglementaire géré par ce département ministériel ; le texte communautaire touche à l'organisation ou au fonctionnement d'une profession dont le ministère a la gestion ou tutelle* »[941]. Certaines directions, « plus européennes », sont structurellement davantage concernées, mais la participation au processus de coordination dépend pour beaucoup de l'agenda communautaire, qui privilégie à un moment donné telle ou telle politique.

La deuxième étape de la coordination débute lorsque les ministères destinataires des documents en provenance d'un secteur du SGAE décident de contribuer à la définition d'une position française. Une fois que toutes les administrations intéressées se sont fait connaître, une « réunion de cadrage » est organisée au SGAE, rassemblant les représentants des ministères (au niveau des services) et le chef de secteur concerné, éventuellement accompagné d'un ou plusieurs adjoints. Pour les questions les plus sensibles, le secrétaire général adjoint compétent peut y participer. La RP est également présente dans la plupart des cas, grâce à la technique de la visioconférence, ce qui garantit des contacts permanents avec les représentants français à Bruxelles, lesquels ne peuvent pas toujours se déplacer à Paris, mais dont la sensibilité à l'« ambiance bruxelloise »[942] est indispensable pour éviter de définir une position française inappropriée. Mise à part cette réunion qui permet de faire ressortir les éléments les plus intéressants du texte grâce aux explications données par le secteur et à la vision plus communautaire de la RP, les ministères se réunissent peu au SGAE, les échanges se réalisant essentiellement désormais par courriers électroniques, lesquels

---

prononcer dans un délai de deux ou trois jours, voire parfois en vingt-quatre heures. (AFRI, 2008, p. 420).

941 Jean-Luc SAURON, *Droit communautaire et décision nationale*, Paris, LGDJ, coll. « Systèmes », 1998.

942 La Représentation permanente est de fait en relation avec tous les acteurs impliqués dans les processus de décision européens, en particulier avec les agents des groupes de travail et du Coreper, les membres de la Commission, les parlementaires européens, le Service européen pour l'action extérieure. La Représentation permanente est également en contact pour informer sur son action avec les parlementaires nationaux, les collectivités territoriales, des entreprises, des syndicats, des associations, etc. La RP participe ainsi à l'information et à la sensibilisation aux questions européennes du milieu administratif et politique, et plus largement du grand public grâce à son service « Presse et information » en contact permanent avec le milieu médiatique.

encouragent, en principe, une plus grande réactivité. Le secteur organisera une nouvelle réunion, de sa propre initiative ou sur demande d'une administration, seulement s'il existe des éléments qui demandent éclaircissements ou des blocages interrompant le cours normal des discussions interministérielles. Après cette première réunion, qui permet au SGAE de donner un cadre principal de réflexions au processus de coordination – lequel sera ponctué de rappels à l'ordre pour respecter les délais bruxellois –, le ministère « chef de file » ou « pilote », c'est-à-dire celui responsable de la législation qui sera modifiée pour respecter le droit de l'Union européenne, élabore une proposition de position commune qui est envoyée au secteur du SGAE compétent, qui la transmet aux ministères concernés pour leur permettre, s'ils le souhaitent, de proposer des amendements. Il s'ensuit un travail administratif d'allers et retours, dont l'objectif est d'harmoniser l'ensemble des contributions ministérielles, en prenant en compte les intérêts des uns et des autres, afin d'obtenir une position française transmise à la RP sous forme d'un message d'instructions. Cette phase de « circularisation » menée par le SGAE impulse le dialogue entre des administrations généralement plutôt cloisonnées et attentives à la défense d'intérêts catégoriels. La définition d'une position française repose ainsi davantage sur une logique européenne caractérisée par une culture de réseau et de compromis, que sur une approche conflictuelle marquée par la défense d'intérêts particuliers, un trait traditionnellement associé à l'administration française.

À l'occasion de cette phase de « circularisation », tous les ministères concernés qui souhaitent participer à l'élaboration d'instructions de négociation pour la France doivent préparer une position argumentée. Cela nécessite une première étape de coordination au niveau infraministériel : chaque ministère doit préalablement avoir défini une position ce qui nécessite de prendre en compte les intérêts de tous les services techniques qui sont concernés par le texte européen en question. Pour mener à bien cet objectif, la direction ou service compétent en matière d'affaires européennes[943] procède à un dialogue,

---

943 Deux configurations se retrouvent habituellement : soit il existe une cellule spécialisée dans les affaires européennes chargée d'harmoniser les positions des différents services (direction ou délégation) ; soit c'est la direction des affaires juridiques, comprenant souvent une sous-direction qui traite spécifiquement des affaires européennes (parfois en concomitance avec les affaires internationales) qui est compétente. Dans le premier cas, mentionnons par exemple la délégation aux relations européennes et internationales et à la coopération commune aux ministères de l'Education nationale et de l'Enseignement supérieur et de la recherche placée sous l'égide du secrétaire général, cette délégation (qui de fait s'apparente à une direction). S'agissant du second profil de « cellules européennes », citons la direction des affaires

tantôt informel tantôt dans le cadre de réunions, avec les autres services intéressés du ministère et éventuellement d'autres personnes publiques (autorités indépendantes, instituts nationaux...) susceptibles d'apporter une expertise pertinente pour la définition de la position ministérielle sur le projet de texte européen. Le SGAE n'est censé avoir pour interlocuteurs que cette administration mais il arrive parfois qu'un représentant d'un service technique soit présent lors des réunions interministérielles, voire amende la contribution commune. Par ailleurs, il n'est pas rare que certains départements ministériels organisent des réunions pour consulter des représentants de la société civile, c'est-à-dire les associations, syndicats, entreprises, groupes de pression... intéressés. Ce que ne peut faire le SGAE qui ne doit avoir pour seuls interlocuteurs que les ministères. Tout ce travail de consultations et de coordinations intra- et interministérielles doit aboutir à la définition d'une résolution commune : la position officielle française qui sera défendue à Bruxelles.

La participation de la France à l'élaboration des actes européens intervenant dans les différents domaines de compétence de l'Union constitue le cœur de la fonction coordonnatrice du SGAE. Cependant, celui-ci est également amené à assurer une coordination des ministères au moment de l'application du droit européen, particulièrement des directives dont la transposition a toujours été délicate en France. La circulaire du 27 septembre 2004 précitée confie ainsi au SGAE le soin de demander aux ministères concernés d'engager, le plus tôt possible, un travail d'anticipation d'éventuelles difficultés juridiques, voire politiques, liées aux actes dont la négociation s'annonce. Ce travail doit se matérialiser sous la forme de l'élaboration de fiches d'impact simplifiées. Réalisées par les ministères concernés, elles permettent de dresser un état des lieux des textes nationaux dont l'élaboration ou la modification seraient nécessaires en cas d'adoption de la directive, tout en indiquant les probables difficultés de transposition déjà identifiées. En cours de négociation, le SGAE doit veiller à ce que l'étude d'impact, ébauchée avec les fiches, soit enrichie et adaptée selon les modifications adoptées lors des débats : à cet effet, il appartient au secteur compétent pour suivre la négociation de demander au(x) ministère(s) concerné(s) une étude d'impact rédigée selon l'état d'avancement de la négociation. Le secteur juridique est alors à la disposition des secteurs chargés de la négociation pour apprécier le degré de fiabilité des éléments transmis par les ministères. S'il identifie des difficultés juridiques sérieuses durant la

---

juridiques qui se trouve sous l'autorité du secrétaire général pour l'administration du ministère de la Défense qui se décompose en trois sous-directions : la sous-direction du droit public et du droit privé ; la sous-direction des affaires pénales militaires et la sous-direction du droit international et européen.

négociation, le secteur compétent sur le fond peut les signaler au secteur juridique, lequel a alors la possibilité de conduire une expertise interministérielle sur l'opportunité de saisir le Conseil d'État. Dès sa publication, l'acte européen est transmis par le secteur du SGAE concerné au ministère désigné en qualité de chef de file, aux ministères intéressés et au Secrétariat général du Gouvernement (SGG). Dans un délai fixé par le SGAE – qui ne saurait excéder trois mois après transmission –, chacun des ministères qui participent à la transposition adresse au secteur compétent un échéancier d'adoption des textes accompagné d'avant-projets de rédaction. En outre, des réunions interministérielles sont convoquées à échéances régulières par le secteur JUR (juridique), en lien avec les autres secteurs qui ont déjà tenu des réunions avec les ministères au sujet de directives relevant de leurs domaines de compétence afin de faire le point, pour chaque domaine, sur l'avancement des travaux de transposition. Ces rencontres servent à vérifier, environ tous les trois mois pour chaque secteur, le respect des échéanciers indicatifs et de tenir à jour la base de données interministérielle sur la transposition tenue par le secteur JUR et disponible en temps réel sur l'Intranet du SGAE ; elles permettent en outre à ce dernier de rendre compte au cabinet du Premier ministre de l'avancement des travaux de transposition et de répondre, *via* la RP, aux demandes des services de la Commission qui sont chargés, en principe deux fois par an, d'établir un « Tableau d'affichage du marché intérieur »[944] et peuvent s'adresser au SGAE en cas de mise en demeure d'un ministère pour qu'il lui transmette l'information. Si des obstacles dans la conduite de la procédure de transposition apparaissent, ces réunions sont également l'occasion, pour le SGAE, de « rappeler à l'ordre » les ministères défaillants. Le SGAE joue ainsi un rôle d'alerte, en sensibilisant, le cas échéant, les correspondants chargés de la transposition au sein des cabinets ministériels. Les difficultés de fond peuvent donner lieu à l'organisation de réunions *ad hoc*, présidées par le chef de secteur compétent, avec le concours, si cela s'avère nécessaire, du secteur JUR, en la personne du conseiller juridique ou d'un chargé de mission transposition/précontentieux.

Le secteur JUR est également chargé de la coordination interministérielle en matière de propriété industrielle, de certains dossiers relevant de la propriété littéraire et artistique, du traitement des questions institutionnelles de l'Union européenne, ainsi que le conseil juridique en

944 Disponible sur : http://ec.europa.eu/internal_market/score/index_fr.htm.

matière européenne[945]. Mais le secteur JUR est avant tout conseiller juridique en matière de droit européen et à ce titre il est notamment chargé des questions contentieuses. C'est par lui que transitent toutes les questions impliquant ou susceptibles d'impliquer la France devant les juridictions européennes pour mauvaise application du droit de l'Union. Le SGAE est compétent pour le traitement interministériel du contentieux communautaire relatif à la procédure en manquement prévue aux articles 258 et s. du Traité sur le fonctionnement de l'Union européenne[946] (TFUE) et de l'exécution des arrêts en manquement prévu à l'article 260 TFUE[947]. S'agissant de la procédure en manquement, le SGAE intervient à des niveaux différents : les phases précontentieuses menées par la Commission européenne relèvent du secteur compétent au fond alors que la phase contentieuse revient au secteur JUR, chargé de traiter l'ensemble des procédures devant la Cour de justice de l'Union européenne, le Tribunal de première instance (TPI) ou la Cour de l'Association européenne de libre-échange (AELE). Le secteur juridique peut toutefois faire bénéficier le secteur concerné de son expertise juridique afin de résoudre les difficultés qui pourraient apparaître à l'occasion du traitement des mises en demeure et des avis motivés. En ce qui concerne

---

945 *Du SGCI au SGAE. Evolution d'une administration au coeur de la politique européenne de la France*, *op. cit.*, p. 122-126.

946 Article 258 TFUE (ancien article 226 TCE) :
« *Si la Commission estime qu'un État membre a manqué à une des obligations qui lui incombent en vertu des traités, elle émet un avis motivé à ce sujet, après avoir mis cet État en mesure de présenter ses observations.*
Si l'État en cause ne se conforme pas à cet avis dans le délai déterminé par la Commission, celle-ci peut saisir la Cour de justice de l'Union européenne »

947 Article 260 TFUE (ancien article 228 TCE) :
« *1. Si la Cour de justice de l'Union européenne reconnaît qu'un État membre a manqué à une des obligations qui lui incombent en vertu des traités, cet État est tenu de prendre les mesures que comporte l'exécution de l'arrêt de la Cour. 2. Si la Commission estime que l'État membre concerné n'a pas pris les mesures que comporte l'exécution de l'arrêt de la Cour, elle peut saisir la Cour, après avoir mis cet État en mesure de présenter ses observations. Elle indique le montant de la somme forfaitaire ou de l'astreinte à payer par l'État membre concerné qu'elle estime adapté aux circonstances. Si la Cour reconnaît que l'État membre concerné ne s'est pas conformé à son arrêt, elle peut lui infliger le paiement d'une somme forfaitaire ou d'une astreinte. Cette procédure est sans préjudice de l'article 259. 3. Lorsque la Commission saisit la Cour d'un recours en vertu de l'article 258, estimant que l'État membre concerné a manqué à son obligation de communiquer des mesures de transposition d'une directive adoptée conformément à une procédure législative, elle peut, lorsqu'elle le considère approprié, indiquer le montant d'une somme forfaitaire ou d'une astreinte à payer par cet État, qu'elle estime adapté aux circonstances. Si la Cour constate le manquement, elle peut infliger à l'État membre concerné le paiement d'une somme forfaitaire ou d'une astreinte dans la limite du montant indiqué par la Commission. L'obligation de paiement prend effet à la date fixée par la Cour dans son arrêt* ».

l'article 260 TFUE, le secteur JUR associe généralement le secteur concerné par le domaine traité. La première étape de la coordination doit aboutir au recueil des notes techniques de la part des ministères qui serviront à l'élaboration d'un mémoire. Le secteur JUR agit alors en étroite collaboration avec la Direction des affaires juridiques (sous-direction du droit de l'Union européenne et du droit économique) du ministère des Affaires étrangères et du Développement international qui est le seul compétent pour rédiger au nom de la France le mémoire en défense présenté devant les juridictions européennes. Une fois rédigé, le mémoire est de nouveau diffusé aux ministères *via* le SGAE pour observations éventuelles puis validé au niveau du SGAE ; ou plus rarement du Premier ministre qui doit arbitrer en cas de désaccords persistants quant à son contenu.

Une coordination interministérielle réussie, qu'elle intervienne au moment de la préparation ou de l'exécution de l'acte européen, requiert une entente du triumvirat SGAE / RP / cellules européennes des ministères. Cet accord dépend essentiellement de deux facteurs : d'une part, le caractère plus ou moins transversal de la question traitée, car plus il y a de ministères concernés, plus une position commune est difficile à trouver, contrairement à certains sujets « mono-ministériels », voire « mono-directionnels » ; d'autre part, les rapports de force entre ministères, sachant que les plus puissants ont tendance à vouloir imposer leurs vues au détriment d'une logique de compromis. Le SGAE doit se montrer actif dans la recherche d'une position partagée en proposant un arbitrage qui peut être accepté ou refusé par les ministères. Dans plus de quatre-vingt-dix pour cent des cas, une position commune est validée à l'issue des réunions interministérielles organisées. Le SGAE tient cette efficacité d'une double légitimité : technique, grâce à l'origine très diversifiée d'agents regroupés en secteurs selon leurs domaines d'expertise ; mais surtout politique, sa proximité vis-à-vis de Matignon lui permettant d'entretenir des contacts permanents avec l'échelon décisionnel. Pour définir une position commune, le SGAE doit en effet pouvoir s'imposer face à des ministères parfois très puissants ce qui nécessite une position en surplomb qu'il doit en grande partie à « la double-casquette » de son Secrétaire général, lien permanent entre la coordination technique et la décision politique[948] qui se retrouve ainsi se

948 Cette mission nécessite des rapports ascendants et descendants incessants entre le domaine politique et la sphère administrative : un lien entre les deux paraît inévitable pour garantir une action coordonnée, donc plus efficace. « *Cette passerelle entre le Gouvernement et l'administration se concrétise par le cumul quasi-permanent depuis 1958 du poste de Secrétaire général du SGCI* (SGAE) *et d'un poste au sein du Cabinet*

trouve traditionnellement en position de « *continuum administratif entre la fonction de coordination des positions interministérielles qui constitue la mission première du SGCI (SGAE), et la fonction d'arbitrage qui revient au Premier ministre* »[949]. Il en résulte un « arbitrage en escalier » : lorsque le SGAE n'arrive pas à mettre d'accord les ministères sur un compromis, ces relations informelles permanentes évitent la plupart des cas de « monter au bleu »[950] c'est-à-dire, demander l'organisation d'une réunion interministérielle au cabinet du Premier ministre. En cas de difficultés, essentiellement lorsqu'il s'agit d'une question politiquement sensible, les chefs de secteur ont le réflexe de ne pas directement recourir à Matignon : ils s'en réfèrent d'abord aux secrétaires généraux adjoints, ces derniers pouvant demander conseil auprès du secrétaire général, qui peut à son tour consulter les conseillers du Premier ministre avec lesquels il travaille quotidiennement. Puis, l'information redescend jusqu'aux secteurs et permet souvent de résoudre les difficultés rencontrées sans avoir eu à solliciter l'arbitrage officiel de Matignon. Les affaires qui font l'objet d'un arbitrage à Matignon, à la demande du SGAE ou, moins fréquemment, des ministères sont donc rares[951] : il s'agit essentiellement de questions politiquement sensibles pour lesquelles l'arbitrage technique du SGAE ne suffit pas et celles qui font l'objet d'un blocage interministériel insurmontable sans l'arbitrage du Premier ministre[952], faculté d'imposer ses vues à des ministères aux désaccords récurrents qu'il tire de son pouvoir de direction de l'action du Gouvernement (article 21 de la Constitution de 1958).

---

du Président de la République ou du Premier ministre » (SAURON Jean-Luc, *Droit communautaire et décision nationale*, *op. cit.*).

949 Jean VIDAL (secrétaire général du SGCI entre 1997 et 2002), « Le SGCI et Matignon », contribution au *Dossier de l'ENA spécial cinquantenaire du SGAE*, ENA mensuel n° 282, mai 1998.

950 Une expression qui fait référence aux « bleus », terme qui désigne dans le jargon politico-administratif les compte-rendus des réunions interministérielles parce qu'ils sont dactylographiés sur du papier de couleur bleue.

951 V. Circulaire du Premier ministre du 21 mars 1994 relative aux relations entre les administrations françaises et les institutions de l'Union européenne précitée : « S'*agissant des questions communautaires, la position que les représentants français expriment dans ces institutions est arrêtée après concertation interministérielle par le SGCI* (SGAE), *placé sous l'autorité du Premier ministre. Il appartient à ce secrétariat, en cas de désaccord persistant entre deux ou plusieurs membres du Gouvernement, de me saisir des difficultés rencontrées. Je souhaite n'intervenir que de façon exceptionnelle* ».

952 A noter que de manière exceptionnelle, il arrive que certains sujets « ultra-politiques » remontent sans passer par une tentative préalable de coordination du SGAE, la plupart du temps sur autosaisine du Cabinet du Premier ministre.

Ce lien ténu entre le SGAE et le Premier ministre, révélateur du caractère hybride - autant administrative que politique[953] - de la coordination des questions européennes tient à la nature de service primo-ministériel qui caractérise le Secrétariat depuis ses débuts[954]. Ce positionnement auprès du chef du gouvernement a été préféré en 1948 à un rattachement auprès du ministère des Affaires étrangères (qui revendiquait sa compétence au nom du caractère international du programme de relèvement européen organisé dans le cadre de l'OECE) ou du ministère des Finances (qui se considéré habilité en raison du caractère économique de ce programme de distribution de fonds américains) pour assurer une coordination effective. Un Secrétariat proche du président du Conseil, puis du Premier ministre, est apparu indispensable en considération de la culture politico-administrative nationale caractérisée par des relations ministérielles souvent conflictuelles.

Par ce positionnement institutionnel, le SGAE se distingue des autres organes de coordination des questions européennes mis en place dans les États membres[955]. Par exemple, au Royaume-Uni il existe bien un Secrétariat européen dépendant du *Cabinet Office*, état-major politique du Premier ministre, mais le système britannique de

---

953 Le secteur JUR est probablement le secteur le plus illustratif de cette double nature : avec le secteur PARL chargé d'un rôle de contrôler les relations entre le Gouvernement et le Parlement français dans le cadre de la procédure de l'article 88-4 de la Constitution et son action sur les élus français du Parlement européen. Le caractère stratégique de l'activité de ces deux secteurs explique leur rattachement direct auprès du Secrétaire général des affaires européennes, donc de manière informelle du Cabinet du Premier ministre avec qui ce dernier est en constante relation.

954 Comme a pu le remarquer Alexandre Carnelutti, « *l'organisation du traitement des affaires communautaires est fondée, en France, sur deux principes : celui de la compétence de chaque administration pour les affaires qui la concernent et celui de la coordination centralisée assurée par un organe relevant du Premier ministre, le Secrétariat général du Comité interministériel pour les questions de coopération économique européenne* » (Alexandre CARNELUTTI, « L'administration française face à la règle communautaire », *op. cit.*, p. 9-10).

955 Pour une étude détaillée des modèles de coordination des questions européennes dans les États membres se reporter aux tableaux comparatifs *in* Jean-Luc SAURON, Virginie LANCERON, *L'administration nationale et l'Europe. Acteurs nationaux et décisions communautaires*, *op. cit.*, p. 71-103. L'européanisation touche aussi les États candidats à l'entrée dans l'Union comme en témoigne la création de structures de coordination spécialisées dans les affaires européennes au sein de leurs administrations, même de la part d'États dont l'obtention de la qualité de membres de l'Union européenne est peu probable. Voir par exemple le cas de la Géorgie : Julien ARNOULT, « Le ministère géorgien de l'Intégration européenne et euro-atlantique : un chemin qui mène à Bruxelles ? », *Revue de l'Union européenne*, n° 580, juillet-août 2014, p. 392-400.

coordination des questions européennes repose sur le principe du « *lead Whitehall Departement* ». Concrètement, pour chaque dossier relevant de l'Union européenne, la responsabilité pour formuler la ligne officielle du Royaume-Uni durant la phase d'élaboration du droit européen, pour communiquer avec la représentation permanente, ou pour appliquer la législation européenne une fois votée revient ministère compétent sur la question traitée qui reçoit alors directement des informations de la représentation permanente. En somme, le Secrétariat européen n'intervenant que pour superviser l'ensemble et éventuellement arbitrer en cas de conflits interministériels, rôle dévolu au cabinet du Premier ministre en France, tandis que le SGAE intervient davantage en amont en recevant les textes à négocier de la RP pour ensuite les faire circuler entre les ministères concernés en vue de définir une position commune. D'autres États ont préféré le modèle d'un ministère responsable de la coordination interministérielle comme c'est le cas de l'Allemagne qui a instauré un système intéressant à double égard : d'une part, la coordination se réalise au niveau fédéral et non des États fédérés ; d'autre part, elle met en jeu deux principaux ministères coordonnateurs, le Ministère des Affaires étrangères et le Ministère de l'Économie, qui se partagent la responsabilité de la coordination interministérielle. La RP allemande transmet au Bureau de coordination du ministère fédéral de l'Économie des documents que ce dernier centralise et transmet au ministère principalement compétent, à tous les ministères intéressés et au Parlement pour information ; elle envoie également des documents au ministère des Affaires étrangères où ils sont traités par les services compétents. Les bureaux européens de chaque ministère disposent d'une marge de manoeuvre importante sur les sujets qui relèvent de leur compétence. Des consultations régulières (toutes les deux semaines) sont organisées entre le responsable hiérarchique des cellules européennes de tous les ministères et la RP à Bruxelles afin d'identifier et résoudre rapidement les différences de points de vue ainsi que planifier la politique européenne. Ces réunions sont présidées à tour de rôle par le ministère des Affaires étrangères et le ministère de l'Économie[956].

---

956 Le Ministère de l'Economie allemand est responsable de la préparation de trois conseils : ECOFIN, Justice et Affaires intérieures, RELEX ; celui des Affaires étrangères coordonne quant à lui les instructions destinées au COREPER 2, à l'exception des questions pour lesquelles le Ministre de l'Economie est responsable selon la répartition des compétences au niveau fédéral (*anti-dumping*, accords économiques). Les instructions sont préparées dans le cadre de réunions qui ont lieu le mardi et sont présidées à tour de rôle par le Ministère des Affaires étrangères et le Ministère de l'Economie. Ces réunions, auxquelles doivent participer tous les ministères concernés, servent à identifier les désaccords pour y remédier rapidement et que les instructions correspondant aux grandes lignes fixées par le Chancelier.

Cette coordination réalisée au niveau national ne constitue qu'une partie du système décisionnel européen qui requiert également une coordination à Bruxelles.

§ 2 - La coordination européenne

La coordination décisionnelle au niveau européen est essentiellement assurée par le binôme institutionnel Commission européenne-Conseil de l'Union européenne.

A. La coordination de la Commission européenne

En vertu de son statut de représentante de l'intérêt général de l'Union européenne et de gardienne des traités que lui accorde l'article 17 §1 du Traité sur l'Union européenne[957], la mission principale de la Commission européenne consiste à proposer des actes législatifs européens et à en assurer l'exécution. À cette fin, elle dispose du monopole de l'initiative des projets d'actes européens[958] : elle seule peut déclencher une procédure législative ordinaire[959] dans le cadre de laquelle elle « *exerce des fonctions de coordination, d'exécution et de gestion* »[960] indispensables à la cohérence et la continuité de l'action européenne. L'élaboration des propositions de la Commission requiert une harmonisation du travail de ses directions générales, chacune

---

957 Article 17, § 1, TUE : « *La Commission promeut l'intérêt général de l'Union et prend les initiatives appropriées à cette fin. Elle veille à l'application des traités ainsi que des mesures adoptées par les institutions en vertu de ceux-ci. Elle surveille l'application du droit de l'Union sous le contrôle de la Cour de justice de l'Union européenne* ».

958 « *Un acte législatif de l'Union ne peut être adopté que sur proposition de la Commission* » (article 17, § 2, TUE). Le monopole d'initiative législative que l'on reconnaît habituellement à la Commission est cependant aujourd'hui à nuancer : le Parlement européen dispose d'un droit d'initiative indirect en pouvant demander à la Commission (à la majorité de ses membres) de soumettre une proposition relative aux questions qui lui paraissent nécessiter l'élaboration d'un acte de droit dérivé (article 225, TFUE) ; le Conseil de l'Union européen (à la majorité simple) peut aussi demander à la Commission de réaliser des études qu'il juge pertinentes et de lui soumettre des propositions d'actes législatifs qu'elle juge opportunes pour la réalisation des objectifs communs (article 241, TFUE) ; enfin, le traité de Lisbonne a consacré un droit d'initiative citoyenne qui requiert qui requiert qu'au moins un million de ressortissants de plusieurs États membres qui soumettent une proposition à la Commission pertinente au regard de l'application des traités (article 11, § 4, TUE). Les États membres peuvent également suggérer des textes à la Commission.

959 *Ex* procédure de co-décision désormais utilisée pour la plupart des politiques européennes).

960 Article 17, § 1, TUE.

compétente dans un domaine spécifique. À côté de cette fonction générale de coordination, un membre de la Commission occupe une place particulière : le Haut représentant pour les affaires étrangères et la politique de sécurité est chargé des relations extérieures de l'Union, une mission qui lui impose « *des tâches aussi complètes et diversifiées s'exerçant dans un milieu où se côtoient tant d'éminentes autorités impliquent un grand effort de coordination et surtout de cohérence. Cette exigence revient de manière récurrente parmi les responsabilités du haut représentant* »[961].

1. La coordination de la préparation et de l'exécution des « actes législatifs européens » sous l'égide d'un Secrétaire général

La Commission européenne est une autorité de coordination fondamentalement collégiale. Cette particularité s'explique par la nature même de l'institution « *conçue comme une machine à harmoniser, la Commission a développé des méthodes de travail qui s'inscrivent dans cette perspective. Lorsqu'on pénètre au cœur du dispositif, on est frappé par l'extraordinaire propension des praticiens de l'Europe à rechercher la négociation, quitte à retarder le moment de la décision et à laisser en suspens certains dossiers sur lesquels les positions en présence semblent encore trop éloignées* »[962]. Le fonctionnement et l'organisation de la Commission se fondent sur une culture du compromis qui doit permettre de dépasser les intérêts nationaux. Jusque dans sa composition, le « marchandage » est la règle : la nomination de chaque commissaire obéit à un subtil équilibre qui doit permettre une participation égalitaire de tous les États membres (avec ce paradoxe de la prise en considération de la nationalité pour former une institution qui doit porter l'intérêt européen). Les projets d'actes doivent être présentés à un Collège de vingt-huit commissaires qui délibère par consensus. Le Collège peut également décider de procéder à un vote ; dans ce cas la prise de décision se fait à la majorité simple, sachant que chaque commissaire, même s'il est responsable d'un portefeuille sectoriel spécifique, peut intervenir sur tout

---

961 Claude BLUMANN, Louis DUBOUIS, *op. cit.*, p. 297.

962 Marc ABELES, Irène BELLIER, « La Commission européenne : du compromis culturel à la culture politique du compromis », *RFSP*, vol. 46, n° 3, 1996, p. 442. Les auteurs insistent par ailleurs sur l'esprit particulier des fonctionnaires de la Commission européenne qui sont les vecteurs et les garants d'un esprit de collégialité au service d'un intérêt européen : « *Les agents perdent progressivement, aux yeux les uns des autres, leur identification nationale dans la construction d'une identité professionnelle qui englobe les collègues d'une même instance, tous tendus vers la réalisation d'un projet collectif* » (p. 435).

dossier relevant de la compétence de la Commission[963]. Comme le souligne le site officiel de l'institution : « *les commissaires n'ont aucun pouvoir de décision propre, sauf lorsque la Commission les autorise à prendre des mesures en leur nom dans leur domaine de compétence (« procédure d'habilitation »). Dans ce cas, ils engagent la responsabilité politique et juridique de la Commission* »[964]. Les commissaires ne peuvent donc être comparés à des ministres nationaux dont les attributions sont définies et délimitées par des décrets d'attributions. La notion de conflits d'attributions justifiant au niveau national une intervention primo-ministérielle n'a donc pas la même pertinence à l'échelon européen où la règle décisionnelle est celle d'une coordination par compromis, non par arbitrage : « *la confrontation n'est pas recherchée, ni le passage en force. La position médiane, le compromis idéologique, la concession réciproque...* ». Quant au président de la Commission, il n'a pas le pouvoir de trancher en cas de divergences persistantes de positions qui peuvent, par conséquent, conduire à l'abandon pur et simple du projet d'acte européen discuté.

À l'instar du Conseil des ministres, le Collège des commissaires ne se réunit physiquement qu'une fois par semaine pour adopter les projets d'actes européens ; cependant, le principe de collégialité sous-tend tout le travail de la Commission européenne qui implique des interactions permanentes entre les directions générales et leurs services. Tout projet de texte européen s'inscrit dans le cadre d'un programme de travail annuel dont le président de la Commission européenne définit les grandes lignes politiques mais dont les objectifs stratégiques sont décidés par les commissaires. Ce document est le résultat d'une coordination consensuelle de l'ensemble des projets de programmes proposés par les services de la Commission (article 2 du Règlement intérieur de la Commission européenne). Parfois, la discussion d'un projet de texte est précédée par une phase que l'on pourrait qualifier de « coordination élargie » puisqu'elle consiste à élaborer un livre vert à partir du dialogue entre services de la Commission et d'une concertation d'entités extérieures concernées par l'acte envisagé. Les livres verts sont des documents spécifiques au processus décisionnel européen, caractéristiques d'une logique décisionnelle qui privilégie la discussion : « *destinés à ouvrir le débat entre les parties intéressées avant même de commencer à rédiger une proposition. Ils permettent à la Commission de recueillir toutes sortes d'avis venant des gouvernements, des parlements*

---

963 V. « La coordination au sein de la Commission européenne » (Annexe 9), *in* Conseil d'État, Inspection générale des Finances, *Rapport sur la coordination du travail interministériel*, juillet 2007.

964 Source : http://ec.europa.eu/about/working-as-college/index_fr.htm.

nationaux et des parlementaires européens, des collectivités territoriales, des agences de régulation, des organisations professionnelles ou syndicales, des groupes d'intérêts particuliers, des associations et des experts »[965]. La rédaction d'un livre vert peut être suivie de la publication d'un livre blanc qui contient des propositions d'action précises dans un domaine spécifique. La décision d'élaborer un projet d'acte n'est alors pas le fruit d'une initiative unilatérale. Il s'ensuit la saisine d'une ou plusieurs directions générales relevant d'un ou plusieurs commissaires en vue de rédiger effectivement la proposition législative.

Le règlement intérieur de la Commission européenne insiste sur la nécessité d'une coordination décloisonnée dès le début du processus de décision. Son article 23 prévoit en effet que « *les services travaillent en coopération étroite et de façon coordonnée dès le début de l'élaboration ou de la mise en œuvre des décisions* » (§ 1). À cette fin, « *le service responsable pour la préparation d'une initiative veille, dès le début des travaux préparatoires, à assurer une coordination effective entre tous les services ayant un intérêt légitime pour cette initiative en vertu des domaines de compétences et des attributions ou en raison de la nature des affaires* » (§ 2). L'objet de ce dialogue transversal est de déterminer quels sont les points qui font l'objet d'un accord entre les services concernés et ceux qui suscitent des divergences en vue d'élaborer une proposition de texte recueillant l'accord des services impliqués. En effet, « *le service responsable de l'initiative n'a pas l'autorité suffisante pour trancher tel ou tel point du dossier autrement que par la construction d'un consensus avec tous ses interlocuteurs* » [966] . Autre élément caractéristique de la coordination qui se déroule au sein de la Commission, la proposition est accompagnée des éventuels avis divergents de la position finalement retenue, à l'inverse de la coordination de type arbitral qui vise à aboutir à une position unique censée subsumer toutes les positions qui ont pu être exprimées. Les commissaires peuvent formuler des éléments d'orientation politique décidés en coordination avec leur cabinet et les communiquer aux directions et services impliqués dans le processus de coordination collégiale mais n'ont pas la compétence d'imposer une position. Ce n'est pas non plus le rôle du président de la Commission. Finalement, seul le Secrétaire général qui lui est rattaché est en mesure de pousser à certaines décisions au moment de la

---

965 Jean-Luc SAURON, *Cours d'institutions européennes. Le puzzle européen*, Paris, Gualino, coll. « Manuels », 3e éd., 2008, p. 208.

966 « La coordination au sein de la Commission européenne » (Annexe 9), *in* Conseil d'État, Inspection générale des Finances, *Rapport sur la coordination du travail interministériel*, *op. cit.*, p. 7.

coordination inter-services, une pratique qui se rapproche de la logique de l'arbitrage.

Consulté obligatoirement pour les dossiers les plus importants[967], le Secrétaire général « *gère le processus décisionnel collégial et veille à ce que les politiques de l'Union européenne coïncident avec les priorités politiques de la Commission* »[968]. L'article 20 (§2) du règlement intérieur de la Commission européenne précise qu'il est chargé d'« *assurer la coordination nécessaire entre les services au cours des travaux préparatoires* » ainsi qu'à « *veiller à la qualité de fond et à l'observation des règles de forme des documents soumis à la Commission* » ; une mission d'auxiliaire de coordination (décisionnelle et juridique) qui n'est pas sans rappeler celle du Secrétariat général du Gouvernement national. Toutefois, le Secrétaire général de la Commission intervient davantage sur le fond des dossiers et s'assure que dans la phase de coordination collégiale les priorités politiques du président de la Commission soient prises en considération. Sur un plan procédural, c'est à lui qu'il revient de décider si l'avant-projet d'acte doit faire l'objet d'une procédure écrite - qui permet d'accélérer la coordination - ou d'une procédure orale[969]. Bien qu'elle soit en principe la procédure de droit commun, cette dernière est de fait peu utilisée parce que plus contraignante que la procédure écrite dont l'avantage est de permettre un dialogue et des échanges de points de vue sans la contrainte de l'organisation de réunions de coordination à tous

---

967 L'article 23 (§ 5) du règlement intérieur de la Commission européenne mentionne les cas suivants : les dossiers « *qui revêtent une importance politique* » ; « *qui figurent dans le programme de travail annuel de la Commission ainsi que dans l'instrument de programmation en vigueur* », « *qui concernent les aspects institutionnels* » ou « *qui sont soumises à l'analyse d'impact ou à une consultation publique* ».

968 Source : « Les missions du secrétaire général », *Site de la Commission européenne*. Disponible sur : http://ec.europa.eu/dgs/secretariat_general/mission/index_fr.htm.
Une tâche importante lorsqu'on songe que l'institution est composée de quarante directions générales et de plusieurs services spécialisés ce qui représente près de six cents agents qui doivent travailler de concert La fonction coordonnatrice du Secrétariat général se décline en une variété de missions :« *définir les objectifs et priorités stratégiques de la Commission et en orienter les politiques transversales ; coordonner, animer, conseiller et arbitrer, en vue de garantir la cohérence, la qualité et l'exécution des politiques, de la législation et des activités dans tous les domaines d'action et services de la Commission ; contribuer au fonctionnement harmonieux de la Commission en planifiant, programmant et exploitant un registre moderne et efficace ; servir d'interface avec les autres institutions européennes, les Parlements nationaux et les entités et organisations non gouvernementales ; veiller au maintien des compétences institutionnelles de la Commission et encourager la mise en place d'une administration européenne moderne, transparente, responsable et axée sur le service, dont l'activité obéit aux exigences les plus élevées en matière d'éthique et d'intégrité* » (*Ibidem*).

969 Bien qu'il s'agisse de la procédure de droit commun, la procédure orale est de fait la moins utilisée.

les échelons de responsabilité. La Commission européenne se distingue ainsi par un « *système de coordination réservant du temps pour l'implication des uns et des autres et accordant la priorité à la qualité et à l'acceptation des décisions prises* »[970]. Cependant chaque modèle a les défauts de ses qualités : le bon déroulement de la procédure décisionnelle est exagérément conditionné par la bonne volonté des différentes directions générales et services de la Commission. La préférence accordée à la recherche de positions consensuelles plutôt qu'à l'arbitrage a pour conséquence de retarder l'adoption de projets d'actes par le Collège des commissaires, actes qui doivent ensuite faire l'objet d'une autre coordination, de type collégial, au niveau du Conseil de l'Union européenne.

Outre cette coordination politique à caractère général, un membre de la Commission détient un statut particulier lui permettant d'exercer une coordination spécialisée dans le domaine des affaires extérieures de l'Union.

2. La coordination du Haut représentant de l'Union européenne pour les affaires étrangères et la politique de sécurité

Créé par le Traité de Lisbonne, le Haut représentant de l'Union pour les affaires étrangères et la politique de sécurité est nommé pour un mandat de cinq ans et révoqué à la majorité qualifiée par le Conseil européen avec l'accord du président de la Commission (article 18, §1, TUE[971]). En tant que membre de la Commission (il en est l'un des vice-présidents), il doit être recevoir, avec l'ensemble du Collège des commissaires, le vote d'approbation du Parlement européen (article 17, §7, al.3, TUE[972]) et peut être « démissionné » par le président de la

970« La coordination au sein de la Commission européenne » (Annexe 9), *in* Conseil d'État, Inspection générale des Finances, *Rapport sur la coordination du travail interministériel*, *op. cit.*, p. 7.

971 « *Le Conseil européen, statuant à la majorité qualifiée, avec l'accord du président de la Commission, nomme le haut représentant de l'Union pour les affaires étrangères et la politique de sécurité. Le Conseil européen peut mettre fin à son mandat selon la même procédure* ».

972 « *Le président, le haut représentant de l'Union pour les affaires étrangères et la politique de sécurité et les autres membres de la Commission sont soumis, en tant que collège, à un vote d'approbation du Parlement européen. Sur la base de cette approbation, la Commission est nommée par le Conseil européen, statuant à la majorité qualifiée* ».

Commission (article 17, §6, dernier alinéa, TUE[973]). Le Haut représentant de l'Union pour les affaires étrangères et la politique de sécurité exerce les tâches qui étaient dévolues avant le traité de Lisbonne à deux organes : le Haut représentant pour la politique étrangère et de sécurité commune, Secrétaire général du Conseil et le commissaire chargé des relations extérieures. Ainsi que l'indique son nom, le Haut représentant exerce d'abord une fonction diplomatique : « *le Haut représentant représente l'Union pour les matières relevant de la politique étrangère et de sécurité commune. Il conduit au nom de l'Union le dialogue politique avec les tiers et exprime la position de l'Union dans les organisations internationales et au sein des conférences internationales* » (article 27, alinéa 2, TUE). À cette fin, il doit coordonner son action avec celle du président du Conseil européen[974] qui remplit également un rôle de représentation extérieure de l'Union[975]. Cependant, c'est à lui que revient à titre principal cette fonction diplomatique qu'il exerce avec l'assistance du Service européen pour l'action extérieure (SEAE) directement placé sous son autorité. Créé par la décision 2010/427 du Conseil du 26 juillet 2010, le SEAE est « *le corps diplomatique de l'Union européenne. Il aide le responsable des affaires étrangères de l'UE à mener la politique étrangère et de sécurité commune* »[976]. Concrètement, cette fonction consiste à assurer une cohérence d'action de l'ensemble des délégations de l'Union européenne[977] à travers le monde, en collaboration avec les services diplomatiques des États membres.

---

973 « *Un membre de la Commission présente sa démission si le président le lui demande. Le haut représentant de l'Union pour les affaires étrangères et la politique de sécurité présente sa démission, conformément à la procédure prévue à l'article 18, paragraphe 1 si le président le lui demande* » (avec approbation du Conseil européen).

974 Instance à laquelle le Haut représentant participe (article 15, § 2, TUE).

975 Article 15, §6, TUE : « *Le président du Conseil européen assure, à son niveau et en sa qualité, la représentation extérieure de l'Union pour les matières relevant de la politique étrangère et de sécurité commune, sans préjudice des attributions du haut représentant de l'Union pour les affaires étrangères et la politique de sécurité* ». Le réseau diplomatique de l'Union européenne comprend 139 délégations et représentations réparties dans toutes les régions du monde.
(Source : Site Internet du Service européen pour l'action extérieure, septembre 2014).

976 Source : Site Internet du Service européen pour l'action extérieure.
Disponible sur : http://eeas.europa.eu/background/organisation/index_fr.htm.

977 Article 35, § 1, TUE : « *Les missions diplomatiques et consulaires des États membres et les délégations de l'Union dans les pays tiers et les conférences internationales ainsi que leurs représentations auprès des organisations internationales, coopèrent pour assurer le respect et la mise en oeuvre des décisions qui définissent des positions et des actions de l'Union adoptées en vertu du présent chapitre* ».

Les actions du SEAE participent plus largement de la fonction générale de coordination de l'action extérieure du Haut représentant qui se décline en deux missions principales évoquant sa double origine : d'une part, en tant que membre de la Commission, il « *veille à la cohérence de l'action extérieure de l'Union* » (article 18, §4, TUE) ; d'autre part, avec le Conseil, il veille « *à l'unité, à la cohérence et à l'efficacité de l'action de l'Union* » (article 26, §2, alinéa 2, TUE)[978]. Dans le cadre de la première mission, le Haut représentant est amené à coordonner l'action des commissaires dont les portefeuilles comportent des attributions qui touchent à la politique externe de l'Union. À défaut de pouvoir imposer ses vues aux commissaires qui restent maîtres de leur département, le Haut représentant peut compter sur son statut de vice-président de la Commission qui lui accorde une légitimité particulière pour réussir à remplir la tâche délicate et considérable de coordination des aspects externes des politiques de l'Union européenne. Une finalité que l'on retrouve dans la seconde mission mentionnée : il préside aussi de manière permanente le Conseil des affaires étrangères où il « *contribue par ses propositions à l'élaboration de la politique étrangère et de sécurité commune et assure la mise en oeuvre des décisions adoptées par le Conseil européen et le Conseil* » (article 27, §1, TUE). Le Haut représentant se place donc dans une position centrale du dispositif institutionnel européen : il est l'un des vice-présidents de la Commission mais participe aussi à la coordination exercée dans le cadre du Conseil de l'Union européenne.

B. La coordination dans le cadre du Conseil de l'Union européenne

Une fois que la Commission, après plusieurs étapes de coordination, a préparé une proposition d'acte, celle-ci est transmise au Parlement et au Conseil de l'Union européenne. Le fonctionnement de ce dernier est particulièrement intéressant en matière de coordination. C'est en effet dans le cadre des travaux de préparation du Conseil que coordination nationale et coordination européenne s'imbriquent. Instance

---

978 La disposition est générale mais compte tenu du contenu de l'article, on peut considérer que l'action du Haut représentant concerne particulièrement la politique étrangère et de sécurité commune. L'alinéa qui la précède indique : « *Le Conseil élabore la politique étrangère et de sécurité commune et prend les décisions nécessaires à la définition et à la mise en oeuvre de cette politique, sur la base des orientations générales et des lignes stratégiques définies par le Conseil européen* ».

majeure de coordination[979], le Conseil ne siège pas tous les jours[980] ce qui pose la question de la permanence d'une action européenne cohérente. Il revient alors au Comité des représentants permanents (COREPER) des États membres, qui travaille aussi quotidiennement avec les organes nationaux chargés de la coordination des affaires européennes, de préparer les réunions du Conseil[981]. Cependant, le COREPER lui-même ne siège pas tout le temps. Ainsi, de fait, ce sont les groupes de travail et comités spécialisés chargés de préparer les réunions du COREPER qui assurent au quotidien la cohérence et la continuité de l'action de l'Union. Le Secrétariat général du Conseil concourt à cette même finalité : assurer une permanence du Conseil, une action cohérente et continue de l'Union européenne.

1. La coordination préparatoire des groupes de travail et des comités spécialisés du COREPER

Le COREPER est a été créé par le Règlement intérieur du Conseil de 1958 prenant pour modèle la Commission de coordination (COCOR)[982] instituée dans le cadre de la Communauté européenne du charbon et de l'acier. Les deux institutions ont été réunies en 1967[983] pour ne former qu'une seule : le COREPER. Depuis lors, au fur et à mesure de

---

979 Aux termes de l'article 16, § 1 du TUE : le Conseil « *exerce des fonctions de définition des politiques et de coordination conformément aux conditions prévues par les traités* ». Il siège en différentes formations et réunit les représentants des États membres au niveau ministériel.

980 Compte tenu de ses multiples formations, le Conseil se réunit tous les deux ou trois jours mais ce sont les groupes de travail et le Coreper qui sont les éléments de permanence du Conseil, qui au quotidien exerce une fonction de coordination sur des dossiers qui seront ensuite transmis au Conseil pour qu'il vote une position. Article 237, TFUE : « *Le Conseil se réunit sur convocation de son président à l'initiative de celui-ci, d'un de ses membres ou de la Commission* » (disposition reproduite à l'article 1, § 2 du Règlement intérieur du Conseil adopté par la décision du Conseil du 1er décembre 2009).

981 Article 19, § 1 du Règlement intérieur du Conseil : « *Le Coreper est responsable de la préparation des travaux de toutes les sessions du Conseil et de l'exécution des mandats qui lui sont confiés par celui-ci. Il veille, en tout état de cause (2), à la cohérence des politiques et actions de l'Union européenne et au respect des principes et règles suivants : a) principes de légalité, de subsidiarité, de proportionnalité et de motivation des actes ; b) règles fixant les attributions des institutions, organes et organismes de l'Union ; c) dispositions budgétaires ; d) règles de procédure, de transparence et de qualité rédactionnelle* ». Le Coreper prépare les travaux du Conseil à l'exception de quelques questions agricoles.

982 Décision du Conseil spécial des ministres de la CECA, 7 février 1953.

983 Article 4 du Traité de fusion des exécutifs communautaires, signé le 8 avril 1965 (entrée en vigueur le 1er juillet 1967).

l'extension des compétences des Communautés européennes puis de l'Union européenne, son rôle n'a cessé de croître. Il s'est imposé comme une instance essentielle du dispositif institutionnel de l'Union, participant activement à la coordination de son action à l'ombre du Conseil : « *chargé de l'examen préalable des dossiers qui figurent à l'ordre du jour du Conseil (propositions et projets d'actes soumis par la Commission).* (...) *il s'efforce de trouver un accord sur chaque dossier, à défaut il peut présenter des orientations au Conseil* »[984]. Afin d'accomplir effectivement sa mission de préparation des travaux du Conseil, le COREPER est entouré de groupes de travail et de comités spécialisés de plus en plus nombreux[985] composés de délégués de chaque État membre. En principe, seuls les conseillers des représentations permanentes ont la parole et des représentants ministériels pouvant assister aux débats ; pour certains groupes, cependant, ce sont les experts ministériels qui siègent et les conseillers des représentations permanentes qui y assistent[986].

Concrètement, la fonction principale d'un groupe de travail consiste à coordonner les positions nationales sur les projets d'actes relevant de la matière pour laquelle ils disposent d'une compétence, qui ont été dégagées en amont par les organes de coordination nationaux et transmises *via* les représentations permanentes. Comme le précise Jean-Luc Sauron, « *son objectif est de permettre aux délégués des États membres de confronter leurs positions respectives. Cette confrontation doit permettre d'aplanir les difficultés que soulèvent la proposition en discussion pour autant qu'il ne s'agisse pas de problèmes de fond ou à caractère horizontal ou institutionnel et justifiant un débat au COREPER.* (...) *Le groupe procède généralement à un examen approfondi article par article de la proposition et il ne fait rapport au Coreper que lorsqu'il*

---

984 « Coreper », *Glossaire, Synthèse de la législation de l'UE.* Disponible sur le Portail de l'Union européenne : http://europa.eu/legislation_summaries/glossary/coreper_fr.htm.

985 On en dénombre près de 200 au total.

986 Le principe est que ce sont des représentants des États membres qui participent aux groupes ou comités, conseillers de la RP, représentants des ministères. Mais on trouve aussi parfois des représentants de la Commission, ou d'autres institutions ou organes européens, généralement quand le domaine de compétence est technique. Par exemple, le Comité permanent de coopération opérationnelle en matière de sécurité intérieure est composé de hauts fonctionnaires des ministères de l'intérieur des États membres de l'UE et de représentants de la Commission. Eurojust, Europol, Frontex et d'autres organes peuvent être invités à assister aux réunions en qualité d'observateurs s'ils sont concernés. Le COSI dispose d'une présidence élue et son secrétariat est assuré par la Commission.

estime que le dossier est suffisamment étudié »[987]. Les groupes et comités produisent des rapports à destination du COREPER indiquant les points qui peuvent faire l'objet d'un accord et ceux pour lesquels, en revanche, les États continuent de s'opposer. Ils peuvent aussi proposer des amendements, mais leur action coordonnatrice s'arrête ici à défaut de disposer du droit de vote qui permet d'acter définitivement une position ayant fait l'objet d'un accord. Le dossier doit pour cela passer par le COREPER.

Tel est le rôle des groupes et comités mais tous n'ont pas le même poids en matière de coordination. Une première différence doit être faite entre les groupes et comités institués par les traités, une décision intergouvernementale ou une décision du Conseil et ceux créés par le COREPER. Tandis que les seconds sont généralement des organes ou comités *ad hoc* mis en place pour traiter une question politique spécifique, les premiers sont pour la plupart permanents. Autre élément de distinction, certains disposent d'une présidence fixe : les « *comités et groupes disposant d'une présidence élue/désignée* » ; les « *comités et groupes dont la présidence est assurée par un représentant du Haut représentant de l'Union pour les affaires étrangères et la politique de sécurité* » ; les « *comités et groupes dont la présidence est assurée par le Secrétariat général* ». Les trois types d'organes mentionnés dans cette dernière catégorie sont ceux qui participent à la coordination de l'action de l'Union européenne avec davantage de constance et qui ont sans conteste le plus d'influence sur les travaux du COREPER et du Conseil.

Parmi les plus actifs, citons, à titre d'exemples d'organes créés par un traité, le Comité économique et financier institué « *en vue de promouvoir la coordination des politiques des États membres dans toute la mesure nécessaire au fonctionnement du marché intérieur* »[988] ; ou encore le Comité de l'emploi mentionné à l'article 150 TFUE chargé de « *promouvoir la coordination, entre les États membres, des politiques en matière d'emploi et de marché du travail* »[989]. Le Comité chargé des aspects civils de la gestion des crises a quant à lui été institué par une décision du 22 mai 2000 du Conseil (2000/354/PESC) et « *fonctionne*

987 Jean-Luc SAURON, *Cours d'institutions européennes. Le puzzle européen*, *op. cit.*, p. 255.

988 Article 134, § 1 du TFUE.

989 L'article précise : « *Le comité a pour mission : - de suivre l'évolution de la situation de l'emploi et des politiques de l'emploi dans les États membres et dans l'Union ; -sans préjudice de l'article 240, de formuler des avis, soit à la demande du Conseil ou de la Commission, soit de sa propre initiative, et de contribuer à la préparation des délibérations du Conseil visées à l'article 148* ».

comme un groupe de travail du Conseil et fait rapport au comité des représentants permanents. Il a pour mission de fournir des informations, de formuler des recommandations et de donner son avis au comité politique et de sécurité intérimaire et aux autres instances appropriées du Conseil, conformément à leurs compétences respectives, sur les aspects civils de la gestion des crises »[990]. Enfin, parmi les groupes créés par le COREPER[991], ceux qui traitent de la politique étrangère et de sécurité commune se distinguent des autres : ils ne sont pas présidés par le représentant de l'État qui détient la présidence (tournante) du Conseil de l'Union européenne, mais par les représentants du Haut représentant de l'Union pour les affaires étrangères et la politique de sécurité[992], avec l'assistance du Secrétariat général du Conseil. Ce dernier préside lui-même deux comités et quatre groupes : le comité de sécurité et des sous-divisions, le groupe « information », le groupe « législation en ligne », le comité de coordination des systèmes d'information et de communication, le groupe « codification législative » et le groupe des juristes-linguistes[993]. Plus qu'un coordonnateur logistique, le Secrétaire général est aussi devenu, au fur et à mesure de l'intensification de l'intégration européenne, un acteur de coordination fonctionnelle de plus en plus

---

990 Article 2 de la décision n°2000/354/PESC du 22 mai 2000 du Conseil.

991 Très nombreux, ces groupes sont institués pour traiter une question ou une priorité spécifique. Beaucoup ont une nature *aad hoc* et cessent d'exister une fois leurs travaux achevés. Ils se répartissent en dix groupes qui correspondent aux formations du Conseil : Affaires générales ; Affaires étrangères (CAE) ; Affaires économiques et financières (ECOFIN) ; Justice et affaires intérieures (JAI) ; Agriculture et pêche (AGRI) ; Compétitivité (COMPET) ; Transports, télécommunications et énergie (TTE) ; Emploi, politique sociale, santé et consommateurs (EPSCO) ; Environnement (ENVI) ; Éducation, jeunesse, culture et sport (EJCS).
V. pour une liste détaillée : http://www.consilium.europa.eu/council/committees-and-working-parties?tab=Committees-and-working-parties&subTab=Established-by-Coreper&lang=fr.

992 Certains disposent d'une présidence fixe : Groupe "Nations unies" ; Groupe "OSCE et Conseil de l'Europe" ; Groupe "Droits de l'homme" ; Groupe "Relations transatlantiques" ; Groupe "Europe orientale et Asie centrale" ; Groupe "Région des Balkans occidentaux" ; Groupe ad hoc "Processus de paix au Moyen-Orient" ; C.13 Groupe "Moyen-Orient/Golfe" (MOG) ; Groupe "Mashreq/Maghreb" (MAMA) ; Groupe "Afrique" ; Groupe "Asie/Océanie" ; Groupe "Amérique latine et Caraïbes" ; Groupe "Non-prolifération" ; Groupe "Exportations d'armes conventionnelles" ; Groupe "Désarmement global et maîtrise des armements" ; Groupe politico-militaire (GPM) ; Groupe Nicolaïdis
Source : Annexe III, Note du Secrétariat général du Conseil aux délégations, n° 11926/14, 15 juillet 2014, p. 16.

993 Mis à part le premier comité mentionné qui relève du Comité de sécurité, les autres groupes et comités font partie du groupe « Affaires générales ».

requise avec l'augmentation continue du champ d'action de l'Union européenne.

2. La coordination polyvalente du Secrétaire général du Conseil

Dès l'entrée en vigueur du traité CECA, un Secrétariat général a été mis en place. Il est essentiellement chargé de l'organisation matérielle des réunions et du secrétariat des réunions du Conseil. Il est devenu commun aux trois Communautés en 1958 mais son rôle n'évoluera pas jusqu'en 1980, date à laquelle s'est produit un tournant dans la conception du rôle du Secrétaire général : « *le Conseil a accompagné la décision nommant son nouveau Secrétaire général d'une série de considérants qui marquaient un tournant important dans la conception du rôle du Secrétariat général. On attendait désormais de lui qu'il contribue à une plus grande continuité et à une meilleure coordination des travaux, ainsi qu'à l'élaboration, sous l'égide de la Présidence, de projets de compromis susceptibles de faciliter la tâche du Conseil* »[994]. Depuis, les fonctions du Secrétaire général se sont renforcées et ont évolué, passant d'un rôle passif de « greffier » à un rôle plus actif d'accompagnement de la présidence du Conseil impliquant des responsabilités plus importantes dans l'organisation et l'élaboration de ses travaux ; particulièrement en matière de coordination. Cette évolution a été fortement encouragée par le Rapport Trumpf/Piris du 10 mars 1999 qui a proposé de renforcer le rôle du Secrétariat en lui donnant de nouvelles responsabilités. Parmi les voies indiquées, le document suggérait notamment :

> d' « *associer plus étroitement le Secrétariat général aux décisions de la Présidence sur l'organisation des travaux (calendrier et ordre du jour des réunions, décisions de procédure sur le traitement des dossiers* », de « *charger le Secrétariat général d'exercer une responsabilité particulière dans la coordination des travaux* » ; « *reconnaître la responsabilité du Secrétariat général quant à la nature et la conception des documents et des rapports servant de base à la négociation* » ; ou encore de « *réorganiser le Secrétariat général en adaptant ses structures aux besoins*

994 Comme l'a rappelé le Rapport du groupe institué par le Secrétaire général du Conseil relatif au « Fonctionnement du Conseil dans la perspective d'une Union élargie » (dit « Rapport Trumpf/Piris ») du 10 mars 1999, p. 38.
Disponible : http://www.cvce.eu/content/publication/2006/10/5/0bcead79-7ce6-45fa-972f-71860c4bf8b3/publishable_fr.pdf.

fonctionnels du Conseil et en assurant une meilleure coordination des services »[995].

La plupart de ces recommandations insistaient sur la nécessité de renforcer le pouvoir coordonnateur du Secrétariat général. C'est ce qui s'est produit : le traité d'Amsterdam, signé en 1997, avait déjà sorti le Secrétaire général de ses tâches purement administratives en lui confiant les fonctions de Haut représentant pour la Politique européenne de sécurité commune (PESC), mais ce sont les conclusions du Conseil européen d'Helsinki qui s'est tenu en décembre 1999 qui sont à l'origine de la fonction coordonnatrice qu'il exerce aujourd'hui. Tenant compte des recommandations du rapport Trumpf/Piris publié quelques mois plus tôt, les chefs d'État et de gouvernement se sont entendus pour indiquer explicitement que le Secrétaire général « *doit, conformément aux traités : assister la présidence dans la coordination des travaux du Conseil afin de garantir la cohérence des différents aspects des relations extérieures de l'Union* »[996]. Le document ajoute qu'il « *peut se voir confier des mandats particuliers par le Conseil* »[997].

Bien qu'il ne dispose plus des fonctions de Haut représentant de la Politique européenne de sécurité commune (PESC) que lui avait confié le Traité d'Amsterdam (1997), aujourd'hui transférées, on l'a vu, au Haut représentant de l'Union pour les affaires étrangères et la politique de sécurité, conformément aux recommandations du rapport, le Secrétaire général est devenu une figure importante de la coordination des travaux du Conseil. Assisté d'un cabinet et d'un Secrétariat général composé de

---

995 *Ibidem*, p. 39-40.

996 « Recommandations opérationnelles », *Conclusions du Conseil européen d'Helsinki*, 10 et 11 décembre 1999.
Le document poursuit en indiquant des attributions qui relèvent de ses fonctions de Haut représentant (perdues avec le Traité de Lisbonne qui a créé un Haut représentant de l'Union pour les affaires étrangères et la politique de sécurité qui a récupéré ces attributions » : le Haut Représentant doit « *contribuer à la préparation des décisions politiques et à la formulation d'options à l'attention du Conseil sur des questions de politique étrangère et de sécurité afin que le Conseil puisse en permanence se concentrer sur les questions politiques majeures requérant des décisions opérationnelles ou des orientations politiques ; iii) contribuer à la mise en œuvre des décisions de politique étrangère et de sécurité en étroite coordination avec la Commission, les États membres et d'autres autorités responsables de la mise en œuvre sur le terrain* ».
Disponible sur : http://www.consilium.europa.eu/uedocs/cms_data/docs/pressdata/fr/ec/00300-r1.f9.htm.

997 *Ibidem*.

près de 2500 agents, le Secrétaire général est désormais « *associé étroitement et en permanence à l'organisation, à la coordination et au contrôle de la cohérence des travaux du Conseil et de la mise en oeuvre de son programme de 18 mois. Sous la responsabilité et la direction de la présidence, il assiste celle-ci dans la recherche de solutions* »[998]. Ainsi, s'agissant de ses responsabilités traditionnelles d'organisation matérielle du Conseil, pour les accomplir il est aidé d'un Secrétariat général qui est maître d'oeuvre de toutes les étapes de la procédure : organisation des groupes et comités préparatoires[999] ; préparation de l'ordre du jour du Conseil[1000] ; organisation des sessions[1001] et du vote[1002] du Conseil ; organisation de la publicité des débats[1003] ; élaboration des relevés des actes du Conseil[1004] ; élaboration d'un procès-verbal[1005] ; parfois signature des actes adoptés sur délégation du président du Conseil[1006]. Le Secrétariat général est omniprésent dès les travaux préparatoires du

---

998 Article 23, § 3 du Règlement intérieur du Conseil (2009).

999 Article 19, §3 du Règlement du Conseil (RIE) : « *Le secrétariat général met à jour et rend publique la liste des instances préparatoires. Seuls les comités et groupes de travail figurant sur cette liste peuvent se réunir en qualité d'instance préparatoire du Conseil* ».

1000 Article 3, RIE.

1001 Article 5, § 3, RIE : « *Les membres du Conseil et de la Commission peuvent se faire accompagner de fonctionnaires qui les assistent. Les noms et qualités de ces fonctionnaires sont communiqués au préalable au secrétariat général. Le nombre maximum de personnes par délégation présentes dans la salle de réunion du Conseil en même temps, y compris les membres du Conseil, peut être déterminé par le Conseil* ».

1002 Article 11, § 4, RIE : « *La présence de la majorité des membres du Conseil qui, en application des traités, peuvent participer au vote, est requise pour que le Conseil puisse procéder à un vote. Au moment du vote, le président, assisté du secrétariat général, vérifie que le quorum est atteint* ».

1003 Article 7, § 3, al. 2, RIE : « *Le secrétariat général fait en sorte d'informer le public à l'avance des dates et heures approximatives auxquelles auront lieu ces retransmissions audiovisuelles et prend toutes les mesures pratiques nécessaires pour assurer la bonne mise en oeuvre du présent article* ».

1004 Article 12, § 1, al. 3, RIE : « *Le secrétariat général établit mensuellement un relevé des actes adoptés selon la procédure écrite. Ce relevé contient les éventuelles déclarations destinées à être inscrites au procès-verbal du Conseil. Les parties de ce relevé qui concernent l'adoption d'actes législatifs sont rendues publiques* ».

1005 Article 13, § 1, al. 1, RIE : « *Il est établi un procès-verbal de chaque session, lequel, après approbation, est signé par le secrétaire général. Il peut déléguer sa signature aux directeurs généraux du secrétariat général* ».

1006 Article 15, RIE : « *Le texte des actes adoptés par le Parlement européen et le Conseil conformément à la procédure législative ordinaire, ainsi que celui des actes adoptés par le Conseil, est revêtu de la signature du président en exercice lors de leur adoption et de celle du secrétaire général. Le secrétaire général peut déléguer sa signature à des directeurs généraux du secrétariat général* ».

Conseil : ses agents participent aux groupes et comités et sont en particulier chargés de rédiger les comptes-rendus de leurs réunions.

Par ailleurs, on l'a vu, le Secrétariat général préside plusieurs comités et groupes de préparation des travaux du Conseil. Il s'assure du bon déroulement des échanges entre représentants et experts des États membres et éventuellement avec les institutions et d'organes de l'Union parfois aussi présents dans le but de trouver une position commune sur le projet d'acte à l'étude. Pour mener à bien cette mission, le Secrétariat dispose de huit directions générales qui rappellent les formations du Conseil. S'y ajoute un service juridique, acteur important de la coordination juridique qui veille à la cohérence des projets discutés avec le droit européen existant et représente le Conseil devant la Cour de justice lorsque celui-ci est partie à un litige. Protagoniste discret, le Secrétaire général est donc un acteur clé du processus complexe de décision européen. La double nature de la fonction de coordination qui lui revient lui permet de participer activement à l'action d'une Union plurielle dont le principal défi est la cohérence. Lorsque les discussions, après différentes séquences de coordination, deviennent du droit européen, « *la synergie se produit donc entre les différents acteurs de la procédure communautaire.* (...) *Le Secrétariat général joue un grand rôle dans cette synergie* »[1007].

La coordination est donc un élément essentiel du système de décision complexe de l'Union européenne qui sert d'exemple pour d'autres organisations régionales telles que le « Marché commun du Sud » (MERCOSUR), la Communauté andine des nations (CAN), ou encore l'Association des Nations de l'Asie du sud-est (ASEAN). Ces structures n'atteignent cependant pas un degré d'intégration supranationale comparable à l'Union, qui repose sur une coordination organisée et maîtrisée[1008] : « *l'absence ou les limites de la coordination illustrent l'un des problèmes du régionalisme international* »[1009]. Pour autant, les enjeux de coordination dépassent aujourd'hui le cadre régional

---

1007 Jean-Luc SAURON, *Cours d'institutions européennes. Le puzzle européen*, *op. cit.*, p. 258.

1008 Ainsi que le sous-entend la définition même de l'« intégration régionale » entendue comme « *le processus par lequel la régularité et l'intensité des interactions entre certains États et entre certaines sociétés s'accroissent, permettant la constitution d'une communauté de sécurité, d'une interdépendance économique accrue, d'une identité partagée favorisant, dans une aire géographique particulière, le développement d'actions collectives institutionnalisées pouvant aller jusqu'à l'unification politique* » (*in* Marie-Claude SMOUTS, Dario BATTISTELLA, Pascal VENNESSON, *Dictionnaire des relations internationales*, Paris, Dalloz, 2e éd., 2006, p. 296).

1009 Serge SUR, *Relations internationales*, *op. cit.*, p.80.

sous l'effet d'une « *dynamique de la mondialisation* »[1010] qui se manifeste par une mise en cause du principe classique de souveraineté au profit d'une vision de la scène internationale mettant en lumière les interdépendances entre États. Cette évolution s'est en particulier traduite par le développement des organisations internationales qui donnent lieu à de nouveaux types d'interactions, plus souples. Comme le note en effet Jürgen Habermas, « *la société mondiale est devenue trop complexe pour être encore pilotée, à partir d'un centre, au moyen d'une politique prenant appui sur la force militaire* »[1011]. Dans ce contexte, la problématique de la coordination de l'action des multiples acteurs, étatiques, mais également privés, qui interviennent au niveau international devient centrale.

SECTION 2 - LES BESOINS CROISSANTS D'UNE COORDINATION À DIMENSION MONDIALE

Le modèle dit « westphalien » des relations internationales fondé sur une « *coexistence pacifique ou conflictuelle d'États indépendants* »[1012] est aujourd'hui dépassé. Les États ne sont plus les seuls acteurs de la scène mondiale et sont eux-mêmes à l'origine de leur perte de monopole sur la scène politique mondiale en ayant créé des organisations internationales. Se démarquant du modèle de la diplomatie bilatérale (et généralement secrète) propre au modèle intergouvernemental classique, l'organisation internationale est fondée sur le principe de la négociation collective et peut se définir comme un « *ensemble structuré où des participants appartenant à des pays différents coordonnent leur action en vue d'atteindre des objectifs communs* »[1013] ; sans principe de subordination les uns vis-à-vis des autres. Les premières organisations internationales sont instituées à la fin du XIXe siècle pour permettre la coopération de certains États dans des domaines techniques spécifiques. Puis, la création, au lendemain de la Première Guerre mondiale (1919), de la Société des Nations (SDN)

1010 Jacques CHEVALLIER, *L'État post-moderne*, *op. cit.*, p. 29. L'auteur précise par ailleurs que « *les États ne sont donc plus les seuls acteurs de la vie internationale : ils doivent composer avec d'autres acteurs, qui déploient eux aussi leur action dans un espace mondial avec lesquels ils sont en interaction permanente* » (p. 45).

1011 Jürgen HABERMAS, *Après l'État-nation*, Paris, Fayard, 2000.

1012 Pierre de SENARCLENS, *La mondialisation. Théories, enjeux et débats*, *op. cit.*, p. 2.

1013 « Organisations internationales », *in* Marie-Claude SMOUTS, Dario BATTISTELLA, Pascal VENNESSON, *Dictionnaire des relations internationales*, *op. cit.*, p. 296.

marque une étape importante dans l'histoire des relations internationales dans la mesure où elle vise à assurer le maintien de la paix au niveau mondial. La période de l'entre-deux-guerres est caractérisée par une multiplication des organisations internationales sous l'influence, notamment, de la théorie dite fonctionnaliste. Fondée sur les travaux de David Mitrany qui constate l'échec de la Société des Nations, ce cadre d'analyse met l'accent sur la nécessité de repenser la souveraineté internationale en encourageant le développement d'interactions de type horizontal entre des États qui doivent coopérer pour traiter des affaires qui dépassent le champ d'action de leurs frontières. Ce schéma international pluraliste et organisé est censé permettre de réduire la conflictualité interétatique en vue d'aboutir *à un « working peace system »*[1014].

Créée par la Charte signée à l'issue de la Conférence de San Francisco le 26 juin 1945, l'Organisation des Nations Unies (ONU) est aujourd'hui l'expérience la plus aboutie d'organisation internationale. L'institution se veut être « *un centre où s'harmonisent les efforts des nations vers ces fins communes* »[1015] ; autrement dit où se coordonnent des États pour remplir des buts qu'ils ont conjointement déterminés : le maintien de la paix et de la sécurité internationales, le développement des relations pacifiques entre les nations et les peuples, le développement d'une coopération internationale pour résoudre des problèmes internationaux de nature économique, social, ou humanitaire. Afin d'assurer la coordination de l'action des États dans ces domaines spécifiques, plusieurs organes spécialisés ont été créés sous l'égide de l'ONU[1016]. La cohérence de ce « *système onusien* » est devenue un défi majeur.

1014 Expression qui peut se traduire par : « système de paix qui fonctionne » (traduction libre). David MITRANY, *A Working Peace System: An Argument for the Functional development of International Organization*, London, Oxford University press, 1943.

1015 Article 1 § 4 de la Charte des Nations Unies.

1016 *« Le Fonds monétaire international, la Banque mondiale et 13 autres organisations indépendantes, appelées « institutions spécialisées », sont reliés à l'ONU par des accords de coopération. Ces institutions, au nombre desquelles figurent l'Organisation mondiale de la santé et l'Organisation de l'aviation civile internationale, sont des organes autonomes créés par des accords intergouvernementaux. Elles jouent un très grand rôle au niveau international dans les domaines économique, social et culturel, ainsi qu'en matière d'éducation, de santé et autres domaines apparentés. Certaines d'entre elles, comme l'Organisation internationale du Travail et l'Union postale universelle, sont antérieures à l'ONU elle-même. En outre, plusieurs bureaux, programmes et fonds des Nations Unies – Haut Commissariat des Nations Unies pour les réfugiés (HCR), Programme des Nations Unies pour le développement (PNUD) et Fonds des Nations Unies pour l'enfance (UNICEF) – œuvrent à l'amélioration de la situation économique et sociale des peuples du monde entier. Ils relèvent de l'Assemblée*

Parallèlement, les organisations internationales à vocation sectorielle ont continué de se développer ; d'autres ont été créées. Historiquement, l'économie et les droits de l'homme ont été les premières matières prises en charge par des instances internationales ; s'y ajoutent aujourd'hui les politiques relatives, par exemple, à l'environnement ou au développement. D'autres acteurs internationaux ont également émergé - organisations non gouvernementales, entreprises multinationales, groupes de pression, experts, etc. - sur la scène décisionnelle mondiale dont la « *complexité protéiforme* (...) *se caractérise entre autres par la dialectique d'unification et de fragmentation, d'ordre et de désordre* »[1017]. Cette complexification des relations internationales requiert l'adoption de nouvelles grilles d'analyse, comme y invite Carlos Milani : « *les éléments ayant servi aux analyses traditionnelles des relations internationales ne sont plus suffisamment marquants, spécifiques, au point de permettre une interprétation correcte des événements* »[1018]. La notion de coordination est dans ce contexte un outil pertinent pour repenser le « *système-monde* »[1019]. Elle permet d'articuler l'action de multiples acteurs liés par un objet politique commun et répartis sur plusieurs niveaux de décision, mais sans imposer une unification inadaptée à un environnement multipolaire. La coordination, qui écarte toute idée de hiérarchie entre États, peut en ce sens être vue comme un « *principe minimal d'unité et de cohérence* »[1020] d'une scène politique mondiale de plus en plus diverse.

---

générale ou du Conseil économique et social. Toutes ces organisations ont leurs propres organes directeurs, budget et secrétariat. Elles constituent avec l'ONU ce que l'on appelle le système des Nations Unies. Ensemble, elles fournissent une assistance technique et d'autres formes d'aide concrète dans quasiment tous les domaines économiques et sociaux ».
Source : « L'ONU en bref. Comment l'ONU fonctionne », Site Internet des Nations Unies.
Disponible sur : http://www.un.org/french/aboutun/uninbrief/unsystem.shtml.

1017 Carlos MILANI, « La complexité dans l'analyse du système-monde : l'environnement et les régulations mondiales », *Droit et Société*, n° 46, 2000, p. 426. L'auteur précise : « ...*les éléments ayant servi aux analyses traditionnelles des relations internationales ne sont plus suffisamment marquant, spécifiques, au point de permettre une interprétation correcte des événements* ».

1018 *Ibidem*, p. 426.

1019 *Ibid.*

1020 Emmanuelle TOURME-JOUANNET, *Le droit international*, Paris, PUF, coll. « Que sais-je », 2013, p. 57. L'auteur précise : « *La question est de savoir quel est véritablement l'impact de cette multiplication de normes et de pratiques, de sujets et de centres de pouvoir, sur l'unité éventuelle de l'ordre juridique international, et donc sur son existence même en tant qu'ordre. Ce dernier est-il en voie de fragmentation continue et donc peut-être de dilution de sa propre identité en tant que droit international ou chemine-t-il vers un ordre qui s'unifie et se coordonne de façon cohérente ?* »

§ 1 - La coordination dans le cadre des organisations internationales

Les Nations Unies représentent le modèle d'organisation internationale le plus complexe en raison de sa vocation mondiale et de la pluralité de ses domaines d'intervention. Le Conseil de sécurité des Nations Unies[1021], l'Assemblée générale des Nations Unies et la Cour internationale de justice chargée de régler les conflits constituent les trois piliers d'un dispositif dont l'un des principaux objectifs est de coordonner le dialogue international [1022]. Son fonctionnement requiert une coordination multi-dimensionnelle. On distingue en réalité plusieurs niveaux de coordination qui s'imbriquent : une coordination entre États dans le cadre de l'ONU, une coordination entre États dans le cadre des organisations spécialisées, une coordination des institutions spécialisées par l'ONU. On peut ajouter une « coordination de l'ONU par l'ONU »[1023], c'est-à-dire une coordination des organes principaux et subsidiaires[1024] qui composent l'organisation réalisée pour l'essentiel par le Secrétariat général à qui il revient d'incarner l'unité et la cohérence de l'action des

---

1021 Détenant « *la responsabilité principale de la paix et de la sécurité internationale* » (article 24 de la Charte des Nations Unies).

1022 Mais sans pouvoir de coercition : les mesures prises par le Conseil de sécurité n'ayant qu'une valeur de nature incitative. Le principe de souveraineté et d'égalité étatiques est ainsi *a priori* respecté bien que la composition du Conseil de sécurité, organe exécutif des Nations Unies, peut être interprétée comme un indice de hiérarchie entre les États : il est composé de cinq membres permanents qui sont les seuls à disposer d'un pouvoir de veto (Chine, États-Unis, France, Royaume-Uni, Russie) et de dix membres non permanents qui changent tous les deux ans en respectant une règle de répartition (cinq États membres du « groupe des États d'Afrique » et du « groupe des États d'Asie-Pacifique », deux États membres du « groupe des États d'Amérique Latine et des Caraïbes », deux États membres du « groupe des États d'Europe occidentale et autres États », un État membre du « groupe des États d'Europe orientale ».

1023 Article 58 de la Charte des Nations Unies : « *l'organisation fait des recommandations en vue de coordonner les programmes et activités des institutions spécialisées* ».

1024 Article 7 de la Charte des Nations Unies :
« *Il est créé comme organes principaux de l'Organisation des Nations Unies : une Assemblée générale, un Conseil de sécurité, un Conseil économique et social, un Conseil de tutelle, une Cour internationale de Justice et un Secrétariat.*
Les organes subsidiaires qui se révéleraient nécessaires pourront être créés conformément à la présente Charte ».
Ces « organes subsidiaires » peuvent être instituées par les « organes principaux » pour les assister dans l'exercice de leurs fonctions (par ex. : la Commission du droit international, 1947 ; le Tribunal administratif des Nations-Unies, 1949 ; Tribunal pénal international pour l'ex-Yougoslavie, 1993 ; Conseil des droits de l'homme, 2006...).

nombreuses entités appartenant à la « famille ONU » : organes principaux, organes subsidiaires, institutions spécialisées, organisations apparentées, etc.[1025] Autre organe coordonnateur d'importance dans le complexe des Nations Unies, le Conseil économique et social (ECOSOC) est chargé de coordonner les activités économiques et sociales de l'ONU et de ses institutions spécialisées, en relation permanente avec les plus importantes organisations non gouvernementales. Ces institutions spécialisées exercent elles-mêmes, pour la plupart, une coordination spécialisée qui se rattache à la thématique de la paix, du développement ou des droits humains[1026].

Cependant, la coordination à dimension internationale n'est pas un monopole onusien. D'autres organisations internationales à vocation sectorielle existent en dehors du cadre des Nations Unies. À défaut de relations de type hiérarchique, la cohérence de l'intervention d'États qui décident d'agir de concert dans un domaine particulier ou pour une mission spécifique implique une coordination qui peut prendre des formes diverses. L'Organisation pour les migrations internationales est, à ce titre, une illustration intéressante d'organisations internationales spécialisées exerçant une fonction de coordination prenant plusieurs aspects.

A. La coordination du système onusien

L'ONU proprement dite est composée de six organes mais englobe au total une trentaine d'organisations, dont une quinzaine spécialisées qui sont liées à l'Organisation par un accord (par ex. l'Organisation mondiale de la santé, l'UNESCO, l'Organisation maritime internationale, l'Organisation internationale du travail, etc.). Ce complexe institutionnel, qui a tendance à s'étendre et à se diversifier, menace la cohérence d'ensemble du système onusien, et, par conséquent,

---

1025 Article 7 de la Charte des Nations Unies :
« 1. Il est créé comme organes principaux de l'Organisation des Nations Unies : une Assemblée générale, un Conseil de sécurité, un Conseil économique et social, un Conseil de tutelle, une Cour internationale de Justice et un Secrétariat.
2. Les organes subsidiaires qui se révéleraient nécessaires pourront être créés conformément à la présente Charte »
Voir l'organigramme : « Le système des Nations Unies ».
Disponible sur le site de l'ONU : http://www.un.org/fr/aboutun/structure/pdf/color_216x279.pdf.

1026 Pour Emmanuelle Tourme-Jouannet, il s'agit des « trois piliers fondamentaux des domaines de régulation et d'intervention du droit international » (*op. cit.*, p. 71). L'ONU participe à ces trois finalités.

son efficacité : « *le système des Nations Unies souffre depuis sa création d'un défaut de coordination entre ses agences spécialisées, organes et programmes. Ces instances se font souvent concurrence pour défendre leurs propres projets et prérogatives. En conséquence leurs projets ne peuvent jamais être conçus et réalisés de manière cohérente* »[1027]. Ce constat de Pierre de Sénarclens, qui fut directeur de la division des droits de l'homme et de la paix à l'Unesco de 1980 à 1983, résume parfaitement le point faible de l'Organisation : une vocation mondiale associée à une pluralité d'organismes et à une diversité de domaines d'intervention provoquent indubitablement des problèmes de cohérence. En l'absence de relations de subordination entre États et entre organes, la coordination est la clé pour une action effective du système onusien.

1. Le Secrétariat général des Nations Unies

Qualifié de « *plus haut fonctionnaire de l'Organisation* » par la Charte des Nations Unies (article 97), le Secrétaire général est la figure centrale du système onusien dont le rôle ne se résume pas à des fonctions diplomatiques ou de représentation passive. Le Secrétaire général se positionne en surplomb des autres organes, impulse et s'assure de la cohérence de leur action ainsi que de la permanence de leurs interventions. Il assiste aux réunions de l'Assemblée générale, du Conseil de sécurité, du Conseil économique et social et du Conseil de tutelle (article 98 de la Charte) et dispose du pouvoir d'« *attirer l'attention du Conseil de sécurité sur toute affaire qui, à son avis, pourrait mettre en danger le maintien de la paix et de la sécurité internationales* » (article 99 de la Charte). Le Secrétaire général exerce aussi sa mission coordonnatrice dans le cadre du Conseil des chefs de Secrétariat des organismes des Nations Unies pour la coordination qui rassemble, deux fois par an, l'ensemble des secrétaires généraux de la trentaine d'organisations placées sous l'égide de l'ONU (avec leurs fonds et programmes), les agences spécialisées et les organisations associées. Son but est de fournir des guides d'action destinés à améliorer les relations entre ces institutions et d'ordonner leurs interventions communes[1028]. De manière plus informelle, il échange avec les dirigeants des États pour les inciter à dialoguer et à trouver une position d'entente sur un projet d'action commune ou une proposition de résolution.

1027 Pierre de SENARCLENS, *La mondialisation. Théories, enjeux et débats*, *op. cit.*, p. 36.

1028 Voir : http://unsceb.org/content/about.

Les rapports annuels sur le travail accompli et les priorités futures ainsi que les rapports thématiques présentés par le Secrétaire général constituent un autre moyen, plus indirect, de coordination. Ces documents servent à pointer les défaillances de fonctionnement de l'ONU et sont souvent l'occasion de proposer des réformes qui, dans la plupart des cas, préconisent une meilleure gestion des ressources humaines et une amélioration de la coordination de l'action onusienne. Le rapport *Rénover l'Organisation des Nations Unies : un programme de réformes*[1029] présenté en juillet 1997 par Kofi Annan, alors Secrétaire général depuis à peine six mois, est un exemple marquant de ce type de document. Dès les premières lignes, l'objectif des mesures proposées est posé avec clarté : « *s'engager résolument sur la voie d'une réforme radicale dont l'objectif est de renforcer la communauté de vues, la cohérence des efforts et la souplesse des moyens d'intervention* » (p. 2) ; trois éléments relevant incontestablement d'une coordination qui, selon le rapport, font défaut. Le document indique notamment que l'une des principales sources de dysfonctionnement de l'Organisation qui explique l'écart entre « *ce à quoi nous aspirons et ceux que nous sommes parvenus à faire* » (p. 9) réside dans un manque de coordination. Le terme n'est pas explicitement employé, cependant les symptômes décrits révèlent que la question de la coordination de l'organisation et de l'action de l'ONU est en filigrane omniprésente : « *les faiblesses institutionnelles de l'ONU tiennent principalement au fait qu'en un demi-siècle d'existence certaines de ses modalités d'organisation ont tendu à se fragmenter, à faire double emploi, à se rigidifier, à devenir inefficaces dans certains domaines et superflues dans d'autres* » (p. 11). Plus évident encore, le rapport relève que « *…le décloisonnement est devenu la norme (…). Ce que cette évolution implique pour l'ONU est clair : la mesure dans laquelle elle parviendra à faire prévaloir une vision commune dans ses divers départements, fonds et programmes, et, partant, à agir dans la cohérence et à déployer ses ressources stratégiquement déterminera celle dans laquelle elle réussira à l'avenir* » (p. 12-13).

L'une des recommandations du rapport pour remplir ces objectifs était de renforcer les pouvoirs de direction du Secrétaire général à travers, notamment, une réorganisation des services du Secrétariat en fonction des principales missions de l'Organisation. Aujourd'hui, le Secrétariat, qui emploie près de 43 000 agents recrutés dans le monde entier assistant le Secrétaire général dans la réalisation de ces fonctions d'impulsion et

---

1029 Disponible sur :
http://www.un.org/fr/documents/view_doc.asp?symbol=A/51/950.

de coordination, comprend[1030] : un Département des affaires politiques (DPA), un Département des affaires de désarmement (DAD), un Département des opérations de maintien de la paix (DOMP), un Département de l'appui aux missions (DAM), un Département des affaires économiques et sociales (DESA), un Département de l'Assemblée générale et de la gestion des conférences (DGACM), un Bureau pour les risques de catastrophe (UNISDR) et un Bureau de la coordination des affaires humanitaires (BCAH). Ce dernier service est un exemple intéressant d'organe de coordination fonctionnelle exercée sous l'égide du Secrétaire général. Créé par la résolution 46/182 de 1991, le BCAH a pour mission de « *mobiliser et de coordonner une action humanitaire efficace et reposant sur des principes, en partenariat avec les acteurs nationaux et internationaux en vue de soulager la souffrance humaine en cas de catastrophes et d'urgences* »[1031]. Le Bureau, dirigé par un Secrétaire général adjoint pour les affaires humanitaires qui porte aussi le titre de Coordonnateur des secours d'urgence, assiste le Secrétaire général responsable de la supervision de toutes les situations d'urgence qui requièrent une aide humanitaire de l'ONU et coordonne les actions de secours entreprises par les États, des organisations intergouvernementales ou des organisations non gouvernementales. À ce titre, il dirige le Comité permanent interorganisation qui, depuis la date de sa création en juin 1992 (résolution 46/182), est « *un forum unique inter-agences pour la coordination, l'élaboration des politiques et la prise de décision, réunissant les principaux partenaires humanitaires onusiens et non onusiens* »[1032].

À côté de ces organes de coordination fonctionnelle, et mis à part le cabinet du Secrétaire général, la plupart des autres services du Secrétariat général exercent une coordination à caractère logistique : le Bureau des services de contrôle interne (BSCI), le Département de la sûreté et de la sécurité (DSS) et le Département de la gestion (DM). Mentionnons, néanmoins, deux services dont l'activité est plus stratégique : le Département de l'information (DPI), chargée de communiquer aux médias et au public, et le Bureau des affaires juridiques. Ce dernier exerce une fonction de coordination déterminante : « *le Bureau des affaires juridiques de l'ONU fournit des services juridiques*

1030 Voir pour une liste détaillée de tous les services qui composent le Secrétariat général :
http://www.un.org/fr/mainbodies/secretariat/.

1031 Source : Site Internet des Nations Unies.
Disponible sur : http://www.un.org/fr/humanitarian/overview/ocha.shtml.

1032 *Ibidem*.

centralisés et unifiés au Secrétariat et aux organes principaux et aux autres organes des Nations Unies et contribue au développement progressif et à la codification du droit public international et du droit commercial international »[1033]. Le service est dirigé par un Secrétaire général adjoint aux affaires juridiques et Conseiller juridique de l'ONU[1034] qui conseille le Secrétaire général, le Secrétariat et les autres organes de l'ONU, par le biais notamment d'avis sur des questions de droit en portant attention à la cohérence juridique des résolutions de l'Organisation. C'est également le Secrétaire général adjoint aux affaires juridiques et conseiller juridique de l'ONU qui :

> « *dirige la coordination du Réseau des conseillers juridiques des Nations Unies, qui englobe tout le système des Nations Unies et comprend : a) les conseillers juridiques des institutions spécialisées et organismes apparentés ; b) les conseillers/attachés de liaison juridiques d'organismes tels que les bureaux hors Siège, fonds, programmes, commissions régionales et tribunaux spéciaux des Nations Unies; et c) les juristes des opérations de maintien de la paix des Nations Unies; il assure le suivi du programme de travail et des activités du Comité de haut niveau sur la gestion du Conseil des chefs de Secrétariat des organismes des Nations Unies pour la coordination et du Groupe des Nations Unies pour le développement ; et il donne des avis juridiques à ces organes* »[1035].

1033 Source : Site Internet du Bureau des affaires juridiques des Nations Unies. Disponible sur : http://legal.un.org/ola/FR/overview.aspx.

1034 La fonction est occupée par Miguel de Serpa Soares depuis décembre 2013.

1035 Section 3, § 4 de la circulaire du Secrétaire général relative à l'« Organisation du Bureau des affaires juridiques » du 1er août 2008 (ST/SGB/2008/13). Il est assisté par un Sous-secrétaire général aux affaires juridiques. Le document précise par ailleurs la fonction de coordination remplie par le Bureau du Conseiller juridique est chargé de : « *a) Suivre l'exécution du programme de travail du Bureau des affaires juridiques ; b) Donner au Conseiller spécial des avis sur les politiques et directives du Bureau relatives à des problèmes de gestion spécifiques, et assurer la diffusion de ces politiques et directives ; c) Faire office de point de contact pour toute information concernant les activités du Bureau des affaires juridiques sous tous leurs aspects ; d) Coordonner les activités faisant intervenir plusieurs départements et assurer le suivi nécessaire ; e) Procéder aux consultations, négociations et actions de coordination voulues avec les départements, bureaux, organes subsidiaires, notamment les institutions spécialisées, les fonds, les programmes et les autres organismes des Nations Unies, sur les questions d'intérêt commun, sans préjudice des compétences particulières des autres unités administratives du Bureau ; f) Entretenir des contacts soutenus et systématiques avec les conseillers juridiques et les juristes du Réseau des conseillers juridiques ; g) Diriger la préparation des réunions périodiques des membres du Réseau des conseillers juridiques et assurer leur suivi ; h) Fournir un appui au Conseiller juridique en ce qui concerne la contribution du Réseau des conseillers juridiques aux organes*

Ce vaste champ d'interventions est congruent avec l'étendue de la mission du Secrétariat général qu'il assiste quotidiennement, toutefois le Secrétariat général est aussi au service des autres organes principaux de l'Organisation, dont le Conseil économique et social (ECOSOC). Celui-ci se distingue par une action de coordination des intérêts des États avec les objectifs des institutions onusiennes, mais aussi avec les positions des organisations non gouvernementales régulièrement consultées.

2. Le Conseil économique et social (ECOSOC)

L'ECOSOC, qui a le statut d'« organe principal » des Nations Unies (article 7 de la Charte), est un organisme consultatif composé de cinquante-quatre membres élus [1036] par l'Assemblée générale sous l'autorité de laquelle il est placé (article 61 de la Charte). L'ECOSOC peut aussi créer des organes subsidiaires (commissions techniques, commissions régionales, comités permanents, groupes d'experts gouvernementaux, organes *ad hoc...*)[1037] qui l'assistent dans l'exercice de sa mission de coordination des activités économiques et sociales de

---

interorganisations de haut niveau ; i) Aider le Conseiller juridique à formuler les recommandations des organes interdépartementaux et interorganisations au Secrétaire général » (Section 5, § 2 de la circulaire précitée).

1036 « *Il est renouvelé par tiers, 18 membres étant élus chaque année pour une période de trois ans, selon le principe de la répartition géographique : 14 membres parmi les États d'Afrique, 11 membres parmi les États d'Asie, 10 membres parmi les États d'Amérique latine et des Caraïbes, 13 membres parmi les États d'Europe occidentale et autres États et 6 membres parmi les États d'Europe orientale. La France est traditionnellement membre de l'ECOSOC. Son mandat actuel dure jusqu'au 31 décembre 2014.*

Le Conseil est composé d'un Bureau, avec à sa tête, pour représenter les cinq groupes régionaux, un président et quatre vice-présidents. Chacun d'entre eux a la responsabilité d'un segment de la session de fond du Conseil.

La plupart des décisions de l'ECOSOC sont adoptées par consensus. Toutefois, en cas de vote, chaque pays membre dispose d'une voix et les décisions sont prises à la majorité simple ».

Source : Site de la Représentation permanente de la France auprès des Nations Unies à New York.

Disponible sur : http://www.franceonu.org/la-france-a-l-onu/l-organisation-des-nations-unies/le-systeme-des-nations-unies/article/le-conseil-economique-et-social.

1037 Aujourd'hui l'ECOSOC comprend neuf commissions techniques, cinq commissions régionales, trois comités permanents, deux groupes d'experts gouvernementaux, cinq organes composés d'experts siégeant à titre individuel, un organe *ad hoc* (groupe de travail spécial sur l'informatique). Sont également rattachés à l'ECOSC : l'organe international de contrôle des stupéfiants et le conseil d'administration de l'institut international de recherche et de formation pour la promotion de la femme.

V. pour une liste détaillée des organes subsidiaires de l'ECOSOC :
http://www.un.org/fr/ecosoc/about/subsidiary.shtml.

l'ONU et de ses institutions spécialisées (article 61 de la Charte des Nations Unies) afin de « *promouvoir une élévation du niveau de vie, le plein emploi et le progrès économique et social ; trouver des solutions aux problèmes dans les domaines économique, social et de la santé publique ; faciliter la coopération internationale dans les domaines de la culture intellectuelle et de l'éducation ; favoriser le respect universel effectif des droits de l'homme et des libertés fondamentales* »[1038]. Parmi ces organes subsidiaires, mentionnons le Comité du programme et de la coordination (CPC), un comité permanent qui permet à l'ECOSOC de mener effectivement sa fonction coordonnatrice en s'assurant que les programmes de travail des institutions de l'ONU et de ses agences soient compatibles et complémentaires. Le CPC peut leur faire des recommandations destinées à améliorer la cohérence de leurs programmes[1039].

Afin de remplir ces objectifs, l'ECOSOC dispose de plusieurs outils. Tout d'abord, il procède à des consultations de « personnalités compétentes » au regard de ses domaines de compétences ; essentiellement des universitaires et des représentants d'institutions financières et bancaires mais aussi des délégations d'organisations non gouvernementales (article 71 de la Charte) ; une caractéristique qui le distingue des autres organes de l'ONU qui ne fonctionnent que sur un modèle intergouvernemental. L'ECOSOC élabore aussi régulièrement des rapports, des études, des projets de convention qui lui permettent de proposer des recommandations visant à améliorer le fonctionnement du système onusien (article 62, § 1,2,3 de la Charte). Il peut, en outre, convoquer des conférences internationales sur des questions qui relèvent de son champ d'attributions (article 62, §4 de la Charte). Depuis sa création simultanément à celle de l'ONU, en 1945, les activités de l'ECOSOC se sont beaucoup développées en corrélation avec le renforcement de son rôle au fil des années. Plusieurs réformes de l'ECOSOC se sont en effet succédé, mettant l'accent sur le développement de sa fonction de coordination. Parmi les plus récentes, mentionnons la résolution 61/16 de l'Assemblée générale du 20 novembre 2006[1040] prise

---

1038 Source : Site de la Réprésentation permanente de la France auprès des Nations Unies à New York.
Disponible sur : http://www.franceonu.org/la-france-a-l-onu/l-organisation-des-nations-unies/le-systeme-des-nations-unies/article/le-conseil-economique-et-social.

1039 Voir notamment sur le site Internet des Nations Unies : http://www.un.org/en/ga/cpc/ecosoc.shtml.

1040 Document disponible sur :
http://daccess-dds-ny.un.org/doc/UNDOC/GEN/N06/495/40/PDF/N0649540.pdf?OpenElement.

à la suite du Sommet mondial de 2005 qui insiste, à plusieurs reprises, sur l'importance de l'action coordonnatrice de l'ECOSOC et la nécessité de son approfondissement :

> « *Réaffirmant que le Conseil économique et social doit continuer à renforcer son rôle en tant que mécanisme central de coordination à l'échelle du système et à promouvoir ainsi la mise en œuvre et le suivi coordonnés et intégrés des textes issus des grandes conférences organisées par les Nations Unies dans les domaines économique et social et dans les domaines connexes, conformément à la Charte et aux résolutions pertinentes de l'Assemblée générale* » (p. 2) ; « *Rappelant que le Conseil économique et social devrait renforcer son rôle dans la coordination à l'échelle du système et l'intégration équilibrée des aspects économiques, sociaux et environnementaux des politiques et programmes des Nations Unies visant à promouvoir un développement durable...* » (p.2) ; « *Réaffirme le rôle de premier plan du Conseil économique et social dans la coordination générale et l'orientation des programmes et fonds de développement opérationnels à l'échelle du système, y compris les objectifs, priorités et stratégies adoptés pour la mise en œuvre des politiques formulées par l'Assemblée générale, ainsi que dans l'examen des questions de coordination interorganisations liées aux activités opérationnelles, conformément aux résolutions pertinentes de l'Assemblée* » (p. 4) ; « *Rappelle que le Conseil économique et social doit assurer la coordination de l'ensemble du système des Nations Unies et donner des avis pour que ces grandes orientations soient mises en œuvre à l'échelle du système...* » (p. 4)

Le document propose cinq pistes pour améliorer la coordination de l'ECOSOC : promouvoir un dialogue mondial et un partenariat sur les politiques et tendances mondiales dans les domaines économique, social, écologique et humanitaire ; tenir tous les deux ans, au plus haut niveau, un forum de la coopération pour le développement ; assurer le suivi de l'application des textes issus des grandes conférences et réunions au sommet des Nations Unies, notamment en ce qui concerne les objectifs de développement convenus sur le plan international, et tenir chaque année des réunions au niveau ministériel afin d'examiner les progrès accomplis ; appuyer et compléter l'action menée à l'échelon international pour faire face aux crises humanitaires, notamment en cas de catastrophe naturelle ; jouer un rôle de premier plan dans la coordination générale des fonds et programmes. Un examen de la mise en œuvre de cette résolution en 2012 a abouti à l'adoption de la résolution 68/1 par l'Assemblée générale le 20 septembre 2013[1041] destinée à pallier les insuffisances persistantes en matière de coordination : « *Réaffirmant le rôle que la Charte des Nations Unies et elle-même ont confié au Conseil économique et social, et constatant qu'il faut renforcer l'efficacité de ses travaux en tant que principal organe responsable, d'une part, de la coordination, de l'examen des politiques, de la concertation et de la formulation de recommandations sur des questions relatives au développement économique et social et, d'autre part, de la réalisation des objectifs internationaux en matière de développement convenus aux grandes conférences et réunions au sommet organisées par les Nations Unies, y compris ceux du Millénaire* » (p. 1), le document propose des mesures de nature essentiellement procédurale qui visent un fonctionnement plus efficace de l'ECOSOC[1042], donc une meilleure cohérence de l'action des nombreuses et diverses entités qui composent les Nations Unies ; une tâche immense qui, de fait, dépasse les seuls secteurs économique et social.

L'une de ces attributions, au-delà du domaine de compétences privilégié de l'ECOSOC, est la coordination du travail des organes qui composent l'ensemble onusien avec celui des institutions spécialisées, organisations autonomes mais associées à l'Organisation des Nations Unies[1043]. En dehors du système onusien, les exemples d'organisations

---

1041 Document disponible sur : http://daccess-dds-ny.un.org/doc/UNDOC/GEN/N13/439/52/PDF/N1343952.pdf?OpenElement.

1042 « *Ce texte répond aux faiblesses du Conseil dans son rôle de coordination du Conseil et à son manque de visibilité, selon quatre orientations : i) élection du bureau en juillet, pour caler le cycle électoral sur le cycle de travail du Conseil (juillet-juillet) ; ii) définition d'un thème annuel pour guider les travaux du Conseil et de ses organes subsidiaires ; iii) répartition des segments de la session de fond sur l'ensemble de l'année ; iii) remise en cause de l'alternance des travaux entre New York et Genève, à l'exception du segment humanitaire, qui continuera d'alterner. La résolution 68/1 prévoit que l'ensemble de ces mesures entrera en vigueur en 2016 et qu'un examen de sa mise en œuvre interviendra pendant la 72ème session de l'Assemblée générale* ».
Source : Site de la Représentation permanente de la France auprès des Nations Unies à New York.
Disponible sur : http://www.franceonu.org/la-france-a-l-onu/l-organisation-des-nations-unies/le-systeme-des-nations-unies/article/le-conseil-economique-et-social.

1043 Aux termes de l'article 63, §2 de la Charte des Nations Unies, l'ECOSOC est notamment chargé de « *coordonner l'activité des institutions spécialisées en se concertant avec elles, en leur adressant des recommandations, ainsi qu'en adressant des recommandations à l'Assemblée générale et aux Membres des Nations Unies* ». Il exerce cette fonction coordonnatrice essentiellement par le biais du Comité permanent du programme et de la coordination qui lui est rattaché. L'ECOSOC articule l'action des agences spécialisées, commissions techniques et commissions régionales placées sous l'égide des Nations Unies.

internationales spécialisées sont pléthoriques. Le cas de l'Organisation internationale pour les migrations est particulièrement intéressant au regard des enjeux migratoires contemporains et du mécanisme multi-niveaux de coordination qu'elle a mis en place ; une coordination impulsée au niveau de l'organisation et relayée par de nombreux bureaux implantés dans les États membres qui coordonnent les actions de gestion des difficultés liées aux migrations sur le terrain.

B. La coordination dans le cadre des organisations internationales spécialisées

L'une des principales priorités mentionnées dans un rapport récent du Directeur général de l'Organisation internationale pour les migrations (OIM) est la recherche d'une meilleure cohérence des actions de gestion des migrations réalisée à un niveau régional et mondial[1044]. Faire en sorte que « *les migrations s'effectuent en bon ordre et dans le respect de la dignité humaine* »[1045] est ainsi posé comme un véritable défi dans un contexte de mouvements de population, volontaires ou contraints, qui n'ont jamais été aussi importants. Signe de l'importance prise par la question des migrations, le nombre d'États membres de l'OIM a plus que doublé en quinze ans, passant de 67 à 1998 à 156 en 2014, avec un effectif mobilisé sur le terrain qui s'élevait à environ 1100

1044 *Report of the Director general on the work of the Organization for the year 2013*, C/105/3, 3 June 2014. Le document précise : « *Coherence in seeking mutually beneficial outcomes in migration management with partners at regional and global level would aim to create greater understanding and cooperation on migration matters. Examples in 2013 were the Organization's contributions to the United Nations second High-level Dialogue on International Migration and Development, chairing the Global Migration Group, continued support for Regional Consultative Processes on Migration and the Global Forum on Migration and Development, briefing the United NationsSystem Chief Executives Board for Coordination on migration and management issues, work on the post-2015 development agenda as a member of the United Nations System Task Team on the Post-2015 United Nations Development Agenda, continuing to champion Inter-Agency Standing Committee efforts on the prevention of sexual exploitation and abuse, and continued work on ways to address the challenges of environmental degradation and climate change* ». (Rapport, §4)
Disponible sur le site de l'Organisation internationale pour les migrations : http://www.iom.int/files/live/sites/iom/files/About-IOM/governing-bodies/en/council/105/C-105-3.pdf;

1045 Source : « Enoncé de mission », *Site Internet de l'Organisation internationale pour les migrations*.
Disponible sur :
http://www.iom.int/files/live/sites/iom/files/About-IOM/docs/iom_strategic_focus_fr.pdf.

personnes en 1998 et atteint aujourd'hui plus de 8400 personnes[1046]. Pour répondre à ce besoin croissant de cohérence, l'OIM dispose d'un système de coordination à l'échelle mondiale : initiée au niveau du Directeur général et de ses services, elle est réalisée au quotidien grâce à l'intervention de bureaux implantés dans 150 pays.

L'Organisation internationale pour les migrations a été instituée en 1951 pour aider à la réinstallation des personnes qui avaient dû s'exiler durant la Seconde Guerre mondiale. Depuis, son champ d'action et ses attributions se sont élargis et la coordination des actions menées pour gérer au mieux les flux de population, en constante augmentation, est devenue une mission prioritaire de l'organisation qui « *en tant que principale organisation internationale dans le domaine de la migration, l'OIM agit avec ses partenaires de la communauté internationale en vue de : contribuer à relever concrètement les défis croissants que pose la gestion des flux migratoires, favoriser la compréhension des questions de migration, promouvoir le développement économique et social à travers les migrations, et oeuvrer au respect de la dignité humaine et au bien-être des migrants* »[1047]. Il revient au Directeur général à la tête de l'organisation de mettre en œuvre les mesures nécessaires à la réalisation de ces objectifs en s'assurant de leur cohérence, de leur compatibilité et de leur effectivité. Parmi les priorités actuelles de l'OIM, mentionnons, par exemple, les actions suivantes :

> « *fournir des services sûrs, fiables, souples et efficaces par rapport à leur coût aux personnes ayant besoin d'une assistance internationale en matière de migration* » ; « *renforcer la gestion humaine et ordonnée des migrations et le respect effectif des droits humains des migrants, conformément au droit international* » ; « *contribuer au développement économique et social des États par la recherche, le dialogue, la mise au point et la réalisation de programmes liés aux migrations et ayant pour objet de tirer tous les avantages possibles des migrations* » ; « *prendre part aux réponses humanitaires coordonnées dans le contexte de dispositions interinstitutions en la matière et fournir des services de migration dans d'autres situations de crise ou*

1046 Source : Site officiel de l'Organisation internationale pour les migrations.

1047 Source : « Enoncé de mission », *Site Internet de l'Organisation internationale pour les migrations*.
Disponible sur :
http://www.iom.int/files/live/sites/iom/files/About-IOM/docs/iom_strategic_focus_fr.pdf.

d'après-crise, s'il y a lieu, selon les attentes des personnes concernées, contribuant par là à leur protection »[1048], etc.

Le Directeur général est accompagné d'un Directeur général adjoint, d'un chef de cabinet et de plusieurs services qui l'assistent dans l'exercice de ses attributions[1049]. Parmi eux, une mention particulière doit être faite au Bureau des affaires juridiques qui fournit des conseils sur des questions de droit à tous les organes composant l'OMI et assure la préparation, la négociation et la coordination des accords en recherchant une action cohérente des acteurs concernés. À côté de ces services directement rattachés au Directeur général, se trouvent des départements compétents à propos des principales questions que posent les migrations (« département des opérations et des situations d'urgence », « département de la coopération internationale et des partenariats », « département de la gestion des migrations ») et un département plus logistique chargé de la « gestion des ressources ».

Ce qui fait l'intérêt de cette organisation internationale est son organisation fortement décentralisée congruente avec sa raison d'être : fournir quotidiennement sur le terrain des services aux migrants pour leur garantir un minimum de droits et de dignité. Aujourd'hui, en dehors du siège, on compte : neuf « bureaux régionaux », deux « bureaux de liaisons », deux « centres administratifs », plus de 460 « bureaux de pays et bureaux auxiliaires » répartis dans le monde entier, quatre « bureaux de pays à fonction de mobilisation des ressources » et cinq « bureaux de pays à fonction de coordination »[1050]. Ces derniers sont notamment chargés de veiller à ce que les réalités migratoires « *d'un groupe donné de pays soient prises en considération dans les activités*

1048 Source : « Orientations stratégiques de l'OIM », *Site Internet de l'Organisation internationale pour les migrations*.
Disponible sur :
http://www.iom.int/files/live/sites/iom/files/About-IOM/docs/iom_strategic_focus_fr.pdf.

1049 Ces services sont divers : bureau de l'inspecteur général, bureau des affaires juridiques, conseillers régionaux principaux, porte-parole, unité de sécurité du personnel, médiateur, unité de coordination des questions de genre, unité de médecine du travail.
Voir l'organigramme de l'Organisation internationale pour les migrations : http://www.iom.int/files/live/sites/iom/files/About-IOM/docs/organigramme_2012_fr.pdf.

1050 V. pour une liste détaillée de ces bureaux : http://www.iom.int/cms/fr/sites/iom/home/about-iom-1/organizational-structure.html.

programmatiques déployées dans la région »[1051]. Cette structure ramifiée est intéressante : elle permet une meilleure coordination des actions menées sur le terrain, mais rend plus délicate la cohérence d'ensemble de l'organisation et la coordination avec d'autres organisations internationales dont les missions sont liées à la question des migrations. Afin de favoriser cette coordination avec les organisations internationales a été institué un Groupe mondial sur la migration (GMG), qui a succédé au Groupe de Genève sur la migration créé en 2003 par les chefs des secrétariats de l'OIM, de l'Organisation internationale du Travail (OIT), du Haut-Commissariat aux droits de l'homme (HCDH), de la Conférence des Nations Unies sur le commerce et le développement (CNUCED), du Haut-Commissariat des Nations Unies pour les réfugiés (HCR), et de l'Office des Nations Unies contre la drogue et le crime (ONUDC). Cette instance se réunit régulièrement dans l'« *objectif de promouvoir une large application de l'ensemble des normes et instruments internationaux et régionaux pertinents relatifs à la migration, tout en fournissant une impulsion solide et cohérente afin d'améliorer l'efficacité générale de la politique et des mesures opérationnelles adoptées par la communauté internationale et les Nations Unies face aux chances et défis de la migration internationale »*[1052].

L'OIM a donc mis en place un dispositif institutionnalisé et sophistiqué de coordination à l'instar d'autres organisations internationales. Cependant, se développent parallèlement de nouveaux modes de coordination plus informels et, semble-t-il, mieux adaptés à la complexification et à la diversification de la scène politique internationale sous l'effet d'un phénomène de mondialisation.

1051 *Ibidem.*

1052 Source : Site de l'Organisation pour les migrations internationales. Disponible sur : http://www.iom.int/cms/fr/sites/iom/home/partnerships-1/global-migration-group.html.
A noter qu'« *au début de 2006, le Groupe de Genève sur la migration a été élargi au Département des affaires économiques et sociales des Nations Unies (ONU-DESA), au Programme des Nations Unies pour le développement (PNUD), au Fonds des Nations Unies pour la population (FNUAP) et à la Banque mondiale. Son mandat a été redéfini, et il a été renommé « Groupe mondial sur la migration » (GMG). En novembre 2007, le GMG a admis quatre nouveaux membres – l'Organisation des Nations Unies pour l'éducation, la science et la culture (UNESCO), le Fonds des Nations Unies pour l'enfance (UNICEF), les commissions régionales des Nations Unies, et l'Institut des Nations Unies pour la formation et la recherche (UNITAR). En 2010, l'Organisation mondiale de la Santé (OMS) et l'Entité des Nations Unies pour l'égalité des sexes et l'autonomisation des femmes (ONU-Femmes) ont été admises en tant que membres, portant à 16 le nombre d'institutions membres du GMG »*.

§ 2 - Une coordination du « système monde » ?

« *Continu depuis la Seconde Guerre mondiale, le processus d'internationalisation a pris une dimension nouvelle au cours des années 1990* »[1053]. Le processus dit de mondialisation conduit à une complexification des relations internationales et au développement d'une coordination des relations interétatiques plus flexible qui se réalise en dehors du cadre habituel des organisations classiques entre des États de plus en plus interdépendants et liés par des thématiques transnationales : « *the globalization* (…) *differs form traditional internationalization. While the latter refers to a centralized plan coordinated by so-called official international bodies such as the UN, the former is emerging in many places, both top-down and bottom-up, and is led by different actors* » [1054] . Dans ce contexte, de nouveaux procédés de coordination des relations étatiques adaptés à l'interdépendance croissante des États se développent. La formation de réseaux qui permettent des échanges informels entre les divers acteurs internationaux, publics ou privés, sans intervention obligatoire du niveau étatique, est une illustration de ce nouveau type de dialogue plus souple visant une action coordonnée. On peut également mentionner l'existence d'interactions sans intermédiation étatique entre administrations nationales qui « *disposent souvent d'une certaine marge de manœuvre dans certains domaines sectoriels pour se concerter et coordonner leurs décisions* »[1055]. Un autre exemple intéressant est le développement de *Global Cities*[1056], expression proposée par la sociologue Saskia Sassen pour

---

1053 Jacques CHEVALLIER, *Science administrative*, *op. cit.*, p. 236.

1054 Yishai BLANK, « The City and the World », *Columbia Journal of Transnational Law*, vol. 44, n° 3, 2006, p.907. « La globalisation se distingue de l'internationalisation traditionnelle. Alors que cette dernière se réfère à un schéma centralisé coordonné par des organes internationaux officiels à l'instar des Nations Unies, la première émerge dans plusieurs endroits, selon une logique à la fois « top-down » et « bottom-up », menée par différents acteurs » (traduction libre).
Voir not. pour le cas de Paris une étude de l'évolution des politiques tendant à faire de la capitale une véritable métropole à dimension mondiale : Jeanne CHAUVEL, *La question du Grand Paris (2001-2012)*, Thèse de doctorat en science politique, dir. Jacques Caillosse, Université Panthéon-Assas (Paris 2), décembre 2015.

1055 Pierre de SENARCLENS, *La mondialisation. Théories, enjeux et débats*, *op. cit.*, p. 67.

1056 Saskia SASSEN, *The Global City*, Princeton University Press, 2e éd., 2001 (1991). V. aussi Saskia SASSEN, « The Global City: Introducing a Concept », *Brown Journal of World Affairs*, vol. XI, Issue 2, Winter/Spring 2005 où l'auteur précise : « *There have long been cross-border economic processes – flows of capital, labor, good, raw materials, tourists. But to a large extent these took place within inter-state system, where the key articulators were national states.* (...) *This has changed rather dramaticallly*

traduire l'affirmation de la dimension mondiale de certaines grandes métropoles dont l'action entrecroise des problématiques locales et supranationales[1057].

La dialectique unité-fragmentation au cœur de la scène internationale contemporaine touche également aux questions normatives. En effet, comme le résume Emmanuelle Tourme-Jouannet, « *la question est de savoir quel est véritablement l'impact de cette multiplication de normes et de pratiques, de sujets et ces centres de pouvoir, sur l'unité éventuelle de l'ordre juridique international, et donc sur son existence même en tant qu'ordre. Ce dernier est-il en voie de fragmentation continue et donc peut-être de dilution de sa propre identité en tant que droit international ou chemine-t-il vers un ordre qui s'unifie et se coordonne de façon cohérente ?* »[1058]. Il s'agit d'une coordination qui vise une mise en cohérence de l'ordre juridique international, une finalité bien décrite par Mireille Delmas-Marty qui distingue « *les différents processus d'interaction par degré de hiérarchisation croissante, de la coordination, par entrecroisements horizontaux, à l'unification imposée verticalement par transplantation ou par hybridation, en passant par l'harmonisation qui implique le rapprochement mais sans prétendre à l'uniformité* »[1059] des droits. En ce sens, la coordination est un élément indispensable de la construction progressive d'un droit de la mondialisation : « *le produit d'une construction interétatique (…) d'où une coordination des règles juridiques nationales pour la formation de valeurs et de normes à vocation internationale* ». On aborde ici une troisième figure, normative, de la coordination en droit public.

---

over the last decade as a result of privatization, deregulation, the opening up of national economies to foreign firms, and the growing participation of national economic actors in global markets. It is in this context that we see a re-scaling of what are the strategic territories that articulate the new system. (...) The dynamics and processes that get territorialized at these diverse scales can in principle be regional, national or global. I locate the emergence of global cities (...) the dynamics and processes that get territorialized are global » (p. 27).

1057 Dans le même ordre d'idées, Boaventura de Sousa Santos parle de « *localisme globalisé* » et de « *globalisme localisé* » (V. not. Boaventura de SOUSA SANTOS, « Vers une conception multiculturelle des droits de l'homme », *Droit et société*, n° 35, 1997, p. 84).

1058 Emmanuelle TOURME-JOUANNET, *Le droit international*, *op. cit.*, p. 58.

1059 Mireille DELMAS-MARTY, « Le pluralisme ordonné et les interactions entre ensembles juridiques », *Recueil Dalloz*, 2006, p. 951.

CONCLUSION DU TITRE 2

La coordination politique est aujourd'hui plurielle. Elle est le résultat d'une évolution de l'État qui a perdu ou, plus exactement, abandonné son monopole en matière d'action publique en acceptant de transférer certaines de ses compétences à des organes situés à différents niveaux décisionnels et avec lesquels il n'entretient pas de relations de type hiérarchique. En l'absence de lien vertical, l'articulation des compétences de ces différents acteurs passe par une coordination multi-niveaux visant la cohérence d'une action publique désormais pluridimensionnelle.

La territorialisation des politiques est la première manifestation de cette évolution. Elle est le fruit d'un mouvement de décentralisation esquissé à la fin du XIXe siècle mais qui s'est substantiellement développé depuis une quarantaine d'années. En renforçant le principe de la libre administration des collectivités territoriales, déjà reconnu dans la Constitution de 1946, et en mettant fin à la tutelle administrative et financière *a priori* du pouvoir central sur ces dernières, la révision constitutionnelle de 1982 a ouvert la voie à d'autres textes législatifs et réglementaires visant un approfondissement de la décentralisation. De nombreuses politiques ont désormais une dimension territoriale : soit elles sont partiellement locales et leur élaboration requiert une coordination des compétences de l'État et des collectivités territoriales ; soit elles sont entièrement locales et leur préparation demande une coordination des compétences de plusieurs collectivités territoriales. Cette configuration, dans laquelle aucun des acteurs ne peut en principe juridiquement imposer ses vues à l'autre en l'absence de liens verticaux, appelle un ajustement horizontal de compétences visant à préserver la cohérence de l'action publique.

Le double phénomène d'horizontalisation et de complexification du processus de décision a par ailleurs pour conséquence une augmentation des besoins de coordination qui dépassent le seul cadre étatique. Un niveau supranational d'action publique a émergé et s'est consolidé tout au long de la seconde moitié du XXe siècle sous l'effet d'une européanisation et d'une mondialisation des politiques. La scène internationale a toujours été un lieu privilégié de coordination décisionnelle dès lors qu'elle met en relation des États qui sont souverains, donc en principe placés dans une position égalitaire les uns vis-à-vis des autres ; qu'il s'agisse de traités bilatéraux classiques ou des organisations internationales dont certaines ont développé des dispositifs de coordination particulièrement élaborés. Les Nations Unies, complexe d'organisations internationales sectorielles, constituent l'exemple le plus représentatif d'une coordination mondiale institutionnalisée. Néanmoins, le mécanisme de coordination le plus développé au niveau supra-national sans doute est celui de l'Union européenne, entité juridique autonome regroupant des États souverains qui ont volontairement choisi de lui transférer une partie de leurs compétences. Pour agir, l'Union européenne est caractérisée par un processus décisionnel original qui ne fonctionne que grâce à la succession de plusieurs étapes de coordination : au sein des institutions de l'Union tout d'abord, chargées d'élaborer un projet de texte européen transmis aux États membres ; au sein des administrations nationales ensuite, qui doivent s'entendre pour aboutir à une position commune qui sera défendue à Bruxelles *via* la Représentation permanente ; puis, à nouveau au sein des institutions de l'Union en vue de finaliser le projet de règlement ou de directive en question, qui devra ensuite faire l'objet d'un vote du Conseil de l'Union mais aussi, le plus souvent désormais, du Parlement européen.

CONCLUSION DE LA PARTIE 2

La coordination-articulation doit être abordée d'un double point de vue : à une coordination visant une articulation des compétences ministérielles dans le cadre du travail gouvernemental classique s'ajoute à présent une coordination ayant pour objet d'articuler des espaces décisionnels superposés ou enchevêtrés, résultat d'une multiplication des lieux de pouvoir. Dans les deux cas, il s'agit d'assurer une cohérence décisionnelle de plus en plus délicate à atteindre en raison de la multiplication et de la diversification des acteurs prenant part à l'action publique.

La notion de gouvernance est pertinente pour comprendre cette évolution, en mettant l'accent sur le fait que les acteurs prenant part aux processus politiques se sont diversifiés et que les espaces décisionnels se sont multipliés sous l'effet d'un processus de transfert de compétences de telle sorte que l'approche classique, c'est-à-dire stato-centrée et gouvernementale, se retrouve désormais dépassée. Des dispositifs de coordination se sont développés aux niveaux territorial, européen et mondial qui sont devenus de véritables lieux de pouvoir, avec les États. L'exemple le plus représentatif de cette configuration politique complexe est celui du processus de décision de l'Union européenne auquel prennent part une variété d'acteurs situés à des niveaux de décision différents.

PARTIE 3

LA « COORDINATION-HARMONISATION » : INSTRUMENT DE CONCORDANCE JURIDIQUE

La coordination-harmonisation constitue le troisième volet du triptyque de la coordination en droit public aux côtés de la coordination-intégration et de la coordination-articulation. Alors que ces deux notions ont permis de mettre respectivement en lumière les dimensions administrative et politique de la coordination, cette dernière figure envisage la coordination dans le cadre du processus de production du droit, d'une part, et en tant que correctif au pluralisme juridique, d'autre part.

S'agissant de la coordination qui intervient dans le cadre du processus de production de droit, deux aspects peuvent être distingués. Selon une approche classique, la coordination recouvre un ensemble de procédés qui interviennent tout au long du travail gouvernemental, visant à une insertion harmonieuse des projets de loi ou de décret dans le corpus juridique existant, c'est-à-dire sans doubler ou contredire les règles de droit qui le constituent. Par ailleurs, la technique contractuelle s'est substantiellement développée ces dernières décennies, non seulement entre entités publiques, mais également entre acteurs publics et acteurs privés. La conclusion de contrats permettant à des personnes de droit privé de participer, par délégation, à la gestion publique est très ancienne ; ce qui l'est moins est une évolution vers une égalitarisation des rapports entre cocontractants qui se manifeste, notamment, dans l'évolution du vocabulaire utilisé insistant sur l'idée de négociation et de dialogue (partenariat, pacte...) alors que le contrat public classique est caractérisé par un déséquilibre de la relation juridique au bénéfice de l'administration. En ce sens, le contrat constitue un instrument souple de création de droit qui produit des effets juridiques à l'égard des cocontractants ; il s'agit d'un mode de coordination qui dispose d'une valeur juridique exécutoire propre. La coordination peut encore être associée au droit souple comme c'est le cas au niveau européen avec la « méthode ouverte de coordination » dont l'objet est d'harmoniser les droits et politiques nationales grâce à l'emploi de procédés non contraignants.

La coordination peut être aussi envisagée en tant que correctif au pluralisme juridique. Dans ce cas, il ne s'agit pas de s'intéresser aux dispositifs de coordination qui interviennent en amont de la règle juridique et qui participent à sa création mais aux moyens d'ordonnancer les dispositions juridiques. Corollaire d'un foisonnement des lieux de pouvoir, les foyers de production juridique se sont en effet multipliés en mettant en question la vision kelsenienne d'un ordre juridique unique, pyramidal et statique. Le principe d'un ordonnancement vertical des règles de droit, condition de leur effectivité, trouve ses limites lorsqu'il s'agit d'assurer l'unité et la cohérence d'un droit étatique qui s'est diversifié et doit désormais composer non seulement avec des règles issues de l'autorégulation d'acteurs privés, mais encore avec un droit territorial et un droit supranational qui se sont développés formant plusieurs espaces juridiques autonomes. Dans ce cadre pluraliste et complexe, caractérisé par des interactions et imbrications permanentes entre droits et ordres juridiques, la coordination apparaît comme un mode d'harmonisation juridique flexible et dynamique adapté aux situations d'internormativité [1060] ; recherchant une harmonisation plutôt qu'une uniformisation des droits. Dans le cadre de l'Union européenne, la coordination juridique atteint un niveau supérieur : on peut l'envisager comme un mode d'hybridation de droits.

[1060] C'est-à-dire « *L'ensemble des phénomènes constitués par les rapports qui se nouent et se dénouent entre deux catégories, ordres ou systèmes de normes* » (Jean CARBONNIER, « Internormativité », *in* André-Jean ARNAUD (dir.), *Dictionnaire encyclopédique de théorie et de sociologie du droit*, Paris, LGDJ, coll. « Droit et société », 1993, p. 313-314). V. aussi Guy Rocher : « *dans sa nature même, le concept d'internormativité nous situe dans la perspective pluraliste de la normativité. Il postule la coexistence d'ordres ou de systèmes normatifs différenciés, parallèles, complémentaires ou antagonistes. Situé dans ce contexte socio-culturel élargi, le statut du droit positif est relativisé, ce qui permet ainsi d'échapper à son empire* (...). *L'étude de l'internormativité ouvre des horizons sur un univers complexe, qui recouvre à la fois des faits d'internormativité effective et des obstacles à l'internormativité. Il nous apparaît que les derniers, qui sont nombreux, ne sont pas moins importants à considérer que les premiers* (Guy ROCHER, « Les « phénomènes d'internormativité » : faits et obstacles », *in* J.-G. BELLEY (dir.), *Le droit soluble : contributions québécoises à l'étude de* l'internormativité, Paris, LGDJ, p. 26) ; V. aussi Jacques CHEVALLIER, « L'internormativité », *in* Isabelle HACHEZ, Yves CARTUYVELS, Hugues DUMONT, Philippe GÉRARD, François OST et Michel van de KERCHOVE (dir.), *Les sources du droit revisitées*, Volume 4 : Théorie des sources, Bruxelles, Publications de l'Université Saint-Louis, 2013, pp. 689-711.

TITRE 1

LA COORDINATION DANS LE PROCESSUS DE PRODUCTION DU DROIT

Il s'agira, dans un premier temps, de souligner le rôle fondamental des instances collégiales et des procédés gouvernementaux de coordination dans la procédure d'élaboration des projets de loi et de décret. La coordination a ici une dimension préparatoire : une coordination intra-ministérielle suivie d'une coordination interministérielle sont indispensables à l'élaboration de règles juridiques.

Une autre approche de la coordination est, cependant, possible si l'on dépasse le cadre classique du processus de production juridique aboutissant à un acte réglementaire ou législatif. En effet, « *le droit est plus grand que la règle de droit* »[1061] caractérisée par la généralité et la contrainte. Alors, le contrat apparaît comme un mode de coordination dans la mesure où il repose en principe sur un accord de volontés de deux partenaires censés discuter des termes de leur engagement réciproque sur un pied d'égalité ; il produit des effets juridiques. On peut ainsi parler d'une dimension exécutoire de la coordination que l'on retrouve, dans une certaine mesure, au niveau européen avec la « méthode ouverte de coordination » qui aboutit à la création d'un droit non impératif, mais de nature incitative.

1061 Jean CARBONNIER, *Flexible droit*, Paris, LGDJ, 10e éd., 2001, p. 22.

CHAPITRE 1

LE TRAVAIL GOUVERNEMENTAL : LA DIMENSION PRÉPARATOIRE DE LA COORDINATION

Dans son ouvrage sur *Le travail gouvernemental*, Jacques Fournier s'interrogeait : « *en fonction de quelle organisation, avec le concours de quelles personnes, s'opère le passage du programme politique dont sont porteurs les ministres aux actes juridiques qu'eux-mêmes ou leurs subordonnés accomplissent dans l'exercice de leurs fonctions ?* »[1062]. Sans aucun doute faisait-il référence aux dispositifs de coordination qui constituent des rouages essentiels du processus de production gouvernementale du droit[1063], permettant l'exercice effectif, par le pouvoir exécutif, de sa compétence réglementaire[1064] et de son pouvoir d'initiative législative[1065]. Plus ou moins long selon la nature des textes juridiques à élaborer[1066], le travail gouvernemental débute toujours

---

1062 Jacques FOURNIER, *Le travail gouvernemental*, Paris, Presses de la FNSP-Dalloz, 1987, p. 13-14.

1063 On se concentrera sur la coordination dans le cadre du processus gouvernemental du droit sachant que de fait le pouvoir exécutif est à l'origine de la quasi-totalité des actes juridiques : les actes réglementaires et plus de 90% des lois sont issues d'un projet de loi.

1064 Il s'agit des décrets réglementaires qui édictent des règles de portée générale. Ne seront pas traités les des décrets individuels.

1065 Article 39 de la Constitution du 4 octobre 1958.

1066 Comme le résume Jacques Fournier : « *Le circuit le plus long est celui des lois. On ne parle ici, bien entendu, que des lois d'origine gouvernementale, c'est-à-dire de celles qui sont issues de projets de loi et qui constituent d'ailleurs la très grande majorité des lois effectivement votées. Ces lois parcourent toutes les étapes du processus : phase administrative, Conseil d'État, Conseil des ministres, examen parlementaire par les deux Assemblées, contrôle constitutionnel éventuel, promulgation et publication. Le circuit le plus court est celui des décisions ministérielles prises par arrêté ou circulaire. Un arrêté ministériel va directement de la phase administrative de préparation à la phase de publication au Journal officiel. Entre ce circuit long et ce circuit court, il existe des hypothèses intermédiaires qui concernent les ordonnances et les décrets et que l'on peut répartir en trois catégories :*
1. La première catégorie englobe les ordonnances et les décrets en Conseil des ministres. Ces textes, par hypothèse, doivent passer en Conseil des ministres. En outre, dans tous

par une impulsion des autorités exécutives et aboutit à l'édiction de règles juridiques destinées à mettre en œuvre les politiques décidées en amont. Cette transformation se réalise grâce à plusieurs procédés assurant une double coordination : coordination de l'écriture du droit d'une part, qui aboutit à la rédaction de projets de textes juridiques conformément à des règles matérielles et formelles (coordination juridique et coordination consultative) ; coordination de la formalisation du droit d'autre part, qui conduit à la concrétisation des projets de textes dans un acte juridique l'insérant dans le corpus normatif existant (coordination arbitrale et coordination procédurale).

SECTION 1 - LA PRÉPARATION D'UN PROJET DE TEXTE JURIDIQUE : LA COORDINATION DE L'ÉCRITURE DU DROIT

Aux termes de l'article 20, alinéa 1er de la Constitution de 1958, le Gouvernement, entendu comme organe collégial et solidaire, détermine et conduit la politique de la Nation. Néanmoins, en l'absence d'organe comparable au *Parliamentary Counsel* britannique qui, placé sous l'autorité du *Prime Minister*, détient le monopole de la rédaction des textes normatifs, « *qu'il s'agisse d'un projet de loi, d'un décret ou de tout autre texte, c'est d'abord dans les services du ministère compétent qu'est élaborée normalement la première mouture du projet* » [1067] de loi, d'ordonnance, de décret autonome ou de décret d'application. Conformément au principe de spécialisation fonctionnelle, chaque ministère dispose d'attributions pour une ou plusieurs matières déterminées par décret[1068]. Pour chaque politique envisagée, le ministère

---

les cas pour les ordonnances, pas toujours mais souvent pour les décrets, ils doivent également passer en Conseil d'État. (...)

2. La seconde catégorie est celle des décrets en Conseil d'État. Ils sont soumis à l'avis du Conseil d'État mais ils viennent ensuite directement à la signature du Premier ministre, sans passer par le Conseil des ministres. (...)

3. La troisième catégorie est celle des décrets simples qui ne passent ni par le Conseil d'État ni par le Conseil des ministres et viennent directement à la signature du Premier ministre » (*in Le travail gouvernemental op. cit.*, p. 238-239).

1067 Jacques FOURNIER, *Le travail gouvernemental*, *op. cit.*, p. 241.

1068 Après leur nomination, des décrets relatifs aux attributions de chaque ministre sont publiés. Il s'agit obligatoirement de décrets en Conseil des ministres pris après avis du Conseil d'État dictés par le Premier ministre au moment de composer son Gouvernement en application du décret du 22 janvier 1959. Ces textes sont complétés par des décrets d'organisation des ministères (décrets simples) qui décrivent pour chacun d'eux les différents services qui les composent ainsi que leurs attributions.

le plus concerné au regard des compétences qui lui ont été conférées[1069] se saisit du dossier : « *chaque ministre doit se sentir responsable du secteur dont il est chargé et il est donc le premier à devoir déterminer une politique et fixer les priorités de son action* »[1070]. Il revient alors au service opérationnel compétent[1071] à l'intérieur du ministère « pilote » ou « chef de file » de mener la rédaction d'un avant-projet de décret ou de loi destiné à mettre en œuvre une politique[1072] qui, conformément aux principes de collégialité et de solidarité, engage tout le Gouvernement[1073].

Comme le résume Jacques Chevallier, « *les projets de textes vont dès lors cheminer en suivant la configuration de l'administration centrale : la répartition des compétences opérée entre les ministères puis, en leur sein, entre les directions détermine la structure en charge de la conduite du projet ; et la hiérarchisation entre directions, sous-directions et bureaux annonce les étapes successives par lesquelles il doit normalement transiter* »[1074]. Ce circuit requiert une coordination qui prend la forme d'échanges plus ou moins formels d'informations entre les

---

1069 Un ministère est dit compétent ou « intéressé » lorsque le texte juridique envisagé touche une question qui relève de ses attributions, qui peut avoir des conséquences sur son champ d'attributions ou qui l'intéresse politiquement. Aucune décision qui relève du domaine de compétences d'un ministère ne peut être prise sans son consentement comme le confirme l'article 22 de la Constitution qui précise que tout acte du Premier ministre requiert le contreseing des ministres chargés de son exécution ; de même que les actes du Président de la République pris en dehors de l'exercice de ses « pouvoirs propres » doivent pour recueillir le contreseing des ministres responsables (art. 19 C).

1070 Francis de BAECQUE, « Le rôle du chef du Gouvernement et ses services dans la coordination et la détermination des priorités. Rapport français », *op. cit.*, p. 54.

1071 Un service est tenu pour compétent : si l'application de la mesure envisagée peut avoir des répercussions directes ou indirectes sur le domaine dont il est responsable ; si les unités administratives qui dépendent de lui sont appelées à intervenir pour appliquer le texte ou peuvent se voir opposer certaines de ses dispositions. Source : Jacques COMMAILLE, Pierre LASCOUMES, *La production gouvernementale du droit*, GIP – Mission de recherche droit et justice, 1995.

1072 « *Chaque ministre doit se sentir responsable du secteur dont il est chargé et il est donc le premier à devoir déterminer une politique et fixer les priorités de son action* » (Francis de BAECQUE, « Le rôle du chef du Gouvernement et ses services dans la coordination et la détermination des priorités. Rapport français », *op. cit.*, p. 54).

1073« *Chaque ministre et chaque secrétaire d'État a la responsabilité de préparer, dans le domaine d'attributions qui est le sien, les décisions que le Gouvernement doit prendre* » (Circulaire du Premier ministre relative à l'organisation du travail gouvernemental, 6 juin 1997) ; « *tous les membres du Gouvernement sont engagés par une décision prise et doivent s'exprimer à son sujet de manière solidaire* » (Circulaire du Premier ministre n° 5222/SG, « Organisation du travail gouvernemental », 18 mai 2007).

1074 Jacques CHEVALLIER, « La place de l'administration dans la production des normes », *Droit et société*, n° 79, 2011, p. 627.

services intéressés au sein du ministère pilote/chef de file mais aussi, parce qu'une politique est rarement monoministérielle, avec les services intéressés dans les autres ministères. Le pilotage de ce dialogue interservices, ministériel et interministériel, qui doit permettre de finaliser la conception d'un projet de texte revient, en principe, aux directeurs d'administration centrale et aux secrétaires généraux des ministères et se réalise en étroite relation avec les cabinets ministériels. En outre, parce que l'élaboration du projet de texte peut requérir une expertise technique particulière et la prise en considération d'enjeux sociétaux, les services opérationnels procèdent à des consultations internes et des concertations externes à l'administration ; tantôt facultatives, tantôt obligatoires.

L'aboutissement de cette coordination par le dialogue est donc l'écriture d'un projet de texte par le ou les services opérationnels compétents, en collaboration avec la direction des affaires juridiques qui veille à une rédaction cohérente sur le fond comme sur la forme. Cette coordination juridique se réalise avec l'appui du Secrétariat général du Gouvernement, qui s'assure en particulier du respect des principes de légistique, et l'intervention du Conseil d'État pour les projets de loi et les décrets de l'article 37 de la Constitution, qui se présente comme garant au niveau national de l'unité et de la cohérence de l'ordre juridique.

§ 1 - La coordination matérielle du projet de texte juridique

Le processus de production gouvernementale du droit français se singularise par une complexité qui s'explique par des spécificités administratives et politiques. Comme le souligne Jean Maïa, « *l'organisation administrative française se caractérise par une forte décentralisation jusqu'au sein de chaque ministère de la charge de la conception et de rédaction des projets de textes normatifs* (...) *ce ne sont pas les services du Premier ministre qui tiennent la plume des avant-projets de texte mais bien les services du ministre en charge de la réforme avant que ne s'engage leur examen interministériel* »[1075]. Dans une telle

1075 Jean MAÏA, « La légistique au Secrétariat général du Gouvernement », *Le Courrier Juridique des Finances et de l'Industrie. Num. spéc. Légistique*, juin 2008, p. 20. Entre avril 2006 et juin 2012, Jean Maïa a été conseiller technique pour la qualité de la réglementation auprès du Premier ministre, puis chef du service de la législation et de la qualité du droit au Secrétariat général du Gouvernement. Source : http://www.economie.gouv.fr/jean-maia-nouveau-directeur-daj.

configuration, une coordination dépassant le cadre fonctionnel vertical de l'administration est indispensable.

Elle repose essentiellement sur un dialogue qui a pour objet de réunir les éléments techniques et juridiques nécessaires à la conception du projet de texte. Le ou les services opérationnels en charge de sa rédaction échangent avec les services intéressés, au sein du ministère pilote/chef de file ou dans les autres ministères, sachant que tout projet de texte s'inscrit dans le cadre d'un programme de travail gouvernemental. En effet, « *en tant qu'autorité politique, le ministre est d'abord membre d'un organisme collectif, le gouvernement. C'est dire que l'action ministérielle doit s'inscrire dans un ensemble coordonné d'initiatives, de priorités et de contraintes* »[1076]. Sont, par ailleurs, organisées des consultations d'organes publics - souvent informelles, parfois formelles comme lorsqu'elles sont rendues obligatoires par un texte - qui jouent un rôle important dans le processus de coordination en mettant en lumière les mérites et les inconvénients des textes envisagés. Enfin, la « coordination par le dialogue » peut aussi prendre la forme de concertations avec des représentants de groupes d'intérêt, ce qui doit permettre de prendre en considération la diversité des points de vue.

A. Les échanges interservices sous la supervision du cabinet ministériel

Lorsque la mise en œuvre d'une politique requiert l'élaboration d'un projet de décret ou de loi, un dialogue interservices est engagé au sein du ministère pilote/chef de file. Ces échanges sont encadrés par trois principaux acteurs : les directeurs d'administration centrale « *chargés de piloter, sous l'autorité des ministres, la préparation des réformes* »[1077] ; les secrétaires généraux qui, « *au titre de leur mission générale de coordination des services* »[1078], veillent à ce que tous les services concernés par le projet de texte envisagé soient effectivement impliqués ; le cabinet du ministre dont les membres « *coordonnent les divers points de vue des directions du ministère, à la fois en exerçant un contrôle étroit sur leur activité et en impulsant les directives du ministre* »[1079]. *A priori*,

---

1076 Olivier SCHRAMECK, *Dans l'ombre de la République. Les cabinets ministériels*, Paris, Dalloz, 2006, p. 64.

1077 Circulaire du Premier ministre, « Organisation du travail gouvernemental », n° 5822/SG, 30 octobre 2015.

1078 *Ibidem*.

1079 Christian BIGAUT, « Les cabinets, diplomates de l'interministériel et de l'arbitrage », *in* Jean-Michel EYMERI-DOUZANS, Xavier BIOY, Stéphane MOUTON

ces acteurs ministériels ont donc des attributions différenciées et complémentaires : la coordination intra-ministérielle relève des directeurs d'administration et des secrétaires généraux pour son versant administratif et du cabinet pour son aspect politique. La circulaire du Premier ministre relative au travail gouvernemental du 30 octobre 2015 est explicite sur ce point : « *Il convient de préserver les domaines respectifs de la délibération politique et de l'action administrative* »[1080]. La réalité est plus complexe.

Auxiliaire direct du ministre composé d'un chef[1081] et d'un directeur de cabinet[1082] qui chapeautent le travail de conseillers techniques et de chargés de mission[1083], le cabinet constitue un relais entre le politique et l'administratif : d'une part, il transmet les priorités politiques du ministre aux services en ajoutant parfois ses propres indications ; d'autre part, il informe le ministre de l'état d'avancement de l'élaboration des projets de texte par les services. Sa position institutionnelle et sa composition en font un organe de coordination polyvalent : « *le cabinet est au carrefour d'un vaste réseau d'influences et de contraintes, certaines internes au champ politique, d'autres émanant de l'administration, d'autres encore propres au champ médiatique, d'autres finalement provenant du monde économique et de la société civile* »[1084]. Afin d'organiser cette fonction, une réunion hebdomadaire de cabinet est organisée tous les mercredis matin (en même

---

(dir.), *Le règne des entourages. Cabinets et conseillers de l'exécutif*, Paris, Sciences Po-Les Presses, 2015, p. 608.

1080 Circulaire du Premier ministre, « Organisation du travail gouvernemental », n° 5822/SG, 30 octobre 2015.
Disponible sur :
http://circulaires.legifrance.gouv.fr/pdf/2015/11/cir_40178.pdf.

1081 Le chef de cabinet est chargé de l'organisation matérielle de l'activité du ministre ce qui implique notamment la gestion de son emploi du temps, de ses déplacements, de ses interventions, etc. Il collabore généralement avec le secrétariat particulier du ministre, les attachés parlementaires et de presse.

1082 Le directeur de cabinet coordonne l'action des membres du cabinet sur lesquels il a autorité et peut suppléer le ministre dans la direction du ministère. A noter qu'il peut bénéficier d'une délégation de signature du ministre sous certaines conditions précisées par le décret n° 2005-850 du 27 juillet 2005 relatif aux délégations de signature des membres du Gouvernement (qui a abrogé et remplacé le décret n° 47-233 du 23 janvier 1947 autorisant les ministres à déléguer, par arrêté, leur signature).

1083 Traditionnellement les collaborateurs du ministre étaient des hauts fonctionnaires issus des grands corps de l'État mais leur nombre tend aujourd'hui à s'estomper au profit d'un profil plus technique et moins politique.

1084 Alain ERALY, « Les cabinets ministériels et la décision politique », *in* Claude WILWERTH, Gabrielle JOTTRAND... (et al.), *Les cabinets ministériels et autres. Statuts, rôles et pouvoirs*, Bruxelles, Bruylant, 2001, p. 75.

temps que le Conseil des ministres) sous la présidence du directeur de cabinet et en présence de tous les membres de ce dernier. Cette rencontre a pour objet de programmer le travail ministériel en considération des indications du ministre et de distribuer à chaque collaborateur les affaires qu'ils devront particulièrement suivre. Chaque collaborateur de cabinet est, en effet, responsable d'un domaine relevant du ministère et dialogue quotidiennement avec les services qui préparent les projets de textes afin d'anticiper les divergences de positions, ou, lorsqu'elles se déclarent, de tenter de les régler avant que la situation de blocage ne s'enlise. Parallèlement, sous l'impulsion du directeur de cabinet, des réunions plus techniques sont menées par le(s) directeur(s) compétent(s) réunissant les sous-directeurs et chefs de bureaux des services intéressés. Ces réunions préliminaires permettent de fixer des orientations communes afin de préparer une première version du projet de texte : celle-ci va ensuite « circuler » entre les services intéressés qui le reformuleront en modifiant, ajoutant ou retirant des dispositions. Les échanges, qui sont essentiellement informels (appels téléphoniques, envois de courriers électroniques...), dépassent le cadre du ministère pilote.

Le dialogue se fait aussi avec les services concernés des autres ministères qui seront appelés à être cosignataires des futurs textes juridiques. En tant que membre d'un gouvernement collégial, tout ministre doit effectivement veiller aux incidences sur les autres ministères de l'avant-projet en cours d'élaboration par ses services[1085] : « *doit être associé tout ministère qui peut être intéressé par le projet soit en raison de la matière qu'il traite (par exemple le ministère de la Justice pour les projets concernant le droit privé), des catégories de personnes qu'il affecte (par exemple le ministère de l'Intérieur pour les collectivités territoriales) ou des textes qu'il modifie (le ministère responsable d'un code pour des modifications de celui-ci)* »[1086]. Logiquement, ce dialogue

---

1085 « *Lorsque, pour la préparation de telle ou telle mesure relevant de vos compétences, les attributions d'autres membres du Gouvernement sont en cause, il vous appartiendra d'engager sans attendre avec eux les discussions nécessaires. J'insiste sur la nécessité d'une discussion interministérielle préalable à la saisine éventuelle de mon cabinet* » (Circulaire du Premier ministre relative à l'organisation du travail gouvernemental, 6 juin 1997)

1086 Secrétariat général du Gouvernement, Conseil d'État, *Guide pour l'élaboration des textes législatifs et réglementaires*, Paris, La Documentation française, 2e éd., 2007, p. 82 ; version consultée en ligne : https://www.legifrance.gouv.fr/Droit-francais/Guide-de-legistique.

Par ailleurs, le guide précise :« *Le ministère pilote doit veiller à une association systématique à ces discussions, dès le début du processus : du ministère de la justice, dans l'hypothèse où le projet contient des sanctions pénales ; du ministère chargé de l'outre-mer si le projet prévoit des dispositions particulières à l'outre-mer ainsi que dans l'hypothèse où une extension ou adaptation de ce projet doit être envisagée à court ou*

interministériel sera plus nourri dans certains ministères dits « transversaux » : les services du ministère des Finances et des Comptes publics ne peuvent ainsi se passer de collaborer avec les services des autres ministères, notamment lorsqu'il s'agit de préparer la loi de finances.

Les échanges interministériels peuvent se faire directement entre services mais les discussions entre cabinets ministériels sont déterminantes. Comme le souligne effectivement Jean-Michel Eymeri-Douzans, « *c'est sans doute dans les procédures de coordination et de négociation interministérielles que le mandat donné aux collaborateurs de cabinet de « porter » la parole des ministres revêt peut-être le plus d'importance décisionnelle* »[1087]. Un dialogue permanent a lieu entre les membres spécialisés des cabinets, mais ce sont surtout les directeurs de cabinet qui jouent un rôle essentiel pour permettre la conception d'un projet de texte accepté par les autres ministères. Les échanges entre eux sont quotidiens ; ils se réunissent aussi plus formellement tous les lundis sous la présidence du directeur de cabinet du Premier ministre ou de son adjoint. Cette réunion des directeurs de cabinet est importante en matière d'impulsion et de coordination de l'action gouvernementale dans la mesure où elle « *permet d'élaborer, à partir des demandes des ministres, le programme de travail du gouvernement en liaison avec le cabinet de chacun des ministres, ainsi que de régler les questions générales de coordination. Cette réunion fixe les priorités, l'échéancier des principales mesures devant être préparées par chaque ministre, et la communication à prévoir. Ces réunions hebdomadaires offrent à tous les directeurs de cabinet l'occasion de faire valoir leurs points de vue avant toute prise de décision* »[1088]. À travers ce dialogue qui précède le travail gouvernemental, les ministres *via* leurs directeurs de cabinet cherchent à éviter tous conflits de compétences en délimitant pour chacun d'eux un domaine d'action : il s'agit de faciliter les futurs ajustements de positions. Comme le souligne Christian Bigaut, « *la principale mission des*

---

moyen terme ; du ministère chargé du budget si le projet a un impact sur les finances publiques ; plus généralement, de tout ministère qui peut être intéressé par le projet, en raison soit de la matière que traite ce projet (par exemple le ministère de la justice pour les projets concernant le droit privé), soit des catégories de personnes qu'il affecte (par exemple le ministère de l'intérieur pour les collectivités territoriales) ou des textes qu'il modifie (le ministère principalement responsable d'un code pour des modifications de celui-ci) ».

1087 Jean-Michel EYMERI-DOUZANS, « Le ministre n'est plus une personne physique. Sur la collectivisation de la fonction ministérielle », *in* Jean-Michel EYMERI-DOUZANS, Xavier BIOY, Stéphane MOUTON (dir.), *Le règne des entourages. Cabinets et conseillers de l'exécutif*, *op. cit.*, p. 575.

1088 Christian BIGAUT, « Les cabinets, diplomates de l'interministériel et de l'arbitrage », *op. cit.*, p. 606.

membres des cabinets est alors d'éviter de donner le spectacle de l'incohérence et de l'inertie (...) cette influence des hommes de cabinets, dont la discrétion est sans doute gage de réussite, s'exerce dans et par des négociations officieuses et par une action aux confins de la politique, auxquelles la France de la Cinquième République doit d'obtenir une réelle unité d'action entre les membres du gouvernement »[1089].

Enfin, parmi les intervenants au dialogue interministériel, il convient de mentionner un interlocuteur discret mais très influent comme on a déjà pu le noter : le Secrétariat général du Gouvernement. Dans le cadre de sa mission générale d'organisation du travail gouvernemental, il supervise la recherche d'un point d'accord entre administrations en échangeant avec elles. Le Guide de légistique précise ainsi que « *les services du ministère principalement responsable du projet de réforme doivent prendre l'attache du Secrétariat général du Gouvernement dès la mise en chantier de ce projet, afin d'arrêter le cahier des charges de l'étude d'impact et de déterminer les concours susceptibles d'être recherchés auprès d'autres administrations pour contribuer aux travaux d'évaluation préalable* » [1090]. De plus, les membres des cabinets ministériels doivent informer régulièrement les chargés de mission au sein du Secrétariat général du Gouvernement responsables du suivi des politiques dont les textes de mise en œuvre sont en cours d'élaboration dans les ministères.

En dépit de ces discussions permanentes entre services, des conflits peuvent survenir lors de la conception des projets de texte. Dans ce cas, il appartient, en principe, aux secrétaires généraux des ministères, dont la mission de coordination générale des services a été renforcée par le décret du 24 juillet 2014 relatif aux secrétaires généraux des ministères et la circulaire du Premier ministre sur l'organisation du travail gouvernemental du 30 octobre 2015, de faciliter l'entente entre les services qu'ils coiffent afin qu'ils se mettent d'accord sur un projet de texte. Dans le cadre de cette fonction, le secrétaire général est tenu de prendre en considération les positions des services intéressés dans les autres ministères. Aux termes de l'article 3-3 du décret du 24 juillet 2014 précité, « *le secrétaire général est responsable dans la limite de ses attributions, de la bonne insertion du ministère dans le travail interministériel. Il reçoit du Premier ministre une lettre de mission, contresignée par le ministre sous l'autorité duquel il est placé, qui précise les objectifs qui lui sont assignés en ce qui concerne la contribution du*

1089 *Ibidem*, p. 618.

1090 Source : http://www.legifrance.gouv.fr/Droit-francais/Guide-de-legistique/II.-Etapes-de-l-elaboration-des-textes/2.4.-Decret/2.4.1.-Elaboration-d-un-decret-simple.

ministère au travail interministériel » [1091]. De plus, il revient aux directeurs d'administration centrale de mener concrètement le dialogue interministériel comme l'indique le Guide de légistique : « *dans le cas de projets importants concernant plusieurs directions, il est souhaitable qu'un agent, ayant au moins le rang de sous-directeur, soit désigné pour coordonner les travaux du ministère et, le cas échéant, être l'interlocuteur unique des autres ministères et du secrétariat général du Gouvernement* »[1092]. Le cabinet quant à lui ne devrait intervenir que s'il constate une incohérence entre les textes et les orientations générales du ministère ou au vu du caractère politiquement sensible d'une question : les conseillers techniques et chargés de mission peuvent alors demander aux services concernés de modifier certains points. Si les incohérences persistent, ce sont eux qui préparent le dossier d'arbitrage à destination du ministre, accompagné de notes qui proposent la manière de les résoudre en tenant compte de critères administratifs mais aussi d'arguments qui relèvent de l'opportunité politique[1093].

Néanmoins, les cabinets ont tendance à empiéter sur les compétences de coordination administrative qui relèvent des secrétaires généraux et directeurs d'administration centrale. Or, cette intervention, qui a pour conséquence d'arrêter prématurément le dialogue interservices, est source de dysfonctionnements du travail gouvernemental : « *au lieu de se contenter d'un rôle d'impulsion ou de coordination, ils ont tendance à s'occuper de toutes les affaires administratives. Il en résulte souvent des doubles emplois, un alourdissement des circuits, une dilution des responsabilités et un véritable malaise des administrations centrales* »[1094]. Ce phénomène s'accompagne d'une augmentation constante des effectifs des cabinets ministériels sous la Ve République[1095] qui n'est pas sans

---

1091 Article 3-3 du décret n° 2014-834 du 24 juillet 2014 relatif aux secrétaires généraux des ministères.

1092 Source : http://www.legifrance.gouv.fr/Droit-francais/Guide-de-legistique/II.-Etapes-de-l-elaboration-des-textes/2.4.-Decret/2.4.1.-Elaboration-d-un-decret-simple.

1093 Parfois, le ministre échange directement avec les chefs de service concernés ; dans d'autres cas, l'échange implique le ministre, les chefs de service intéressés mais aussi les membres du cabinet compétents pour le dossier traité.

1094 Guy BRAIBANT, Bernard STIRN, *Le droit administratif français*, Paris, Presses de Sciences Po-Dalloz, coll. « Amphi », 2002 p. 59-60.

1095 En effet, « *les effectifs des cabinets ministériels ont doublé, passant de 262 au début de la Cinquième République à 652 aujourd'hui. Seule une partie de cette évolution peut s'expliquer par l'officialisation des membres officieux des cabinets à la suite de la réforme engagée par le Gouvernement Jospin en décembre 2001. Les cabinets ministériels comportent toujours des membres officieux, certes dans une proportion moindre, qui peut être estimée entre 15 et 25% des effectifs totaux. L'effectif complet des membres de cabinets ministériels serait ainsi actuellement de l'ordre de 750 et non*

effets néfastes pour la coordination de l'action de chaque ministère et, plus largement, de l'activité gouvernementale : « *paradoxalement, l'inflation des effectifs des cabinets ne signifie pas plus de politique mais plus de technique dans le traitement des dossiers, avec régulièrement une duplication du travail des services au niveau des cabinets.* (...) (Un) *effet de l'emballement du système de coordination est le déficit de vision stratégique qu'il induit. Cette absence de vision stratégique donne l'impression d'une succession de décisions d'espèce sans cohérence d'ensemble* » [1096] . Régulièrement dénoncée par des rapports, cette immixtion des cabinets dans le travail des services qui recherchent une meilleure cohérence de l'action du ministère nuit en réalité à la coordination gouvernementale.

Alors que ne devraient remonter à l'arbitrage du Premier ministre que des projets de texte solides d'un point de vue technique et ayant fait l'objet de discussions nourries entre services, les cabinets ministériels font, en effet, souvent remonter au cabinet du Premier ministre des dossiers non aboutis, accompagnés de notes écrites et/ou d'exposés oraux soulignant les points de désaccord et proposant des solutions de résolution des conflits au ministre : « *Le cabinet tend alors à se substituer aux services en reproduisant ou effectuant lui-même le travail technique des services ou la rédaction de textes. Il en résulte que l'échelon politique, que devrait incarner le cabinet, est encombré de sujets de nature technique, à rebours de sa mission consistant à sérier les sujets en repérant ceux d'entre eux qui nécessitent une implication politique* »[1097]. Il en résulte une multiplication de réunions interministérielles inefficaces en termes de coordination alors que la plupart auraient pu être évitées[1098]. Cette immixtion dans la coordination des services se manifeste également plus en amont : forts de leur proximité avec le ministre qui leur accorde

---

de 650 » (Conseil d'État, Inspection générale des finances, *Rapport sur la coordination du travail interministériel*, Mission d'audit de modernisation, juillet 2007, p. 3). L'inflation des effectifs des cabinets ministériels est éloquente en dépit du décret n° 48-1233 du 28 juillet 1948 « portant règlement d'administration publique en ce qui concerne les cabinets ministériels » qui limite à dix le nombre de membres d'un cabinet de ministre (article 1er) et à sept celui d'un cabinet de secrétaires d'État (article 2 bis). De nombreuses circulaires recherchant une limitation du nombre de collaborateurs des ministres lui ont succédé sans guère plus de résultat, comme celle par exemple du Premier ministre François Fillon en date du 2 juillet 2010 qui rappelle aux ministres que « *le devoir d'exemplarité qui incombe à l'État doit vous conduire à veiller spécialement à ce que l'organisation et le fonctionnement de votre cabinet traduisent un souci d'économie et de modestie* ».

1096 Conseil d'État, Inspection générale des finances, *Rapport sur la coordination du travail interministériel*, *op. cit.*, p. 4.

1097 *Ibidem*, p. 11.

1098 Voir ci-après : Section 2, § 1, A : « Les réunions interministérielles quotidiennes ».

une certaine légitimité, les directeurs de cabinet adressent parfois aux directeurs d'administration centrale l'injonction de prendre telle ou telle initiative, allant parfois jusqu'à se substituer aux ministres[1099]. Cependant, les services eux-mêmes participent de ce phénomène en étant enclins à faire remonter précocement des dossiers au cabinet « *aux fins que le politique puisse donner sa consigne, laquelle fait alors « jurisprudence en pratique »* »[1100].

Interface entre le politique et l'administratif dont il doit, en principe, améliorer le dialogue pour une meilleure cohérence du travail gouvernemental, le cabinet devient souvent un écran entre les services et le ministre[1101]. La coordination de l'action gouvernementale pâtit de cette situation qui perdure malgré le renforcement des pouvoirs de coordination des secrétaires généraux[1102] et les mises en garde répétées

---

1099 Certains auteurs soulignent ce poids prépondérant des cabinets, à l'instar d'Olivier Schrameck pour qui : « *En définitive, ce sont bien souvent les collaborateurs des cabinets ministériels qui élaborent les positions gouvernementales, les ministres n'intervenant que par des instructions préalables ou bien en renfort de leurs conseillers et sur la suggestion de ceux-ci de manière ponctuelle* (...). *C'est dire que, s'ils ne préservent pas par la force de leur personnalité ainsi que par le travail et l'expérience acquise, leur capacité d'impulsion et leur autorité personnelle, les ministres de la République peuvent à l'extrême être ravalés au rôle certes nécessaire mais superficiel de faire-valoir de leurs politiques* » (*in Dans l'ombre de la République. Les cabinets ministériels*, *op. cit.*, p. 151-152). Une réflexion qui semble corroborée dans les faits : « *... parce que le ministre ne peut pas s'occuper de tout, et même si officiellement on prétend toujours le contraire, le cabinet prend lui-même un tas de décisions, tranche des tas de problèmes, redéfinit de petits équilibrages sur lesquels il y a subsidiarité : je veux dire que le cabinet décide avec les services et que le ministre est tenu informé.* (...) *ce décorticage de tous les tenants et aboutissants d'un dossier, ce conseil qui permet au ministre de jauger librement la dangerosité ou l'opportunité de telle option plutôt qu'une autre, c'est nous qui la faisons. Et je crois que ça leur est bien utile* » (haut fonctionnaire (ENA), conseiller budgétaire au cabinet du ministre de la Défense ; cité par Jean-Michel EYMERI-DOUZANS, « Le ministre n'est plus une personne physique. Sur la collectivisation de la fonction ministérielle », *op. cit.*, p. 579-580.

1100 Jean-Michel EYMERI-DOUZANS, « Le ministre n'est plus une personne physique. Sur la collectivisation de la fonction ministérielle », *op. cit.*, p. 571.

1101 Comme le résume Olivier Schrameck : « *les cabinets ministériels occupent une fonction d'articulation entre le politique et l'administratif. Parfois ils en abusent et jouent un rôle d'interposition* » (*in* « Le rôle des cabinets ministériels est aujourd'hui encore irremplaçable », *AJDA*, 2006, p. 2092.

1102 Une situation préfigurée par Olivier Schrameck qui l'explique notamment par l'importance du rôle historiquement pris par les cabinets qui ont pu développer leur ascendant sur les services en l'absence pendant des décennies de secrétaires généraux : « *Parmi les fonctions traditionnelles par lesquelles les cabinets affirment leur autorité, figure la coordination de différentes composantes administratives du ministère. Ainsi qu'il a déjà été noté, il est possible que ce rôle soit estompé par l'institution en voie de généralisation de secrétariats généraux mais il faut se garder à cet égard de conclusions trop hâtives. La coordination dans sa composante stratégique* a fortiori *politique*

contre cette ingérence des cabinets : la circulaire du Premier ministre relative à l'organisation du travail gouvernemental du 30 octobre 2015 précise ainsi que « *pour assurer la qualité du travail de préparation des textes et pour mobiliser les administrations chargées de leur mise en œuvre, il est nécessaire de mettre les secrétaires généraux et les directeurs d'administration centrale au cœur du processus. Ce n'est bien sûr pas le rôle des cabinets ministériels d'écrire les projets de texte* »[1103].

Si les services opérationnels disposent des attributions juridiques et des compétences techniques nécessaires à la rédaction des projets de textes, ils recourent aussi à l'expertise d'organismes composés uniquement de fonctionnaires ou comprenant également des représentants d'entités extérieures à l'administration.

B. Les consultations internes à l'administration

Voie la plus « *simpliste et paresseuse pour arriver à la coordination* »[1104] selon Claude Goyard, la consultation ne doit pourtant pas être envisagée uniquement comme une exigence ou habitude formelle. Il s'agit d'une étape importante du processus de production gouvernementale du droit qui a pour objet de recueillir un ou plusieurs avis, parfois conformes, destinés à éclairer le travail administratif de rédaction. Elle peut être obligatoire dans certains cas, lorsqu'un texte le prévoit. C'est le cas, par exemple, pour les textes relatifs au statut des fonctionnaires qui requièrent l'avis du Conseil supérieur de la fonction publique ; ou encore ceux qui ont un impact sur les collectivités

---

nécessite le contact direct, permanent et presque intuitif que cultive naturellement le directeur de cabinet, alors que le secrétaire général qui apparaît plus comme l'émanation de la superstructure du ministère risque d'être cantonné aux différends techniques et à la gestion logistique. En outre il peut être tentant pour les directeurs rétifs à la création d'un nouvel échelon hiérarchique venant s'interposer entre eux et le cabinet de s'adresser directement à celui-ci ne serait-ce que pour relativiser leur dépendance à l'égard du secrétaire général » (*in Dans l'ombre de la République. Les cabinets ministériels*, *op. cit.*, p. 90).

1103 Circulaire du Premier ministre n° 5822/SG du 30 octobre 2015. De même, s'agissant du rôle des directeurs d'administration centrale dans le travail de coordination interministérielle, la circulaire du Premier ministre du 12 septembre 2014 : « *Les conseillers des cabinets ne sont, pour les fonctionnaires, ni des substituts, ni des concurrents. C'est aux directeurs d'administration centrale de porter votre parole devant les institutions – Conseil d'État ou Conseil constitutionnel, notamment. Je souhaite qu'ils participent aux réunions interministérielles* » (Circulaire du Premier ministre n°5735/SG, « Méthode de travail du Gouvernement », 12 septembre 2014).

1104 Claude GOYARD, « La coordination et la consultation dans l'administration publique française », *RIDC*, vol. 26, n° 4, 1974.

territoriales pour lesquels est réalisée une consultation du Conseil national d'évaluation des normes. Ces conseils, comités ou commissions sont nombreux et les relations qu'ils entretiennent avec les administrations souvent informelles.

L'enjeu de ce dialogue est de permettre que les discussions entre les services concernés puissent aborder, autant qu'il soit possible, tous les aspects du dossier traité afin d'aboutir à un ajustement de leurs positions selon une logique horizontale : « *l'autorité hiérarchique devient ainsi l'animateur et le coordinateur d'une équipe, l'adhésion aux politiques et l'application des mesures seront d'autant mieux assurées que les autorités concernées auront été consultées* »[1105]. Les avis obligatoires et conformes sont rares ; cependant, en pratique, les services ont tout intérêt à les suivre afin d'élaborer un projet de texte cohérent qui aura plus de chance d'être confirmé en l'état durant la phase interministérielle. Si les avis sollicités n'ont pas de portée juridique obligatoire, leur prise en considération au moment de la préparation des projets de textes leur accorde une valeur juridique s'ils se trouvent confirmés à la fin du processus dans les actes finalement adoptés qui intégreront le corpus normatif. À cet égard, le Guide de légistique indique que « *si la (les) consultation(s) de ces organismes condui(sen)t le ministère à envisager une modification substantielle du texte, de nouvelles discussions interministérielles peuvent se révéler nécessaires avant que le projet soit envoyé aux ministères appelés à le contresigner. Il est rappelé qu'en cas de consultation obligatoire, même si l'autorité administrative n'est pas liée par l'avis, elle ne peut pas retenir un texte traitant de questions nouvelles par rapport au projet soumis à consultation et aux observations ou suggestions éventuellement émises par l'organisme consulté* »[1106].

La consultation se réalise essentiellement au niveau intra-ministériel, toutefois il arrive que certains projets de textes puissent ou doivent faire l'objet d'une consultation d'organismes au moment de la phase interministérielle du travail gouvernemental, une fois que l'avant-projet est arrêté [1107]. C'est le cas, en particulier, des assemblées territoriales des collectivités d'outre-mer à statut spécifique de l'article

---

1105 Nadine POULET-GIBOT LECLERC, « Le pouvoir hiérarchique », *RFDA*, n° 3, mai-juin 2007.

1106 Source : http://www.legifrance.gouv.fr/Droit-francais/Guide-de-legistique/II.-Etapes-de-l-elaboration-des-textes/2.4.-Decret/2.4.1.-Elaboration-d-un-decret-simple.

1107 Après coordination des services opérationnels en relation avec les cabinets ministériels et souvent le cabinet du Premier ministre et éventuellement, si ces discussions ne suffisent pas, après une ou plusieurs réunions interministérielles (cf. ci-après : « La coordination »).

74 de la Constitution[1108] pour les projets les concernant, de l'assemblée de Corse[1109] pour les projets comportant des dispositions spécifiques qui lui sont spécifiques, du Comité des finances locales[1110] pour les textes intéressant les ressources des collectivités territoriales, ou encore du Conseil économique et social[1111] qui mérite une attention particulière.

1108 « *L'article 74 de la Constitution, dans la rédaction qui lui a été donnée par la loi constitutionnelle du 28 mars 2003, prévoit que doivent être soumis pour avis aux collectivités qu'il régit, outre les dispositions statutaires les concernant : les projets de loi, les propositions de loi, les projets d'ordonnance ou de décret qui comportent des dispositions particulières à ces collectivités ; la ratification ou l'approbation des engagements internationaux conclus dans les matières relevant de la compétence de ces collectivités. Les modalités de cette consultation sont fixées par la loi organique portant statut de chacune des collectivités. Elles doivent également être consultées sur les projets d'ordonnance pris en application de l'article 74-1 de la Constitution, quand bien même ces projets se contenteraient d'y étendre sans adaptation le droit métropolitain. La Nouvelle-Calédonie doit être consultée, sur les dispositions statutaires la concernant ainsi que dans les cas prévus par la loi organique du 19 mars 1999 la régissant. Elle doit également, tout comme les collectivités relevant de l'article 74 de la Constitution, être consultée sur les projets d'ordonnance pris en application de l'article 74-1 de la Constitution la concernant* ».
Source : https://www.legifrance.gouv.fr/Droit-francais/Guide-de-legistique/III.-Redaction-des-textes/3.6.-Application-et-applicabilite-des-textes-outre-mer/3.6.1.-Principales-regles-relatives-aux-collectivites-d-outre-mer#ancre3412_0_2_3.

1109 « *Les projets de loi ou de décret comportant des dispositions particulières à la Corse doivent être soumis pour avis à l'Assemblée de Corse (V de l'article L. 4422-16 du CGCT).*
Il convient donc, dans l'hypothèse de la préparation d'un texte spécifique à la Corse ou comportant des dispositions spéciales à la Corse, de recueillir, avant la saisine du Conseil d'État, le cas échéant, l'avis de l'Assemblée de Corse. Font également l'objet d'une transmission pour avis à l'Assemblée de Corse les textes se présentant comme des textes d'application générale qui peuvent néanmoins produire des effets particuliers à la Corse s'ils interviennent dans un domaine déjà régi par des textes spécifiques à la Corse. Ce sera le cas notamment des projets de texte susceptibles d'avoir des conséquences dans des domaines où la collectivité territoriale de Corse détient des attributions différentes de celles des régions, par exemple en matière d'environnement, d'aménagement, de sport, de culture ou d'éducation ».
Source : https://www.legifrance.gouv.fr/Droit-francais/Guide-de-legistique/III.-Redaction-des-textes/3.7.-Application-et-applicabilite-dans-certaines-parties-du-territoire-metropolitain/3.7.2.-Corse#ancre3871_0_1.

1110 « *Le Gouvernement peut par ailleurs le consulter sur tout projet de loi, tout projet d'amendement ou sur toutes dispositions réglementaires à caractère financier concernant les collectivités locales. Pour les décrets, cette consultation est obligatoire. Le Comité des finances a également pour mission de fournir au Gouvernement et au Parlement les analyses nécessaires à l'élaboration des dispositions du projet de loi de finances concernant les finances locales* ».
Source : http://www.collectivites-locales.gouv.fr/comite-des-finances-locales.

1111 « *Il est obligatoirement consulté sur les plans et projets de loi de programmation à caractère économique, social ou environnemental, à l'exception des lois de finances (art. 70 de la Constitution). On doit entendre par loi de programme à caractère économique ou social une loi qui fixe des objectifs qualitatifs et quantitatifs à l'action*

Mis à part le Conseil d'État, il s'agit du seul organe exerçant une fonction de consultation mentionnée dans la Constitution qui lui attribue des compétences élargies. L'article 69, alinéa 1er de celle-ci précise effectivement que « *le Conseil économique, social et environnemental, saisi par le Gouvernement, donne son avis sur les projets de loi, d'ordonnance ou de décret ainsi que sur les propositions de loi qui lui sont soumis* ». L'article 70 ajoute : « *le Conseil économique, social et environnemental peut être consulté par le Gouvernement et le Parlement sur tout problème de caractère économique, social ou environnemental. Le Gouvernement peut également le consulter sur les projets de loi de programmation définissant les orientations pluriannuelles des finances publiques* »[1112]. La consultation du CESE n'est obligatoire que pour les projets de loi de programmation ou de plan à caractère économique, social ou environnemental (article 70, *in fine*).

---

de l'État en matière économique et sociale (CC, décision n° 2005-512 DC du 21 avril 2005 relative à la loi d'orientation et de programme pour l'avenir de l'école). Il n'est plus nécessaire, compte tenu de l'abrogation de l'ordonnance organique du 2 janvier 1959 par la loi organique du 1er août 2001 relative aux lois de finances, que ces objectifs aient une traduction financière pour que la loi en cause puisse être qualifiée de loi de programme au sens de l'article 70 de la Constitution. Le CESE peut être consulté, par le Gouvernement, sur les autres projets de loi, y compris les projets de loi de programmation définissant les orientations pluriannuelles des finances publiques, les propositions de loi, les projets d'ordonnance ou de décret. Il peut l'être également, par le Gouvernement ou le Parlement, ou encore par la voie de pétitions, sur tout problème à caractère économique, social ou environnemental (art. 69 et 70 de la Constitution et art. 2 et 4-1 de l'ordonnance du 29 décembre 1958). Il peut, de sa propre initiative, appeler l'attention du Gouvernement et du Parlement sur les réformes qui lui paraissent nécessaires dans toute matière entrant dans son domaine de compétence (art. 3 de l'ordonnance du 29 décembre 1958) ».
Source : https://www.legifrance.gouv.fr/Droit-francais/Guide-de-legistique/II.-Etapes-de-l-elaboration-des-textes/2.1.-Regles-generales/2.1.3.-Consultations-prealables#ancre11991_0_3.

1112 Notons que le CESE peut aussi être saisi par voie de pétition (article 69, alinéa 3), chose impossible pour le Conseil d'État. Mais comme ce dernier, il peut de sa propre initiative se saisir de questions pour appeler l'attention du Gouvernement et du Parlement sur les réformes qui lui paraissent pertinentes. Autre distinction avec le Conseil d'État, le CESE est composé de 233 conseillers répartis en dix-huit groupes eux-même subdivisés en trois grandes catégories qui représente chacune un secteur de la vie économique, sociale ou environnementale : 140 membres désignés au titre de la vie économique et du dialogue social (représentants des salariés, représentants des entreprises privées industrielles, commerciales et de services, représentants des artisans...) ; 60 membres au titre de la cohésion sociale et territoriale et de la vie associative (représentants de l'économie mutualiste, coopérative et solidaire non agricole, représentants des associations familiales, représentants de la vie associative et des fondations...) ; 33 membres au titre de la protection de la nature et de l'environnement (représentants des associations et fondations agissant dans le domaine de la protection de la nature et de l'environnement...).

La prise en considération de l'avis d'organismes spécialisés est parfois plus indirecte. Ainsi en est-il s'agissant des inspections générales et, en particulier, de l'inspection générale des finances, de l'inspection générale des affaires sociales et de l'inspection générale de l'administration qui ont un caractère interministériel[1113]. Se basant sur les contrôles qu'elles réalisent, leurs rapports sont de précieuses sources d'information sur des questions techniques précises mais aussi, plus généralement, sur les incohérences de l'action administrative et les moyens d'y remédier. La consultation de ces documents par les services, tout autant qu'un avis formellement demandé, contribue à améliorer la coordination de l'élaboration des projets de texte. Directe après demande d'avis ou indirecte *via* des rapports, la consultation est parfois aussi plus large et dépasse le seul cadre administratif. De plus en plus de consultations dites « ouvertes » sont organisées, permettant la participation du public, notamment par le biais d'internet.

Par ailleurs, les services procèdent à une concertation de représentants de groupes d'intérêt qui se distingue de la consultation par son caractère plus horizontal. La concertation relève d'une logique néo-corporatiste selon laquelle la participation d'acteurs extérieurs au travail gouvernemental et la prise en considération de leurs intérêts aboutissent à des décisions mieux adaptées à la réalité sociale. Pour reprendre la distinction, toujours pertinente, proposée par Lucien Sfez, on peut ainsi considérer que « *ces deux concepts sont voisins, ils ne sont pas identiques.* (...) *L'une et l'autre entendent à la fois éclairer les choix de l'administration et coordonner l'activité des secteurs public et privé ; l'une et l'autre permettent une certaine représentation des intérêts* (...). *Mais on remarquera que les techniques de la consultation et de la concertation ne sont pas identiques. De même que leurs résultats. Alors que la consultation se situe le plus fréquemment après que la décision ait été prise ou tout du moins après qu'elle ait été conçue et proposée par l'administration, la concertation permet le dialogue avec celle-ci au moment même de la conception* »[1114].

1113 Situées en dehors de la hiérarchie et constituées en corps spéciaux, les inspections générales elles ont vocation à contrôler le bon usage de l'argent public et le fonctionnement régulier du service public. Plus précisément, elles exercent deux principales fonctions : d'une part, contrôler les administrations en vue de détecter d'éventuels fautes ou abus commis par des agents et proposer des sanctions ; d'autre part, dans une démarche d'audit, déceler les dysfonctionnements dans l'action des services et proposer des recommandations pour les résoudre. C'est cette deuxième activité qui indirectement peut avoir des conséquences sur la cohérence de l'action dans tous les ministères.

1114 Lucien SFEZ, *L'administration prospective*, Paris, Armand Colin, 1970, p. 178-179.

C. Les concertations externes

Au-delà des interactions entre services opérationnels ainsi que des échanges entre services opérationnels et organes consultatifs administratifs, l'élaboration d'un projet de texte juridique fait généralement aussi intervenir des acteurs extérieurs divers (groupes d'intérêts, organisations professionnelles...). Lorsqu'un projet de texte juridique peut avoir des répercussions sur des groupes sociaux ou d'intérêt, leurs représentants sont consultés. Il s'agit d'une pratique habituelle et encouragée dans le but de concevoir des textes qui ne soient pas en décalage avec la réalité sociale : « *la préparation des décisions suppose, dans d'assez nombreux cas, qu'une concertation ait lieu avec les représentants des intérêts en cause. Vous veillerez à concilier le souci de diligence dans l'action du Gouvernement avec la nécessité d'un dialogue attentif et ouvert, qui est lui-même gage d'efficacité* »[1115]. Ces échanges peuvent être plus ou moins conflictuels et l'administration n'est pas tenue de suivre les avis qu'elle sollicite ; néanmoins de telles relations avec des « *partenaires, coopératifs ou revendicatifs* »[1116] privilégiant l'horizontalité ont pu être promues par le Premier ministre lui-même : « *la préparation des décisions suppose, dans d'assez nombreux cas, qu'une concertation ait lieu avec les représentants des intérêts en cause dans la société.* (...). *La qualité du dialogue que les pouvoirs publics entretiennent avec les représentants des diverses composantes de la société est à la fois la marque du respect qu'ils lui portent et un gage de réussite de l'action de l'État* »[1117]. L'emploi des termes « concertation » et « dialogue » manifeste une logique d'interactions, indices d'un rapport de coordination qui se veut plus poussé qu'une simple demande d'avis unilatérale. Est sous-entendue une volonté d'échanges avec les représentants d'intérêts économiques, sociaux ou sociétaux ; des interactions notamment encouragées par le Conseil d'État dans son rapport public de 2011 intitulé *Consulter autrement. Participer effectivement*[1118].

1115 Circulaire du Premier ministre n° 5222/SG, « Organisation du travail gouvernemental », 18 mai 2007.

1116 Jacques CHEVALLIER, « La place de l'administration dans la production des normes », *op. cit.*, p. 634.

1117 Circulaire du Premier ministre relative à l'organisation du travail gouvernemental, 6 juin 1997.

1118 Conseil d'État, *Consulter autrement. Participer effectivement*, Rapport public, Paris, La Documentation française, 2011.

De fait, on peut constater que « *les logiques sociales et bureaucratiques ne sont pas distinctes mais entrecroisées : groupes sociaux et services administratifs peuvent avoir les mêmes intérêts à défendre et tendre à conjuguer leurs efforts* » [1119] . Ces relations permanentes, souvent informelles, ne sont pas sans conséquence sur le contenu des textes juridiques en cours de rédaction qui peut ainsi être infléchi dans un sens plus favorable aux groupes consultés ; dans la limite, toutefois, où ils restent compatibles avec les priorités politiques décidées en amont. Cependant, une des particularités du travail gouvernemental français est la limitation des concertations, ce qui a pour conséquence de ne pas impliquer dans la rédaction des projets de textes certaines entités pourtant concernées au premier plan. Ainsi, « *l'administration n'est pas sourde, loin s'en faut, à l'expression des intérêts particuliers, mais l'organisation officielle de consultations reste une pratique peu développée tandis que la culture du secret reste elle-même encore forte, comme gage d'impartialité* » [1120] . Pour autant, certains ministères pratiquent une concertation plus poussée que d'autres compte tenu de la nature des politiques qu'ils sont chargés de préparer et de mettre en œuvre. Les exemples les plus représentatifs en la matière sont le ministère du Travail et le ministère de l'Éducation nationale[1121] qui font appel à la consultation d'organisations syndicales, voire d'associations diverses. La concertation permet ainsi de tenir compte des enjeux sociaux, politiques et sociétaux attachés à chaque dossier traité. Tout comme la plupart des avis rendus par les organismes publics consultés, les positions exprimées par les porteurs d'intérêts n'ont, en principe, pas de valeur obligatoire ; néanmoins, on peut supposer que leur prise en considération au moment de l'élaboration des futurs textes juridiques dont ils sont les principaux destinataires garantira une plus grande effectivité. Comme le souligne Céline Wiener, « *l'interdépendance des problèmes exige à prendre en compte dès l'origine les différents aspects d'une réforme et ses répercussions possibles sur d'autres secteurs d'activité ce qui implique tous ceux qui y sont directement intéressés et auront ensuite à*

1119 Circulaire du Premier ministre relative à l'organisation du travail gouvernemental, 6 juin 1997.

1120 Conseil d'État, Inspection générale des finances, *Rapport sur la coordination du travail interministériel*, *op. cit.*, p. 8. En ceci le processus de production gouvernemental du droit diffère du système britannique ou encore celui de l'Union européenne (*green papers*, *white papers...*) caractérisés par une consultation plus ouverte et plus en amont c'est-à-dire avant la rédaction du projet de texte juridique.

1121 A ce sujet, voir : Claude DURAND-PRINBORGNE, « L'administration centrale de l'Education nationale et la fabrication des normes », *Droit et société*, n° 79, 2011, p. 611 et s.

l'appliquer »[1122]. En soi, ces avis n'ont donc pas de valeur juridique impérative mais, de fait, ils conditionnent, dans une certaine mesure, l'effectivité du droit futur.

Étape essentielle du processus de coordination du travail gouvernemental, le dialogue interservices, ministériel et interministériel, nourri par les consultations et les concertations d'entités spécialisées ou porteuses d'intérêts sociétaux, doit déboucher sur la rédaction d'un projet de texte juridique. Or, concrètement, cette écriture ne peut se faire sans l'aide des directions des affaires juridiques dont la principale mission est de veiller à une coordination matérielle et formelle des textes envisagés avec le corpus normatif existant : « *il s'agit d'abord d'assurer le respect du droit. Il s'agit aussi de rendre les textes parfaitement conformes à l'objectif poursuivi et d'assurer leur intelligibilité et leur lisibilité, comme leur correcte insertion dans l'ordonnancement juridique* »[1123]. Cette coordination juridique implique également, dès le niveau intra-ministériel, l'action du Secrétariat général du Gouvernement et du Conseil d'État qui sont les gardiens du respect de l'unité et de la cohérence de l'ordre juridique et avec qui les services ministériels sont en constante relation.

§ 2 - La coordination juridique des projets de textes normatifs

Jusque dans les années 1970, à l'exception du ministère des Affaires étrangères et du ministère de la Justice qui pouvaient compter sur un service législatif, les directions des affaires juridiques n'existaient pas [1124] . Cette spécificité historique de l'administration française s'explique par le fait que les services opérationnels sont censés détenir une expertise qui leur permet d'être les principaux artisans de l'écriture du droit. Ils sont, cependant, désormais assistés par des directions des affaires juridiques qui, outre le règlement de questions contentieuses qui constitue leur activité principale, exercent une fonction de conseil, d'expertise, d'assistance et de diffusion de connaissances juridiques auprès de l'administration centrale (mais aussi des services déconcentrés et des établissements attachés au ministère) en procédant à une veille des

---

1122 Céline WIENER, « De la coordination administrative à la décision politique : étude comparée de quelques systèmes », *RFAP*, n° 42, avril-juin 1987, p. 49.

1123 Circulaire du Premier ministre n° 5222/SG, « Organisation du travail gouvernemental », 18 mai 2007.

1124 V. Christophe COLERA, *Les services juridiques des administrations centrales*, Paris, L'Harmattan, coll. « Logiques sociales », 2009, p. 44 et s.

évolutions normatives en matière législative, réglementaire et jurisprudentielle. Leur rôle est essentiel :

> « *Un ministère ne peut concilier ces différentes contraintes s'il n'est pas doté d'un dispositif de pilotage robuste. Concrètement, il lui faut disposer d'une structure centrale de coordination, qui maîtrise la vision d'ensemble des échéances et connaisse l'état des textes à leurs différents stades d'élaboration : – en interne, elle a une mission d'alerte sur le respect des différents délais et peut en outre aider les services producteurs de textes à mieux maîtriser les contraintes procédurales (par exemple en construisant un calendrier des consultations requises) ; – vers l'extérieur, elle est l'interlocuteur des autorités et services en charge de la programmation interministérielle* »[1125].

Les services juridiques assistent les services opérationnels dans l'accomplissement de leur mission de rédaction, qui requiert une double coordination juridique : celle-ci a pour objet d'assurer la cohérence et la conformité du contenu des textes au regard du corpus de droit existant (coordination matérielle) ainsi que la clarté de leur présentation, condition de leur accessibilité et bonne compréhension (coordination informelle). Comme le résume la circulaire du Premier ministre relative à la qualité du droit du 7 juillet 2011 :

> « *Chaque projet de norme nouvelle doit ainsi être soumis à un examen de nécessité et de proportionnalité aussi circonstancié que possible, au regard de ses effets prévisibles et des exigences de stabilité des situations juridiques. Son élaboration doit en outre être l'occasion d'un réexamen du bien-fondé des règles qu'il est prévu de modifier et de la cohérence d'ensemble de la réglementation correspondante* ».

Parce qu'il s'agit d'une étape déterminante du travail gouvernemental où se joue la question de la légitimité et de l'effectivité de la règle de droit qui sera finalement adoptée, les services opérationnels et juridiques des ministères sont en relation permanente avec le

---

1125 Circulaire du Premier ministre relative à la qualité du droit du 7 juillet 2011, Annexe 1. Le document poursuit : « *Cette fonction revient normalement à la direction des affaires juridiques du ministère. D'autres formes d'organisation sont possibles, en fonction des spécificités ministérielles. Mais quel que soit le choix retenu, il est nécessaire qu'il existe une structure unique compétente pour l'ensemble du ministère, placée sous l'autorité du haut fonctionnaire chargée de la qualité de la réglementation. Et il faut que son responsable puisse accéder à l'ensemble des informations relatives à la production normative du ministère cheminant dans le système d'organisation en ligne des opérations normatives (SOLON)* ».

Secrétariat général du Gouvernement qui leur apporte une expertise juridique décisive et à qui il revient de saisir, dans certains cas, le Conseil d'État agissant alors en tant que conseiller juridique du Gouvernement. Tous deux s'assurent du respect des principes de légistique[1126] ; condition d'une bonne coordination juridique qui « *doit permettre au rédacteur de traquer la complexité inutile, celle qui résulte de l'insuffisante maîtrise, de la paresse intellectuelle ou de l'oubli des effets pratiques du droit. C'est elle qui met à sa disposition un ensemble de conventions assurant l'unification de la rédaction et donc une lecture plus facile évitant a contrario et ambiguïtés* »[1127].

A. La rédaction du projet par les services opérationnels avec l'appui des services juridiques

Afin de préparer les projets de loi, de décret et d'ordonnance relevant de leur domaine d'attributions, les services ministériels échangent entre eux et procèdent, on l'a vu, à des consultations internes et à des concertations externes qui leur permettent de déterminer les mesures adéquates à adopter en accord avec le programme gouvernemental. Les positions ainsi définies doivent être transcrites dans le langage et la forme du droit en suivant des règles, principes et méthodes propres à la préparation des textes dont le but est d'assurer une continuité et une cohérence normative, matérielle et formelle. Cette étape essentielle requiert de la part des services ministériels une attention particulière sur laquelle le Premier ministre lui-même insiste : « *Vous veillerez (...) à ce que les ressources dont dispose votre ministère dans le domaine de l'expertise juridique et de la rédaction des textes soient pleinement utilisées lors de la préparation des projets de loi, d'ordonnance et de décret* »[1128]. L'appui des services juridiques est, à cet égard, indispensable pour veiller à ce que les services opérationnels soient conscients de la nécessité de préserver la cohérence du droit : « *cette responsabilisation des directions productrices doit être regardée comme le corollaire nécessaire de la grande dispersion de la production*

1126 Preuve de l'importance de ces deux institutions en la matière, le Secrétariat général du Gouvernement et le Conseil d'État sont les co-auteurs du *Guide de légistique*. Disponible en version électronique sur le site de Légifrance : https://www.legifrance.gouv.fr/Droit-francais/Guide-de-legistique/Sommaire.

1127 Serge LAVISGNES, « Editorial », *Le Courrier Juridique des Finances et de l'Industrie,* num. spéc. « Légistique », juin 2008, p. 5.

1128 Circulaire du Premier ministre n° 5222/SG, « Organisation du travail gouvernemental », 18 mai 2007.

normative qui caractérise le système français, par opposition aux États dotés de services spécialisés »[1129].

Dans le cadre de l'exigence de coordination juridique matérielle, les services rédacteurs doivent s'assurer de la régularité et de l'opportunité juridique des projets qu'ils préparent. Il s'agit d'éviter que le texte en cours d'élaboration contienne des dispositions en contradiction avec les règles juridiques déjà en vigueur :

> « *En vertu du principe de légalité, chaque norme juridique doit se conformer à l'ensemble des règles en vigueur ayant une force supérieure dans la hiérarchie des normes, ou du moins être compatible avec ces normes. La méconnaissance de ce principe est non seulement source de désordres juridiques, mais elle constitue également une faute de l'auteur du texte illégal, susceptible d'engager la responsabilité de la collectivité publique en cause devant les juridictions nationales, de l'Union européenne ou internationales. Il est, dès lors, impératif de veiller scrupuleusement à ce que les nouvelles dispositions édictées se trouvent en harmonie avec la hiérarchie des textes déjà en vigueur ou susceptibles de l'être à la date à laquelle ces dispositions prendront effet* »[1130].

La finalité est de préserver l'unité et la cohérence du corpus normatif, gage de sa validité et donc de son effectivité. Parce qu'elle est la norme suprême dans l'ordre juridique interne, la Constitution fait l'objet d'une particulière attention. L'importance de son respect est régulièrement rappelée par le Premier ministre lui-même.

1129 Circulaire du Premier ministre relative à la qualité du droit, 7 juillet 2011. Afin de réaliser concrètement cette responsabilisation, le document préconise un dispositif particulier : « *C'est la raison pour laquelle le dossier accompagnant chaque projet de texte devra désormais faire apparaître l'identité du fonctionnaire de la direction productrice, de préférence du rang de sous-directeur ou de chef de bureau, qui sera « responsable » du projet d'un double point de vue : il pourra certifier que les préoccupations de qualité de la production juridique ont été prises en compte ; il vérifiera la pertinence de la programmation ; il devra, directement ou par l'intermédiaire de son directeur, faire les diligences requises s'il apparaît que le projet de texte subit des retards injustifiés. C'est lui que les services du Premier ministre (secrétariat général du Gouvernement ou secrétariat général des affaires européennes) ou la structure centrale de coordination alerteront en cas de détection d'une difficulté ou d'un retard* ».

1130 Secrétariat général du Gouvernement, Conseil d'État, *Guide pour l'élaboration des textes législatifs et réglementaires*, *op. cit.*, p. 20.
Version consultée en ligne : https://www.legifrance.gouv.fr/Droit-francais/Guide-de-legistique.

Ainsi la circulaire du 12 septembre 2014 relative à la méthode de travail du Gouvernement précise-t-elle :

> « *Le risque d'inconstitutionnalité doit s'anticiper et s'évaluer. (...) Vous saisirez le secrétariat général du Gouvernement dès qu'il existe un doute sur la constitutionnalité d'une disposition. Vous le ferez suffisamment en amont lors de la préparation des projets de loi pour qu'une solution évitant le risque puisse être trouvée* ».

Cette recommandation souligne l'interaction permanente des niveaux intra et interministériels en matière de coordination du travail gouvernemental.

Dans le même sens, la circulaire du 7 juillet 2011 précitée[1131] suggère que :

> « *le pilotage de la production normative doit se perfectionner, de manière à mieux assurer l'application des lois et la mise en œuvre des réformes. L'organisation de chaque département ministériel doit à cet effet être adaptée pour permettre, en relation étroite avec le secrétariat général du Gouvernement, une programmation précoce des différentes étapes du cheminement des textes identifiés comme prioritaires et un suivi dynamique de ce cheminement* ».

Le Secrétariat général du Gouvernement apporte une expertise juridique quotidienne aux services ministériels de telle sorte que la plupart des textes publiés au *Journal Officiel* ont fait l'objet, à un stade ou un autre, d'un examen par son service de la législation et de la qualité du droit. Un autre aspect du contrôle du respect du principe de hiérarchie normative consiste à s'assurer que le pouvoir réglementaire n'empiète pas sur le domaine législatif défini par l'article 34 de la Constitution[1132], notamment en écartant les « cavaliers » qui peuvent s'immiscer dans les lois. Dans ce travail de supervision et de soutien de la coordination juridique réalisée par les services, le Secrétariat général du Gouvernement n'agit pas seul ; il collabore avec le Conseil d'État qui peut aussi faire bénéficier les services rédacteurs de son expertise. En tant que premier conseiller juridique du Gouvernement[1133], « *la légitimité*

1131 Circulaire du Premier ministre relative à la qualité du droit, 7 juillet 2011.

1132 « *Vous veillerez à ne pas encombrer les projets de loi de dispositions de nature réglementaire* » (Circulaire du Premier ministre n° 5735/SG, « Méthode de travail du Gouvernement », 12 septembre 2014).

1133 Pour reprendre une expression notamment employée par Marceau Long.

reconnue au Conseil d'État par le personnel politique et administratif tend (...) à faire considérer cette institution comme devant et pouvant garantir les vertus des textes que les guides de la légistique prétendent fournir »[1134]. Aux termes de l'article L. 112-2 du Code de justice administrative, le Conseil d'État est susceptible « *d'être consulté par le Premier ministre sur les difficultés qui s'élèvent en matière administrative* ». Dans ce cas, il est saisi par l'intermédiaire du Secrétariat général du Gouvernement. En outre, selon l'article R. 137-3 du Code de justice administrative, les membres du Conseil d'État peuvent être individuellement appelés par les ministres pour « *apporter leur concours aux travaux de leur administration* ».

Le second aspect important est relatif à l'opportunité des textes envisagés. Il s'agit de vérifier, d'une part, qu'ils soient réellement indispensables pour atteindre les objectifs définis dans les programmes gouvernementaux, ce qui implique l'absence ou l'insuffisance des textes existants réglant la même question ; d'autre part, que le dispositif juridique envisagé soit pertinent pour réaliser ces objectifs. Comme l'indique explicitement le Guide de légistique :

> « *L'édiction d'une norme unilatérale – loi, décret, arrêté – est soumise au respect de règles juridiques de fond et de procédure ainsi qu'à des principes de bonne rédaction qui font l'objet de ce guide. Mais elle doit avant tout avoir pour objet de résoudre un problème clairement identifié, en vue d'atteindre un résultat précisément défini pour lequel des solutions non normatives apparaissent manifestement inappropriées* »[1135]. En conséquence, les services ministériels doivent « *s'assurer que le projet répond à une nécessité juridique et que le but qu'il poursuit ne peut pas être atteint par d'autres moyens que la modification des dispositions législatives en vigueur ; à cet effet, les discussions qui sont menées doivent avoir pour support, dans une première phase, une étude recensant les différentes possibilités* »[1136].

Cette vigilance quant à l'opportunité de créer de nouvelles règles juridiques est devenue une priorité. Compte tenu d'une contrainte

---

Voir : Marceau LONG, « Le Conseil d'État et la fonction consultative : de la consultation à la décision », *RFDA*, septembre-octobre 1992, p. 790.

1134 Eric MILLARD, « Les limites des guides de légistique : l'exemple du droit français », *in* Alexandre FLÜCKIGER, Christine GUY-ECABERT (dir.), *Guider les parlements et les gouvernements pour mieux légiférer. Le rôle des guides de légistique*, Zürich, Schulthess, 2008, p. 123.

1135 *Guide pour l'élaboration des textes législatifs et réglementaires*, *op. cit.*, p. 5.

1136 *Ibidem*, p. 82.

budgétaire croissante, les ministères sont, en effet, incités à être particulièrement attentifs à la pertinence des textes qu'ils préparent : « *chaque projet de norme nouvelle doit ainsi être soumis à un examen de nécessité et de proportionnalité aussi circonstancié que possible, au regard de ses effets prévisibles et des exigences de stabilité des situations juridiques. Son élaboration doit en outre être l'occasion d'un réexamen du bien-fondé des règles qu'il est prévu de modifier et de la cohérence d'ensemble de la réglementation correspondante* »[1137].

La réalisation de cet objectif est aujourd'hui facilitée par la généralisation des études d'impact. Née dans les années 1970 pour des textes portant sur des questions d'environnement, cette pratique a été étendue après la loi constitutionnelle du 23 juillet 2008 à la faveur d'un amendement introduit par son rapporteur. Le dispositif a été confirmé et précisé par la loi organique n° 2009-403 du 15 avril 2009 qui prévoit le principe de la réalisation obligatoire d'une étude d'impact pour les projets de loi[1138] et facultative pour les projets d'actes réglementaires[1139] par le

---

1137 Circulaire du Premier ministre relative à la qualité du droit, 7 juillet 2011.

1138 Pour les projets de loi ordinaire ; les projets de loi organique ; les projets de loi de programmation, autres que les projets de loi de programmation des finances publiques ; les projets de loi de finances et de financement de la sécurité sociale, pour une partie de leurs dispositions ; les projets de loi tendant à autoriser la ratification ou l'approbation d'un traité ou accord international en application de l'article 53 de la Constitution, selon des modalités particulières. Exceptions à ce principe : les projets de loi constitutionnelle ; les projets de loi de ratification d'une ordonnance, à moins qu'ils ne comportent des dispositions nouvelles, allant au-delà de la rectification d'erreurs matérielles dans le texte de l'ordonnance ou d'ajustements de cohérence juridique ; les projets de loi de programmation des finances publiques ; les projets de loi de règlement ; les projets de loi prorogeant les états de crise.
Voir aussi les règles particulières pour les projets de loi de finances et les projets de loi de financement de la sécurité sociale.
Source : https://www.legifrance.gouv.fr/Droit-francais/Guide-de-legistique/I.-Conception-des-textes/1.1.-Necessite-des-normes/1.1.2.-Etudes-d-impact#ancre2698_0_2.

1139 Il est prévu quelques exceptions à ce principe, la principale aux termes de l'article L. 1211-4-2 du Code général des collectivités territoriales qui prévoit que les projets de textes réglementaires « *créant ou modifiant des normes à caractère obligatoire concernant les collectivités territoriales, leurs groupements et leurs établissements publics* » sont préalablement soumis pour avis à une commission consultative d'évaluation des normes (CCEN), appelée à se prononcer sur son « *impact financier, qu'il soit positif, négatif ou neutre* ». Entrent dans ce champ non seulement les projets d'ordonnances, de décrets ou d'arrêtés qui concernent spécialement les collectivités territoriales, leurs groupements et établissements publics, mais aussi les projets qui les concernent concurremment avec d'autres personnes publiques ou privées.
Source : https://www.legifrance.gouv.fr/Droit-francais/Guide-de-legistique/I.-Conception-des-textes/1.1.-Necessite-des-normes/1.1.2.-Etudes-d-impact#ancre2698_0_2.

ministère pilote/chef de file. La rédaction de ce document, qui a pour objet de préciser les objectifs poursuivis par le projet de texte juridique envisagé et de justifier la nécessité de créer de nouvelles normes, requiert une coordination qui se réalise, encore une fois, simultanément au niveau ministériel et à l'échelon interministériel.

La première étape consiste pour les services du ministre principalement responsable du projet de texte à élaborer, conjointement avec le Secrétariat général du Gouvernement, à réaliser un cahier des charges permettant notamment de déterminer les services qui seront sollicités pour fournir tout élément (de nature juridique, statistique...) pertinent au regard du projet de texte juridique en cours d'élaboration, ainsi qu'un calendrier de réalisation de l'étude d'impact. Sur la base de ce cahier des charges, le ministère pilote/chef de file rédige une première version de l'étude d'impact en lien direct avec les ministères intéressés si besoin. Le document est envoyé au Secrétariat général du Gouvernement qui s'assure de la validité du document au regard d'exigences de fond et de forme[1140]. Le projet d'étude d'impact est ensuite communiqué pour observations aux autres ministères *via* le Secrétariat général du Gouvernement avec, en cas de différences persistantes de positions entre services ministériels, l'intervention du cabinet du Premier ministre. Finalement, le contenu du projet d'étude d'impact est complété et ajusté par le ministère pilote en prenant en considération les éventuelles remarques du Premier ministre.

Ce dernier doit, ensuite, à nouveau se prononcer pour donner son approbation à la transmission au Conseil d'État après vérification que le projet respecte les conditions de fond et de forme prévues dans la loi organique du 15 avril 2009 précitée. En effet, comme l'indique clairement la circulaire du Premier ministre du 15 avril 2009 relative à la mise en œuvre de la révision constitutionnelle : « *Le Conseil d'État ne sera saisi du projet de loi que si l'étude d'impact est jugée suffisante par mon cabinet et par le secrétaire général du Gouvernement. Dans l'affirmative,*

1140 « *Depuis relativement peu de temps, avant leur transmission au Conseil d'État, nous procédons à une première évaluation du point de vue de la qualité et de la constitutionnalité. Cela nous permet de greffer sur certaines parties d'un projet de loi des indicateurs pour signaler des problèmes constitutionnels éventuels, une mauvaise qualité normative, un effet juridique incertain, voire l'inutilité de telle ou telle disposition. Un dialogue s'engage ensuite entre le Gouvernement et le Conseil d'État sur le sujet* » (Serge LASVIGNES, Intervention au colloque « Évaluation et qualité de la législation : quel rôle pour les Parlements ? », organisé au Sénat le 5 décembre 2013). Disponible sur : http://www.senat.fr/rap/evaluation_qualite_legislation_quel_role_pour_les_parlements-notice/evaluation_qualite_legislation_quel_role_pour_les_parlements-notice1.html.

elle sera transmise au Conseil d'État puis déposée, avec le projet de loi, sur le bureau de l'assemblée saisie après la délibération du conseil des ministres ». Le rôle du Conseil d'État est ici d'analyser les motifs qui justifient l'élaboration d'un projet de texte en s'attachant, en particulier, à vérifier la cohérence entre le contenu de l'étude d'impact et celui du projet de texte envisagé. Le Conseil d'État émet, à cet égard, quelques observations à destination des ministères concernés afin qu'ils complètent et précisent l'étude d'impact ensuite remise au Président de la République et aux membres du Gouvernement qui participeront au Conseil des ministres à l'issue duquel le projet de texte juridique sera adopté puis transmis, s'il s'agit d'un projet de loi, à la première assemblée saisie, accompagné de l'étude d'impact[1141].

La fiche d'impact constitue un mode de coordination juridique dans la mesure où pour l'élaborer les ministères doivent procéder à un examen du droit existant afin de parer à toutes éventuelles contradictions ou incohérences avec le projet de texte envisagé. Ainsi, le Guide de légistique indique que :

> « *L'élaboration d'un projet de loi doit être le fruit d'un travail tant ministériel qu'interministériel, réalisé selon les orientations retenues lors de l'établissement du cahier des charges de l'étude d'impact. Il s'agit de : s'assurer que le projet répond à une nécessité juridique et que le but qu'il poursuit ne peut pas être atteint par d'autres moyens que la modification des dispositions législatives en vigueur ; à cet effet, les discussions qui sont menées doivent avoir pour support, dès les premiers stades de la réflexion sur le projet de réforme, une étude d'options recensant les différentes possibilités* »[1142].

Plus précisément, l'article 8 de la loi organique du 15 avril 2009 dispose que les études d'impact :

> « (...) *exposent avec précision : l'articulation du projet de loi avec le droit européen en vigueur ou en cours d'élaboration, et son impact sur l'ordre juridique interne ; l'état d'application du droit sur le territoire national dans le ou les domaines visés par le projet de loi ; les modalités d'application dans le temps des*

1141 V. not. sur ce sujet : Susan ROSE-ACKERMAN, Thomas PERROUD, « Les études d'impact et l'analyse « coûts-avantages » : modèles américains et traditions juridiques françaises », *RFAP*, n° 149, 2014, p. 105-122. Les auteurs nuancent cependant l'efficacité des études d'impact quant à l'amélioration de la qualité de la production normative.

1142 Source : http://www.legifrance.gouv.fr/Droit-francais/Guide-de-legistique/II.-Etapes-de-l-elaboration-des-textes/2.4.-Decret/2.4.1.-Elaboration-d-un-decret-simple.

dispositions envisagées, les textes législatifs et réglementaires à abroger et les mesures transitoires proposées ; les conditions d'application des dispositions envisagées dans les collectivités régies par les articles 73 et 74 de la Constitution, en Nouvelle-Calédonie et dans les Terres australes et antarctiques françaises, en justifiant, le cas échéant, les adaptations proposées et l'absence d'application des dispositions à certaines de ces collectivités »[1143].

L'importance accordée à l'examen de l'opportunité des textes résulte du constat d'une inflation normative qui n'est pas récente mais qui a tendance à s'accélérer malgré les mises en garde réitérées aussi bien par la doctrine que par de nombreux rapports[1144], notamment l'Étude annuelle du Conseil d'État de 2016 consacrée à la simplification et à la qualité du droit. Cette inflation met en question la sécurité juridique[1145] - qui implique des règles stables, générales et ordonnées - et la confiance légitime - qui demande de s'abstenir d'un changement soudain de cadre juridique ayant fait naître des attentes fondées pour les citoyens -. L'augmentation continue du nombre de dispositions impose une coordination matérielle afin d'éviter les contradictions ou doublons normatifs, mais aussi une coordination formelle visant à l'accessibilité et l'intelligibilité du droit ; deux exigences qui ont été consacrées, s'agissant des lois, en tant qu'objectif de valeur constitutionnelle à l'occasion de la

---

1143 S'y ajoutent d'autres mentions obligatoires permettant de juger de l'opportunité du texte juridique en préparation : «... *l'évaluation des conséquences économiques, financières, sociales et environnementales, ainsi que des coûts et bénéfices financiers attendus des dispositions envisagées pour chaque catégorie d'administrations publiques et de personnes physiques et morales intéressées, en indiquant la méthode de calcul retenue ; l'évaluation des conséquences des dispositions envisagées sur l'emploi public ; les consultations qui ont été menées avant la saisine du Conseil d'État ; s'il y a lieu, les suites données par le Gouvernement à l'avis du Conseil économique, social et environnemental* » (article 8, loi organique n° 2009-403 du 15 avril 2009).

1144 Disponible sur : http://www.ladocumentationfrancaise.fr/var/storage/rapports-publics/164000610.pdf. Ce rapport s'ajoute au Rapport public annuel du Conseil d'État publié en 2006 sur la *Sécurité juridique et la complexité du droit* et à celui de 1991 intitulé *De la sécurité juridique* (publiés par La Documentation française)

1145 Consacrée en tant que principe général du droit par le Conseil d'État (au sujet ici du pouvoir réglementaire) dans son arrêt rendu en assemblée *KPMG et autres* du 24 mars 2006. De plus, même si le Conseil constitutionnel n'a pas explicitement consacré le principe de sécurité juridique, rappelons qu'il a attribué à deux de ses composantes, les principes d'accessibilité et d'intelligibilité de la loi, le statut d'objectif de valeur constitutionnelle (V. not. la décision du 26 juin 2003 relative à la loi habilitant le Gouvernement à simplifier le droit).

décision n° 99-421 DC du 16 décembre 1999[1146]. Répondant à la même logique de « *constitutionnalisation de l'exigence de sécurité juridique* »[1147] ou de « *juridicisation de la légistique* »[1148], le juge constitutionnel a, par ailleurs, pu censurer des dispositions d'une loi soumise à son examen d'une normativité incertaine en se fondant sur le principe de clarté et d'intelligibilité de la loi[1149], ou encore décidé de censurer un article pour « *complexité excessive* »[1150]. La loi perd en

---

1146 La décision relative à la *loi portant habilitation du Gouvernement à procéder, par ordonnances, à l'adoption de la partie législative de certains codes* précise que « *l'urgence est au nombre des justifications que le Gouvernement peut invoquer pour recourir à l'article 38 de la Constitution ; qu'en l'espèce, le Gouvernement a apporté au Parlement les précisions nécessaires en rappelant l'intérêt général qui s'attache à l'achèvement des neuf codes mentionnés à l'article 1er, auquel faisait obstacle l'encombrement de l'ordre du jour parlementaire ; que cette finalité répond au demeurant à l'objectif de valeur constitutionnelle d'accessibilité et d'intelligibilité de la loi ; qu'en effet l'égalité devant la loi énoncée par l'article 6 de la Déclaration des droits de l'homme et du citoyen et "la garantie des droits "requise par son article 16 pourraient ne pas être effectives si les citoyens ne disposaient pas d'une connaissance suffisante des normes qui leur sont applicables ; qu'une telle connaissance est en outre nécessaire à l'exercice des droits et libertés garantis tant par l'article 4 de la Déclaration, en vertu duquel cet exercice n'a de bornes que celles déterminées par la loi, que par son article 5, aux termes duquel "tout ce qui n'est pas défendu par la loi ne peut être empêché, et nul ne peut être contraint à faire ce qu'elle n'ordonne pas"* » (Considérant 13). Une consécration réitérée dans sa décision n° 2006-540 DC du 27 juillet 2006 portant sur la loi relative au droit d'auteur et aux droits voisins dans la société de l'information.
Voir : Sénat, « La qualité de la loi », Note de synthèse, Service des études juridiques, octobre 2007.
Disponible sur : http://www.senat.fr/ej/ej03/ej03_mono.html#toc24.

1147 V. Anne-Laure VALEMBOIS, « La constitutionnalisation de l'exigence de sécurité juridique en droit français », *Cahiers du Conseil constitutionnel*, n° 17, mars 2005.

1148 Pierre de MONTALIVET, « La « juridicisation » de la légistique. A propos de l'objectif de valeur constitutionnelle d'accessibilité et d'intelligibilité de la loi », *in* Roland DRAGO (dir.), *La confection de la loi*, Paris, PUF, coll. « Cahiers des sciences morales et politiques », 2005, pp. 99-136.

1149 Décision n° 2001-455 DC du 12 janvier 2002.
Source : https://www.senat.fr/ej/ej03/ej030.html.
V. par exemple la décision n° 2004-500 DC du 29 juillet 2004 relative à *l'autonomie financière des collectivités territoriales* : « *Considérant, de plus, qu'il incombe au législateur d'exercer pleinement la compétence que lui confie la Constitution et, en particulier, son article 34 ; qu'à cet égard, le principe de clarté de la loi, qui découle du même article de la Constitution, et l'objectif de valeur constitutionnelle d'intelligibilité et d'accessibilité de la loi, qui découle des articles 4, 5, 6 et 16 de la Déclaration de 1789, lui imposent d'adopter des dispositions suffisamment précises et des formules non équivoques afin de prémunir les sujets de droit contre une interprétation contraire à la Constitution ou contre le risque d'arbitraire, sans reporter sur des autorités administratives ou juridictionnelles le soin de fixer des règles dont la détermination n'a été confiée par la Constitution qu'à la loi* » (Considérant 13).

1150 V. par exemple la décision n° 2005-530 DC du 29 décembre 2005 relative à la *Loi de finances pour 2006* : « *Considérant que la complexité de ces règles se traduit*

qualité ce qu'elle gagne en quantité et une coordination formelle est nécessaire pour améliorer l'écriture du droit : le Secrétariat général du Gouvernement, plus précisément son service de la législation et de la qualité du droit[1151], est ainsi chargé de « *rechercher des points d'équilibre entre ministères. Si une part non négligeable du développement de la légistique consiste à réduire des singularités d'écriture qui pourraient différencier les administrations centrales, c'est dans l'échange avec elles qu'une forme d'harmonisation est recherchée* »[1152]. Comme le confirme, en effet, Jean Maïa :

> « *Le rôle propre du Secrétariat général du Gouvernement dans la genèse d'une doctrine en matière de légistique se mesure donc au fait que, de par sa position de "gardien des points de passage" et sa fonction d'interlocuteur de nombreux intervenants du processus normatif, il est à même, avec le Conseil d'État, de rechercher un équilibre entre différents points de vue pour dégager la meilleure manière de servir les exigences à valeur constitutionnelle.* (...) *La mission de coordination interministérielle et d'organisation du travail gouvernemental dévolue au Secrétariat général du Gouvernement le conduit à veiller à ce que les préoccupations de légistique soient le plus largement prises en compte et ce, de manière permanente, dans les ministères, au-delà des efforts de régulation quotidienne auxquels il s'efforce dans le contrôle des textes, d'intelligibilité et d'accessibilité du droit* »[1153].

L'action du Secrétariat général du Gouvernement en vue d'améliorer la qualité juridique des textes préparés est relayée auprès des services rédacteurs grâce à la création, dans les ministères, d'une mission de codification et/ou de légistique en principe rattachée à la direction des affaires juridiques. Par ailleurs, deux circulaires du Premier ministre en

---

notamment par la longueur de l'article 78, par le caractère imbriqué, incompréhensible pour le contribuable, et parfois ambigu pour le professionnel, de ses dispositions, ainsi que par les très nombreux renvois qu'il comporte à d'autres dispositions elles-mêmes imbriquées ; que les incertitudes qui en résulteraient seraient source d'insécurité juridique, notamment de malentendus, de réclamations et de contentieux » (Considérant 84).

1151 Le Service de la législation et de la qualité du droit est chargé de surveiller le bon déroulement de la procédure d'élaboration des projets de textes et se compose d'une « cellule de programmation de l'activité normative », d'une « mission de dématérialisation des procédures » d'un « département de l'activité normative » et d'un « département de la qualité du droit ».

1152 Jean MAÏA, « La légistique au Secrétariat général du Gouvernement », *op. cit.*, p. 22.

1153 *Ibidem*, p. 23.

date du 26 août et du 30 septembre 2003[1154] ont prévu dans chaque ministère l'élaboration d'une charte de la qualité et de la réglementation qui incite au développement des relations interservices au niveau ministériel et interministériel et la mise en place de hauts fonctionnaires chargés d'une fonction de coordination juridique visant la qualité de la réglementation qu'ils exercent en lien avec le Secrétariat général du Gouvernement. Le texte précise
en effet :

> « *Ces hauts fonctionnaires se verront confier les missions suivantes : « a) Ils veilleront à la mise en œuvre effective de la charte de la qualité au sein du ministère et joueront, plus largement, un rôle d'impulsion, de sensibilisation et de coordination pour atteindre l'objectif de maîtrise de la réglementation ; b) Ils seront responsables, pour leur département ministériel, de la procédure de l'étude d'impact; ils proposeront, en particulier, au ministre une méthode pour la réalisation de ces études et aideront à constituer, au sein du département, un vivier de personnes et services auxquels il pourra être fait appel ; c) Ils assureront, au sein du ministère, un rôle d'animation et de coordination pour rendre le droit plus facile d'accès ; ils seront notamment responsables de l'avancement des travaux de codification, ainsi que des procédures permettant de maintenir la qualité des codes adoptés, au gré de leurs modifications ; ils définiront également avec la Direction des Journaux officiels les procédures permettant de garantir la qualité de la consolidation des textes préparés par leur ministère qui sont diffusés sur l'internet : (www.legifrance.gouv.fr) ; d) Ils animeront l'action de simplification des textes en vigueur, seront les correspondants, pour votre ministère, de la délégation aux usagers et aux simplifications administratives et contribueront, en particulier, à la préparation et à la mise en œuvre des lois habilitant le Gouvernement à simplifier le droit par ordonnance* »[1155].

1154 Circulaire du Premier ministre du 26 août 2003 relative à la maîtrise de l'inflation et à l'amélioration de la qualité de la réglementation ; circulaire du Premier ministre du 30 septembre 2003 relative à la qualité de la réglementation. Les deux circulaires ont été remplacées par la circulaire du Premier ministre relative à la qualité du droit du 7 juillet 2011 dans le but de consolider dans chaque ministère « une structure centrale de coordination » chargée de veiller à la qualité de la production normative.

1155 Circulaire du Premier ministre du 30 septembre 2003 relative à la qualité de la réglementation. Une mission de coordination renforcée par la circulaire du Premier ministre relative à la qualité du droit du 7 juillet 2011.

Valorisée par de nombreuses circulaires[1156], recommandations[1157] et travaux universitaires[1158] et visant une meilleure qualité rédactionnelle des normes ainsi que l'utilisation de technologies de l'information[1159], la légistique participe de la fonction de coordination normative exercée au niveau des ministères avec le concours constant du Secrétariat général du Gouvernement et du Conseil d'État.

1156 Outre le Guide de légistique, mentionnons par exemple la circulaire du 31 juillet 1974 relative à l'élaboration des projets de loi et des textes publiés au *Journal officiel*, la circulaire du 15 juin 1987 relative à la codification des textes législatifs et réglementaires, la circulaire relative aux règles d'élaboration, de signature et de publication des textes au *Journal officiel* et de la mise en oeuvre de procédures particulières incombant au Premier ministre du 2 janvier 1993, la circulaire du 30 janvier 1997 relative aux règles d'élaboration de signature et de publication des textes au *Journal officiel* et à la mise en œuvre de procédures particulières incombant au Premier ministre, la circulaire du 26 août 2003 relative à la maîtrise de l'inflation normative et à l'amélioration de la qualité de la réglementation, la circulaire du 30 septembre 2003 relative à la qualité de la réglementation et les lois habilitant le Gouvernement à simplifier le droit, la circulaire du 1er juillet 2004 relative aux règles d'élaboration, de signature et de publication des textes au *Journal officiel*, la circulaire du 29 février 2008 relative à l'application des lois, la circulaire du 17 février 2011 par laquelle le Premier ministre confie à un commissaire à la simplification la supervision des évaluations préalables incombant aux ministères à l'origine de projets de textes concernant les collectivités territoriales et les entreprises.

V. aussi la loi n° 2003-591 du 2 juillet 2003, la loi n° 2004-1343 du 9 décembre 2004, la loi n° 2007-1787 du 20 décembre 2007 relative à la simplification du droit et la loi n° 2011-525 du 17 mai 2011 dite de simplification et d'amélioration de la qualité du droit.

1157 Outre les rapports du Conseil d'État déjà cités (rapports publics de 1991, 2006 et 2016), mentionnons le *Rapport sur la qualité et la simplification du droit* de 2008 (Jean-Luc WARSMANN (rap.), Mission parlementaire auprès du Premier ministre) ; Roland DRAGO (dir.), *La confection de la loi*, Travaux de l'ASMP, 2003.

1158 V. notamment Dominique REMY, *Légistique. L'art de faire les lois*, Paris, Romillat, 1994, Charles-Albert MORAND (dir.), *Légistique formelle et matérielle*, Aix-en-Provence, PUAM, 1999 ; Roland DRAGO (dir.), *La confection de la loi*, Rapport du groupe de travail de l'Académie des sciences morales et politique, PUF, 2005 ; Marthe FATIN-ROUGE STEFANINI, Laurence GRAY, Joseph PINI, *Autour de la qualité des normes. Actes du colloque d'Aix-en-Provence des 24 et 25 octobre 2008*, Bruylant, coll. « À la croisée des droits », 2010.

1159 V. notamment sur le sujet Danièle BOURCIER, Claude THOMASSET (dir.), *L'écriture du droit face aux technologies de l'information*, Paris, Ed. Diderot, 1996.

B. L'intervention du Conseil d'État et du Secrétariat général du Gouvernement garants de la cohérence de l'ordre juridique étatique

La consultation du Conseil d'État est obligatoire[1160] pour les projets de loi (en application de l'article 39 de la Constitution), les projets d'ordonnances (en application des articles 38 et 74-1 de la Constitution), les projets de décrets pris pour l'application de dispositions réglementaires ou plus souvent législatives prévoyant sa consultation et les projets de décrets dits de « déclassement » (en application de l'article 37, alinéa 2 de la Constitution). Hormis ces textes, le Conseil d'État peut être consulté[1161] par le Gouvernement sur tout projet de décret dit « simples »[1162] dès lors qu'il le juge utile ; c'est notamment le cas si le texte pose des difficultés en termes de cohérence et de compatibilité avec le droit existant. Lorsqu'il s'agit d'un projet de décret qui doit faire l'objet d'une consultation obligatoire du Conseil d'État (« décrets en Conseil d'État ») ou lorsque le Gouvernement a décidé de le saisir sans qu'il y soit contraint (« décrets simples »), il revient au ministère pilote/chef de file[1163] de saisir le Conseil d'État. Cette saisine a lieu après que les services ministériels rédacteurs aient procédé à la consultation des organismes requis par la Constitution ou la loi et se soient mis d'accord sur un projet de texte juridique après une éventuelle intervention de leur cabinet respectif, de réunions interministérielles, voire d'un arbitrage du Premier ministre[1164]. Lorsqu'il s'agit d'un projet de texte qui doit, en outre, être délibéré en Conseil des ministres (projets de loi, d'un projet de décret pris en application du second alinéa de l'article 37 de la Constitution, projet de « décret en Conseil des ministres »), la saisine du Conseil d'État

1160 L'avis doit alors porter la mention : « Le Conseil d'État entendu ».

1161 L'avis porte alors la mention : « Après avis du Conseil d'État ». Il s'agit de décrets simples qui pourront être ultérieurement modifiés par un décret simple sans obligation de consultation du Conseil d'État.

1162 Décrets ne nécessitant ni consultation du Conseil d'État, ni délibération du Conseil des ministres. Les « décrets en Conseil des ministres » pris en application l'article 13 de la Constitution ou d'une loi organique ; une loi ordinaire ou un décret qui le précisent (par exemple décret n° 59-178 du 22 janvier 1959 qui prévoit que les attributions des ministres sont fixées par décrets en Conseil des ministres). Cependant, de fait, des considérations liées à la nature ou à l'importance du sujet traité peuvent expliquer que des décrets soient délibérés en Conseil des ministres bien qu'aucun texte ne le prévoit.

1163 Seuls les ministres ou les fonctionnaires ayant délégation expresse ont qualité pour signer la lettre de saisine. Lorsque la lettre n'est pas signée par un ministre, il est d'usage qu'elle le soit par le directeur d'administration centrale intéressé.

1164 Tous les textes dont est saisi le Conseil d'État doivent avoir fait l'objet d'un accord interministériel, prenant la forme soit de lettres d'accord des ministres intéressés, soit de comptes rendus de réunion interministérielle.

se fait par l'intermédiaire du Secrétariat général du Gouvernement, après que le projet de texte ait fait l'objet d'un consensus et recueilli tous les avis d'organismes obligatoires[1165]. Sauf urgence, le Conseil d'État doit alors être saisi au moins quatre semaines avant la date prévue pour son inscription à l'ordre du jour du Conseil des ministres où il sera délibéré.

Une fois transmis au Conseil d'État, l'avant-projet de texte est attribué conformément à l'arrêté du Premier ministre du 25 juillet 2007 à l'une de ses sections consultatives en fonction de la matière traitée. Le président de la section compétente désigne un rapporteur qui engage un dialogue sur le texte transmis à partir de la documentation qu'il rassemble et de réunions de travail avec les représentants des administrations concernées sachant que pour les projets de loi, la délégation qui représente le ministère ayant pris en charge la préparation du projet doit comporter le directeur d'administration centrale principalement intéressé. À l'issue de ces échanges, le rapporteur rédige généralement un contre-projet examiné par la section compétente en présence des fonctionnaires des ministères concernés habilités à assister et à intervenir en qualité de « commissaires du Gouvernement ». Lorsque le Conseil d'État a été saisi par l'intermédiaire du Secrétariat général du Gouvernement, un collaborateur du Secrétaire général du Gouvernement prend part aux réunions et est associé aux échanges par voie électronique entre le rapporteur désigné du Conseil d'État et les commissaires du Gouvernement afin de s'assurer de la cohésion des interventions de ces derniers qui, en principe, comme leur appellation l'indique, ne doivent pas représenter le seul ministère auquel ils appartiennent mais tout le Gouvernement. Cet examen et ces échanges aboutissent à un nouveau texte soumis à l'assemblée générale du Conseil d'État[1166] qui adoptera un texte définitif constituant son avis. Seul le Gouvernement en est en principe le destinataire et lui seul peut décider de le rendre public. En cas d'urgence, le Premier ministre peut directement intervenir et décider de la réunion d'une commission permanente du Conseil pour les projets de loi ou d'ordonnance, une formation plus restreinte que l'assemblée

1165 Cette transmission est désormais dématérialisée. Elle se réalise *via* le logiciel SOLON qui a été mis en œuvre en 2007 en vue d'améliorer la coordination interministérielle. La première version du logiciel a été remplacée depuis 2012 par SOLON 2

Source : //www.legifrance.gouv.fr/Droit-francais/Guide-de-legistique/II.-Etapes-de-l-elaboration-des-textes/2.2.-Loi/2.2.2.-Consultation-du-Conseil-d-Etat-sur-les-projets-de-loi.

1166 Voir : articles R. 123-12 et s., CJA.

générale pour examiner le projet de texte sans passer par un examen préalable en section[1167].

Le but de ce dialogue est de permettre au Conseil d'État de procéder à un examen approfondi du projet transmis qui permet de réaliser une double coordination juridique, matérielle et formelle : « *La consultation du Conseil d'État est obligatoire dans la préparation de certains textes.* (...) *Il s'agit aussi de rendre les textes parfaitement conformes à l'objectif poursuivi et d'assurer leur intelligibilité et leur lisibilité, comme leur correcte insertion dans l'ordonnancement juridique* »[1168]. Ainsi, sur la forme, tout d'abord, le Conseil d'État veille à ce que le texte respecte les principes de base de la légistique pour assurer sa clarté et sa cohérence au regard des règles juridiques existantes tout en vérifiant le respect des règles de procédure applicables (consultations préalables...). Sur le fond, ensuite, le Conseil d'État ne s'interdit pas de se prononcer sur l'opportunité administrative et juridique du texte au regard des lois et des règlements. Plus précisément, « *il s'interroge sur son intérêt et ses justifications, dresse le bilan de ses avantages et de ses inconvénients, vérifie sa cohérence avec l'ensemble de l'action gouvernementale, s'assure des capacités de l'administration à le mettre en œuvre* »[1169]. Le Conseil d'État veille aussi au respect du contenu du texte avec les normes qui lui sont supérieures, ce qui le conduit notamment à se prononcer sur sa constitutionnalité et sa compatibilité avec le droit international et le droit de l'Union européenne. Cet examen, qui a donc pour objet d'éviter les contradictions, incohérences et doublons normatifs, aboutit à l'édiction d'un avis dépourvu de caractère obligatoire[1170] : le Gouvernement n'est en principe pas lié et peut donc s'en écarter ; toutefois, dans la pratique, l'avis est souvent suivi d'effets. Il ne s'agit pas d'un acte exécutoire mais sa valeur juridique n'est pas nulle.

1167 « *Une commission permanente est chargée de l'examen des projets de loi et d'ordonnance dans les cas exceptionnels où l'urgence est signalée par le ministre compétent et expressément constatée par une décision spéciale du Premier ministre mentionnée dans les visas* » (article R. 123-21, alinéa 1er, CJA). Cette procédure est très rarement utilisée en dehors de l'examen de la loi de finances.

1168 Circulaire du Premier ministre n°5222/SG relative à l'organisation du travail gouvernemental, 18 mai 2007.

1169 Yves GAUDEMET, Bernard STIRN, Thierry DAL FARRA, Frédéric ROLIN, *Les grands avis du Conseil d'État*, Paris, Dalloz-Sirey, coll. « Grands Avis », 1997 (3e éd. 2008), p. 39.

1170 V. not. sur cette question : Marceau LONG, « Le Conseil d'État et la fonction consultative : de la consultation à la décision », *RFDA*, vol. 8, n° 5, 1992, pp. 787-794 ; Guy BRAIBANT, « Le rôle du Conseil d'État dans l'élaboration du droit », *in Mélanges René Chapus*, Paris, Montchrestien, 1992 ; Michel ROUX, « La fonction consultative du Conseil d'État », *La Revue administrative*, n° 6, 1999, pp. 16-22.

En sa qualité de haute juridiction administrative et de conseiller privilégié du Gouvernement, le Conseil d'État est reconnu pour son expertise juridique ce qui lui octroie une magistrature d'influence ; il est, pour reprendre l'expression employée par Marceau Long, « *à la frontière de la consultation et de la décision* »[1171]. Le suivi de l'avis du Conseil d'État par le Gouvernement est la garantie d'un projet conforme au droit et aux principes de stabilité, sécurité et cohérence de l'ordonnancement juridique. Concrètement, les avis du Conseil d'État orientent la compréhension et l'interprétation des normes. Afin d'éviter toute remise en cause du texte juridique en question à l'occasion d'un éventuel recours juridictionnel ultérieur, le Gouvernement a tout intérêt à suivre les indications proposées par le Conseil d'État. En ce sens, on peut parler de valeur juridique « reportée » dans la mesure où le non-respect de l'avis n'engendre aucune sanction immédiate mais créer un risque de sanction. En effet, en cas de contentieux, *in fine* le Conseil d'État, en tant que juge, ne pourra ignorer l'analyse du Conseil d'État, en tant que conseiller. Même si dans les faits les recours visant à mettre en cause la constitutionnalité ou la légalité d'un texte sont relativement peu nombreux au regard des milliers d'actes édictés chaque année, cette valeur interprétative ou incitative des avis suffit à assurer leur respect. Conscient de cet enjeu, le Premier ministre a recommandé à ses ministres de ne pas méconnaître la position du Conseil d'État sur les projets de texte qu'ils élaborent : « *Il faut tenir le plus grand compte des avis donnés par celui-ci. Il s'agit d'abord d'assurer le droit* »[1172].

La portée normative de l'intervention du Conseil d'État est plus manifeste lorsque son avis est obligatoire. Alors, l'absence de ce dernier n'est pas une irrégularité formelle mais substantielle. Ainsi, il y a vice de compétence lorsqu'un « décret en Conseil d'État » est édicté sans (CE, Ass., 2 juillet 1993, *Louvrier*) ou avant (CE, Ass., 9 juin 1978, *SCI du boulevard Arago*) l'avis du Conseil d'État. De plus, ne peut être retenu un projet d'ordonnance ou de décret en Conseil d'État qui serait différent à la fois du projet du Gouvernement et de l'avis du Conseil d'État. Le texte finalement retenu ne peut être que celui adopté par le Conseil d'État ou celui qui lui a été soumis[1173]. Ainsi, exception faite d'erreurs matérielles

1171 Marceau LONG, « Le Conseil d'État et la fonction consultative : de la consultation à la décision », *op. cit.*

1172 Circulaire du Premier ministre n° 5222/SG, « Organisation du travail gouvernemental », 18 mai 2007.

1173 Il a ainsi été jugé que ne peut être regardé comme ayant été pris en Conseil d'État un décret reprenant le texte adopté par le Conseil d'État mais qui, en le complétant, même par des dispositions qui figuraient dans le projet initial du Gouvernement, en

minimes pouvant être corrigées par le Gouvernement, celui-ci n'a pas d'autre choix s'il veut adopter un texte différent à la fois de son projet initial et du texte du Conseil que de le ressaisir de la dernière version de son projet en vue d'une nouvelle délibération et d'un autre avis[1174]. En outre, si un texte impose un avis obligatoire, l'absence de consultation du Conseil d'État peut être soulevée d'office par le juge en tant qu'illégalité à la différence de l'absence de consultation d'autres organismes (CE, 17 juillet 2013, *Syndicat national des professionnels de santé au travail et autres*). S'agissant des projets de loi, le Conseil constitutionnel a rappelé dans sa décision n° 2003-468 DC du 3 avril 2003 que la consultation du Conseil d'État est obligatoire selon l'article 39 de la Constitution et, par conséquent, a censuré une loi votée issue du projet adopté en Conseil des ministres qui comprenait, cependant, une disposition soulevant un point non évoqué devant le Conseil d'État. Enfin, certains textes spécifiques peuvent imposer au Gouvernement de suivre l'avis du Conseil d'État[1175]. Au-delà de la prise en compte des avis pour parer à une éventuelle sanction contentieuse, on peut considérer qu'ils produisent des effets en influençant le contenu même des textes juridiques soumis à leur analyse. En effet, le Conseil d'État intervient à une étape essentielle du processus d'élaboration gouvernementale du droit, au seuil de la finalisation des projets : à travers cet avis, support d'une coordination juridique, le Conseil d'État devient dans une certaine mesure « *co-auteur des*

---

modifie l'économie générale sans non plus revenir à celle du projet initial (CE, 10 janvier 2007, *Fédération nationale interprofessionnelle des mutuelles*). Voir aussi : CE, 2 mai 1990, *Joannides* : « *Considérant, dès lors, que les dispositions de l'article 13 du décret susvisé, tel qu'il a été publié au Journal officiel, diffèrent à la fois de celles figurant dans le projet qui avait été soumis au Conseil d'État et de celles figurant dans le texte adopté par le Conseil d'État ; que cet article ne peut être regardé comme ayant été pris en Conseil d'État ; qu'il est, par suite, entaché d'incompétence ; qu'en conséquence, les dispositions de cet article 13 ne peuvent, en tout état de cause, légalement fonder la décision attaquée* ».

1174 « *Il est néanmoins souvent possible de prévenir cette situation alors que le texte est en cours d'examen au Conseil d'État, en suggérant au rapporteur de reprendre à son compte certaines des modifications envisagées ou, si celles-ci ne semblent pas devoir recueillir l'accord du Conseil d'État, en les faisant consigner comme des amendements verbalement apportés par le Gouvernement à son texte initial. Ces façons de procéder ne valent toutefois que pour les modifications d'ampleur limitée. Pour les modifications substantielles, il convient de procéder à une saisine rectificative ou complémentaire, qui est de la compétence exclusive du secrétariat général du Gouvernement* ».
Source : https://www.legifrance.gouv.fr/Droit-francais/Guide-de-legistique/II.-Etapes-de-l-elaboration-des-textes/2.3.-Ordonnance/2.3.3.-Examen-des-projets-d-ordonnance-par-le-Conseil-des-ministres.

1175 Cette exigence procédurale s'applique par exemple en cas de dissolution de syndicats mixtes ou de prise de possession immédiate par l'administration de parcelles de terrain.

décisions réglementaires qui lui sont présentées »[1176] ; encore faut-il qu'elles deviennent de véritables actes juridiques, c'est-à-dire des actes dont le contenu est définitivement arrêté et la forme respectueuse de critères de validité.

À une coordination qui vise l'élaboration d'un projet de texte en combinant un dialogue interservices, des consultations et des concertations avec une recherche de cohérence juridique, s'ajoute une coordination tendant à sa finalisation matérielle et formelle.

SECTION 2 - LA FINALISATION DU PROJET DE TEXTE JURIDIQUE : LA COORDINATION DE LA FORMALISATION DU DROIT

Le passage d'un projet de texte à un véritable acte juridique nécessite de nouvelles étapes de coordination que l'on peut qualifier d'arbitrale, de procédurale et de délibérative. La coordination arbitrale fait référence aux instances réunies dans le but de trancher des conflits de compétences ou des divergences de positions persistantes entre ministères. Elle se réalise par le biais de réunions interministérielles quotidiennes ou dans le cadre de conseils et comités interministériels qui se tiennent de manière plus occasionnelle. Par coordination procédurale, nous désignons la formalité du contreseing qui matérialise sur le texte juridique l'accord de tous les ministères intéressés dans le respect du principe de solidarité gouvernementale. Enfin, la coordination délibérative se réalise au niveau du Conseil des ministres, seule instance de coordination interministérielle explicitement mentionnée dans la Constitution : s'y déroule l'ultime étape du processus gouvernemental de production du droit pour les textes les plus importants. La mise en œuvre de ces différents dispositifs relève du Secrétariat général du Gouvernement, « coordonnateur de la coordination », dont le rôle est indispensable pour assurer concrètement l'unité, la cohérence et la continuité du travail gouvernemental.

§ 1 - La coordination arbitrale

Dès la phase d'élaboration des projets de textes, on l'a vu, des échanges interministériels ont lieu entre services rédacteurs, services

---

1176 Marceau LONG, « Le Conseil d'État et la fonction consultative : de la consultation à la décision », *op. cit.*, p. 787. Voir aussi sur cette question : Armel LALLY, « Le pouvoir normatif du Conseil d'État sous l'éclairage de Marcel Waline », *RFDA*, janvier-février 2014, pp. 161-173.

intéressés par le dossier traité et cabinets ministériels. Ce dialogue se réalise souvent de manière informelle par le biais d'appels téléphoniques, envois de courriers électroniques, échanges de lettres d'accord, etc. De nombreuses affaires courantes sont traitées de cette manière sans qu'il soit nécessaire de réunir physiquement les protagonistes impliqués dans la préparation d'un projet de texte afin qu'ils se mettent d'accord. Toutefois, plusieurs facteurs peuvent altérer la qualité du dialogue et rendre impossible tout consensus sur le contenu du projet de texte discuté : la nature plus ou moins interministérielle de la question traitée (plus elle est transversale, plus le nombre de ministères impliqués est important, ce qui augmente les risques de désaccords) ; le caractère politique du dossier concerné (qui renforce les confrontations entre ministères) ; le degré de conflictualité entre ministères (historiquement élevé en France), etc. Dans ce cas, l'organisation de rencontres plus formalisées entre ministères, sous l'égide du Premier ministre, est nécessaire afin de faciliter la communication, l'échange d'informations et identifier les points de désaccord qui perdurent pour en permettre la résolution. À la frontière des mondes politiques et administratifs, ces « *conseils gouvernementaux* » [1177] sont les lieux privilégiés de la coordination interministérielle : « *La préoccupation de permettre la confrontation et la coordination nécessaires des façons de voir et projets conduit au travail en commun au sein d'organismes adéquats, dont l'intervention permet la préparation des décisions à prendre* »[1178].

Plusieurs types d'instances intergouvernementales peuvent être distingués. Les réunions interministérielles, tout d'abord, sont la configuration la plus commune[1179] si l'on s'en tient au décompte du Secrétariat général du Gouvernement en charge de leur organisation : chaque année, quelque 1600 réunions interministérielles regroupant des membres des cabinets ministériels et des représentants des ministères concernés, sous la présidence d'un membre du cabinet du Premier ministre (voire de son directeur de cabinet), sont convoquées. À côté de ces réunions de coordination quotidiennes, des comités restreints peuvent être réunis, en principe sur convocation et sous la présidence du Premier ministre lui-même. Beaucoup moins fréquents, ils rassemblent des

---

1177 René CHAPUS, *Droit administratif général. Tome 1*, Paris, Montchrestien, coll. « Domat. Droit public », 2001, p. 213.

1178 *Ibidem.*

1179 On ne s'intéressera ici qu'à la « coordination interministérielle de droit commun » qui implique la tenue de réunions et/ou comités interministériels ainsi que la réunion du Conseil des ministres. Nous avons traité de certaines coordinations interministérielles spécifiques à l'occasion de développements antérieurs (notamment : la coordination des questions européennes avec le SGAE, la coordination managériale avec le SGMAP).

ministres et des hauts fonctionnaires concernés par une question spécifique ; s'y ajoutent les réunions de ministres qui, régulièrement, regroupent l'ensemble du Gouvernement autour du Premier ministre afin de discuter des grandes orientations de la politique gouvernementale. En outre, il convient de mentionner une catégorie d'instances délibératives plus formalisées qui réunit des responsables politiques ou administratifs de haut niveau sous la présidence directe du Premier ministre : les comités interministériels. Créés par décret et dédiés à un domaine particulier, ils rassemblent les ministres concernés par un dossier spécifique et un collaborateur du chef de l'État sous la présidence du Premier ministre.

A. Les réunions interministérielles quotidiennes

« *La coordination est une phase incontournable du processus de décision gouvernementale qui se retrouve dans tous les systèmes politiques. Elle s'incarne tout d'abord dans les réunions de ministres et les comités interministériels. Mais, compte tenu du nombre des sujets à traiter, de leur caractère plus ou moins prioritaire ou technique, l'essentiel du travail de coordination, quantitativement du moins, est assuré dans les réunions interministérielles* »[1180]. D'une centaine au début de la Ve République, leur nombre a en effet depuis été multiplié par plus de dix[1181]. Chaque jour sont ainsi organisées à Matignon des dizaines de réunions interministérielles qui doivent respecter un certain formalisme. L'initiative d'une réunion interministérielle appartient concurremment

1180 Conseil d'État, Inspection générale des finances, *Rapport sur la coordination du travail interministériel*, *op. cit.*, p. 1.

1181 Avec un pic dans les années 1980 : « *De 142 en 1961 (sous le Gouvernement Debré) le nombre de réunions ministérielles passe à 356 en 1965 (sous le Gouvernement Chaban-Delmas) pour atteindre 778 en 1975 (sous le Gouvernement Chirac) et plafonner autour de 600 en 1978 (sous le Gouvernement Barre). Leur rythme s'est à nouveau accru à la suite de l'alternance politique pour atteindre sous les Gouvernements Mauroy 1163 réunions en 1981 et 1836 en 1982* » (Jean-Louis QUERMONNE, *Le gouvernement de la France sous la Ve République*, Paris, Dalloz, coll. « Études politiques, économiques et sociales », éd. 1983, p. 220. A partir de 1983, le nombre de « RI » ou « inter » dans le jargon administratif organisées chaque année a progressivement diminué jusqu'à tomber en-dessous de 1000 au début des années 1990. Depuis il a de nouveau augmenté et varie depuis quelques années plus ou moins autour de 1600 réunions par an. A cette inflation s'ajoute une autre : l'augmentation du nombre de participants. Il n'est pas rare que les RI rassemblent aujourd'hui trente à quarante personnes alors que le nombre de participants était en moyenne de 10 à 15 dans les années 1990.

aux ministres et au Premier ministre[1182] *via* leurs collaborateurs[1183]. Précédées de l'envoi de convocations[1184] par le cabinet du Premier ministre préparées par le chargé de mission du Secrétariat général du Gouvernement compétent et signées par le Secrétaire général du Gouvernement, les réunions interministérielles sont présidées par un conseiller technique (voire plusieurs) du cabinet du Premier ministre[1185] assisté d'un représentant du Secrétariat général du Gouvernement et rassemblent, pour chaque ministère intéressé, un membre du cabinet ministériel[1186] accompagné d'un ou plusieurs fonctionnaires d'un niveau hiérarchique suffisant pour pouvoir peser sur les discussions[1187]. Sont

---

1182 Une particularité notable pour les projets de loi ou de décret en Conseil des ministres : après avis du Conseil d'État, les réunions interministérielles organisées pour leur finalisation sont convoquées à l'initiative du Secrétaire général du Gouvernement et co-présidées par lui et par le membre du cabinet du ministre compétent.

1183 A noter toutefois qu'il peut arriver que la demande de convocation d'une réunion ministérielle par un cabinet ministériel soit faite à un chargé de mission du Secrétariat général du Gouvernement qui transmet, pour accord, au membre du cabinet du Premier ministre compétent.

1184 La convocation à la réunion interministérielle qui relève des compétences du Secrétariat général du Gouvernement n'est pas qu'une simple formalité ; de sa précision et exhaustivité dépend le succès de la coordination gouvernementale car tous les acteurs concernés doivent bien être convoqués pour que les discussions aboutissent effectivement à une position consensuelle et cohérente avec l'action gouvernementale. Les convocations doivent être envoyées aux ministères directement concernés dans un délai raisonnable (le Rapport sur la coordination sur la coordination du travail interministériel préconise un délai d'une semaine mais le délai réel est moindre, la convocation étant envoyée dans près d'un tiers des cas dans un délai inférieur à trois jours avant la réunion interministérielle). Les convocations sont aussi transmises pour information au Secrétaire et au Secrétaire général adjoint de la Présidence de la République, les collaborateurs du Premier ministre dont le champ d'attributions correspond aux questions traitées, des collaborateurs du Secrétaire général du Gouvernement et le responsable du service de documentation.

1185 Dans leur configuration basique car pour les affaires les plus sensibles, les réunions interministérielles peuvent être présidées par le directeur de cabinet du Premier ministre.

1186 Généralement il s'agit d'un fonctionnaire de la direction concernée. A noter par ailleurs que lorsqu'un ministre délégué ou un secrétaire d'État est convoqué, le ministre dont il relève l'est aussi.

1187 Notons que les convocations du Secrétariat général du Gouvernement peuvent mentionner que chaque représentation ministérielle est limitée à deux personnes mais cette indication n'est de fait pas respectée. Il n'est pas rare que les « grands ministères » à l'instar du Ministère des Finances envoient jusqu'à cinq voire plus de représentants. En outre, le nombre de ministères convoqués aux réunions est souvent important. Il en résulte des réunions atteignant régulièrement 30 à 40 personnes avec souvent non pas un ou deux membres du cabinet du Premier ministre mais de plus en plus trois, quatre voire cinq conseillers. Ce nombre a connu une forte augmentation depuis une vingtaine d'années ; le nombre moyen de participants au début des années 1990 tournant autour de 10 à 15 personnes.

également convoqués un représentant du ministère de la Justice en raison des aspects juridiques abordés et un représentant du ministère du Budget compte tenu des conséquences financières de l'arbitrage qui sera rendu. S'y ajoutent, en tant qu'observateurs, des collaborateurs de la présidence de la République.

Ce nombre élevé de réunions interministérielles est révélateur de failles dans la coordination gouvernementale. L'organisation d'une réunion interministérielle n'est, en effet, en principe obligatoire que pour les dossiers qui devront passer par le Conseil des ministres pour être finalisés[1188] ; dans les autres cas, majoritaires, elle ne constitue pas une étape obligée du processus d'élaboration normative. L'essentiel des projets de décrets préparés par les services ministériels, parce qu'ils traduisent une activité gouvernementale routinière[1189] et ne portent pas de grands enjeux politiques, devrait donc pouvoir faire l'objet d'un accord direct entre ministres sans recourir à Matignon après plusieurs échanges et réunions informels, le Premier ministre n'intervenant qu'en fin de procédure pour signer le texte. En effet, l'objet principal de ces réunions est de régler les différends qui, à l'issue de plusieurs tentatives de médiation, restent insolubles, comme le rappelle clairement la circulaire du Premier ministre du 12 septembre 2014 : « *il ne doit y avoir réunion que s'il doit y avoir arbitrage, c'est-à-dire décision ; l'arbitrage doit avoir été préparé par un travail en amont entre les services ; la réunion à Matignon doit être l'exception : la règle doit demeurer le travail interministériel coopératif, qui débouche sur des accords* »[1190]. Pourtant, malgré ces recommandations, on constate que de nombreuses réunions interministérielles interviennent de manière anticipée, alors même que les possibilités de trouver un accord par un dialogue informel entre les collaborateurs des cabinets ministériels en conflit et les membres du cabinet du Premier ministre concernés au regard du dossier traité, voire entre les directeurs des cabinets ministériels et du Premier ministre, n'ont pas toutes été exploitées. Cette situation s'explique par la tendance, déjà mise en évidence, du politique à s'immiscer dans le travail de coordination des services opérationnels qui doit se faire normalement

1188 Projets de loi, d'ordonnance, de décret de l'article 38 de la Constitution.

1189 Certaines catégories de décisions doivent en effet être prises chaque année. Il s'agit par exemple des actes nécessaires à la préparation du budget ou encore ceux qui transposent des directives européennes. Leur édiction s'impose peu importe les grandes orientations politiques qui ont été fixées en amont par le Premier ministre.

1190 Circulaire du Premier ministre n° 5735/SG, « Méthode de travail du Gouvernement », 12 septembre 2014.

sous la houlette des secrétaires généraux de ministère et des directeurs d'administration centrale.

Dès lors, beaucoup de réunions interministérielles n'ont qu'un caractère préparatoire, c'est-à-dire qu'elles n'abordent que des questions techniques ou juridiques telles que la mise au point rédactionnelle d'articles d'un projet de texte, l'examen de données chiffrées, etc. Dans ce cas, une ou plusieurs réunion(s) supplémentaire(s) seront nécessaires pour aboutir à un arbitrage du Premier ministre, ce qui retardera d'autant l'issue du processus de coordination gouvernementale. Comme le regrette le *Rapport sur la coordination du travail interministériel* précité : « *La coordination tous azimuts, souvent dans un état encore avancé d'impréparation des décisions, conduit à faire remonter à l'arbitrage de nombreux sujets techniques qui littéralement noient les enjeux politiques saillants* »[1191]. Pour recentrer les réunions interministérielles sur les questions requérant un arbitrage et en état d'être arbitrées, le même document préconise de « *développer le recours à des modes de coordination alternatifs* (...) *: lettres d'accord entre ministres, procédures d'accord tacite...* »[1192]. En matière de travail gouvernemental, les échanges et réunions informelles sont déterminants. Ils sont aujourd'hui facilités par les nouvelles technologies qui permettent un dialogue plus réactif donc, *a priori*, plus efficace entre les acteurs du processus[1193]. De plus, l'élément humain est un élément essentiel. De la qualité des entre les personnes concrètement chargées de conduire le dialogue entre administrations - notamment entre directeurs d'administration, secrétaires généraux et membres des cabinets ministériels - dépend beaucoup la réussite de la coordination ministérielle.

Par ailleurs, certaines réunions interministérielles n'ont pour objet ni le règlement de questions techniques ni la réalisation d'un arbitrage politique, mais plutôt une finalité « politicienne » : « *la réunion interministérielle perd alors son rôle d'instance d'arbitrage pour devenir selon les cas une réunion d'information ou de brainstorming. Cette*

1191 Conseil d'État, Inspection générale des finances, *Rapport sur la coordination du travail interministériel*, *op. cit.*, p. 4.

1192 *Ibidem*, p. 20.

1193 « *Il n'y aura de réunion* (d'arbitrage) *que si elle a été régulièrement convoquée et elle fera l'objet d'un relevé de décisions, établi par le Secrétaire général du Gouvernement. Ce formalisme n'empêche pas, bien au contraire, la tenue de réunions dématérialisées et de consultations en ligne. J'ai demandé à ma directrice de cabinet et au Secrétaire général du Gouvernement de fixer en la matière des règles précises* » (Circulaire du Premier ministre n° 5735/SG, « Méthode de travail du Gouvernement », 12 septembre 2014).

tendance est amplifiée dès lors que le Premier ministre souhaite exercer un contrôle étroit sur l'activité de ses ministres, le cabinet du Premier ministre utilisant alors la réunion interministérielle comme instance de "micro-management" de l'action des ministres, pour décider mais aussi préparer, expertiser et suivre les projets conduits par le ministère en question »[1194]. Il s'agit ici de renforcer la mobilisation des parties prenantes à l'élaboration d'un projet de texte politiquement important pour le Premier ministre qui, par ce moyen, influence subtilement le travail de coordination des ministères[1195].

Le contenu des dossiers préparés en amont[1196] est souvent révélateur de ce « détournement » des réunions interministérielles néfaste en termes de coordination de l'action gouvernementale. Ils sont composés du projet de texte envisagé qui est accompagné d'une note de synthèse qui doit en principe exposer de manière claire et concise le problème posé justifiant l'organisation d'une réunion interministérielle (présentation des données du différend et de son contexte), mais aussi la solution proposée (mention de ses avantages et inconvénients ainsi que des modalités de sa mise en œuvre, le cas échéant des autres solutions envisagées mais non retenues), les implications financières du projet de texte, un rappel des éventuelles consultations interministérielles préalables en soulignant les points qui restent à arbitrer et les arguments en présence. En cas de réunion interministérielle à caractère préparatoire,

---

1194 Conseil d'État, Inspection générale des finances, *Rapport sur la coordination du travail interministériel*, *op. cit.*, p. 12.

1195 Christian Bigaut distingue quant à lui trois types de réunions interministérielles qu'il met sur le même plan : « *L'on trouve tout d'abord la réunion d'impulsion : elle est destinée à indiquer aux ministères concernés une orientation gouvernementale en application de laquelle doivent être préparées une ou plusieurs décisions nécessaires à sa mise en œuvre. Les réunions dites « de programmation » concernent les projets de loi et cherchent à vérifier l'opportunité politique et la nécessité juridique desdits projets ainsi que la réalisation de l'étude d'impact afférente (...). Existe ensuite la réunion d'arbitrage : elle a pour objet de faire connaître la décision du Premier ministre soit, chaque fois que cela est possible, pendant la réunion, soit, à défaut, après la réunion. Il s'agit de l'arbitrage sur un texte législatif ou réglementaire avant la saisine du Conseil d'État pour l'examiner. L'étude d'options recensant les différentes possibilités est élaborée par le ministre responsable de la préparation et de la mise en œuvre de la décision envisagée. La réunion peut aussi concerner l'arbitrage sur une communication ou sur une décision mettant en cause plusieurs ministères. Enfin, la réunion de mise en forme, co-présidée par le SGG et par un membre du cabinet du Premier Ministre, est destinée, après un avis du Conseil d'État ou après un débat en Conseil des ministres, à mettre définitivement en forme les textes nécessaires* » (*in* « Les cabinets, diplomates de l'interministériel et de l'arbitrage », *op. cit.*, p. 612-613).

1196 Généralement lors de réunions informelles organisées sous la houlette des services ou du cabinet du ministre chargé de rédiger le projet de texte.

cette dernière partie de la note de synthèse sera logiquement peu développée. De même, son compte-rendu sera dépourvu de conclusions indiquant explicitement une décision tranchant des positions ministérielles divergentes. En revanche, pour les réunions interministérielles effectivement arbitrales, le compte-rendu préparé par le Secrétariat général du Gouvernement[1197] et approuvé par le président de la réunion marque une étape importante du travail gouvernemental en finalisant le processus de coordination de l'élaboration des projets de texte.

Appelé « bleu » dans le jargon administratif, il relate les points abordés lors des discussions interministérielles et indique les décisions valant arbitrage prises au nom du Premier ministre. Il s'agit d'un document interne à l'administration qui ne s'impose pas aux administrés, à l'inverse d'un décret ou d'un arrêté publié. Par ailleurs, il est intéressant de noter que bien que le Premier ministre ne puisse traiter personnellement toutes les questions abordées dans les nombreuses réunions interministérielles convoquées quotidiennement, juridiquement il est toujours l'auteur de l'arbitrage ce qui confère au compte-rendu une légitimité particulière palliant son absence d'effets obligatoires. Diffusée dans les ministères par le Secrétariat général du Gouvernement après validation du cabinet du Premier ministre[1198], la décision d'arbitrage doit en principe être respectée par les acteurs du travail gouvernemental[1199]. De plus, le Conseil d'État saisi d'un projet de texte pour avis demande toujours que lui soit transmis soit une lettre d'accord des ministres

---

1197 Plus précisément, le secrétariat des réunions interministérielles chargé de rédiger le compte-rendu peut être assuré selon les cas par le conseiller pour les affaires économiques, un chargé de mission du Secrétariat général du Gouvernement ou un adjoint.

1198 Le « bleu » est habituellement respecté dans les ministères à la condition toutefois qu'il y soit bien diffusé. Le Rapport sur la coordination du travail interministériel de 2007 relevait en effet qu'« *une part non négligeable et croissante de réunions n'est pas suivie de la diffusion d'un bleu : 19% en 2002, 28% en 2003, 27% en 2004, 33% en 2006.* (...) *Les causes en sont diverses : caractère non décisionnel de la réunion rendant sans intérêt la diffusion d'un « bleu », perte d'actualité du sujet traité, rédaction trop tardive voire absence de rédaction du compte rendu par le Secrétariat général du Gouvernement, départ des membres de cabinet ayant présidé la réunion...* ». Parfois, c'est le compte-rendu lui-même qui n'est pas réalisé, le plus souvent faute de disponibilité du chargé de mission du Secrétariat général du Gouvernement ou de son adjoint. Lorsque le compte-rendu est effectivement diffusé, le délai de diffusion est en moyenne de 20 à 25 jours.

1199 « *Quant aux arbitrages, ils ne sont clairs et légitimement opposables que si un formalisme minimal est respecté. Il n'y aura de réunion que si elle a été régulièrement convoquée et elle fera l'objet d'un relevé de décisions, établi par le Secrétariat général du Gouvernement* » (Circulaire du Premier ministre n° 5735/SG, « Méthode de travail du Gouvernement », 12 septembre 2014).

intéressés, soit le « bleu » de Matignon indiquant la décision d'arbitrage rendue à l'issue d'une réunion interministérielle. De la qualité des réunions interministérielles dépend l'effectivité du « bleu » : les ministères seront plus enclins à le respecter si les discussions ont abordé de manière précise et exhaustive les questions conflictuelles et les arguments présentés à l'appui des positions défendues. En ce sens, le Premier ministre lui-même a pu rappeler aux ministres que « *ces réunions sont l'occasion pour tous les ministères intéressés de faire valoir leur point de vue avant qu'une décision ne soit prise. Il importe donc qu'une grande attention soit portée à leur préparation. Les positions que votre département ministériel défend au cours de ces réunions devront être étayées par un bilan argumenté de leurs avantages et de leurs inconvénients* »[1200].

On peut ainsi discerner trois échelons de coordination : « *la pratique habituelle des réunions interministérielles aboutit à un arbitrage au nom du Premier ministre par le cabinet de celui-ci. L'arbitrage du Premier ministre* intuitu personae *est plus rare.* (...) *l'appel d'une décision d'arbitrage sur les questions faciles sera réglé par un membre du cabinet du Premier ministre, les questions difficiles seront réservées à l'arbitrage du directeur du cabinet et seules les questions « les plus importantes » remonteront jusqu'au Premier ministre lui-même* »[1201]. Précisément, si à l'issue d'une réunion présidée par un membre du cabinet du Premier ministre un ministre conteste l'arbitrage rendu, une autre pourra être organisée sous la présidence du directeur de cabinet du Premier ministre, voire du Premier ministre lui-même, pour revenir sur la décision prise. Cette dernière configuration n'est pas la plus courante. Mentionnons, par ailleurs, l'existence de comités restreints qui réunissent, de manière occasionnelle et sur convocation du Premier ministre, des ministres et des hauts fonctionnaires concernés par une question spécifique. Cependant, l'implication directe du Premier ministre se fait plus souvent dans le cadre d'enceintes de coordination plus solennelles, *ad hoc* ou permanentes, qui réunissent des ministres accompagnés, dans certains cas, de hauts fonctionnaires sous la présidence du chef du Gouvernement (voire du chef de l'État pour certaines) et portent sur des questions politiques spécifiques et/ou prioritaires de l'action gouvernementale.

1200 Circulaire du Premier ministre n° 5222/SG, « Organisation du travail gouvernemental, 18 mai 2007.

1201 Alain PARIENTE, *Recherches sur l'action du Premier ministre sous la Cinquième République*, Thèse de doctorat en droit, dir. Dimitri Georges LAVROFF, Université Montesquieu-Bordeaux IV, 2000, p. 107.

B. Les comités et conseils interministériels occasionnels

Les comités interministériels rassemblent à Matignon, sous la présidence du Premier ministre[1202], les ministres concernés (ou leurs représentants), des hauts fonctionnaires (membres des cabinets ministériels ou directeurs d'administration centrale), éventuellement des experts et un collaborateur du chef de l'État. Créés par décrets, on distingue deux principaux types de comités interministériels : certains ont un caractère *ad hoc*, c'est-à-dire qu'ils sont établis en fonction d'un besoin particulier (comme un grand événement comme ce fut le cas pour la préparation des Jeux Olympiques d'Albertville) et amenés à disparaître une fois la question traitée ; d'autres ont un caractère permanent bien que dans la réalité, après une première réunion généralement très médiatisée, la plupart des comités interministériels ne se reforment que très rarement, voire jamais. Deux hypothèses sont alors possibles : soit une structure administrative a parallèlement été instituée pour relayer et poursuivre l'action engagée par les ministres (généralement un secrétariat général) ; soit une telle structure n'a pas été mise en place et il y a de fortes chances que le comité interministériel tombe en désuétude sans qu'officiellement il y soit mis fin. L'un des exemples les plus représentatifs du premier cas de figure est le Secrétariat général du Comité interministériel pour les questions de coopération économique européenne, devenu Secrétariat général pour les affaires européennes en 2005 à l'issue de la tenue d'un Comité interministériel sur l'Europe qui ne s'est pas réuni depuis près de dix ans. On peut aussi citer le Comité interministériel pour la modernisation de l'action publique qui n'a existé qu'en 2012 et 2013 aux côtés du Secrétariat général pour la modernisation de l'État. Dans les deux cas, les secrétariats généraux ont été pérennisés alors que les comités interministériels ont dans la pratique disparu. On compte aujourd'hui au total une trentaine de comités interministériels dont la fréquence de réunion diffère mais tous exercent une même fonction de définition, d'animation et de coordination dans le domaine qui relève de leur responsabilité conformément aux attributions qui leur ont été conférées. Cette mission consiste, notamment, pour reprendre les expressions les plus utilisées dans les décrets les instituant, à définir de grandes orientations, veiller à la cohérence et à l'efficacité d'actions, ou encore proposer des mesures visant une action gouvernementale coordonnée et adaptée.

Dualisme de l'exécutif oblige, le Président de la République peut également rassembler sous sa présidence les ministres, mais aussi le

---

1202 Certains textes prévoient que le Premier ministre peut être suppléé par le ministère « pilote » dans le domaine concerné.

Premier ministre, pour délibérer à propos d'une politique spécifique. Dans ce cas, on ne parlera pas de comités mais de conseils qui peuvent être restreints - ils sont alors généralement consacrés à des questions concernant les domaines pour lesquels le Président de la République et le Premier ministre disposent de compétences partagées (en matière de défense et d'affaires étrangères pour l'essentiel), ce qui les rend intéressants surtout en période de cohabitation - ou permanents. Dans cette dernière catégorie, le Conseil de Défense et de Sécurité Nationale (CDSN) est l'un des plus importants, comme en témoigne sa mention dans la Constitution[1203]. Créé par un décret du 24 décembre 2009 qui fait suite à la loi du 29 juillet 2009, il se substitue au Conseil de Sécurité Intérieure et au Conseil Supérieur de Défense. Le CSDN est notamment chargé de définir les orientations en matière de programmation militaire, de dissuasion, de conduite des opérations extérieures, de réponse à des crises majeures, de renseignement, de sécurité économique et énergétique, ou encore de lutte contre le terrorisme ainsi que de coordonner les actions gouvernementales qui, plus généralement, relèvent de la politique de sécurité et de défense. Son secrétariat est assuré par le Secrétariat Général de la Défense et de la Sécurité Nationale qui assiste aux délibérations. Le décret du 24 décembre 2009 précité précise, par ailleurs, que le CDSN peut être réuni en conseil restreint, dans une composition fixée par son président ou en formation spécialisée, ce qui permet une coordination ciblée de certaines actions, notamment afin de répondre de manière efficace et rapide aux menaces sur la sécurité et la défense du pays[1204].

À l'instar des réunions interministérielles, les conseils et comités interministériels font l'objet d'un compte-rendu qui doit en principe être conclusif, c'est-à-dire exposer les décisions qui ont été prises. Si ces documents n'ont pas de valeur juridique obligatoire, voire, pour certains commentateurs, ne relèvent que de la communication, les positions qui sont arrêtées à l'issue des délibérations ne sont pas dépourvues d'effets. La présidence du Premier ministre ou du Président de la République, la réunion de responsables politiques ou administratifs au plus haut niveau, la nature des discussions portant sur un sujet prioritaire, accordent en effet une certaine légitimité et un poids aux décisions actées dans le compte-rendu. De plus, celles-ci sont habituellement confirmées dans le

---

1203 Avec le Conseil des ministres, c'est la seule instance de coordination collégiale qui est mentionnée dans la Constitution. Son article 15 fait en effet référence aux « Conseils et Comités supérieurs de défense nationale ».

1204 Ces Conseils ont connu une médiatisation particulièrement importante depuis plusieurs mois, souvent réunis afin d'apporter une réponse coordonnée et adaptée de l'ensemble des ministères aux attentats qui ont touché la France en 2015 et 2016.

cadre du Conseil des ministres, instance de coordination collégiale la plus formalisée.

§ 2 - La coordination procédurale

La coordination procédurale est entendue comme un processus qui se manifeste à travers deux principaux dispositifs : les contreseings et les délibérations du Conseil des ministres.

A. L'apposition des contreseings

Formalité procédurale, le contreseing est un dispositif de coordination dans la mesure où il concrétise explicitement l'accord des ministères contresignataires aux mesures édictées et implicitement leur engagement d'en assurer la mise en œuvre. Sont ainsi assurées une cohérence de l'action gouvernementale et une effectivité des actes juridiques. La Constitution prévoit deux types de contreseings : aux termes de l'article 19, « *Les actes du Président de la République autres que ceux prévus aux articles 8 (1er alinéa), 11, 12, 16, 18, 54, 56 et 61 sont contresignés par le Premier Ministre et, le cas échéant*[1205]*, par les ministres responsables* » ; selon l'article 22, « *Les actes du Premier Ministre sont contresignés, le cas échéant, par les ministres chargés de leur exécution* ». Le texte constitutionnel est, cependant, peu disert : il ne donne ni de définition du contreseing, ni ne précise qu'entendre par les expressions « ministres responsables » et « ministres chargés de leur exécution ». Pour en savoir davantage, il convient de se référer à la jurisprudence. S'agissant du contreseing des actes du Président de la République (en dehors de ses « pouvoirs propres »), les « ministres responsables » sont « *ceux auxquels incombent, à titre principal, la préparation et l'application des actes en cause* »[1206]. En d'autres termes, ceux qui ont l'initiative du texte, le font préparer par leurs services, procèdent au processus de coordination visant à recueillir l'adhésion des autres départements ministériels intéressés, puis le soumettent au Conseil des ministres et sont en charge d'en assurer et d'en contrôler l'application. Quant aux actes du Premier ministre, ils doivent être paraphés par les

---

1205 La restriction « le cas échéant » concerne l'hypothèse selon laquelle c'est au Premier ministre lui-même à qui il revient d'édicter des mesures d'exécution (c'est le cas par exemple d'un acte relatif à l'un des services qui lui sont rattachés, tels que les arrêtés par lesquels il organise son cabinet et en désigne les membres).

1206 CE, sect., 10 juin 1966, *Pelon et autres*. En l'espèce, il a été décidé que le ministre des Affaires étrangères n'avait pas à contresigner des décrets relatifs aux grands établissements d'enseignement supérieur à l'étranger dès lors que ces derniers relevaient de la compétence du ministre de l'Education nationale.

ministres compétents « *pour signer ou contresigner les mesures réglementaires ou individuelles que comporte nécessairement l'exécution* »[1207] de l'acte en question. Plusieurs ministères peuvent être « responsables » ou « chargés de l'exécution » d'un même texte[1208].

Outre cette distinction quant à l'auteur du contreseing, une autre question centrale s'est posée quant à la signification d'un tel procédé : l'apposition d'une signature sous celle du Premier ministre ou du Président de la République est-elle seulement une condition formelle ou a-t-elle une portée plus substantielle ?[1209] La réponse a été apportée par le Conseil d'État qui a sanctionné le défaut de contreseing en tant que vice de forme et non de compétence[1210] . Il en résulte que les ministres ne sont pas les coauteurs de l'acte qu'ils contresignent, ainsi qu'on peut le déduire de la position du juge administratif selon laquelle en cas de modification d'un acte contresigné, les dispositions modificatrices ne requièrent pas le contreseing de tous les ministres qui auraient signé le texte initial comme il le faudrait s'ils en étaient tous coauteurs ; seuls ceux qui sont concernés par ces changements doivent les parapher[1211]. Par ailleurs, le juge administratif a pu préciser que les ministres sont

---

1207 CE, Ass., 27 avril 1962, *Sicard et autres*. En l'espèce, il a été décidé qu'un décret du PM organisant le reclassement de personnels du ministère de la France d'outre-mer doit être contresigné par tous les ministres dans les services desquels ils doivent être reclassés. Une position notamment confirmée par l'arrêt CE, Ass., 8 juillet 1994.

1208 S'agissant des secrétaires d'État rattachés à un ministre, le contreseing des actes relevant de leurs attributions n'a pas de valeur obligatoire : sa présence comme son absence n'a pas de portée juridique (CE, Ass., 24 juin 1955, *Syndicat national des ingénieurs de la navigation aérienne*) ; même si un décret prévoit son apposition (CE, 28 mai 1984, *Ordre des avocats de Saint-Denis-de-la-Réunion*). Il en est logiquement de même pour les ministres délégués. En revanche, le contreseing des secrétaires d'État autonomes est requis dans les mêmes conditions que celui des ministres (CE, Avis du 11 juin 1974).

1209 V. pour une étude détaillée des principaux arguments avancés à propos de cette controverse doctrinale quant à la valeur et la portée juridiques du contreseing : Céline WIENER, *Recherches sur le pouvoir réglementaire des ministres*, Paris, LGDJ, coll. « Bibliothèque de droit public », Tome 98, 1970.

1210 V. not. CE, Ass., 12 juillet 1957, *Chambre de commerce d'Orléans* ; CE, Sect., 31 décembre 1976, *Comité de défense des riverains de l'aéroport Paris-Nord*.

1211 Un point éclairci par le Conseil d'État depuis longtemps, avant même l'entrée en vigueur de la Constitution de 1958. Cependant la jurisprudence est pertinente sous la Ve République.
V. l'arrêt : CE, sect., 21 février 1958, *Fédération nationale des travailleurs du sous-sol* : un décret qui porte le contreseing d'un ministre peut être modifié sans un nouveau contreseing de ce dernier si la modification porte sur un point ne relevant pas de sa compétence ; confirmé notamment par CE, Ass., 2 juillet 1982, *Huglo*. Confirmant ce caractère de vice de forme, l'apposition de contreseings non requis est sans conséquence sur la légalité de l'acte (CE, 30 octobre 1958, *Union mutuelle immobilière*).

recevables à attaquer les actes de tout ministère qui empiéteraient sur leurs attributions (CE, 10 mars 1933, *Ministère des Finances* ; CE, 2 novembre 1934, *Ministre de l'Intérieur*). Le juge a également pu préciser que tout ministre a qualité pour contester un acte qui n'aurait pas reçu le contreseing nécessaire (CE, 25 janvier 1963, *Lemaresquier*).

Une attention particulière est donc portée au respect d'un certain formalisme[1212] ; toutefois le contreseing ne peut se résumer à « *une formalité de chancellerie* »[1213]. Certes, il s'agit d'une règle procédurale, mais on peut aussi l'envisager comme un procédé de coordination dans la mesure où il acte le consentement indispensable des ministres à l'égard de tous les actes qui relèvent de leur champ d'attributions. C'est au Secrétariat général du Gouvernement, maître d'oeuvre principal de la coordination du travail gouvernemental, à qu'il revient de recueillir les contreseings : de manière directe s'agissant du contreseing du Premier ministre sur les actes du Président de la République qui le requiert ainsi que le contreseing des ministres sur les décrets de promulgation des lois, les ordonnances, les décrets en Conseil des ministres, les décrets en Conseil d'État et les décrets pris en application du second alinéa de l'article 37 de la Constitution ; par l'intermédiaire du ministère responsable qui est chargé de collecter les contreseings des ministres pour les autres types de décrets avant de les transmettre au Secrétariat général du Gouvernement[1214]. La vérification nécessaire de l'existence et de la validité des signatures par le Secrétariat général du Gouvernement

---

1212 Par exemple, ne peuvent être considérés comme des contreseings, ni la participation d'un ministre intéressé à une réunion de travail au cours de laquelle il a exprimé son accord (CE, Sect., 31 décembre 1976, *Comité de défense des riverains de l'aéroport Paris-Nord.*) ; ni encore le fait d'avoir donné par lettre son accord (CE, Sect, 2 juillet 1965, *Syndicat national des parcs automobiles*).

1213 « *En tant que formalité de chancellerie, le contreseing remonte aux plus anciennes monarchies asiatiques ; il est pour certifier l'authenticité du sceau du monarque et aussi pour attester que la décision a été prise bureaucratiquement et n'est pas une manifestation arbitraire de pouvoir personnel. En ce sens, le contreseing n'a pas cessé d'être pratiqué dans tous les États modernes, même sous les gouvernements qui n'admettent pas le régime parlementaire* (...). *En tant que formalité ayant une portée constitutionnelle et entraînant la responsabilité du ministre devant le Parlement, l'évolution du contreseing s'est produite en Angleterre, d'abord, pour des actes particuliers, puis, par voie de généralisation pour toute expression de la volonté royale et il est reproduit formellement dans notre loi constitutionnelle* » (Maurice HAURIOU, *Précis élémentaire de droit constitutionnel*, 1930, p. 135-136).

1214 Afin de faciliter le recueil des contreseings, une double procédure est désormais prévue : par la voie papier classique et de manière dématérialisée en utilisant le logiciel SOLON
Version en ligne consultée : http://www.legifrance.gouv.fr/Droit-francais/Guide-de-legistique/II.-Etapes-de-l-elaboration-des-textes/2.1.-Regles-generales/2.1.7.-Procedures-de-recueil-des-signatures-et-contreseings).

est très importante : le texte ne pourra être publié au *Journal Officiel*, donc ne pourra entrer en vigueur, s'il ne porte pas ce symbole de l'unité et de la cohérence de l'action du Gouvernement. C'est pourquoi il est indispensable que la procédure se déroule dans les délais requis ; une exigence qui n'est pas seulement formelle mais conditionne également l'effectivité des règles juridiques[1215].

Une autre étape importante du parcours tendant à la production d'une règle juridique est la réunion du Conseil des ministres qui est passage obligé pour les projets de textes les plus importants qui doivent y être délibérés.

B. La formalité des délibérations

« *Le Conseil des ministres est un temps fort du travail gouvernemental* »[1216], comme le révèle sa mention à plusieurs reprises dans la Constitution [1217]. Son intervention est obligatoire pour l'accomplissement de plusieurs actes essentiels du pouvoir exécutif. Il appartient ainsi au Conseil des ministres de décréter l'état de siège (article 36 C), de délibérer sur l'engagement de la responsabilité du Gouvernement par le Premier ministre sur son programme ou éventuellement sur une déclaration de politique générale et sur le vote

---

1215 À cet égard, la circulaire du Premier ministre relative à la qualité du droit du 7 juillet 2011 recommande d'éviter les retards pris dans la procédure de recueil des contreseings, en l'espèce des décrets : « *Ces délais inutiles doivent être abrégés, en appliquant les règles suivantes pour les décrets nécessaires à l'application d'une loi ou à la transposition d'une directive : - pour les décrets en Conseil d'État, sauf divergence signalée au Secrétariat général du Gouvernement dans la semaine qui suit l'examen du texte par le Conseil d'État, un délai maximum d'un mois devra être respecté entre la date de délivrance de la minute du Conseil d'État et la date de signature du texte ; - pour les décrets simples ayant fait l'objet d'un arbitrage ou d'un accord interministériel matérialisé par le compte rendu d'une réunion interministérielle, le même délai courra à compter de la date de diffusion du compte rendu ou de la dernière consultation nécessaire* ».

1216 Circulaire du Premier ministre n° 5222/SG, « Organisation du travail gouvernemental », 18 mai 2007.

1217 Il y est fait mention aux articles 9, 13, 21, 39 et 49 de la Constitution ; implicitement aussi dans son article 11. De manière générale, « *on peut considérer que dans tous les cas où la Constitution prévoit une intervention du « Gouvernement », celle-ci doit être délibérée au sein de la seule instance prévue par la Constitution pour les réunions de ses membres, c'est-à-dire du Conseil des ministres. Ainsi en est-il allé pour l'application de l'article 11 sur le référendum* » (Jacques FOURNIER, *Le travail gouvernemental*, *op. cit.*, p. 56). Certaines lois organiques et même quelques lois ordinaires peuvent aussi prévoir l'intervention du Conseil des ministres pour certains actes tels que des nominations de hauts fonctionnaires.

d'un texte (article 49, al. 1 et 3 C). C'est en son sein que sont également délibérés et adoptés au nom de l'ensemble du Gouvernement les projets de textes les plus importants : projets de loi (article 39 C), projets d'ordonnance (articles 13, 38 C) et certains décrets (article 13 C). On peut ainsi l'envisager comme l'ultime échelon de coordination préparatoire qui finalise le processus de production gouvernementale du droit ponctué, on l'a vu, par une coordination des services éventuellement complétée par un arbitrage au nom (dans le cadre des réunions interministérielles) ou du (à travers les comités interministériels et les comités restreints) Premier ministre. Les discussions qui s'y tiennent portent effectivement sur des projets de textes aboutis d'un point de vue technique et juridique et sur lesquels habituellement il y a déjà accord des ministres concernés. Le Conseil des ministres fait ainsi davantage figure, pour certains commentateurs, de « rituel républicain »[1218], voire de chambre d'enregistrement ou d'« institution seconde »[1219] dont la principale fonction est moins de coordonner l'action gouvernementale (elle a déjà pour l'essentiel été réalisée au niveau ministériel et interministériel avant le début du Conseil) que de la confirmer et la médiatiser. Le Conseil des ministres obéit en tout état de cause à un protocole précis et immuable depuis les débuts de la Ve République.

Malgré sa dénomination, le Conseil des ministres ne se tient pas à Matignon mais à l'Élysée, tous les mercredis[1220]. Il est présidé par le Président de la République[1221] qui réunit autour de lui le Premier ministre et les ministres[1222]. Selon une pratique constante, sont aussi présents le

---

1218 Le Conseil des ministres a été institué sous la IIIe République mais ne prendra la forme d'un véritable « rituel républicain » qu'en 1958, lorsque sa procédure sera précisément établie et ne changera guère depuis.

1219 V. not. sur cette question : Joël-Yves PLOUVIN, « Le Conseil des ministres, institution seconde », *Revue administrative*, n° 33, septembre-octobre 1980.

1220 Le choix du mercredi remonterait à Louis XIV qui convoquait le Conseil d'en haut le jour de la semaine qui était le moins chargé de son emploi du temps. Mais il est arrivé qu'il soit convoqué en urgence pour des situations particulièrement graves comme par exemple en janvier 1991 à la veille du déclenchement de la guerre du Golfe, après les attentats de septembre 2001, ou plus récemment à la suite des attentats de Paris en novembre 2015 et de Nice en juillet 2016.
Par ailleurs, il n'y a généralement pas de réunion du Conseil des ministres la semaine de Noël ou du Nouvel An et deux à trois semaines en août.

1221 Article 9 de la Constitution. L'article 21 précise cependant que le Premier ministre peut, à titre exceptionnel, le suppléer pour la présidence du Conseil des ministres en vertu d'une délégation expresse ou pour un ordre du jour déterminé.

1222 Les usages ont varié concernant la présence des ministres délégués et les secrétaires d'État mais on peut constater que souvent les premiers sont convoqués au Conseil des ministres à l'instar des ministres de plein exercice tandis que les seconds n'y assistent que lorsque sont examinées des affaires qui les concernent.

Secrétaire général du Gouvernement et le Secrétaire général de la Présidence de la République. L'implication du Président de la République est une spécificité du système constitutionnel français[1223] qui diffère de la pratique de la plupart des régimes parlementaires étrangers dans lesquels le chef de l'État est seulement tenu informé des délibérations gouvernementales. L'ingérence présidentielle se manifeste dès la préparation de l'ordre du jour « *qui contribue à une programmation maîtrisée de l'action du Gouvernement* »[1224]. En effet, c'est à partir du programme de travail gouvernemental élaboré en amont[1225] que les chargés de mission du Secrétariat général du Gouvernement évaluent si tel ou tel dossier est assez avancé pour être délibéré en Conseil des ministres dans le cadre d'une réunion interne qui se tient, en principe, le vendredi matin. Le même jour, une autre réunion est organisée, entre le Secrétaire général du Gouvernement et le cabinet du Premier ministre, qui a pour objet d'apprécier d'un point de vue plus politique l'opportunité de traiter de tel dossier lors du prochain Conseil ou d'en reporter la discussion. Le projet d'ordre du jour ainsi mis au point est ensuite transmis par l'intermédiaire du Secrétariat général du Gouvernement au Premier ministre, aux ministres et au Président de la République qui arrêtera l'ordre du jour définitif le lundi soir, à l'issue d'un entretien avec le secrétaire général du Gouvernement. Celui-ci sera transmis au Premier ministre et aux ministres le lendemain.

L'ordre du jour se décompose en quatre parties qui seront successivement abordées durant le Conseil des ministres. La « partie A » où sont inscrits les projets de loi, d'ordonnance et de décret qui seront

---

1223 Une implication présidentielle limitée à ses débuts et qui s'est surtout accentuée sous la Ve République caractérisée par un pouvoir exécutif réellement dualiste. Comme le relève justement Jean-Louis Quermonne, « *la manière dont les Présidents de la République ont exercé cette prérogative a varié depuis 1875. Et si certains Présidents de la IIIe République ont laissé au président du Conseil le soin de diriger réellement les débats, en revanche, les chefs d'État de la IVe et surtout de la Ve Républiques ont fait preuve d'une grande directivité* » (in *Le gouvernement de la France sous la Ve République*, *op. cit.*, p. 212). L'ascendant du Président de la République se fait surtout sentir en période de cohabitation durant laquelle il est davantage tenté d'empiéter sur les compétences du Premier ministre et d'infléchir l'action gouvernementale avec laquelle il peut avoir des désaccords.

1224 Circulaire du Premier ministre n° 5222/SG, « Organisation du travail gouvernemental », 18 mai 2007.

1225 V. précédemment : « Le pouvoir de coordination de direction du Premier ministre ». À cet égard Jean-Marc Sauvé précise : « *Il appartient au Secrétariat général du Gouvernement de préparer les délibérations du Conseil des ministres en fonction de l'organisation à moyen terme du travail du Gouvernement (...) dans le cadre d'une programmation de huit semaines* » (in « Le Conseil des ministres », *Mélanges Gicquel. Constitution et pouvoirs*, Paris, Montchrestien, 2008, p. 497).

exposés. La « partie B » concerne les décisions individuelles, notamment les nominations qui doivent se faire dans le cadre du Conseil des ministres. La « partie C » est dédiée aux communications des ministres, chacun ayant ici la possibilité de présenter à l'ensemble du Gouvernement les orientations et mesures nouvelles dans le domaine de l'activité gouvernementale qui relève de sa responsabilité. Le ministre des Affaires étrangères intervient toujours pour exposer la situation internationale et européenne. La « partie D »[1226], enfin est consacrée à un débat particulier, généralement d'actualité, sur lequel tous les ministres sont invités à prendre part même si le sujet ne relève pas directement de leurs attributions[1227]. Notons, toutefois, que le Conseil des ministres peut être, en principe, aussi saisi de toute question que les membres du Gouvernement jugent opportun de soumettre[1228].

Le Conseil des ministres est convoqué à 9h30 le mercredi matin ; cependant, avant l'examen de ces différents points, une réunion préalable se tient entre le Président de la République et le Premier ministre dans un premier temps, en présence du Secrétaire général du Gouvernement et du Secrétaire général de l'Élysée qui vérifie l'ordre du jour, puis sortent pour laisser les chefs de l'État et de Gouvernement en tête à tête. Les ministres profitent de ce temps pour échanger de manière informelle des informations, régler des questions, ajuster des positions et parapher les textes inscrits en « partie A » qui leur sont soumis par le Secrétaire général du Gouvernement. Le Conseil des ministres en tant que tel ne commence donc effectivement que vers 10h00 avec tout d'abord la présentation par chacun des ministres intéressés des textes inscrits à l'ordre du jour. Dans la plupart des cas, ceux-ci font l'objet de peu de discussions, la coordination ministérielle et interministérielle éventuellement finalisée par un arbitrage ayant déjà eu lieu. Toutefois, chaque ministre ayant le droit d'intervenir sur tous les sujets traités, même ceux qui ne relèvent pas de leurs attributions, on constate parfois que « *certains ministres "remontent au créneau" une dernière fois pour essayer d'obtenir une décision favorable sur un point à propos duquel ils n'ont pas pu avoir satisfaction au cours des travaux interministériels. Il*

1226 Le Conseil des ministres se déroule suivant le Règlement adopté en février 1947, plusieurs fois amendé ; notamment pour prévoir cette « partie D », ajoutée aux trois autres parties de l'ordre du jour en 2007.

1227 A noter que le Président de la République peut en outre faire un tour de table pour demander l'avis des ministres notamment sur des questions controversées, politiquement sensibles, mais c'est lui qui a toujours le dernier mot des discussions.

1228 Ce peut être par exemple des décrets dont la délibération en Conseil des ministres n'est pas obligatoire mais le sont quand même et sont par conséquent signés par le Président de la République. Dès lors, ils ne pourront être modifiés que selon la même procédure (CE, 23 mars 1994, *Comité d'entreprise de la Régie Renault*).

arrive aussi qu'ils parlent "pour le procès-verbal", en rappelant qu'ils n'étaient pas d'accord sur tel ou tel point, mais qu'ils ont dû s'incliner devant les arbitrages du Premier ministre. Quand il s'agit de la loi de finances, l'examen en partie A peut être aussi l'occasion pour un certain nombre de ministres de mettre l'accent sur les difficultés qu'ils rencontrent dans leur administration et sur les besoins financiers qui en résultent »[1229]. Ces interventions ne remettent donc pas en cause la coordination réalisée antérieurement. Les nominations de la partie B laissent peu de place à la discussion ; en revanche les communications de la partie C et les débats de la partie D font l'objet d'échanges plus nourris qui, somme toute, ne vont pas jusqu'à altérer de manière importante la cohérence du travail gouvernemental. Le Conseil des ministres « *symbolise l'unité du Gouvernement voulue par les principes constitutionnels* »[1230]. Les ministres peuvent se prononcer sur tous les dossiers mais leur appartenance au Gouvernement suppose qu'ils en soient solidaires et en partagent les grandes orientations. À ce stade du travail gouvernemental, les travaux préparatoires et les éventuels arbitrages étant intervenus, les ministres ne peuvent s'engager dans des discussions qui remettent substantiellement en cause les projets de textes déjà finalisés. Il n'est d'ailleurs jamais procédé à un vote pour conclure les délibérations ; les ministres ne peuvent plus infléchir les décisions déjà rendues en amont. Autrement dit, le Conseil des ministres est le lieu où doit se manifester le travail gouvernemental coordonné : « *ses délibérations sont l'occasion d'une présentation claire et cohérente de cette action* »[1231].

Ainsi, le compte-rendu analytique établi par le Secrétariat général du Gouvernement sur la base des notes[1232] prises pendant le Conseil des ministres, qui peut indiquer des points de désaccord entre ministres, n'est pas publié mais archivé à Matignon et à l'Élysée. Il en est de même pour le relevé de décisions mis au point par le Secrétaire général du Gouvernement et approuvé par le Président de la République ; tout comme les messages écrits qui circulent entre les ministres pendant leurs

---

1229 Jacques FOURNIER, *Le travail gouvernemental*, *op. cit.*, p. 233.

1230« La coordination de l'action gouvernementale », *Jurisclasseur administratif*, Fasc. 115, 1999.

1231 Circulaire du Premier ministre n° 5222/SG, « Organisation du travail gouvernemental », 18 mai 2007.

1232 Les discussions qui se tiennent dans le cadre du Conseil des ministres sont censées demeurer confidentielles. L'un des usages les plus anciens, déjà en vigueur au XIXe siècle, est l'interdiction de prise de notes, sauf par le président de la République, les Secrétaires généraux du Gouvernement et de l'Élysée et le porte-parole du Gouvernement.

interventions et communications qui sont détruits par les huissiers à l'issue du Conseil à l'instar de tous les documents laissés sur la table du salon Murat du Palais de l'Élysée. Le communiqué ou compte-rendu exposant au public les délibérations, « *préparé par le Secrétaire général du Gouvernement sur la base des projets préparés par les ministres rapporteurs des textes et communications inscrites à l'ordre du jour* »[1233] et diffusé dans la presse ainsi que sur le site internet du Premier ministre[1234], est quant à lui laconique, descriptif et ne peut d'autant moins mentionner les discussions qui ont eu lieu qu'il est élaboré avant même le Conseil des ministres. De même en est-il des réponses du porte-parole du Gouvernement qui, à la fin de chaque Conseil, donne oralement à la presse quelques éléments concis sur la teneur des délibérations qui n'ont pas force exécutoire.

En effet, comme l'a indiqué le Conseil d'État dans l'arrêt *Comité des architectes en chef des bâtiments civils et palais nationaux* du 25 novembre 1977, les délibérations du Conseil des ministres « *les « décisions de principe » prises en Conseil des ministres ou en conseil restreint sont, par elles-mêmes, sans effet juridique direct et doivent être regardées comme une simple déclaration d'intention du gouvernement. Par suite, elles ne sauraient être attaquées par la voie du recours pour excès de pouvoir* »[1235]. L'expression « sans effet juridique direct » est intéressante. Ne sous-entend-elle pas que les délibérations ont *a contrario* un effet juridique indirect ? On peut en effet considérer qu'elles s'inscrivent dans le long processus de coordination préparatoire qu'elles

---

1233 *Ibidem.*

1234 Disponible sur : http://www.gouvernement.fr/comptes-rendus-du-conseil-des-ministres.

1235 Le Conseil d'État ajoute dans le même arrêt que « *seuls les actes subséquents, dans la mesure où ils font grief, peuvent être déférés au juge de la légalité* ». Une position qui a reçu une application positive notamment dans l'arrêt CE, Ass., 26 février 1993, Comité central d'entreprise de la SEITA : « *Considérant que, si le ministre du Budget soutient que le décret susvisé du 19 novembre 1960 ne donne compétence au Comité interministériel pour l'aménagement du territoire que pour préparer les décisions du Gouvernement en matière d'aménagement, il ressort des pièces du dossier et notamment tant du compte-rendu du Comité interministériel qui s'est tenu le 7 novembre 1991 que du communiqué publié par le Premier ministre, que celui-ci, à l'issue de ce Comité interministériel, a bien entendu décidé le transfert de la SEITA à Angoulême ; que si le Premier ministre a prévu d'arrêter ultérieurement le calendrier du transfert de cette société, il n'a pas entendu subordonner la réalisation effective de ce transfert à l'intervention d'une autre décision...* ». Le Conseil d'État en a conclu qu'est recevable le recours pour excès de pouvoir contre la décision du Premier ministre « *prise lors de la réunion du Comité interministériel qui s'est tenue le 7 novembre 1991 et rendue publique par un communiqué du même jour* » et annule cette décision pour incompétence en tenant compte des statuts de la SEITA qui était alors une entreprise publique.

achèvent en actant de manière définitive le contenu des projets de textes soumis au Conseil des ministres avant qu'ils ne deviennent de véritables actes juridiques dotés de force obligatoire ; dès la publication au *Journal Officiel* pour les actes de nature réglementaire ou individuelle et après un vote du Parlement, promulgation par le Président de la République, puis publication au *Journal Officiel* pour les lois. L'une des conditions indispensables de leur application effective est la présence de la signature de l'auteur de l'acte sachant que pour toutes les décisions faisant grief, leur auteur est toujours une autorité individuelle qui participe à l'action gouvernementale conformément aux attributions qui lui ont été reconnues, non une entité collégiale qui serait le Gouvernement ou le Conseil des ministres. Le Président de la République, le Premier ministre, un ministre agissent conjointement mais leurs actes ne sont pas des « actes collectifs » ; ils portent la mention de leur signature accompagnée, le cas échéant, d'un contreseing qui manifeste implicitement un accord sur le contenu de l'acte.

Le travail gouvernemental est ainsi caractérisé par une complexité, voire une rigidité, qui se manifeste par l'existence de nombreuses règles matérielles ou formelles et une succession d'étapes à scrupuleusement suivre. Cependant, à côté de ce processus classique de production normative, se sont développés des procédés plus souples d'action publique ; en particulier le contrat au niveau national et la « méthode ouverte de coordination » au niveau européen. Le contrat peut être rangé parmi les dispositifs de coordination qui produisent du « droit souple » ; la méthode ouverte de coordination requiert l'emploi d'actes juridiques européens classiques, mais aussi de procédés ne relevant pas d'une conception verticale et impérative du droit, ce qui fait de ce dispositif « *une expression singulière de la* soft law *en droit communautaire* »[1236].

1236 Stéphane de LA ROSA, *La méthode ouverte de coordination dans le système juridique communautaire*, Bruxelles, Bruylant, coll. « Travaux du CERIC », 2007, p. 269.

CHAPITRE 2

L'ACTION PUBLIQUE CONSENSUELLE : LA VALEUR EXÉCUTOIRE DE LA COORDINATION

Le développement du procédé contractuel est manifeste depuis une quarantaine d'années ; une évolution liée aux transformations de l'action publique. Comme le souligne en ce sens le Conseil d'État qui y a consacré son rapport annuel en 2008, « *la contractualisation correspond à un nouveau style et à un nouveau registre de l'action politique et administrative se fondant sur la négociation et le consensus plutôt que sur l'autorité. L'État contemporain recherche l'adhésion des acteurs de préférence à l'action unilatérale, ce que les spécialistes de la gouvernance publique désignent de manière quelque peu euphorique comme la "coproduction" ou la "coconstruction" de la norme publique et de l'action publique* »[1237]. Parce qu'il permet un ajustement horizontal des actions et intérêts des parties prenantes à une même politique, qu'il s'agisse d'entités publiques ou de droit privé, le contrat peut être considéré comme un dispositif de coordination aboutissant à la production d'un « *droit négocié* »[1238].

Ce mouvement de contractualisation a notamment été encouragé par l'Union européenne, lieu privilégié de développement de modes d'action horizontaux parmi lesquels la « méthode ouverte de coordination » (MOC) occupe une place particulière. Or, celle-ci « *défie le positivisme juridique : à la place d'une sanction juridique de la violation du droit communautaire, on trouve l'évaluation, l'échange d'informations et l'apprentissage* »[1239]. Créée par les institutions européennes pour favoriser l'harmonisation du droit et des politiques des

---

1237 Conseil d'État, *Le contrat, mode d'action publique et de production de normes*, Rapport public 2008, p. 15.

1238 Jacques CHEVALLIER, « Vers un droit post-moderne ? Les transformations de la régulation juridique », *RDP*, n° 3, 1998, p. 675.

1239 Théodore GEORGOPOULOS, « La méthode ouverte de coordination européenne : « En attendant Godot ? » », Rapport d'études présenté à l'Institut d'études européennes des Universités de Montréal et Mc Gill, février 2015, p. 10.

États membres, en complément de la méthode communautaire classique, la MOC peut-être envisagée comme « *une expression singulière de la soft law en droit communautaire* »[1240], c'est-à-dire un mode de coordination qui produit du « droit souple ».

SECTION 1 - LA CONTRACTUALISATION, UN MODE DE COORDINATION DE L'ACTION PUBLIQUE CRÉATEUR D'UN « DROIT NÉGOCIÉ »

L'horizontalisation de l'action publique, qui constitue le facteur essentiel du « *"tournant" contractuel de l'action publique* » [1241], se manifeste principalement à travers deux phénomènes : une diversification des acteurs, d'une part ; une multiplication des politiques transversales, d'autre part. Dès lors, « *la réflexion à poursuivre en termes d'action est donc bien plus dans l'ordre de la coopération et de la coordination entre des acteurs multiples que dans celle d'une intégration seulement verticale des compétences* »[1242]. Cette évolution s'accompagne d'un décentrement de l'État, qui deviendrait presque un acteur comme les autres, et d'une évolution de la notion de contrat public, qui perd de son exorbitance en se rapprochant du contrat de droit commun, c'est-à-dire un instrument juridique qui traduit un accord de volontés fondé sur la négociation et la recherche d'un consensus entre des parties placées dans une relation égalitaire. Ces transformations, qui touchent aussi bien les contrats conclus entre personnes publiques et personnes privées que ceux conclus entre personnes publiques, se concrétisent dans de nouveaux types de conventions privilégiant une logique partenariale. Dans ce cadre pluraliste, « *la notion de coordination fait référence au souci très général d'ajustement réciproque des actions entre différents protagonistes* »[1243] qui participent à une politique conjointe. Plus cette politique est transversale, plus le besoin d'harmonisation des intérêts des entités y prenant part est important. Le passage « *de politiques de produits à des*

1240 Stéphane de LA ROSA, *La méthode ouverte de coordination dans le système juridique communautaire*, *op. cit.*, p. 269.

1241 Jacques CAILLOSSE, « Interrogations méthodologiques sur le « tournant » contractuel de l'action publique. Les contrats publics entre théorie juridique et sciences de l'administration », *in* Guylain CLAMOUR, Marion UBAUD-BERGERON (dir.), *Contrats publics : mélanges en l'honneur du professeur Michel Guibal*, vol. 2, Montpellier, Presses de la Faculté de droit de Montpellier, 2006, p. 469-492.

1242 Patrice DURAN, *Penser l'action publique*, Paris, LGDJ-Lextenso Editions, coll. « Droit et société », 2010, p. 141-142.

1243 Nicolas DODIER, « Les appuis conventionnels de l'action. Eléments de pragmatique sociologique », *Réseaux*, n° 62, 1993, p. 69.

politiques de problèmes »[1244] a pour conséquence d'augmenter le recours au contrat en tant que mode de coordination adapté à un cadre complexe d'action publique.

§ 1 - Le développement des politiques transversales à l'origine de besoins croissants de coordination

La gouvernance constitue une grille d'analyse pertinente pour comprendre et souligner les enjeux de coordination aujourd'hui posés par l'action publique. En effet, la notion permet de mettre en évidence l'intervention d'une variété d'acteurs aux côtés des institutions publiques qui entretiennent des relations ne relevant pas d'une logique hiérarchique. On peut ainsi considérer, à l'instar de Jacques Caillosse, qu'« *il n'est pas abusif de parler de la juridicité de la gouvernance : ne finit-elle pas par trouver une expression dans nombre de figures juridiques ?* »[1245]. La coordination est l'une d'entre-elles. Plusieurs auteurs associent d'ailleurs explicitement les deux termes. Citons, en particulier, Jacques Chevallier pour qui « *la gouvernance relève ainsi d'une approche pluraliste et interactive de l'action collective : elle signifie qu'aucun acteur ne saurait à lui seul maîtriser les processus décisionnels ; prenant acte de la complexité des problèmes et de l'existence de pouvoirs multiples, il s'agit de coordonner leur action et d'obtenir leur coopération* »[1246]. De même, Patrick Le Galès considère que la gouvernance « *peut être définie comme un processus de coordination d'acteurs, de groupes sociaux et d'institutions, en vue d'atteindre des objectifs définis et discutés collectivement* »[1247]. On peut également mentionner François Ost qui explique que « *la montée en puissance de la gouvernance traduit une remise en cause sérieuse du modèle wébérien de gouvernement* (…). *La construction de l'ordre social et politique se fonde désormais moins sur*

1244 Patrice DURAN, *Penser l'action publique*, *op. cit.*, p. 141.

1245 Jacques CAILLOSSE, « Questions sur l'identité juridique de la « gouvernance » », *op. cit.*, p. 52. Et l'auteur de qualifier la gouvernance de « *label commun* » qui permet de « *penser l'exercice du pouvoir et la mise en œuvre de l'action publique* » (p. 53).

1246 Jacques CHEVALLIER, « La gouvernance, un nouveau paradigme étatique », *op. cit.*, p. 205. L'auteur fait aussi cette association lorsqu'il rappelle l'histoire des usages de la gouvernance : « *le concept de gouvernance a progressivement gagné la plupart des sciences sociales dans les années 1990 : en sciences économiques, il permettra dans la perspective institutionnaliste ouverte par R. Coase et l'Ecole de Chicago, de formaliser les mécanismes assurant la coordination des activités économiques, notamment au sein de l'entreprise, autrement que par l'échange ou la hiérarchie…* » (p. 205).

1247 Patrick LE GALES, « Gouvernance », *in* Laurie BOUSSAGUET, Sophie JACQUOT, Pauline RAVINET (dir.), *Dictionnaire des politiques publiques*, Paris, Presses de Sciences Po, 2004, p. 242.

un appareil autocentré et hiérarchique que sur un processus polycentrique et négocié, une multitude d'ajustements partiels, un réseau de relations à la recherche de principes de coordination »[1248].

La participation des acteurs privés à la gestion publique est ancienne, elle date de la fin du XIXe siècle ; soit que des services publics fonctionnent dans des conditions similaires à celles d'une entreprise privée (service public industriel et commercial), soit que des personnes privées sont chargées de gérer des services publics au moyen d'une convention de délégation de service public ou bien de proposer des fournitures, prestations de services ou travaux *via* la conclusion d'un contrat de marchés publics. Cependant, l'implication d'acteurs de droit privé a changé de nature, de dimension et s'est banalisée ; ils se sont multipliés, diversifiés et organisés[1249]. Ainsi, désormais, « *la construction du bien commun passe par un processus plus ou moins lent ou spontané, au cours duquel se coordonnent des acteurs aux intérêts souvent très différenciés : groupes de citoyens affectés directement ou porteurs d'enjeux, puissance publique, associations, etc.* »[1250].

Cette horizontalisation de l'action publique s'explique notamment par le passage, abondamment commenté, d'un « État-Providence » à un « État régulateur » associé à une thématique du « *dépérissement de l'État* »[1251] qui à lui seul peine à assurer la fourniture de services publics. Cette situation l'oblige à multiplier les coopérations avec d'autres entités publiques (collectivités territoriales, établissements publics...) et des entités privées qui se matérialisent par la conclusion de contrats : « *l'État*

1248 François OST, « De la pyramide au réseau : un nouveau paradigme pour la science du droit ? », *in* Alain SUPIOT, (dir), *Tisser le lien social*, Éditions de la Maison des sciences de l'homme, Paris, 2004, p. 190.

1249 Comme le constate Gilles Massardier, « *plus que d'acteurs nouveaux, il faut plutôt évoquer des acteurs dont l'efficience se renforce dans les politiques. Autrement dit, leur existence n'est pas nouvelle, mais leur capacité à faire valoir à la fois leurs ressources (financières, expertes...), leurs points de vue (représentation du monde, hiérarchie des priorités...) ou encore leurs logiques d'action (marché, solidarité...), ne va qu'en se renforçant* » (Gilles MASSARDIER, *Politiques et action publiques, op. cit.*, p. 77).

1250 Danièle BOURCIER, « Télé-communs *versus* télé-services publics : vers des services publics collaboratifs en ligne », *op. cit.*, p. 273. Et l'auteur de poursuivre : « *l'émergence de formes d'action et d'organisation peut venir des crises ou des situations à risque mais plus simplement de projets communs collaboratifs, ou de sites web 2.0 par exemple. (...) Mais le seul sentiment d'expérimenter une action collective peut parfois être suffisant pour faire émerger un intérêt pour la chose commune* » (p. 273-274). Plus largement c'est la conception même de démocratie qui est modifiée avec le développement de la participation.

1251 Bruno JOBERT, Jean LECA, « Le dépérissement de l'État. À propos de « L'acteur et le système » de Michel Crozier et Erhard Friedberg », *RFSP*, vol. 30, n° 6, 1980.

dirigiste est dès lors censé faire place à un État animateur ou coordonnateur »[1252] qui ne peut recourir à la contrainte ou à l'autorité pour imposer ses politiques. Selon certains auteurs, l'horizontalisation de l'action publique a pour conséquence d'affaiblir le « *mythe de l'intérêt général sur lequel l'État a construit sa légitimité* »[1253] qui ne serait plus défini *a priori* par les pouvoirs publics[1254] mais *in concreto*[1255], c'est-à-dire au gré des besoins du « public », un terme qui tend à se substituer à celui d'administrés et porteur d'une logique relationnelle verticale. Ainsi, le service public, notion fondamentale du droit administratif, serait touché par une logique marchande inspirée, notamment, de la notion de « service d'intérêt économique général » (SIEG) développée au niveau de l'Union européenne[1256]. Le développement de la technique contractuelle remettrait, par conséquent, en cause la distinction fondamentale entre le droit public, censé accomplir l'intérêt général, et le droit privé, qui recherche la satisfaction des intérêts particuliers. La réalité dément cette hypothèse. Certes, l'action publique a perdu en verticalité et repose désormais sur des interactions entre divers acteurs qui doivent coordonner leurs actions ; pour autant, son objet principal reste

---

1252 Pierre LASCOUMES, Patrick LE GALES, « De l'innovation instrumentale à la recomposition de l'État », *in* Pierre LASCOUMES, Patrick LE GALES (dir.), *Gouverner par les instruments*, Presses de Sciences Po, coll. « Gouvernances », 2005, p. 362-363.

1253 Jacques CHEVALLIER, *L'État post-moderne*, *op. cit.*, p. 69.

1254 Comme le relèvent Gilles J. GUGLIELMI, Geneviève KOUBI et Martine LONG, la vision classique de la définition de l'intérêt général, fondement de l'activité étatique orientée vers le service public, a un aspect discrétionnaire, voire artificiel : « *besoin d'intérêt général que les gouvernants, dans un pays donné, à une époque donnée, ont décidé de satisfaire par les procédés du service public* » (*in Droit du service public*, Paris, Montchrestien, coll. « Domat droit public », 4e éd., 2016, p. 67).

1255 « *Les nouvelles fonctions sont souvent faiblement définies, et doivent s'ajuster avec les dispositifs d'action existants plutôt que se substituer à eux. (…) Il est alors nécessaire de s'interroger sur les modes de coordination concrets, sur la nature des réseaux interorganisationnels au travers desquels cette politique prend forme* » (Nicolas DODIER, « Les appuis conventionnels de l'action. Eléments de pragmatique sociologique », *op. cit.*, p. 65-66).

1256 « *L'expression « services d'intérêt économique général » est utilisée aux articles 16 et 86, paragraphe 2, du traité. Elle n'est pas définie dans le traité ou dans le droit dérivé. Cependant, dans la pratique communautaire, on s'accorde généralement à considérer qu'elle se réfère aux services de nature économique que les États membres ou la Communauté soumettent à des obligations spécifiques de service public en vertu d'un critère d'intérêt général. La notion de services d'intérêt économique général couvre donc plus particulièrement certains services fournis par les grandes industries de réseau comme le transport, les services postaux, l'énergie et les communications. Toutefois, l'expression s'étend également aux autres activités économiques soumises elles aussi à des obligations de service public* » (*Livre vert de la Commission sur les services d'intérêt général*, 21 mai 2003 (COM (2003) 270 final), p. 7).

l'élaboration de politiques publiques destinée à répondre à des besoins collectifs, en principe dans l'intérêt général.

La contractualisation s'est étendue à des domaines qui relevaient auparavant exclusivement de la loi, du règlement ou de l'acte unilatéral. Cette flexibilisation de l'action publique ne se manifeste pas uniquement par un élargissement du champ des politiques qui recourent au contrat ; elle se révèle aussi à travers une évolution de la logique du contrat en droit public. La relation contractuelle entre personnes publiques et personnes privées, ou entre personnes publiques, se rapproche ainsi de plus en plus du droit commun des contrats ; elle devient plus horizontale.

§ 2 - L'extension du recours au contrat et l'égalitarisation de la relation contractuelle

La « *complexité croissante des problèmes impose de recourir à des mécanismes plus souples de coordination et d'intégration* »[1257], au premier rang desquels figure le contrat dont l'utilisation s'est étendue à presque tous les domaines de l'action publique. Historiquement, les premiers contrats conclus dans le domaine du droit public portaient sur la gestion du domaine public (baux emphytéotiques), la gestion du service public (concessions), ou l'achat de prestations par les personnes publiques (contrats de marché public) ; ils constituent aujourd'hui encore l'essentiel de l'activité contractuelle des personnes publiques, mais leur nature a évolué vers une égalitarisation de la relation avec leurs co-contractants privés.

L'administration dispose toujours de prérogatives exorbitantes (pouvoir de sanction, pouvoir de modification unilatérale, pouvoir de résiliation unilatérale...)[1258] ; cependant, la mise en place de nouveaux dispositifs tels que le partenariat public-privé (PPP), instauré par l'ordonnance n° 2004-559 du 17 juin 2004, traduit une diminution du caractère inégalitaire du contrat public, voire inverse le déséquilibre si l'on se place d'un point de vue financier : « *à la différence des délégations de service public qui postulent un transfert effectif des risques de l'exploitation de l'autorité délégante au délégataire, ce dernier supportant seul le risque de déséquilibre économique et financier du projet, le contrat de partenariat neutralise les risques d'exploitation et*

[1257] Jacques CHEVALLIER , « La régulation juridique en question », *op. cit.* p. 830.

[1258] V. à ce sujet : Muhannad AJJOUB, *La notion de liberté contractuelle en droit administratif français,* Thèse, dir. Gilles J. Guglielmi, Université Panthéon-Assas, 2016.

de déséquilibre du projet, sous la forme d'une rémunération forfaitaire versée au partenaire en prenant en compte l'ensemble des coûts d'un projet d'investissement »[1259]. Depuis l'ordonnance n° 2015-899 du 23 juillet 2015 relative aux marchés publics, le PPP a été remplacé par le marché de partenariat dans le cadre d'une refonte générale de l'ensemble des « contrats de la commande publique »[1260] (décret n° 2016-360 du 25 mars 2016 relatif aux marchés publics, le décret n° 2016-361 du 25 mars 2016 relatif aux marchés publics de défense ou de sécurité et l'ordonnance n° 2016-65 du 29 janvier 2016 relative aux contrats de concession). L'expression « marchés de partenariat », qui englobe désormais les contrats de partenariat mais aussi les marchés publics et les concessions de service public, traduira-t-elle le développement d'une relation moins inégalitaire entre les cocontractants ? La pratique dira si ce changement de dénomination modifiera l'esprit de la commande publique[1261]. En tout état de cause, on peut noter que l'un des objectifs de cette réforme qui tend à mettre en accord le droit national avec le droit de l'Union européenne consiste, selon le ministère de l'Économie, de l'Industrie et du Numérique, à proposer « un droit plus juste et plus transparent »[1262]. Au-delà de ce domaine de prédilection, ainsi que le souligne le Conseil d'État, le contrat est de plus en plus utilisé « *dans le champ social, en droit du travail mais aussi dans celui de la sécurité sociale, des hôpitaux, de la politique du médicament ou de l'action sociale, le contrat étant aussi au coeur des politiques de lutte contre l'exclusion. Le contrat a enfin conquis une place croissante en droit économique et il émerge en droit fiscal* »[1263].

Outre le développement du contrat dans les principaux secteurs de l'action publique, l'extension de la contractualisation s'explique aussi par une tendance à la transversalisation des politiques. Comme le résume

---

1259 Lucien RAPP, « Rapport introductif », *in* Serge REGOURD, Lucien RAPP (dir.), *Du contrat de partenariat au marché de partenariat*, Bruxelles, Bruylant, 2016, p. 17-18.

1260 V. not. le dossier : « Les nouvelles dispositions sur les contrats de la commande publique », *RFDA*, n° 2, mars-avril 2016.

1261 V. à ce sujet : Renata DINIZ, *Le partenariat public-privé dans la mondialisation juridique : une analyse des modèles français et brésilien*, Thèse, dir. Gilles Guglielmi, Université Panthéon-Assas, 2019.

1262 Ministère de l'Economie, de l'Industrie et du Numérique, *La commande publique : une réforme au service de l'économie*, Dossier de présentation, avril 2016. Disponible sur : http://www.economie.gouv.fr/files/files/PDF/brochure-commande-publique-v04.pdf

1263 Conseil d'État, *Le contrat, mode d'action publique et de production de normes*, *op. cit.*

B. Guy Peters, désormais « *il semble qu'il soit nécessaire de mettre davantage l'accent sur la coordination, en raison de la nature même des enjeux qui se font jour dans le gouvernement. On remarque un nombre sans cesse croissant d' « enjeux transsectoriels », particulièrement ceux que l'on perçoit comme s'articulant autour de groupes clients plutôt qu'autour des politiques stratégiques fonctionnelles* »[1264]. La politique de la ville est l'un des exemples les plus représentatifs de ce type de politique : elle requiert la coordination d'activités qui relèvent de l'urbanisme, de l'éducation, de la formation professionnelle, de l'aide sociale, ou encore de la sécurité. Le contrat de ville est typique en la matière : institué par la loi du 13 juillet 1991 d'orientation pour la ville, il s'agit d'un accord par lequel l'État et les collectivités territoriales s'engagent à mettre en œuvre des actions concertées en vue d'améliorer les conditions de vie dans les quartiers connaissant des difficultés sociales. Mentionnons, également, les contrats locaux de sécurité créés par une circulaire interministérielle du 28 octobre 1997 (modifiée en 1999 et 2006) qui sont « *élaborés sous l'impulsion commune du préfet et du procureur de la République, avec les maires, ils permettront d'adapter la politique de sécurité aux réalités locales. Ils devront apporter à une situation d'insécurité particulière une réponse adaptée, globale et cohérente* ». Ces instruments relèvent, plus largement, de la politique d'aménagement du territoire, domaine par excellence de la coordination entre l'État et les collectivités territoriales dont l'un des outils phare est le contrat de plan État-région. Créés par la loi du 29 juillet 1982 portant réforme de la planification, il s'agit d'un document qui acte l'engagement de l'État et d'une région quant à la programmation et le financement pluriannuels (six ans) de projets importants en matière d'aménagement du territoire tels que la construction d'infrastructures ou l'apport d'un soutien financier à des secteurs économiques.

Les exemples de contrat entre l'État et les collectivités territoriales peuvent être multipliés : « *la mise en cohérence passe parfois par des procédés formels de coordination : le contrat est ainsi devenu dans l'ordre interne un moyen privilégié d'articulation des régulations étatique et locale* »[1265], alors placées à un même niveau. On peut, en effet, noter que le développement de la contractualisation entre l'État et les collectivités locales est parallèle au renforcement du

---

1264 B. Guy PETERS, *La gestion d'un gouvernement horizontal. L'aspect politique de la coordination*, Rapport de recherche n° 21, Centre canadien de gestion, janvier 1998, p. 13.
Disponible sur : http://publications.gc.ca/collections/Collection/SC94-61-21-1998F.pdf

1265 Jacques CHEVALLIER « La régulation juridique en question », *op. cit.*, p. 843.

processus de décentralisation caractérisé par une horizontalisation des relations entre ces deux entités publiques avec la disparition de la tutelle administrative et financière *a priori* du préfet. Ainsi, « *c'est précisément dans la norme contractuelle que le principe de libre administration trouve son expression : liberté de recourir au contrat et liberté de définir les termes du contrat, qu'il s'agisse des rapports entre l'État et les collectivités territoriales ou leurs groupements ou encore des rapports entre collectivités territoriales elles-mêmes ou leurs groupements* »[1266]. Dans ce dernier cas, c'est davantage le terme de convention qui est employé dans les textes que celui de contrat. Selon la doctrine majoritaire, la législation utilisant les deux termes sans distinction, la convention entre collectivités territoriales peut aussi être qualifiée de contrat[1267].

Cependant, « *il est des coordinations contractuelles dans les politiques publiques qui correspondent à des contrats d'adhésion. La démarche est alors standardisée, elle ne peut être ajustée qu'à la marge ; il y a certes coopération possible mais dans un cadre préétabli et quasi intangible, du fait du rapport de forces ou de la répartition structurellement asymétrique des ressources* »[1268]. C'est le cas, en particulier, en matière de droit fiscal avec la « Charte du contribuable » qui, à défaut d'être explicitement qualifié de contrat, en emprunte la logique. Il s'agit d'un document d'une trentaine de pages indiquant les droits et les devoirs du contribuable vis-à-vis de l'administration qui peut s'en prévaloir auprès des agents de l'administration[1269]. Précisément, « *l'objectif affiché est d'établir une relation responsable et personnalisée entre le citoyen et le fonctionnaire et, comme en matière contractuelle, "de trouver le juste équilibre (…), d'ancrer cet équilibre dans une*

1266 Olivier GOHIN, « Loi et contrat dans les rapports entre collectivités publiques », *Les Cahiers du Conseil constitutionnel*, n° 17, 2004, p. 95.

1267 V. sur cette question : Laurent TESOKA, « Les conventions entre collectivités territoriales », *in* Guylain CLAMOUR, Marion UBAUD-BERGERON (dir.), *Contrats publics : mélanges en l'honneur du professeur Michel Guibal*, vol. 1, Montpellier, Presses de la Faculté de droit de Montpellier, 2006, p. 101-114.

1268 Jean-Pierre GAUDIN, « La régulation politique », *in* Gérard MARCOU, Franck MODERNE (dir.), *Droit de la régulation, service public et intégration régionale. Tome 2 : Experiences européennes*, Paris, L'Harmattan, coll. « Logiques juridiques », 2005, p. 292.

1269 « *Après avoir été initialement jugée dépourvue de toute valeur juridique car assimilée à « un simple document d'information du contribuable » (CE, 19 juin 1989, Cassigneul), elle a acquis une telle valeur depuis que l'article L. 10 du Livre des procédures fiscales (LPF), issu de l'article 8-I de la loi n° 87-502 du 10 juillet 1987, prévoit que les dispositions de cette charte sont opposables à l'administration (CE, 24 novembre 1997, Brun)* » (Conseil d'État, *Le contrat, mode d'action publique et de production de normes*, *op. cit.*, p. 66).

relation apaisée et fondée sur la confiance mutuelle" »[1270]. Dans ce cas, la contractualisation est entendue dans un sens large, incluant des documents qui n'ont pas les caractéristiques juridiques du contrat classique mais qui portent un engagement des parties concernées sur des orientations qu'elles s'engagent à suivre. Ce procédé a eu tendance à se développer, notamment dans le cadre territorial, où il permet une meilleure coordination de l'action des collectivités territoriales. La loi NOTRe du 7 août 2015 a accentué ce mouvement en instituant de nouveaux schémas régionaux ; les plus importants étant le schéma régional de développement économique, d'innovation et d'internationalisation (SRDEII) et le schéma régional d'aménagement et de développement durable du territoire (SRADDT).

On peut considérer que de tels instruments constituent des modes de coordination qui ne relèvent pas du droit négocié mais du droit souple. Ils relèvent ainsi d'une logique similaire à celle caractérisant la méthode ouverte de coordination, un dispositif décisionnel qui a conquis une place importante à l'échelon européen.

SECTION 2 - LA MÉTHODE OUVERTE DE COORDINATION, UN OUTIL DE DÉCISION RELEVANT D'UNE LOGIQUE DE DROIT SOUPLE

Instaurée dans le cadre de la Stratégie de Lisbonne décidée à l'issue du Conseil européen du même nom qui s'est tenu les 23 et 24 mars 2000, la méthode ouverte de coordination (MOC) est un dispositif décisionnel qui prend place entre la méthode communautaire et le modèle intergouvernemental classique du droit international. Élaborée dans le cadre de l'Union européenne, il s'agit d'un mode d'action non contraignant visant un rapprochement des législations et politiques nationales fondé sur un processus d'échanges et d'apprentissages mutuels de bonnes pratiques (*benchmarking*) entre États membres et une évaluation multilatérale (*peer review*). Ce dispositif de coordination européen est un instrument juridique qui relève d'une logique de « droit souple » : les lignes directrices et les recommandations émises dans le cadre de sa mise en œuvre n'ont pas de force normative obligatoire mais effectivement incitative.

1270 *Ibidem.*

§ 1 - Un mode de coordination visant une convergence des politiques et des droits nationaux

La MOC est indissociablement liée à la Stratégie de Lisbonne mise en place en 2000 dont l'objectif ambitieux était de « *devenir l'économie de la connaissance la plus compétitive et la plus dynamique du monde d'ici à 2010, capable d'une croissance économique durable accompagnée d'une amélioration quantitative et qualitative de l'emploi et d'une plus grande cohésion sociale* »[1271]. Cependant, le Conseil européen de mars 2000 n'a fait que généraliser, en les regroupant sous le nom de « méthode ouverte de coordination », des dispositifs d'action qui existaient auparavant. Le Traité de Maastricht du 7 février 1992 a inséré la coordination des politiques économiques parmi les objectifs de l'Union et instauré à cette fin une procédure reposant sur l'élaboration de « Grandes orientations des politiques économiques » (GOPE) [1272] adoptées par le Conseil (sur recommandations de la Commission européenne) qui dispose de la faculté d'adresser des recommandations aux États dont les politiques économiques ne se conformeraient pas aux GOPE ou risqueraient de compromettre le bon fonctionnement de l'Union économique et monétaire. Le Traité d'Amsterdam du 2 octobre 1997 a mis en place un système identique dans le cadre d'une Stratégie européenne pour l'emploi en instaurant des « Lignes directrices pour l'emploi » (LDE)[1273] visant à renforcer la coordination des politiques menées par les États membres et les institutions de l'UE et dont le respect par les États membres est régulièrement évalué par le Conseil. D'autres procédés de coordination ont, par ailleurs, été mis en place en dehors des Traités. Il en a été ainsi, par exemple, dans le cadre des processus dits de Cardiff (coordination des réformes structurelles en matière de biens, de services et de capitaux ; juin 1998) et de Cologne (dialogue entre les acteurs des politiques macro-économiques dans le cadre du Pacte européen pour l'emploi : gouvernements, partenaires sociaux, Banque centrale européenne ; juin 1999).

1271 Conseil européen de Lisbonne des 23 et 24 mars 2000, Conclusions de la Présidence.
Disponible sur le site du Parlement européen : http://www.europarl.europa.eu/summits/lis1_fr.htm.
V. sur cet objectif : *Relever le défi. La stratégie de Lisbonne pour la croissance et l'emploi*, Rapport du groupe de haut niveau présidé par M. Wim Kok, Bruxelles, novembre 2004.

1272 Article 121 du TFUE.

1273 Article 148 du TFUE.

Tous ces mécanismes sont caractérisés par une méthode et un objectif communs : une coordination tendant au rapprochement des politiques nationales, qui relevaient jusqu'alors de la compétence exclusive des États membres, grâce à l'utilisation de procédés souples tels que la transmission d'informations et de bonnes pratiques, une surveillance multilatérale, un suivi et une évaluation. Plus abouti que les autres procédés, le dispositif appliqué dans le cadre de la Stratégie européenne pour l'emploi qui privilégie une coordination reposant sur le dialogue et le consensus a servi de modèle à la MOC : « *le choix d'une méthode itérative, caractérisée par des objectifs non contraignants, tenait principalement du compromis, entre d'une part une volonté d'action commune malgré des politiques de l'emploi très hétérogènes d'un pays à l'autre et, d'autre part, le souci de ne pas octroyer à l'Union une compétence plus approfondie susceptible d'empiéter sur les politiques nationales* » [1274] . Le Conseil européen de Lisbonne a clarifié et systématisé ce mode souple d'action en l'étendant à plusieurs politiques relevant de la compétence nationale exclusive ou, pour certaines, d'attributions partagées avec l'Union européenne. La MOC s'applique désormais à une dizaine de domaines - l'emploi, l'inclusion sociale, les retraites, les soins de santé, la protection sociale, l'éducation et la formation professionnelle, l'environnement, la politique d'entreprise, la politique d'innovation, la recherche et développement, la politique de lutte contre l'exclusion.... - et repose sur quatre types de mécanismes employés cumulativement ou alternativement ; détaillés dans les conclusions du Conseil européen de Lisbonne qui indiquent (point 37) :

> « - *définir des lignes directrices pour l'Union, assorties de calendriers spécifiques pour réaliser les objectifs à court, moyen et long terme fixés par les États membres ;*
>
> *- établir, le cas échéant, des indicateurs quantitatifs et qualitatifs et des critères d'évaluation par rapport aux meilleures performances mondiales, qui soient adaptés aux besoins des différents États membres et des divers secteurs, de manière à pouvoir comparer les meilleures pratiques ;*
>
> *- traduire ces lignes directrices européennes en politiques nationales et régionales en fixant des objectifs spécifiques et en adoptant des mesures qui tiennent compte des diversités nationales et régionales ;*

1274 Stéphane de LA ROSA, *La méthode ouverte de coordination dans le système juridique communautaire*, *op. cit.*, p. 18-19.

- procéder régulièrement à un suivi, une évaluation et un examen par les pairs, ce qui permettra à chacun d'en tirer des enseignements ».

L'originalité de ce dispositif repose sur son caractère horizontal et décentralisé : il associe le Conseil et la Commission européenne, les États membres, les collectivités locales ainsi que les partenaires sociaux à l'approfondissement du processus d'intégration européenne visant à atteindre un certain degré de convergence des politiques et des droits nationaux. La MOC a été conçue comme une alternative ou un assouplissement de la méthode communautaire classique fondée sur l'édiction de règlements et de directives et jugée trop intrusive par des États réticents à accepter des transferts de souveraineté dans des domaines sensibles. Cependant, le caractère pragmatique et flexible de ce dispositif peut être vu comme une qualité autant qu'un défaut : il n'est pas créateur de règles contraignantes et son effectivité repose donc sur une implication volontaire des États. En privilégiant l'harmonisation à la contrainte juridique, la MOC produit un droit que l'on peut qualifier de « souple ». Effectivement, le procédé « *a priori ne bénéficie pas d'une grande force normative ni d'une quelconque justiciabilité* »[1275] mais concrètement il n'est pas dépourvu d'effets.

§ 2 - Un instrument juridique relevant d'une logique de droit souple

« *La MOC est un instrument flexible, qui laisse au niveau national la mise en œuvre de la coordination définie au niveau européen, dans le respect de la diversité des systèmes nationaux, tout en introduisant une certaine continuité entre le niveau communautaire et national* »[1276]. Cette définition, proposée par le *Livre blanc sur la gouvernance européenne*, résume la difficulté de concilier deux éléments *a priori* opposés : le principe de subsidiarité qui implique de préserver la souveraineté juridique des États membres dans des domaines non transférés à l'Union et la dynamique d'intégration qui tend à une extension du champ d'action des institutions européennes. La réalisation de ce subtil équilibre ne peut reposer que sur une démarche qui ne relève

1275 Conseil d'État, *Le droit souple*, Étude annuelle, Paris, La Documentation française, coll. « Études et documents », 2013 , p. 5.

1276 Commission européenne, *Livre blanc sur la gouvernance européenne*, COM (2001) 428 final, 25 juillet 2001, p. 24. Disponible sur : http://eur-lex.europa.eu/legal-content/FR/TXT/?uri=URISERV%3Al10109.

pas de la logique classique d'un droit impératif, mais implique une combinaison de la législation européenne aux effets juridiques contraignants avec des procédés qui répondent à la définition du droit souple, c'est-à-dire qui « *ont pour objet de modifier ou d'orienter les comportements de leurs destinataires en suscitant, dans la mesure du possible, leur adhésion ; ils ne créent pas par eux-mêmes de droits ou d'obligations pour leurs destinataires ; ils présentent, par leur contenu et leur mode d'élaboration, un degré de formalisation et de structuration qui les apparente aux règles de droit* »[1277].

La MOC est ainsi à ranger parmi les instruments relevant de la *soft law* communautaire qui désigne « *des règles de conduite prévues dans des instruments qui ne bénéficient pas en tant que tels d'une force contraignante, mais peuvent cependant produire des effets juridiques indirects, et qui visent à ou peuvent produire des effets pratiques* »[1278]. De fait, « *l'intensité normative de l'assemblage* » [1279] des procédés employés dans le cadre de la MOC est variable. On peut ainsi distinguer des « *actes communautaires atypiques* »[1280] qui, en principe, ne lient pas leurs destinataires mais qui, empiriquement, produisent des effets de nature incitative. D'autres documents ont un caractère politique et sont en réalité des déclarations d'intentions sans aucune dimension juridique. Dans la première catégorie figurent les communications de la Commission, les recommandations du Conseil, les avis des Comités, les lignes directrices ainsi que le programme spécifique d'action relatif à la coopération des États dans la « MOC inclusion sociale » ; la seconde comprend les plans d'action nationaux et les rapports conjoints de la Commission et du Conseil. La MOC comprend, par ailleurs, des normes techniques, à savoir des indicateurs dont l'objet est de permettre d'évaluer le respect par les États membres des orientations décidées en amont et visant à l'harmonisation de leurs politiques nationales. Selon Stéphane de

---

1277 Conseil d'État, *Le droit souple*, *op. cit.*, p. 9.

1278 Traduction libre de la définition proposée par Linda Senden : « *rules of conduct that are laid down in instruments which have not been attributed legally binding force as such, but nevertheless may have certain (indirect) legal effects, and that are aimed at and may produce pratical effects* » (*in* Linda SENDEN, *Soft Law in European Community Law*, Oxford, Hart Publishing, coll. « Modern Studies in European Law », 2004, p. 112).

1279 V. Stéphane de LA ROSA, *op. cit.*, p. 288 et s.

1280 Pour reprendre l'expression employée par S. Lefèvre dans sa thèse et qui désigne des « *actes juridiques communautaires se distinguant par leurs caractéristiques des actes de la nomenclature, que ceux-ci disposent d'une base juridique explicite dans le Traité ou dérivent de la pratique institutionnelle* » (*in* Silvère LEFEVRE, *Les actes communautaires atypiques*, Bruxelles, Bruylant, coll. « Travaux du CERIC », 2006, p. 17).

la Rosa, la dimension normative originale de la MOC résulte de l'utilisation combinée de ces procédés qui, pris individuellement, sont faiblement normateurs : « *l'une des spécificités majeures de la MOC est justement d'être du droit non-contraignant, en se fondant elle-même sur un assemblage d'actes non-contraignants, pour in fine déboucher sur des conséquences qui peuvent être juridiques* ».

D'après les commentateurs les plus optimistes, la MOC constituerait ainsi un tournant dans la construction européenne en permettant d'approfondir la dynamique d'intégration dans des matières pour lesquelles l'Union, en l'absence de compétence exclusive, ne peut l'imposer. Ainsi, selon Renaud Dehousse, « *les procédures de coordination ouverte ont en effet permis d'assurer la pénétration de l'Europe dans des domaines qui constituent traditionnellement des chasses gardées des États et où les traités ne prévoient pas de politiques communes* »[1281]. La réalité est, toutefois, plus nuancée. Tout d'abord, il convient davantage de parler de MOC au pluriel que d'une MOC au singulier dans la mesure où les modalités de mise en œuvre des procédés qui peuvent lui être rattachés varient d'un domaine à l'autre, avec des objectifs plus ou moins ambitieux, des évaluations plus ou moins approfondies, un champ d'application plus ou moins étendus, l'existence ou non d'une base juridique dans les traités, etc. On s'aperçoit que la MOC est plus efficace lorsque l'Union européenne dispose, dans le domaine concerné, de compétences pour édicter du droit dérivé, c'est-à-dire lorsque l'utilisation de procédés de coordination flexible découle d'un choix. Dans ce cas, les États sont plus enclins à se conformer aux recommandations et lignes directrices formulées par les institutions européennes et à jouer le jeu de l'échange de bonnes pratiques et de comparaison des performances afin d'orienter le contenu d'éventuelles règles contraignantes. Par conséquent, la MOC paraît donc être moins une alternative à la méthode communautaire que son complément utile qui permet, à défaut d'imposer des mesures aux États, une amélioration de la coordination de leurs politiques et de leurs droits ainsi qu'une meilleure sensibilisation aux enjeux européens.

1281 Renaud DEHOUSSE, « La méthode ouverte de coordination. Quand l'instrument tient lieu de politique », *in* Pierre LASCOUMES, Patrick LE GALES (dir.), *Gouverner par les instruments*, Presses de Sciences Po, coll. « Gouvernances », 2004, p. 340.

CONCLUSION DU TITRE 1

La coordination étudiée sous l'angle de la production du droit peut être envisagée à travers le prisme d'une conception graduée de la force normative [1282] . Accomplie dans le cadre classique du travail gouvernemental, la coordination dispose d'une force normative « différée » : l'ensemble des dispositifs coordonnateurs employés ne créent pas *per se* du droit mais permettent l'élaboration de projets de décrets et de lois qui, une fois adoptés ou votés, auront des effets juridiques. Cependant, envisagée d'un point de vue instrumental, la coordination dispose d'une force normative directe : tantôt « bornée », lorsqu'elle est opérée à travers un contrat qui crée des droits et obligations à l'endroit des parties ; tantôt « nuancée », lorsqu'elle est réalisée à travers la méthode ouverte de coordination qui repose sur une variété de procédés relevant d'une logique de droit souple.

1282 V. sur cette idée de gradation de la force normative : Catherine THIBIERGE (dir.), *La force normative. Naissance d'un concept*, Paris, LGDJ, 2009.

TITRE 2

LA COORDINATION COMME PROCÉDÉ DU PLURALISME JURIDIQUE

La notion classique de souveraineté, conçue comme l'attribut de l'État moderne et définie comme « *la plus grande puissance de commander* »[1283] qui passe d'abord par la « *puissance de donner et casser la loy* »[1284], est aujourd'hui mise en cause : l'État a perdu son monopole normatif. La caractéristique du droit actuel est le pluralisme qui résulte, en premier lieu, d'une prolifération des producteurs de droit dans l'ordre interne : aux normes juridiques d'origine privée s'ajoute une territorialisation du droit, conséquence d'un processus de décentralisation qui a non seulement renforcé le pouvoir réglementaire des collectivités territoriales, mais également posé les linéaments d'un pouvoir législatif local sur le modèle des États régionaux. Parallèlement, sous l'effet d'un double mouvement d'européanisation et d'internationalisation juridiques, un droit supra-étatique surplombe le droit étatique avec lequel il entretient des rapports normatifs constants : « *l'ordre juridique étatique est pris en tenaille entre des ordres juridiques infra-étatiques, fondés sur des solidarités "partielles" ou "locales", et des ordres juridiques supra-étatiques, nés de l'émergence de communautés plus larges, "régionales" (l'ordre juridique européen) ou "mondiale" (ordre juridique international)* »[1285].

1283 Jean BODIN, *Les Six Livres de la République*, 1576. Livre I, Chapitre 8. Du latin médiéval *superanus* dérivé du latin classique *superus* (supérieur), la souveraineté est pour Jean Bodin un attribut essentiel de l'État, « *la puissance absolue et perpétuelle d'une République* » sachant que le terme « République » doit être ici entendu comme synonyme d'État. L'association État-souveraineté est omniprésente dans l'ouvrage où la République est définie comme « *un droit gouvernement de plusieurs mesnages, et de ce qui leur est commun, avec puissance souveraine* » (*Les Six Livres de la République*, Livre I, Chapitre 1).

1284 Jean BODIN, *op. cit.*, Livre I, Chapitre 10. Ce droit de légiférer doit être compris dans un sens large, comme synonyme de pouvoir normatif c'est-à-dire la capacité de produire des règles juridiques. Il est considéré par l'auteur comme la compétence de souveraineté fondamentale dont découlent toutes les autres : « *sous ceste mesme puissance de donner et casser la loy, sont compris tous les autres droits et marques de la souveraineté : de sorte qu'à parler proprement on peut dire qu'il n'y a que ceste seule marque de souveraineté, attendu que tous les autres droits sont compris en cestui là* ».

1285 Jacques CHEVALLIER, *Science administrative*, *op. cit.*, p. 85-86.

Cette configuration normative pose la question de savoir comment garantir les principes de compatibilité, de non-contradiction et de complétude du droit ; conditions de son effectivité ? Autrement dit, comment faire concorder des règles juridiques toujours plus nombreuses et diverses produites dans des espaces normatifs différents, mais en constante interaction ? Le principe d'un ordonnancement pyramidal semble dépassé au regard de l'entrecroisement du droit étatique avec des droits infra et supra étatiques. Renonçant à toute idée d'unification juridique peu réaliste[1286], il s'agira de tenir compte de la spécificité des normes juridiques produites au niveau local national, régional ou mondial en cherchant à les harmoniser plutôt qu'à éliminer toute diversité. On retrouve ici une logique de coordination entendue comme « clé d'unité, mais non d'uniformité » qui, dans un cadre pluraliste fait d'imbrications et d'interactions de règles et d'ordres juridiques, permet un ordonnancement flexible adapté à la diversité normative. Dans ce contexte pluraliste, « *la stabilité d'un système n'est en effet nullement synonyme d'immobilisme, d'invariance, d'immutabilité : c'est un équilibre dynamique et évolutif, qui implique un processus incessant d'adaptation* »[1287] ; un équilibre notamment assuré par un dialogue de juges situés à différents échelons qui permet une convergence des jurisprudences et, partant, une harmonisation progressive des droits.

1286 Ainsi que le souligne Mireille Delmas Marty : « *l'unification serait le seul processus d'intégration parfaite. « Parfaite » d'un point de vue formel, car en ignorant la notion de marge nationale, et en excluant les différences, elle permettrait de se représenter l'ordre juridique, régional ou même mondial, sur le modèle hiérarchique et cohérent des ordres nationaux traditionnels. En revanche, cette perfection n'est pas garantie du point de vue empirique car l'unification implique de telles difficultés de mise en oeuvre qu'elle risque d'être largement ineffective* (par transplantation comme par hybridation). (...) *les transplants sont souvent rejetés et les hybrides parfois stériles* » (*in Les forces imaginantes du droit, Tome 2. Le pluralisme ordonné, op. cit.*

1287 Jacques CHEVALLIER, « L'ordre juridique », *op. cit.*, p. 26.

CHAPITRE 1

LA COORDINATION DES SOURCES INTERNES DE DROIT

La représentation classique de l'ordonnancement juridique fait de l'État l'unique source du droit. Selon Hans Kelsen, « *l'État est une unité normative spécifique et non une entité susceptible d'être appréhendée selon des lois causales ; c'est la personnification de l'ordre juridique* »[1288]. Autrement dit, l'État et le droit sont perçus comme une même réalité fondée sur les principes d'unité, de hiérarchie et de linéarité, métaphoriquement représentée par une pyramide portant à son sommet la norme fondamentale (*Grundnorm*) dont dépend la validité de tout l'ordre juridique construit « en gradins » (*Stufenbau*)[1289] ; de la Constitution jusqu'à sa base formée des actes individuels[1290]. Ce modèle pyramidal est

---

1288 Préface à *Der soziologische und der juristische Staatsbegriff* ; cité par Simone GOYARD-FABRE, « L'État du droit selon Hans Kelsen », *in* Simone GOYARD-FABRE, *L'État au XXe siècle*, Paris, Vrin, 2004, p. 57.

1289 « *La validité d'une norme est subordonnée au respect des conditions de validité posées par une norme déjà valide. (...) c'est-à-dire que la normativité dans le cadre d'un système est une fonction de la normativité d'une norme déjà donnée dans le système* » (Otto PFERSMANN, « M. van de Kerchove, F. Ost, De la pyramide au réseau ? Pour une théorie dialectique du droit », Note de lecture, *RIDC*, vol. 55, n°3, juillet-septembre 2003, p. 737).

1290 « *Parmi les théoriciens du droit, Kelsen est incontestablement celui qui a développé de la manière la plus radicale ce type de conception, en affirmant qu'un système juridique « n'est pas un complexe de normes en vigueur, les unes à côté des autres, mais une pyramide ou hiérarchie de normes qui sont subordonnées les unes aux autres, supérieures ou inférieures* » (in *Théorie pure du droit*, 2e éd., trad. par Ch. Eisenmann, Paris, Dalloz, 1962, p. 266). *Si, dans le cadre d'un système juridique étatique donné, le sommet de la pyramide se trouve occupé par ce qu'il a appelé la «norme fondamentale» de ce système (norme «supposée» ayant pour objet de reconnaître la compétence du Constituant historiquement premier), sa base est constituée des normes juridiques individuelles (jugements, actes administratifs et actes juridiques privés), tandis que les niveaux intermédiaires sont successivement occupés, entre autres, par la Constitution originaire (dite «historiquement première»), la Constitution dérivée (résultant de révisions successives), les lois et les règlements* » (François OST, Michel van de KERCHOVE, « De la pyramide au réseau ? Vers un nouveau mode de production du droit ?, *RIEJ*, n° 44, 2000).

associé à la notion d'État de droit[1291] dégagée par la doctrine allemande (*Rechtsstaat*) qui a été reçue par les auteurs français au début du XXe siècle en tenant compte du fort légicentrisme hérité de la période révolutionnaire et des idées rousseauistes qui font de la loi souveraine l'« *expression de la volonté générale* »[1292]. Cependant, ce principe de l'« *État légal* » décrit comme une spécificité du droit français par Raymond Carré de Malberg - en contreplan du modèle d'État constitutionnel allemand - a évolué sous l'effet d'une série de facteurs sources de pluralisme juridique. Non seulement l'État a perdu son monopole normatif mais la loi a perdu de sa superbe, notamment avec le développement du constitutionnalisme qui fait de la Constitution « *une norme supérieure à la loi non pas seulement d'un point de vue juridique mais aussi axiologique* »[1293] ; une valeur dont le juge constitutionnel est garant. La loi n'est plus l'unique norme de référence et la pluralité des sources du droit s'étend au-delà de la norme constitutionnelle. On constate, en effet, une diversification du droit aussi bien dans son contenu (actes réglementaires, contrats...), qu'à l'égard de ses auteurs (établissements publics, collectivités territoriales, personnes privées...), et de sa logique (principe d'efficacité, subjectivisation du droit...). Ce « pluralisme interne » des sources de droit, qui a toujours existé mais qui

---

1291 « *Au cœur de l'État de droit, il y a donc le principe selon lequel les divers organes de l'État ne peuvent agir qu'en vertu d'une habilitation juridique : tout usage de la force matérielle doit être fondé sur une norme juridique ; l'exercice de la puissance se transforme en une compétence instituée et encadrée par le droit. Dans la mesure où les organes de l'État sont ainsi tenus au respect de normes juridiques supérieures, l'État de droit doit se présenter sous l'aspect formel de la hiérarchie des normes* » (Jacques CHEVALLIER, *L'État de droit*, Paris, Montchrestien, coll. « Clefs Politique », 5e éd., 2010, p. 14).

1292 Pour reprendre le titre de l'ouvrage de Raymond Carré de Malberg : *La Loi, expression de la volonté générale*, Paris, 1931, éd. Sirey, réimp. Economica, 1984.

1293 Pierre BRUNET, « Remarques critiques sur le constitutionnalisme contemporain », *in Droit et économie. Interférences et interactions. Mélanges en l'honneur de Michel Bazex*, Lexis Nexis, 2009, p. 51. On parle alors de « néoconstitutionnalisme », notion qui « *entend remettre en cause la suprématie absolue de la loi comme expression de la souveraineté parlementaire telle qu'elle aurait été véhiculée par la doctrine positiviste d'inspiration légicentriste et reconnaît une suprématie absolue à la Constitution* » non comprise comme dans le positivisme kelsénien en tant que « norme qui règle l'élaboration des lois, des normes générales en exécution desquelles s'exerce l'activité des organes étatiques » (Hans Kelsen, *La garantie juridictionnelle de la Constitution*, 1928 ; cité par Pierre BRUNET, p. 52) mais « *comme norme, la Constitution ne se réduit pas à un agencement de compétences ; elle est là aussi supérieure aux autres normes mais elle tire cette supériorité de ce qu'elle contient un ensemble de principes légitimes qui sont la condition des « droits fondamentaux» des individus. (…) Cette suprématie de la Constitution est donc à la fois formelle et substantielle : en tant que norme axiologiquement suprême, la Constitution impose des fins au législateur et aux autres organes d'application* » (Pierre BRUNET, *Ibidem*, p. 52-53).

était limité dans le cadre d'une conception rationalisante et unifiante fondée sur le légicentrisme et le centralisme, met à mal l'unité de l'ordre juridique étatique et oblige à repenser la cohérence et la stabilité indispensables à la pérennité de l'État de droit. Précisément, il s'agit d'envisager une coordination permettant un ordonnancement de règles provenant de sources diverses afin d'assurer une unité et une cohérence normative d'ensemble ; un ordonnancement qui doit être flexible pour s'adapter aux évolutions constantes du périmètre du pouvoir normatif désormais accordé à des entités autres que le législateur ou le gouvernement[1294].

SECTION 1 - LA MISE EN CAUSE DES ATTRIBUTS CLASSIQUES DU DROIT

« *La Loi est l'expression de la volonté générale. Tous les Citoyens ont droit de concourir personnellement, ou par leurs Représentants, à sa formation* »[1295]. Ce principe consacré à l'article 6 de la Déclaration des droits de l'homme et du citoyen du 26 août 1789 constitue le fondement d'une conception légicentrique du droit. Fondée sur la figure du « *Législateur, personnage mythique, transcendant le temps et le flux des*

1294 En effet, « *la conception monolithique et pyramidale du passé a fait place à une organisation plus complexe, fondée sur le pluralisme et la diversité, et impliquant le recours à des dispositifs souples de coordination et d'harmonisation* » (Jacques CHEVALLIER, *L'État post-moderne*, *op. cit.*, p. 139-140).

1295 On retrouve ce principe de la « loi expression de la volonté générale » dans les articles constitutionnels posant les fondements d'une monarchie parlementaire votés par l'assemblée constituante à l'automne 1789, en particulier l'article premier qui prévoit que « *tous les pouvoirs émanent essentiellement de la Nation, et ne peuvent émaner que d'elle* » ; et l'article 9 qui dispose qu' « *aucun acte du Corps législatif ne pourra être considéré comme Loi, s'il n'est pas fait par les Représentants de la Nation librement et légalement élus, et s'il n'est sanctionné par le monarque* ».
Source : Stéphane CAPORAL, Jörg LUTHER, Olivier VERNIER, *Constitutional Documents of France, Corsica and Monaco. 1789-1848*, Walter de Gruyter, 2010, p. 33-34.
Ce principe sera également repris dans la Constitution du 3 septembre 1791 : « *La Souveraineté est une, indivisible, inaliénable et imprescriptible. Elle appartient à la Nation ; aucune section du peuple, ni aucun individu, ne peut s'en attribuer l'exercice* » (article premier) ; « *La Nation, de qui seule émanent tous les Pouvoirs, ne peut les exercer que par délégation. - La Constitution française est représentative : les représentants sont le Corps législatif et le roi* » (article 2) ; « *Le Pouvoir législatif est délégué à une Assemblée nationale composée de représentants temporaires, librement élus par le peuple, pour être exercé par elle, avec la sanction du roi, de la manière qui sera déterminée ci-après* » (article 3).
Source : « Régimes politiques, Constitutions et législatures depuis 1789 », *Site de l'Assemblée nationale*.
Disponible sur :
http://www.assemblee-nationale.fr/histoire/constitutions/constitution-de-1791.asp.

opinions démocratiques, qui incarne, en lieu et place du roi déchu ou « constitutionnalisé », la majesté et la pleine puissance attachées à la souveraineté »[1296], cette vision a durablement marqué le droit public français où s'est développée une conception particulière de l'État de droit caractérisée par la suprématie de la loi considérée comme infaillible[1297] et exempte de tout contrôle de constitutionnalité. Cependant, les « excès de parlementarisme » de la IIIe République ont été à l'origine d'une dépréciation de la fonction législative. Une « *conception désacralisée de la loi* »[1298] commença à émerger révélant les limites de l'intervention du législateur pour garantir la démocratie, une position confirmée avec les débordements de la Seconde Guerre mondiale. L'idée de « *supralégalité constitutionnelle* » [1299] perd alors du terrain sous l'influence du constitutionnalisme, d'une part, et des principes du « parlementarisme rationalisé », d'autre part, qui seront des sources d'inspiration pour la Constitution de la Ve République créant un juge constitutionnel et étendant le champ du pouvoir réglementaire[1300] au détriment de la loi désormais cantonnée aux domaines qui lui sont expressément attribués par l'article 34 C.

Le développement du pouvoir réglementaire a provoqué une complexification du cadre normatif étatique qui pose la question de son unité et de sa cohérence. Par ailleurs, le droit d'initiative législative qui revient au pouvoir exécutif et les empiètements du règlement dans le domaine de la loi mettent en cause la « pyramide des normes » et pose la question d'un ordonnancement prenant en considération cette diversité normative. La notion de coordination est à cet égard appropriée, car elle permet de réfléchir non à une uniformité normative mais à une unité juridique sans nier la réalité dynamique actuelle du droit.

1296 Benoît FRYDMAN, *Les transformations du droit moderne*, Centre de diffusion de la Fondation Roi Baudoin, coll. « Citoyen, Droit et Société », 1998, p. 21.

1297 Une « infaillibilité » qui trouve son fondement dans la conception de la « loi, expression de la volonté générale » pour reprendre le titre du fameux ouvrage de Raymond Carré de Malberg (1931).

1298 Stéphane PINON, *Les réformistes constitutionnels des années trente aux origines de la Ve République*, Paris, LGDJ, coll. « Bibliothèque de droit constitutionnel », 2003, p. 235. L'auteur précise en effet que « *cette période de l'entre-deux guerres figure* (...) *comme un point de passage décisif dans l'histoire de la loi, entre un acte de puissance irréprochable et l'acte contrôlé car faillible* » (*Ibidem*, p. 239).

1299 Michel TROPER, « Le problème de l'interprétation et la théorie de la supralégalité constitutionnelle », *in Recueil d'études en hommage à Charles Eisenmann*, Paris, Cujas, 1975, pp. 133-151.

1300 Avec l'institution d'un pouvoir réglementaire autonome (article 37 C), de la procédure des ordonnances sur habilitation législative (article 38 C), etc.

§ 1 - Le dépassement du légicentrisme et l'extension du pouvoir réglementaire

Les dérives parlementaristes de la IIIe République, c'est-à-dire la captation du pouvoir par le Parlement et la prépondérance des finalités partisanes sur l'intérêt général au gré de changements incessants de majorité, a conduit à une remise en cause de la loi en tant que manifestation de la souveraineté des citoyens et de l'intérêt général. Comme le résume Georges Burdeau, au crépuscule de la IIIe République, « *c'est la substitution d'une conception politique de loi à la conception juridique traditionnelle.* (...) *La seule définition réaliste que l'on puisse, semble-t-il, en donner est la suivante. La loi est un procédé de gouvernement* »[1301]. Ce constat s'aggrave avec la Seconde Guerre mondiale qui révèle les limites de la loi quand il s'agit de protéger les droits des citoyens contre les dérives du pouvoir exécutif. C'est dans ce contexte de « *crise de la loi* »[1302] que se développe le constitutionnalisme faisant de la suprématie de la Constitution sur la loi la meilleure garantie contre l'arbitraire du pouvoir politique. En France, la création d'un Conseil constitutionnel par la Constitution de la Ve République (Titre VII de la Constitution du 4 octobre 1958), puis la consécration d'un véritable contrôle de constitutionnalité (décision n° 71-44 DC du 16 juillet 1971) opèrent un tournant majeur dans la conception de la loi : « *c'en est donc fini de la souveraineté du Parlement* »[1303]. Certainement excessive, cette formule traduit, néanmoins, la réalité d'une mise en question de la suprématie législative tandis que s'affirme le pouvoir exécutif qui, non seulement dispose d'un pouvoir réglementaire étendu, mais participe aussi activement au processus législatif[1304] à tel point que plus de quatre-

---

1301 Georges BURDEAU, « Essai sur l'évolution de la notion de loi en droit français », *ADP*, vol. 9, n° 1-2, 1939, p. 47.

1302 François TERRÉ, « La crise de la loi », *ADP*, 1980.

1303 Guy CARCASSONNE, *La Constitution*, *op. cit.*, p. 178. L'auteur interprète l'article 34 C à combiner avec l'article 37 C comme « *une véritable révolution théorique par rapport à la conception classique : alors que jusqu'en 1958, la loi se définissait exclusivement selon ces critères organique (l'organe qui l'adopte) et procédural (la procédure législative), à partir de 1958 elle se définit toujours par des critères organique et procédural, mais à ceux-ci s'ajoute désormais un critère matériel : la loi devient ainsi (sous réserve du référendum) l'acte adopté par le Parlement, selon la procédure législative, dans les domaines de compétence résultant de la Constitution...* » (*Ibidem*, p. 178).

1304 D'autres dispositifs relèvent d'une logique de rationalisation du parlementarisme qui vise à remettre en cause la suprématie du Parlement, donc de la loi : depuis 1958 le gouvernement partage l'initiative des lois avec le Parlement, fixe l'ordre du jour (partagé avec les assemblées depuis la révision constitutionnelle du 23 juillet 2008), peut mettre en œuvre l'article 49, alinéa 3 de la Constitution qui lui permet de faire adopter un texte sans vote (limité aux lois de finances, aux lois de financement de la Sécurité sociale et

vingt-dix pour cent des lois sont d'origine gouvernementale. Le professeur Carbonnier parle ainsi d'un « *droit ministériel* » pour insister sur la place majeure prise par la haute administration dans la préparation des lois : chaque service « *légifère sur les problèmes de sa spécialité sans les intégrer à une vision d'ensemble du système juridique* »[1305].

Le pouvoir d'élaborer des actes réglementaires est lui aussi fragmenté. Conformément à l'article 21 de la Constitution, le Premier ministre est le seul détenteur d'un pouvoir réglementaire de droit commun[1306] qu'il peut déléguer aux ministres[1307]. Cependant, au-delà de ce schéma classique, un pouvoir réglementaire est reconnu à d'autres entités. Ainsi, certaines autorités administratives indépendantes[1308] peuvent édicter des règles à caractère réglementaire et obligatoire uniquement pour l'exercice de leur mission[1309], à savoir la régulation d'un

---

à un projet ou une proposition de loi par session depuis 2008). Mentionnons également la possibilité pour le Gouvernement de « légiférer » par ordonnances sur habilitation parlementaire (article 38 C).
http://www.assemblee-nationale.fr/connaissance/fiches_synthese/septembre2012/fiche_1.asp

1305 Jean CARBONNIER, *Droit et passion du droit sous la Ve République*, Paris, Flammarion, coll. « Champs Essai », 2008, p. 30-31.

1306 L'article 21 C dispose ainsi : « *Sous réserve des dispositions de l'article 13, (le Premier ministre) exerce le pouvoir réglementaire* ». Le Président de la République détient un pouvoir réglementaire qu'il exerce seulement à l'égard de textes importants, à savoir les décrets en Conseil des ministres mentionnés à l'article 13 C.

1307 La Constitution ne prévoit aucun pouvoir réglementaire pour les ministres qui peuvent cependant bénéficier d'une délégation de la part du Premier ministre. En outre, le juge administratif a précisé que les ministres disposaient néanmoins d'un pouvoir réglementaire, comme tout chef de service, pour l'organisation de leurs services (CE Sect., *Jamart*, 1936).

1308 Les autorités administratives indépendantes dotées d'un pouvoir réglementaire sont la CNIL, l'AMF, l'ARCEP, le CSA et la CRE.
V. notamment à ce sujet : José Sebastián KURLAT AIMAR, *Autorités de régulation des services publics en réseaux. Étude comparée : Argentine, France*, Thèse, dir. Michel Verpeaux, Carlos Balbin, Université Panthéon-Assas, 2016.

1309 Le Conseil constitutionnel a en effet plusieurs fois rappelé que si l'article 21 et l'article 13 de la Constitution « *ne font pas obstacle à ce que le législateur confie à une autorité publique autre que le Premier ministre le soin de fixer les normes permettant de mettre en oeuvre une loi, c'est à la condition que cette habilitation ne concerne que des mesures de portée limitée tant par leur champ d'application que par leur contenu* » (Considérant 11) ; « *Considérant que la compétence réglementaire reconnue à l'Autorité de régulation des télécommunications par l'article L 36-6 1° précité est limitée dans son champ d'application et doit s'exercer, en vertu dudit article, dans le respect des dispositions du code des postes et télécommunications et de ses règlements d'application.* (…) *; que la compétence réglementaire dévolue à l'Autorité s'exerce sous le contrôle du ministre chargé des télécommunications ; que par suite le moyen tiré de la méconnaissance de l'article 21 de la Constitution ne peut qu'être écarté* »

secteur économique au nom du Gouvernement. Bien que les mesures prises n'aient en principe qu'une portée limitée[1310], « *l'expérience jurisprudentielle montre que le principe de spécialité réglementaire de ces autorités secondaires doit se concilier avec une tendance à la généralisation de leur pouvoir indispensable au bon exercice de leur fonction (...) ces extensions de compétence sont susceptibles d'entrer en conflit avec la fonction générale d'exécution des lois pour laquelle la Constitution ne désigne que le Premier ministre* »[1311]. La capacité de réglementation reconnue à ces autorités administratives ne peut priver le Gouvernement du pouvoir d'édicter des règlements. Or, les autorités n'étant pas soumises à l'autorité hiérarchique des ministres, cette conciliation ne peut se réaliser selon une logique verticale. Autrement dit, la conciliation entre pouvoir réglementaire de droit commun et pouvoir réglementaire secondaire pose un « *enjeu entre coordination et insertion* »[1312] qui porte une interrogation en termes d'harmonisation juridique : « *est-ce que l'action gouvernementale doit s'articuler avec l'action de l'autorité, coopération de type extérieur, ou est-ce qu'elle doit pénétrer l'Autorité administrative indépendante elle-même ?* »[1313]. On constate ainsi une horizontalisation normative croissante : non seulement l'Exécutif a perdu l'exclusivité du pouvoir réglementaire, mais il doit aussi coordonner sa production juridique avec celle des entités détentrices d'un pouvoir de réglementation - certes secondaire mais qui a tendance à s'étendre[1314] - et qui ne sont liées à lui ni par une relation hiérarchique ni par un lien de tutelle.

(Considérant 12). Décision n° 96-378 DC du 23 juillet 1996, *Loi de réglementation des télécommunications.*

1310 Il ne s'agit pas en effet d'un pouvoir réglementaire autonome. Prévu par un texte, Il ne permet de prendre que des mesures qui n'ont pas de portée générale et qui doivent respecter les lois et les décrets.

1311 Jean-Bernard AUBY, « Le pouvoir réglementaire des ordres professionnels », *JCP*, n° 2545, 1973 ; cité par Bertrand FAURE, « Le problème du pouvoir réglementaire des autorités administratives secondaires », *Les Cahiers du Conseil constitutionnel*, Dossier : Loi et règlements, n° 19, janvier 2006, p. 1

1312 Patrice GELARD (rap.), *Les autorités administratives indépendantes : évaluation d'un objet juridique non identifié. Tome 2 : Annexes*, Rapport de l'office parlementaire d'évaluation de la législation, n° 404, juin 2006, p. 121.

1313 *Ibidem.*

1314 Bertrand FAURE, *op. cit.*
Disponible sur :
http://www.conseil-constitutionnel.fr/conseil-constitutionnel/francais/nouveaux-cahiers-du-conseil/cahier-n-19/le-probleme-du-pouvoir-reglementaire-des-autorites-administratives-secondaires.51893.html.
« *L'expérience jurisprudentielle montre que le principe de spécialité réglementaire de ces autorités secondaires doit se concilier avec une tendance à la généralisation de leur*

Se pose ici la question de la cohérence du droit lorsqu'il est produit par des auteurs divers qui ne sont pas en situation de subordination l'un envers l'autre. Comme le souligne Rhita Bousta, on peut « *noter la modification de la relation entre les pouvoirs législatif et exécutif, qui passe d'un rapport de subordination de l'administration à la loi à un rapport de concurrence* »[1315]. Autrement dit, la pluralité croissante qui caractérise le droit interne demande de penser son unité et sa cohérence moins en termes de hiérarchie normative rigide qu'en termes de coordination visant une harmonisation juridique.

Ce phénomène de diversification du droit est encore accentué par le fait que le droit doit désormais de plus en plus coexister avec des règles à caractère privé issues d'un processus d'autorégulation. Cette double évolution met en cause le schéma normatif classique, pyramidal et rigide. L'harmonisation nécessaire entre droit étatique et droits particuliers relève d'une « *fonction d'orchestration* (qui) *doit faire tenir ensemble, c'est-à-dire à la fois séparer et faire communiquer* »[1316].

§ 2 - Le développement des sources de droit privé

La distinction classiquement faite entre personnes publiques, dont l'action est orientée vers des finalités d'intérêt général, et personnes privées, poursuivant des intérêts particuliers, est depuis longtemps nuancée par les faits[1317]. Dès la fin du XIXe siècle, l'État a confié des missions de service public à des personnes privées par le biais de concessions ou délégation de service public[1318]. Le juge administratif a participé à une « privatisation organique » du service public en considérant d'abord qu'en dehors de tout contrat (habilitation textuelle) des personnes morales de droit privé pouvaient exercer des activités

---

pouvoir indispensable au bon exercice de leur fonction. (...) Au total, on assiste à un phénomène d'élargissement des sources formelles du droit administratif (pouvoirs implicites, pouvoirs reconnus sans texte, habilitations en termes généraux, habilitations nouvelles...). Ce faisant, ces extensions de compétence sont susceptibles d'entrer en conflit avec la fonction générale d'exécution des lois pour laquelle la Constitution ne désigne que le Premier ministre ».

1315 Rhita BOUSTA, *Essai sur la notion de bonne administration en droit public*, Paris, L'Harmattan, coll. « Logiques juridiques », 2010, p. 416.

1316 Pierre LEGENDRE, *Le Point fixe. Nouvelles conférences*, Fayard-Mille et une nuits, coll. « Les quarante piliers », 2010.

1317 V. notamment CURAPP, *Public-privé*, 1995.

1318 V. par exemple : CE, 10 janvier 1902, *Cie nouvelle de gaz de Déville-les-Rouen* ; CE, 30 mars 1916, *Cie générale d'éclairage de Bordeaux*.

d'intérêt général[1319], avant d'élargir sa jurisprudence et reconnaître qu'un service public pouvait être géré par une personne privée[1320]. La possibilité d'édicter des actes unilatéraux[1321], puis réglementaires[1322] leur a été reconnue ; une faculté normative toutefois encadrée : les personnes privées exerçant une activité de service public doivent disposer de prérogatives de puissance publique[1323], leurs actes doivent poursuivre l'intérêt général et rester sous le contrôle de l'administration[1324] ainsi que du juge administratif[1325]. La reconnaissance par la jurisprudence du caractère de service public à des missions exercées par des personnes privées s'est étendue à des domaines aussi variés que le secteur sanitaire et social, l'enseignement, la culture, l'environnement, la formation professionnelle, le sport, les caisses locales de sécurité sociale, ou encore les ordres professionnels (pour les questions relevant de la déontologie), etc. On reste ici dans une logique de droit public assez classique : le pouvoir normatif est exercé par des personnes privées, cependant l'État reste présent ; en amont (délégation), au regard de l'activité de l'organisme (contrôle), voire en aval (homologation). L'État peut aussi être le maître d'oeuvre de dispositifs de consultation (concertation, enquêtes publiques...) qui associent des personnes privées à l'élaboration de la règle juridique.

1319 CE, Ass., 20 décembre 1935, *Société Etablissements Vezia.*

1320 Les personnes privées peuvent gérer un service public administratif, v. CE, Ass., 13 mai 1938, *Caisse primaire « Aide et protection ».*

1321 V. not. CE, *Magnier*, 13 janvier 1961 où le Conseil d'État précise que les actes unilatéraux d'une personne morale de droit privé exerçant une mission de service public administratif à qui le législateur a conféré des prérogatives de puissance publique relève de la compétence de la juridiction administrative. Ce pouvoir est réservé aux personnes privées gérant des services publics administratifs.

1322 Pour les services publics administratifs, v. not. CE, Sect., 22 novembre 1974, *Fédération des industries françaises d'articles de sport.* Pour les services publics industriels et commerciaux.
V. not. TC, 15 janvier 1968, *Cie Air France c/ époux Barbier.*

1323 Comme a pu le rappeler le juge qu'une personne publique chargée de fournir un service public ne peut être l'auteur d'une décision exécutoire seulement si cet acte relève de la mise en œuvre d'une prérogative de puissance publique (v. not. TC, 2 mai 1988, *Soc. Georges Maurer*).

1324 Pour reprendre les critères définis par CE, Sect. 28 juin 1963, *Narcy* : à défaut de qualification législative, le juge dresse un « faisceau d'indices » cumulatifs qui permettent d'identifier un service public ; à savoir l'exercice d'une mission d'intérêt général, la détention de prérogatives de puissance publique, le contrôle d'une personne publique.

1325 Le recours pour excès de pouvoir a par exemple été admis pour des sanctions prises à l'encontre d'un sportif professionnel (CE, 22 novembre 1976).

Toutefois, le développement d'un phénomène dit d'autorégulation casse ce schéma en reconnaissant, en marge du droit étatique et éventuellement à son encontre, une capacité normative à des entités privées édictant des règles ne visant pas la réalisation de l'intérêt général. L'autorégulation repose sur une conception horizontale de production normative faite d'interactions entre auteurs et destinataires de la règle. La production de normes techniques[1326] est probablement l'exemple le plus représentatif à cet égard. En effet, selon la définition qu'en donne l'*International Standards Organization* (ISO), organe mondial de référence en la matière, une norme technique est « *un document, établi par consensus et approuvé par un organisme reconnu, qui fournit, pour des usages communs et répétés, des règles, des lignes directrices ou des caractéristiques, pour des activités ou leurs résultats, garantissant un niveau d'ordre optimal dans un contexte donné* »[1327]. Or, depuis une trentaine d'années, on a pu assister à un développement exponentiel des normes techniques[1328] qui, bien qu'elles soient en principe non impératives et cantonnées à un champ technique, ne sont pas sans conséquence sur l'ordre juridique classique. Comme le relève, en effet, Lucie Cluzel-Métayer, il existe « *une primauté des normes juridiques sur les normes techniques, ce qui signifie qu'en principe, la réglementation intervient comme une limite à la normalisation.* (…) *L'ampleur que prend aujourd'hui la normalisation technique implique néanmoins de repenser les rapports entre normes juridiques et normes techniques, non plus ne*

1326 Par exemple, des normes et standards techniques édictés par des organismes de normalisation ; par exemple, au niveau international : le Bureau international des poids et mesures, la Commission électrotechnique internationale, le Comité international spécial des perturbations radioélectriques, Fédération aéronautique internationale, la *World Meteorological Organization* ou encore le *World Wide Web Consortium*, etc. Citons par ailleurs, l'Organisation internationale de normalisation (ISO) composée de représentants d'organisations nationales de normalisation de 165 pays. Cette organisation créée en 1947 a pour but de produire des normes internationales dans les domaines industriels et commerciaux (« normes ISO »). Au niveau européen, mentionnons le Comité européen de normalisation (CEN) créé en 1961 afin d'harmoniser les normes techniques élaborées en Europe. La France est représentée au sein de l'ISO et du CEN par l'Association française de normalisation (AFNOR) qui, créée en 1926 et placée sous la tutelle du ministère en charge de l'Industrie édite les normes NF.

1327 Directives ISO/CEI, Partie 2 : Règles de structure et de rédaction des normes internationales, 5e éd., 2004 (§ 3.1.).
Disponible sur :
http://isotc.iso.org/livelink/livelink/fetch/2000/2122/3146825/4229629/4230450/4230454/Directives_ISO_CEI__Partie_2__R_gles_de_structure_et_de_r_daction_des_Normes_internationales__2004__5_me__dition__format_PDF_.pdf?nodeid=4230498&vernum=0.

1328 On compte aujourd'hui plus de 600 000 normes techniques édictées au niveau national, européen et international.

termes d'opposition et de primauté des unes sur les autres, mais en termes de complémentarité »[1329]. En effet, conformément au sens que lui donne la théorie des systèmes, l'autorégulation ne signifie pas cloisonnement : les systèmes autorégulés se trouvent en situation d'interrelations permanentes non seulement entre eux, mais aussi avec le système normatif général dans lequel ils s'inscrivent. C'est donc moins une logique de subordination que d'harmonisation qui fonde ces rapports : « *les régulateurs publics et privés coopèrent dans le cadre d'un processus de régulation unitaire ; ils exercent les fonctions propres à la régulation, conjointement ou en coordination* »[1330]. L'idée de hiérarchie perd toute pertinence lorsque les normes techniques deviennent du droit, c'est-à-dire lorsque le contenu d'une norme technique est repris dans une règle juridique.

Dans ce cadre, l'État ne se trouve donc pas en position d'acteur normatif privilégié mais doit composer avec d'autres régulateurs : « *les hypothèses de coordination — sous la forme d'une participation conjointe au processus régulatoire, ou d'une attribution des fonctions de régulation au privé, et de la médiation au public — montrent que l'interprétation de l'interaction entre la régulation et l'autorégulation ne doit pas se limiter à la fonction supplétive, mais expliquer si, et dans quelle mesure, de telles stratégies sont ou peuvent être complémentaires* »[1331]. Cette configuration se rapproche du modèle de l'« *éthique de la discussion*»[1332] proposée par Jürgen Habermas ou de la notion de « droit réflexif »[1333] de Gunther Tubner, deux auteurs qui

---

1329 Lucie CLUZEL-MÉTAYER, « La normalisation technique », *in* Petra HAMMJE, Laetitia JANICOT, Sophie NADAL (dir.), *L'efficacité de l'acte normatif. Nouvelle norme, nouvelles normativités*, LEJEP, Lextenso Editions, 2013, p. 191.

1330 Fabrizio CAFAGGI, « Le rôle des acteurs privés dans les processus de régulation : participation, autorégulation et régulation privée », *op. cit.*, p. 23.

1331 *Ibidem*, p. 30.

1332 Cette conception écarte l'idée de hiérarchie : « *La première condition posée au bon déroulement d'un discours rationnel est, selon Habermas est (...) la réalisation d'une situation idéale de parole. (...) les quelques quatre conditions qui doivent être remplies : a) il ne peut y avoir de différence de pouvoir entre les participants du discours ; b) ceux-ci doivent s'exprimer authentiquement ; c) toutes les personnes concernées doivent disposer d'une chance égale à participer au discours ; et d) tous les participants au discours doivent disposer d'une chance égale pour exprimer leurs opinions* ».

1333 « *En somme le droit se contente de régler l'organisation, les procédures et la redistribution des compétences de régulation, au lieu de proposer directement des normes de conduite sociale* » (Gunther TEUBNER, « La juridicisation : concepts, caractères, limites et alternatives », *in Droit et réflexivité. L'auto-référence en droit et dans l'organisation*, trad., Paris, LGDJ, 1994, p. 90).

partagent une approche délibérative du processus de production normative[1334]. Dans ce cadre exempt de logique hiérarchique[1335], une coordination des intérêts en présence est indispensable pour assurer une cohérence juridique d'ensemble et, dans une certaine mesure, préserver le droit étatique face à l'expansion de la régulation privée[1336], au risque d'une plus ample soumission de l'administration au droit privé et donc aux intérêts particuliers ; une évolution qui peut poser question au regard des fondements mêmes du droit public en principe orienté vers l'intérêt général.

Autre manifestation du double phénomène de fragmentation et de diversification normatives dans l'État, la territorialisation du droit a conduit à la reconnaissance d'un pouvoir normatif - réglementaire, voire quasi-législatif - de plus en plus étendu à des collectivités territoriales.

SECTION 2 - LA TERRITORIALISATION DU DROIT

Personnes morales de droit public distinctes de l'État, les collectivités territoriales exercent des compétences transférées par le niveau central pour la gestion d'affaires locales. À cette fin, elles disposent d'un pouvoir réglementaire (article 72, alinéa 3 C) soumis à un contrôle de légalité (article 62, alinéa 6 C)[1337] et s'administrent librement par une assemblée délibérante élue au suffrage universel direct présidée par une autorité exécutive locale. La capacité juridique des collectivités

---

1334 « *Selon le principe de la discussion, les normes susceptibles de prétendre à la validité sont précisément celles qui pourraient rencontrer l'adhésion de toutes les personnes potentiellement concernées pour autant que celles-ci prendraient tout simplement part à des discussions rationnelles* » (Jürgen HABERMAS, *Droit et démocratie, entre faits et normes*, Paris, Gallimard, 1997, p. 145).

1335 « *Une fois encore, la figure qui résulte de cette recomposition du paysage juridique est celle d'un enchevêtrement de logiques, des éléments de production du droit en réseau venant s'insérer dans les interstices, de plus en plus larges, ouverts dans la construction pyramidale traditionnelle. Sans doute, dans l'état actuel des choses, est-ce le modèle « réflexif-procédural »* » (François OST, Michel van de KERCHOVE, « De la pyramide au réseau ? Vers un nouveau mode de production du droit ? *op. cit.*, 2000).

1336 On peut constater en ce sens une tendance au rapprochement, de la régulation publique et privée : « *la régulation qui cherche fondamentalement à réaliser l'intérêt public, s'est de plus en plus focalisée sur les intérêts des régulés, alors que l'autorégulation a en partie évolué d'une régulation corporative vers une régulation d'intérêt général* » (Fabrizio CAFAGGI, *op. cit.*, p. 23). Cette évolution n'est pas sans conséquence sur la pérennité du caractère particulier du droit étatique.

1337 Un contrôle du pouvoir central qui s'exerce à travers la saisine du juge administratif par le préfet (déféré préfectoral, obligatoire pour certaines matières). Ce contrôle de légalité réalisé *a posteriori* se substitue en 1982 à l'exercice d'une tutelle administrative et financière du préfet.

territoriales s'est élargie avec la révision constitutionnelle de 2003[1338] qui consacre l'organisation décentralisée de la République[1339] (article 1er, alinéa 1er C) et pose un principe de subsidiarité (article 72, alinéa 2 C)[1340]. Elles se voient reconnaître un « droit à l'expérimentation »[1341] (article 72, alinéa 4 C) qui leur permet, sous certaines conditions, de déroger à la loi et, pour certaines, de bénéficier d'un statut particulier qui leur accorde un pouvoir réglementaire plus étendu que celui détenu par les collectivités de droit commun (par exemple la Polynésie française et la Nouvelle-Calédonie dont les assemblées locales peuvent édicter des « lois de pays »). Ce pluralisme juridique local se manifeste aussi par développement de l'intercommunalité, renforcée notamment avec la loi « MAPTAM » du 27 janvier 2014 qui participe à la diversification d'un paysage juridique local déjà très morcelé[1342].

Cette « territorialisation du droit »[1343] engendre une diversité juridique encadrée par le législateur[1344]. L'harmonisation et la cohérence du système reposent sur de « *subtils équilibres entre libre administration*

1338 Loi constitutionnelle n°2003-276 du 28 mars 2003.

1339 « *La France est une République indivisible (...). Son organisation est décentralisée* ».

1340 « *Les collectivités territoriales ont vocation à prendre les décisions pour l'ensemble des compétences qui peuvent le mieux être mises en œuvre à leur échelon* ».

1341 « *Dans les conditions prévues par la loi organique, et sauf lorsque sont en cause les conditions essentielles d'exercice d'une liberté publique ou d'un droit constitutionnellement garanti, les collectivités territoriales ou leurs groupements peuvent, lorsque, selon le cas, la loi ou le règlement l'a prévu, déroger, à titre expérimental et pour un objet et une durée limités, aux dispositions législatives ou réglementaires qui régissent l'exercice de leurs compétences* ».

1342 Le « millefeuille territorial » français est composé d'environ 36 600 communes, 101 départements, 12 régions (métropolitaines, auxquelles s'ajoutent la Corse qui a un statut particulier et 5 régions d'outre-mer ; depuis le 1er janvier 2016) et 2 062 établissements publics de coopération intercommunale (EPCI) à fiscalité propre au 1er janvier 2016 auxquels s'ajoutent notamment 12 234 syndicats de communes. Au total on compte plus de 18 000 groupements de communes tous statuts confondus). La moyenne pour des États comparables en termes de superficie et de population est de 8000 à 9000 communes.

1343 Entendue ici comme le développement du pouvoir normatif (réglementaire, voire législatif) des collectivités territoriales (peut être aussi comprise comme la prise en compte des particularités locales par le pouvoir central qui adapte son droit)

1344 Rappelons qu'aux termes de l'article 34 de la Constitution, « *la loi détermine les principes fondamentaux (...) de la libre administration des collectivités territoriales, de leurs compétences et de leurs ressources* ». De plus, sans transferts de compétences par le législateur, les collectivités territoriales ne peuvent exercer aucun pouvoir normatif effectif.

et unité étatique »[1345] dont est *in fine* garant le Conseil constitutionnel[1346]. Face à un panorama pluriel et complexe, ce n'est pas l'uniformité territoriale qui doit être recherchée mais une coordination qui tend à harmoniser le pouvoir normatif exercé au niveau central et au niveau territorial afin de concilier les deux principes inscrits dans la Constitution : une République indivisible mais avec une organisation décentralisée. Comme le souligne Patrick Dollat, « *l'unité se définit comme la qualité de ce qui n'est pas divisé, elle n'est pas exclusive de tous particularismes juridiques mais c'est à la tradition jacobine que l'on doit l'assimilation entre unité de la République et uniformité du droit au nom de l'indivisibilité de la République. En ce sens l'évolution constitutionnelle, mais également juridique et administrative, de la Ve République est marquée par l'abandon prudent de l'uniformité au bénéfice de l'unité pour accorder une importance croissante au pluralisme et à la diversité démocratique* »[1347]. Cette harmonisation normative n'est pas tout à fait horizontale (la loi encadre toujours la nature et l'étendue des compétences locales), mais elle permet une flexibilité indispensable pour répondre au défi du respect des principes fondamentaux d'unité et d'indivisibilité de l'État : les autorités locales

---

1345 Jacqueline MONTAIN-DOMENACH, « Principe de libre administration et intercommunalité : transition et incertitudes », *Cahiers du Conseil constitutionnel*, mai 2002. Une conciliation permanente auquel le Conseil constitutionnel ne manque pas de se soumettre.

1346 V. not. la décision n° 79-104 DC du 23 mai 1979 à l'occasion de laquelle il consacre le caractère constitutionnel du principe de libre administration avant même qu'il ne soit ancré dans la Constitution en 1982 ; ou encore la décision n° 82-137 DC du 25 février 1982 concernant la loi relative aux droits et libertés des communes, des départements et des régions : « *Considérant qu'il résulte des dispositions précitées de l'article 72 de la Constitution que si la loi peut fixer les conditions de la libre administration des collectivités territoriales, c'est sous la réserve qu'elle respecte les prérogatives de l'État énoncées à l'article 3 de cet article ; que ces prérogatives ne peuvent être ni restreintes ni privées d'effet, même temporairement ; que l'intervention du législateur est donc subordonnée à la condition que le contrôle administratif prévu par l'article 72, alinéa 3, permette d'assurer le respect des lois et, plus généralement, la sauvegarde des intérêts nationaux auxquels, de surcroît, se rattache l'application des engagements internationaux contractés à cette fin* ».
Plus récemment, citons les décisions n° 2011-146 QPC et n° 2011-149 QPC des 8 et 13 juillet 2011 : dans la première, le Conseil constitutionnel prononce l'inconstitutionnalité d'une disposition au motif qu'elle porte atteinte à la libre administration des collectivités territoriales ; dans la seconde, il émet une réserve d'interprétation quant au texte contesté en vue de protéger le principe.
V. Michel VERPEAUX, « Quand le Conseil constitutionnel veille au respect de la libre administration des collectivités territoriales », *AJDA*, 31 octobre 2011, pp. 2067-2072.

1347 Patrick DOLLAT, « Le principe d'indivisibilité et la loi constitutionnelle relative à l'organisation décentralisée de la République française : de l'État unitaire à l'État uni ? », *RFDA*, n° 4, juillet-août 2003.

« *sont ainsi devenues des producteurs de droit : même s'ils restent inclus dans l'espace juridique national, les différents niveaux territoriaux tendent à constituer des espaces juridiques autonomes* »[1348] qui doivent être coordonnés. Plus l'autonomie juridique est étendue, avec la reconnaissance du droit de déroger à la loi, de statuts particuliers ou, comme c'est le cas des États unitaires dits « régionaux » (ou « régionalisés »), d'un pouvoir de type législatif à certaines collectivités, plus on s'éloigne d'une logique de subordination. Il s'agit d'assurer la balance nécessaire entre unité et indivisibilité de l'État et autonomie locale en équilibre instable, la coordination étant plus ou moins développée selon le degré d'autonomie juridique reconnue aux collectivités locales. L'article 1er, alinéa 1er de la Constitution porte cette exigence de coordination en reconnaissant l'« organisation décentralisée » d'une « République indivisible » ; deux caractères en tension qui doivent être équilibrés.

§ 1 - Les conséquences normatives de la décentralisation

« *L'indivisibilité rapportée à la souveraineté impose que seules les autorités de l'État disposent du pouvoir normatif initial, entendu comme le pouvoir général, tenu de la Constitution, de faire la loi* »[1349]. Le partage de l'exercice de la souveraineté à travers le transfert de compétences est possible à la condition que la « *souveraineté de compétences* » [1350] reste un monopole des autorités centrales. Les collectivités territoriales disposent d'un pouvoir de décision réglementaire qui permet l'exercice effectif du principe de libre administration et le droit constitutionnel leur reconnaît désormais un « droit à l'expérimentation »[1351] qui *a priori* élargit le pouvoir normatif

1348 Jacques CHEVALLIER, *L'État post-moderne*, *op. cit.*, p. 132.

1349 Tatiana GRÜNDLER, « La République française, une et indivisible », *RDP*, n° 2, mars-avril 2007.

1350 cf. Olivier Gohin qui distingue entre « *souveraineté de compétences* » (« compétence de la compétence ») et « *compétences de souveraineté* » (ensemble des compétences que peut exercer un État) (Olivier GOHIN, *Droit constitutionnel*, Paris, Lexis Nexis, coll. « Manuel », 2010, p. 39).

1351 Généralement retenue par la doctrine, cette formule est contestée par certains commentateurs à l'instar de Gérard Marcou qui insiste sur l'absence de remise en cause du caractère indivisible de la souveraineté : « *contrairement à ce que l'on a parfois écrit, à la suite il est vrai des déclarations du Premier ministre d'alors, M. Raffarin, il n'est nullement question d'un droit des collectivités territoriales à l'expérimentation, mais seulement de la possibilité pour la loi de les autoriser à déroger localement, à titre expérimental et pour une durée limitée, à des dispositions de portée nationale* » (Gérard MARCOU, « Le bilan en demi-teinte de l'Acte II. Décentraliser plus ou décentraliser mieux ? », *RFDA*, n° 2, 2008).

local. Ces deux facteurs de pluralisme du droit territorial ont suscité de nombreuses interrogations : de fait, ce n'est pas une logique exclusivement verticale qui préside à l'ordonnancement des compétences qui varie selon le degré d'autonomie normative accordée. Le cadre est posé par la loi mais à l'intérieur de celui-ci, une coordination normative se réalise de manière pragmatique. En cas de tensions, toutefois, c'est au juge administratif (ou constitutionnel pour le cas particulier de la Nouvelle-Calédonie) qu'il revient en dernier ressort de trancher et d'harmoniser les pouvoirs normatifs dans le respect du principe de libre administration qui peut être interprété comme un équilibre entre deux forces *a priori* contraires : l'unité et l'indivisibilité de la souveraineté de l'État, d'une part ; la reconnaissance d'une capacité juridique autonome à des personnes publiques locales, d'autre part.

A. Le principe de libre administration en tant que fondement d'un pouvoir normatif local

L'article 72, alinéa 2 de la Constitution issu de la révision constitutionnelle du 2 mars 1982 confirme le principe de la libre administration des collectivités territoriales[1352], en l'associant au principe de démocratie locale, et l'exercice d'un pouvoir réglementaire ; deux éléments qui conditionnent son effectivité : « *dans les conditions prévues par la loi, ces collectivités s'administrent librement par des conseils élus et disposent d'un pouvoir réglementaire pour l'exercice de leurs compétences* ». En n'oubliant pas de mentionner son encadrement par la loi[1353], le texte constitutionnel rappelle implicitement que l'autonomie

---

1352 Article 72, alinéa 2. La libre administration reconnue dans la Constitution s'apparente à la notion d'autonomie locale définie à l'article 3 (alinéa) de la Charte européenne de l'autonomie locale (Conseil de l'Europe, 1988), « *le droit et la capacité effective pour les collectivités locales de régler et de gérer, dans le cadre de la loi, sous leur propre responsabilité et au profit de leurs populations, une part importante des affaires publiques* ». Conseil de l'Europe distingue sept composantes de l'autonomie locale : exercice d'un pouvoir réglementaire pour gérer les affaires publiques locales (article 3, alinéa 1er) ; transfert de compétences par la Constitution ou la loi (article 4) ; disposition de moyens administratifs humains (article 6) et financiers (article 9) ; exercice d'une démocratie locale (article 3, alinéa 2, article 7) ; droit d'association avec d'autres collectivités territoriales (article 10) ; droit de recours juridictionnel pour assurer le respect du libre exercice de leurs compétences (article 11) ; exercice d'un contrôle administratif (de légalité ou d'opportunité) à l'encontre des actes des collectivités territoriales prévu par la Constitution ou la loi en vue d'assurer le respect de la légalité et des principes constitutionnels (article 8).

1353 Par ailleurs rappelé par l'article 34 de la Constitution : « *la loi détermine les principes fondamentaux (...) de la libre administration des collectivités territoriales, de leurs compétences et de leurs ressources* ».

locale dépend du degré de latitude accordée par l'État, seul souverain, aux collectivités territoriales qui ne disposent pas de la « compétence de leur compétence ». Dans le cas de la France, les collectivités territoriales peuvent agir grâce aux compétences qui leur ont été transférées « par blocs »[1354] à travers deux lois en date du 7 janvier[1355] et du 22 juillet 1983[1356] qui depuis ont été complétées. Le pouvoir réglementaire des collectivités territoriales s'étend au fur et à mesure que la liste des attributions accordées s'allonge[1357]. Certes il existe une hiérarchie entre le pouvoir normatif de l'État (législatif/réglementaire et national) et celui des collectivités territoriales (réglementaire et local), ainsi qu'une dépendance financière[1358] à l'égard du centre ; cependant, l'équilibre entre

---

1354 cf. article 3 de la loi du 7 janvier 1983 (citée ci-dessous) : « *La répartition des compétences entre les collectivités territoriales et l'État s'effectue, dans la mesure du possible, en distinguant celles qui sont mises à la charge de l'État et celles qui sont dévolues aux communes, aux départements ou aux régions, de telle sorte que chaque domaine de compétences ainsi que les ressources correspondantes soient affectés en totalité soit à l'État, soit aux communes, soit aux départements, soit aux régions* ». Ce principe est codifé dans les mêmes termes à l'article L. 1111-4, al. 1 du Code général des collectivités territoriales.

1355 Loi n° 83-8 du 7 janvier 1983 relative à la répartition des compétences entre les communes, les départements, les régions et l'État.

1356 Loi n° 83-663 du 22 juillet 1983 complétant la loi n° 83-8 du 7 janvier 1983, relative à la répartition des compétences entre les communes, les départements, les régions et l'État.

1357 V. notamment la loi n° 2004-809 du 13 août 2004 Parmi les domaines faisant l'objet de nouveaux transferts de compétences citons par exemple la formation professionnelle (la région doit désormais définir et mettre en œuvre la politique d'apprentissage et de formation professionnelle), le logement social (transfert de compétences en matière de politiques de l'habitat, l'État ne conservant qu'un rôle de « garant de la solidarité nationale », ou encore l'éducation (les personnels techniciens, ouvriers et de service (TOS) des lycées et collèges sont maintenant recrutés par la collectivité dont ils relèvent, région ou département).

1358 Le principal obstacle à l'action effective des collectivités territoriales réside dans le décalage entre les compétences transférées et la réalité de leur mise en oeuvre. Sans moyens financiers suffisants, la libre administration ne peut être effective. Or on note une insuffisance de ressources au niveau territorial qui s'explique d'une part par un pouvoir fiscal des collectivités territoriales limité. Cette situation les rend dépendantes des transferts de ressources (dotations) de la part du niveau central qui se raréfient en période de crise budgétaire. L'État continue de transférer des compétences sans toujours attribuer les moyens suffisants d'où une contradiction entre la garantie d'une autonomie financière par la Constitution (article 72-2) et la réalité de ressources locales insuffisantes. Par ailleurs, l'article L. 1111-4, alinéa 2 du CGCT impose que « *les communes, les départements et les régions financent par priorité les projets relevant des domaines de compétences qui leur ont été dévolus par la loi* » ce qui restreint fortement en pratique la mise en œuvre de la clause compte tenu de l'état des finances locales (les crédits résiduels après financement des actions relevant des compétences attribuées par la loi sont rares).

les deux est toujours instable, jamais fixé de manière définitive. Cette instabilité a été renforcée par l'existence d'une clause générale de compétences[1359] qui autorise les collectivités territoriales à prendre des décisions de leur propre initiative dès lors qu'il existe un intérêt public local (municipal, départemental ou régional)[1360] ; clause générale de compétences aujourd'hui supprimée pour les régions et départements mais qui de fait reste très ancrée dans la logique territoriale. On peut ainsi considérer que « *le législateur n'a finalement jamais mis en place un cadre juridique se traduisant, sur le terrain, par un choix clair entre des collectivités territoriales "généralistes" ou "spécialistes"* »[1361] : les collectivités territoriales disposent, en théorie, d'un fondement juridique d'intervention dans la plupart des domaines avec le risque d'actions redondantes à différents niveaux territoriaux. Cette lecture de la clause est corroborée par l'article 72, alinéa 2 de la Constitution tel qu'il résulte de la révision constitutionnelle du 28 mars 2003 interprété, par de nombreux commentateurs, comme la consécration du principe de

---

1359 « *La clause générale de compétence signifie qu'il est accordé à la collectivité qui en est bénéficiaire une capacité d'intervention générale, sans qu'il soit nécessaire de procéder à une énumération de ses attributions. Elle repose sur les "affaires de la collectivité" ou l'intérêt public local. Elle découle de la loi municipale de 1884 et avait été étendue en 1982 aux autres collectivités territoriales (départements, régions).*
La clause de compétence générale avait été en partie supprimée par la réforme du 16 décembre 2010, puis restaurée au profit des départements et des régions par la loi du 27 janvier 2014 de modernisation de l'action publique territoriale et d'affirmation des métropoles (MAPTAM). La loi du 7 août 2015 portant nouvelle organisation territoriale de la République (NOTRe) la supprime à nouveau pour les départements et les régions, y substituant des compétences précises confiées par la loi à ces deux collectivités. Depuis la loi NOTRe, la clause générale de compétence concerne donc uniquement les communes ».
Source :
http://www.vie-publique.fr/decouverte-institutions/institutions/collectivites-territoriales/competences-collectivites-territoriales/qu-est-ce-que-clause-generale-competence.html.

1360 Même si la formule « clause de compétence générale » n'a jamais été consacrée en ces termes par le législateur, elle est implicitement présente dans le Code général des collectivités territoriales (CGCT). Instituée au profit des communes en 1884, elle concerne aujourd'hui également le département et la région : l'article L. 1111-2 du CGCT dispose que « *les communes, les départements et les régions règlent par leurs délibérations les affaires de leur compétence* ». Un principe large et peu précis qui se décline pour chacune des catégories de collectivités (article L. 2121-29 du CGCT pour la commune, article L. 3211-1 pour le département et article L. 4221-1 pour la région). V. sur le sujet : Jean-Marie PONTIER, « *Semper manet.* Sur une clause générale de compétence », *RDP*, n° 6, 1984, pp. 1443-1472.

1361 Antoine LEFEVRE (rap.), *Rapport d'information sur la clarification de la répartition des compétences entre l'État et les collectivités territoriales*, Délégation aux collectivités territoriales et à la décentralisation, Sénat, rapport n° 283, 2 février 2011. Disponible sur le site du Sénat : http://www.senat.fr/rap/r10-283/r10-2831.pdf.

subsidiarité dans le droit constitutionnel français[1362]. Le juge constitutionnel rappelle régulièrement la dépendance du pouvoir réglementaire local qui n'est pas autonome[1363], mais il est dans le même temps garant du respect du principe de libre administration comme le rappelle le professeur Marcou : « *le Conseil constitutionnel est devenu le régulateur des rapports entre l'État et les collectivités territoriales, faisant respecter par le législateur le principe de libre administration mais aussi les principes d'indivisibilité de la République et d'égalité devant la loi* »[1364]. La décision n° 82-137 DC du 25 février 1982 relative aux droits et libertés des communes, départements et régions est révélatrice de cette harmonisation : « *si la loi peut fixer les conditions de la libre administration des collectivités territoriales, c'est sous la réserve qu'elle respecte les prérogatives de l'État* » (Considérant 4)[1365].

Une fois le cadre général posé par le législateur, la réalité est qu'il existe deux espaces juridiques qui doivent se coordonner pour préserver les principes d'unité et d'indivisibilité étatiques tout en acceptant la diversité juridique territoriale. Cette harmonisation normative peut passer par la signature d'une convention entre les autorités centrales et les collectivités territoriales. On se trouve ici moins dans une logique de subordination que de collaboration ; à tout le moins en apparence[1366].

1362 « *Les collectivités territoriales ont vocation à prendre les décisions pour l'ensemble des compétences qui peuvent le mieux être mises en oeuvre à leur échelon* ». V. notamment sur la question de la subsidiarité : Chantal MILLION-DELSOL, *L'État subsidiaire*, Paris, PUF, coll. « Léviathan », 1992 et Guillaume DRAGO, « Le principe de subsidiarité comme principe de droit constitutionnel », *RIDC*, vol. 46, n° 2, avril-juin 1994, pp. 583-592.

1363 Le pouvoir réglementaire local ne peut s'exercer en dehors du cadre de compétences prévu par la loi et ne doit avoir « *ni pour objet, ni pour effet de mettre en cause le pouvoir réglementaire d'exécution des lois que l'article 21 de la Constitution attribue au Premier ministre sous réserve des pouvoirs reconnus au président de la République par l'article 13 de la Constitution* » (décision n°2001-454 DC du 17 janvier 2002 portant sur la loi relative à la Corse, Considérant 13).

1364 Gérard MARCOU, « Le principe d'indivisibilité de la République », *Pouvoirs*, n° 100, janvier 2002, p. 45.

1365 Citons pour des illustrations plus récentes les décisions n° 2011-146 QPC et n° 2011-149 QPC des 8 et 13 juillet 2011 : dans la première, le Conseil constitutionnel prononce l'illégalité d'une disposition qui porte atteinte à la libre administration des collectivités territoriales ; dans la seconde, il émet une réserve d'interprétation quant au texte contesté en vue de protéger le principe.

1366 De fait, la relation n'est pas totalement égalitaire comme elle devrait l'être en principe dans un contrat ; en raison notamment d'une dépendance financière à l'égard du pouvoir central comme on a pu précédemment le relever.

L'enjeu de l'harmonisation entre pouvoirs normatifs[1367] est plus important lorsque le constituant reconnaît aux collectivités territoriales le droit de déroger à la loi (même s'il est encadré par le législateur) qui étend la capacité réglementaire des collectivités territoriales ; il l'est encore davantage lorsque sont accordés des statuts particuliers qui permettent à certaines collectivités d'exercer un pouvoir qui n'est pas loin d'être de nature législative. On peut alors s'interroger : « *l'unité du pouvoir normatif n'est-elle pas entamée à titre expérimental pour les collectivités métropolitaines et à titre définitif pour les collectivités d'outre-mer ?* »[1368]. C'est à la condition de privilégier la coordination à l'uniformisation, la souplesse à la rigidité, qu'il est possible de répondre de manière négative à cette question.

B. Le droit à l'expérimentation comme entaille au monopole législatif du pouvoir central

La reconnaissance d'un statut de l'expérimentation date de la loi constitutionnelle du 28 mars 2003[1369] qui ajoute à l'article 72 de la Constitution un alinéa 4 selon lequel « *dans les conditions prévues par la loi organique, et sauf lorsque sont en cause les conditions essentielles d'exercice d'une liberté publique ou d'un droit constitutionnellement garanti, les collectivités territoriales ou leurs groupements peuvent, lorsque, selon le cas, la loi ou le règlement l'a prévu, déroger, à titre expérimental et pour un objet et une durée limités, aux dispositions législatives ou réglementaires qui régissent l'exercice de leurs*

1367 Le besoin de coordination est régulièrement mis en évidence par plusieurs études qui abordent la question de la répartition des compétences. Pour ne citer que les rapports les plus connus : Guichard (1976), Hoeffel (1991), Hauswirth (1995), Mauroy (2000). Et plus récemment les rapports des députés Didier Quentin et Jean-Jacques Urvoas (2008) et du sénateur Antoine Lefèvre précité (2011).

1368 Bénédicte FLAMAND-LEVY, « Nouvelle décentralisation et forme unitaire de l'État », *RFDA*, n° 1, janvier-février 2004.

1369 La pratique des expérimentations ne date pas de 2003 mais elles ne portaient que sur certains domaines. Citons par exemple la loi n° 95-115 d'orientation pour l'aménagement et le développement du territoire du 4 février 1995 qui prévoit des expérimentations dans le domaine de la régionalisation des transports ferroviaires ; ou bien la loi relative à la loi n°2002-276 du 27 février 2002 relative à la démocratie de proximité qui permet aux régions d'exercer à titre expérimental, et pour une durée limitée, des compétences relevant de l'État en matière portuaire, aéroportuaire et culturelle. La réforme de 2003 a consacré un statut général et constitutionnel de l'expérimentation dans un nouvel alinéa 4 de l'article 72 de la Constitution.

compétences »[1370]. Précisée par la loi organique du 1er août 2003[1371] relative à l'expérimentation par les collectivités locales, cette disposition autorise les collectivités territoriales qui le souhaitent à déroger à une règle en vigueur pour mener une expérimentation, c'est-à-dire appliquer sur leur territoire des règles particulières. Ce droit va au-delà de ce que permet le pouvoir réglementaire local ordinaire (article 72, alinéa 3 C) qui s'exerce dans le respect des lois et du pouvoir réglementaire autonome (article 21 C) puisqu'il permet de ne pas appliquer des mesures issues du pouvoir normatif initial.

Pour autant, peut-on parler d'une atteinte au caractère unitaire et indivisible de l'État ? La réponse du Conseil constitutionnel est négative. À l'occasion de la décision n° 2003-478 DC du 30 juillet 2003 portant sur la loi organique du 1er août 2003 précitée, les juges admettent, « *par exception à l'article 34 de la Constitution et au principe d'égalité devant la loi* » la possibilité pour le Parlement d'« *autoriser temporairement, dans un but expérimental, les collectivités territoriales à mettre en œuvre, dans leur ressort, des mesures dérogeant à des dispositions législatives et susceptibles d'être ultérieurement généralisées* ». Tout est une question de balance : la reconnaissance de la possibilité d'une expérimentation tend à renforcer la capacité juridique des collectivités territoriales ; pour autant, la puissance souveraine, unitaire et indivisible, de l'État n'est aucunement mise en cause grâce à un encadrement du législateur. Tout d'abord, elle ne peut concerner les conditions d'exercice d'une liberté publique ou d'un droit constitutionnellement garanti. De plus, sans l'intervention du niveau central, l'expérimentation n'est pas possible : elle peut être demandée par une collectivité territoriale seulement si une loi ou un décret le prévoit en précisant son objet et sa durée. Celle-ci ne peut excéder cinq ans : les règles dérogatoires ont en principe vocation à être généralisées à l'ensemble du territoire national à l'issue de l'expérimentation. Enfin, avant la fin de l'expérimentation, un rapport d'évaluation est transmis au Parlement au Gouvernement contenant notamment les observations des collectivités concernées. L'expérimentation peut alors être prolongée ou modifiée pour trois

---

1370 A noter que le principe de l'expérimentation est également consacré à l'article 37-1 de la Constitution disposant que « *la loi et le règlement peuvent comporter, pour un objet et une durée limités, des dispositions à caractère expérimental* ». Il s'agit d'une reconnaissance constitutionnelle de la pratique de l'expérimentation par l'État qui pouvait déjà avant 2003 confier de nouvelles compétences à certaines collectivités au moyen d'une loi pour « tester » des mesures. Ce type d'expérimentation ne sera pas ici étudié.

1371 Loi organique n° 2003-704 relative à l'expérimentation par les collectivités territoriales.

années supplémentaires, ou bien généralisée à toutes les collectivités, ou encore abandonnée.

À nouveau, on note le caractère mouvant de l'équilibre entre les espaces juridiques central et local. Le second dépend toujours du premier, cependant l'autonomie normative croissante dont il bénéficie aujourd'hui renforce la logique de coordination-harmonisation congruente avec une émancipation - relative - du pouvoir normatif local qui conserve, dans le cas du « droit à l'expérimentation », une nature réglementaire. Néanmoins, le caractère subordonné du pouvoir normatif local s'amoindrit dès l'instant où la Constitution consacre des statuts particuliers dérogatoires qui reconnaissent à certaines collectivités ultramarines le droit d'édicter des « lois de pays » qui, contrairement à ce que peut laisser croire leur dénomination, relèvent toujours du pouvoir réglementaire. Il s'agit toutefois d'un pouvoir réglementaire étendu.

§ 2 - La différenciation du droit territorial

Comme a pu le souligner Pierre Ortscheidt, « *il est certain que le principe de l'indivisibilité ne s'oppose pas à l'existence de normes dont l'application n'est pas généralisée à l'ensemble du territoire français ou qui sont propres à telle ou telle portion de ce territoire. L'unité du pouvoir normatif n'a pas pour corollaire l'uniformité des droits applicables* » mais leur indispensable harmonisation. Les principes d'unité et d'indivisibilité ne sont pas mis en cause dès lors que l'exercice partagé des « compétences de souveraineté » est coordonné, c'est-à-dire assuré conjointement et non concurremment dans le respect de la « souveraineté de compétences » dont dispose le niveau central. La loi constitutionnelle du 28 mars 2003 a explicitement reconnu une pluralité statutaire en complétant l'article 72, alinéa 1er de la Constitution disposant désormais que « *les collectivités territoriales de la République sont les communes, les départements, les régions, les collectivités à statut particulier et les collectivités d'outre-mer régies par l'article 74* »[1372]. La

1372 Les collectivités ultramarines peuvent être subdivisées en quatre grandes catégories : « départements et régions d'outre-mer » (ou DOM-ROM ; Guadeloupe, Guyane, Martinique, Réunion et Mayotte depuis le 31 mars 2009) ; les « collectivités d'outre-mer » (ou COM ; Polynésie française, Saint-Barthélémy, Saint-Martin, Saint-Pierre-et-Miquelon, Wallis et Futuna, Clipperton) ; la Nouvelle-Calédonie, collectivité *sui generis* ; les Terres australes et antarctiques françaises (TAAF) ; îles Kerguelen, îles Crozet, îles Saint-Paul et Amsterdam ; Terre-Adélie ; îles Eparses, etc.) Un nombre qui est susceptible de s'accroître, l'article 72-1 de la Constitution prévoyant la possibilité de « *créer une collectivité dotée d'un statut particulier ou de modifier son organisation* ». Il peut alors « *être décidé par la loi de consulter les électeurs inscrits*

Constitution distingue trois principaux statuts : les DOM-ROM relèvent en principe de l'article 73 de la Constitution qui prévoit un régime dit « d'assimilation » ou « d'identité législative » ; les COM sont régies par le régime de « spécialité législative » de l'article 74 de la Constitution ; le Titre XIII de la Constitution (article 76 et 77) de la Constitution est entièrement consacré à la Nouvelle-Calédonie qui dispose d'une autonomie plus importante que les autres collectivités territoriales[1373].

Pour autant, cette autonomie reste limitée en comparaison des États unitaires dits « régionaux » comme l'Espagne et l'Italie où l'autonomie accordée aux entités locales est plus importante que celle dont jouissent les collectivités territoriales décentralisées puisqu'il leur est reconnu un véritable pouvoir législatif. Pour reprendre l'explication proposée par Olivier Gohin, on peut considérer que le statut d'État régional ou autonomique a voulu « *dépasser le caractère administratif de l'autonomie qui correspond à des collectivités territoriales qui sont encore des entités administratives – on pourrait dire des personnes morales de droit administratif – pour donner à l'autonomie un caractère politique qui correspond à des collectivités territoriales qui sont déjà des entités politiques – on pourrait dire des personnes morales de droit constitutionnel* »[1374]. Dans ce cas, ce n'est pas la loi qui définit et met en œuvre cette autonomie poussée mais la Constitution qui pose les bases

---

dans les collectivités intéressées » (alinéa 3). A noter que le référendum consultatif mis en œuvre en Corse le 6 juillet 2003 et les référendums décisionnels organisés en Guadeloupe et en Martinique le 7 décembre 2003 ont abouti au rejet des évolutions statutaires proposées (fusion des conseils généraux de Haute-Corse et de Corse-du-Sud au sein d'une collectivité territoriale unique (50,98 de NON) ; création d'une collectivité administrée par une assemblée unique se substituant à l'organisation actuelle (72,98% de NON en Guadeloupe ; 50,48% de NON en Martinique). En revanche, la question posée aux citoyens de Mayotte le 29 mars 2009 a reçu une réponse positive de la quasi-unanimité des suffrages exprimés : « « Approuvez-vous la transformation de Mayotte en une collectivité unique appelée « Département », régie par l'article 73 de la Constitution, exerçant les compétences dévolues aux départements et aux régions d'outre-mer ? » (95,24% de OUI).

1373 En réalité, le pluralisme juridique local est encore plus poussé : on compte une dizaine de statuts différents. Par exemple, la catégorie des COM regroupe en réalité une pluralité de statuts juridiques: loi organique n° 2004-192 du 27 février 2004 portant statut d'autonomie de la Polynésie française ; loi n° 2004-193 du 27 février 2004 complétant le statut d'autonomie de la Polynésie française ; loi organique n° 2007-223 du 21 février 2007 portant dispositions statutaires et institutionnelles relatives à l'outre-mer (notamment statuts de Saint-Barthélemy et Saint-Martin) ; loi n° 2007-224 du 21 février 2007 portant dispositions statutaires et institutionnelles relatives à l'outre-mer ; loi n° 85-595 du 11 juin 1985 relative au statut de l'archipel de Saint-Pierre-et-Miquelon ; loi n° 61-814 du 29 juillet 1961 conférant aux îles Wallis et Futuna le statut de territoire d'outre-mer., etc.

1374 Olivier GOHIN, *op.cit.*, p. 71.

d'une coordination-harmonisation normative dont le juge suprême est en dernier ressort garant. La frontière avec un État fédéral est ici ténue.

A. Les collectivités à statut particulier et la spécificité des « lois de pays »

« *Le droit d'outre-mer ne présente-t-il pas différentes hypothèses de décentralisation qui contredisent, en apparence, la préservation de la souveraineté interne de compétences de l'État* » ? Dans une décision n° 91-290 DC du 9 mai 1991 relative à la loi portant statut de la collectivité territoriale de Corse, le Conseil constitutionnel a précisé que « *la Constitution de 1958 distingue le peuple français des peuples d'outre-mer auxquels est reconnu le droit à la libre détermination* » (Considérant 12) ; une formule reprise à l'article 72-3, alinéa 1er de la Constitution depuis la révision 2003[1375]. *A priori* ce droit suppose la reconnaissance d'un pouvoir normatif autonome à certaines collectivités. Deux lectures sont alors possibles : d'après une logique jacobine, la libre détermination s'opposerait à la pleine souveraineté de l'État ; selon une approche moins centralisatrice, elle permet de prendre en compte le pluralisme territorial sans remettre en cause la plénitude des pouvoirs étatiques. C'est la seconde analyse que retient le constituant en prévoyant des statuts particuliers pour les collectivités ultramarines, sachant que le juge constitutionnel garantit un ajustement entre pouvoirs normatifs et le respect du « caractère indivisible de la République »[1376]. Or, comme le note Tatiana Gründler, « *pour la doctrine, il n'y a pas là de réelle contrariété avec le principe constitutionnel d'indivisibilité qui implique seulement l'absence de pouvoir législatif autonome autre que celui du*

1375 Article 72-3, alinéa 1er : « *La République reconnaît, au sein du peuple français, les populations d'outre-mer, dans un idéal commun de liberté, d'égalité et de fraternité* ». Notons toutefois la substitution de l'expression « populations d'outre-mer » à celle de « peuples d'outre-mer » qui traduit la volonté de considérer un seul peuple français sans nier sa diversité conformément au principe d'« unicité » du peuple français rappelée par le Conseil constitutionnel dans sa décision DC n° 99-412 du 15 juin 1999 relative à la Charte européenne des langues nationales ou minoritaires (Considérant 5). Dans la décision du 9 mai 1991, les juges ont décidé que la Corse est une région métropolitaine et qu'en conséquence le droit à la libre détermination ne peut lui être appliqué.

1376 Comme il l'a toujours fait dès 1982. V. not. la décision n° 82-138 DC du 25 février 1982 relative à la loi portant statut particulier de la région de Corse : « *Considérant que, dans l'état actuel de la définition des attributions respectives des autorités décentralisées et des organes de l'État, le texte de la loi soumis à l'examen du Conseil constitutionnel ne comporte pas de disposition qui puisse, en tant que telle, être regardée comme portant atteinte au caractère indivisible de la République et à l'intégrité du territoire national* » (Considérant 9).

Parlement. Pour expliquer une telle compatibilité, les auteurs prennent soin de distinguer entre l'unité, à laquelle se rattacherait l'uniformité législative mais qui a disparu de notre droit, et l'indivisibilité qui n'implique rien de tel. (...) C'est donc une autre implication traditionnelle de l'indivisibilité qui est en cause »[1377], celle qui nie toute diversité juridique. La reconnaissance (constitutionnelle) d'un pluralisme juridique territorial rend inopérante toute démarche centraliste. Ce n'est plus une uniformisation qui doit être recherchée mais une coordination : le pluralisme n'est pas nié mais doit être ordonné dans le respect de la souveraineté de compétences qui appartient toujours à l'État. Il s'agit de trouver le bon équilibre entre la reconnaissance d'une autonomie normative étendue à certaines collectivités et le risque d'éventuelles velléités d'indépendance ; un équilibre toujours bancal qui ne peut être assuré par un cadre trop rigide. La cohésion territoriale dans un cadre pluraliste demande de la flexibilité, condition de l'adaptation et de la pérennité de l'État unitaire qui a accepté une logique de décentralisation.

En France, les territoires dans lesquels la libre administration est la plus poussée ne sont pas métropolitains. En principe, les DOM-ROM (départements et régions d'outre-mer) doivent appliquer de plein droit les lois et règlements nationaux ; cependant, l'article 73 de la Constitution issu de la réforme de 2003 prévoit qu'ils « *peuvent faire l'objet d'adaptations tenant aux caractéristiques et contraintes particulières de ces collectivités* » (alinéa 1er) susceptibles d'être demandées par le Parlement, le Gouvernement ou les collectivités si elles y ont été autorisées par la loi. Plus intéressant, celles-ci peuvent « *être habilitées, selon le cas, par la loi ou par le règlement, à fixer elles-mêmes les règles applicables sur leur territoire, dans un nombre limité de matières pouvant relever du domaine de la loi* » (alinéa 3). Les COM (collectivités d'outre-mer) jouissent d'un statut dérogatoire (article 74 de la Constitution) puisqu'elles doivent faire l'objet d'une loi organique précisant leur statut et les lois qui leur sont appliquées. En outre, elles disposent d'assemblées délibérantes locales qui peuvent élaborer des règlements relevant en principe du domaine de la loi. Néanmoins, on ne peut réellement parler ici de délégation législative : les DOM-ROM et les COM peuvent s'écarter des règles de droit commun, mais le législateur doit le prévoir et les matières concernées sont limitées et ne concerne pas les pouvoirs régaliens de l'État[1378]. En outre, les actes édictés en cas

---

1377 Tatiana GRÜNDLER, « La République française, une et indivisible », *RDP*, n° 2, mars-avril 2007.

1378 Sont exclues les règles portant sur « *la nationalité, les droits civiques, les garanties des libertés publiques, l'état et la capacité des personnes, l'organisation de la justice, le droit pénal, la procédure pénale, la politique étrangère, la défense, la sécurité*

d'habilitation n'ont pas en soi de valeur législative et peuvent faire l'objet d'un contrôle par le juge administratif.

Parmi les COM, signalons toutefois la situation particulière de la Polynésie française qui, depuis les lois du 27 février 2004[1379], est dotée d'un statut qui renforce son autonomie. Désormais qualifiée de « *pays d'outre-mer au sein de la République* »[1380], elle dispose d'institutions propres[1381] dont une assemblée locale qui vote le budget et les comptes de la collectivité et contrôle l'action du président et du gouvernement de Polynésie. Dans les matières qui relèvent de la compétence de l'État, sont mises en œuvre en Polynésie française les lois et règlements qui mentionnent expressément leur application[1382]. L'assemblée locale adopte par ailleurs des délibérations mais aussi des « *lois du pays* » (article 140 de la loi organique du 27 février 2004) qui portent sur des matières du domaine de la loi à l'exception des attributions régaliennes exclusivement exercées par l'État[1383]. La Polynésie peut également

---

et l'ordre publics, la monnaie, le crédit et les changes, ainsi que le droit électoral » (article 73, alinéa 4). En outre, l'habilitation « *ne peut intervenir lorsque sont en cause les conditions essentielles d'exercice d'une liberté publique ou d'un droit constitutionnellement garanti* » (alinéa 6). A noter que la Constitution prévoit que les dispositions de l'alinéa 3 et 4 de l'article 73 ne s'appliquent pas au département et à la région de La Réunion (alinéa 5).

1379 Loi organique n° 2004-192 du 27 février 2004 portant statut d'autonomie de la Polynésie française et loi n° 2004-193 du 27 février 2004 complétant le statut d'autonomie de la Polynésie française.

1380 Article 1er de la loi organique du 27 février 2004.

1381 Un président élu par une assemblée (parmi ses membres) élue elle aussi (57 membres élus pour cinq ans au suffrage universel direct) ; un gouvernement composé d'au plus quinze ministres nommés par le président et chargé de conduire la politique de la collectivité ; un conseil économique, social et culturel et un Haut conseil de la Polynésie.

1382 Sont cependant applicables de plein droit les lois et règlements de la métropole qui portent sur des domaines régaliens tels que la défense nationale, le domaine public de l'État, la nationalité, etc. (cf. article 7 de la l.o. du 27 février 2004).

1383 Article 13 de la loi organique du 27 février 2004. Sont exclues les matières régaliennes listées à l'article 14 de la loi organique du 27 février 2004 (défense, politique étrangère, monnaie, justice, sécurité, ordre public, garantie des libertés publiques. A noter que selon l'article 15 de la loi organique précitée, « *la Polynésie française peut disposer de représentations auprès de tout État ainsi que l'une de ses entités territoriales ou territoire reconnu par la République française ou de tout organisme international dont cette dernière est membre ou tout organisme international du Pacifique* ». Pour autant, le Conseil constitutionnel a précisé que « *cette faculté, qui n'appartenait pas jusqu'à présent à la Polynésie française, ne saurait, sans empiéter sur une matière de la compétence exclusive de l'État, conférer à ces représentations un caractère diplomatique* » (décision n° 2004-490 DC du 12 février 2004, considérant 27). L'État

participer à l'exercice de certaines des compétences réservées à l'État central, par exemple s'agissant de l'état et à la capacité des personnes, de l'entrée et au séjour des étrangers ou encore des infractions pénales en matière de jeux de hasard[1384].

Le statut de la Polynésie française porte-t-il atteinte à l'unité et à l'indivisibilité de la souveraineté nationale en permettant à une assemblée locale de prendre des actes dans le domaine législatif, certains touchant même au pré carré régalien de l'État ? La qualification de « loi » est trompeuse : il s'agit en réalité d'actes à caractère réglementaire dont la mise en œuvre est encadrée par le pouvoir central. Comme a pu le préciser le Conseil constitutionnel dans sa décision n° 2004-490 DC du 12 février 2004 relative à la loi organique portant statut d'autonomie de la Polynésie française, « *il ressort des dispositions soumises au Conseil constitutionnel que les actes dits "lois du pays" procèdent des délibérations de l'assemblée de la Polynésie française et ont le caractère d'actes administratifs ; qu'ils doivent notamment respecter les principes généraux du droit, ainsi que les engagements internationaux applicables en Polynésie française* » (Considérant 90). Par ailleurs, l'article 32, I de la loi organique du 27 février 2004 précise que le projet ou proposition de « loi du pays » pris dans le cadre de la participation de la Polynésie à l'exercice de compétences de l'État (domaine législatif) doit faire l'objet d'une transmission au ministre chargé de l'outre-mer qui en accuse réception et peut proposer au Premier ministre, à l'instar de tout ministre intéressé, un projet de décret d'approbation totale ou partielle du texte, portant refus d'approbation (motivé) qui sera voté en Conseil des ministres (national)[1385]. Les projets et propositions de « loi du pays » sont également soumis à « *un contrôle juridictionnel spécifique* » préalable du Conseil d'État (article 140 de la loi organique précitée) et

garde l'exclusivité des compétences en matière diplomatique, pouvoir régalien par excellence.

1384 Article 31 de la loi organique du 27 février 2004 qui pose également une condition à l'exercice de ces compétences : « *dans le respect des garanties accordées sur l'ensemble du territoire national pour l'exercice des libertés publiques, sous le contrôle de l'État* ».

1385 Si le décret a approuvé partiellement le texte, l'assemblée polynésienne ne peut adopter la « loi du pays » que dans les mêmes termes que ceux fixés par de décret voté en Conseil des ministres. Le Conseil constitutionnel ajoute qu'est interdite « *l'entrée en vigueur de l'acte dénommé " loi du pays ", intervenant dans le domaine législatif de l'État, tant que le décret d'approbation totale ou partielle n'a pas été ratifié par le Parlement ; que, sous cette réserve, le surplus du I de l'article 32 de la loi organique n'est pas contraire à la Constitution* » (décision n° 2004-490 DC du 12 février 2004 relative à la loi organique portant statut d'autonomie de la Polynésie française, Considérant 49). L'entrée en vigueur d'une « loi du pays » est donc subordonnée à l'intervention préalable d'un décret d'approbation.

« *les décisions individuelles prises dans le cadre de la participation de la Polynésie française aux compétences de l'État sont soumises au contrôle hiérarchique du haut-commissaire de la République* » (décision du Conseil constitutionnel précitée, Considérant 51), représentant de l'État et de chacun des membres du Gouvernement national[1386].

Certes, le statut de la Polynésie française permet d'accorder à des institutions locales une compétence pour agir dans des domaines qui relèvent de la loi, et parfois du domaine régalien de l'État ; néanmoins, on ne peut considérer qu'il s'agit d'une véritable remise en cause de l'indivisibilité étatique au regard des nombreux garde-fous prévus par le législateur qui garde ici l'exclusivité du pouvoir normatif initial[1387] : « *si le "domaine" législatif est partagé, le "pouvoir législatif" ne l'est pas* »[1388]. Cette configuration peut être pensée au prisme de la notion de coordination de droits : il s'agit de préserver le monopole législatif de l'État tout en le conciliant avec les besoins d'un territoire spécifique justifiant un pouvoir normatif dérogatoire.

L'enjeu de coordination est plus important s'agissant de la Nouvelle-Calédonie, collectivité *sui generis* à laquelle sont consacrés les articles 76 et 77[1389] de la Constitution depuis la loi constitutionnelle n° 98-610 du 20 juillet 1998, complétée par la loi organique n° 99-209 du 19 mars 1999[1390]. Il s'agit du statut qui pose le plus d'interrogations en

---

1386 Selon l'article 3 de la loi organique du 27 février 2004, ce haut-commissaire « *est dépositaire des pouvoirs de la République. Il a la charge des intérêts nationaux, du respect des lois et des engagements internationaux, de l'ordre public et du contrôle administratif* » et peut se substituer aux autorités polynésiennes en cas de carence de leur part (les conditions de cette substitution ont été précisées dans la décision n° 2007-559 DC du 6 décembre 2007 relative à la loi organique tendant à renforcer la stabilité des institutions et la transparence de la vie politique en Polynésie française).

1387 En ce sens, le régime particulier prévu pour la Polynésie française ne remet pas en cause un principe constamment rappelé par la jurisprudence constitutionnelle : la libre administration s'exerce « *dans le respect des attributions du législateur* » (V. notamment les décisions n° 82-137 DC du 25 février 1982 et n° 91-290 DC du 9 mai 1991).

1388 Yves BRARD, « Nouvelle-Calédonie et Polynésie française : les « lois du pays » de la spécialité législative au partage du pouvoir législatif », *Revue juridique polynésienne*, vol. 1, hors-série, 2001, p. 51.

1389 Titre XIII de la Constitution, « Dispositions transitoires relatives à la Nouvelle-Calédonie ».

1390 Le statut de la Nouvelle-Calédonie a été précisé par la loi organique n° 99-209 du 19 mars 1999 et la loi n° 99-210 du 19 mars 1999 sur la base des accords de Matignon et de Nouméa respectivement signés le 26 juin 1988 et le 5 mai 1998 prévoyant le transfert de compétences dans plusieurs domaines à l'exception des attributions régaliennes (défense, sécurité, justice, monnaie). Il s'agit d'un mouvement irréversible

termes d'indivisibilité de la République : « *le statut de territoire d'outre-mer autorise en réalité un "libre gouvernement", tandis que le statut actuel de la Nouvelle-Calédonie, sur le fondement du nouvel article 77 de la Constitution, instaure une "libre législation"* »[1391]. L'Accord de Nouméa du 5 mai 1998 à l'origine du statut néo-calédonien prévoit un processus de transfert de compétences pouvant conduire, au terme d'une période transitoire de 15 à 20 ans, à l'indépendance si les habitants en décident ainsi. Selon l'article 99 de la loi organique du 19 mars 1999, le Congrès de Nouvelle-Calédonie peut prendre des « lois du pays » dans des matières qui relèvent du domaine de la loi, et parfois touchent au domaine régalien[1392]. Au stade de propositions et projets, les « lois » sont soumises au Conseil d'État « pour avis » (article 100 de la loi organique précitée) et si elles font l'objet d'une nouvelle délibération du Congrès[1393], elles sont susceptibles d'être déférées au Conseil constitutionnel[1394] à l'instar de toute loi de la République[1395]. L'article 107, alinéa 1er de la loi

qui doit conduire en 2018 à l'organisation d'un référendum à l'occasion duquel les citoyens de la Nouvelle-Calédonie devront se prononcer sir l'indépendance ou le maintien de leur territoire dans la République française.

1391 Jean BENOIT, « La liberté d'administration locale », *RFDA*, n° 6, novembre-décembre 2002.

1392 Citons par exemple les règles relatives à l'assiette et au recouvrement des impôts, au droit du travail, au statut civil coutumier, aux règles du droit domanial néo-calédonien, au régime de la propriété, etc.

1393 « *Pendant les quinze jours qui suivent l'adoption d'une loi du pays, le haut-commissaire, le gouvernement, le président du congrès, le président d'une assemblée de province ou onze membres du congrès peuvent soumettre cette loi ou certaines de ses dispositions à une nouvelle délibération du congrès* » (article 103 de la loi organique du 19 mars 1999).

1394 « *La loi du pays qui a fait l'objet d'une nouvelle délibération du congrès en application de l'article 103 peut être déférée au Conseil constitutionnel par le haut-commissaire, le gouvernement, le président du congrès, le président d'une assemblée de province ou dix-huit membres du congrès* » (article 103 de la loi organique précitée) ; en outre, « *les dispositions d'une loi du pays peuvent faire l'objet d'une question prioritaire de constitutionnalité* » (article 107, alinéa 2 de la loi organique précitée).

1395 Pour certains auteurs, ce contrôle comporte tout de même quelques spécificités : d'une part, les juges constitutionnels fondent leur décision sur la Constitution mais aussi la loi organique portant statut de la Nouvelle-Calédonie ; d'autre part, le contrôle des « lois du pays » serait « renforcé » ainsi que l'explique Yves Brard constatant que « *s'il s'apparente forcément beaucoup au contrôle de constitutionnalité des lois de la République, le contrôle des lois du pays par le Conseil constitutionnel se rapproche néanmoins à certains égards du contrôle juridictionnel de légalité des actes administratifs, notamment de celui qu'exerce le juge administratif saisi d'un recours pour excès de pouvoir* » (Yves BRARD, *op. cit.*, p.63). Le Conseil constitutionnel a confirmé la constitutionnalité de cette procédure : « *considérant que l'article 104 prévoit qu'une "loi du pays" doit avoir fait l'objet d'une nouvelle délibération pour être déférée au Conseil constitutionnel et subordonne dès lors la recevabilité du recours à la*

organique précitée précise, en effet, que « *les lois du pays ont force de loi dans le domaine défini à l'article 99* » (domaine législatif)[1396]. Contrairement aux « lois du pays » polynésiennes qui sont en réalité des actes réglementaires intervenant dans le domaine législatif, les « lois du pays » de Nouvelle-Calédonie ont valeur de loi, ce que confirme la jurisprudence[1397] : « *...être considérée comme une loi, ce n'est pas être une loi. Car pour être dans la matière de la loi, ces lois du pays calédoniennes ne sont pas, pour autant, de nature législative* »[1398]. Peut-on pour autant réellement parler d'un « *partage de souveraineté* » comme l'indique le Préambule de l'Accord de Nouméa de 1988 (point 4) ? Pour la plupart des commentateurs, cette formule « *ne relève pas d'une problématique juridique mais d'un slogan politique* »[1399] : elle ne désigne aujourd'hui qu'un partage de compétences entre l'État et la Nouvelle-Calédonie quand bien même il est important, progressif et a vocation à être définitif[1400]. Comme le rappelle Michel Troper, « *on ne peut pas concevoir deux pouvoirs législatifs existant côte à côte et dotés de compétences identiques. Par contre on peut parfaitement appeler*

---

condition que les dispositions contestées d'une "loi du pays" aient fait l'objet d'une nouvelle délibération ; que la procédure ainsi instituée, qui met en œuvre les dispositions précitées de l'article 77 de la Constitution, ne méconnaît aucune règle ou principe de valeur constitutionnelle » (décision n° 99-410 DC du 15 mars 1999, Considérant 24).

1396 En revanche, « *les dispositions d'une loi du pays intervenues en dehors du domaine défini à l'article 99 ont un caractère réglementaire* » et peuvent donc être soumis au contrôle de légalité exercé par les juges administratifs (article 107, alinéa 3 de la loi organique précitée).

1397 V. notamment la décision n° 99-410 DC du 15 mars 1999 du Conseil constitutionnel ; l'arrêt du Tribunal administratif de Nouvelle Calédonie, *M. David Bensimon*, du 2 mars 2000 ; l'arrêt de la Cour administrative d'appel de Paris, *M. Cortot*, du 20 décembre 2002 et enfin l'avis n° 310.002 du Conseil d'État (Sect. Intérieur) du 2 mars 2004 (jurisprudence citée par Carine DAVID, « La loi du pays calédonienne. Eléments juridique et politiques », *in* Marc DEBENE, Jean-Paul PASTOREL (dir.), *La « loi du pays » en Polynésie française*, Paris, L'Harmattan, coll. « Portes océanes », 2011, p. 20-21).

1398 Olivier GOHIN, *op. cit.*, p. 64.

1399 *Ibidem*, p. 44.

1400 Bernard Vonglis précise qu'« *une délégation normative initiale partielle entraine inévitablement un partage, non pas de la souveraineté, mais du pouvoir législatif* » ; tout en reconnaissant que le statut actuel est une « *situation d'attente qui doit normalement conduire à l'indépendance de la collectivité autonome* » (Bernard VONGLIS, « État : définitions et réalités », *Pouvoirs dans la Caraïbe*, n°12, 2000, p. 53). De même selon Garsenda Rossinyol, dans le cas de la Nouvelle-Calédonie « *l'indivisibilité de l'État n'est pas juridiquement opposée à la délégation normative* » mais l'autonomie accordée serait une « *antichambre de l'indépendance* » (Garsenda ROSSINYOL, « Les accords de Nouméa du 5 mai 1998 : un nouveau statut pour la Nouvelle-Calédonie », *RDP*, 2000, n° 2, p. 477).

pouvoir législatif le pouvoir de faire des règles générales et ce pouvoir peut parfaitement être attribué à plusieurs »[1401].

Le droit territorial français est varié mais l'État reste souverain « *en tant qu'il est maître de se fixer sans cesse les règles qui sont de nature à le limiter* »[1402]. Dans le cadre d'un État unitaire décentralisé, la libre administration des collectivités territoriales est encadrée par le législateur tandis que le Conseil constitutionnel concilie le principe unitaire avec une réalité juridique plurielle[1403]. D'autres États connaissent une diversification territoriale normative plus prononcée à l'instar du Royaume-Uni où est née la notion de *local government* qui dépasse l'idée d'autonomie : elle implique la capacité reconnue aux élus locaux d'élaborer et de mettre en œuvre des politiques publiques. Toutefois, ce principe, dont les origines remonteraient aux paroisses et comtés médiévaux, a connu un net recul dans les années 1980 avec l'adoption de mesures de recentralisation par les gouvernements conservateurs. Le processus de *devolution* engagé par le gouvernement de Tony Blair a contribué à son renouveau en créant des assemblées élues détenant des pouvoirs législatifs dans certains domaines en Écosse (*Scotland Act*, 1998, amendé en 2012) en Irlande du Nord (*Northern Ireland Act*, 1998) et au Pays de Galles (*Government of Wales Act*, 1998). Mentionnons aussi les collectivités territoriales au statut très spécifique que sont les « territoires indigènes » définis par la loi ou parfois la Constitution et sur lesquels s'appliquent des règles dérogatoires au droit commun (*indigenous protected areas* en Australie ; *territorios indígena originario campesinos* en Bolivie ; *indian reserves* au Canada (*Constitution Act*, 1982, Section

---

1401 Michel TROPER, « Sur l'usage des concepts juridiques en histoire », *Annales. Economie, Sociétés, Civilisations*, n° 6, 1992, p. 1174.

1402 Raymond CARRÉ DE MALBERG, *Contribution à la théorie générale de l'État*, T.1, Paris, Sirey, 1920, p. 234.

1403 Rappelons en effet que « *l'article 72, alinéa 3 de la Constitution précise que, dans les conditions prévues par la loi, les collectivités territoriales s'administrent librement par des conseils élus et disposent d'un pouvoir réglementaire pour l'exercice de leurs compétences* (…) (mais) *seul le législateur peut définir leur domaine de compétences dans le respect du caractère unitaire et indivisible de la République* » (réponse du Ministre de l'Intérieur et des collectivités territoriales à la question écrite n° 72738 posée par Valérie Rosso-Debord, députée de Meurthe-et-Moselle (19 octobre 2010, publiée au J.O. de l'Assemblée Nationale) ; sur la notion de libre administration des collectivités territoriales : « *dans quelle mesure cette notion ne remet-elle pas en cause la souveraineté de l'État qui juridiquement est un et indivisible* ? Autrement dit, « *la décentralisation est une faculté d'administration fondée non point sur la puissance souveraine de la collectivité inférieure qui l'exerce, mais sur une concession émanant de la collectivité supérieure qui en a permis l'exercice* » (Raymond CARRÉ DE MALBERG, *Contribution à la théorie générale de l'État*, *op. cit.*, p.170-171).

25) ; *territorios indígenas* en Colombie (articles 329 et 330 de la Constitution) ; *indian reservations* aux États-Unis, etc.).

B. Les États régionaux et l'exercice d'un pouvoir à caractère législatif local

Bien qu'elle partage avec la France une tradition historiquement centralisatrice, l'Espagne se distingue aujourd'hui par une autonomie locale très poussée : aux tentatives de centralisation castillane récurrentes depuis Charles-Quint (XVIe siècle) et particulièrement fortes au moment de la dictature franquiste (1939-1975) a succédé un État « régional » composé de dix-sept *comunidades autónomas* (Constitution du 6 décembre 1978) dont certaines jouissent d'un statut d'autonomie leur permettant d'exercer un pouvoir législatif en plusieurs matières. L'article 2 de la Constitution espagnole[1404] précise avoir pour fondement « *l'unité indissoluble de la Nation espagnole, patrie commune et indivisible de tous les Espagnols. Elle reconnaît et garantit le droit à l'autonomie des nationalités et des régions qui la composent et la solidarité entre elles* » ; cependant son article 143, alinéa 1er dispose qu'« *en application du droit à l'autonomie reconnu à l'article 2 de la Constitution, les provinces limitrophes ayant des caractéristiques historiques, culturelles et économiques communes, les territoires insulaires et les provinces ayant une entité régionale historique pourront se gouverner eux-mêmes et se constituer en Communautés autonomes…* ». Les assemblées locales peuvent édicter des « dispositions normatives » à valeur législative (article 150, alinéa 3) dans de nombreuses matières énumérées à l'article 148[1405] de la Constitution, en respectant le domaine réservé à l'État[1406]. De plus, l'article 150 précise que le Parlement national espagnol peut

---

1404 La Constitution espagnole a été adoptée le 31 octobre 1978 et est entrée en vigueur le 27 décembre 1978.
Consultable sur le site du Bulletin officiel de l'État (version française) : http://www.boe.es/aeboe/consultas/enlaces/documentos/ConstitucionFRANCES.pdf.

1405 D'après l'article 148 de la Constitution espagnole « *les Communautés autonomes pourront assumer des compétences* » notamment en matière d'organisation des institutions du Gouvernement autonomes, d'aménagement du territoire, de travaux publics d'intérêt communautaire, d'agriculture, d'exploitation forestière, de protection de l'environnement, de développement de l'activité économique, de musées, d'assistance sociale ou encore de santé.

1406 L'article 149 énumère les compétences exclusives de l'État dans de nombreuses matières, par exemple : la nationalité, l'immigration, les relations internationales, la défense, l'administration de la justice, la législation du travail, le régime douanier et tarifaire, les finances générales, la législation de la Sécurité sociale, la protection patrimoine, la sécurité publique, etc.

« *attribuer à toutes les Communautés autonomes ou à certaines d'entre elles la faculté d'édicter, en ce qui les concerne, des normes législatives dans le cadre des principes, des bases et des directives fixés par une loi étatique* » (alinéa 1er) mais aussi « *transférer ou déléguer aux Communautés autonomes, par une loi organique, des facultés relatives à des matières qui lui appartiennent…* » (alinéa 2).

Comme le souligne Luis E. Delgado del Rincon, cette pluralité statutaire constitue un « *véritable casse-tête, car la répartition des compétences ne répond pas à un ensemble de normes ordonnées de manière logique et cohérente* »[1407]. Le rôle coordonnateur du juge est ici capital : le Tribunal constitutionnel espagnol est garant de la constitutionnalité des « *dispositions normatives ayant force de loi* » (article 153) des Communautés autonomes, tout en faisant respecter les principes d'unité et d'indivisibilité formellement reconnus par la Constitution. À ce titre, les juges ont été conduits à résoudre de nombreux litiges portant sur la question de la répartition des compétences, parfois en interprétant de manière extensive le domaine d'attributions de l'État[1408], d'autres fois en renforçant l'autonomie des communautés[1409]. On retrouve ici le jeu de balancier jurisprudentiel qui permet de concilier unité et pluralité dans une logique de coordination des compétences qui, en principe, ne doit favoriser ni le niveau central ni l'échelon de l'Union[1410]. Il ne s'agit pas d'unifier les compétences en les concentrant mais de les ordonner. L'arrêt 31/2010 rendu le 28 juin 2010 par le

---

1407 Luis E. DELGADO DEL RINCÓN, « Espagne. L'équilibre entre unité et diversité : les réformes statutaires dans l'état des autonomies », *Confluences Méditerranée*, n° 73, 2010/2, p. 102.

1408 V. par exemple l'arrêt 235/2001 du 13 décembre 2001 rappelant la compétence générale de l'État s'agissant de la sécurité publique ou encore l'arrêt 212/2005 du 21 juillet 2005 qui assure le respect de l'article 149 de la Constitution selon lequel la réglementation relative à la garantie de l'égalité entre citoyens relève de la législation nationale. Ainsi, les juges constitutionnels protègent les compétences de souveraineté qui reviennent à l'État de tout empiètement communautaire.

1409 V. par exemple l'arrêt illustratif n° 118/1996 à l'occasion duquel le Tribunal constitutionnel espagnol rappelle que l'État doit s'appuyer sur un titre de compétence propre pour agir ce qui lui interdit de prendre un acte supplétif dans des matières où il ne dispose pas d'une compétence normative.

1410 D'après l'article 162, alinéa 1er de la Constitution espagnole, le Tribunal constitutionnel peut être saisi par un recours en inconstitutionnalité par « *le Président du Gouvernement, le Défenseur du Peuple, cinquante députés, cinquante sénateurs* » ; *mais également les organes collégiaux exécutifs des Communautés autonomes et, le cas échéant, les assemblées de ces Communautés* ». La reconnaissance d'un droit de saisine aux organes centraux et communautaires permet *a priori* une coordination équitable des compétences de souveraineté par le juge constitutionnel.

Tribunal constitutionnel espagnol est illustratif de cette démarche qui n'est pas toujours évidente dans le cadre constitutionnel espagnol : « *un des traits caractéristiques de cette forme d'État est la diversité culturelle et de compétences des entités territoriales qui le composent, les Communautés autonomes, diversité compatible avec l'unité et l'intégration de l'État* »[1411]. Par exemple, lors de l'examen d'une loi organique réformant le statut particulier de la Catalogne, les juges ont d'abord donné une interprétation fermée des compétences réservées à l'État ayant pour conséquence, comme le note Hubert Alcaraz, de « *limiter sa capacité potentielle d'interférence dans l'exercice des compétences de la Communauté* ». Cependant, dans le même arrêt, le « *Tribunal a désactivé les mécanismes imaginés par le Statut les plus attentatoires à l'unité de l'État, par des censures ciblées et en n'hésitant pas aussi à changer radicalement le sens du texte statutaire* »[1412]. La reconnaissance de la pluralité a tout de même une limite posée par l'article 145, alinéa 1er de la Constitution qui dispose que ne sera admise « *en aucun cas, la fédération de Communautés autonomes* » ; une limite régulièrement rappelée par le Tribunal constitutionnel, notamment dans l'arrêt précité du 28 juin 2010 : « *l'État occupe toujours une position de supériorité par rapport aux Communautés autonomes* »[1413].

L'organisation territoriale italienne est également plurielle. Depuis les lois constitutionnelles n° 1 du 22 novembre 1999 et n°3 du 18 octobre 2001, l'Italie est reconnue comme État régional, notion qui implique une relation non verticale entre l'État central et les entités locales. Comme le résume Franck Laffaille, « *l'État devient une entité constitutionnelle parmi d'autres (principe de parité institutionnelle). La forme d'organisation sociétale ne repose plus sur la supériorité ontologique de l'État ; il se retrouve en compétition avec d'autres acteurs institutionnels, dont les régions, et doit collaborer avec eux* »[1414]. L'article 116, alinéa 1er de la Constitution italienne[1415] précise, parmi les

---

1411 Luis E. DELGADO DEL RINCÓN, *op. cit.*, p. 93.

1412 Hubert ALCARAZ, « L'État des autonomies après l'arrêt du Tribunal constitutionnel espagnol sur le nouveau Statut de la Catalogne. Commentaire de l'arrêt 31/2010 du 28 juin 2010 », *RFDA*, n° 2, mars-avril 2011, pp. 403 et s.

1413 *Ibidem*.

1414 Franck LAFFAILLE, « État et territoire(s) en Italie. A propos d'un État régional à la recherche de son identité constitutionnelle », *RDP*, n° 5, septembre-octobre 2015, p. 1206-1207.

1415 La Constitution de la République italienne a été adoptée le 22 décembre 1947 et est entrée en vigueur le 1er janvier 1948. Consultable sur le site du Sénat italien (version française) :

vingt régions italiennes (article 131), celles qui disposent de « *formes et de conditions particulières d'autonomie* »[1416] ; toutefois, le principe général posé par la Constitution est celui de la compétence législative régionale de principe, sauf dans les matières qui reviennent à l'État précisément listées à l'article 117, alinéa 2[1417] : « *Dans toutes les matières qui ne sont pas expressément réservées à la législation de l'État, le pouvoir législatif échoit aux Régions* » (article 117, alinéa 4). Cette attribution est confirmée plus loin : les alinéas 7 et 8 de la disposition précitée mentionnent la « *loi régionale* » tandis que l'article 121, alinéa 2 indique que « *le Conseil régional exerce les pouvoirs législatifs attribués à la Région...* »[1418]. La compétence législative régionale porte par ailleurs sur « *les matières faisant l'objet de législation concurrente* (...), *sous réserve de la fixation des principes fondamentaux, qui relève de la législation de l'État* » (article 117, alinéa 3). Ces matières, pour lesquelles les Régions détiennent une compétence législative de principe, sont nombreuses : citons le commerce extérieur, la protection et la sécurité du travail, l'éducation scolaire, la recherche scientifique, la protection civile, l'aménagement du territoire, la production de l'énergie, l'harmonisation des budgets publics, ou encore la coordination des finances publiques et du système fiscal[1419]. La Constitution reconnaît dans une certaine mesure à travers ces dispositions l'exercice partagé de compétences de souveraineté entre l'État et les Régions qu'elle s'emploie toutefois à concilier avec les principes d'unité et d'indivisibilité comme

---

http://www.senato.it/documenti/repository/istituzione/costituzione_francese.pdf.

1416 L'article 116, alinéa 1er dispose : « *Des formes et des conditions particulières d'autonomie sont attribuées au Frioul-Vénétie Julienne, à la Sardaigne, à la Sicile, au Trentin- Haut Adige/Südtirol et à la Vallée d'Aoste, selon les statuts spéciaux respectifs adoptés par loi constitutionnelle* ». L'alinéa 3 du même article précise en outre que l'autonomie pour l'exercice de certaines matières « *peuvent être attribuées, par la loi de l'État, à d'autres Régions, sur l'initiative de la Région intéressée, après avoir reçu l'avis des collectivités locales...* ».

1417 L'article 117, alinéa 3 précise que « *dans toutes les matières qui ne sont pas expressément réservées à la législation de l'État, le pouvoir législatif échoit aux Régions* ». La liste de l'article 117, alinéa 2 mentionne des compétences de souveraineté relevant du domaine régalien par exemple : la politique étrangère et les relations internationales de l'État, l'immigration, la défense et les forces armées, la monnaie, l'ordre public et la sécurité, la nationalité, les règles de procédure civile et pénale, la législation électorale, les douanes, etc.

1418 A noter que la disposition ajoute que les Régions italiennes peuvent par ailleurs « *soumettre des propositions de loi aux Chambres* » (Chambre des députés et Sénat nationaux).

1419 Cf. la liste des « *matières concurrentes* » à l'article 117, alinéa 3 de la Constitution italienne. Les compétences ne faisant l'objet d'aucune énumération relèvent de la législation régionale.

le révèle l'article 5 : « *La République, une et indivisible, reconnaît et favorise les autonomies locales ; réalise dans les services qui dépendent de l'État la plus large décentralisation administrative ; adapte les principes et les méthodes de sa législation aux exigences de l'autonomie et de la décentralisation* » ; une formule qui rappelle celle retenue par la Constitution française depuis la révision de 2003.

La pluralité est reconnue mais la cohésion de l'ordre juridique italien est assurée « *sur la base des principes de subsidiarité, de différenciation et d'adéquation* » (article 118, alinéa 1er) conformément à une logique de coordination visant une harmonisation normative. Le texte constitutionnel mentionne effectivement à plusieurs reprises la coordination en tant que principe d'harmonisation des compétences dont l'exercice est partagé : l'article 118, alinéa 3 précise que « *les lois de l'État règlent les formes de coordination entre l'État et les régions…* » ; l'article 119, alinéa 2 dispose que « *les Communes, les Provinces, les Villes métropolitaines et les Régions (…) établissent et appliquent des impôts et des recettes propres, en harmonie avec la Constitution et selon les principes de coordination des finances publiques et du système fiscal* » ; l'article 123, alinéa 1er mentionne que « *chaque Région a un statut qui, en harmonie avec la Constitution, en fixe la forme de gouvernement et les principes fondamentaux d'organisation et de fonctionnement* » (article 123, alinéa 1er). La conciliation entre l'autonomie régionale et le caractère unitaire de l'État est également explicite à l'article 127, alinéa 1er qui prévoit que « *lorsque le Gouvernement estime qu'une loi régionale excède la compétence de la Région, il peut saisir la Cour constitutionnelle de la question de légitimité constitutionnelle dans les soixante jours qui suivent sa publication* »[1420] ; tout en reconnaissant à l'alinéa 2 le même droit à la Région qui estime qu'une loi de l'État ou d'une autre région « *porte atteinte au domaine de sa compétence* ». Plusieurs décisions de la Cour constitutionnelle ont été rendues pour harmoniser des pouvoirs législatifs exercés à des niveaux territoriaux

---

1420 Cependant, on constate que « *depuis la révision constitutionnelle de 2001, le contrôle exercé par le Gouvernement sur la loi régionale s'est trouvé sensiblement allégé. Initialement, le Gouvernement pouvait demander une nouvelle approbation de la loi régionale s'il estimait que celle-ci excédait la compétence du Conseil régional ou était en contradiction soit avec les intérêts nationaux soit avec les intérêts des autres régions. Si le Conseil régional approuvait à nouveau cette loi à la majorité absolue de ses membres, le Gouvernement pouvait alors saisir la Cour constitutionnelle* » (Louis FAVOREU, Patrick GAÏA, Richard GHEVONTIAN, Jean-Louis MESTRE, Otto PFERSMANN, André ROUX, Guy SCOFFONI (et al.), *Droit constitutionnel*, Paris, Dalloz, coll. « Précis Droit public. Science Politique », 13e éd. 2010, p. 487).

différents dans le respect des principes d'indivisibilité et d'unité[1421] : une formule de coordination souple et fidèle à la réalité plurielle de la souveraineté est préférée à l'unification : « *dans les années successives à la réforme constitutionnelle de 2001, la Cour n'hésite pas à admonester un État central tenté par un interventionnisme excessif.* (...) *elle impose une "réserve législative" (CC, n° 6 de 2004 ; CC n°88 de 2003) afin que le centre ne morde pas indûment sur la compétence des Régions* »[1422]. Les juges privilégient tantôt l'État en encadrant les compétences des régions à travers par exemple la protection du domaine réservé au pouvoir législatif central[1423], tantôt les Régions en reconnaissant notamment qu'elles peuvent intervenir à titre complémentaire dans certaines matières transversales relevant en principe de la compétence exclusive de l'État[1424]. Cet équilibre a risqué d'être bouleversé avec le référendum sur la réforme des institutions organisé le 4 décembre 2016 qui aurait de fait mis un terme à la compétence législative régionale de principe, notamment en étendant de manière importante les matières relevant de la compétence exclusive de l'État[1425]. Cependant, le non l'a emporté.

Néanmoins, en dépit de l'autonomie importante accordée à leurs collectivités territoriales, l'Espagne et l'Italie restent des États unitaires à

1421 Comme le relève Jean-François Brisson, « *la nouvelle répartition constitutionnelle des compétences a ainsi donné lieu à plus de 500 décisions de la Cour constitutionnelle italienne. Sollicitant souvent de manière constructive le principe de subsidiarité, la notion de principes fondamentaux ou la théorie des « matières transversales » (concurrence, environnement, garantie des droits sociaux, ordre public), le juge constitutionnel italien s'est efforcé de rétablir l'équilibre entre les autonomies régionales et l'unité de l'État. Et ce, dès lors qu'une interprétation trop littérale des listes de compétences inscrites dans la Constitution aurait pu aboutir à sacrifier exagérément la compétence législative de l'État italien* » (Jean François BRISSON, « Les transferts de compétences de l'État aux collectivités locales », *in Les transferts de compétences de l'État aux collectivités locales*, Actes des journées de l'AFDCL des 19 et 20 septembre 2007, Paris, L'Harmattan, 2009).

1422 Franck LAFFAILLE, « État et territoire(s) en Italie. A propos d'un État régional à la recherche de son identité constitutionnelle », *op. cit.*, p. 1209.

1423 Cf. par exemple les décisions de la Cour constitutionnelle n° 32/1964 à propos des obligations internationales de l'État, n° 201/2005 relatif à l'immigration ou n° 232/2005 sur la protection des biens culturels. Pour faire respecter les frontières des compétences régionales, les juges peuvent également fonder leurs arrêts sur l'exigence de garantir l'application uniforme sur le territoire de règles fondamentales s'agissant notamment des rapports entre particuliers (n° 82/1998).

1424 Cf. notamment la décision n° 135/2005.

1425 Pour une synthèse du contenu de la loi constitutionnelle « *Superamento del bicameralismo paritario e revisione del Titolo V della Parte seconda della Costituzione* » (Ddl Cost. A.C. 2613-A e abb), voir le site de la Chambre des députés italienne : http://www.camera.it/temiap/d/leg17/ac0500h.

caractère « *plurilégislatif, sans être fédéral, puisqu'encore monoconstitutionnel* »[1426]. Dans un cadre fédéral, la problématique de la cohésion étatique prend une autre dimension : la conciliation de l'unité et la diversité autour de finalités communes en constitue le fondement[1427] et la clé de fonctionnement. Comme le rappelle Aude Thevand, « *les lois du fédéralisme, dégagées par Georges Scelle au début du XX*e *siècle, ont pour objectif de concilier ce qui apparaît inconciliable. La superposition, l'autonomie et la participation se combinent pour parvenir à un système complexe, mais harmonieux* »[1428]. On peut ainsi lire ces trois principes comme la garantie d'un exercice coordonné des compétences de souveraineté réparties entre le niveau fédéral et l'échelon fédéré. Premier élément de définition, la superposition fait référence à l'existence au sein d'un État fédéral de deux ordres juridiques et donc de deux niveaux d'exercice de compétences ; une particularité qui le distingue de l'État unitaire aussi décentralisé ou autonomique soit-il. En ce sens, le fédéralisme « *réalise la coexistence de deux sortes de collectivités distinctes disposant chacune de sa personnalité juridique* »[1429], d'une constitution[1430], ainsi que de pouvoirs exécutif, législatif et juridictionnel propres[1431]. La Constitution fédérale réalise une coordination de ce

1426 Olivier GOHIN, *op. cit.*, p. 71.

1427 Pour reprendre les exemples proposés par Philippe BRAUD, notons que « *le souci de sécurité extérieure et celui de constituer un cadre élargi pour leurs échanges économiques ont été les facteurs principaux qui conduisirent à s'unir des populations soit dispersées sur de vastes espaces (Australie, Afrique du Sud, Canada), soit cloisonnées par leurs particularismes linguistiques, religieux, culturels (Suisse) ou, tout simplement, par leur histoire politique (l'Allemagne de 1871)* » (Philippe BRAUD, *Penser l'État*, *op. cit.*, p. 198).

1428 Aude THEVAND, « La pérennité du fédéralisme », *RDP*, n° 5, 20 septembre 2009, pp. 1431 et s.
Et l'auteur de préciser : « *le fédéralisme est une solution pertinente pour maintenir agrégées des entités même très différentes, car il rend inséparables l'unité et la diversité. Les entités acceptent d'être réunies parce qu'elles trouvent dans cette alliance un moyen de protéger leur autonomie. Par conséquent, le fédéralisme garantit une unité encadrée par la diversité et durable malgré la diversité* ».

1429 Louis FAVOREU, Patrick GAÏA... (et al.), *Droit constitutionnel*, *op. cit.*, p. 444.

1430 A l'exception notable des régions belges qui ne sont pas dotées d'une constitution propre.

1431 Les entités fédérées exercent des compétences de souveraineté importantes notamment le pouvoir de légiférer et de rendre justice cependant leurs lois et leurs jugements ont un champ d'application restreint, matériellement ou territorialement. De plus le niveau fédéral détient un monopole en matière de questions internationales et détermine les attributions qui reviennent aux entités fédérées ainsi dépourvues de la « compétence de leur compétence ».

« *système de pouvoirs partagés* »[1432] qu'est l'État fédéral en déterminant le degré d'autonomie qui est accordée à l'échelon fédéré, ce qui implique la reconnaissance d'une sphère de compétences propres aux entités fédérées, en principe préservée de toute atteinte du Gouvernement ou Parlement fédéral. En général, deux mécanismes de répartition des compétences législatives se combinent : le système des « compétences exclusives » (énumération constitutionnelle des compétences du niveau fédéral ou fédéré)[1433] et la technique des « compétences concurrentes » qui est plus souple. Cette technique est particulièrement remarquable en Allemagne : l'article 74 de la Loi fondamentale mentionne vingt-neuf matières[1434] qui relèvent de la compétence des *Länder* « *aussi longtemps et pour autant que la Fédération n'a pas fait par une loi usage de sa compétence législative* » (article 72, alinéa 1er). Il en résulte un fédéralisme dit « coopératif » qui demande une coordination, comme le souligne Maurice Croisat : « *on assiste à un déplacement des pouvoirs de décision des deux niveaux de gouvernement – fédéral et fédéré – au bénéfice d'un mécanisme, plus ou moins complexe et formalisé, de négociation et de marchandage intergouvernemental. Il en résulte une*

1432 Jacques CHEVALLIER, *L'État*, *op. cit.*, p. 63.

1433 Le plus souvent les constitutions fédérales procèdent à une énumération de compétences qui relèvent exclusivement du législateur fédéral, les matières non listées revenant par déduction à l'échelon fédéré. Par exemple, l'article 1er, section 8 de la Constitution des États-Unis précise les matières qui relèvent du niveau fédéral (politique étrangère, défense nationale, imposition, monnaie, commerce, naturalisation, justice fédérale…) tandis que le Xe amendement confirme que « *les pouvoirs qui ne sont pas délégués aux États-Unis par la Constitution, ni refusés par elle aux États, sont conservés par les États* » (fédérés). De même, l'article 73 de la Loi fondamentale de la République fédérale d'Allemagne énumère les « *compétences législatives exclusives de la Fédération* ». Beaucoup plus rarement, ce sont les compétences exclusives des États fédérés qui sont énumérées comme au Canada dont la Constitution précise seize matières pour lesquelles les provinces (entités fédérées) disposent d'une compétence d'attribution (article 92).

1434 Ces compétences législatives concurrentes concernent notamment le droit civil, le droit pénal, l'organisation judiciaire, l'état civil, le droit des associations, le droit de séjour et d'établissement des étrangers, le droit économique (mines, industrie, énergie…), le droit du travail, le droit de l'expropriation, le financement des hôpitaux, la protection de la nature, l'aménagement du territoire, etc. Une liste qui a été allongée depuis la révision constitutionnelle du 28 août 2006, en vigueur depuis le 1er septembre 2006, qui a eu notamment pour objet de « *rééquilibrer le fédéralisme allemand en substituant à la compétence cadre des Länder une compétence dérogatoire leur permettant dans des domaines limités d'édicter des lois contenant des règles dérogatoires à la législation fédérale et de disposer en conséquence d'une compétence concurrente à celle de la Fédération* » (Jean François BRISSON, *op. cit.*).

interdépendance accrue et une coordination – volontaire – des activités gouvernementales »[1435].

L'énumération précise d'attributions exclusives et concurrentes assure *a priori* un exercice partagé et ordonné de la souveraineté respectueux de la diversité des entités fédérées tout en préservant l'unité et d'indivisibilité de l'État fédéral. En apparence, « *les données sont ici plus simples et la nécessité de coordonner en conséquence moins importante* (…) *dans un État fédéral, la dévolution des tâches peut moins facilement être enfreinte en raison de prescriptions constitutionnelles* »[1436]. La réalité institutionnelle montre, toutefois, qu'à l'instar des États unitaires décentralisés et régionaux, cette conciliation entre deux mouvements opposés n'est pas statique ; elle appelle la recherche constante d'un point d'équilibre indispensable à la pérennité de l'État fédéral dont les composantes, formant un ordre juridique à part entière, disposent de pouvoirs exécutifs, législatifs et juridictionnels propres. Rappelons que tout État fédéral est le fruit d'une association[1437] ou d'une dissociation[1438] d'États souverains : la supériorité de l'ordre fédéral doit être réelle et constamment réaffirmée pour préserver l'existence de l'État. C'est ainsi que les constitutions des États fédéraux comportent généralement, outre les articles réglant la répartition des compétences, une disposition souvent à caractère solennel qui a pour

---

1435 Maurice CROISAT, « Le fédéralisme d'aujourd'hui : tendances et controverses », *RFDC*, vol. 34, 1994, p. 460. V. aussi Jean-Louis QUERMONNE, *L'Europe et le fédéralisme*, Paris, Montchrestien, coll. « Clefs Politique », 1999.

1436 Roman SCHNUR, « Le rôle du chef du gouvernement et ses services dans la coordination et la détermination des priorités. Introduction », *op. cit.*, p. 40-41.

1437 Les « *États fédéraux centripètes* » (Christian BEHRENDT, Frédéric BOUHON, *Introduction à la théorie générale de l'État*, Larcier, collection de la Faculté de droit de l'Université de Liège, 2e éd., 2011, p. 375) naissent de la volonté de plusieurs entités souveraines et indépendantes de s'associer pour former un nouvel État qui devient l'unique souverain. On peut citer l'exemple historique des États-Unis nés de l'association de treize États indépendants de la Couronne britannique (Constitution de 1787). La République fédérale d'Allemagne est aussi une bonne illustration de ce type de fédéralisme : depuis 1990 et la réunification, le territoire allemand est divisé en seize *Länder* qui trouve leur origine dans les anciens royaumes et principautés (ex : Bavière, Thuringe, Saxe, Schleswig-Holstein…).

1438 Les « *États fédéraux centrifuges* » (*Ibidem*, p. 375) sont le fruit d'une dissociation d'un État unitaire qui devient fédéral en général pour satisfaire les revendications d'autonomie de certaines de ses composantes tout en évitant son explosion et donc sa disparition. C'était le cas de la Tchécoslovaquie (1918-1992). La Belgique est un exemple récent de fédéralisme par dissociation (1993).

objet d'ancrer le principe d'unité[1439]. Par ailleurs, tandis que les États unitaires progressent vers une décentralisation toujours plus marquée, la pratique constitutionnelle dans les États fédéraux révèle un mouvement de « recentralisation » que le professeur et ancien juge du Tribunal constitutionnel allemand Konrad Hesse traduit par le néologisme « *unitoire* »[1440]. En Allemagne, « *la législation fédérale s'est progressivement approprié la plupart des titres de compétence normative rendant la compétence de principe des Länder purement illusoire. L'explication généralement retenue met en avant les besoins d'uniformisation de la législation : la réalisation de la démocratie*

1439 Citons par exemple le Préambule de la Constitution américaine : « *Nous, le peuple des États-Unis, en vue de former une Union plus parfaite, d'établir la justice, de faire régner la paix intérieure, de pourvoir à la défense commune, de développer le bien-être général et d'assurer les bienfaits de la liberté à nous-mêmes et à notre postérité, nous décrétons et établissons cette Constitution pour les États-Unis d'Amérique* ». Le Préambule de Loi fondamentale allemande (§ 2) est aussi intéressant : « *Les Allemands dans les Länder (...) ont parachevé l'unité et la liberté de l'Allemagne par une libre auto-détermination La présente Loi fondamentale vaut ainsi pour le peuple allemand tout entier* ». D'autres dispositions plus juridiques encadrent le contenu des constitutions de l'ordre fédéré tel par exemple l'article 4, section 4 de la Constitution américaine qui précise que les « *États-Unis garantiront à chaque État de l'Union une forme républicaine de gouvernement...* » ; citons par ailleurs l'article 28 de la Loi fondamentale allemande intitulé « Garantie fédérale relative aux constitutions des *Länder* » précisant notamment que « *l'ordre constitutionnel des Länder doit être conforme aux principes d'un État de droit républicain, démocratique et social, au sens de la présente Loi fondamentale* » (alinéa 1).

1440 Selon Konrad HESSE, « *l'État fédéral allemand de l'ère contemporaine est, si ce n'est totalement au moins en principe, un État fédéral unitoire* » (Konrad HESSE, « Der unitarische Bundesstaat », P. HÄBERLE, A. HOLLERBACH (dir), Heidelberg, C. F. Müller, 1984, p. 128) ; cité par Jean-Philippe DEROSIER, « La dialectique centralisation/décentralisation. Recherche sur le caractère dynamique du principe de subsidiarité, *RIDC*, n° 1, 2007, p. 114, qui précise la notion : « *les différentes activités exercées par les Länder retranscrivent cette diminution de leur pouvoir décisionnel. En premier lieu, l'analyse de la production législative des Länder confirme l'idée de l'État fédéral unitoire. En effet, tant le nombre des lois des Länder que leur contenu demeurent minimaux. Ces lois ne s'occupent que de questions qui, depuis toujours, sont réservées aux Länder, comme la police, le droit communal et la culture par exemple. En deuxième lieu, les Länder ont certes conservé certaines de leurs prérogatives en matière de jurisprudence : la justice est toujours exercée par les tribunaux des Länder, hormis lorsqu'elle relève des tribunaux fédéraux limitativement énumérés. Cependant, sur le plan matériel, le droit appliqué par ces tribunaux est le droit fédéral. De même (ce qui est peut-être encore plus significatif), le droit réglementant l'existence et la procédure de ces tribunaux relève du droit fédéral. En troisième lieu, enfin, même si les Länder ont conservé des prérogatives certaines dans les domaines relevant du pouvoir exécutif, l'influence du Bund s'est accrue de manière constante* » (*Ibidem*, p. 115).
Sur ce mouvement de recentralisation de l'État fédéral allemand V. également la thèse d'Armel LE DIVELLEC, *Le gouvernement parlementaire en Allemagne. Contribution à une théorie générale*, Paris, LGDJ, coll. « Bibliothèque constitutionnelle et de science politique », 2004, p. 485 et s.

sociale et la protection effective des droits fondamentaux exigeant de l'aveu même de la Cour constitutionnelle (Arrêt du 24 octobre 2002, 2BvF 1/01) »[1441].

Aux États-Unis, la théorie dite des « compétences implicites » fait référence à une tendance de l'échelon fédéral à interpréter largement les attributions exclusives que le texte constitutionnel lui accorde[1442]. Pour autant, les tentatives de centralisation ne peuvent aller jusqu'à remettre en cause le principe de dualité d'ordres juridiques, caractère essentiel de l'État fédéral dont le respect est en principe garanti par le juge constitutionnel de l'échelon fédéral[1443]. Certes le droit fédéral prime sur les droits fédérés[1444] ; pour autant, la Cour suprême fédérale des États-Unis et la Cour constitutionnelle allemande (article 93 de la Loi fondamentale) doivent concilier l'unité et la pluralité en parant à tout empiétement de l'échelon fédéral sur les compétences des entités fédérées et *vice-versa*. L'ordonnancement équilibré des attributions se réalise également à travers la participation des États fédérés au pouvoir

1441 Jean-François BRISSON, *op. cit.* Cependant, l'auteur précise que cette tendance « *unitoire* » a perdu de son ampleur depuis une révision constitutionnelle de l'article 72 de la loi fondamentale en vigueur en 2006 « *tente de rééquilibrer le fédéralisme allemand en substituant à la compétence-cadre des Länder une compétence dérogatoire leur permettant dans des domaines limités d'édicter des lois contenant des règles dérogatoires à la législation fédérale et de disposer en conséquence d'une compétence concurrente à celle de la Fédération* ».

1442 À cet égard, Jacques CHEVALLIER précise que la mention dans la Constitution de compétences exclusives revenant à l'échelon fédéral est « *apparemment favorable aux États fédérés du fait du caractère limitatif de toute énumération ; encore faut-il pourtant que cette liste ne soit pas formulée en termes trop larges ou que la Constitution ne comporte pas une clause permettant une interprétation extensive (aux États-Unis, la Necessary and Proper Clause permet au Congrès de faire toutes les lois nécessaires et convenables pour exécuter les pouvoirs énumérés)* » (Jacques CHEVALLIER, *L'État*, *op. cit.*, p. 64).

1443 Le rôle des juges constitutionnels (de l'échelon fédéral) est plus étendu que dans les États unitaires : en plus d'assurer le traditionnel contrôle de constitutionnalité des lois, ils sont chargés de faire respecter le régime de répartition des compétences prévu dans la Constitution et ainsi de régler tout conflit d'attributions qui surviendrait entre les deux ordres.

1444 L'adage allemand selon lequel « *la loi de l'État fédéral brise la loi de l'État fédéré* » (*Bundesrecht bricht Landersrecht*) traduit bien cette primauté par ailleurs consacrée constitutionnellement. Dans le cas de l'Allemagne l'article 31 de la Loi fondamentale dispose de manière laconique que « *le droit fédéral prime le droit de Land* » ; aux États-Unis, l'article 6 de la Constitution précise que « *la présente Constitution, ainsi que les lois des États-Unis qui en découleront, et tous les traités déjà conclus, ou qui le seront, sous l'autorité des États-Unis, seront la loi suprême du pays ; et les juges dans chaque État seront liés par les susdits, nonobstant toute disposition contraire de la Constitution ou des lois de l'un quelconque des États* ».

fédéral, troisième caractère fondamental du fédéralisme qui contrebalance la primauté reconnue au droit fédéral. La révision d'une Constitution fédérale requiert, en principe, l'intervention des États fédérés comme le prévoit l'article 5 de la Constitution américaine et l'article 79 de la Loi fondamentale allemande. Au quotidien, les États fédérés participent au pouvoir législatif fédéral à travers la chambre basse du Parlement fédéral, composée de leurs représentants[1445], dont les pouvoirs effectifs varient selon les États. Aux États-Unis, le Sénat qui représente les États fédérés dispose de pouvoirs importants, voire supérieurs à ceux de la Chambre des représentants (des citoyens) : ratification des traités internationaux, approbation de la nomination de hauts fonctionnaires fédéraux notamment les juges et les ambassadeurs, engagement des forces armées, rôle de juge dans la procédure d'*impeachment* du Président, etc.

Le principe de souveraineté, caractère essentiel de l'État moderne, n'a pas le même visage dans les États fédéraux et dans les États unitaires mais il est indéniable que dans les deux cas, la vision d'une souveraineté absolue et indivisible est dépassée. L'État fédéral, décentralisé ou régionalisé, ne reste souverain que grâce à une coordination de l'exercice partagé de compétences de souveraineté qui vise une harmonisation de l'exercice des pouvoirs normatifs des autorités nationales et des entités locales. Bien que leur capacité de produire du droit se situe à des niveaux différents (les entités locales ne disposent pas toujours d'un pouvoir législatif plein et entier), l'articulation entre les deux pouvoirs ne répond pas à une logique hiérarchique mais flexible. L'équilibre entre les deux est mouvant, fruit d'une conciliation permanente entre la préservation de l'indivisibilité de l'État et « *l'acceptation d'une diversité territoriale du droit et des institutions* »[1446]. L'« *universalisation de la décentralisation* »[1447] a renforcé ce besoin de cohésion souple en accentuant le pluralisme

1445 Cette représentation peut être « égalitaire » comme aux États-Unis où le Sénat est composé de cent sénateurs (deux par État pour un mandat de six ans quelle que soit la population de l'État) ou « inégalitaire » comme en Allemagne où d'après l'article 51 de la Loi fondamentale « *Le Bundesrat se compose de membres des Gouvernements des Länder, qui les nomment et les révoquent. Ils peuvent se faire représenter par d'autres membres de leur Gouvernement. Chaque Land a au moins trois voix, les Länder qui comptent plus de deux millions d'habitants en ont quatre, ceux qui comptent plus de six millions d'habitants en ont cinq, ceux qui comptent plus de sept millions d'habitants en ont six* » (alinéas 1 et 2).

1446 Gérard MARCOU, « Le bilan en demi-teinte de l'Acte II. Décentraliser plus ou décentraliser mieux ? », *op. cit.*, p. 295.

1447 Gérard MARCOU (dir.), *Decentralization and Local Democracy in the World*, World Bank and United Cities and Local Goverments co-publication, First Global Report, 2008. Dans le cas de la France, « *la révision constitutionnelle du 28 mars 2003,*

interne aux États ; toutefois, c'est au regard du développement d'espaces juridiques supranationaux que se situent les enjeux de coordination les plus cruciaux en termes de survie du cadre étatique. Plus que les mouvements décentralisateur et autonomique, les phénomènes de mondialisation et surtout d'européanisation du droit ont profondément modifié la souveraineté étatique : « *l'Europe dessine une structure politique qui n'a jamais existé parce qu'elle correspond à une situation elle-même sans précédent : elle est bien ce modèle sui generis qui, à force d'affecter certaines fonctions de souveraineté, transforme la souveraineté elle-même* »[1448].

Cet enchevêtrement normatif est, en effet ; particulièrement important dans le cadre de l'Union européenne, impliquant un besoin de coordination entre ordres juridiques nationaux et communautaire. Certains auteurs n'hésitent ainsi pas à parler de « *pooling de souverainetés* »[1449], de « *souverainetés coordonnées* »[1450], de « *mise en commun des droits souverains* »[1451]. Cette configuration particulière appelle une coordination des droits nationaux et supranationaux devenue indispensable pour préserver la cohésion juridique du système juridique de l'Union européenne.

---

dans le prolongement de plusieurs révisions constitutionnelles récentes, donne en effet un sens nouveau au triptyque : territoire, peuple et souveraineté. Elle tente de concilier l'indivisibilité du territoire et la reconnaissance de la possibilité de sécession des populations d'outre-mer ; elle cherche à préserver l'unité du peuple français tout en reconnaissant l'existence de droits politiques spécifiques ; elle veut garantir l'indivisibilité de la souveraineté tout en renforçant le principe de libre administration des collectivités territoriales, voire en confirmant les partages de souveraineté déjà consentis au bénéfice de la Nouvelle-Calédonie » (Patrick DOLLAT, « Le principe d'indivisibilité et la loi constitutionnelle relative à l'organisation décentralisée de la République française : de l'État unitaire à l'État uni ? », *op. cit.*).

1448 Bertrand VAYSSIERE, « Europe et souveraineté. La notion d'État des penseurs classiques aux réalités actuelles », *Vingtième Siècle*, n° 95, 2007/3, p. 165.

1449 Mario TELO, « Démocratie internationale et démocratie supranationale en Europe », *in* Mario TELO (dir.), *Démocratie et construction européenne*, Bruxelles, éd. de l'Université de Bruxelles, 1995, p. 26.

1450 Florence CHALTIEL, « La souveraineté et l'Union européenne à la croisée des chemins », *Les Petites Affiches*, *op. cit.*

1451 Pierre-Yves MONJAL, « Au fondement de l'Union européenne. Recherches doctrinales sur le concept de "commun" », *op. cit.*

CHAPITRE 2

LA COORDINATION D'ORDRES JURIDIQUES PLURIELS

La reconnaissance progressive de l'existence d'un ordre juridique local, plus ou moins autonome de l'ordre juridique étatique met en cause la conception traditionnelle de la souveraineté. Celle-ci est encore plus mise à mal au regard du « pluralisme normatif externe » qui résulte d'un double processus de mondialisation et d'européanisation du droit conçu en tant que « *phénomènes de globalisation, qui complexifient les rapports entre normes internationales et normes internes, et font évoluer la souveraineté vers quelque chose qui est davantage de l'ordre du "commun", du "partagé"* »[1452]. On constate, en effet, un « *emboîtement* »[1453] d'ordres juridiques - national, communautaire, international - qui demande de penser un ordonnancement normatif multi-niveaux ni hiérarchisé, ni unifié. Autrement dit, plutôt que de rechercher une homogénéisation juridique sous la forme d'un droit transnational qui engloberait et surplomberait le droit des États ou opter pour « *la vision romantique et irrationaliste d'un ordre totalement en désordre et complètement fragmenté* »[1454], il convient de considérer la réalité juridique plurielle.

On assiste donc moins à une superposition qu'à un enchevêtrement d'ordres juridiques, ce qui oblige à penser un ordonnancement flexible et dénué de logique verticale, soit en termes de

---

1452 Jean-Bernard AUBY, Loïc AZOULAI, « L'influence du droit européen sur les catégories juridiques du droit public », Note de synthèse, *Mission de Recherche « Droit et justice », Chaire « Mutations de l'action publique et du droit public »*, Paris, Sciences Po, mai 2009.

1453 Jacques CHEVALLIER, *L'État post-moderne*, *op. cit.*, p. 133. L'auteur précise : « *C'est ainsi que le droit de la mondialisation ne s'inscrit pas seulement dans un espace juridique nouveau, de nature transnationale, situé à côté de l'espace juridique national : il est aussi, au moins en partie, intégré dans les ordres juridiques internes, en devenant un élément du droit des États...* ».

1454 Emmanuelle JOUANNET, L'influence des principes généraux face aux phénomènes de fragmentation du droit international contemporain, ou l'ambivalence des principes généraux face au caractère étrange et complexe de l'ordre juridique international », *op. cit.*

coordination tendant à une harmonisation de droits. Parce que « *le droit de la mondialisation ne s'inscrit pas seulement dans un espace juridique nouveau, de nature transnationale, situé à côté de l'espace juridique national : il est aussi, au moins en partie, intégré dans les ordres juridiques internes, en devenant un élément du droit* »[1455], il s'agit de rechercher, non pas l'uniformité, mais la cohérence de droits en constantes interactions[1456]. Témoins au quotidien de ces interpénétrations normatives, les juges - nationaux et internationaux - sont les principaux artisans de cette coordination juridique à l'échelle mondiale. Comme le résume Mireille Delmas-Marty, « *qu'il s'agisse du droit interne ou du droit international, ces effets de fragmentation, qui convergent vers le juge, appellent une réflexion sur les méthodes qui permettraient de mieux articuler droit interne et international (...) L'une des conséquences de l'internationalisation du droit est la « montée en puissance des juges » nationaux et internationaux* »[1457].

SECTION 1 - LA COMPLEXIFICATION DE LA SCÈNE JURIDIQUE INTERNATIONALE

Unitas multiplex[1458]. Cette expression synthétise tous les enjeux de cohérence juridique posés par une pluralisation et une complexification de la scène juridique internationale. Le modèle international classique westphalien fondé sur le principe du *Pacta sunt*

1455 Jacques CHEVALLIER, « Mondialisation du droit ou droit de la mondialisation ? », *in* Charles-Albert MORAND (dir.), *Le droit saisi par la mondialisation*, Bruxelles, Bruylant, coll. « Droit international », 2001, p. 57.

1456 Comme le souligne en effet Mireille Delmas-Marty : « *Ni véritables systèmes, ni ordres juridiques, au sens défini par le rapport introductif, les ensembles, ou espaces normatifs, de la sphère internationale sont à la fois ouverts, poreux et instables. C'est donc par un jeu fort complexe de relations - verticales (entre l'espace national, l'espace régional et l'espace mondial) et horizontales (par exemple, entre le droit communautaire et la CESDH, ou entre l'OMC et l'ONU, l'OIT ou l'OMS) - que le plurijuridisme semble s'organiser dans le prolongement de la mondialisation* » (*in* « Plurijuridisme et mondialisation : vers un pluralisme ordonné », *Rapport de conclusion du colloque de l'Association internationale de méthodologie juridique sur « Le plurijuridisme »*, Aix-en-Provence, 4-6 septembre 2003.

1457 Mireille DELMAS-MARTY, « Introduction », *in France-États-Unis : regards croisés sur l'internationalisation du droit*, Collège de France, Chaire « Études juridiques comparatives et internationalisation du droit », Note du Réseau « ID » franco-américain, 1re et 2e rencontres, avril 2006-mai 2007, p. 6-7.

1458 Mario PROST, *Unitas multiplex. Unités et fragmentations en droit international*, Bruylant, coll. « Jus Gentium », 2013. L'auteur reprend un terme dégagé par Edgar Morin pour décrire une réalité dont les éléments constitutifs sont organisés par inclusion des uns dans les autres pour former une « unité multiple » (cf. Edgar MORIN, *La méthode. 1. La nature de la nature*, Paris, Seuil, 1981).

servanda est dépassé. Les États souverains ne sont plus les seuls détenteurs d'un pouvoir normatif. Ce mouvement de complexification de la scène juridique internationale s'explique, tout d'abord, par la reconnaissance d'un pouvoir normatif propre à des organisations internationales pour édicter des actes unilatéraux ou conclure des traités. L'ONU en est l'exemple le plus représentatif dans la mesure où, outre la reconnaissance d'une capacité de produire du droit [1459] (résolutions, recommandations...), elle a été dotée d'une Cour internationale de justice (CIJ)[1460] dont les principales fonctions consistent à résoudre des conflits juridiques soumis par les États et à rendre des avis sur des questions de droit posées par des organes et agences internationaux agréés par l'Assemblée générale des Nations Unies[1461].

Le monopole étatique de dire le droit a également été mis en question par l'intervention d'acteurs privés qui n'hésitent pas à concurrencer la régulation juridique étatique pour défendre leurs intérêts : « *ces opérateurs économiques apparaissent, non plus seulement comme les destinataires des normes internationales, mais bien comme les co-auteurs de ces normes, à travers les pressions qu'ils exercent à l'occasion de leur élaboration* »[1462]. On assiste à un mouvement de « *régulation*

1459 La valeur juridique des actes élaborés par les organisations internationales fait l'objet de controverses : dépourvus *a priori* d'un caractère obligatoire, ils relèvent d'une logique de *soft law* ou « droit souple ». Cependant,ces actes produisent de fait des effets sur les États comme le rappelle Paul Schiff Berman en soulignant « *le Projet relatif aux Cours et Tribunaux Internationaux (Project on International Courts and Tribunals) a mis en évidence l'existence d'environ 125 institutions internationales, qui rendent toutes des décisions ayant quelques effets sur l'autorité juridique des États, bien que ces effets soient parfois considérés comme contraignants, ou bien simplement persuasifs, et qu'ils se situent souvent dans l'entre-deux. (...) Ces régimes juridiques non étatiques influencent souvent les régimes étatiques ou internationaux* » (Paul SCHIFF BERMAN, « Le nouveau pluralisme juridique », *RIDE*, 2013/1, p. 235).

1460 Instituée par l'article 92 de la Charte des Nations Unies en 1945, « *La Cour internationale de Justice constitue l'organe judiciaire principal des Nations Unies* ».

1461 Article 36 du Statut de la CIJ : « *1. La compétence de la Cour s'étend à toutes les affaires que les parties lui soumettront, ainsi qu'à tous les cas spécialement prévus dans la Charte des Nations Unies ou dans les traités et conventions en vigueur. 2. Les États parties au présent Statut pourront, à n'importe quel moment, déclarer reconnaître comme obligatoire de plein droit et sans convention spéciale, à l'égard de tout autre État acceptant la même obligation, la juridiction de la Cour sur tous les différends d'ordre juridique ayant pour objet : a. l'interprétation d'un traité ; b. tout point de droit international ; c. la réalité de tout fait qui, s'il était établi, constituerait la violation d'un engagement international ; d. la nature ou l'étendue de la réparation due pour la rupture d'un engagement international* ».

1462 Jacques CHEVALLIER, *L'État*, Paris, Dalloz, coll. « Connaissance du droit », 2e éd., 2011, p. 107.

transnationale privée »[1463] qui se caractérise par le développement de relations entre individus ou groupes relevant de différents États, sans passer par la voie classique, c'est-à-dire intergouvernementale. Le recours à des experts techniques pour rédiger certaines conventions internationales[1464], la création d'organismes de normalisation non gouvernementaux[1465], ou encore l'insertion de clauses dites de stabilisation[1466] dans les rapports entre multinationales participent de la même évolution : « *l'existence d'une grande variété d'acteurs non étatiques engagés dans l'établissement de normes qui opèrent internationalement et transnationalement* (...). *Dans certaines situations, les acteurs juridiques officiels peuvent déléguer leur pouvoir de création du droit à des entités non étatiques ou reconnaître l'efficacité des normes non étatiques* »[1467] ; ou bien encore édicter des règles « extra-territoriales » qui ont vocation à sanctionner le comportement de ressortissants d'un autre pays[1468] ou appliquer des lois émises par un État-

1463 Fabrizio CAFAGGI, « Les nouveaux fondements de la régulation transnationale privée », *RIDE*, 2013/1-2, pp. 129-161

1464 Par exemple, des experts en aéronautique ont largement contribué à la rédaction de la Convention du Cap relative aux garanties internationales portant sur des matériels d'équipement mobiles et son Protocole portant sur les questions spécifiques aux matériels d'équipement aéronautiques signés le 16 novembre 2001. V. not. l'étude LXXII H de l'UNIDROIT (Institut international pour l'unification du droit privé) portant sur la question.
Disponible sur : http://www.unidroit.org/french/documents/2001/etude72h/s-72h-05-f.pdf.

1465 Mentionnant par exemple l'*Internet Corporation for Assigned Names and Numbers* (ICANN, Société pour l'attribution des noms de domaine et des numéros sur Internet), autorité de régulation créée en 1998 par une directive du Département du Commerce des États-Unis, elle est chargée d'administrer au niveau mondial le système des noms de domaines sur Internet.
V. not. : Luca BELLI, « L'ICANN et son administration globale de l'Internet », *La Revue Administrative*, n° 381, mai-juin 2011.

1466 Il existe plusieurs types de clauses de stabilisation insérées sur la demande d'investisseurs dans les contrats ou accords commerciaux. Par exemple, les *freezing clauses* qui visent un gel de leur pouvoir normatif, c'est-à-dire que les États signataires n'adoptent pas de lois ou de règlements qui iraient à l'encontre d'intérêts privés des investisseurs (cela concerne essentiellement les questions fiscales). Autre catégorie : les clauses d'équilibre économique qui prévoient que si le changement de législation ou de réglementation par un État nuit à la position des investisseurs alors celui-ci doit compenser ce changement d'équilibre, en général de manière pécuniaire.

1467 Paul SCHIFF BERMAN, « Le nouveau pluralisme juridique », *op. cit.*, p. 240-241.

1468 Par exemple le *Helms-Burton Act* est une loi votée par le Congrès des Etats-Unis en 1996 interdit à toute personne, ressortissants américains ou d'un autre État, de vendre, transférer, distribuer, posséder... des biens américains nationalisés par Fidel Casto entre 1959 et 1961 et autorise les ressortissants américains actuels (et les immigrés cubains

tiers[1469]. Plus largement, se sont développés des droits à vocation transnationale, tels que le droit du commerce, les droits de l'Homme[1470], le droit de l'environnement[1471], le droit du sport[1472], ou encore le droit pénal, le droit de l'Internet[1473], etc. Cette cohabitation de droits divers accentue encore davantage le pluralisme juridique et renforce, par

---

naturalisés) dont les biens ont été nationalisés durant cette période à poursuivre devant les tribunaux américains les personnes ou sociétés qui se livrent à des opérations sur ces biens. En cas de tels trafics, ces personnes ou sociétés peuvent se voir refuser l'entrée sur le territoire américain. De même, la loi *Sarbanes-Oxley* votée également par le Congrès américain en 2002 prévoit que les entreprises américaines cotées doivent présenter à la *Securities and Exchange Commission* des comptes certifiés. Mais cette législation s'applique aussi aux entreprises européennes qui ont des intérêts en lien avec les États-Unis, par exemple si elles disposent de filiales aux États-Unis ou entretiennent des relations commerciales avec des sociétés américaines.

1469 V. not. dans le cadre européen la consécration d'un « principe de reconnaissance mutuelle » dit principe « Cassis de Dijon » par la CJUE dans un arrêt du 20 février 1979, *Rewe-Zentral-AG contre Bundesmonopolverwaltung für Brandwein* selon lequel les produits importés en provenance d'un autre État membre de l'UE qui ont été fabriqués conformément aux prescriptions de cet État peuvent être vendus partout dans l'UE, sans adaptation nécessaire de la législation de chacun des États. Les restrictions ne sont admissibles que lorsqu'elles visent la sauvegarde d'un intérêt public prépondérant.

1470 La Déclaration universelle des droits de l'homme de 1948 constitue le fondement des règles communes à vocation mondiale. Elle sera complétée par deux Pactes des Nations-Unies en 1966 portant respectivement sur les droits civils et politiques et sur les des droits économiques, culturels et sociaux. On note un même processus au niveau régional : en Europe (Convention européenne de sauvegarde des droits de l'homme et des libertés fondamentales du 4 novembre 1950), en Amérique (Convention américaine relative aux droits de l'homme du 22 novembre 1969), ou encore en Afrique (Charte africaine des droits de l'homme et des peuples du 27 juin 1981). Ces ordres juridiques s'accompagnent d'organes exerçant un contrôle à caractère administratif (Conseil des droits de l'homme des Nations-Unies) ou juridictionnel (Cour de justice internationale, Cour européenne des droits de l'homme, Cour américaine des droits de l'homme, Cour africaine des droits de l'homme et des peuples).

1471 V. not. Jacqueline MORAND-DEVILLER, Jean-Claude BONICHOT (dir.), « Synthèse. Mondialisation et globalisation des concepts juridiques : l'exemple du droit de l'environnement », *op. cit.*

1472 On rencontre parfois l'expression *lex sportiva* pour désigner les règles sportives qui se forment en surplomb des États. V. not. l'arrêt *Bosman* rendu par la CJCE du 15 décembre 1995. La Cour y considère que les dispositions des règlements de l'UEFA limitant le nombre de joueurs étrangers ressortissants de l'Union européenne dans une équipe de football constituent une discrimination entre nationalités européennes et sont contraires à l'article 48 du Traité de Rome sur la libre circulation des travailleurs entre les États membres. La décision s'étend à toutes les disciplines sportives professionnelles ou semi-professionnelles et concerne les quotas portant sur les ressortissants communautaires ainsi que les ressortissants non communautaires d'États qui ont signé un accord d'association ou de coopération avec l'Union européenne.

1473 V. not. Luca BELLI, *De la gouvernance à la régulation de l'Internet*, Paris, Berger-Levrault, coll. « Au fil des études. Les thèses », 2016.

conséquent, le besoin de coordination juridique à défaut d'être reliés par des relations de type vertical.

Face au constat d'une scène juridique internationale qui s'est fragmentée, complexifiée et horizontalisée, deux approches du pluralisme s'opposent : une approche unificatrice qui vise à une homogénéisation juridique et une approche coordonnatrice qui aborde la diversité juridique en termes d'harmonisation. La seconde approche correspond davantage à la réalité d'un processus de mondialisation juridique qui se réalise notamment à travers un dialogue internationalisé des juges prenant acte des interactions constantes entre espaces juridiques différents. Comme le souligne, en effet, Gunther Teubner, « *il n'existe pas de hiérarchie décisionnelle, ni de jurisprudence établie, mais seulement une coordination hétérarchique spontanée d'instances diverses d'élaboration du droit* »[1474] ; une coordination visant à mettre en ordre des droits plutôt qu'à créer un droit global standardisé.

§ 1 - L'utopie d'un droit global

Face à une situation de pluralisme juridique, l'unification « *impliquerait la fusion des différents systèmes : une norme unique, identique, imposée à tout le monde* »[1475], ce qui aurait pour conséquence de faire passer les droits nationaux au second plan. C'est précisément ce que suggère l'OMC qui poursuit un objectif d'unification des structures et des procédures juridiques commerciales jugées plus efficaces en termes économiques qu'un processus d'harmonisation des droits laissant trop de place à une différenciation perçue comme une source de contraintes pour le libre-échange[1476]. En effet, « *aussi connu sous le nom de lex mercatoria ou de loi des marchands, découlerait non pas d'un accord entre États, mais plutôt de principes généraux, d'usages du*

1474 Gunther TEUBNER, « Un droit spontané dans la société mondiale ? », *in* Charles-Albert MORAND (dir.), *Le droit saisi par la mondialisation*, *op. cit.*, p. 204, note 18.

1475 Mireille DELMAS-MARTY, « Humanisme et mondialisation », Entretien, *Laviedesidées.fr*, 2009
Disponible sur :
http://www.laviedesidees.fr/spip.php?page=print&id_article=818.

1476 L'OMC propose quatre dispositifs juridiques révélateurs d'une vision uniformisante : « *l'accélération de l'ouverture multilatérale du commerce ; la correction des lacunes du cadre juridique de l'OMC ;* l'adoption *d'une approche plus souple en complément du cadre juridique existant ; la multilatéralisation du régionalisme (en étendant à d'autres parties, de manière non discriminatoire, les accords préférentiels existants)* ».

commerce international, de pratiques commerciales plus ou moins codifiées, de pratiques contractuelles habituellement suivies et de règles professionnelles reconnues dans le milieu »[1477]. De plus, l'OMC s'est dotée d'un instrument juridique de régulation, qui n'existait pas au temps du GATT, tendant à privilégier les intérêts privés sur les droits nationaux : l'Organe de règlement des différends. Celui-ci, exemple parmi d'autres de panels d'arbitrage non étatiques, illustre la place croissante prise par le droit privé pour régler les relations entre individus, entre entreprises mais aussi entre États au niveau mondial. C'est une logique identique que l'on retrouve dans les rapports *Doing Business*, publiés depuis 2003 par la Banque mondiale, qui dénoncent les mesures limitant la concurrence en proposant une standardisation censée améliorer le rendement économique. Le droit est alors analysé en termes de coûts et « *l'État-nation qui était résulté du contrat social moderne est en effet sérieusement ébranlé, en même temps que s'ébauchent les traits d'une régulation mondiale, dont beaucoup d'éléments donnent à penser qu'elle traduit plus la "loi du marché" que les impératifs d'une gouvernance mondiale préoccupée par l'intérêt général* »[1478].

La démarche d'homogénéisation adoptée par l'OMC s'inscrit ainsi dans la logique du *Global Administrative Law* née sous la plume de Benedict Kingsbury[1479] et développée par des auteurs comme Sabino Cassesse[1480] en Italie, Armin Von Bogdandy en Allemagne ou, dans une moindre mesure, par Jean-Bernard Auby en France qui l'a précisée en ces termes : « *Les bases de la théorie du droit administratif global peuvent être résumées de la manière suivante. Partant de l'idée qu'il existe des entités administratives globales, la théorie s'efforce de décrire leur physionomie particulière, ainsi que les mécanismes originaux par lesquels ces entités se trouvent articulées avec les appareils publics*

1477Geneviève DUFOUR, Olivier BARSALOU, Pierre MACKAY, « La mondialisation de l'État de droit entre dislocation et recomposition : le cas du *Codex Alimentarius* et du droit transnational », *Les Cahiers du droit*, vol. 47, n° 3, septembre 2006, p. 494.

1478 François OST, « Mondialisation, globalisation, universalisation : s'arracher, encore et toujours, à l'état de nature », *in* Charles-Albert MORAND (dir.), Le droit saisi par la mondialisation, Bruxelles, Bruylant, coll. « Droit international », 2001, p. 6.

1479 V. Benedict KINGSBURY, Nico KRISCH, Richard B. STEWART, « The Emergence of Global Administrative Law », *Law & Contemporary Problems*, vol. 68, summer-automn 2005, pp. 15-61. Les auteurs le définissent de la manière suivante : « *global administrative law as comprising the mechanisms, principles, practices, and supporting social understandings that promote or otherwise affect the accountability of global administrative bodies, in particular by ensuring they meet adequate standards of transparency, participation, reasoned decision, and legality, and by providing effective review of the rules and decisions they make* » (p. 17).

1480 V. not. Sabino CASSESE, « The Globalization of Law », *New York University Journal of International Law and Politics*, n° 37, 2005.

nationaux. Elle fait apparaître enfin que les institutions administratives globales recèlent souvent des mécanismes de contrôle, voire de recours, qui ne sont pas sans analogie avec ce que connaissent les droits administratifs nationaux »[1481]. Floue, cette définition révèle l'aspect descriptif et encore illusoire d'une telle approche qui tente de construire un droit à vocation universelle détaché du cadre étatique et fondé sur l'*accountability*[1482] ; une notion issue du droit anglo-saxon qui devient l'étalon d'une bonne administration. Le droit est, en ce sens, réduit à un instrument de l'économie ; les négociations valent autant que la législation. Comme le note, en effet, Pierre de Montalivet, « *l'existence d'un marché du droit trouve sa source dans la concurrence des droits nationaux et des systèmes juridiques. Cette concurrence, on le sait, est entretenue par les entreprises multinationales. En faisant leur* law shopping, *elles choisissent l'État dans lequel le droit leur est le plus favorable. Elles privilégient l'ordre juridique qui sert le mieux leurs intérêts, que ce soit à propos de la conclusion d'un contrat, pour l'installation de leur siège ou de leurs filiales ou encore pour la localisation d'un investissement* »[1483].

1481 Jean-Bernard AUBY, « La théorie du droit administratif global : Brève présentation critique », Sciences Po Paris, « *Chaire Mutations de l'Action Publique et du Droit Public* », 2007, p. 2.
Disponible sur : *http://www.sciencespo.fr/chaire-madp/sites/sciencespo.fr.chaire-madp/files/jba.pdf*

1482 La doctrine du *Global Administrative Law* associe la notion à d'autres principes tels que la transparence et la participation : « *We thus regard global administrative law as encompassing the legal mechanisms, principles, and practices, along with supporting social understandings, that promote or otherwise affect the accountability of global administrative bodies, in particular by ensuring these bodies meet adequate standards of transparency, consultation, participation, rationality, and legality, and by providing effective review of the rules and decisions these bodies make. We describe this field of law as "global" rather than "international" to encompass the enmeshment of national and intergovernmental regulation, the increasing roles of private regulators and public-private hybrid bodies, the wide array of informal institutional arrangements that now operate alongside formal institutions, and the foundations of the field in normative practices, and normative sources, that extend beyond international law sources. (...) New systems of administrative procedures, review mechanisms, and decisional principles have arisen to promote greater accountability in decision-making by this rapidly proliferating variety of global regulatory administrative bodies. The subjects of such global regulatory systems include individuals, firms and other economic actors, states, and non-governmental organizations* ».
Source : « Global Administrative Law-Resources. Concept and working definition », Site de l'*Institute for International Law and Justice*, New York University School of Law.
Disponible sur : http://www.iilj.org/GAL/GALworkingdefinition.asp.

1483 Pierre de MONTALIVET, « « La « marketisation » du droit. Réflexions sur la concurrence des droits », *Recueil Dalloz*, n° 44, 26 décembre 2013, Chron., p. 2924.

Paradoxalement, on retrouve une même relativisation de la figure de l'État souverain parmi les auteurs qui font du droit, plus particulièrement des droits de l'Homme, l'élément principal de la construction d'une régulation juridique à l'échelle mondiale. Bien qu'elle soit fondée sur des postulats et finalités *a priori* parfaitement antagoniques, la même démarche homogénéisante est à l'œuvre chez les défenseurs d'un marché globalisé comme chez ceux d'un « *État de droit international* »[1484] qui utilisent la théorie de l'État « *comme argument d'autorité et principe de légitimation, permettant de justifier les pressions exercées sur certains États, voire une ingérence plus directe dans leurs affaires intérieures, au mépris de l'idée de souveraineté : il sert de ressource idéologique et d'arme politique pour imposer un ordre international, qui apparaît comme l'enveloppe d'un rapport de domination* »[1485]. Jürgen Habermas, par exemple, dans son modèle communicationnel du droit, fait de l'« éthique de la discussion » (*Diskursethik*) un vecteur essentiel de l'élaboration d'un droit universel qui ne se fonde pas sur la souveraineté mais sur l'intersubjectivité. Reprenant le concept de droit cosmopolite déjà envisagé par Emmanuel Kant dans son *Projet de paix perpétuelle* (1795), il le dote d'un tout autre contenu : alors que ce dernier faisait de l'adoption par tous les États d'un régime républicain la condition d'une fédération de souverainetés à l'échelle internationale garante de la paix, Jürgen Habermas soutient l'idée d'une communauté politique au-delà des frontières qui se formerait en surplomb des États, sous-tendue par une ambition partagée d'universalisation des droits de l'Homme.

L'homogénéisation est l'objectif ; cependant, elle ne se ferait pas à travers une application de règles décidées par les États mais par un processus d'échanges : « *Au lieu d'imposer à tous les autres une maxime dont je veux qu'elle soit une loi universelle, je dois soumettre ma maxime à tous les autres afin d'examiner par la discussion sa prétention à l'universalité. Ainsi s'opère un glissement : le centre de gravité ne réside plus dans ce que chacun souhaite faire valoir, sans être contredit, comme étant une loi universelle, mais dans ce que tous peuvent unanimement reconnaître comme une norme universelle* »[1486]. Pour le courant néo-constitutionnaliste[1487] aussi, la « dogmatique des droits de l'Homme » est

---

[1484] Jacques CHEVALLIER, « État de droit et relations internationales », *op. cit.*, p. 4.

[1485] *Ibidem*, p. 11.

[1486] Jürgen HABERMAS, *Morale et communication. Conscience morale et activité communicationnelle*, Paris, Editions du Cerf, 1996, p. 88.

[1487] Pour ne citer que quelques auteurs représentatifs de ce courant, mentionnons par exemple Robert Alexy, Ronald Dworkin, Luigi Ferrajoli, Carlos Bernal Pulido, Luis Roberto Barroso, Miguel Carbonell, ou encore Mark Tushnet.

essentielle et ce ne sont pas non plus les gouvernants qui peuvent la rendre effective mais les juges qui interprètent les règles constitutionnelles (au sens matériel du terme). Des auteurs comme Ronald Dworkin ou Robert Alexy[1488] s'éloignent du positivisme classique en insistant sur l'importance, au niveau national comme mondial, de l'interprétation judiciaire pour dégager des droits individuels à partir d'une pondération de principes censée permettre de déterminer quels droits doivent être privilégiés[1489].

Quels que soient leurs fondements, ces démarches ont comme point commun de postuler la possibilité d'une globalisation juridique et la mise à l'écart des États ; néanmoins, comme le note Charles-Albert Morand, « *le tiers droit anational ne forme pas à l'évidence un ordre juridique cohérent et hiérarchisé comparable à l'ordre juridique d'un État* »[1490]. La création d'un ordre juridique mondial se substituant aux ordres juridiques nationaux est irréaliste. L'ordonnancement entre droits à vocation mondiale et droits nationaux ne peut se faire sans l'intervention des États qui restent souverains. S'il y a droit de la mondialisation, il s'agit moins d'un droit unifié que d'un droit coordonné ; fruit d'une harmonisation juridique progressive réalisée, notamment, grâce à un dialogue multi-niveaux des juges.

§ 2 - Le dialogue des juges comme facteur d'harmonisation juridique

Les juges nationaux sont des acteurs importants du processus de mondialisation du droit, particulièrement le juge constitutionnel. L'article 55 de la Constitution de 1958 ouvre la porte du droit interne au droit international en disposant que « *les traités ou accords régulièrement ratifiés ou approuvés ont, dès leur publication, une autorité supérieure à*

1488 V. not. Ronald DWORKIN, *Taking Rights Seriously*, Harvard University Press, 1977 ; Robert ALEXY, *A Theory of Constitutional Rights*, OUP Oxford, éd. 2009.

1489 Cette opération a été formulée sous la forme d'une équation par Robert Alexy : la « loi de pondération » qui « *détermine un résultat, c'est-à-dire un quotient, qui est celui du degré d'affectation des principes au cas concret (Ii/Ij), du poids abstrait des principes en jeu (Wi/Wj) et de la sécurité des appréciations empiriques (Ri/Rj)* ». (Jérémy MERCIER, « Les principes en conflit dans la QPC : de la prudence de la proportionnalité à l'audace de la pondération », *9e Congrès français de droit constitutionnel*, juin 2014. Disponible sur :http://www.droitconstitutionnel.org/congresLyon/CommLA/A-mercier_T2.pdf).

1490 Charles-Albert MORAND, « Le droit saisi par la mondialisation : définitions, enjeux et transformations », *in* Charles-Albert MORAND (dir.), *Le droit saisi par la mondialisation*, Bruxelles, Bruylant, coll. « Droit international », 2001, p. 100.

celle des lois, sous réserve, pour chaque accord ou traité, de son application par l'autre partie ». Cette disposition est à lire en combinaison avec l'article 54 du même texte qui prévoit la possibilité d'une saisine du Conseil constitutionnel pour se prononcer sur la constitutionnalité d'un « engagement international ». S'il est considéré comme contraire à la Constitution, sa ratification ou approbation ne peut se faire qu'après révision de celle-ci[1491]. Le juge constitutionnel est envisagé comme une interface entre l'ordre juridique national et le droit international, chargé de se prononcer sur les conflits normatifs qui peuvent exister entre les deux. La lecture combinée de ces deux articles écarte une vision cloisonnée des ordres juridiques internes et externes sans, toutefois, envisager leur fusion. Comme l'indique Pierre Brunet, il s'agit de réfléchir à un ordonnancement qui « *se présente comme une troisième voie face à l'alternative bien connue en droit international qui oppose le dualisme (conception dans laquelle l'ordre juridique international et le droit étatique sont indépendants et n'interagissent pas l'un avec l'autre) au monisme (conception selon laquelle le droit international et le droit étatique forment un seul et même système juridique)* »[1492]. Mais cette ouverture normative[1493] ne concerne pas uniquement le juge constitutionnel - songeons aux contrôles de conventionnalité réalisés par le Conseil d'État et la Cour de cassation, mais aussi l'ensemble des juridictions administratives et judiciaires de

---

1491 Article 54 de la Constitution du 4 octobre 1958 : « *Si le Conseil constitutionnel, saisi par le Président de la République, par le Premier ministre, par le président de l'une ou l'autre assemblée ou par soixante députés ou soixante sénateurs, a déclaré qu'un engagement international comporte une clause contraire à la Constitution, l'autorisation de ratifier ou d'approuver l'engagement international en cause ne peut intervenir qu'après révision de la Constitution* ».

1492 Pierre BRUNET « Les juges européens au pays des valeurs », *La Vie des idées*, 9 juin 2009.
Disponible sur : http://www.laviedesidees.fr/Les-juges-europeens-au-pays-des.html.

1493 Un phénomène bien décrit par Benoît Frydman : « *Le juge ne fonde plus seulement la légitimité de sa décision dans le temps, c'est-à-dire dans l'histoire de son propre système, mais également dans l'espace, c'est-à-dire par rapport aux solutions adoptées dans d'autres systèmes juridiques. Alors que la jurisprudence traditionnelle fait la preuve par le même, la pratique des citations étrangères introduit en quelque sorte la preuve par l'autre. Le juge ne fonde plus seulement sa décision sur des précédents, c'est-à-dire sur des antécédents, mais également, si l'on ose dire, sur des excédents ou plutôt des extracédents* » *vs une vision kelsénienne où chaque norme relève d'un ordre juridique spécifique dont elle dépend pour son sens et ses effets obligatoires…* » (Benoît FRYDMAN, « Conclusion : Le dialogue des juges et la perspective idéale d'une justice universelle », *in* Le dialogue des juges, Actes du colloque organisé le 28 avril 2006 à l'Université libre de Bruxelles, *Les Cahiers de l'Institut d'études sur la justice,* n° 9, Bruxelles, 2007, p. 10-11).
Disponible sur : http://www.philodroit.be/IMG/pdf/B._FRYDMAN_-_Conclusion_-_Le_dialogue_international_des_juges_-_30_mars_2007.pdf.

droit commun[1494] - et n'est pas à sens unique[1495] - « *qu'elle soit, interne ou internationale, une juridiction ne peut être un lieu clos, c'est au contraire un carrefour, un carrefour circulaire où se croisent de manière ordonnée les décisions de justice qui construisent un droit en devenir permanent* »[1496] -.

Plus largement, un véritable dialogue de juges[1497] se développe à l'échelle mondiale reposant sur un recours au droit comparé : celui-ci est envisagé, non pas comme un instrument normatif visant à niveler les différences et surévaluer les similarités, mais comme un procédé qui « *pourrait viser à saisir la complexité du réel juridique (ne pas s'en tenir à la seule structure du droit et donc intégrer sa dimension dynamique, - la vie du droit) et à permettre la lecture d'objets juridiques de manière contradictoire (source de questionnements aussi bien pour le droit national que pour ses relations avec les autres droits)* »[1498]. Ainsi compris, le droit comparé est un *modus operandi* par lequel les juges, au moyen de références à des décisions étrangères, contribuent non à une homogénéisation juridique[1499], mais à une convergence des droits. Pour

---

1494 V. not. Frédéric SUDRE, « À propos du « dialogue des juges » et du contrôle de conventionnalité », *in Les dynamiques du droit européen en début de siècle. Études en l'honneur de J.-C. Gautron*, Pedone, 2004, p. 205-224.

1495 Effectivement, « *cette dynamique (...) vise soit l'importation en droit interne de sources externes, par intégration spontanée ou contrainte du droit étranger ou international ("internalisation"), soit l'exportation du droit interne, par son extension proposée ou imposée hors des frontières nationales ("externalisation")* » (Mireille DELMAS-MARTY, « Introduction », *in France-États-Unis : regards croisés sur l'internationalisation du droit*, *op. cit.*, p. 3)

1496 Guy CANIVET, « Les influences croisées entre juridictions nationales et internationales : Éloge de la « bénévolance » des juges », *RSC*, n° 4, 2005 p. 817.

1497 Un dialogue des juges que l'on peut définir comme « *l'échange d'arguments, d'interprétations et de solutions juridiques entre magistrats. Il symbolise la relation que peuvent entretenir les juges des différentes juridictions, parfois de différentes nations, et en particulier le fait que les juges se citent entre eux dans leurs décisions (citation réciproque)* » (Julie ALLARD, « Le dialogue des juges dans la mondialisation », *in Le dialogue des juges. Actes du colloque organisé le 28 avril 2006*, Bruxelles, Bruylant, 2007). V. aussi Julie ALLARD, Antoine GARAPON, *Les juges dans la mondialisation. La nouvelle révolution du droit*, Paris, Seuil, coll. « La République des idées », 2005.

1498 Marie-Claire PONTHEREAU, « Le droit comparé en question(s). Entre pragmatisme et outil épistémologique », *RIDC*, vol. 57, n°1, 2005, p. 27.

1499 On s'inspire ici de la notion de « *fonction subversive du droit* » dégagée par Horatia Muir-Watt pour qui « *la comparaison s'engage ainsi contre le dogmatisme, contre les stéréotypes, contre l'ethnocentrisme, c'est-à-dire, contre la conviction répandue (quel que soit le pays) selon laquelle les catégories et concepts nationaux sont les seuls envisageables* ». Autrement dit, le droit comparé ne doit pas être envisagé comme un outil de description des droits étrangers permettant de mettre en évidence les points

reprendre la distinction proposée par Laurence Burgorgue-Larsen[1500], ce dialogue peut être soit « *orchestré* » - il est organisé juridiquement (exemple de la question préjudicielle dans le cadre d'un processus d'intégration ou du contrôle de conventionnalité prévus dans certains droits nationaux) -, soit « *débridé* » : il prend alors la forme de références à des droits et des jurisprudences étrangères, encouragées par des rencontres informelles entre juges et l'utilisation croissante de ressources et bases de données électroniques. Ces citations peuvent être « *horizontales* » - entre juridictions de même niveau -, ou bien « *verticales* » - entre juridictions de niveaux différents[1501] -. Un tel dialogue multiforme ne tend pas à une unification normative en excluant tout conflit[1502] ; bien au contraire, il met en exergue les incompatibilités

---

communs et différences avec le droit national mais comme une pratique d'ouverture de ce dernier à d'autres systèmes juridiques pour l'enrichir : « *le message subversif est donc fort mais très simple : regardons ailleurs, comparons, interrogeons-nous sur les alternatives — pour élargir la perspective traditionnelle, enrichir le discours juridique et lutter contre les habitudes de pensée sclérosantes. Ce n'est qu'au prix de cet enrichissement que l 'on peut apprendre à comprendre l'autre, et, à terme, se comprendre soi-même* ». Le droit comparé permet un dialogue dynamique visant une coordination-harmonisation de cultures, valeurs, règles, principes juridiques différents. (Horatia MUIR-WATT. « La fonction subversive du droit comparé », *RIDC*, vol. 52, n° 3, juillet-septembre 2000, p. 566).

1500 V. Laurence BURGORGUE-LARSEN, « De l'internationalisation du dialogue des juges. Missive doctrinale à l'attention de Bruno Genevois », *in Le dialogue des juges. Mélanges en l'honneur du président Bruno Genevois*, Paris, Dalloz, 2009, pp. 95-130.

1501 « *... certaines juridictions recours recourent très souvent, voire systématiquement, à des citations étrangères, comme par exemple la Cour constitutionnelle d'Afrique du Sud ou la Cour interaméricaine des droits de l'homme, tandis que d'autres n'y recourent pratiquement jamais, comme le Comité des droits de l'homme de l'ONU ou, de moins en moins, comme la Cour Suprême des États-Unis, les juridictions européennes de Strasbourg et de Luxembourg paraissant se situer dans une sorte de moyenne. Les citations sont également inégales en tant qu'elles sont sélectives.* (...) *Il faut ici reprendre la distinction proposée par Ludovic Hennebel entre citations horizontales et citations verticales. Les citations horizontales, entre juridictions de même niveau, sont assez courantes entre cours constitutionnelles, mais aussi entre la Cour européenne et la Cour interaméricaine des droits de l'homme, ou encore entre les différents tribunaux pénaux internationaux, ainsi qu'entre les juridictions régionales de marché. Quant aux citations verticales, entre juridictions de niveaux différents, elles sont logiquement plus aisées du bas vers le haut, comme, par exemple, les juridictions nationales se référant à la jurisprudence de Strasbourg ou de Luxembourg.* (...) *Enfin, il existe des citations atypiques comme par exemple les citations croisées entre la Cour européenne des droits de l'homme et le TPI ou encore des croisements entre l'ordre du marché et celui des droits de l'homme, dans les citations jurisprudentielles des cours de Strasbourg et de Luxembourg* » (Benoît FRYDMAN, « Conclusion : Le dialogue des juges et la perspective idéale d'une justice universelle », *op. cit.*, p. 5-6).

1502 « *On ne rappellera jamais assez qu'un « dialogue » — dont le nom puise ses racines dans le latin dialogus qui renvoie à un « entretien philosophique à la manière des dialogues de Platon » — est avant tout un échange de vues, une discussion, un «*

entre droits qui ne peuvent se résoudre sur un mode hiérarchique ou hégémonique[1503]. La recherche d'une harmonisation normative passe alors par une coordination de règles juridiques : « *en réalité, s'instaure une véritable compétition entre juges, parallèle à la compétition entre lois. (...) la stature du juge peut se trouver valorisée par les processus horizontaux de coordination et la qualité renforcée par le jeu des références croisées* »[1504].

Cependant, c'est dans le cadre de l'Union européenne caractérisée par « *l'existence d'un ordre juridique communautaire intégré à l'ordre juridique interne et distinct de l'ordre juridique international* »[1505] que le dialogue entre juges est le plus développé. Comme le souligne Grenfieth Sierra Cadena, « *dans le droit communautaire, la coordination peut être conçue comme un mécanisme excluant toute logique juridique hiérarchique qui tend à organiser l'interaction de processus juridiques horizontaux par le jeu de références croisées résultant d'un dialogue entre juridictions nationales et communautaires* »[1506] oscillant entre deux positions *a priori* contradictoires : d'une part, l'affirmation du principe de primauté et d'effet direct du droit de l'Union par le juge européen[1507] ; d'autre part, le rappel constant par les juridictions nationales de la supériorité de leur Constitution.

---

entretien entre deux ou plusieurs personnes ». Ce faisant, contrairement à une idée reçue, il induit tant l'opposition, la contradiction voire la discorde, que l'accord et la concorde » (Laurence BURGORGUE-LARSEN, « De l'internationalisation du dialogue des juges. Missive doctrinale à l'attention de Bruno Genevois », *op. cit.*).

1503 V. not. Andreas FISCHER-LASCANO, Gunther TEUBNER, « Collisions de régimes : la recherche vaine de l'unité juridique face à la fragmentation du droit mondial », *RIDE*, 2013/1-2, p. 187-228.

1504 Guy BARRAUD, *Repenser la pyramide à l'ère des réseaux. Pour une conception pragmatique du droit*, Paris, L'Harmattan, coll. « Logiques juridiques », 2012, p. 279.

1505 Conseil constitutionnel, décision n° 2004−505 DC du 19 novembre 2004, « Traité établissant une Constitution pour l'Europe » (Considérant 11).

1506 Grenfieth de J. SIERRA CADENA, « Une approche comparée des principes de proportionnalité et de subsidiarité dans la jurisprudence de la CJUE et du TJCA : la coordination-harmonisation des pluralismes juridiques régionaux à l'épreuve de l'internationalisation du droit communautaire », *Estudios Socio-Jurídicos*, 15 (2), 2013, p. 129. L'auteur ajoute : « *finalement harmonisation et coordination sont les deux faces d'une même pièce : l'harmonisation se présente comme la fin du processus juridique – mettre en accord plusieurs ordres normatifs dans un droit commun - tandis que la coordination est un moyen qui permet à des identités juridiques de se rapprocher à travers un dialogue transversal* » (p. 154).

1507 V. not. les célèbres arrêts de la Cour de justice des communautés européennes qui ont fondé les principes de primauté et d'application directe du droit communautaire dans les ordres juridiques nationaux : *Van Gend en Loos* (1963) ; *Costa c/ Enel* (1964) ; *Internationale Handelsgesellschaft* (1971) ; *Simmenthal* (1978).

SECTION 2 - L'EUROPÉANISATION DU DROIT : DE L'HARMONISATION DE DROITS À L'HYBRIDATION JURIDIQUE

Si une coordination normative s'ébauche à l'échelle mondiale, elle est plus aboutie dans le cadre européen. L'européanisation du droit fait référence à la construction d'un système juridique supranational passant par un transfert de compétences des États membres, y compris de compétences qui relèvent *a priori* du domaine dit « régalien » (budget, monnaie, libre circulation des personnes, services diplomatiques...)[1508]. De plus, le juge européen a consacré les principes de primauté et d'effet direct du droit de l'Union européenne, également reconnus par les juges nationaux. Enfin, l'Union européenne dispose désormais d'une personnalité juridique propre instituée par le Traité de Lisbonne a reconnu (article 47, TUE). Ainsi, bien plus qu'une organisation internationale classique, l'Union européenne constitue, pour reprendre les termes employés par la Cour de justice de l'Union européenne (CJUE), « *un ordre juridique propre, intégré au système juridique des États membres lors de l'entrée en vigueur du traité et qui s'impose à leurs juridictions* »[1509]. Toutefois, « *la limite au-delà de laquelle les États membres ne pourront plus être considérés comme internationalement souverain* »[1510] n'a pas été franchie. Chaque État membre conserve la « compétence de sa compétence » qui peut aller jusqu'à la décision de mettre en œuvre son droit de retrait[1511] (article 50 du Traité sur l'Union européenne, TUE), donc, en théorie, à la reprise des compétences transférées. Par conséquent, plutôt que de penser en termes de souveraineté exclusive, qu'elle soit étatique ou supranationale, il est plus réaliste de constater que « *les progrès de la construction européenne, comme sa constitutionnalisation, impliquent un renouveau de la théorie*

1508 Le droit de l'Union européenne porte aujourd'hui sur des matières beaucoup plus vastes que la question de la construction d'un marché commun (politiques incitant une libre circulation et une libre concurrence), objectif originel. Elles touchent à de nombreux secteurs (*spill over*) : affaires étrangères ; affaires économiques et financières ; justice et affaires intérieures ; emploi, politique sociale, santé et consommateurs ; compétitivité (marché intérieur, industrie, recherche) ; transports, télécommunications et énergie ; agriculture et pêche ; environnement ; éducation, jeunesse et culture.

1509 CJUE, 15 juillet 1964, *Costa c/ Enel*.

1510 Louis FAVOREU, Patrick GAÏA... (et *al.*), *Droit constitutionnel*, *op. cit.*, p. 39.

1511 Comme le résume Michel Troper, il s'agit « *d'une limitation de l'exercice de certaines compétences,* (...) *cette limitation est consentie par l'État et* (...) *le pouvoir d'y consentir est précisément la manifestation de la souveraineté* »

de la souveraineté. Celle-ci est aujourd'hui duale. Deux souverainetés œuvrent ensemble. Elles sont à la fois coordonnées et hiérarchisées »[1512].

Le système juridique de l'Union européenne est ainsi caractérisé par un enchevêtrement d'ordres juridiques requérant une harmonisation constante des droits nationaux et du droit de l'Union qui sont en interaction. Autrement dit, « *toute idée d'homogénéisation, de standardisation, d'unification normative communautaire s'efface au profit d'une logique de coordination consensuelle des pluralismes nationaux* » [1513]. Dans le cadre juridique européen si spécifique, la coordination va plus loin que la recherche d'une harmonisation : elle tend à un rapprochement des droits pouvant allant jusqu'à une hybridation juridique. Le système juridique européen est en effet caractérisé par un « *métissage* » [1514] de droits, fruit d'une « *circulation des modèles juridiques* » : le droit de l'Union s'inspire des règles et principes issus des droits des États membres et transforme, en retour, les notions et catégories juridiques propres à chaque État membre. Outre cette harmonisation juridique verticale, résultat d'influences juridiques croisées (Union européenne-États membres), s'est développée une harmonisation de type horizontale par le biais d'« *ajustements spontanés de jurisprudence* (qui) *se produisent dans l'espoir de réaliser une harmonisation progressive...* »[1515].

1512 Florence CHALTIEL, « La souveraineté et l'Union européenne à la croisée des chemins », *op. cit.*. Et l'auteur de préciser : « *les deux souverainetés sont coordonnées en raison de la répartition des compétences entre l'Union et les États membres. Les compétences exclusives de l'Union empêchent désormais l'État d'intervenir dans ces matières. Concernant les compétences concurrentes, une forme d'échange de bons procédés des souverainetés est inscrite dans les traités. L'*État *doit s'abstenir d'agir dès lors que la Communauté a adopté des mesures, tandis que la Communauté doit agir dans le respect du principe de subsidiarité. En cas d'empiètements de compétences d'une entité politique sur l'autre, il revient au juge de se prononcer* ».

1513 Grenfieth de J. SIERRA CADENA, « Une approche comparée des principes de proportionnalité et de subsidiarité dans la jurisprudence de la CJUE et du TJCA : la coordination-harmonisation des pluralismes juridiques régionaux à l'épreuve de l'internationalisation du droit communautaire », *op. cit.*, p. 154.

1514 Iona RADUCU, Nicolas LEVRAT, « Le métissage des ordres juridiques européens (une « théorie impure » de l'ordre juridique) », *Cahiers de droit européen,* 2007-1, pp. 111-147.

1515 François OST, Michel van de KERCHOVE, « De la pyramide au réseau ? Vers un nouveau mode de production du droit ? », *RIEJ*, n° 44, 2000. Et les auteurs de préciser : « *... on citera par exemple la pratique de la Cour de Justice européenne, qui se mit à intégrer explicitement dans sa jurisprudence certains principes généraux de droit inspirés des traditions constitutionnelles des États membres et de la Convention européenne des droits de l'homme à partir du moment où le Tribunal constitutionnel allemand et la Cour constitutionnelle italienne avaient décidé que la primauté du droit communautaire sur le droit interne était subordonnée au respect par les instances*

§ 1 - Le « melting pot juridique européen »[1516] : fruit d'interactions juridiques verticales

« *Faut-il unifier l'Europe ou faut-il l'unir ?* »[1517]. De fait, cette question a toujours reçu la même réponse synthétisée dans la devise reprise par l'Union européenne : *In varietate concordia* (« Unie dans la diversité »). Les tentatives d'homogénéisation juridique ont jusqu'à présent échoué, comme en témoigne notamment l'abandon de l'idée d'un Code civil européen : « *la Commission n'envisage pas de proposer un « code civil européen » qui harmoniserait les droits des contrats des États membres et que cette réflexion ne saurait être interprétée comme une mise en question des méthodes appliquées actuellement pour promouvoir la libre circulation selon des solutions souples et efficaces* »[1518]. Plutôt qu'une codification, c'est finalement la voie d'une harmonisation, moins contraignante, qui a été préférée avec l'instauration d'un « cadre commun de référence », mais uniquement dans le domaine du droit des contrats[1519]. L'Union européenne repose moins sur une logique d'homogénéisation que sur un principe de coordination qui se manifeste par des échanges juridiques à double sens : « *le système juridique communautaire a la fonction d'un creuset. Le droit communautaire y agit sur les droits nationaux, lesquels l'influencent parfois. Mais les droits nationaux européens s'influencent entre eux, de même qu'ils sont en concurrence pour influencer le droit communautaire* »[1520].

---

européennes des principes fondamentaux consacrés par leurs systèmes constitutionnels ».

1516 Jean-Bernard AUBY, « La bataille de San Romano. Réflexions sur les évolutions récentes du droit administratif », *op. cit.*, p. 923.

1517 Yves LEQUETTE, « Le code européen est de retour », p. XII.
Disponible sur :
http://ec.europa.eu/justice/news/consulting_public/0052/contributions/226_fr.pdf.

1518 Communication de la Commission européenne du 11 octobre 2004, « Droit européen des contrats et révision de l'acquis, la voie à suivre » (COM 2004 (651), 62.3).

1519 Communication de la Commission européenne CE n° 2003/C 63/01, JOUE du 15 mars 2003.

1520 Jean-Bernard AUBY, Jacqueline DUTHEIL DE LA ROCHERE, « À propos de la notion de droit administratif européen. Introduction à l'ouvrage droit administratif européen », *RFAP*, 2007/3 n° 123, p. 376-377.

A. Les échanges juridiques ascendants

L'émergence d'un droit administratif européen est une illustration de ces échanges[1521]. Entendu *lato sensu*, il désigne les éléments du droit de l'Union européenne relevant classiquement du droit administratif (régime des actes, techniques de contentieux, droit de la responsabilité...), mais également « *ce qui a trait aux liens entre le droit communautaire et les droits administratifs nationaux* »[1522] ; en d'autres termes, les influences juridiques réciproques qui ont lieu dans l'espace européen. Précurseur de la notion, le professeur allemand Jürgen Schwarze a, dès 1988, mis en évidence un certain nombre de principes qui trouvent leur origine dans le droit des États membres et qui ont été exportés, puis acclimatés, au niveau de l'Union européenne[1523]. L'auteur souligne que ce sont d'abord les influences françaises qui ont primé (principe de légalité, de service public, de responsabilité), puis se sont affirmées les influences allemandes (principe de proportionnalité, de confiance légitime, de sécurité juridique), anglaises (principe du procès équitable, droits de la défense), ou encore scandinaves (principe de transparence, figure de

---

1521 La notion de droit administratif est aujourd'hui largement acceptée, entendue de manière plus ou moins extensive, mais elle a été longtemps écartée ou réduite à un sens très limité par une partie de la doctrine : « *...la thèse radicale de l'inexistence du droit administratif communautaire, a été affirmée par le plus important expert du droit administratif italien du XX° siecle, Massimo Severo Giannini. Dans son architecture du droit administratif des années 1950-1960, il n'y avait aucune place pour les Communautés et leur droit ; dans une conférence donnée à la Société italienne pour l'étude des organisations internationales Giannini exposa ses objections a` l'existence du droit administratif communautaire. La principale objection était que s'il y avait nombre d'instruments qui semblaient correspondre aux instruments juridiques nationaux (subventions, autorisations, sanctions), la similitude n'était qu'apparente. Manqueront, d'une part, la pleine puissance publique et, d'autre part, la protection constitutionnelle des libertés publiques. Une version moins radicale de cette thèse a été exposée par un observateur d'exception, Paul Reuter. Professeur de droit international public, il avait participé à l'élaboration du Traité de Paris. Il connaissait très bien la jurisprudence de la Cour de justice et l'utilisation des principes généraux de droit. Toutefois, lorsqu'il s'est posé la question du droit administratif dans la Communauté, il l'a conçu dans une manière très limitée, c'est-à-dire comme le droit de la fonction publique communautaire* » (Giacinto DELLA CANANEA, « Sur le droit administratif européen », *RDP*, n° 3, 2008, p. 733)

1522 Jean-Bernard AUBY, Jacqueline DUTHEIL DE LA ROCHÈRE, « À propos de la notion de droit administratif européen. Introduction à l'ouvrage droit administratif européen », *op. cit.*, p. 375.

1523 Jürgen SCHWARZE, *Europäisches Verwaltungsrecht, Entstehung und Entwicklung im Rahmen der Europäischen Gemeinschaft* (Droit administratif européen, origine et évolution dans le cadre de la Communauté européenne), Baden-Baden, Nomos Verlagsgesellschaft, 1988. V. aussi trad. fr. : Jürgen SCHWARZE, *Droit administratif européen*, Bruylant, 2e éd., 1994, 2009.

l'*ombudsman*). Peut-on interpréter ce phénomène de « *brassage multilatéral des droits* »[1524] dont le droit de l'Union européenne est le creuset comme la construction d'un *jus commune* ? Possiblement si on l'entend comme « *une partie constitutive d'ordres juridiques distincts et non un ordre unique transcendant les frontières* »[1525] ou le résultat d'une codification rigide. Comme le note Jean-Louis Halpérin, la notion de *jus commune* est intéressante pour révéler les similarités entre droits des États européens (notamment l'influence juridique du droit romain) à la condition d'écarter une vision dogmatique, homogénéisante. En ce sens, la formation d'un droit de l'Union européenne peut être lue comme le résultat d'une coordination visant une harmonisation juridique ; une « *communauté de droit* »[1526] au sens où l'employait Friedrich Carl von Savigny, c'est-à-dire une unité de droit qui ne nie pas la pluralité des droits.

Dépassant les spécificités juridiques, le « *droit commun européen* » peut être pensé comme « *leur patrimoine collectif, une sorte de corpus regroupant les thèmes juridiques fondamentaux* »[1527] et qui les

---

1524 *Ibidem*, p. 377.

1525 Jean-Louis HALPERIN, « L'approche historique et la problématique du *jus commune* », *RIDC*, vol. 52, n° 4, 2000, p. 727. La notion de *jus commune* est entendue en tant « *qu'outil historique de compréhension du droit* » (p. 728). L'auteur précise : « *le* jus commune *n'est pas un concept intemporel et encore moins un modèle pour un hypothétique retour en arrière qui n'aurait pas de sens et aboutirait à nier l'histoire du droit depuis la codification. L'étude du jus commune illustre, en revanche, une problématique qui nous paraît essentielle pour l'histoire du droit et le droit comparé : quelle part faire au particulier et au général, aux situations localisées et aux tendances universalistes dans les phénomènes juridiques ? En reprenant une distinction proposée par Edouard Lambert en 1903, nous dirions que l'historien du droit doit étudier à la fois la pluralité des droits et la communauté de droit, tandis que le juriste soucieux d'agir sur les transformations du droit peut s'engager, à partir de cette base scientifique, dans la recherche de solutions pour rapprocher à l'avenir les divers droits positifs. Dans une perspective européenne, comme dans une perspective mondialiste, l'étude du jus commune peut être conçue comme une introduction à cette double méthode historique et comparatiste* » (p. 730-731).

1526 Traduction habituelle de l'expression « *völkerrechtliche Gemeinschaft* ». Selon Savigny, « *pour les uns comme pour les autres, l'état du droit est au fond le même* » (Friedrich Carl von SAVIGNY, *Traité de droit romain*, trad. fr. GUENOUX, 2e éd., Paris, 1860, p. XXVII ; cité par Jean-Louis HALPERIN, *op. cit.*, p. 728). Le juriste allemand considérait que les droits européens avaient une histoire commune influencée par le droi romain, fondement d'une communauté de droit qui s'établirait par les échanges entre « jurisconsultes ».

1527 Jean RIVERO, « Vers un droit commun européen : nouvelles perspectives en droit administratif », *in* Mauro CAPPELLETTI (dir.), *Nouvelles perspectives d'un droit commun de l'Europe*, Bruxelles, Bruylant, 1978, p. 389.

réinterprète : l'importation se double d'une appropriation[1528]. L'un des meilleurs exemples de ce « *travail d'hybridation et de mise en compatibilité imposé par la diversité des traditions juridiques européenne* »[1529] est la création de la notion de « service d'intérêt économique général » (SIEG). Mentionné aux articles 16, 86 et 87 de l'ancien traité CE et à l'article 14 du TFUE parmi les valeurs de l'Union depuis l'entrée en vigueur du Traité de Lisbonne sans toutefois y être défini[1530], le SIEG s'inspire de la notion de service public du droit français mais ne peut lui être assimilé[1531]. Le SIEG est le résultat d'une imbrication

---

1528 On peut ainsi constater qu'« *un droit administratif de l'Union prend alors progressivement forme, sans que soit caractérisé ni un véritable « exécutif » au sens du droit constitutionnel national, ni un juge administratif spécialisé 2. Ce droit administratif de l'Union emprunte le vocabulaire du droit administratif national : légalité, responsabilité, marchés publics, fonction publique, hiérarchie des normes, marge d'appréciation, exceptions d'intérêt général, etc. (…) Il y a un effet intégrateur incontestable de cette appropriation de concepts des droits administratifs nationaux par le droit communautaire/droit de l'Union* » (Jean-Bernard AUBY, Jacqueline DUTHEIL DE LA ROCHÈRE, « À propos de la notion de droit administratif européen. Introduction à l'ouvrage droit administratif européen », *op. cit.*, p. 378-379)

1529 Mireille DELMAS-MARTY, *Les forces imaginantes du droit (T.3). La refondation des pouvoirs*, Paris, éd. du Seuil, coll. « La couleur des idées », 2007, p. 59.

1530 Il convient de se reporter à la Communication de la Commission au Parlement européen, au Conseil, au Comité économique et social européen et au Comité des régions du 12 mai 2004 dite « Livre blanc sur les services d'intérêt général » (COM (2004) 374 final) pour trouver une définition de la notion : « *Elle n'est pas définie dans le traité ou dans le droit dérivé. Cependant, dans la pratique communautaire, on s'accorde généralement à considérer qu'elle se réfère aux services de nature économique que les États membres ou la Communauté soumettent à des obligations spécifiques de service public en vertu d'un critère d'intérêt général. La notion de services d'intérêt économique général couvre donc plus particulièrement certains services fournis par les grandes industries de réseau comme le transport, les services postaux, l'énergie et les communications. Toutefois, l'expression s'étend également aux autres activités économiques soumises elles aussi à des obligations de service public* » (§ 41). Le texte ajoute : « *L'expression "services d'intérêt général" ne se trouve pas dans le traité lui-même. Elle découle dans la pratique communautaire de l'expression "service d'intérêt économique général" qui est, elle, utilisée dans le traité. Elle a un sens plus large que l'expression précitée et couvre les services marchands et non marchands que les autorités publiques considèrent comme étant d'intérêt général et soumettent à des obligations spécifiques de service public* » (§ 41).

1531 Comme le précise explicitement la Commission européenne : « *Il convient de souligner que les termes "service d'intérêt général" et "service d'intérêt économique général" ne doivent pas être confondus avec l'expression "service public", qui est moins précise. Celle-ci peut avoir différentes significations et être ainsi source de confusion. Elle peut se rapporter au fait qu'un service est offert au grand public ou qu'un rôle particulier lui a été attribué dans l'intérêt public, ou encore se référer au régime de propriété ou au statut de l'organisme qui fournit le service en question [42]. Elle n'est dès lors pas utilisée dans le Livre blanc* » (*Livre blanc sur les services d'intérêt général, Ibidem*, § 41).

matérielle, une « *notion qui repose sur une trilogie juridique : la notion française de service public en tant que puissance publique, la notion de protection des droits fondamentaux du droit allemand et l'autonomie de la volonté contractuelle propre au principe de liberté du marché du droit anglo-saxon* »[1532]. À défaut de définition dans les droits originaire et dérivé, le juge de l'Union a été conduit à préciser la nature et le contenu de la notion de SIEG à l'occasion d'arrêts qui traduisent une conciliation permanente entre le principe d'intervention dans un but d'intérêt général et celui de libre concurrence[1533]. L'hybridation qui caractérise le SIEG demande des efforts constats d'harmonisation de la part de la Cour de Luxembourg.

B. Les échanges juridiques descendants

La coordination-hybridation qui se produit à l'échelle européenne n'est pas uniquement ascendante, des États membres vers l'Union européenne. Le droit de l'Union européenne s'est construit en s'inspirant des droits nationaux, mais ces derniers ont à leur tour évolué sous l'influence de la jurisprudence de la CJUE et du droit dérivé - règlements et directives - que les États membres sont tenus d'appliquer comme s'en assure le juge européen qui peut être sollicité pour sanctionner un manquement ou donner une interprétation du droit de l'Union. « *La réalité européenne n'est donc pas extérieure aux États. Elle est devenue au contraire une composante interne majeure* »[1534] : ce constat est aujourd'hui indéniable. La prévision de Jacques Delors, il y a plus de

1532 Grenfieth de J. SIERRA CADENA, *L'internationalisation de l'intégration régionale : un regard comparé depuis la jurisprudence du Tribunal de justice de la Communauté andine et de la Cour de justice de l'Union européenne*, Paris, LGDJ-Lextenso Editions, coll. « Institut Varenne – Collection des Thèses », 2015.

1533 V. notamment l'arrêt CJUE, *Corbeau du* 19 mai 1993 - à l'occasion duquel le juge communautaire a précisé que l'article 90 du traité CE « *permet aux États membres de conférer à des entreprises, qu'ils chargent de la gestion des services d'intérêt économique général, des droits exclusifs qui peuvent faire obstacle à l'application des règles du traité sur la concurrence,* dans la mesure où des restrictions à la concurrence, voire une exclusion de toute concurrence, de la part d'autres opérateurs économiques, sont nécessaires pour assurer l'accomplissement de la mission particulière qui a été impartie aux entreprises titulaires des droits exclusifs » - et l'arrêt CJCE, *Altmark* du 24 juillet 2003 où la Cour duquel le juge a précisé les cas pour lesquels les compensations de services publics versées à des entreprises en charge de SIEG sont considérés comme des aides d'État, en violation du principe de libre concurrence.

1534 Jean VIDAL, « Préface » *in* Jean-Luc SAURON, *Droit communautaire et décision nationale*, Paris, LGDJ, coll. « Systèmes », 1998, p. 8.

trente ans, à l'époque surévaluée, est aujourd'hui une réalité[1535] : les droits nationaux sont sous influence européenne.

Les principes d'effet direct et d'application obligatoire des règlements européens[1536] dans l'ordre juridique des États membres, dans tous leurs éléments et dès leur entrée en vigueur, d'une part ; les principes de transposition et d'effet direct vertical des directives[1537],d'autre part constituent les deux principaux facteurs d'une européanisation des droits nationaux. Tandis que le règlement doit s'appliquer tel quel dans l'ordre juridique national, laissant une marge de manœuvre limitée aux États membres (on est proche ici d'une logique d'unification), la mise en œuvre d'une directive autorise une marge nationale d'appréciation qui « *implique une rupture avec la conception traditionnelle, unifiée et*

1535 S'exprimant devant le Parlement européen les 5 et 6 juillet 1988, Jacques Delors, alors président de la Commission des Communautés européennes, soulignait déjà la dimension communautaire du droit national en affirmant que « *dans dix ans, 80% de la législation économique, peut-être même fiscale et sociale* (applicable dans les États membres) *sera d'origine communautaire* ». Un taux proche de la réalité juridique actuelle.

1536 « *Les règlements disposent toujours d'un effet direct. L'article 288 du traité sur le fonctionnement de l'UE précise en effet que les règlements sont directement applicables dans les États membres. La Cour de justice précise dans l'arrêt Politi du 14 décembre 1971 qu'il s'agit d'un effet direct complet* ». Source : « L'effet direct du droit européen », *Synthèses de la législation de l'UE*, Portail de l'Union européenne, EUROPA.
Disponible sur :
http://europa.eu/legislation_summaries/institutional_affairs/decisionmaking_process/l14547_fr.htm.

1537 A noter qu'une directive peut avoir des effets juridiques encore plus directs dans l'ordre juridique national, de fait quasiment comparable à ceux d'un règlement : « *la directive est d'effet direct vertical à l'expiration du délai de transposition. Cela signifie que les particuliers peuvent invoquer le texte à l'encontre des États devant les tribunaux. En revanche, la directive n'a pas d'effet direct horizontal (les particuliers ne peuvent pas invoquer le texte à l'encontre d'autres particuliers devant les tribunaux). La Cour de justice a cependant établi plusieurs conditions pour qu'un particulier puisse invoquer une directive devant les tribunaux : les dispositions de la directive doivent être inconditionnelles et suffisamment précises ; la directive ne doit pas avoir été correctement transposée par une mesure nationale dans les délais prévus* ».
Source : « La directive », *Synthèses de la législation de l'UE*, Portail de l'Union européenne, EUROPA.
Disponible sur :
http://europa.eu/legislation_summaries/institutional_affairs/decisionmaking_process/l14527_fr.htm.
Cf. l'arrêt *Van Duyn c/Home office* du 4 décembre 1974 à l'occasion duquel la CJUE a considéré que face à la lenteur de transposition de certains États, des directives pouvaient être invoquées directement par le citoyen alors même qu'elles n'avaient pas encore été transposées.

hiérarchisée mais non pluraliste, de l'ordre juridique » [1538]. Ce mécanisme répond à une logique d'harmonisation plutôt que d'uniformisation, ce qui en fait un outil adapté à la complexité de l'espace juridique européen, comme le souligne Mireille Delmas-Marty : « *qu'il s'agisse de restreindre le contrôle (primauté européenne relative), ou de l'étendre (souveraineté nationale contrôlée), la marge nationale montre qu'il est possible de concevoir l'harmonisation comme un processus qui ordonnerait, les uns par rapport aux autres, des ordres juridiques partiellement distincts. En ce sens, la notion de marge nationale est la principale clé du pluralisme ordonné* »[1539]. Il en résulte un phénomène d'européanisation du droit qui n'est pas seulement quantitatif (multiplication des normes nationales comme conséquence de l'application des règlements, directives et décisions-cadre de l'Union européenne), mais aussi qualitatif[1540].

Ces « *effets d'inspiration* »[1541] se manifestent aussi bien d'un point de vue formel (influence sur les catégories juridiques) que substantiel (influence sur le contenu des droits). À l'origine limitée à certaines questions économiques (construction d'un marché commun, union douanière), le contenu normatif communautaire s'est étendu à de nombreuses matières depuis l'Acte unique européen[1542] (1987) mais

1538 Mireille DELMAS-MARTY, Marie-Laure IZORCHE, « Marge nationale d'appréciation et internationalisation du droit. Réflexions sur la validité formelle d'un droit commun pluraliste », *RIDC*, vol. 52, n° 4, octobre-décembre 2000, p. 753.

1539 Mireille DELMAS-MARTY, « Le pluralisme ordonné et les interactions entre ensembles juridiques », *op.cit.*

1540 Comme le souligne en effet Jacques Ziller, « *le développement embryonnaire d'un droit civil européen et d'un droit pénal européen se rattache à type d'européisation qui s'est manifesté antérieurement dans d'autres branches du droit. L'accroissement des champs va au delà du champ des politiques publiques communes de l'Union. Des disciplines du droit qui étaient restées à l'écart de l'européisation – au sens d'influence du législateur des Communautés européennes et de l'Union européenne – voient se développer une branche communautaire nouvelle, inspirée en grande partie des droits nationaux de ces disciplines. Cette branche communautaire à son tour a des effets de rayonnement – un terme qui me paraît plus adapté que celui de spill-over qui fait penser à l'effet de l'eau débordant d'un vase trop plein – sur les branches nationales du droit qui sont atteintes même dans leurs fondements, et parfois certains de leurs principes les plus établis sont remis en cause* » (*in* « L'Européisation du droit : de l'élargissement des champs du droit de l'Union européenne à une transformation des droits des États membres », *EUI Working Papers-Law*, n° 2006/19, p. 5).

1541 Jean-Bernard AUBY, Jacqueline DUTHEIL DE LA ROCHÈRE, « À propos de la notion de droit administratif européen. Introduction à l'ouvrage droit administratif européen », *op. cit.*, p. 381.

1542 L'AUE prévoit une harmonisation en vue de l'achèvement d'un marché intérieur par un vote à la majorité qualifiée du Conseil des ministres, à l'exclusion des affaires

surtout le Traité de Maastricht[1543] (1993) et d'Amsterdam[1544] (1997). L'incursion de l'Union européenne dans le corpus juridique des États membres touche désormais à des questions relevant du droit public. Cette influence est particulièrement marquante dans le domaine des contrats publics, depuis une première « vague » de directives dans les années 1970, mais surtout depuis la directive services du Conseil du 21 décembre 1989[1545] qui a, par exemple, créé un recours précontractuel ouvert à un candidat susceptible d'être évincé, une mesure qui semblait alors incompatible avec le droit français. L'influence de l'Union européenne en la matière s'est également manifestée en France à travers une succession de réformes du code des marchés publics, notamment s'agissant des seuils de passation : en 2001, puis en 2004[1546] et enfin en 2006 (décret n° 2006-

---

fiscales et sociales. Le traité élargit par ailleurs les compétences de la CEE en matière de recherche et développement, politique étrangère commune et environnement.

1543 Le traité de Maastricht étend les compétences communautaires à de nouvelles politiques : éducation et formation professionnelle, culture, jeunesse, protection des consommateurs, réseaux transeuropéens et politique industrielle.

1544 L'apport majeur du Traité d'Amsterdam est une « communautarisation » de plusieurs questions : contrôle de l'immigration, les visas, le droit d'asile et la coopération judiciaire en matière civile. Ces matières relevaient auparavant de la seule coopération intergouvernementale.

1545 A noter que l'intitulé complet de la directive mentionne expressément une finalité de coordination des droits : directive 89/665/CEE du Conseil, du 21 décembre 1989, portant la coordination des dispositions législatives, réglementaires et administratives relatives à l'application des procédures de recours en matière de passation des marchés publics de fournitures et de travaux ; modifiées depuis par de nombreux textes dont la directive 92/50/CEE du Conseil du 18 juin 1992, portant coordination des procédures de passation des marchés publics de services. Continuant cet objectif d'harmonisation du droit des contrats publics, la directive 2006/123/CE du Parlement européen et du Conseil rdu 12 décembre 2006 relative aux services dans le marché intérieur a notamment contraint les membres à simplifier toutes les procédures engagées dans la création et la réalisation d'une activité de service et à garantir le libre accès à l'activité de service ainsi que son libre exercice sur leur territoire.
Source : http://www.vie-publique.fr/actualite/alaune/europe-directive-services-transposee-france.html.
V. également pour une étude détaillée des conséquences de la directive dans le droit français : Secrétariat général des affaires européennes, *Directive n°2006/123/CE du Parlement européen et du Conseil du 12 décembre 2006 relative aux services dans le marché intérieur. Rapport de synthèse sur la transposition de la directive*, janvier 2010. Disponible sur :
http://www.sgae.gouv.fr/webdav/site/sgae/shared/03_Autorites_FR_et_UE/Autres-positions/Directive_services/201001-Rapport_synthese_dir_services.pdf.

1546 Depuis 2004, les marchés publics européens sont encadrés par deux directives : la directive 2004/17/CE relative à la passation de marchés par des entités opérant dans les secteurs de l'eau, de l'énergie, des transports et des services postaux ; la directive 2004/18/CE sur la passation des marchés publics, applicable à l'ensemble des autres secteurs, qu'il s'agisse de prestations intellectuelles, de services ou de travaux. Un *Livre*

975 du 1er août 2006). La directive 2014/24/UE du Parlement européen et du Conseil du 26 février 2014 sur la passation des marchés publics et abrogeant la directive 2004/18/CE. Plus largement, on constate que « *la plupart des règles du droit administratif sont touchées par le droit de l'Union, qu'il s'agisse des règles de fond, notamment la police ou les services publics, ou de procédure, administrative et contentieuse. Le droit institutionnel a même subi cette influence, comme le montre l'exemple de la multiplication des autorités administratives indépendantes ou celui de la disparition progressive des établissements publics industriels et commerciaux.* (...) *Soumis à cette influence les différents droits administratifs nationaux en Europe connaissent en définitive un mouvement de convergence croissante* »[1547].

Les exemples de « fertilisation »[1548] des droits nationaux par le droit communautaire peuvent être multipliés, révélateurs d'un rapprochement normatif, non seulement entre ces deux niveaux, mais également entre droits des États membres. Comme le souligne Jacques Ziller, le phénomène d'européanisation produit une harmonisation progressive étant donné qu'« *il peut paraître évident qu'à force d'appliquer les mêmes directives, à force d'appliquer les mêmes règlements (qui ne demandent pas de transposition), à force de questions préjudicielles à la cour de Luxembourg, qui parfois viennent des plus hauts organes judiciaires comme la Chambre des Lords en Grande-Bretagne l'on commence à parler le même langage de part et d'autre de la Manche, du Rhin, des Alpes ou des Pyrénées* »[1549]. L'Union européenne est ainsi traversée par une dynamique de convergence des droits nationaux qui pourrait aboutir à l'émergence de ce que Jean Rivero a pu qualifier de « *patrimoine collectif, une sorte de Corpus regroupant les*

---

vert sur la modernisation de la politique de l'Union européenne en matière de marchés publics. Vers un marché européen des contrats publics plus performant insistant sur les enjeux financiers des marchés publics dans le cadre de l'Union européenne a été publié en janvier 2011 par la Commission européenne qui a ensuite rédigé en 2012 des propositions pour deux nouvelles directives, l'une destinée aux marchés publics, l'autre pour les concessions de services publics.

1547 Pierre de MONTALIVET, « Droit administratif », *in* Jean-Paul BLED, Edmond JOUVE, Christophe REVEILLARD, *Dictionnaire historique et juridique de l'Europe*, Paris, PUF, 2013, p.113-114.

1548 On emprunte ici un terme employé par Francis G. Jacobs, ancien avocat général auprès de la CJUE : « Judicial Dialogue and the Cross-Fertilization of Legal Systems: The European Court of Justice », *Texas International Law Journal*, vol. 38, 2003, pp. 547-556.

1549 Jacques ZILLER, « L'Européisation du droit : de l'élargissement des champs du droit de l'Union européenne à une transformation des droits des États membres », *op.cit.*, p. 10.

thèmes juridiques fondamentaux »[1550], c'est-à-dire d'un substrat juridique commun[1551] non uniforme et évolutif qui ne repose ni sur une négation des cultures juridiques (pays de droit romain, pays de *common law*) ni sur une codification unilatérale[1552].

Cependant, les « *influences croisées* »[1553] juridiques ne se font pas uniquement sur un mode vertical, ascendant ou descendant.

§ 2 - Le dialogue des juges, vecteur de convergence juridique

On note aussi une dynamique d'harmonisation par « *circulation horizontale des normes et modèles* »[1554] qui se réalise à travers un dialogue[1555] des juges[1556] caractérisé par un « *chassé-croisé des*

1550 Jean RIVERO, « Vers un droit commun européen : nouvelles perspectives en droit administratif », *op. cit.*, p. 389.

1551 Dans le même ordre d'idée, relevons que Jürgen Schwarze a noté que plusieurs principes se retrouvent dans les droits nationaux comme dans le droit de l'Union européenne, tels que le principe de légalité et de contrôle du pouvoir discrétionnaire, le principe d'égalité et de prohibition des discriminations injustifiées, le principe de proportionnalité, le principe de la sécurité juridique et du respect de la « confiance légitime », les droits de la défense, etc.

1552 V. not. en matière de droit administratif : Gérard MARCOU (dir.), *Les mutations du droit de l'administration en Europe. Pluralisme et convergences*, Paris, L'Harmattan, coll. « Logiques juridiques », 1995.

1553 Guy CANIVET, « *Les influences croisées entre juridictions nationales et internationales : Éloge de la « bénévolance des juges* », *op. cit.*
Disponible sur : http://www.ahjucaf.org/Les-influences-croisees-entre,7177.html.

1554 *Ibidem.*

1555 « *Le concept de « dialogue des juges » désigne l'échange d'arguments, d'interprétations et de solutions juridiques entre magistrats, notamment dans le délibéré, à travers la jurisprudence ou par le biais de la coopération entre juridictions* » (Julie ALLARD, « Le dialogue des juges dans la mondialisation », *op. cit.*, p. 77).

1556 A propos du droit administratif européen, la doctrine française majoritaire considère que lorsqu'il s'agit de construire une notion de puissance publique à un niveau européen, «*la problématique du juge de l'Union européenne comme juge administratif est fondée sur la dialectique de l'organe et de la fonction. Il existe un rapport de rétroaction entre la fonction de juger l'administration et la création d'un droit administratif. Les fonctions du juge de l'Union en matière administrative sont ambivalentes. Il est le juge direct d'une administration européenne éclatée qui n'est pas investie d'une plénitude de compétence. La Cour de Justice s'est alors érigée en juge indirect des administrations nationales qui sont les administrations de droit commun de l'Union européenne. La transversalité du droit administratif européen donne ainsi une cohérence à la complexité de la fonction d'administrer un droit de l'Union.*

références à des décisions de justice "externes" »[1557] : entre droits nationaux, d'une part ; entre ordres juridiques européens (communautaire et conventionnel), d'autre part.

A. Les échanges entre juges nationaux et cours européennes

Prévu à l'article 267 du TFUE, le renvoi préjudiciel « *permet à une juridiction nationale d'interroger la Cour de justice de l'Union européenne sur l'interprétation ou la validité du droit communautaire dans le cadre d'un litige dont cette juridiction est saisie* »[1558] ; autrement dit il instaure un dialogue de juges multi-niveaux qui porte sur le contenu même des droits nationaux et du droit de l'Union et tend à leur compatibilité. En ce sens, le recours préjudiciel (en interprétation) constitue une illustration intéressante d'une coordination normative matérielle. D'après Laurence Burgorgue-Larsen, un tel « *dialogue organisé, mieux, orchestré entre les juridictions nationales et la Cour de justice* (qui) *est vital pour le développement du processus d'intégration européenne.* (...) *dialogue intégré qui s'établit et se développe dans une sorte de verticalité dénuée de hiérarchie, à tout le moins en théorie est le ciment de l'entente juridictionnelle indispensable pour le développement d'une intégration harmonieuse* »[1559]. La même idée ressort des réflexions de Mireille Delmas-Marty expliquant que « *l'objectif du dialogue* (entre juges) *ne serait donc ni l'enfermement sur les différences (relativisme absolu), ni l'uniformisation (universalisme absolu), mais l'approximation, en ce sens que la proximité relativise l'universalisme en introduisant, entre la conformité et la différence, la notion de compatibilité, qui permet*

Corrélativement, le juge s'affirme comme protecteur des droits des administrés et arbitre de l'intérêt général et des intérêts particuliers » (Bertrand BRUNESSEN, *Le juge de l'Union européenne, juge administratif*, Bruylant, coll. « Droit de l'Union européenne », 2012).

1557 Laurence BURGORGUE-LARSEN, « De l'internationalisation du dialogue des juges », *op. cit.*, p. 99.

1558 Source :« Le renvoi préjudiciel », *Synthèses de la législation de l'UE*, Portail de l'Union européenne, EUROPA.
Disponible sur :
http://europa.eu/legislation_summaries/institutional_affairs/decisionmaking_process/l14552_fr.ht.m

1559 Laurence BURGORGUE-LARSEN, « De l'internationalisation du dialogue des juges », *op. cit.*, p. 99.

l'harmonie, donc la coexistence pacifique »[1560]. Cette coordination visant une harmonisation normative, au moyen de citations réciproques de jurisprudences étrangères, peut aller plus loin et aboutir à des hybridations juridiques. L'une des illustrations les plus intéressantes de cette tendance est donnée par Grenfieth Sierra Cadena[1561] qui met en évidence la manière dont le principe de précaution allemand[1562] et la « théorie du bilan » française[1563] ont été réceptionnés par le droit espagnol où ils se sont acclimatés *via* la jurisprudence du Tribunal Suprême espagnol qui a rapproché les deux principes en dégageant la notion d'*equidistribución de beneficios y cargas*[1564], dont s'est à son tour inspiré le Conseil d'État français[1565]. Dès lors, « *d'un point de vue comparatiste, on peut affirmer l'existence d'un entrecroisement tridimensionnel de principes (bilan, proportionnalité et précaution) qui est de plus en plus nécessaire au prisme de la jurisprudence administrative comparée en Europe pour apporter des réponses juridiques pertinentes à des situations juridiques complexes* »[1566].

De cette coordination juridictionnelle par influences et références réciproques pourraient donc naître de nouveaux « *unional founding*

1560 Mireille DELMAS-MARTY, *Vers une communauté de valeurs. Les forces imaginantes du droits (IV)*, Paris, Seuil, coll. « La couleur des idées », 2011.

1561 V. Grenfieth de Jesus SIERRA CADENA, « L'imbrication du principe de précaution allemand et de la théorie du bilan française dans le droit administratif espagnol à l'ère de l'européisation du droit administratif », *RIDC*, vol. 66, n° 4, octobre-décembre 2014.

1562 Tribunal Administratif fédéral (*BverfGE*), 17 février 1978.

1563 CE, Ass., 28 mai 1971, *Ville nouvelle Est*.

1564 La notion d' « *équidistribution des bénéfices et des charges* » a notamment été précisée dans les arrêts du TSE du 21 juillet 2009 (*recours 1507/2008*) et du 15 juillet 2011 (*recours 2011/6538*).

1565 CE, 12 avril 2013, *Association coordination interrégionale Stop THT et autres*.

1566 Grenfieth de J. SIERRA CADENA, « L'imbrication du principe de précaution allemand et de la théorie du bilan française dans le droit administratif espagnol à l'ère de l'européisation du droit administratif », *op. cit.*, p. 25.

principles »[1567], des « *règles substantielles communes* »[1568] qui constitueraient selon certains auteurs les bases d'un *Ius Publicum Europaeum*[1569] de nature constitutionnelle. En effet, une partie de la doctrine envisageant un renforcement de l'intégration européenne[1570] considère qu'« *il existe un haut degré de convergence de la terminologie et des concepts dans l'espace européen en ce qui concerne le droit constitutionnel* »[1571], en particulier s'agissant de la question de la protection des droits fondamentaux. L'influence de la Convention européenne de sauvegarde des droits de l'Homme et des libertés fondamentales (CESDHLF) est ici déterminante. Elle passe encore par un dialogue horizontal entre juges qui, cette fois, ne cherche pas à harmoniser des droits nationaux, mais à rapprocher deux corpus juridiques européens. Les interactions entre le droit de l'Union européenne et le droit du Conseil de l'Europe ont effectivement tendance à se multiplier *via* la pratique de renvois réciproques.

1567 Armin von BOGDANDY, « European Integration: The New German Scholarship », *Jean Monnet Working Papers*, 9/03.
« *This exposition has revealed on the one hand to what extent a doctrine of the unional founding principles can build on established constitutional scholarship and on the other where innovation isnecessary. On some important issues, continuity is possible only if national constitutional law is understood according to disputed positions. There is more continuity the less the national position is indebted to the postulate of unity. If the concepts of a people, of state and sovereignty are not central but rather peripheral, if representation is not the epiphany of an invisible being but rather an instrument of interest aggregation, if the law is not the incarnation of some volonté générale's higher truth but rather the result of negotiating processes, if law is not an expression but rather a functional equivalent of common values, then domestic and European constitutional scholarship will share much more than under the opposite approaches* » (p. 51).

1568 Jean-Luc VALLENS, « L'harmonisation : voie et degré de convergence entre les droits nationaux, européens et internationaux. L'européanisation et l'internationalisation du droit de l'insolvabilité », *Les Petites Affiches*, n° 209, octobre 2006.

1569 A noter que le terme avait déjà été employé par Carl SCHMITT : *The Nomos of the Earth in the International Law of the Jus Publicum Europaeum*, Berlin, Duncker and Humblot, 1950 (trad. G.L. ULMEN, New York, Telos Press, 2003).

1570 V. notamment Armin von BOGDANDY, Pedro CRUZ VILLALÓN, Peter M. HUBER (dir.). - *Handbuch Ius Publicum Europaeum,* Heidelberg, Müller Verlag, 2008.

1571 Diana ZACHARIA, « Verfassungsrechtliche Terminologie und Begrifflichkeit im europäischen Rechtsraum », *in* Armin Von BOGDANDY, Pedro CRUZ VILLALÓN, Peter M. HUBER (dir.), *Ibidem* ; citée par Rainer ARNOLD, « Bibliographie : Armin Von BOGDANDY, Pedro CRUZ VILLALÓN, Peter M. HUBER (dir.). - *Handbuch Ius Publicum Europaeum,* Heidelberg, Müller, 2008 », *RIDC*, n° 4, 2008, p. 1075.

B. Les échanges entre cours européennes

On note une évolution de la logique d'intégration : cherchant à l'origine la construction d'un droit de marché, elle a progressivement pris en considération la thématique des droits de l'homme : « *les droits fondamentaux ne sont plus seulement complémentaires d'un espace économique, ils deviennent une finalité d'un espace politique* »[1572]. La CESDHLF adoptée en 1950 a d'abord été mentionnée dans le droit originaire communautaire en tant que source d'inspiration[1573], puis

---

1572 Henri OBERDORFF, « La reconnaissance des droits fondamentaux par l'Union européenne », *in* Jérôme FERRAND, Hugues PETIT (dir.), *L'Odyssée des Droits de l'homme. Tome 1 : Fondations et naissances des Droits de l'homme*, Paris, L'Harmattan, coll. « La librairie des Humanités », 2004, p. 368.

1573 « *Dans le traité sur l'Union européenne, l'article 2 indique que "l'Union est fondée sur les valeurs de respect de la dignité humaine, de liberté, de démocratie, d'égalité, de l'état de droit, ainsi que de respect des droits de l'homme, y compris des personnes appartenant à des minorités". L'article 6 dudit traité précise que :*
1."L'Union reconnaît les droits, les libertés et les principes énoncés dans la Charte des droits fondamentaux de l'Union européenne (...) laquelle a la même valeur juridique que les traités".
2."L'Union adhère à la Convention européenne de sauvegarde des droits de l'Homme et des libertés fondamentales".
3."Les droits fondamentaux, tels qu'ils sont garantis par la Convention européenne de sauvegarde des droits de l'Homme et des libertés fondamentales et tels qu'ils résultent des traditions constitutionnelles communes aux États membres, font partie du droit de l'Union entant que principes généraux".
L'article 7 du traité sur l'Union européenne reprend une disposition déjà existante dans le cadre du précédent traité de Nice instaurant à la fois un mécanisme de prévention lorsqu'il existe"un risque clair de violation grave" par un État membre des valeurs visées à l'article 2 et un mécanisme de sanction en cas de constatation "d'une violation grave et persistante" par un État membre de ces mêmes valeurs. Le Parlement européen dispose à la fois d'un droit d'initiative permettant le déclenchement de ces mécanismes et d'un droit de contrôle démocratique puisqu'il doit donner son approbation à leur mise en oeuvre.
Une référence aux droits de l'homme et aux libertés fondamentales se retrouve également dans les dispositions relatives à l'action extérieure de l'Union (article 21 du traité sur l'Union européenne). L'article 67 du traité sur le fonctionnement de l'Union européenne dispose quant à lui que "l'Union constitue un espace de liberté, de sécurité et de justice dans le respect des droits fondamentaux et des différents systèmes et traditions juridiques des États membres".
Des dispositions spécifiques du traité consacrent certains droits. C'est le cas notamment de l'article 8 du traité sur le fonctionnement de l'Union européenne relatif à l'égalité entre les hommes et les femmes et de l'article 10 relatif à la lutte contre les discriminations.
L'article 15 du traité sur le fonctionnement de l'Union européenne, qui reprend une disposition du précédent traité de Nice, consacre pour toute personne physique ou morale d'un État membre un droit d'accès aux documents des institutions, organes et organismes de l'Union. Il en est de même pour l'article 16 relatif au droit à la protection des données à caractère personnel ».

l'Union européenne s'est dotée de sa propre Charte des droits fondamentaux proclamée lors du Conseil européen de Nice en décembre 2000 à laquelle le Traité de Lisbonne, entré en vigueur en décembre 2009, a donné une valeur juridique identique à celle des traités[1574]. Enfin, mentionnons que ce traité a également prévu l'adhésion de l'Union européenne à la CESDHLF (article 6, § 2 TUE) qui à l'heure actuelle ne s'est toujours pas concrétisée[1575] ; à tout le moins formellement, car de fait le droit communautaire a toujours été influencé par les règles juridiques posées par le Conseil de l'Europe. Les « *jeux d'interprétation croisée* »[1576] entre juges ont de fait permis une coordination normative, c'est-à-dire une dynamique de rapprochements entre les deux ordres juridiques[1577]. Avant même qu'elle soit consacrée dans les traités, la prise en compte des droits fondamentaux par l'ordre communautaire a été actée par trois arrêts de la CJUE (à l'époque CJCE) qui a accepté de retenir parmi les recours soulevés devant elle contre des actes communautaires le motif qu'ils contrediraient des droits fondamentaux : l'arrêt *Stauder* du

---

Source : « Le respect des droits fondamentaux dans l'Union », Site du Parlement européen.
Disponible sur : http://www.europarl.europa.eu/ftu/pdf/fr/FTU_2.1.2.pdf.

1574 Désormais, l'article 6, § 1 du TUE fait référence à la Charte, qui n'est pas incorporée en tant que telle dans le texte du traité. Un protocole introduit cependant quelques mesures dérogatoires en faveur du Royaume-Uni et de la Pologne.

1575 « *Le traité de Lisbonne, dans son article 6, paragraphe 2, fait obligation à l'Union d'adhérer à la CEDH. Une telle adhésion aura pour conséquence de soumettre l'Union - tout comme actuellement ses États membres - en matière de respect des droits fondamentaux au contrôle d'une juridiction externe à l'Union spécialisée en matière de protection des droits fondamentaux, la Cour européenne des droits de l'homme. Cette adhésion permettra aux citoyens européens - mais aussi aux ressortissants d'États tiers présents sur le territoire de l'Union - notamment de contester directement devant la Cour, sur la base des dispositions de la CEDH, les actes juridiques adoptés par l'Union dans les mêmes conditions que les actes juridiques de ses États membres. Les négociations sont actuellement encours entre l'Union européenne et le Conseil de l'Europe* » (« Le respect des droits fondamentaux dans l'Union », Site du Parlement européen, *op. cit.*, p. 3).
V. notamment sur la question : Xavier GROUSSOT, Tobias LOCKE, Laurent PECH, « Adhésion de l'UE à la CEDH : analyse juridique du projet d'accord d'adhésion du 14 octobre 2011 », *Questions d'Europe*, Fondation Robert Schuman, n° 218, 7 novembre 2011.
Disponible sur : http://www.robert-schuman.eu/doc/questions_europe/qe-218-fr.pdf.

1576 Mireille DELMAS-MARTY, *Les forces imaginantes du droit (T.2). Le pluralisme ordonné*, *op. cit.*

1577 Comme le souligne Laurence BURGORGUE-LARSEN, « *De ces complexes interférences sont nés des enchevêtrements et des interconnexions multiples qui lient les deux Cours qui sont contraintes (pour ne pas dire condamnées...) d'assurer* in fine *l'homogénéité sur le continent européen des droits fondamentaux et des concepts qui y sont attachés* » (*in* « Internationalisation du dialogue des juges », *op. cit.*, p. 125).

12 novembre 1969 [1578] qui en pose le principe, l'arrêt *Internationale Handelsgesellschaft* du 17 décembre 1970 [1579] qui mentionne expressément la Convention européenne des droits de l'Homme et l'arrêt *Nold* du 14 mai 1974 [1580] qui réaffirme le principe posé dans les jurisprudences précédentes selon lequel « *les droits fondamentaux font partie intégrante des principes généraux du droit dont elle assure le respect* ». Comme le souligne Christian Philip, « *si la Cour de justice a introduit cette jurisprudence, c'est qu'elle lui est apparue nécessaire au développement harmonieux de l'ordre juridique communautaire* » [1581] qui doit se coordonner, non seulement avec l'ordre conventionnel du Conseil de l'Europe, mais aussi avec l'ordre constitutionnel des États membres qui reconnaissent dans leurs lois fondamentales une protection des droits fondamentaux.

1578 Dans l'arrêt Stauder, « *l'important réside dans les termes utilisés qui reconnaissent pour la première fois la responsabilité de la Cour de veiller au respect par les institutions communautaires des droits fondamentaux de la personne. « Ainsi interprétée, la disposition litigieuse ne révèle aucun élément susceptible de mettre en cause les droits fondamentaux de la personne compris dans les principes généraux du droit communautaire dont la Cour assure le respect ». Seul le principe d'une protection des droits fondamentaux est contenu dans l'arrêt Stauder, mais le pas est franchi, une position est affirmée. L'ordre juridique communautaire n'ignore pas les droits fondamentaux de la personne. Il doit en garantir le respect* » (Christian PHILIP, « La Cour de Justice des Communautés et la protection des droits fondamentaux dans l'ordre juridique communautaire », *AFDI*, vol. 21, 1975, p. 390).

1579 L'arrêt *Internationale Handelsgesellschaft* précise que « *le droit communautaire assure le respect des droits fondamentaux de la personne et il convient de se demander « si aucune garantie analogue inhérente au droit communautaire, n'aurait été méconne ». La Cour indique « qu'en effet, le respect des droits fondamentaux fait partie intégrante des principes généraux du droit dont la Cour de justice assure le respect ; que la sauvegarde de ces droits, tout en s'inspirant des traditions constitutionnelles communes aux États membres, doit être assurée dans le cadre de la structure et des objectifs de la Communauté ». Les juges de Luxembourg affinent ainsi la position prise dans l'arrêt Stauder. Il n'est plus fait mention « des principes généraux du droit communautaire » mais, simplement, « des principes généraux du droit » ce qui constitue un élargissement important* » (*Ibidem*, p. 391).

1580 Enfin, par l'arrêt Nold, « *le juge communautaire renforce sa jurisprudence. La Cour « est tenue de s'inspirer des traditions constitutionnelles communes aux États membres ». Elle affirme, fait capital constituant un développement considérable, que la protection assurée ne peut être inférieure aux droits reconnus et garantis par la Constitution de l'un quelconque des États membres. Enfin, la Cour, sans aller jusqu'à penser qu'elle est obligée par les instruments internationaux concernant les droits de l'Homme, reconnaît qu'ils peuvent fournir des indications, même si tous les États membres n'y ont pas adhéré* » (*Ibid.*, p. 392).

1581 Christian PHILIP, *op. cit.*, p. 393.

L'intégration des droits de l'homme dans le droit de l'Union européenne est parfois plus directe comme en témoigne, notamment, l'arrêt *Bosphorus Hava Yollari Turizm ve Ticaret AS contre Irlande* rendu le 30 juin 2005 par la Grande chambre de la CEDH qui accepte en l'espèce de se prononcer sur la conformité à la CESDHLF d'un acte adopté par un État partie sur le fondement d'un règlement communautaire. L'Union européenne n'est pas directement mise en cause, la requête visant uniquement l'Irlande, en sa qualité de membre de l'Union européenne et du Conseil de l'Europe à laquelle est reproché la saisie d'un aéronef loué à la requérante, une société turque (*Bosphorus*), par une compagnie aérienne relevant à l'origine du droit de l'État yougoslave placé à sa chute sous embargo des Nations-Unies remplacé par des règlements communautaires. En l'espèce, l'Irlande n'avait d'autre marge de manœuvre que de violer un règlement communautaire ou une obligation découlant de la CESDHLF. Pour régler ce dilemme, la Cour de Strasbourg pose un « principe d'équivalence » en constatant qu'étant donné que le droit de l'Union européenne prévoit une protection des droits de l'homme qui équivaut, sans être identique, à celle assurée par la CESDHLF, l'État dont le comportement est conforme au droit de l'Union européenne ne viole pas la CESDHLF [1582] au motif « *qu'il n'y a eu aucun dysfonctionnement du mécanisme de contrôle du respect des droits garantis par la Convention* » (§ 166 de l'arrêt). Le principe d'équivalence ne peut, en revanche, être retenu en cas de protection manifestement insuffisante de la part de l'Union européenne[1583]. Par cet arrêt, le juge des droits de l'homme réalise une coordination d'ordres juridiques délicate : « *amenée à raisonner en prenant en compte trois, voire quatre, dimensions juridiques (ordre juridique national ; ordre juridique communautaire ; ordre juridique de la CEDH, voire ordre juridique international), la Cour parvient, aux termes de l'arrêt Bosphorus à concilier raisonnablement trois types d'intérêts généraux fondamentaux : l'intérêt général communautaire lié aux objectifs propres à l'intégration*

1582 La Cour considère en effet que « *l'atteinte litigieuse ne procédait pas de l'exercice par les autorités irlandaises d'un quelconque pouvoir d'appréciation, que ce soit au titre du droit communautaire ou au titre du droit irlandais, mais plutôt du respect par l'État irlandais de ses obligations juridiques résultant du droit communautaire et, en particulier, de l'article 8 du règlement (CEE) n° 990/93* » (§ 148) ; avant d'ajouter qu'il convenait « *de rechercher si et, le cas échéant, dans quelle mesure l'important intérêt général qu'il y avait pour l'État irlandais de respecter les obligations communautaires peut justifier l'atteinte portée par lui aux droits de propriété de la société requérante* » (§ 151).

1583 La Cour précise que « *l'on ne saurait considérer que la protection des droits de la société requérante garantis par la Convention était entachée d'une insuffisance manifeste, de sorte que ladite présomption de respect de la Convention par l'État défendeur n'a pas été renversée* » (§ 166).

européenne, l'intérêt général européen de protection des droits fondamentaux et l'intérêt général des États. Elle prend en compte aussi tout naturellement l'intérêt de la requérante, victime d'une violation du droit au respect de ses biens. (...) L'arrêt Bosphorus doit être perçu comme un arrêt fondamental de la CourEDH. Celle-ci reconnaît clairement sa compétence pour contrôler la conformité à la Convention d'un acte national pris sur le fondement d'un règlement communautaire »[1584]. On constate alors que l'harmonisation juridique formelle (entre ordres juridiques) se double d'une harmonisation juridique matérielle : les juges tentent de concilier droits économiques et droits de l'homme ; à tout le moins d'éviter une incompatibilité trop forte entre les deux.

L'harmonisation des droits de l'homme atteint un degré supérieur de complexité si l'on tient compte en de cette « quatrième dimension » qu'est l'ordre international, en l'occurrence le droit des Nations Unies. Mentionnons à cet égard l'arrêt *Kadi* rendu par la CJUE le 3 septembre 2008 à l'occasion duquel elle s'est déclarée compétente pour contrôler des actes communautaires pris en application de résolutions du Conseil de sécurité des Nations Unies. Les juges ont considéré que les principes fondamentaux du droit communautaire prévalaient sur les résolutions du Conseil de sécurité[1585]. Ce faisant, la CJUE a réaffirmé un pouvoir de contrôle sur des règlements découlant de la Charte des Nations Unies, non sur cette dernière. De nouveau, les juges s'efforcent de trouver une solution équilibrée, conciliante et flexible qui permet de respecter l'intégrité de chacun des ordres juridiques tout en assurant leur compatibilité, indispensable dans un environnement juridique caractérisé par une imbrication de systèmes juridiques interdépendants.

1584 Fabienne KAUFF-GAZIN, « L'arrêt Bosphorus de la Cour européenne des droits de l'homme : quand le juge de Strasbourg pallie le retard du constituant de l'Union européenne en matière de protection des droits fondamentaux ». Disponible sur : http://leuropedeslibertes.u-strasbg.fr/article.php?id_article=2&id_rubrique=3.

1585 En l'espèce, la CJUE a considéré que les États membres de l'Union européenne avaient violé les droits de la défense, le droit à un recours juridictionnel effectif, le droit à la propriété de M. Kadi en édictant des règlements gelant ses avoirs en se fondant sur des résolutions du Conseil de sécurité des Nations Unies l'incluant dans une liste le classant parmi des terroristes. Le ressortissant avait déposé un recours en annulation contre ces règlements européens mais a été débouté en 2005 par le Tribunal de première instance des Communautés européennes dont les arrêts furent cassés par la CJUE à travers l'arrêt *Kadi* de 2008.

CONCLUSION DU TITRE 2

Dans un contexte de pluralisme juridique, les juges sont les premiers coordonnateurs. C'est à eux que revient la délicate tâche de faire concorder des règles de droit issues d'ordres juridiques distincts. La conception normative classique faisant de l'État l'unique foyer de droit a longtemps nourri les jurisprudences nationales qui s'employaient à regrouper sous la bannière de la régulation étatique toutes les normes extérieures qui pouvaient surgir. Ce modèle a vécu : l'État n'est plus le seul territoire du droit[1586] et doit aujourd'hui composer avec des droits infra et supra étatiques en dehors de toute logique verticale. Toute démarche d'unification normative, aussi bien au niveau étatique qu'au niveau mondial, semble vouée à échouer. Au quotidien, c'est une harmonisation qui est préférée par les juges nationaux et supranationaux, qui a pour finalité de coordonner des droits, c'est-à-dire les ordonner sans nier leur pluralité.

1586 Voir notamment sur cette question des territoires du droit dans un contexte de pluralisme juridique : Franck LAFFAILLE, « Fragmentation du droit et nihilisme juridique. A propos de la pensée de Natalino Irti », *in* Jordane ARLETTAZ, Romain TINIÈRE (dir.), *Fragmentation en droit, fragmentation du droit*, Université de Grenoble, Ed. Lepitoge-Lextenso, 2014, pp. 27-34.

CONCLUSION DE LA PARTIE 3

Deux dimensions de la coordination-harmonisation ont été distinguées : créatrice de droit, d'une part ; ordonnatrice de droits, d'autre part. Dans le premier cas, elle participe de la production de droit, soit de manière indirecte dans le cadre du travail gouvernemental, soit de manière directe lorsqu'elle est assurée par des instruments juridiques qui relèvent du droit conventionnel ou du droit souple. Dans le second cas, elle est envisagée en tant qu'instrument de mise en ordre de règles juridiques de plus en plus diverses et nombreuses, qui relèvent d'ordres juridiques distincts mais qui sont en permanentes interactions.

Derrière la coordination-harmonisation dont la finalité est d'assurer l'unité et la cohérence d'un droit devenu pluriel appert une question essentielle : celle de l'État de droit qui doit être repensé. On peut effectivement s'interroger sur la pertinence d'une théorie qui continue d'être fondée sur un modèle pyramidal et national du droit en décalage avec la réalité juridique actuelle faite d'interdépendances, de discontinuités et d'incertitudes.

CONCLUSION GÉNÉRALE

Le choix d'une approche fonctionnelle a permis de mettre en évidence trois figures de la coordination en insistant sur le rôle essentiel que désormais elle remplit vis-à-vis d'un État tiraillé par des tensions centrifuges : une « coordination-intégration » qui assure la cohésion de la structure administrative de l'État en dépit d'un phénomène de fragmentation ; une « coordination-articulation » qui recherche la cohérence de centres de décision politique dans un contexte de polycentrisme ; une « coordination-harmonisation » qui tend à la concordance de règles juridiques marquées par le pluralisme. Néanmoins, au-delà de cette « fonction manifeste »[1587] de coordination, qui vise à permettre à l'État d'administrer, d'agir et de produire du droit en s'adaptant à un environnement en mutation, se profile une « fonction latente » de coordination qui transcende ces trois dimensions et touche à la manière d'être de l'État : reliant de manière souple entités administratives, centres de décision et dispositifs juridiques, la coordination peut aussi être vue comme une nouvelle figure d'État confronté aux défis de « *l'incertitude, le désordre, la contradiction, la pluralité, la complication* »[1588] ; c'est-à-dire à la complexité.

Or comme le souligne Jacques Caillosse, il existe une « *incapacité du savoir juridique tel qu'il s'est imposé dans le champ du droit administratif à intégrer deux des composantes marquantes de la complexité : la pluralité et la récursivité* »[1589]. La science du droit se distingue en cela d'autres disciplines qui ont su renouveler leurs modes d'interprétation pour prendre en considération la complexification du réel[1590]. En philosophie par exemple, Gilles Deleuze et Félix Guattari ont

---

1587 On emprunte les expressions « fonction manifeste » et « fonction latente » à Robert King Merton. V. not. *Elements de théorie et de méthode sociologique* (1951), Paris, Armand Colin, coll. « U », rééd. 1997.

1588 Edgar MORIN, « Le défi de la complexité », *Chimères*, n° 5-6, 1988, p. 1.

1589 Jacques CAILLOSSE, « Savoir juridique et complexité : le cas du droit administratif », *in* Mathieu DOAT, Jacques LE GOFF, Philippe PERDROT (dir.), *Droit et complexité. Pour une nouvelle intelligence du droit vivant*, Presses Universitaires de Rennes, coll. « L'Univers des normes », p. 175.

1590 Or, *ubi societas ibi jus* pour reprendre une maxime latine attribuée à Cicéron peut être traduite par la formule : « *Là où il y a société, il y a du droit* ». La complexité sociétale appelle une complexité juridique qui doit être théorisée. V. not. Sur cette problématique, Loïc CADIET, « Penser et connaître le droit dans un système complexe » *in* Mathieu DOAT, Jacques LE GOFF, Philippe PEDROT (dir.), *Droit et complexité.*

emprunté à la botanique le modèle du « rhizome »[1591], plante souterraine caractérisée par de nombreuses racines qui s'entrecroisent[1592], pour penser la pluralité des échanges dans une société complexe. Dans le même esprit, le sociologue Manuel Castells a pu parler de « société en réseaux » pour décrire dans un monde globalisé la manière dont les relations entre personnes et entre organisations obéissent de plus en plus à une logique horizontale, ou encore comment la mise en réseau d'entreprises autorise une souplesse de production adaptée à un marché mondial fragmenté[1593]. De même, née dans les sciences économiques, développée par la théorie des relations internationales, la notion de gouvernance a été reprise par la science politique pour traduire le caractère pluri-acteurs et multi-niveaux de l'action publique actuelle qui n'est plus marquée par la place centrale occupée par l'État. La gouvernance relève en effet « *d'une approche pluraliste et interactive de l'action collective : elle signifie qu'aucun acteur ne saurait à lui seul maîtriser les processus décisionnels ; prenant acte de la complexité des problèmes et de l'existence de pouvoirs multiples, il s'agit de coordonner leur action et d'obtenir leur coopération* »[1594].

L'association des notions de coordination et de complexité, qui portent toutes deux « *le paradigme de disjonction/conjonction qui* (permet) *de distinguer sans disjoindre, d'associer sans identifier ou réduire* »[1595], c'est-à-dire l'idée d'un équilibre flexible entre unité et

---

Pour une nouvelle intelligence du droit vivant, op. cit. : « *De quoi parle-t-on en effet ? De la complexité du droit ou de la complexité du réel ? La complexité du droit n'est guère contestable.* (...) *Pour le juriste, la complexité s'évince de l'abondance des normes, de la diversification de leurs sources, de l'incertitude de leur contenu, de l'aléa de leur application et de bien d'autres facteurs. Complexité intrinsèque, par conséquent. Complexité extrinsèque aussi, traduisant la complexité de la réalité saisie par le droit. Il n'est pas si simple, en vérité, de séparer la complexité du droit et la complexité du réel. Le droit fait partie du réel* » (p. 136).

1591 Du grec *rhidzôma* signifiant « touffe de racine », le rhizome est communément défini comme « *une tige souterraine vivace, généralement à peu près horizontale, émettant chaque année des racines et des tiges aériennes* ». Source : *Le Petit Larousse*, 2016.

1592 Gilles DELEUZE, Félix GUATTARI, *Rhizome*, Paris, Ed. de Minuit, 1976.

1593 Manuel CASTELLS, *L'ère de l'information. Vol. 1, La société en réseaux*, Paris, Fayard, 1998 : « *les organisations qui réussissent sont celles qui peuvent générer du savoir et traiter l'information ; s'adapter à la géométrie variable de l'économie globale ; être assez souples pour changer leurs moyens aussi vite que les objectifs évoluent, sous l'impact de rapides transformations culturelles, technologiques et institutionnelles ; et innover, l'innovation devenant l'arme clé de la concurrence. En ce sens, l'entreprise en réseau matérialise la culture de l'économie informationnelle globale* », p. 475.

1594 Jacques CHEVALLIER, *L'État postmoderne*, *op. cit.*, p. 242.

1595 Edgar MORIN, *Introduction à la pensée* complexe, Seuil, coll. « Essais », p. 23.

pluralité fondant un ordre non statique, peut être utilement reprise pour penser les mutations contemporaines de l'État[1596]. Comme l'écrivait Michel Foucault, « *l'État ce n'est rien d'autre que l'effet mobile d'un régime de gouvernementalité multiple* »[1597] ; les cadres d'analyse du phénomène étatique doivent évoluer en conséquence. La représentation d'un État ordonné selon un schéma vertical apparaît, dans une large mesure, dépassée : sur le plan administratif, le pouvoir hiérarchique et la tutelle ont reculé ; sur le plan politique, l'État est aujourd'hui concurrencé par de multiples et divers pouvoirs ; enfin, l'État a perdu son monopole normatif .

Il s'agit cependant d'un changement de degré, non de nature[1598]. L'État s'est « horizontalisé » mais n'est pas horizontal. Son identité spécifique perdure et a vocation à perdurer[1599] : il reste à ce jour le seul cadre pertinent pour construire l'intérêt général, assurer l'ordre public, protéger l'État de droit, ou encore permettre une bonne administration. Perdurer mais en se renouvelant : des évolutions extrinsèques obligent à

1596 En effet, depuis ses origines l'État est conçu comme « *le principe d'ordre et de cohésion qui permet de faire tenir ensemble les pièces du tissu social et de ramener celui-ci à l'unité : soustrait aux conflits qui déchirent la société, il est censé réaliser la synthèse des volontés individuelles et incarner un « intérêt général », surmontant et dépassant les intérêts particuliers. L'État est conçu comme le centre d'intégration et d'unification d'une société qui serait, sans sa médiation, vouée au désordre, à l'éclatement, à la dissolution* » (Jacques CHEVALLIER, « Epilogue », *in* Geneviève KOUBI, Guillaume LE FLOCH, Gilles J. GUGLIELMI, *La notion de continuité, des faits au droit*, *op. cit.*, p. 323).

1597 Michel FOUCAULT, *Naissance de la biopolitique*, Cours au Collège de France (1978-1979), Paris, Seuil, coll. « Hautes études », 2004, p. 79. « *L'État ce n'est pas un universel ; l'État ce n'est pas en lui-même une source autonome de pouvoir ; l'État ce n'est rien d'autres que des faits : le profil, la découpe mobile d'une perpétuelle étatisation ou de perpétuelles étatisations, de transactions incessantes qui modifient, qui déplacent, qui bouleversent, qui font glisser insidieusement, peu importe, les financements, les modalités d'investissements, les centres de décision, les formes et les types de contrôles, les rapports entre pouvoirs locaux et autorité centrale, etc. L'État ce n'est rien d'autre que l'effet mobile d'un régime de gouvernementalité multiple* ».
V. not. sur cette notion : Pierre LASCOUSMES, « La Gouvernementalité : de la critique de l'État aux technologies du pouvoir », *Le Portique. Revue de philosophie et de sciences humaines*, n° 13-14, 2004.
Consultable sur : http://leportique.revues.org/625.

1598 « *Pour lever cette ambiguïté essentielle entre la persistance et la non-persistance des choses en devenir, il convient d'opérer une distinction ente deux types de changements : les changements* (…) *qui préservent l'identité de la chose qui change et les changements* (…) *qui la détruisent* » (*L'identité*, Flammarion, coll. « Corpus », 1998, p. 23).

1599 On ne partage pas la théorie dite du *Hollow State*. cf. not. H. Brinton MILWARD, Keith G. PROVAN, « Governing the Hollow State », *Journal of Public Administration Research and Theory*, vol. 10, n° 2, pp. 359-380.

des changements intrinsèques sur le plan de son organisation, de son action et de son droit. L'un des grands défis auxquels est aujourd'hui confrontée la pensée juridique est de rendre compte de ces transformations en envisageant l'État tel qu'il existe réellement, sans l'idéaliser mais aussi sans le banaliser. Aussi, plutôt que d'envisager une disparition de l'État vaut-il mieux parler de « *réinvention de l'État* »[1600]. Parce qu'elle permet de penser l'État de manière dynamique, en termes de relations, d'interdépendances, de fluctuations et d'adaptations, la notion de coordination, qui porte l'idée d'une « *unité d'association et d'harmonie* » [1601], peut apporter une contribution aux réflexions théoriques qui tracent les contours d'un nouveau modèle d'étatisation conjuguant rigueur et souplesse.

1600 Gérard TIMSIT, « Normativité et régulation », *Cahiers du Conseil constitutionnel*, n° 21, janvier 2007.

1601 On reprend ici une très ancienne expression employée par Firmin Laferrière mais étonnamment parfaitement pertinente pour synthétiser l'enjeu de la dialectique unité-pluralité dans le droit public contemporain. L'auteur précise : « *Mais l'unité appliquée à la société, dans notre état avancé de civilisation, ne peut se confondre pas avec l'uniformité.* (...) *Elle est complexe de sa nature ; elle embrasse et unit des éléments divers, des rapports variés : c'est l'unité d'association et d'harmonie* » (Firmin LAFERRIÈRE, *Histoire du droit français*, Tome 3, Imprimerie et Librairie générale de jurisprudence, 1852, p. 2).

BIBLIOGRAPHIE

I. BIBLIOGRAPHIE GÉNÉRALE

1. OUVRAGES GÉNÉRAUX

A. Études générales sur l'État, l'administration et le droit public

ABELES Marc, *Anthropologie de l'État*, Payot, coll. « Petite Bibliothèque Payot », 2005

BADIE Bertrand, DELOYE Yves (dir.), *Le temps de l'État. Mélanges en l'honneur de Pierre Birnbaum*, Paris, Fayard, 2007

BEAUD Olivier, *La puissance de l'État*, Paris, PUF, 1994

BEHRENDT Christian, BOUHON Frédéric, *Introduction à la théorie générale de l'État*, Larcier, collection de la Faculté de droit de l'Université de Liège, 2e éd., 2011

BERGERON Gérard, *Petit traité de l'État*, Paris, PUF, coll. « La politique éclatée », 1990

BOUVIER Michel, *L'État sans politique. Tradition et modernité*, Paris, LGDJ-Montchrestien, 1986

BRAIBANT Guy, « Panorama de l'administration française », *in* GALLOUEDEC-GENUYS Françoise (dir.), *À propos de l'administration française*, La Documentation française, 1998

BRAUD Philippe, *Penser l'État*, Paris, Seuil, coll. « Points Essai », 2004

BURDEAU Georges, *L'État*, Paris, Seuil, coll. « Points Essais », 1970, rééd. 2009

CAILLOSSE Jacques, *La constitution imaginaire de l'administration : recherche sur la politique du droit administratif*, Paris, PUF, coll. « Les voies du droit », 2008

CAILLOSSE Jacques, *L'État du droit administratif*, Paris, LGDJ, coll. « Droit et société », 2015

CAMBIER Alain, *Qu'est-ce que l'État ?*, Paris, Vrin, coll. « Chemins philosophiques », 2004

CHEVALLIER Jacques, *L'État de droit*, Paris, Montchrestien, coll. « Clefs Politique », 5e éd., 2010

CHEVALLIER Jacques, *L'État*, Paris, Dalloz, coll. « Connaissance du droit. Droit public », 2e éd., 2011

CHEVALLIER Jacques, *Science administrative*, Paris, PUF, coll. « Thémis droit », 5e éd., 2013

CHEVALLIER Jacques, *L'État post-moderne*, Paris, LGDJ, coll. « Droit et société », 4e éd., 2014

DEBBASCH Claude, *Science administrative*, 3e éd., Paris, Dalloz, 1976

DEBBASCH Claude, COLIN Frédéric, *Administration publique*, Economica, 6e éd., 2005

DRAGO Roland, GOYARD Claude, *Traité de science administrative*, Paris, Ed. Mouton, 1966

DRAGO Roland (dir.), *L'Administration publique*, Paris, Armand Colin, coll. « Science administrative », 1971

DREYFUS Françoise, EYMERI Jean-Michel (dir.), *Science politique de l'Administration. Une approche comparative*, Economica, coll. « Études Politiques », 2006

GALLOUEDEC-GENUYS Françoise (dir.), *À propos de l'administration française*, Paris, La Documentation française, 1998

GOYARD-FABRE Simone, *L'État. Figure moderne de la politique*, Paris, Armand Colin, coll. « Cursus Philosophie », 1999

GOYARD-FABRE Simone (dir.), *L'État au XXe siècle*, Vrin, coll. « Histoire des idées et doctrines », 2004

GRISTI (E.), DELAMARRE (M.), *Comprendre l'administration*, Paris, La Documentation française, 2004

GUILLOUET-ROCHEFORT Sophie (dir.), *L'État*, Paris, Ellipses, 2010

NIZARD Lucien, « Les dynamiques contradictoires en œuvre dans l'administration française : un essai d'explication théorique », *RFAP*, n°15, juillet-septembre 1980

ÖZER Atila, *L'État*, Paris, Flammarion, coll. « GF Corpus », 1999

PADIOLEAU Jean G., *L'État au concret*, Paris, PUF, coll. « Sociologies », 1982

PETERS B. Guy, PIERRE Jon (dir.), *Handbook of Public Administration*, Londres, Sage, 2007

QUERMONNE Jean-Louis, *L'appareil administratif de l'État*, Paris, Ed. du Seuil, coll. « Points Politique », 1991

SADRAN Pierre, *Le système administratif français*, Paris, Montchrestien, coll. « Clefs Politique », 2e éd., 1997

SIMONNOT Philippe, *L'invention de l'État*, Paris, coll. « Belles Lettres », 2003

STEIN Edith, *De l'État*, trad. Philibert SECRETAN, Cerf-Editions Universitaires de Fribourg, 1989

TIMSIT Gérard, *Le rôle de la notion de fonction administrative en droit administratif français*, Paris, LGDJ, coll. « Bibliothèque de droit public », 1963

TIMSIT Gérard, *Théorie de l'administration*, Paris, Economica, 1986

THOENIG Jean-Claude, DUPUY François, *Sociologie de l'administration française*, Paris, Armand Colin, 1983

ZILLER Jacques, *Administrations comparées : les systèmes politico-administratifs de l'Europe des Douze*, Montchrestien, coll. « Domat Droit public », 1993

B. Manuels de droit administratif

Classiques

AUCOC Léon, *Conférences sur l'administration et le droit administratif faites à l'École impériale des Ponts et Chaussées*, T. I, Paris, Dunod, 1869

BATBIE Anselme, *Précis du cours de droit public et administratif*, Paris, Cotillon, 4e éd., 1876

DUCROCQ Théophile, *Cours de droit administratif*, Paris, Ernest Thorin, 4e éd., 1874

EISENMANN Charles, *Cours de droit administratif, 1953-1954*, Paris, LGDJ, coll. «Anthologie du droit », rééd. 2013

FOUCART Emile-Victor, *Éléments de droit public et administratif*, Tome 1, Paris, Libraires-Editeurs, 4e éd., 1855

GERANDO Joseph-Marie (de), *Institutes du droit administratif français*, Paris, Librairie de la Cour de Cassation, 1829

HAURIOU Maurice, *Précis de droit administratif et de droit public général*, Tome 2, 4e éd., 1900

MACAREL Louis-Antoine, *Cours d'administration et de droit administratif*, Paris, Plon Frères, T. I, 2e éd., 1852

VIVIEN Alexandre-François, *Études administratives*, Tome I, Paris, Ed. Cujas, 3e éd., 1974 (1859)

Contemporains

AUTIN Jean-Louis, RIBOT Catherine, *Droit administratif général*, Paris, Litec, coll. «Objectif Droit », 5e éd., 2007

CHAPUS René, *Droit administratif général. Tome 1*, Paris, Montchrestien, coll. « Domat Droit public », 15e éd., 2001

DEBBASCH Claude, COLIN Frédéric, *Administration publique*, Economica, 6e éd., 2005

CHRÉTIEN Patrice, CHIFFLOT Nicolas, TOURBE Maxime, *Droit administratif*, Paris, Sirey, coll. « Université », 2014

FRIER Pierre-Laurent, PETIT Jacques, *Droit administratif*, Montchrestien, coll. « Domat Droit public », 9e éd., 2014

GAUDEMET Yves, *Droit administratif*, Paris, LGDJ, coll. « Manuels », 21e éd., 2015

PEISER Gustave, *Droit administratif général*, Paris, Dalloz, coll. « Mementos », 26e éd., 2014

PLESSIX Benoît, Droit administratif général, Paris, LexisNexis, coll. « Manuels », 2016

SEILLER Bertrand, Droit administratif, Tomes 1 et 2, Paris, Flammarion, coll. « Champs », 6e éd., 2016

STIRN Bernard, AGUILA Yann, *Droit public français et européen*, Paris Presses de Sciences Po-Dalloz, coll. « Amphi », 2014

TRUCHET Didier, *Le droit public*, Paris, PUF, coll. « Que sais-je? », 3e éd., 2014

TRUCHET Didier, *Droit administratif*, Paris, PUF, coll. « Thémis droit », 6e éd., 2015

WALINE Jean, *Droit administratif*, Paris, Dalloz, coll. « Précis Droit public-science politique », 26e éd., 2016

C. Manuels de droit constitutionnel

Classiques

DUGUIT Léon, *Manuel de droit constitutionnel*, Paris, E. de Boccard, 4e éd., 1923

DUGUIT Léon, *Traité de droit constitutionnel,* 3e éd., Fontemoing, 1927

HAURIOU Maurice, *Précis élémentaire de droit constitutionnel*, Paris, Librairie du Recueil Sirey, 2e éd., 1930

MACAREL Louis-Antoine, *Eléments de droit politique*, Paris, Librairie de la Cour de cassation, 1833

Contemporains

ARDANT Philippe, MATHIEU Bertrand, *Droit constitutionnel et institutions politiques*, Paris, LGDJ, coll. « Manuel », 27e éd., 2015

CARCASSONNE Guy, GUILLAUME Marc, *La Constitution*, Paris, Seuil, coll. « Points », 12e éd., 2014

DEBBASCH Roland, *Droit constitutionnel*, Paris, LexisNexis, coll. « Objectif Droit Cours », 9e éd, 2016

GAÏA Patrick, GHEVONTIAN Richard, MESTRE Jean-Louis, FAVOREU Louis, PFERSMANN Otto, ROUX André, SCOFFONI Guy, *Droit constitutionnel*, Paris, Dalloz, coll. « Précis », 17e éd., 2015

GICQUEL Jean, GICQUEL Jean-Eric, *Droit constitutionnel et institutions politiques*, Paris, LGDJ, coll. « Domat Droit public », 30e éd., 2016

GOHIN Olivier, *Droit constitutionnel*, Paris, Lexis Nexis, coll. « Manuel », 2e éd., 2013

HAMON Francis, TROPER Michel, *Droit constitutionnel*, Paris, LGDJ, coll. « Manuels », 37e éd., 2016-2017

PACTET Pierre, MELIN-SOUCRAMANIEN Ferdinand, *Droit constitutionnel*, Paris, Sirey, coll. « Université », 34e éd., 2015

D. Manuel d'institutions administratives

GOHIN Olivier, SORBARA Jean-Gabriel, *Institutions administratives*, Paris, LGDJ, coll. « Manuel », 7e éd., 2016.

GUETTIER Christophe, *Institutions administratives*, Paris, Dalloz, coll. « Cours Droit public », 5e éd., 2015

JAN Pascal, *Institutions administratives*, Paris, LexisNexis, coll. « Objectif droit », 5e éd., 2015

KADA Nicolas, OBERDORFF Henri, *Les institutions administratives*, Paris, Sirey, 7e éd., 2013

MAILLARD DESGREES DU LOU Dominique, *Institutions administratives*, Paris, PUF, coll. « Themis Droit », 2e éd., 2015

SERRAND Pierre, *Manuel d'institutions administratives françaises*, Paris, PUF, coll. « Droit fondamental. Manuels », 4e éd., 2012

E. Manuels d'histoire de l'administration

BIGOT Grégoire, *L'Administration française. Politique, droit et société. 1786-1870. Tome 1*, Paris, Lexis Nexis - Litec, coll. « Manuel », 2010

BIGOT Grégoire, LE YONCOURT Tiphaine, *L'Administration française. Politique, droit et société. Tome 2*, Paris, LexisNexis, coll. « Manuel », 2014

BURDEAU François, *Histoire de l'administration française. Du 18e au 20e siècle*, Paris, Montchrestien, coll. « Domat Droit public », 1994

CHEVALLIER Jean-Jacques, *Histoire des idées politiques. L'idée de l'État*, Paris, Cours polycopié, 1956-1957

CHIANEA Gérard, *Histoire des institutions publiques de la France. L'État moderne en formation (1789-1870)*, Tome 3, Grenoble, Presses Universitaires de Grenoble, coll. « Le droit en plus », 1996

ELLUL Jacques, *Histoire des institutions. IXe siècle*, Paris, PUF, 1962, éd. 1999

ELLUL Jacques, *Histoire des institutions. XVIe-XVIIIe siècle*, Paris, PUF, 1956, éd. 1999

LEGENDRE Pierre, *Trésor historique de l'État en France. L'Administration classique*, Paris, Fayard, coll. « Les Savoirs », éd. 1992

PICQ Jean, *Une histoire de l'État en Europe. Pouvoir, justice et droit du Moyen Âge à nos jours*, Paris, Les Presses de Sciences Po, 2009

ROSANVALLON Pierre, *L'État en France, de 1789 à nos jours*, Paris, Ed. du Seuil, 1993

THOMAS Yves, *Histoire de l'administration*, Paris, La Découverte, coll. « Repères », 1995

VILLARD Pierre, *Histoire des institutions publiques de la France de 1789 à nos jours*, Paris, Dalloz, coll. « Mémentos », 10e éd., 2013

F. Dictionnaires et lexiques

ALLAND Denis, RIALS Stéphane (dir.), *Dictionnaire de la culture juridique*, Paris, PUF, coll. « Quadrige Dicos Poche », 2003

ARNAUD André-Jean (dir.), *Dictionnaire encyclopédique de théorie et de sociologie du droit*, Paris, LGDJ, 2e éd., 1993

BLED Jean-Paul, JOUVE Edmond, REVEILLARD Christophe, *Dictionnaire historique et juridique de l'Europe*, Paris, PUF, 2013

CORNU Gérard, *Vocabulaire juridique*, Association Henri Capitant, Paris, PUF, coll. « Quadrige Dicos Poche », 11e éd., 2016

FONTAINE Michelle, *Dictionnaire de droit*, Paris, Foucher, 2004

GUINCHARD Serge, DEBARD Thierry (dir.), *Lexique des termes juridiques*, Paris, Dalloz, 24e éd., 2016

HERMET Guy, BADIE Bertand, BIRNBAUM Pierre, BRAUD Philippe, *Dictionnaire de la science politique et des institutions politiques*, Paris, Armand Colin, 2015

KADA Nicolas, MATHIEU Martial (dir.), *Dictionnaire d'administration publique*, Grenoble, PUG, coll. « Droit et action publique », 2014

MBONGO Pascal, HERVOUËT François, SANTULLI Carlo (dir.), *Dictionnaire encyclopédique de l'État*, Berger-Levrault, 2014

2. ÉTUDES SUR LA COORDINATION

A. Ouvrages, thèses

DELION André G. (dir.), *Les problèmes administratifs de la coordination en matière de développement économique et social*, Bruxelles, Institut International des Sciences Administratives, 1969

INSTITUT FRANÇAIS DES SCIENCES ADMINISTRATIVES, *La coordination en matière économique et sociale*, Paris, Ed. Cujas, Cahier n° 2, 1967

LEMOYNE de FORGES Patricia, *Recherches sur la coordination administrative. La coordination à l'intérieur des ministères*, Thèse, Paris, 1974

LYONNET Alain, *Problèmes de coordination interministérielle sous l'égide du Premier ministre*, thèse, Paris, décembre 1968

SIEDENTOPF Heinrich (dir.), *La coordination de la politique gouvernementale*, Paris, Ed. Cujas, 1976

B. Articles de revue, contributions à un ouvrage collectif

ALSENE Eric, PICHAULT François, « La coordination au sein des organisations : éléments de recadrage conceptuel », *Annales des Mines*, n° 87, mars 2007

DELION André G., « Introduction générale », *in* Institut Français des Sciences Administratives, *La coordination en matière économique et sociale*, Paris, Ed. Cujas, Cahier n° 2, 1967

DELMAS MARSALET J., « La coordination de l'action administrative en matière économique et sociale », in *Rapport au XVe Congrès international des sciences administratives*, Dublin, *Cahier de l'IFSA*, n° 5, Ed. Cujas

DRAGO Roland, « La coordination sous l'égide du Premier ministre. Introduction », *in* IFSA, *La coordination en matière économique et sociale*, Paris, Ed. Cujas, Cahier n° 2, 1967

DUFOURCQ Bertrand, « La fonction de coordination », *RFAP*, n° 69, janvier-mars 1994

FARCAT Roger, « La coordination », *L'Administration*, n° 57, 1967

GALLOUEDEC-GENUYS Françoise (dir.), *À propos de l'administration française*, La Documentation française, 1998

GOYARD Claude, « La coordination et la consultation dans l'administration publique en France », *RIDC*, vol. 26, n° 4, octobre-décembre 1974

JANN Werner, LAEGREID Per, VERHOEST Koen, « La coordination des organisations du secteur public à l'ère de la marchéisation et de l'administration décloisonnée », *RISA*, vol. 73, n° 3, septembre 2007

LONGEPIERRE Michel, MULLER Pierre, « La coordination : une activité d'experts ? », *Bulletin de l'IIAP*, n° 40, octobre-décembre 1976

PUSIC Eugen, « La coordination de la politique gouvernementale », *in* Heinrich SIEDENTOPF (dir.), *La coordination de la politique gouvernementale*, Paris, Ed. Cujas, 1976

TIMSIT Gérard, « Le concept de coordination administrative », *Bulletin de l'IIAP*, n° 36, octobre-décembre 1975

VERHOEST Koen, BOUCKAERT Geert, PETERS B. Guy, « Les deux faces de la réorganisation : la spécialisation et la coordination dans quatre pays de l'OCDE au cours de la période 1980-2005 », *RISA*, vol. 73, n° 3, 2007

WIENER Céline, « De la coordination administrative à la décision politique : étude comparée de quelques systèmes », *RFAP*, n° 42, avril-juin 1987

Numéro thématique :
« Les problèmes administratifs de la coordination en matière de développement économique et social », *in Rapport au XV° Congrès international des sciences administratives*, Dublin, publié dans les *Cahiers de l'IFSA*, n° 5, septembre 1968

II. BIBLIOGRAPHIE THÉMATIQUE

1. LA COORDINATION-INTÉGRATION, MODE DE COHÉSION ADMINISTRATIVE

A. La coordination moyen de rationalisation de l'administration

Ouvrages, thèses, rapports

ALBERTINI Jean-Benoît, *Réforme administrative et réforme de l'État en France. Thèmes et variations de l'esprit de réforme de 1815 à nos jours*, Paris, Economica, coll. « Collectivités territoriales », 2000

BARATIN Henri-Louis, GUEDON Marie-José, *Organisation et méthodes dans l'administration publique*, Paris, Berger-Levrault, 1971

BELLOUBET-FRIER Nicole, TIMSIT Gérard, CLAISSE Alain, *Les administrations qui changent : innovations techniques ou nouvelles logiques ?*, Paris, PUF, coll. « Politique d'aujourd'hui », 1996

BEZÈS Philippe, *Réinventer l'État. Les réformes de l'administration française (1962-2008)*, Paris, Presses Universitaires de France, coll. « Lien social », 2009

BLUM Léon, *Lettres sur la réforme gouvernementale* (série d'articles publiés anonymement en 1917-1918 dans la *Revue de Paris*, réunis et rééd. sous son nom en 1936)

BODIGUEL Jean-Louis, KESSLER Marie-Christine, *L'administration française*, Presses de la FNSP, 1970

BOUCKAERT Geert, PETERS B. Guy, VERHOEST Koen, *The Coordination of Public Sector Organizations. Shifting Patterns of Public Management*, Palgrave Macmillan, col. « Public Sector Organizations », 2010

BOURRICAUD François, *Esquisse d'une théorie de l'autorité*, Paris, Plon, coll. « Recherches en sciences humaines », 1969

CAILLOSSE Jacques, HARDY Jacques, *Droit et modernisation administrative*, DGAFP, Paris, La Documentation française, coll. « Perspectives », 2000

CHARDON Henri, *Les Travaux publics. Essai sur le fonctionnement de nos Administrations*, 1904

CHARDON Henri, *Le pouvoir administratif*, Paris, Perrin et Compagnie, 1911

CHAUVET Clément, *Le pouvoir hiérarchique*, Paris, LGDJ, coll. « Bibliothèque de Droit Public », 2013

CHISHOLM Donald, *Coordination without hierarchy-informal structures in multiorganizational systems*, University of California Press, 1992

CLUZEL-MÉTAYER Lucie, *Le service public et l'exigence de qualité*, Paris, Dalloz, coll. « Nouvelle Bibliothèque de thèses », 2006

CONSEIL D'ÉTAT, *Structures gouvernementales et organisation administrative*, Notes et études documentaires, n° 4818, 1986

CONSEIL D'ÉTAT, *Les agences : une nouvelle gestion publique ?*, Rapport annuel, 2012

COUR DES COMPTES, *Les secrétaires généraux et secrétariats généraux de ministères*, référé au Premier ministre, n° 70554, 25 juillet 2014

CROZIER Michel, *Le phénomène bureaucratique*, Paris, Seuil, collection Points, 1963, rééd. 1971

CROZIER Michel, *Où va l'administration française ?*, Ed. d'Organisation, coll. « Sociologie des organisations », 1974

FAYOL Henri, *Administration industrielle et générale*, Paris, Dunod, coll. « Stratégies et Management », 1916, rééd. 1999

FOX C.J., MILLER H.T., *Postmodern Public Administration*, Sage, 1995

GRANDGUILLAUME Nicolas, *Théorie générale de la bureaucratie*, Paris, Economica, 1996

LACASSE François, VERRIER Pierre-Eric, FAUROUX Roger, *30 ans de réforme de l'État : expériences française et étrangères. Stratégies et bilans*, Paris, Dunod, 2005

LAEGREID Per, CHRISTENSEN Tom (dir.), *New public management: the transformation of ideas and practice*, Aldershot, Ashgate, 2001

LAUFER Romain, BURLAUD Alain, *Management public : gestion et légitimité*, Paris, Dalloz, coll. « Dalloz Gestion », 1980

MARCH James G., SIMON Herbert A., *Les organisations*, Paris, Dunod, 1965, rééd. 1991

MASSENET Michel, *La nouvelle gestion publique : pour un État sans bureaucratie*, Paris, Ed. Hommes et techniques, 1975

MINTZBERG Henry, *Structure et dynamique des organisations*, Paris, Les Éditions d'Organisation, 1982

MORDACQ Frank (dir.), *La LOLF : un nouveau cadre budgétaire pour réformer l'État*, Paris, LGDJ, coll. « Systèmes », 2006

OCDE, *Towards Better Measurement of Governement*, OECD Working Papers on Public Governance, 2007/1

PAUCELLE Jean-Louis (dir.), *Henri Fayol, inventeur des outils de gestion : textes originaux et recherches actuelles*, Paris, Economica, 2003

PICQ Jean (rapp.), *L'État en France : servir une nation ouverte sur le monde*, rapport au Premier ministre de la Mission sur les responsabilités et l'organisation de l'État, 1994

PIERRE Jon, *Bureaucracy in the Modern State: An introduction to Comparative Public Administration*, Aldershot, Edward Elgar, 1995

POLLITT Christopher, von THIEL Sandra, HOMBURG Vincent, *New public management in Europe: adaptation and alternatives*, Palgrave Macmillan, 2007

RIALS Stéphane, *Administration et organisation 1910-1930. De l'organisation de la bataille à la bataille de l'organisation dans l'administration française*, Paris, Beauchesne, 1977

ROSANVALLON Pierre, *La crise de l'État-providence*, Paris, Seuil, coll. « Points Essais », 1992

THOENIG Jean-Claude, DUPUY François, *L'administration en miettes*, Paris, Fayard, 1985

TROSA Sylvie, *Vers un management post bureaucratique : la réforme de l'État, une réforme de la société*, Paris, L'Harmattan, coll. « Questions contemporaines », 2006

WEBER Max, *Economie et société. Tome 1 : Les catégories de la sociologie*, 1931, trad., Paris, Pocket, 2003

WRIGHT Vincent, CASSESE Sabino (dir.), *La recomposition de l'État en Europe*, Paris, La Découverte, 1996

Articles de revue, contributions à un ouvrage collectif

AUBY Jean-Bernard, « La bataille de San Romano : réflexions sur les évolutions du droit administratif », *AJDA*, n° 11, novembre 2001

BELLOUBET-FRIER Nicole, « Pouvoir et relations hiérarchiques : l'exemple du ministère de l'Éducation nationale », *in Études en l'honneur de Gérard Timsit*, Bruxelles, Bruylant, 2004

BEZÈS Philippe, « Le renouveau du contrôle des bureaucraties. L'impact du *New Public Management* », *Informations sociales*, n° 126, 2005

BEZÈS Philippe, « Concurrences ministérielles et différenciation : la fabrique de la « réforme de l'État » en France dans les années 1990 », *in* Françoise DREYFUS, Jean-Michel EYMERI (dir.), *Science politique de l'administration. Une approche comparative*, Paris, Economica, coll. « Études politiques », 2006

BEZÈS Philippe, « Construire des bureaucraties wébériennes à l'ère du New Public Management », *Critique internationale*, n° 35, avril-juin 2007

BEZÈS Philippe, « Politique et administration en régime néo-managérial. Recomposition, réactivation ou balancier ? », *in Melanges en l'honneur du Professeur Jacques Chevallier. Penser la science administrative dans la post-modernité*, Paris, LGDJ-Lextenso Editions, coll. « Les Mélanges », 2013

BLANCPAIN Frédéric, « Les carnets inédits de Fayol. Présentation », *Bulletin de l'IIAP*, n° 28, octobre-décembre, 1973

BOUCKAERT Geert, « La réforme de la gestion publique change-t-elle les systèmes administratifs ? », *RFAP*, n°105-106, 2003

BOUDET Jean-Francois, « La « grammaire lolftienne » » *RFDA*, novembre-décembre 2015

BOURRICAUD François, « Le modèle polyarchique et les conditions de sa survie », *RFSP*, vol. XX, n° 5, 1970

BOUVIER Michel, « La révision générale des politiques publiques et la métamorphose de l'État », *AJDA*, n° 7, février 2008

BRAIBANT Guy, « Du simple au complexe, quarante ans de droit administratif : 1953-1993 », *Études et documents du Conseil d'État*, n° 45, 1993

CAILLOSSE Jacques, « La modernisation de l'État : variations sur le modèle juridique d'administration », *AJDA*, n° 11, 20 novembre 1991

CAILLOSSE Jacques, « Le manager entre dénégation et dramatisation du droit », *Politiques et management public*, vol. 11, n° 4, 1993

CAILLOSSE Jacques, « L'administration doit-elle s'évader du droit administratif pour être efficace ? », *Politiques et management public*, vol. 7, n° 2, 1989 ; rééd. *in* LACASSE François, THOENIG Jean-Claude (dir.), *L'action publique*, Paris, l'Harmattan, coll. « Logiques politiques », 1996

CAILLOSSE Jacques, « Les figures croisées du juriste et du manager dans la politique de réforme de l'État », *RFAP*, n° 105/106, 2003

CALMETTE Jean-François, « La loi organique relative aux lois de finances (LOLF) : un texte, un esprit, une pratique », *RFAP*, n° 117, 2006

CHEVALLIER Jacques, LOCHAK Danièle, « Rationalité juridique et rationalité managériale dans l'administration française », *RFAP*, n°24, octobre-décembre 1982

CHEVALLIER Jacques, « La juridicisation des préceptes managériaux », *Politiques et management public*, vol. 11, n° 4, 1993

CHEVALLIER Jacques, « Régulation et polycentrisme dans l'administration française », *Revue administrative*, n° 301, 01/02, 1998

CHEVALLIER Jacques, ROUBAN Luc, « Introduction », n° special : « La réforme de l'État et la nouvelle gestion publique », *RFAP*, n° 105/106, 2003

CHEVALLIER Jacques, « Les orientations nouvelles des politiques de réforme administrative en France », *Pyramides*, n° 19, 2010

CHEVALLIER Jacques, « Agencification et gouvernance », *in* Conseil d'État, *Les agences : une nouvelle gestion publique ?*, Études annuelle du Conseil d'État, 2012

DUPUIS Georges, « L'adaptation des structures aux objectifs dans l'administration française », *Revue d'études comparatives Est-Ouest*, vol. 6, n° 3, 1975

GAUDEMET Paul-Marie, « Le déclin de l'autorité hiérarchique », *Dalloz,* Chron. 137, 1947

GIROUX Michel, « Les développements de la rationalisation des choix budgétaires », *Bulletin de l'IIAP*, n° 28, octobre-décembre 1973

GLEIZAL Jean-Jacques, « L'administration du XXIe siècle », *in* Jean-Michel GALABERT, Marcel-René TERCINET (dir.), *Mélanges en l'honneur du professeur Gustave Peiser*, PUG, 1995

HECQUARD-THERON Maryvonne, THERON Jean-Pierre, « Variations sur les « tendances du système administratif français » », *in Études en l'honneur du professeur Jean-Arnaud Mazères*, Paris, LexisNexis/Litec, 2009

JOBERT Bruno, LECA Jean, « Le dépérissement de l'État. À propos de « L'acteur et le système » de Michel Crozier et Erhard Friedberg », *RFSP*, vol. 30, n° 6, 1980

KESSLER Marie-Christine, « Modes et modèles de transformation de la gestion publique », *Politiques et management public*, vol. 14, n° 1, mars 1996

LE CLAINCHE Michel, « La modernisation de l'action publique (MAP) n'est pas la poursuite de la RGPP », *RFAP*, n° 145, 2013/1

LEGENDRE Pierre, « La bureaucratie, la science et le rendement », *Bulletin de l'Institut international de l'administration publique*, n° 28, 1973

MARCOU Gérard, « Changements et permanences dans le système français d'administration territoriale », *RFAP*, n° 141, 2012

MONNIER François, THUILLIER Guy, « Pour une théorie de la réforme », *Revue administrative*, n° 349, janvier 2006

NIZARD Lucien, « Administration et société : planification et régulations bureaucratiques », *Revue française de science politique*, vol. 23, n° 2, avril 1973

PAULIAT Hélène, « Un Phénix administratif : le secrétaire général de ministère », in *Mélanges en l'honneur du Professeur Henri Oberdorff*, Paris, LGDJ-Lextenso Editions, coll. « Mélanges », 2015

PERRET Bernard, « De l'échec de la rationalisation des choix budgétaires (RCB) à la loi organique relative aux lois de finances (LOLF) », *RFAP*, n° 117, 2006

PETERS B. Guy, « New Public Management » *in* BOUSSAGUET (L.), JACQUOT (S.), RAVINET (P.) (dir.), *Dictionnaire des politiques publiques*, Paris, Presses de Sciences Po, 2004

POULET-GIBOT LECLERC Nadine, « Le pouvoir hiérarchique », *RFDA*, n° 3, 2007

RIVERO Jean, « Remarques à propos du pouvoir hiérarchique », *AJDA,* 1966

ROUBAN Luc, « L'État en crise d'identité », *Revue administrative*, n° 279, mai-juin 1994

ROUBAN Luc, « Les administrations en Europe : d'une modernisation à l'autre », *RFAP*, n° 75, juillet-septembre 1995

ROUBAN Luc, ZILLER Jacques, « De la modernisation de l'administration à la réforme de l'État », *RFAP*, n° 75, 1995

SAVIGNAC Jean-Claude, « La modernisation de l'action publique : de la RGPP à la MAP », *Les Cahiers de la fonction publique et de l'administration*, n° 329, janvier-février 2013

SPANOU Calliope, « Abandonner ou renforcer l'État wébérien ? », *RFAP*, n° 105/106, 2003

THOENIG Jean-Claude, « La stratification » *in* CROZIER Michel, *Où va l'administration française ?*, Ed. d'Organisation, coll. Sociologie des organisations, 1974

TIMSIT Gérard, BELLOUBET-FRIER Nicole, « L'administration en chantiers », *RDP*, avril 1994

ZILLER Jacques, « Vrais et faux changements dans les administrations en Europe », *RFAP,* n°105-106, 2003

Numéros thématiques :
- « De la modernisation de l'administration à la réforme de l'État », *RFAP*, n° 75, juillet-septembre 1995
- « La réforme de l'État et la nouvelle gestion publique : mythes et réalités », *RFAP*, n° 105-106, 2003
- « Généalogies de la réforme de l'État », *RFAP*, n° 120, 2006
- « Modernisation de l'État », *Notes bleues de Bercy*, n° 320, janvier 2007

- « Le modèle français d'administration publique », *Cahiers de la fonction publique et de l'administration*, n° 265, mars 2007
- « Le nouveau management public », *RISA*, vol. 74, n° 1, mars 2008
- « La révision générale des politiques publiques », *RFAP*, n° 136, 2010
- « Rationalité juridique vs. rationalité managériale ? », *Droit et société*, n° 84, 2013

B. La coordination garante d'une unité administrative territoriale

Ouvrages, thèses, rapports

ASSEMBLÉE NATIONALE, *Rapport d'information sur l'équilibre territorial des pouvoirs*, n° 2881, Commission des lois constitutionnelles, de la législation et de l'administration générale de la République, rapp. Michel Piron, 22 février 2006

ALBERTINI Jean-Benoît, *Contribution à une théorie de l'État déconcentré*, Bruxelles, Bruylant, coll. « Publications de la Faculté de droit de l'Université René Descartes », 1999

COUR DES COMPTES, *Rapport public thématique : « L'organisation territoriale de l'État »*, juillet 2013

ENA, *Séminaire sur l'interministérialité au niveau local : analyse comparée du rôle des préfets et des représentants de l'État en Europe*, coord. par CABANE M., promotion Nelson Mandela, 2000

ENA-Direction de l'Information, *L'administration territoriale de l'État : les relations entre le niveau national et le niveau régional*, Rapport du groupe n°19, Promotion 2008-2010, février 2010

GLEIZAL Jean-Jacques (dir.), *Le retour des préfets ?*, Grenoble, PUG, 1995

MERCIER Michel (rap.), *Rapport d'information au nom de la mission commune d'information du Sénat chargée de dresser le bilan de la décentralisation et de proposer les améliorations de nature à faciliter l'exercice des compétences locales*, Sénat, n° 447, Tome 1, 2000

ROUBAN Luc, *La République territoriale. Une singularité française en question*, Paris, La Documentation française, 2015

SÉNAT, *Rapport d'information sur les préfectures et la réorganisation territoriale*, Rapport d'information n° 77 fait au nom de la commission des finances du Sénat, rapp. Michèle André, 16 octobre 2013

Articles de revue, contributions à un ouvrage collectif

ALBERTINI Jean-Benoît, JALLET Sébastien, « Les nouveaux visages de l'État territorial », *Pouvoirs locaux*, n° 91, IV, 2011

CAILLOSSE Jacques, « Retour sur le couple décentralisation/déconcentration. Une décentralisation sans transfert de pouvoir normatif n'est-elle qu'une figure masquée de la déconcentration ? », *Pouvoirs locaux*, n° 98, III, 2013

CHAUVIN Francis, « L'exercice de l'autorité au sein de l'État : le préfet et ses collaborateurs », *in* CURAPP, *La loi du 28 pluviôse an VII*, Paris, PUF, 2000

CHEVALLIER Jacques, « Synthèse », *in* CURAPP, *La loi du 28 pluviôse an VIII deux cents ans après : survivance ou pérennité ?*, PUF, 2000

CHEVALLIER Jacques, « La reconfiguration de l'administration centrale », *RFAP*, n° 116, 2005

CHEVALLIER Jacques, « L'État central : quelles évolutions ? Quels enjeux ? », *Cahiers français*, n° 346, septembre-octobre 2008

de MONTRICHER Nicole, « L'administration territoriale de la République : une idée en quête de réalité », *in* Françoise DREYFUS, Jean-Michel EYMERI (dir.), *Science politique de l'administration. Une approche comparative*, Paris, Economica, coll. « Études politiques », 2006

GOHIN Olivier, « Les origines de la réforme de l'État territorial », *Regards sur l'actualité*, n° 313, août-septembre 2005

LECOMTE Catherine, « De l'intendant au préfet : rupture ou continuité ? », *in* CURAPP, *La loi du 28 pluviôse an VIII deux cents ans après : survivance ou pérennité ?*, PUF, 2000

OBERDORFF Henri, FROMONT Jean-Charles, « L'institution préfectorale entre tradition et modernité », in Jean-Jacques GLEIZAL (dir.), *Le retour des préfets ?*, PUG, 1995

PONTIER Jean-Marie, « Le nouveau préfet », *AJDA*, 26 avril 2010

ROUBAN Luc, « Les préfets sous la Cinquième République », *Revue administrative*, n° 317, septembre-octobre 2000

ROUBAN Luc, GREMION Catherine, CONTET Pierre, CASSESE Sabino..., « L'institution préfectorale », *RFAP*, n° 96, 2000

ROUBAN Luc, « Les secrétaires généraux », *Cahiers de la fonction publique et de l'administration*, n° 258, avril-août 2006

Numéros thématiques :
- « La décentralisation : réforme de l'État? », *Pouvoirs locaux*, n° 55, décembre 2002
- « Décentralisation, État et territoires », *Cahiers français*, n° 318, janvier-février 2004
- « La réforme des collectivités territoriales », *RFAP*, n° 141, 2012
- « Le prélude de la réforme territoriale ? », *AJDA*, 24 mars 2014
- « Les exécutifs locaux », *RFAP*, n° 154, 2015
- « Loi NOTRe : un vrai big bang territorial ? », *AJDA*, n° 34, 19 octobre 2015

2. LA COORDINATION-INTÉGRATION, OUTIL DE COHÉRENCE POLITIQUE

A. La coordination au cœur de l'action gouvernementale

Ouvrages, thèses, rapports

BIRNBAUM Pierre, *Les sommets de l'État - Essai sur l'élite du pouvoir en France*, Paris, Seuil, 1977

BODIGUEL Jean-Louis, QUERMONNE Jean-Louis, *La haute fonction publique sous la Ve Republique*, Paris, PUF, coll. « Politique d'aujourd'hui », 1983

CHAGNOLLAUD Dominique, *Les cabinets ministériels, côté cour*, Paris, L'Harmattan, 2000

CLAISSE Alain, *Le Premier ministre de la Vᵉ République*, Paris, LGDJ, coll. « Bibliothèque constitutionnelle et de science politique », 1972

CONSEIL D'ÉTAT- INSPECTION GÉNÉRALE DES FINANCES, *Rapport sur la coordination du travail interministériel*, n° 2007-M-020-01, juillet 2007

de BAECQUE Francis, *Qui gouverne la France ? Essai sur la répartition du pouvoir entre le chef de l'État et le chef du Gouvernement*, Paris, PUF, 1976

de BAECQUE Francis, QUERMONNE Jean-Louis, *Administration et politique sous la Vᵉ République*, Paris, Presses de la FNSP, 1982

ENA, *Le travail gouvernemental*, Rapports de séminaires (1993-1995), Paris, La Documentation française, 1996

ENA, *Pratique de l'interministérialité*, Fiches thématiques, Cycles d'approfondissement et d'actualisation des connaissances (CAAC), 2007

EYMERI-DOUZANS Jean-Michel, BIOY Xavier, MOUTON Stéphane (dir.), *Le règne des entourages. Cabinets et conseillers de l'exécutif*, Paris, Sciences Po-Les Presses, 2015

FOURNIER Jacques, *Le travail gouvernemental*, Paris, Presses de la FNSP-Dalloz, 1987

GAILLARD Maurice, *Les directives présidentielles*, Lyon, Presses Universitaires de Lyon, 1979

GUISELIN Jean, *Le Secrétariat général du Gouvernement*, Thèse en droit public, Universite Pantheon-Assas, dir. Guillaume Drago, 2015

HAYEM Raymond, *Le Conseil des ministres sous Louis-Philippe*, Paris, Thèse, Droit, 1939

HAYWARD Jack, WRIGHT Vincent, *Governing from the centre: core executive coordination in France*, Oxford, Oxford University Press, 2002

INSTITUT FRANÇAIS DES SCIENCES ADMINISTRATIVES, *Les superstructures des administrations centrales*, Cahiers de l'IFSA, n° 8, 1973

INSTITUT FRANÇAIS DES SCIENCES ADMINISTRATIVES, *Le Secrétariat général du Gouvernement*, Paris, Economica, 1986

KESSLER Marie-Christine, *Les grands corps de l'État*, Paris, Presses de la FNSP, 1986

LAURENT Dominique, SANSON Marc (dir.), *Le travail gouvernemental*, Paris, La Documentation française, 1996

LIJPHART Arend, *Patterns of Democracy: Government Forms and Performance in Thirty-Six Countries*, New Haven, Yale University Press, 1999

LYONNET Alain, *Problèmes de coordination interministérielle sous l'égide du Premier Ministre*, Thèse, Paris, décembre 1968

MENY Yves, *Politique comparée - Les démocraties : États-Unis, France, Grande-Bretagne, Italie, RFA*, Paris, Montchrestien, 3e éd., 1991

MENY Yves, *Le système politique français*, Paris, Montchrestien, coll. « Clefs Politique », 6e éd., 2008

OCDE, *Co-ordination at the Centre of Government*, OECD Publishing, Sigma Papers, n° 35, 2004

PAGE Edward C., WRIGHT Vincent (dir.), *Bureaucratic elites in western European States. A comparative analysis of top Officials*, Oxford, Oxford University Press, 1999

PARIENTE Alain, *Recherches sur l'action du Premier ministre sous la Cinquième République*, Thèse de doctorat en droit, dir. Dimitri Georges LAVROFF, Université Montesquieu-Bordeaux IV, 2000

PETERS B. Guy, RHODES Rod A.W., WRIGHT Vincent (dir.), *Administering the summit: administration of the core executive in developed countries*, Basingstoke, Macmillan, 2000

PY Roselyne, *Le Secrétariat général du Gouvernement*, Paris, La Documentation francaise, coll. « Notes et études documentaires », 1985

RAADSCHELDERS Jos C.N., *Government. A Public Administration Perspective*, London, Sharpe, 2003

REMOND René, COUTROT Aline, BOUSSARD Isabelle, (dir.), *Quarante ans de cabinets ministériels*, Paris, Presses de la FNSP, 1982

SCHRAMECK Olivier, *Les cabinets ministériels*, Dalloz, coll. « Connaissance du droit », 1995

SCHRAMECK Olivier, *Matignon rive gauche, 1997-2001*, Paris, Ed. du Seuil, 2001

SCHRAMECK Olivier, *Dans l'ombre de la République. Les cabinets ministériels*, Paris, Dalloz, 2006

SIEDENTOPF Heinrich (dir.), *La coordination de la politique gouvernementale*, Paris, Ed. Cujas, 1976

THUILLIER Guy, *Regards sur la haute administration*, Paris, Economica, 1979

THUILLIER Guy, *Les cabinets ministériels*, PUF, Que sais-je ?, 1982

VERRIER Patrice, *Les services de la Présidence de la République*, PUF, 1971

Articles de revue, contributions à un ouvrage collectif

AUTEXIER Christian, HEPPENHEIMER Mireille, « Essai de définition de l'administration de mission », *Bulletin de l'IIAP*, n° 18, avril-juin 1971

AVRIL Pierre, « Diriger le gouvernement », *Pouvoirs*, n° 83, novembre 1997, p. 38

BIGAUT Christian, « Les cabinets, diplomates de l'interministériel et de l'arbitrage », *in* EYMERI-DOUZANS Jean-Michel, BIOY Xavier, MOUTON Stéphane (dir.), *Le règne des entourages. Cabinets et conseillers de l'exécutif*, Paris, Sciences Po-Les Presses, 2015

CANNAC Yves, « La « machine élyséenne » (1974-1981) », *in* BERNSTEIN Serge, REMOND René, Jean-Francois SIRINELLI (dir.), *Les Années Giscard. Institutions et pratiques politiques (1974-1978)*, Paris, Fayard, 2003.

COHEN Samy, « Le Secrétariat général de la Présidence de la République » *in* de BAECQUE Francis, QUERMONNE Jean-Louis, *Administration et politique sous la Vᵉ République*, Presses de la FNSP, 1982

CONAC Gérard, « Le Secrétariat général du Gouvernement : cinquante ans d'histoire », *in* Institut Français des Sciences Administratives (IFSA), *Le Secrétariat général du Gouvernement,* Paris, Economica, 1986

COUTROT Aline, « Les membres des cabinets du Premier ministre et du Président de la République », de BAECQUE Francis, QUERMONNE Jean-Louis, *Administration et politique sous la Vᵉ République*, Presses de la FNSP, 1982

CONAC Gérard, « Le Secrétariat général du Gouvernement : cinquante ans d'histoire », *in* IFSA, *Le Secrétariat général du Gouvernement*, Paris, Economica, 1986

de BAECQUE Francis, « Le rôle du chef du gouvernement et de ses services dans la coordination et la détermination des priorités », *Rapport au Colloque international de Spire*, Institut international des sciences administratives, 1974

DENOIX de SAINT MARC Renaud, « Le secrétaire général du Gouvernement », *Revue des sciences morales et politiques*, n° 2, 2002

FAVRE Pierre, HAYWARD Jack, SCHEMEIL Yves (dir.), *Être gouverné. Études en l'honneur de Jean Leca*, Paris, Presses de Sciences Po, 2003

FOUCAUD Fabien, « Le secrétaire général de l'Élysée : éclairage sur la présidentialisation du régime », *RDP*, n° 4, 2010

FOURNIER Jacques, « Le Secrétariat général du gouvernement », *in* IFSA, *Le Secrétariat général du Gouvernement*, Paris, Economica, 1986

KESSLER Marie-Christine, « Le cabinet du Premier ministre et le Secrétariat général du gouvernement *in* de BAECQUE Francis, QUERMONNE Jean-Louis, *Administration et politique sous la Vᵉ République*, Presses de la FNSP, 1982

KESSLER Marie-Christine, « Les grands corps de l'État », *Revue administrative*, 1986

KOUBI Geneviève, « Les circulaires du Premier ministre », *in Mélanges G. Dupuy*, Paris, LGDJ, 1997

LONG Marceau, « Le secrétaire général du Gouvernement », *in Les services du Premier ministre, conférences*, PUAM, 1981

MAGNON Xavier, » L'organisation particulière du Secrétariat général de l'Élysée et du cabinet du Premier ministre », *in* EYMERI-DOUZANS Jean-Michel, BIOY Xavier, MOUTON Stéphane (dir.), *Le règne des entourages. Cabinets et conseillers de l'exécutif*, Paris, Sciences Po-Les Presses, 2015

MENY Yves, « A la jonction du politique et de l'administratif : les hauts fonctionnaires », *Pouvoirs*, 1987, n° 40

MIHULEAC Emil, « La science de la direction. La coordination, attribut de la direction », *RIDC*, vol. 40, n° 3, 1988

OBERDORFF Henri, « L'administration des sommets de l'État », *RFAP*, n° 83, juillet-septembre 1997

OBERDORFF Henri, « Le travail gouvernemental : ses structures et ses procédures », *in Institutions et vie politique*, Paris, La Documentation française, coll. « Les notices », 2003

PETERS B. Guy, « Managing Horizontal Government: the Politics of Co-ordination », *Canadian Centre for Management Development*, Research Paper n° 21, 1998

PETITCOLLOT Pascal, « La mémoire du travail gouvernemental », *RFAP*, n° 102, avril-juin 2002

PISANI Edgar, « Administration de gestion, administration de mission », *RFSP*, n° 2, 1956

ROUBAN Luc, « Les cabinets ministériels, 1984-1996 », *Revue administrative*, 1997

ROUBAN Luc, « Les entourages de l'Élysée et de Matignon », *Revue administrative*, 1998

SCHNUR Roman, « Le rôle du chef du gouvernement et ses services dans la coordination et la détermination des priorités. Introduction », *in*

Heinrich SIEDENTOPF (dir.), *La coordination de la politique gouvernementale*, Paris, Ed. Cujas, 1976

WIENER Céline, « Les divers systèmes de coordination du travail gouvernemental », *in* IFSA, *Le Secrétariat général du Gouvernement*, Paris, Economica, 1986

Numéro thématique :
« Administrer le sommet de l'exécutif' », *RFAP,* n° 83, juillet-septembre 1997
« Le Premier ministre », *Pouvoirs*, n° 83, novembre 1997

B. La coordination à l'interface d'espaces décisionnels

Ouvrages, thèses, rapports

ANDERSEN Sven S., ELIASSEN Kjell A., *Making Policy in Europe, the Europeification of national policy-making*, London, Sage, 1993, rééd. 2001

ARNAUD André-Jean, *Critique de la raison juridique. Gouvernants sans frontières. Entre mondialisation et post-mondialisation*, Tome 2, Paris, LGDJ, coll. « Droit et Société », 2003

AUBER Emmanuel, CERVELLE Delphine, *Les collectivités territoriales*, Paris, Armand Colin, 2015

AUBY Jean-Bernard, DUTHEIL DE LA ROCHERE Jacqueline, *Droit administratif européen*, Bruxelles, Bruylant, 2007

BACHE Ian, FLINDERS Matthew (dir.), *Multi-Level Governance*, Oxford University Press, 2004

BADIE Bertrand, DEVIN Guillaume (dir.), *Le multilatéralisme : nouvelles formes de l'action internationale*, Paris, La Découverte, coll. « Textes à l'appui. Relations internationales », 2007

BALME Richard, GARRAUD Philippe, HOFFMANN-MARTINOT Vincent, RITAINE Evelyne, *Le territoire pour politique : variations européennes*, Paris, L'Harmattan, coll. « Logiques politiques », 1994

BALME Richard, FAURE Alain, MABILEAU Albert, *Politiques locales et transformation de l'action publique en Europe*, Grenoble, CERAT, 1998

BALME Richard, FAURE Alain, MABILEAU Albert, *Les nouvelles politiques locales : dynamiques de l'action publique*, Paris, Presses de Sciences Po, 1999

BASLE Maurice, *Économie politique de la coordination en Europe*, Paris, Economica, 2000

FRANÇOIS Bastien, NEVEU Erik (dir.), *Espaces publics mosaïques. Acteurs, arènes et rhétoriques, des débats publics contemporains*, Presses Universitaires de Rennes, coll. « Res publica », 1999

BOISSON de CHAZOURNES Laurence, MEHDI Rostane (dir.), *Une société internationale en mutation : quels acteurs pour une nouvelle gouvernance*, Bruxelles, Bruylant, coll. « Travaux de droit international et européen », 2005

BLUMANN Claude, DUBOUIS Louis, *Droit institutionnel de l'Union européenne*, Paris, Lexis Nexis, coll. « Manuel », 6e éd., 2016

BULMER S., LEQUESNE Christian (dir.), *The Member States of the European Union*, Oxford, Oxford University Press, 2005

CAILLOSSE Jacques, *Les « mises en scène » juridiques de la décentralisation. Sur la question du territoire en droit public français,* Paris, LGDJ, coll. « Droit et Société », 2009

CINI Michelle, *The European Commission. Leadership, Organization and Culture in the EU Administration*, Manchester, Manchester University Press, 1996

CLAMEN Michel, *Bruxelles au jour le jour : petit guide des négociations communautaires*, Paris, La Documentation française, 1996

COMMAILLE Jacques, JOBERT Bruno, *Les métamorphoses de la régulation politique*, Paris, LGDJ, coll. « Droit et société », 1998

COMMISSION EUROPÉENNE, *Gouvernance européenne, un livre blanc*, Bruxelles, Document COM (2001), 2001

CROZIER Michel, FRIEDBERG Erhard, *L'acteur et le système : les contraintes de l'action collective*, Paris, Le Seuil, coll. « Sociologie politique », 1977

CURAPP, *La gouvernabilité*, Paris, PUF, 1996

d'ARCY François, ROUBAN Luc (dir.), *De la Ve République à l'Europe - Hommage à Jean-Louis Quermonne*, Paris, Presses de la FNSP, 1996

de CLAUSADE Jocelyne, *L'adaptation de l'administration française à l'Europe*, Paris, La Documentation française, 1991

DEGRON Robert, *Vers un nouvel ordre territorial français en Europe*, Paris, LGDJ, coll. « Systèmes Droit », 2014

DEHOUSSE Renaud (dir.), *L'Europe sans Bruxelles ? : une analyse de la méthode ouverte de coordination*, Paris, L'Harmattan, coll. « Logiques politiques », 2004

DELCAMP Alain, LOUGHLIN John (dir.), *La décentralisation dans les États de l'Union européenne*, Paris, La Documentation française, 2003

de SENARCLENS Pierre, *La mondialisation. Théories, enjeux et débats*, Paris Armand Colin, coll. « U-Science Politique » , 4e éd., 2005

DURAN Patrice, *Penser l'action publique*, Paris, LGDJ-Lextenso Editions, coll. « Droit et société », 2010

EGEBERG Morten (dir.), *Multilevel Union Administration. The Transformation of Executive Politics in Europe*, Basingstoke, Palgrave Mac Millan, 2006

FAURE Alain, LERESCHE Jean-Philippe, MULLER Pierre, NAHRATH Stéphane, *Action publique et changements d'échelles : les nouvelles focales du politique*, Paris, L'Harmattan, coll. « Logiques politiques », 2007

FAURE Bertrand, *Droit des collectivités territoriales*, Paris, Dalloz, coll. « Précis Droit Public », 4e éd. 2016

FEATHERSTONE Kevin, RADAELLI Claudio Maria, *The Politics of Europeanization*, Oxford, Oxford University Press, 2003

GAUDIN Jean-Pierre, *Pourquoi la gouvernance ?,* Paris, Presses de la FNSP, 2002

GREMION Pierre, *Le pouvoir périphérique. Bureaucrates et notables dans le système politique français*, Paris, Seuil, 1976

HABERMAS Jürgen, *Après l'État-nation*, Paris, Fayard, 2000

HAYWARD Jack, MENON Anand (dir.), *Governing Europe*, Oxford, Oxford University Press, 2003

HOFFMANN-MARTINOT Vincent, SORBETS Claude (dir.), *Démocraties locales en changement*, Paris, Pedone, 2003

HOOGHE Liesbet, MARKS Gary, *Multi-Level Governance and European Integration*, Lanhman, Rowman & Littlefield, 2001

KASSIM Hussein, PETERS B. Guy, WRIGHT Vincent (dir.), *The national co-ordination of EU Policy: the Domestic Level*, Oxford, Oxford University Press, 2e éd., 2003

KASSIM Hussein, PETERS B. Guy, WRIGHT Vincent (dir.), *The national co-ordination of EU Policy: the European level,* Oxford, Oxford University Press, 2e éd., 2004

KOOIMAN Jan (dir.), *Modern Governance. New Government-Society Interactions*, Londres, Sage, 1993

LACHAUME Jean-François, *Le droit administratif : permanences et convergences*, Paris, Dalloz, 2007

LADEUR Karl-Heinz (dir.), *Public governance in the age of globalization*, Aldershot, Ashgate, 2004

LANCERON Virginie, *Du SGCI au SGAE. Évolution d'une administration au cœur de la politique européenne de la France*, Paris, L'Harmattan, coll. « Logiques juridiques », 2007

LEQUESNE Christian, *Paris-Bruxelles. Comment se fait la politique européenne de la France*, Paris, Presses de la FNSP, 1993

LEQUESNE Christian, SUREL Yves, *L'intégration européenne. Entre émergence constitutionnelle et recomposition de l'État*, Paris, Presses de Sciences po., 2004

MABILEAU Albert (dir.), *À la recherche du local*, Paris, Montchrestien, coll. « Clefs Politique », 2e éd., 1994

MARCOU Gérard (dir.), *Decentralization and Local Democracy in the World*, World Bank and United Cities and Local Goverments co-publication, First Gobal Report, 2008
MOREAU-DEFARGES Philippe, *L'ordre mondial*, Paris, Armand Colin, 2003

MOREAU-DEFARGES Philippe, *La gouvernance*, Paris, PUF, coll. « Que sais-je », 5e éd., 2015

NAY Olivier, SMITH Andy (dir.), *Le gouvernement du compromis. Courtiers et généralistes dans l'action publique*, Paris, Economica, 2002

PALIER Bruno, SUREL Yves, *L'Europe en action : l'européanisation dans une perspective compare*, Paris, L'Harmattan, coll. « Logiques politiques », 2007

PASQUIER Romain, SIMOULIN Vincent, WEISBEIN Julien (dir.), *La gouvernance territoriale. Pratiques, discours et théories*, Paris, LGDJ, coll. « Droit et société », 2007

PETERS B. Guy, *Governance, Politics and the State*, Basingstoke, Macmillan, 2000

PETITEVILLE Franck, *La face nationale de la gouvernance communautaire*, Institut européen d'administration publique, Maastricht, 199

ASSEMBLEE NATIONALE, *Rapport d'information sur la clarification des compétences des collectivités territoriales*, n° 1153, Commission des lois constitutionnelles, de la législation et de l'administration générale de la République, rapp. : Didier Quentin, Jean-Jacques Urvoas, 8 octobre 2008

ROCHE Jean-Jacques, *Relations internationales*, Paris, LGDJ, coll. « Manuel », 7e éd., 2014

SASSEN Saskia, *The Global City*, Princeton University Press, 2e éd., 2001

SAURON Jean-Luc, *Droit communautaire et décision nationale*, Paris, LGDJ, coll. « Systèmes », 1998

SAURON Jean-Luc, LANCERON Virginie, *L'administration nationale et l'Europe*, Paris, La Documentation française, coll. « Réflexe Europe », 2008

SAURON Jean-Luc, *Cours d'institutions européennes. Le puzzle européen*, Paris, Gualino, coll. « Manuels », 3e éd., 2008

SIGMA-OCDE, *Preparing Public Administrations for the European Administrative Space*, Paris, 1998

SUR Serge, *Relations internationales*, Paris, Montchrestien, coll. « Domat politique », 6e éd., 2011

TELO Mario (dir.), *Démocratie et construction européenne*, Bruxelles, éd. de l'Université de Bruxelles, 1995

TOURME-JOUANNET Emmanuelle, *Le droit international*, Paris, PUF, coll. « Que sais-je », 2013

VERGES Jean (dir.), *L'Union européenne et les collectivités territoriales*, Paris, Economica, 1997

VERPEAUX Michel, WASERMAN Franck, RIMBAULT Christine, *Les collectivités territoriales et la décentralisation*, Paris, La Documentation française, 2015

von BOGDANDY Armin, MAVROIDIS Petros, MENY Yves, *European integration and international co-cordination*, La Hague, Kluwer Law International, 2002

WALLACE Helen, WALLACE Mark A., YOUNG Alasdair R. (dir.), *Policy-Making in the European Union*, Oxford, Oxford University Press, 6e éd., 2010

Articles de revue, contributions à un ouvrage collectif

ABELES Marc, BELLIER Irène, « La Commission européenne : du compromis culturel à la culture politique du compromis », *RFSP*, vol. 46, n° 3, 1996

AFFICHARD Joëlle (dir.), « Décentralisation et coordination : les principaux modèles d'analyse », *Actes de journées organisées par le Ministère de l'Equipement, des Transports et du Tourisme pour le Ministère de l'Environnement*, Paris, Institut international de Paris La Défense, 1994

AFFICHARD Joëlle, *Décentralisation des organisations et problèmes de coordination : les principaux cadres d'analyse*, Paris, L'Harmattan, coll. « Logiques sociales », 1997

ALCARAZ Hubert, « L'État des autonomies après l'arrêt du Tribunal constitutionnel espagnol sur le nouveau Statut de la Catalogne. Commentaire de l'arrêt 31/2010 du 28 juin 2010 », *RFDA*, n° 2, mars-avril 2011

AZOULAY Loïc, « L'élaboration de la norme communautaire : réflexion sur la place des sources nationales et le rôle des opérateurs » *in* BERGE Jean-Sylvestre, NIBOYET Marie-Laure., *La réception du droit communautaire en droit privé des États membres*, Bruxelles, Bruylant, 2003

BALADO RUIZ GALLEGOS Manuel, « Décentralisation et coordination administratives : deux techniques au service de l'intérêt général », *RISA*, 56 (2), 1990

BARON Catherine, « Gouvernance : débats autour d'un concept polysémique », *Droit et société*, n° 54, 2003

BECK Ulrich, « Redéfinir le pouvoir à l'âge de la mondialisation, huit thèses », *Le Débat*, n° 125, mai-août 2003

BEHAR Daniel, « Les nouveaux territoires de l'action publique », *in* PAGÈS Dominique, PELISSIER Nicolas, *Territoires sous influence. 1*, Paris, L'Harmattan, coll. « Communication et civilisation », 2000

BRISSON Jean François, « Les transferts de compétences de l'État aux collectivités locales » *in Les transferts de compétences de l'État aux collectivités locales*, Actes des journées de l'AFDCL des 19 et 20 septembre 2007, Paris, l'Harmattan, 2009

CAILLOSSE Jacques, « Les politiques locales et la recomposition de l'action publique », *Droit et société*, vol. 30, 2000

CAILLOSSE Jacques, « Questions sur l'identité juridique de la « gouvernance », *in* Romain PASQUIER, Vincent SIMOULIN, Julien WEISBEIN (dir.), *La gouvernance territoriale. Pratiques, discours et théories*, Paris, LGDJ, coll. « Droit et société », 2007

CAILLOSSE Jacques, « La décentralisation comme objet d'analyse juridique. Les leçons de Charles Eisenmann », *in* Jacques CAILLOSSE, *Les « mises en scène » juridiques de la décentralisation. Sur la question du territoire en droit public français,* Paris, LGDJ, coll. « Droit et Société », 2009

CARNULETTI Alexandre, « L'administration française face à la règle communautaire », *RFAP*, n° 48, octobre-décembre 1988

CHEVALLIER Jacques, « Décentralisation et politiques publiques », *AJDA*, 20 avril 1992

CROZIER Michel, THOENIG Jean-Claude, « La régulation des systèmes organisés complexes. Le cas du système de décision politico-administratif local en France », *Revue française de sociologie*, 16 (1), janvier-mars 1976

DEHOUSSE Renaud, « Les États et l'Union européenne : les effets de l'intégration », *in* WRIGHT Vincent, CASSESE Sabino (dir.), *La recomposition de l'État en Europe*, Paris, La Découverte, 1996

DELGADO DEL RINCON Luis E., « Espagne. L'équilibre entre unité et diversité : les réformes statutaires dans l'état des autonomies », *Confluences Méditerranée*, n° 73, 2010

DELMAS-MARTY Mireille, « La grande complexité juridique du monde », *in Mélanges Gérard Timsit*, Bruylant, 2005

de MONTALIVET Pierre, « La coopération interrégionale. État des lieux et perspectives », *in* FIALAIRE Jacques, de MONTALIVET Pierre (dir.), *Coopération locale et territoire*, Paris, LexisNexis-Litec, coll. « Colloques et débats », 2008

DOUILLET Anne-Cécile, « Les élus ruraux face à la territorialisation de l'action publique », *RFSP*, vol. 53, n° 4, août 2003

DUPUY François, THOENIG Jean-Claude, « Le système politico-administratif territorial » *in Sociologie de l'administration française*, Paris, Armand Colin, 1983

DURAN Patrick, THOENIG Jean-Claude, « L'État et la gestion publique territoriale », *RFSP*, n° 46 (4), 1996

FRANCHINI Claudio, « Les notions d'administration indirecte et de coadministration », *in* AUBY Jean-Bernard, DUTHEIL DE LA ROCHERE Jacqueline, *Droit Administratif Européen*, Bruxelles, Bruylant, 2007

GREMION Pierre, « Introduction à une étude du système politico-administratif local », *Sociologie du travail*, janvier-mars 1970

HÉRITIER Adrienne, « La régulation comme « patchwork ». La coordination de la multiplicité des intérêts dans le processus décisionnel européen », *Politix*, vol. 14, n° 55, 2001

HOOGHE Liesbet, MARKS Gary, « Types of Multi-Level Governance », *Cahiers européens de Sciences Po*, n° 3, 2002

JABKO Nicolas, « Comment la France définit ses intérêts dans l'Union européenne ? », *RFSP*, vol. 55, n° 2, avril 2005

JACQUINOT Nathalie, « La coopération décentralisée, entre facilité et complexité », *in Études en l'honneur du professeur Jean-Arnaud Mazères*, Paris, LexisNexis, coll. « Mélanges », 2009

LADRECH Robert, « Europeanization of Domestic Politics and Institutions: The case of France », *Journal of Common Market Studies*, vol. 32, 1994

LANCERON Virginie, « La France et le processus décisionnel européen. Le Secrétariat général des affaires européennes au cœur des relations Paris-Bruxelles », *AFRI*, vol. IX, 2008

LAUFER Romain, « L'action publique face à la mondialisation », *Politiques et management public*, vol. 21, n° 2, juin 2003 – n° 3, septembre 2003

LE GALES Patrick, « Du gouvernement des villes à la gouvernance urbaine », *RFSP*, vol. 45, n° 1, février 1995

LE GALES Patrick, « Régulation, gouvernance et territoire » *in* COMMAILLE Jacques, JOBERT Bruno (dir.), *Les métamorphoses de la régulation politique*, Paris, LGDJ, 1999

LE GALES Patrick, « Gouvernance », *in* BOUSSAGUET Laurie, JACQUOT Sophie, RAVINET Pauline (dir.), *Dictionnaire des politiques publiques*, Paris, Presses de Sciences Po, 2004

LELOUP Fabienne, POYART Laurence, PECQUEUR Bernard, « La gouvernance territoriale comme nouveau mode de coordination territoriale ? », *Géographie Économie Société*, vol. 7, n° 4, 2005

MARCOU Gérard, « Décentralisation, État et territoires », *Cahiers français*, n° 318, janvier-février 2004

MAUS Didier, « Préface » *in* SAURON Jean-Luc, *L'administration française et l'Union européenne*, Paris, La Documentation française, 2000

MENON Anand, « L'administration française à Bruxelles », *RFSP*, vol. 51, n° 5, 2001

MILANI Carlos, « La complexité dans l'analyse du système-monde : l'environnement et les régulations mondiales » *in* « Complexité à l'œuvre », *Droit et société*, n° 46, 2000

MOREAU DEFARGES Philippe, « Mondialisation, multilatéralisme et gouvernance globale », *AFRI*, vol. 6, 2005

MULLER Pierre, « Gouvernance européenne et globalisation », *Revue internationale de politique comparée*, vol. 6, n° 3, 1999

NAHRATH Stéphane, VARONE Frédéric, « Les espaces fonctionnels comme changements d'échelles de l'action publique », *in* FAURE Alain, LERESCHE Jean-Philippe, MULLER Pierre, NAHRATH Stéphane, *Action publique et changements d'échelles : les nouvelles focales du politique*, Paris, L'Harmattan, coll. « Logiques politiques », 2007

PASQUIER Romain, WEISBEIN Julien, « La « gouvernance territoriale » : une perspective pragmatique », *in* PASQUIER Romain, SIMOULIN Vincent, WEISBEIN Julien (dir.), *La gouvernance territoriale. Pratiques, discours et théories*, Paris, LGDJ, coll. « Droit et société », 2007

PASQUIER Romain, « Quand le local rencontre le global : contours et enjeux de l'action internationale des collectivités territoriales », *RFAP*, n° 141, 2012

RADAELLI Claudio, « Wither Europeanization? Concept stretching and substantive change », *EIOP*, vol. 4, n° 8, 2000

RHODES Rod A.W., « The new governance: Governing without government », *Political studies*, n° 44, 1996

RIDEAU Joël, PEREZ Sophie, « La place des régions dans le système institutionnel de l'Union européenne », *in* VERGES Jean (dir.), *L'Union européenne et les collectivités territoriales*, Paris, Economica, 1997

SAURUGER Sabine, SUREL Yves, « L'européanisation comme processus de transfert de politique publique », *Revue internationale de politique comparée*, vol. 13, 2006/2

SCHARPF Fritz W., « European Governance », *Jean Monnet Working Paper*, 07/71, 2001

SCHARPF Fritz W., « La diversité légitime : nouveau défi de l'intégration européenne », *RFSP*, vol. 52, n° 5/6, octobre-décembre 2002

SCHMIDT-ASSMANN Eberhard, « Où va l'administration européenne ? », *in Études Gérard Timsit*, Bruxelles, Bruylant, coll. « Mélanges », 2005

TELO Mario, « Governance and Government in the European Union » *in* Maria Joao RODRIGUES (dir.), *The New Knowledge Economy in Europe: A Strategy for International Competitiveness and Social Cohesion*, Edward Elgar Pub, New Ed edition, 2003

THOENIG Jean-Claude, CROZIER Michel, « La régulation des systèmes organisés complexes. Le cas du système politico-administratif local en France », *Revue française de sociologie*, vol. 16, n° 1, 1975

THOENIG Jean-Claude, DURAN Patrice, « L'État et la gestion publique territoriale », *RFSP*, vol. 46, 1996

VIDAL Jean, « Préface » *in* SAURON Jean-Luc, *Droit communautaire et décision nationale*, Paris, LGDJ, 1998

WORMS Jean-Pierre, « Le Préfet et ses notables », *Sociologie du travail*, n° 8, juillet-septembre 1966

ZILLER Jacques, « L'interrégulation dans le contexte de l'intégration européenne et de la mondialisation », *RFAP*, n° 109, 2004

ZILLER Jacques, « Les administrations doivent faire face à l'élargissement et à l'approfondissement de l'intégration européenne, avec ou sans traité constitutionnel », *RFAP*, n° 114, 2005

ZILLER Jacques, « L'européisation du droit : de l'élargissement des champs du droit de l'Union européenne à une transformation des droits des États membres », *EUI Working Paper, Law,* n° 2006/19

ZILLER Jacques, « Introduction : les concepts d'administration directe, d'administration indirecte et de coadministration et les fondements du droit administratif européen », *in* AUBY Jean-Bernard, DUTHEIL DE LA ROCHERE Jacqueline, *Droit administratif européen*, Bruxelles, Bruylant, 2007

Numéros thématiques :
- « La Communauté, un dialogue d'administrations ? », *RFAP*, n° 63, 1992
- « L'administration de l'Union européenne », *RFAP*, n° 95, 2000
- « L'européanisation des administrations : nouvelles missions, nouveaux partenaires », *RFAP*, n° 114, 2005
- « Où en est l'administration de la Commission européenne », *RFAP*, n° 133, 2010
- « La modernisation des collectivités locales. L'étape de la loi du 27 janvier 2014 », *RFDA*, n° 3, mai-juin 2014
- « Les nouveaux lieux de décision », *Pouvoirs locaux*, n° 101, juin 2014

3. LA COORDINATION-HARMONISATION, INSTRUMENT DE CONCORDANCE JURIDIQUE

A. La coordination dans le processus de production du droit

Ouvrages, thèses, rapports

ALBERTINI Pierre (dir.) *La qualité de la loi*. Expériences française et européenne, Editions Mare et Martin, 2016

ASSEMBLEE NATIONALE, *Guide pour la rédaction des textes législatifs*, mars 2011

BOURCIER Danièle, THOMASSET Claude (dir.), *L'écriture du droit face aux technologies de l'information*, Paris, Ed. Diderot, 1996

CHATEL Elisabeth, KIRAT Thierry, SALAIS Robert (dir.), *L'action publique et ses dispositifs*, Paris, L'Harmattan, 2005

CLAMOUR Guylain, UBAUD-BERGERON Marion (dir.), *Contrats publics : mélanges en l'honneur du professeur Michel Guibal*, vol. 1/vol.2, Montpellier, Presses de la Faculté de droit de Montpellier, 2006

COLERA Christophe, *Les services juridiques des administrations centrales*, Paris, L'Harmattan, coll. « Logiques sociales », 2009

COMMAILLE Jacques, LASCOUMES Pierre, FOURNIER Catherine, *La production gouvernementale du droit*, Mission de recherche « Droit et justice », 1995

CONSEIL D'ÉTAT, *De la sécurité juridique*, Rapport public, Paris, La Documentation française, 1991

CONSEIL D'ÉTAT, *Sécurité juridique et complexité du droit*, Rapport public, Paris, La Documentation française, Études et documents n° 57, 2006

CONSEIL D'ÉTAT, *Guide pour l'élaboration des textes législatifs et réglementaires*, Paris, La Documentation française, 2e éd., 2007

CONSEIL D'ÉTAT, *Consulter autrement. Participer effectivement*, Rapport public, Paris, La Documentation française, 2011

CONSEIL D'ÉTAT, *Simplification et qualité du droit*, Étude annuelle, 2016

de BÉCHILLON Denys, CAILLOSSE Jacques, RENARD Didier, *L'analyse des politiques publiques aux prises avec le droit*, Paris, LGDJ, coll. « Droit et société », 2001

de LA ROSA Stéphane, *La méthode ouverte de coordination dans le système juridique communautaire*, Bruxelles, Bruylant, coll. « Travaux du CERIC », 2007

DRAGO Roland (dir.), *La confection de la loi*, Rapport du groupe de travail de l'Académie des sciences morales et politiques, PUF, 2005

FATIN-ROUGE STEFANINI Marthe, GRAY Laurence, PINI Joseph, *Autour de la qualité des normes. Actes du colloque d'Aix-en-Provence des 24 et 25 octobre 2008*, Bruxelles, Bruylant, coll. « À la croisée des droits », 2010

GAUDIN Jean-Pierre, *Gouverner par contrat. L'action publique en question*, Paris Presses de Sciences Po, 2e éd., 2007

GILBERG Karine, *La légistique au concret : les processus de rationalisation de la loi,* Thèse, dir. J. Chevallier, Université Panthéon-Assas (Paris 2), 2007

HOOD Christopher C., MARGETTS Helen Z. (dir.), *The Tools of Government*, London, Palgrave Macmillan, 2e éd., 2007

LACASSE François, THOENIG Jean-Claude (dir.), *L'action publique*, Paris, l'Harmattan, coll. « Logiques politiques », 1996

LANGROD Georges (dir.), *La consultation dans l'administration contemporaine*, Paris, Ed. Cujas, 1972

LASCOUMES Pierre, LE GALES Patrick (dir.), *Gouverner par les instruments*, Presses de Sciences Po, Collection « Gouvernances », 2004

LEFEVRE Silvère, *Les actes communautaires atypiques*, Bruxelles, Bruylant, coll. « Travaux du CERIC », 2006

MAITRE Philippe, *Rationalité et coordination. Un essai sur les fondements interpersonnels de la décision*, Thèse de doctorat, dir. CENTI Jean-Pierre, 1996

MARCOU Gérard, *La décision gouvernementale en Europe*, Paris, L'Harmattan, coll. « Logiques politiques », 1996

MARCOU Gérard, MODERNE Franck, *Droit de la régulation, service public et intégration* régionale, t.1 et t.2, Paris, L'Harmattan, coll. « Logiques juridiques », 2005

MARINESE Vito, *L'idéal législatif du Conseil constitutionnel. Études sur les qualités de la loi*, Thèse, Nanterre, Paris 10, 2007

MASSARDIER Gilles, *Politiques et action publiques*, Paris, Armand Colin, coll. « U Science Politique », 2003

MIAILLE Michel (dir.), *La régulation entre droit et politique*, Paris, L'Harmattan, 1995

MOCKLE Daniel, *La gouvernance, le droit et l'État : la question du droit dans la gouvernance publique*, Bruxelles, Bruylant, 2008

MORAND Charles-Albert (dir.), *L'État propulsif - Contribution à l'étude des instruments d'action de l'État*, Paris, Publisud, 1991

MORAND Charles-Albert (dir.), *Légistique formelle et matérielle*, Aix-en-Provence, PUAM, 1999

REMY Dominique, *Légistique. L'art de faire les lois*, Paris, Romillat, 1994

SARMIENTO Daniel, *El Soft Law Administrativo. Un estudio de los efectos jurídicos de las normas no vinculantes de la Administración,* Madrid, Thomson-Civitas, 2007

SEDJARI Ali (dir.) *Administration, gouvernance et décision publique*, Paris, L'Harmattan, coll. « Espaces et territoires », 2004

SENAT, *La qualité de la loi,* Note de synthèse du service des études juridiques, n° 3, octobre 2007

SENDEN Linda, *Soft Law in European Community Law*, Oxford, Hart Publishing, coll. « Modern Studies in European Law », 2004

SFEZ Lucien, *L'administration prospective*, Armand Colin, coll. « U Série Science administrative », 1970

SFEZ Lucien, *La décision*, Paris, coll. « Que sais-je ? », 2e éd., 1988

SIMON Herbert A., *Administration et processus de décision*, Paris, Economica, 1983

THIBIERGE Catherine (dir.), *La force normative. Naissance d'un concept*, Paris, LGDJ, 2009

TROPER Michel, *La théorie du droit, le droit, l'État*, Paris, PUF, coll. « Léviathan », 2001

Articles de revue, contributions à un ouvrage collectif

AMSELEK Paul, « Brèves réflexions sur la notion de "sources du droit" », *Archives de Philosophie du Droit*, t. 27, 1982

AUBY Jean-Bernard, « Prescription juridique et production juridique », *RDP*, n° 3, 1988

AVRIL Pierre, « Qui fait la loi ? », *Pouvoirs*, n° 114, septembre 2005

BERGEL Jean-Louis, « Modes de réalisation du droit », *Revue de la recherche juridique, droit prospectif*, 17 (51), 1992

BODIGUEL Jean-Louis, « Conseils restreints, comités interministériels et réunions interministérielles » *in* de BAECQUE Francis, QUERMONNE Jean-Louis, *Administration et politique sous la Ve République*, Presses de la FNSP, 1982

BONDUELLE Alexandre, *Le pouvoir d'arbitrage du Premier ministre sous la Ve République*, Paris, LGDJ, coll. « Bibliothèque constitutionnelle et de science politique », tome 94, 1997

BRAIBANT Guy, « Le rôle du Conseil d'État dans l'élaboration du droit », *in Mélanges René Chapus*, Paris, Montchrestien, 1992

BURDEAU Georges, « Essai sur l'évolution de la notion de loi en droit français », *ADP*, vol. 9, n° 1-2, 1939

CAFARO Susanna, «La méthode ouverte de coordination, l'action communautaire et le rôle politique du Conseil européen », *in Mélanges en l'hommage à Jean-Victor Louis*, Bruxelles, Ed. de l'Université de Bruxelles, 2003

CAILLOSSE Jacques, « Interrogations méthodologiques sur le « tournant » contractuel de l'action publique. Les contrats publics entre théorie juridique et sciences de l'administration »

CHEVALLIER Jacques, « La rationalisation de la production juridique », *in* Charles-Albert MORAND (dir.), *L'État propulsif - Contribution à l'étude des instruments d'action de l'État*, Paris, Publisud, 1991

CHEVALLIER Jacques, « La régulation juridique en question », *Droit et société*, n° 49, 2001

CHEVALLIER Jacques, « La normativité », *Les Cahiers du Conseil constitutionnel*, n° 21, 2006

CHEVALLIER Jacques, « La gouvernance, un nouveau paradigme étatique ? », *RFAP*, n° 105-106, 2003

CHEVALLIER Jacques, « L'État régulateur », *RFAP*, n° 111, 2004

CHEVALLIER Jacques, « Loi et contrat dans l'action publique », *Les Cahiers du Conseil constitutionnel*, n° 17, 2004

CHEVALLIER Jacques, « La place de l'administration dans la production des normes », *Droit et société*, n° 79, 2011

de BÉCHILLON Denys, « Le contrat comme norme dans le droit public positif », *RFDA*, n° 1, février 1992

DEHOUSSE Renaud, « La méthode ouverte de coordination. Quand l'instrument tient lieu de politique », *in* LASCOUMES Pierre, LE GALES Patrick (dir.), *Gouverner par les instruments*, Presses de Sciences Po, coll. « Gouvernances », 2004

de LAUBADERE André, « L'administration concertée », *in Mélanges en l'honneur du professeur Michel Stassinopoulos*, LGDJ, 1974

DELION André G., « Les conseils et comités interministériels », *AJ*, 1975

de MONTALIVET Pierre, « La « juridicisation » de la légistique. A propos de l'objectif de valeur constitutionnelle d'accessibilité et d'intelligibilité de la loi », *in* Roland DRAGO (dir.), *La confection de la loi*, Paris, PUF, coll. « Cahiers des sciences morales et politiques », 2005

DE MUNCK J., LENOBLE J., « Droit négocié et procéduralisation », *in* GERAVIL F., OST François, van de KERCHOVE Michel (dir.), *Droit négocié, droit imposé ?*, Bruxelles, Publication des Facultés Universitaires Saint-Louis, 1995

DODIER Nicolas, « Les appuis conventionnels de l'action. Eléments de pragmatique sociologique », *Réseaux*, n° 62, 1993

DURAND-PRINBORGNE Claude, « L'administration centrale de l'Education nationale et la fabrication des normes », *Droit et société*, n° 79, 2011

ERALY Alain, « Les cabinets ministériels et la décision politique », *in* Claude WILWERTH, Gabrielle JOTTRAND... (et al.), *Les cabinets ministériels et autres. Statuts, rôles et pouvoirs*, Bruxelles, Bruylant, 2001, p. 75

EYMERI-DOUZANS Jean-Michel, « Le ministre n'est plus une personne physique. Sur la collectivisation de la fonction ministérielle », *in* EYMERI-DOUZANS Jean-Michel, BIOY Xavier, MOUTON Stéphane (dir.), *Le règne des entourages. Cabinets et conseillers de l'exécutif* , Paris, Sciences Po-Les Presses, 2015

GAUDIN Jean-Pierre, « La régulation politique », *in* MARCOU Gérard, MODERNE Franck (dir.), *Droit de la régulation, service public et intégration régionale. Tome 2 : Experiences européennes*, Paris, L'Harmattan, coll. « Logiques juridiques », 2005

GEORGOPOULOS Théodore, « La méthode ouverte de coordination européenne : « En attendant Godot ? » », Rapport d'études présenté l'Institut d'études européennes des Universités de Montréal et Mc Gill, février 2015

GOHIN Olivier, « Loi et contrat dans les rapports entre collectivités publiques », *Les Cahiers du Conseil constitutionnel*, n° 17, 2004, p. 95

GONAND C., « Le Conseil des ministres sous la Ve République », *RDP*, 1988

GREMION Catherine, « Le système de décision » *in* Michel CROZIER, *Où va l'administration française ?* Editions d'Organisation, coll. « Sociologie des organisations », 1974

JEGOUZO Yves, « L'administration contractuelle en question », *in Mouvement du droit public. Mélanges F. Moderne*, Paris, Dalloz, 2004

JOBERT Bruno, « L'État en action. L'apport des politiques publiques », *RFSP*, n° 4, 1985

LALLY Armel, « Le pouvoir normatif du Conseil d'État sous l'éclairage de Marcel Waline », *RFDA*, janvier-février 2014

LANGROD Georges, « L'administration consultative », *in* LANGROD G. (dir.), *La consultation dans l'administration contemporaine*, Paris, Cujas, 1972

LEROY Yann, « La notion d'effectivité du droit », *Droit et société*, n° 79, 2011

LONG Marceau, « Le Conseil d'État et la fonction consultative : de la consultation à la décision », *RFDA*, septembre-octobre 1992

MAÏA Jean, « La légistique au Secrétariat général du Gouvernement », *Le courrier juridique des Finances et de l'Industrie*, num. spécial : « La légistique. Ou l'art de rédiger le droit », juin 2008

MARCOU Gérard, « Negotiated decision-making in French administrative law », *in* DE WAARD B. (dir.), *Negotiated decision-making*, La Haye, Boom Juridische uitgevers, 2000

MARCOU Gérard, « L'administration contractuelle », *AJDA*, n° 19, mai 2003

MARCOU Gérard, « La notion juridique de régulation », *AJDA*, n° 7, 20 février 2006

MARCOU Gérard, « Les contrats entre l'État et les collectivités territoriales, réflexions sur quelques problèmes juridiques et administratifs », *AJDA*, n°19, 19 mai 2003

MILLARD Eric, « Les limites des guides de légistique : l'exemple du droit français », *in* FLÜCKIGER Alexandre, GUY-ECABERT Christine (dir.), *Guider les parlements et les gouvernements pour mieux légiférer. Le rôle des guides de légistique*, Zürich, Schulthess, 2008

MORITA A., « Les procédés formels et informels de l'action administrative », *RFAP*, n° 73, janvier-mars 1995

NIZARD Lucien, « De la planification française, production de normes et concertation », *RFSP*, vol. XXII, n° 5, octobre 1972

PLOUVIN Joël-Yves, « Le Conseil des ministres, institution seconde », *Revue administrative*, n° 33, septembre-octobre 1980

RAPP Lucien, « Rapport introductif », *in* Serge REGOURD, Lucien RAPP (dir.), *Du contrat de partenariat au marché de partenariat*, Bruxelles, Bruylant, 2016

ROSE-ACKERMAN Susan, PERROUD Thomas, « Les études d'impact et l'analyse « coûts-avantages » : modèles américains et traditions juridiques françaises », *RFAP*, n° 149, 2014,

SCHRAMECK Olivier, « Le rôle des cabinets ministériels est aujourd'hui encore irremplaçable », *AJDA*, 2006

SIMON Herbert A., « Decision-Making and Administration Organization », *Public Administration Review*, vol. 4, n° 1, 1944

TESOKA Laurent, « Les conventions entre collectivités territoriales », *in* CLAMOUR Guylain, UBAUD-BERGERON Marion (dir.), *Contrats publics : mélanges en l'honneur du professeur Michel Guibal*, vol. 1, Montpellier, Presses de la Faculté de droit de Montpellier, 2006

TIMSIT Gérard, « Les deux corps du doit, essai sur la notion de régulation », *RFAP*, n° 78, avril-juin 1996

TIMSIT Gérard, « Normativité et régulation », *Cahiers du Conseil constitutionnel*, n° 21, 2006

VIRALLY Michel, « Le phénomène juridique », *RDP*, vol. 82, 1966

WIENER Céline, « De la coordination administrative à la décision politique », *RFAP*, 1987

WIENER Céline, KONIG K., LEQUESNE Christian, « Coordination administrative et choix politiques », *RFAP*, n° 42, avril-juin 1987

Numéros thématiques :
- « Production de la norme juridique », *Droit et société*, 1994
- « Le rôle des administrations centrales dans la fabrication des normes », *Droit et société*, n° 79, 2011
- « Les nouvelles dispositions sur les contrats de la commande publique », *RFDA*, n° 2, mars-avril 2016

B. La coordination comme procédé du pluralisme juridique

Ouvrages, thèses, rapports

ALLARD Julie, GARAPON Antoine, *Les juges dans la mondialisation. La nouvelle révolution du droit*, Paris, Seuil, coll. « La République des idées », 2005

ARNAUD André-Jean, *Critique de la raison juridique*, Paris, LGDJ, 1981

ARNAUD André-Jean, *Pour une pensée juridique européenne*, Paris, PUF, coll. « Les voies du droit », 1991

ARNAUD André-Jean, *Entre modernité et mondialisation. Cinq leçons d'histoire de la philosophie du droit et de l'État*, Paris, LGDJ, coll. « Droit et société », 2003

AUBY Jean-Bernard, *La décentralisation et le droit*, Paris, LGDJ, coll. « Systèmes Droit », 2006

BARRAUD Guy, *Repenser la pyramide à l'ère des réseaux. Pour une conception pragmatique du droit*, Paris, L'Harmattan, coll. « Logiques juridiques », 2012

de BÉCHILLON Denys, *Hiérarchie des normes et hiérarchie des fonctions normatives de l'État*, Paris, Economica, 1994

de BÉCHILLON Denys, BRUNET Pierre, CHAMPEIL-DESPLATS Véronique (dir.), *L'architecture du droit. Mélanges en l'honneur de Michel Troper*, Paris, Economica, 2006

BELLEY Jean-Guy, *Le droit soluble. Contributions québécoises à l'étude de l'internormativité*, Paris, LGDJ, coll. « Droit et société », 1996

BENYEKHLEF Karim, *Une possible histoire de la norme. Les normativités émergentes de la mondialisation*, Montréal, Les Editions Thémis, 2008

BRUNET François, *La normativité en droit*, Mare et Martin, coll. « Bibliothèque des Thèses », 2012

CAILLOSSE Jacques, *Les « mises en scène » juridiques de la décentralisation. Sur la question du territoire en droit public français*, Paris, LGDJ, coll. « Droit et Société », 2009

CARBONNIER Jean, *Flexible droit. Pour une sociologie du droit sans rigueur*, Paris, LGDJ, 10e éd., 2001
CARBONNIER Jean, *Droit et passion du droit sous la Ve République*, Paris, Flammarion, coll. « Champs Essai », 2008

CARRE de MALBERG Raymond, *La Loi, expression de la volonté générale*, Paris, 1931, Sirey, réimp. Economica, 1984

CHAMPEIL-DESPLATS Véronique, FERRE Nathalie (dir.), *Frontières du droit, critique des droits : billets d'humeur en l'honneur de Danièle Lochak*, Paris, LGDJ, coll. « Droit et Société », 2007

CONSEIL D'ÉTAT, *Décentralisation et ordre juridique*, *in* Rapport annuel, 1993

CONSEIL D'ÉTAT, *Le droit souple*, Étude annuelle, Paris, La Documentation française, coll. « Études et documents », 2013

CORNU Gérard, DELMAS-MARTY Mireille, FAUVARQUE-CAUSSON Brigitte, HALPERIN Jean-Louis, *Pensée juridique française et harmonisation européenne du droit*, Société de législation comparée, 2003

CURAPP, *Le droit en procès*, Paris, PUF, 1983

CURAPP, *Désordre(s)*, Paris, PUF, 1997

DELMAS-MARTY Mireille, *Pour un droit commun*, Paris, Seuil, 1994

DELMAS-MARTY Mireille, *Trois défis pour un droit mondial*, Paris, Seuil, coll. « Essais », 1998

DELMAS-MARTY Mireille, DIJON Xavier, FAUVARQUE-COSSON Bénédicte (et alii), *Variations autour d'un droit commun : travaux préparatoires*, Paris, Société de législation comparée, 2001

DELMAS-MARTY Mireille, *Critique de l'intégration normative : l'apport du droit comparé à l'harmonisation des droits*, Paris, PUF, coll. « Les voies du droit », 2004

DELMAS-MARTY Mireille, *Les forces imaginantes du droit, Tome 1. Le relatif et l'universel*, Paris, Seuil, coll. « La couleur des idées », 2004

DELMAS-MARTY Mireille, *Les forces imaginantes du droit, Tome 2. Le pluralisme ordonné,* Paris, Seuil, coll. « La couleur des idées », 2006

DELMAS-MARTY Mireille, *Les forces imaginantes du droit, Tome 3. La refondation des pouvoirs*, Paris, Seuil, coll. « La couleur des idées », 2007

DELMAS-MARTY Mireille, *Les forces imaginantes du droit, Tome 4. Vers une communauté de valeurs*, Paris, Seuil, coll. « La couleur des idées », 2011

DEZALAY Yves, *Marchands de droit : la restructuration de l'ordre juridique international par les multinationales*, Paris, Fayard, 1992

DOAT Mathieu, LE GOFF Jacques, PEDROT Philippe (dir.) , *Droit et complexité : pour une nouvelle intelligence du droit vivant*, Presses Universitaires de Rennes, 2007

DUBOUT Edouard, TOUZE Sébastien, *Les droits fondamentaux : charnières entre ordres et systèmes juridiques*, Paris, Pedone, 2010

DWORKIN Ronald, *Taking Rights Seriously*, Harvard University Press, 1977

FAVOREU Louis, DELPEREE Francis, BAUDREZ Maryse, DI MANNO Thierry, *La communicabilité entre les systèmes juridiques. Liber Amicorum Jean-Claude Escarras*, Bruxelles, Bruylant, 2006

FRYDMAN Benoît, *Les transformations du droit moderne*, Centre de diffusion de la Fondation Roi Baudoin, coll. « Citoyen, Droit et Société », 1998

GARBAR Christian (dir.), *Les mutations contemporaines du droit public. Mélanges en l'honneur de Benoît Jeanneau*, Paris, Dalloz, 2002

GERARD Philippe, OST François, van de KERCHOVE Michel, *Droit négocié, droit imposé ?*, Bruxelles, Publications des Facultés Universitaires Saint-Louis, 1996

GOYARD-FABRE Simone, *Critique de la raison juridique*, Paris, PUF, coll. « Thémis Philosophie », 2003

GOYARD-FABRE Simone, *Re-penser la pensée du droit : les doctrines occidentales modernes au tribunal de la raison interrogative-critique*, Paris, J.Vrin, coll. « Histoire des idées et des doctrines », 2007

HACHEZ Isabelle, CARTUYVELS Yves, DUMONT Hugues, GÉRARD Philippe, OST François, van de KERCHOVE Michel (dir.), *Les sources du droit revisitées. Volume 4 : Théorie des sources*, Bruxelles, Publications de l'Université de Saint-Louis, 2013

HUESA VINAIXA Rosario, WELLENS Karel (dir.), *L'influence des sources sur l'unité et la fragmentation du droit international*, Bruxelles, Bruylant, 2006

KELSEN Hans, *Théorie pure du droit* (1934), trad. Charles EISENMANN, Bruylant-LGDJ, coll. « La pensée juridique », 1999

KOUBI Geneviève (dir.), *Sur le fondement du droit public. De l'anthropologie au droit*, Bruxelles, Bruylant, coll. « Droits, territoires, cultures », 2003

MacCORMICK Neil, *Questioning Sovereignty. Law, State, and Nation in the European Commonwealth*, Oxford, OUP, 2001

MARCIALI Sébastien, *La flexibilité du droit de l'Union européenne*, Bruxelles Bruylant, Thèse, coll. « Droit de l'Union européenne », 2007

MILLION-DELSOL Chantal, *L'État subsidiaire*, Paris, PUF, coll. « Léviathan », 1992

MILLON-DELSOL Chantal, *Le principe de proportionnalité*, Paris, PUF, coll. « Que sais-je », 1993

MORAND Charles-Albert (dir.), *Le droit saisi par la mondialisation*, Bruxelles, Bruylant, coll. « Droit international », 2001

OST François, Van de KERCHOVE Michel, *Le système juridique entre ordre et désordre*, Paris, PUF, 1988

OST François, van de KERCHOVE Michel, *De la pyramide au réseau? Pour une théorie dialectique du droit*, Bruxelles, Publications des Facultés Universitaires de Saint-Louis, coll. « Droit », 2002

OTIS Ghislain, CISSE Abdoullah, DE DECKKER Paul, MASTOR Wanda, *Culture juridique et gouvernance dans l'espace francophone. Présentation générale d'une problématique*, Agence Universitaire de la Francophonie, Editions des archives contemporaines, coll. « Savoirs francophones », 2010

PROST Mario, *Unitas multiplex. Unités et fragmentations en droit international*, Bruylant, coll. « Jus Gentium », 2013

ROMANO Santi, *L'ordre juridique*, Paris, Dalloz, 2e éd. Trad., 1975

SALAH Mahmoud M., *Les contradictions du droit mondialisé*, Paris, PUF, coll. « Droit, éthique, société », 2002

SCHMITT Carl, *The Nomos of the Earth in the International Law of the Jus Publicum Europaeum*, Berlin, Duncker and Humblot, 1950 (trad. G.L. ULMEN, New York, Telos Press, 2003)

SCHWARZE Jürgen, *Droit administratif européen*, Bruxelles, Bruylant, 2e éd., 2009

SEERDEN René, STROINK Frits, *Administrative law of the European Union, its member states and the United States: a comparative analysis*, Intersentia, 2002

STIRN Bernard, *Vers un doit public européen*, Paris, LGDJ, coll. « Clefs Politique », 2e éd., 2015

SIERRA CADENA Grenfieth de J., *L'internationalisation de l'intégration régionale : un regard comparé depuis la jurisprudence du Tribunal de justice de la Communauté andine et de la Cour de justice de l'Union européenne*, Paris, LGDJ-Lextenso Editions, coll. « Institut Varenne – Collection des Thèses », 2015

TIMSIT Gérard, *Thèmes et systèmes de droit*, Paris, PUF, coll. « Les voies du droit », 1986

TIMSIT Gérard, *Archipel de la norme*, Paris, PUF, coll. «Les voies du droit », 1997

VERDUSSEN Marc (dir.), *L'Europe de la subsidiarité*, Bruxelles, Bruylant, coll. « Centre d'études constitutionnelles », 2000

von BOGDANDY Armin, CRUZ VILLALÓN Pedro, HUBER Peter M. (dir.), *Handbuch Ius Publicum Europaeum,* Heidelberg, Müller Verlag, 2008

WIENER Jarrod, *Globalization and the Harmonization of Law*, London, Pinter, 1999

Articles de revue, contributions à un ouvrage collectif

ALLARD Julie, « Le dialogue des juges dans la mondialisation », *in Le dialogue des juges. Actes du colloque organisé le 28 avril 2006*, Bruxelles, Bruylant, 2007

AMSELEK Paul, « Réflexions critiques autour de la conception kelsénienne de l'ordre juridique », n°1, *RDP*, 1978,

AMSELEK Paul, « L'évolution générale de la technique juridique dans les sociétés occidentales », *RDP*, 1982

AUBY Jean-Bernard, DUTHEIL DE LA ROCHERE Jacqueline, « À propos de la notion de droit administratif européen. Introduction à l'ouvrage droit administratif européen », *RFAP*, n° 123, 2007

AUBY Jean-Bernard, AZOULAI Loïc, « L'influence du droit européen sur les catégories juridiques du droit public », Note de synthèse, Mission de Recherche « Droit et justice », Chaire « Mutations de l'action publique et du droit public », Paris, Sciences Po, mai 2009

BARMANN Johannes, « Les communautés européennes et le rapprochement des droits », *RIDC*, vol. 12, n° 1, 1960

BERGÉ Jean-Sylvestre, « Le rôle conféré par le droit communautaire aux droits nationaux des États membres », *Les Petites Affiches*, n° 99, 2003

BEAUD Olivier, « La souveraineté de l'État, le pouvoir constituant et le traité de Maastricht », *RFDA,* n° 6, 1993

BRARD Yves, « Nouvelle-Calédonie et Polynésie française : les « lois du pays » de la spécialité législative au partage du pouvoir législatif », *Revue juridique polynésienne*, vol. 1, hors-série, 2001

BRUNET Pierre, « Les juges européens au pays des valeurs », *La Vie des idées*, 9 juin 2009

BURGORGUE-LARSEN Laurence, « De l'internationalisation du dialogue des juges. Missive doctrinale à l'attention de Bruno Genevois », *in Le dialogue des juges. Mélanges en l'honneur du président Bruno Genevois*, Paris, Dalloz, 2009

CAFAGGI Fabrizio, « Le rôle des acteurs privés dans les processus de régulation : participation, autorégulation et régulation privée », *RFAP*, n° 109, 2004

CAFAGGI Fabrizio, « Les nouveaux fondements de la régulation transnationale privée », *RIDE*, 2013/1-2

CAILLOSSE Jacques, « Jean-Arnaud Mazères : contribution à une théorie juridique du « local », *in Études en l'honneur du Professeur Jean-Arnaud Mazères*, Paris, Litec, 2009

CAILLOSSE Jacques, *Les « mises en scène » juridiques de la décentralisation. Sur la question du territoire en droit public français*, Paris, LGDJ, coll. « Droit et Société », 2009

CANIVET Guy, « Les influences croisées entre juridictions nationales et internationales : Éloge de la « bénévolance » des juges », *RSC*, n° 4, 2005

CARBONNIER Jean, « Internormativité », *in* André-Jean ARNAUD (dir.), *Dictionnaire encyclopédique de théorie et de sociologie du droit*, Paris, LGDJ, coll. « Droit et société », 1993

CASSESE Sabino, « The Globalization of Law », *New York University Journal of International Law and Politics,* n° 37, 2005

CASSIA Paul, « Nouvelles variations sur la hiérarchie et l'agencement des normes internes, internationales et de l'Union européenne », *RFDA*, n° 3, mai-juin 2013

CATALANO Nicola, « La Communauté économique européenne et l'unification, le rapprochement et l'harmonisation du droit des États membres », *RIDC*, vol. 13, n° 1, 1961

CHALTIEL Florence, « La souveraineté et l'Union européenne à la croisée des chemins », *Les Petites Affiches*, n° 16, 22 janvier 2003

CHALTIEL Florence, « De la souveraineté nationale à la souveraineté supranationale ? », *Les Petites Affiches*, n° 138, 10 juillet 2008

CHEVALLIER Jacques, « L'ordre juridique », *in* CURAPP, *Le droit en procès*, Paris, PUF, 1983

CHEVALLIER Jacques, « Vers un droit post-moderne ? Les transformations de la régulation juridique », *RDP*, n° 3, 1998

CHEVALLIER Jacques, « Mondialisation du droit ou droit de la mondialisation ?, *in* MORAND Charles-Albert (dir.), *Le droit saisi par la mondialisation*, Bruxelles, Bruylant, coll. « Droit international », 2001

CHEVALLIER Jacques, « La gouvernance et le droit », *Mélanges Amselek*, Bruxelles, Bruylant, 2005

CHEVALLIER Jacques, « État de droit et relations internationales », *AFRI*, vol. VII, 2006

CHEVALLIER Jacques, « L'internormativité », *in* HACHEZ Isabelle, CARTUYVELS Yves, DUMONT Hugues, GÉRARD Philippe, OST François, van de KERCHOVE Michel (dir.), *Les sources du droit revisitées. Volume 4 : Théorie des sources*, Bruxelles, Publications de l'Université de Saint-Louis, 2013

CHARTOUNI-DUBARRY May, AL RACHID Loulouwa, « Droit et mondialisation », *Politique étrangère*, n° 4, 1999

CLUZEL-MÉTAYER Lucie, « La normalisation technique », *in* Petra HAMMJE, Laetitia JANICOT, Sophie NADAL (dir.), *L'efficacité de l'acte normatif. Nouvelle norme, nouvelles normativités*, LEJEP, Lextenso Editions, 2013

DAVID Carine, « La loi du pays calédonienne. Eléments juridiques et politiques », *in* DEBENE Marc, PASTOREL Jean-Paul (dir.), *La « loi du pays » en Polynésie française*, Paris, L'Harmattan, coll. « Portes océanes », 2011

DELLA CANANEA Giacinto, « Sur le droit administratif européen », *RDP*, n°3, 2008

DELMAS-MARTY Mireille, « La mondialisation du droit : chances et risques », *Recueil Dalloz*, n° 5, 1999

DELMAS-MARTY Mireille, « Les processus de mondialisation du droit », *in* Charles-Albert MORAND (dir.), *Le droit saisi par la mondialisation*, Bruxelles, Bruylant, coll. « Droit international », 2001

DELMAS-MARTY Mireille, « Plurijuridisme et mondialisation : vers un pluralisme ordonné », *Rapport de conclusion du colloque de l'Association internationale de méthodologie juridique sur « Le plurijuridisme »*, Aix-en-Provence, 4-6 septembre 2003

DELMAS-MARTY Mireille, « Le phénomène de l'harmonisation : l'expérience contemporaine » *in* CORNU Gérard, DELMAS-MARTY Mireille, FAUVARQUE-CAUSSON Brigitte, HALPERIN Jean-Louis... , *Pensée juridique française et harmonisation européenne du droit*, Société de législation comparée, 2003

DELMAS-MARTY Mireille, « La grande complexité juridique du monde », *in Mélanges Gérard Timsit*, Bruxelles, Bruylant, 2005

DELMAS-MARTY Mireille, « Le pluralisme ordonné et les interactions entre ensembles juridiques », *Recueil Dalloz*, 2006

DELMAS-MARTY Mireille, « Humanisme et mondialisation », Entretien, *Laviedesidées.fr*, 2009

DELMAS-MARTY Mireille, IZORCHE Marie-Laure, « Marge nationale d'appréciation et internationalisation du droit. Réflexions sur la validité formelle d'un droit commun pluraliste », *RIDC*, vol. 52, n° 4, octobre-décembre 2000

de MONTALIVET Pierre, « Droit administratif », *in* BLED Jean-Paul, JOUVE Edmond, REVEILLARD Christophe, *Dictionnaire historique et juridique de l'Europe*, Paris, PUF, 2013

de MONTALIVET Pierre, « « La « marketisation » du droit. Réflexions sur la concurrence des droits », *Recueil Dalloz*, n° 44, 26 décembre 2013, Chron., p. 2924

DEROSIER Jean-Philippe, « La dialectique centralisation/décentralisation. Recherche sur le caractère dynamique du principe de subsidiarité », *RIDC*, n° 1, 2007

de SOUSA SANTOS Boaventura, « Droit : une carte de lecture déformée. Pour une conception post-moderne du droit », *Droit et société,* n°10, 1988

de SOUSA SANTOS Boaventura, « Vers une conception multiculturelle des droits de l'homme », *Droit et société*, n° 35, 1997

DOLLAT Patrick, « Le principe d'indivisibilité et la loi constitutionnelle relative à l'organisation décentralisée de la République française : de l'État unitaire à l'État uni ? », *RFDA*, n° 4, juillet-août 2003

DRAGO Guillaume, « Le principe de subsidiarité comme principe de droit constitutionnel », *RIDC*, vol. 46, n° 2, avril-juin 1994

DUFOUR Geneviève, BARSALOU Olivier, MACKAY Pierre, « La mondialisation de l'État de droit entre dislocation et recomposition : le cas du *Codex Alimentarius* et du droit transnational », *Les Cahiers du droit*, vol. 47, n° 3, septembre 2006

FAURE Bertrand, « Le problème du pouvoir réglementaire des autorités administratives secondaires », *Les Cahiers du Conseil constitutionnel*, Dossier : Loi et règlements, n° 19, janvier 2006

FAURE Bertrand, « Le droit des collectivités territoriales « malade de ses normes » », *RFDA*, n° 3, mai-juin 2014

FAVRET Jean-Marc, « L'intégration européenne et la France : quelques réflexions sur la divisibilité de la souveraineté », *RDP*, 1999

FISCHER-LASCANO Andreas, TEUBNER Gunther, « Collisions de régimes : la recherche vaine de l'unité juridique face à la fragmentation du droit mondial », *RIDE*, 2013/1-2

FLAMAND-LEVY Bénédicte, « Nouvelle décentralisation et forme unitaire de l'État », *RFDA*, n° 1, janvier-février 2004

FRYDMAN Benoît, « Conclusion : Le dialogue des juges et la perspective idéale d'une justice universelle », *in* Le dialogue des juges, Actes du colloque organisé le 28 avril 2006 à l'Université libre de Bruxelles, *Les Cahiers de l'Institut d'études sur la justice,* n° 9, 2007

GAUDEMET Yves, « Le désordre normatif », *RDP*, n°1, janvier-février 2006

GAGNE Gilles, «Transformation du concept de droit dans la postmodernité », *Cahier de droit*, 1992

GERARD Damien, « Ordre juridique, autonomie et dépendance. Une introduction », *Cahier du CeDIE Working Papers*, n° 2012/07

GRÜNDLER Tatiana, « La République française, une et indivisible », *RDP*, n° 2, mars-avril 2007

HABERMAS Jürgen, *Droit et démocratie. Entre faits et normes*, Paris, Gallimard, 1997

HALPERIN Jean-Louis, « L'approche historique et la problématique du *jus commune* », *RIDC*, vol. 52, n° 4, 2000

JACOBS Francis G., « Judicial Dialogue and the Cross-Fertilization of Legal Systems: The European Court of Justice », *Texas International Law Journal*, vol. 38, 2003

JEAMMAUD Antoine, « Unification, uniformisation, harmonisation : de quoi s'agit-il? », *in* FILALI Osman (dir.) *Vers un Code européen de la consommation Codification, unification et harmonisation du droit des États membres de l'Union européenne*, Bruxelles, Bruylant, 1998

JOUANNET Emmanuelle, « L'influence des principes généraux face aux phénomènes de fragmentation du droit international contemporain, ou l'ambivalence des principes généraux face au caractère étrange et complexe de l'ordre juridique international », *in* HUESA VINAIXA Rosario., WELLENS Karel (dir.), *L'influence des sources sur l'unité et la fragmentation du droit international*, Bruxelles, Bruylant, 2006

KATROUGALOS Georges S., « Le problème du rapport entre droit communautaire et Constitutions nationales à la lumière du « dualisme institutionnel » de l'Union européenne », *REDP*, vol. 12, n° 4, 2000

KINGSBURY Benedict, KRISCH Nico, STEWART Richard B., WIENER Jonathan B., « The Emergence of Global Administrative Law », *Law & Contemporary Problems*, vol. 68, n° 3/4, été-automne 2005

LAFFAILLE Franck, « Fragmentation du droit et nihilisme juridique. A propos de la pensée de Natalino Irti », *in* ARLETTAZ Jordane, TINIÈRE Romain (dir.), *Fragmentation en droit, fragmentation du droit*, Université de Grenoble, Ed. Lepitoge-Lextenso, 2014

LAFFAILLE Franck, « État et territoire(s) en Italie. A propos d'un État régional à la recherche de son identité constitutionnelle », *RDP*, n° 5, septembre-octobre 2015

LATTY Franck, « Retour sur un classique : Michel Virally, "Sur un pont aux ânes : les rapports entre droit international et droits internes », in *Mélanges offerts à Henri Rolin. Problèmes de droit des gens*, Paris, Pedone, 1964

LEGRAND Pierre, « Sens et non-sens d'un Code civil européen », *RIDC*, vol. 48, n° 4, octobre-décembre 1996

LEVADE Anne, « Constitution et Europe ou le juge constitutionnel au cœur des rapports de systèmes », *Cahiers du Conseil constitutionnel*, n° 18, 2005

MAISANI Pauline, WIENER Florence, « Réflexions autour de la conception postmoderne du droit », *Droit et société*, vol. 27, n° 1, 1994

MARCOU Gérard, « Le principe d'indivisibilité de la République », *Pouvoirs*, n° 100, janvier 2002

MARCOU Gérard, « Le bilan en demi-teinte de l'Acte II. Décentraliser plus ou décentraliser mieux ? », *RFDA*, n° 2, 2008

MINET Alice, « Le statut particulier du droit de l'Union européenne en droit français », *RFDA*, n° 6, novembre-décembre 2013

MONJAL Pierre-Yves, « Au fondement de l'Union européenne. Recherches doctrinales sur le concept de « commun » », *RDP*, n° 5, septembre 2007

MORAND Charles-Albert, « Le droit saisi par la mondialisation : définitions, enjeux et transformations », *in* MORAND Charles-Albert (dir.), *Le droit saisi par la mondialisation*, Bruxelles, Bruylant, coll. « Droit international », 2001

MORAND-DEVILLER Jacqueline, BONICHOT Jean-Claude (dir.), « Synthèse. Mondialisation et globalisation des concepts juridiques : l'exemple du droit de l'environnement », Mission de recherche « Droit et Justice », novembre 2008

MOREAU-DEFARGES Philippe, « Droit et mondialisation », *in Ramses*, 2000

NABLI Béligh, « L'État membre : l'hydre du droit constitutionnel européen », *Contribution au VIIe Congrès français de droit constitutionnel*, septembre 2008

NITSCH Nicolas, « L'inflation juridique et ses conséquences », *Archives de philosophie du droit*, vol. 27, 1962

OST François, van de KERCHOVE Michel, « De la pyramide au réseau ? Vers un nouveau mode de production du droit ?, *RIEJ*, n° 44, 2000

OST François, « Mondialisation, globalisation, universalisation : s'arracher, encore et toujours, à l'état de nature », *in* MORAND Charles-Albert (dir.), Le droit saisi par la mondialisation, Bruxelles, Bruylant, coll. « Droit international », 2001

OST François, « De la pyramide au réseau : un nouveau paradigme pour la science du droit? », *in* SUPIOT Alain (dir), *Tisser le lien social*, Paris, Éditions de la Maison des sciences de l'homme, 2004

PFERSMANN Otto, « La primauté : double, partiellement directe, organiquement indéterminée, provisoirement fermée », *Cahiers du Conseil constitutionnel*, n° 18, 2005

PICARD Étienne, « Les rapports entre le droit international public et la Constitution selon la jurisprudence du Conseil d'État », *La Revue administrative*, n° spécial, vol. 1, 1999

PICOD Fabrice, « La normativité du droit communautaire », *Cahiers du Conseil constitutionnel*, n° 21, janvier 2007

RADUCU Iona, LEVRAT Nicolas, « Le métissage des ordres juridiques européens (une « théorie impure » de l'ordre juridique) », *Cahiers de droit européen,* 2007-1

RIVERO Jean, « Vers un droit commun européen : nouvelles perspectives en droit administratif », *in* CAPPELLETTI Mauro (dir.), *Nouvelles perspectives d'un droit commun de l'Europe*, Bruxelles, Bruylant, 1978

SAULNIER Frédéric, « Essai sur la gouvernance et les transformations actuelles du droit public », *Revue de la recherche juridique*, n° 1, 2007

SCHIFF BERMAN Paul, « Le nouveau pluralisme juridique », *RIDE*, 2013/1

SCHMIDT-ASSMANN Eberhard, « Principes de base d'une réforme du droit administratif », *RFDA*, n° 3, mai-juin 2008

SCHWARZE Jürgen, « Tendencies Towards a Common Administrative Law in Europe », *European Law Review*, 1991, vol. 16

SIERRA CADENA Grenfieth de J., « Une approche comparée des principes de proportionnalité et de subsidiarité dans la jurisprudence de la CJUE et du TJCA : la coordination-harmonisation des pluralismes juridiques régionaux à l'épreuve de l'internationalisation du droit communautaire », *Estudios Socio-Jurídicos*, 15 (2), 2013

SIERRA CADENA Grenfieth de J., « L'imbrication du principe de précaution allemand et de la théorie du bilan française dans le droit administratif espagnol à l'ère de l'européisation du droit administratif », *RIDC*, vol. 66, n° 4, octobre-décembre 2014

SNYDER Francis, « Gouverner la mondialisation économique : pluralisme juridique mondial et droit européen », *Droit et société*, n° 54, 2003/2

SUDRE Frédéric, « À propos du "dialogue des juges" et du contrôle de conventionnalité », *in Les dynamiques du droit européen en début de siècle. Études en l'honneur de J.-C. Gautron,* Pedone, 2004

TERRE François, « La crise de la loi », *ADP*, 1980

TEUBNER Gunther, « La juridicisation : concepts, caractères, limites et alternatives », *in Droit et réflexivité. L'auto-référence en droit et dans l'organisation*, trad., Paris, LGDJ, 1994

TEUBNER Gunther, « Un droit spontané dans la société mondiale ? », *in* MORAND Charles-Albert (dir.), *Le droit saisi par la mondialisation*, Bruxelles, Bruylant, coll. « Droit international », 2001

TROPER Michel, « Le problème de l'interprétation et la théorie de la supralégalité constitutionnelle », *in Recueil d'études en hommage à Charles Eisenmann*, Paris, Ed. Cujas, 1975

TROPER Michel, « La pyramide est toujours debout ! Réponse à Paul Amselek », *RDP*, n° 6, 1978

TROPER Michel, « Pour une définition stipulative du droit », *Droits*, n° 10, 1989

TURPIN Dominique, « Mondialisation et normes juridiques » *in L'esprit des institutions, l'équilibre des pouvoirs. Mélanges en l'honneur de Pierre Pactet*, Paris, Dalloz, 2003

VALLENS Jean-Luc, « L'harmonisation : voie et degré de convergence entre les droits nationaux, européens et internationaux. L'européanisation et l'internationalisation du droit de l'insolvabilité », *Les Petites Affiches*, n° 209, octobre 2006

VAYSSIERE Bertrand, « Europe et souveraineté. La notion d'État des penseurs classiques aux réalités actuelles », *Vingtième Siècle*, n° 95, 2007/3

VERPEAUX Michel, « Quand le Conseil constitutionnel veille au respect de la libre administration des collectivités territoriales », *AJDA*, Actualité jurisprudentielle, 31 octobre 2011

VIRALLY Michel, « Sur un pont aux ânes : les rapports entre droit international et droits internes », *in Mélanges Rolin*, Paris, Pedone, 1964

WEIL Prosper, « Vers une normativité relative en droit international public », *RGDIP*, 1982

ZILLER Jacques, « L'européisation du droit : de l'élargissement des champs du droit de l'Union européenne à une transformation des droits des États membres », *EUI Working Papers-Law*, n° 2006/19

Numéros thématiques :
- Déclin ou renouveau de la loi ? », *RFDA*, n° 5, sepembre-octobre 2005
- « Le désordre normatif », *RDP*, n° 1, janvier-février 2006
- « La territorialisation du droit : quelle relation entre la norme et l'espace ? », *Pouvoirs locaux*, n° 98, septembre 2013

III. TEXTES JURIDIQUES

1. LOIS

- Loi des 27 avril-25 mai 1791 sur l'organisation des ministères
- Loi du 28 pluviôse an VIII (17 février 1800) concernant la division du territoire de la République et l'administration
- Loi du 10 août 1871 relative aux conseils généraux
- Loi du 5 avril 1884 relative à l'organisation municipale
- Loi de finances pour 1935 du 24 décembre 1934
- Loi n° 72-619 du 5 juillet 1972 portant création et organisation des régions
- Loi constitutionnelle n° 82-213 du 2 mars 1982 relative aux droits et libertés des communes, des départements et des régions
- Loi n° 83-8 du 7 janvier 1983 relative à la répartition des compétences entre les communes, les départements, les régions et l'État
- Loi n° 83-663 du 22 juillet 1983 relative à la répartition de compétences entre les communes, les départements, les régions et l'État
- Loi d'orientation n° 92-125 du 6 février 1992 relative à l'administration territoriale de la République (loi « ATR »)

- Loi organique n° 2001-692 du 1er août 2001 relative aux lois de finances (« LOLF »)
- Loi n° 2002-276 du 27 février 2002 relative à la démocratie de proximité
- Loi constitutionnelle n° 2003-276 du 28 mars 2003 relative à l'organisation décentralisée de la République
- Loi organique n° 2003-704 relative à l'expérimentation par les collectivités territoriales
- Loi n° 2004-809 du 13 août 2004 relative aux libertés et responsabilités locales
- Loi n° 2010-1563 du 16 décembre 2010 de réforme des collectivités territoriales
- Loi n° 2011-525 du 17 mai 2011 de simplification et d'amélioration de la qualité du droit
- Loi n° 2013-403 du 17 mai 2013 relative à l'élection des conseillers départementaux, des conseillers municipaux et des conseillers communautaires et modifiant le calendrier électoral
- Loi n° 2014-58 du 27 janvier 2014 de modernisation de l'action publique territoriale et d'affirmation des métropoles (loi « MAPTAM »)
- Loi n° 2015-29 du 16 janvier 2015 relative à la délimitation des régions, aux élections régionales et départementales et modifiant le calendrier electoral
- Loi n° 2015-991 du 7 août 2015 portant nouvelle organisation de la Republique (loi « NOTRe »)
- Loi n° 2003-591 du 2 juillet 2003 habilitant le Gouvernement à simplifier le droit
- Loi n° 2004-1343 du 9 décembre 2004 de simplification du droit
- Loi n° 2007- 1787 du 20 decembre 2007 relative à la simplification du droit

2. DÉCRETS

- Décret du 31 janvier 1935 organisant les services administratifs de la présidence du Conseil
- Décret n° 48-1029 du 25 juin 1948 portant organisation des services français en ce qui concerne la participation de la France au programme de relèvement européen
- Décret du 25 mars 1852 sur la décentralisation administrative
- Décret-loi du 5 novembre 1926 de décentralisation et de déconcentration administrative
- Décret du 31 janvier 1935 sur l'organisation des services de la présidence du Conseil

- Décret n° 59-178 du 22 janvier 1959 relatif aux attributions des ministres
- Décret n° 64-250 relatif aux pouvoirs des préfets, à l'organisation des services de l'État dans les départements et à la déconcentration administrative
- Décret n° 64-251 du 14 mars 1964 relatif à l'organisation des services de l'État dans les circonscriptions d'action régionale
- Décret n° 64-805 du 29 juillet 1964 fixant les dispositions réglementaires applicables aux préfets
- Décret n° 87-389 du 17 juin 1987 relatif à l'organisation des services d'administration centrale (modifié par le décret n° 2008-208 du 29 fevrier 2008)
- Décret n° 92-604 du 1er juillet 1992 (abrogé et remplacé par le décret n° 2015-510 du 7 mai 2015 portant charte de la déconcentration portant charte de la déconcentration)
- Décret n° 2004-374 du 29 avril 2004 relatif aux pouvoirs des préfets, à l'organisation et à l'action des services de l'État dans les régions et les départements.
- Décret n° 2004-1053 du 5 octobre 2004 relatif aux pôles régionaux de l'État et à l'organisation de l'administration territoriale dans les régions (modifié par le décret n° 2010-146 du 16 février 2010)
- Décret n° 2005-1283 du 17 octobre 2005 relatif au Comité interministériel sur l'Europe et au Secrétariat général des affaires européennes
- Décret n° 2009-587 du 25 mai 2009 relatif aux missions des secrétaires généraux pour les affaires régionales (modifié par le décret n° 2015-1894 du 29 décembre 2015)
- Décret n° 2009-1484 du 3 décembre 2009 relatif aux directions départementales interministérielles
- Décret n° 2010-146 du 16 février 2010 relatif aux pouvoirs des préfets, à l'organisation et à l'action des services de l'État dans les régions et départements
- Décret n° 2014-834 du 24 juillet 2014 relatif aux secrétaires généraux des ministères
- Décret n° 2015-510 du 7 mai 2015 portant charte de la déconcentration
- Décret n° 2015-1165 du 21 septembre 2015 relatif au Secrétariat général pour la modernisation de l'action publique
- Décret n° 2015-1894 du 29 décembre 2015 relatif aux missions des secrétaires généraux pour les affaires régionales
- Décret n° 2016-360 du 25 mars 2016 relatif aux marchés publics

3. CIRCULAIRES

- Circulaire du ministre de l'Intérieur du 8 fevrier 1920 relative aux préfets
- Circulaire du Premier ministre du 23 fevrier 1989 relative au renouveau du service public
- Circulaire du Premier ministre du 18 septembre 1992 relative à la déconcentration et à la simplification des structures administratives
- Circulaire du Premier ministre du 21 mars 1994 relative aux relations entre les administrations françaises et les institutions de l'Union européenne
- Circulaire du Premier ministre du 6 juin 1997 sur l'organisation du travail gouvernemental
- Circulaire du Premier ministre du 25 juin 2003 relative aux stratégies ministérielles de réforme (actualisée par la circulaire du 2 juin 2004)
- Circulaire du Premier ministre du 26 août 2003 relative à la maîtrise de l'inflation normative et à l'amélioration de la qualité de la réglementation
- Circulaire du Premier ministre du 30 septembre 2003 relative à la qualité de la réglementation
- Circulaire du 29 septembre 2005 du Premier ministre relative à la mise en place du programme d'audits de modernisation (précisée par une circulaire du 13 juillet 2006)
- Circulaire du Premier ministre du 18 mai 2007 relative à l'organisation du travail gouvernemental (n° 5222/SG)
- Circulaire du Premier ministre du 19 mars 2008 sur la réforme de l'organisation des services territoriaux de l'État (n° 5285 SG)
- Circulaire du Premier ministre du 7 juillet 2008 relative à l'organisation de l'administration départementale de l'État
- Circulaire du Premier ministre du 31 décembre 2008 sur l'organisation départementale de l'État (n° 5359 SG)
- Circulaire du ministre de l'Intérieur du 20 juillet 2010 relative à l'exercice du droit d'évocation par le préfet de région
- Circulaire du Premier ministre du 13 décembre 2010 relative à l'application modifiant du décret n° 2010-146 du 16 février 2010 modifiant le décret n° 2004-374 du 29 avril 2004 modifié relatif aux pouvoirs des préfets, à l'organisation et à l'action des services de l'État dans les régions et les départements (n° 5506/SG)
- Circulaire du Premier ministre du 7 juillet 2011 relative à la qualité du droit
- Circulaire du Premier ministre du 12 septembre 2014 relative à la méthode de travail du Gouvernement (n° 5735/SG)

- Circulaire du 29 septembre 2015 du Premier ministre relative à la réforme territoriale de l'État – secrétariats généraux pour les affaires régionales (n° 5812/SG)
- Circulaire du Premier ministre du 30 octobre 2015 relative à l'organisation du travail gouvernemental (n° 5822/SG)

IV. SOURCES INTERNET OFFICIELLES

www.assemblee-nationale.fr
www.conseil-constitutionnel.fr
www.conseil-etat.fr
www.data.gouv.fr
www.elysee.fr
www.eur-lex.europa.eu
www.gallica.bnf.fr
www.gouvernement.fr
www.legifrance.gouv.fr
www.senat.fr
www.vie-publique

TABLE DES MATIÈRES

DROIT PUBLIC
AUX ÉDITIONS L'HARMATTAN

Dernières parutions

LA DÉCENTRALISATION DANS LES PAYS FRANCOPHONES D'AFRIQUE DE L'OUEST

Jean-Luc Pissaloux

Cet ouvrage, constitué de contributions écrites par des universitaires, des experts et/ou des hauts fonctionnaires, démontre parfaitement combien la décentralisation est encore une sorte d'idéal-type à atteindre, et qu'elle est loin d'être une pratique effective, efficiente et efficace dans les pays francophones d'Afrique de l'ouest.

(Coll. Droits Publics, 390 p., 38,5 euros)

ISBN : 978-2-343-18272-8, EAN EBOOK : 9782140131653

LES MUTATIONS CONSTITUTIONNELLES EN AFRIQUE NOIRE FRANCOPHONE
à partir des exemples du Congo, du Bénin et du Sénégal

Aimé Ange Wilfrid Bininga
Préface de Frédéric Joël Aïvo - Avant-propos de Babacar Gueye

Ce livre traite des mutations constitutionnelles dans les États d'Afrique noire francophone depuis le renouveau démocratique des années 1990. Ces mutations se manifestent au moyen de la révision constitutionnelle, des lois et règlements infra-constitutionnels, de l'interprétation des normes, de la pratique des acteurs de la vie politique et institutionnelle, de la suspension et de l'abrogation des constitutions. D'une part, elles favorisent le reflux des promesses démocratiques du début des années 1990 et d'autre part, à contresens de cette tendance, les mutations constitutionnelles participent à l'affirmation de l'irréversibilité de la dynamique démocratique.

(Coll. Harmattan Congo-Brazzaville, 360 p., 37 euros)

ISBN : 978-2-343-18410-4, EAN EBOOK : 9782140129926

LES COLLECTIVITÉS TERRITORIALES À L'ÈRE DU NUMÉRIQUE

Sous la direction de Carole Chevilley-Hiver, Matthieu Houser et Anne Marceau

Les collectivités territoriales doivent faire face à une mutation profonde de l'action administrative et politique. Elles n'ont plus seulement vocation à accompagner ces évolutions mais également à les générer. Dès lors de nombreuses interrogations apparaissent. Comment les personnes publiques locales s'inscrivent-elles dans l'économie du numérique ? Quels sont leurs nouvelles compétences, la nouvelle relation avec l'administré, mais aussi les risques existants ? Le présent ouvrage rassemble les actes d'un colloque qui s'est tenu à Besançon les 14 et 15 novembre 2018.

(Coll. Droit des collectivités territoriales, 264 p., 27 euros)

ISBN : 978-2-343-17865-3, EAN EBOOK : 9782140125843

LA FONCTION PRÉSIDENTIELLE AU CAMEROUN

Patrick E. Abane Engolo, Jean-Paul Markus

Cet ouvrage présente le Président de la République dans l'étendue de ses attributions constitutionnelles. En effet, ce dispositif constitutionnel lui confère des pouvoirs importants. Élu de la nation tout entière, sa représentativité conditionne son autorité. Le Président de la République dirige la politique de la nation, il est le chef des armées et, en tant qu'arbitre, il contribue à la garantie de la séparation verticale et horizontale des pouvoirs.

(474 p., 39 euros)

ISBN : 978-2-343-17145-6, EAN EBOOK : 9782140123641

CONSTITUTIONNALISME ET MÉTISSAGE CULTUREL AU-DELÀ DES DROITS DE L'HOMME

Salvatore Bonfiglio

Les sociétés multiculturelles demandent une réinterprétation des principes constitutionnels, capable de favoriser la cohésion sociale, notamment par l'extension des droits fondamentaux aux « non-citoyens ». Il s'agit de reconnaître à l'individu en tant que tel un statut de droits fondamentaux, pour affirmer ainsi le caractère à la fois moral et juridique de la dignité de la personne.

(Coll. Harmattan Italia, 208 p., 26 euros)

ISBN : 978-2-336-31233-0, EAN EBOOK : 9782140103193

LA CONSTITUTION HAÏTIENNE DE 1987 EST-ELLE UN PRODUIT IMPORTÉ ?

Essai sur le folklorisme médiatique

Luné Roc Pierre Louis

Faire-voir, faire-entendre, faire-croire et faire-rêver sont des marqueurs symptomatiques du jeu des médias. Aussi le présent ouvrage scrute-t-il le folklorisme médiatique à travers la déchéance et le mal-être que véhiculent les indigénistes haïtiens à l'encontre de la Constitution de 1987, amendée par le biais du double préjugé où cette constitution serait à la fois un produit importé d'un Autre et une invention sans précédent dans l'histoire de la formation sociale haïtienne. Pourtant, les présentes sédimentations révèlent que rarissimes sont les dispositions de la Constitution de 1987 amendée qui ne proviennent de l'une ou l'autre de ses 21 prédécesseurs.

(210 p., 21,5 euros)

ISBN : 978-2-343-15533-3, EAN EBOOK : 9782140100550

LA COUR CONSTITUTIONNELLE ET LE PEUPLE AU BÉNIN

D'un juge constitutionnel institué à un procureur suzerain

Oladé Okunlola Moïse Laleye

Préface de Pierre E. Ehoumi - Postface de l'abbé Arnaud Eric Aguénounon

L'institution d'un nouveau juge constitutionnel après la longue nuit du régime révolutionnaire totalitaire au Bénin de 1972 à 1989 s'illustre comme l'achèvement de la lutte du peuple pour la démocratie, les libertés de l'Etat de droit depuis les origines précoloniales du pays. Après un quart de siècle d'exercice de son office, la cour constitutionnelle pèche irrésistiblement par la qualité de sa productivité jurisprudentielle. Cet ouvrage propose d'ouvrir un débat sur la cour constitutionnelle au regard d'une évaluation objective de sa production juridictionnelle, voire institutionnelle. Ainsi la justice constitutionnelle retrouvera son sens et sa mission républicaine.

(Coll. Études africaines, 686 p., 49 euros)

ISBN : 978-2-343-14822-9, EAN EBOOK : 9782140095801

L'ÉVOLUTION CONSTITUTIONNELLE ET JURIDICTIONNELLE DE LA RÉPUBLIQUE CENTRAFRICAINE À TRAVERS LES TEXTES

Danièle Darlan

Préface de Jean-Dominique Penel

Ce livre offre une synthèse claire et indispensable à toute personne qui veut comprendre comment se sont élaborées et modifiées les sept institutions successives de la République centrafricaine depuis l'indépendance en 1960 jusqu'en 2017 et comment, dans le même temps, les institutions judiciaires se sont façonnées et enrichies, du moins au niveau des textes, car l'application, pourtant logiquement nécessaire, de la Justice pose encore bien des problèmes.

(Coll. Études africaines, 174 p., 18,5 euros)

ISBN : 978-2-343-15418-3, EAN EBOOK : 9782140096358

LES FINANCES LOCALES SÉNÉGALAISES

Abdourahmane Dioukhané

L'étude des finances publiques locales du Sénégal, pays membre de l'UEMOA, s'appuie à la fois sur la règlementation édictée au plan communautaire et sur les textes internes régissant la matière. Après avoir présenté le périmètre des finances locales et abordé la question de leur autonomie, l'auteur analyse, successivement, les questions relatives au cadre budgétaire et comptable des budgets locaux, à leur financement, à leur élaboration, à leur exécution et au contrôle de cette exécution.

(Coll. Finances publiques, 236 p., 25 euros)

ISBN : 978-2-343-15088-8, EAN EBOOK : 9782140094101

LE DROIT DE L'ENVIRONNEMENT : DE L'INITIATION AU MÛRISSEMENT

Contribution d'une juriste sénégalaise

Mariane Seck

Préface du pr Babacar Gueye

La protection juridique de l'environnement semble s'être amorcée au niveau local dans la globalité des pays riches ou pauvres. Bien que ces derniers soient à la traîne de par leur capacité à mettre en pratique leur arsenal juridique naissant, il n'en demeure pas moins que l'élan intentionnel international emportera tous les pays dans la vague protectionniste.

(Coll. Harmattan Sénégal, 236 p., 22,5 euros)

ISBN : 978-2-343-14673-7, EAN EBOOK : 9782140090820

VERROUS ET CONTRÔLES CONSTITUTIONNELS EN AFRIQUE

Pour des mécanismes efficients

Claude Kayembe-Mbayi

Préface d'Etienne Tshisekedi Wa Mulumba

Cet ouvrage nous plonge dans la réalité peu reluisante des révisions constitutionnelles intempestives en Afrique. Qu'est-ce qui ne va pas décidément en Afrique ? Ce continent est-il à jamais condamné à jouer le parent pauvre de la démocratie ? Ce système de gestion des Etats lui convient-il ? La pratique électorale lui est-elle adaptée ? Existe-t-il une démocratie propre à l'Afrique ?

(Coll. Études africaines, 466 p., 44 euros)

ISBN : 978-2-343-11187-2, EAN EBOOK : 9782140090547

LA CONSTITUTION CONGOLAISE DU 25 OCTOBRE 2015

interprétée article par article

Lovane Lhakhy-Tsamby

La constitution est la loi suprême d'un État. Lorsqu'elle n'est ni lue, ni comprise, chaque citoyen peut y aller de son interprétation. C'est pourquoi cet ouvrage, à caractère pédagogique, vise à éluder les avis juridiques partisans ou fantaisistes de certains individus.

(Coll. Harmattan Congo-Brazzaville, 200 p., 20,5 euros)

ISBN : 978-2-343-13141-2, EAN EBOOK : 9782140054617

PRÉCIS DE CONTENTIEUX DES CONTRATS PUBLICS AU CAMEROUN

Jacques Biakan

Préface de Alain Ondoua

L'étude met en exergue les caractéristiques particulières du contentieux des contrats publics. Elle rend visible les sources du contentieux des contrats publics et développe d'abord les mécanismes ou instruments "d'évitement du contentieux" et ensuite les techniques "d'accomplissement du contentieux". Ce livre est une source profonde de connaissances scientifiques, techniques et procédurales en matière de contentieux des contrats au Cameroun et, à titre d'exemple comparatif, en France.

(162 p., 17,5 euros)

ISBN : 978-2-343-13541-0, EAN EBOOK : 9782140053139

LA SOUVERAINETÉ DE LA COPRINCIPAUTÉ D'ANDORRE

Diesteffany Gil Machado Leão Torres

Fruit d'une sentence arbitrale entre la France et l'évêque d'Urgel, l'Andorre se présente comme un modèle de souveraineté sui generis grâce ou à cause de l'indivisibilité de sa souveraineté entre le coprince épiscopal et le coprince président de la République française. Cela lui a permis de se construire et de se développer grâce aux soutiens français et espagnol. Mais l'appui des coprinces semble s'affaiblir, et d'autres partenaires, comme le Conseil de l'Europe, voire l'Union européenne, prennent une importance grandissante.

(Coll. Droit comparé, 294 p., 30 euros)

ISBN : 978-2-343-13170-2, EAN EBOOK : 9782140049064

LA RÉFORME CONSTITUTIONNELLE DU 20 MARS 2016 AU SÉNÉGAL

La révision consolidante record

Ismaïla Madior Fall

L'objectif de cet essai est de présenter la vision, la philosophie, les objectifs et le modus operandi de la réforme constitutionnelle du 20 mars 2016 dont l'histoire révélera l'étendue de la richesse et qui est, sans nul doute, en dehors de celle de 1976 ayant fait passer le pays du parti unique au multipartisme, la plus marquante de l'évolution démocratique du Sénégal.

(Coll. Harmattan Sénégal, 200 p., 20,5 euros)

ISBN : 978-2-343-06449-9, EAN EBOOK : 9782140045417

LE SERVICE PUBLIC MARCHAND EN AFRIQUE ET DANS LE MONDE

Rigobert Akoulabo

Le service public marchand a été longtemps le pilier de l'économie de tout État, de l'Occident à l'Afrique. Du fait qu'il soit marchand, le service public est soumis aux règles de la concurrence, soumises elles-mêmes à certaines dérogations. Le système d'arbitrage opte pour une certaine harmonisation des systèmes juridiques en Europe et en Afrique.

(Coll. Harmattan Congo-Brazzaville, 130 p., 14,5 euros)

ISBN : 978-2-343-10354-9, EAN EBOOK : 9782140043437

REPÈRES DE FISCALITÉ DES PROFESSIONNELS ET DES PARTICULIERS

Rock Dieudonné Landze Mbere

La fiscalité est un système de collecte et de redistribution de richesses fondée sur la contribution des ménages, des professionnels et des entreprises. Pour mieux jouer leur partition et s'orienter dans les affaires, le citoyen et le manager ont besoin des repères de fiscalité. Car, en raison de la contrainte financière, le contentieux fiscal au Congo va progressivement s'intensifier.

(320 p., 33 euros)

ISBN : 978-2-343-18620-7, EAN EBOOK : 9782140131783

L'APPLICATION DU DROIT D'AUTEUR AUX HYPERLIENS

Analyse de droit français et de droit américain

Mickaël Le Borloch

Cet ouvrage propose un travail de fond sur les droits français et américain concernant une problématique peu traitée malgré son importance pour le développement de l'internet et la protection des auteurs : l'application du droit d'auteur aux hyperliens.

(Coll. Le Droit aujourd'hui, 632 p., 49 euros)

ISBN : 978-2-343-16341-3, EAN EBOOK : 9782140131660

LES DYNAMIQUES D'INTÉGRATION EN ZONE FRANC EN LIEN AVEC LA ZONE EURO TOME II

Les nouvelles régulations économiques et/ou l'économie de l'intégration

Thimoté Dongotou

Ce deuxième tome fait des propositions sur les nouvelles dynamiques d'intégration en Afrique. Ainsi la prise en compte des partenariats public-privé (PPP) et des dimensions institutionnelles, sociales et anthropologiques est considérée comme de nouvelles régulations économiques et monétaires en Zone Franc Africaine et en zone euro. L'auteur aborde entre autres les grandes familles institutionnelles en économie ou la macroéconomie historique du courant européen contemporain

(Coll. Études africaines, 348 p., 36 euros)

ISBN : 978-2-343-13844-2, EAN EBOOK : 9782140130915

Structures éditoriales du groupe L'Harmattan

L'Harmattan Italie
Via degli Artisti, 15
10124 Torino
harmattan.italia@gmail.com

L'Harmattan Hongrie
Kossuth l. u. 14-16.
1053 Budapest
harmattan@harmattan.hu

L'Harmattan Sénégal
10 VDN en face Mermoz
BP 45034 Dakar-Fann
senharmattan@gmail.com

L'Harmattan Cameroun
TSINGA/FECAFOOT
BP 11486 Yaoundé
inkoukam@gmail.com

L'Harmattan Burkina Faso
Achille Somé – tengnule@hotmail.fr

L'Harmattan Guinée
Almamya, rue KA 028 OKB Agency
BP 3470 Conakry
harmattanguinee@yahoo.fr

L'Harmattan RDC
185, avenue Nyangwe
Commune de Lingwala – Kinshasa
matangilamusadila@yahoo.fr

L'Harmattan Congo
67, boulevard Denis-Sassou-N'Guesso
BP 2874 Brazzaville
harmattan.congo@yahoo.fr

L'Harmattan Mali
Sirakoro-Meguetana V31
Bamako
syllaka@yahoo.fr

L'Harmattan Togo
Djidjole – Lomé
Maison Amela
face EPP BATOME
ddamela@aol.com

L'Harmattan Côte d'Ivoire
Résidence Karl – Cité des Arts
Abidjan-Cocody
03 BP 1588 Abidjan
espace_harmattan.ci@hotmail.fr

L'Harmattan Algérie
22, rue Moulay-Mohamed
31000 Oran
info2@harmattan-algerie.com

L'Harmattan Maroc
5, rue Ferrane-Kouicha, Talaâ-Elkbira
Chrableyine, Fès-Médine
30000 Fès
harmattan.maroc@gmail.com

Nos librairies en France

Librairie internationale
16, rue des Écoles – 75005 Paris
librairie.internationale@harmattan.fr
01 40 46 79 11
www.librairieharmattan.com

Lib. sciences humaines & histoire
21, rue des Écoles – 75005 Paris
librairie.sh@harmattan.fr
01 46 34 13 71
www.librairieharmattansh.com

Librairie l'Espace Harmattan
21 bis, rue des Écoles – 75005 Paris
librairie.espace@harmattan.fr
01 43 29 49 42

Lib. Méditerranée & Moyen-Orient
7, rue des Carmes – 75005 Paris
librairie.mediterranee@harmattan.fr
01 43 29 71 15

Librairie Le Lucernaire
53, rue Notre-Dame-des-Champs – 75006 Paris
librairie@lucernaire.fr
01 42 22 67 13

www.ingramcontent.com/pod-product-compliance
Lightning Source LLC
LaVergne TN
LVHW011221061026
849535LV00001BA/120
9782343178202